59인이 참여한『**문화와 함께하는 관광학 이해**』

Principles of TOURISM

관광학원론

사단법인 **한국관광학회**

백산출판사

발간인의 글

『문화와 함께하는 관광학 이해』의 발간을 기념하며…

여행과 관광이 현대인의 삶에 있어 매우 중요한 일이 된 것은 이미 익숙해진 현상이다. 연휴가 조금만 이어져도 공항이나 고속도로에는 휴가를 즐기려는 사람들로 붐비고, 서점의 여행 관련 서적들은 베스트셀러 순위의 앞자리를 차지하고 있다. 그야말로 우리는 여행과 관광의 시대에 살고 있다고 해도 과언이 아니다. 알랭드 보통이 '여행의 기술'이라는 책에서 설파한 "행복을 찾는 것이 인생에서 가장 중요한 일이라면 그 일은 단연코 여행이다."라는 말은 여행을 사랑하는 많은 이들의 심금을 울렸다. 이 말을 되뇌어보면서, 어쩌면 실제 여행을 하는 것보다 여행을 공부하는 것이 인생에서 가장 중요한 일이 되어버린 우리 관광학자들은 곱절로 인생을 행복하게 살고 있는 것인지도 모르겠다는 생각을 해본다.

무엇보다 본서 『문화와 함께하는 관광학 이해』의 기획에 진심으로 공감해 주시고 흔쾌히 집필에 동참해 주신 시인 고은 선생님을 비롯한 문화계 명사분들에게 진심으로 감사드리며, 이 자리를 빌려 120인의 집필진들에게 그동안의 노고와 성원에 기쁨을 함께하고 싶다. 이 책이 세상의 빛을 보기까지 많은 분들의 논의와 숙고의 과정들이 있었다. 본서를 구상하게 된 시작은 2009년으로 거슬러 올라가 학회에서 발간한 『관광학총론』이 세상에 나온 직후라고 할 수 있다. 당시 『관광학총론』은 관광학사전의 발간을 위한 선도 사업으로 논의되기 시작하여, 사전 출판에 필요한 index 확보 차원에서 출판되었다. 당시 책의 출판을 주도하면서 많은 고민과 우려도 없지 않았지만 『관광학총론』이 출판된 이후 대한민국학술원의 '우수학술도서'로 선정되는 등 큰 호평을 받으면서 이와 같은 관광학의 총체적인 정리가 시대적인 요구였다는 것을 깊이 깨닫게 되었다. 그러나 관광학 공부의 길에 막 들어선 학부 신입생의 수준에서는 총론의 분량과 내용이 대학교재로써 다소 부담스럽다는 반응과 함께 이러한 요구를 수용할 수 있는 관광학원론과 관광사업론에 대한 기대와 요구가 있어 왔다. 이러한 학회 내외부의 요구와 시대적인 필요성이 본서의 탄생을 이끈 중요한 계기였다고 할 수 있다.

오늘날 한국의 관광학 연구는 다른 학문분야들과 비교해 보아도 규모와 질적인 면에서 결코 뒤지지 않을 만큼 큰 성장을 하여왔다. 과거 1960년대 관광에 대한 학문적인 접근이 첫 발을 내디딘 후, 2017년 현재에는 전국의 300여 개 대학에서 정규교과로서 관광학에 대한 교육이 이루어지고 있고, 수십 종의 관련 학술지가 발간되고 있다. 그러나 이러한 외형적인 성장에도 불구하고 아직까지 우리의 관광학 교육은 지역의 실정에 부합되는 교육과정과 내용구성에 대한 합의와 표준화된 기준을 내놓지 못하고 있는 것이 사실이다. 이러한 근본적인 문제가 상존하는 상태에서 지금 이 순간에도 끊임없이 관련 전공분야의 세분화가 이루어지고 있고, 불균형한 발전이 계속되고 있는 실정이다. 학회 간부진들을 중심으로 개최된 수차례의 관련 출판회의에서는 결국 이러한 구조적인 문제의 해결을 위하여 관광학회의 장기적인 과제로 인식하였다. 이러한 목표를 달성하기 위한 기본적인 시발점이 학부교육의 개선이라는 것에 의견이 모아졌다.

본서를 기획하는 과정에서 가장 고심했던 부분은 오늘날 한국사회가 안고 있는 시대적인 요구와 당면과제들이 총체적으로 반영된 합리적인 내용구성이 이루어져야 한다는 점이었다. 수차례의 의견수렴 과정을 통해서 마침내 문화의 관점이 투영된 관광학 개론서가 필요하다는 결론을 얻게 되었다. 따라서 본서는 단편적인 학문적 시각에서 벗어나 이론적인 깊이를 가지고 있으면서도 실용적이고 현장성이 반영된 내용으로 구성하기로 기본 방향이 구체화될 수 있었다.

또한 관련분야의 전문성을 가진 집필진들이 다양한 의견을 반영할 수 있도록 각 세부주제별로 두 명의 집필진이 편성되어 최대한 객관적이고 다양성이 살아 있는 책이 될 수 있도록 하였다. 더욱이 개론서답게 독자의 흥미를 유발할 수 있도록 각 주제의 시작 부분은 문화계 명사들이 주제와 관련한 관광이야기를 들려주며 자연스럽게 독자가 해당주제에 몰입할 수 있도록 하였다. 이를 통해 무엇보다 학문적인 재미와 깊이가 공존하는 개론서가 될 수 있도록 최선의 노력을 다하였다. 전문분야 저자의 선정은 학회 회원들이 '관광학연구'에 투고한 연구논문들을 분석하여 분야별로 엄선하였고, 수차례의 학회간부회의를 통해 최종 결정이 이루어졌다. 문화계 저자들의 선정은 광범위한 문화분야 저명인사들의 추천과정을 거쳐 최종 인선이 이루어졌다. 특히 이를 통해 젊은이들의 지명도가 높은 문화계 명사들이 저자로 선정되어 본서의 가치와 의미가 더욱 배가되었다는 점을 강조하고 싶다. 아울러 본서는 현재의 내용으로서 완성된 것이 아니라 앞으로도 지속적인 보완과 발전을 거듭할 것이라는 점을 약속드린다.

본서는 관광학 개론서로서의 역할에 충실하도록 구성과 내용에 심혈을 기울였다. 무엇보다도 관광에 대한 학문적인 체계를 처음 대하는 젊은 관광학도들에게 개괄적이면서도 각 분야 전문가들의 견해가 총망라된 내용들이 될 수 있도록 하였다. 본서는 두 권의 책으로 구성되어 있는데

제1편인 '관광학원론'에서는 관광의 기본적인 개념들을 비롯한 다양한 학제적 접근에서의 관광학의 이해를 다루었고, 제2편인 '관광사업론'에서는 관광분야의 다양한 사업들을 체계적으로 다루고 있다. 그동안 관광학원론과 관광사업론의 분류준거가 명확하지 않아 본서에서는 원론과 사업론의 성격에 맞는 내용들을 학회 차원에서 최대한 표준화된 지침을 제시하고자 하였다. 따라서 대학 현장에서 전자는 '관광학원론'이나 '관광학개론' 교과목 교재로 매우 유용하게 쓰일 것으로 판단되며, 후자는 '관광사업론' 등의 교과목 교재로써 활용될 수 있을 것이다.

오랜 기간 많은 공을 들인 한 권의 책이 세상에 나오는 것에 만감이 교차하는 것은 당연한 일일 것이다. 특히 그동안 본서의 발간을 위해 격려와 조언을 아끼지 않으시고 옥고를 기꺼이 주신 안종윤 교수님을 비롯한 시니어 선배교수님들과 기쁨을 함께하고 싶다. 또한 궂은일을 마다하지 않고 마지막까지 최선을 다해 준 편집위원회와 출판위원회 여러분들에게도 고마운 마음을 전하고자 한다. 또한 책이 발간될 때까지 헌신적으로 책 집필에 심혈을 기울여주신 전체 주저자, 공저자 한 분 한 분들의 노고에도 진정으로 고마움을 표하고 싶다. 어려운 여건 속에서 본서의 출판을 허락해주고 아낌없는 지원을 해주신 백산출판사의 진욱상 사장님에게 수년간의 우정과 신뢰에 대한 고마움도 아울러 전하면서 여러분 모두의 행복을 기원한다.

본서가 나오기까지의 수많은 사람들의 노력과 땀은 관광학을 공부하고자 새롭게 입문하여 이 책을 처음 만나게 될 젊은이들의 희망찬 눈빛에서 모두 보상될 것임을 믿어 의심치 않는다.

감사합니다.

2017년 8월

(사)한국관광학회 회장

경주대학교 교수 변 우 희

목차

03편 문화명사 담론

안종윤 이사장(한국국제관광개발연구원)이 미래의 관광인들에게 들려주는 "문화관광 이야기"

제3편 관광행동론의 이해

07편 문화명사 담론

이현세 화백이 미래의 관광인들에게 들려주는 **"관광은 이야기다"**

제7편 · 관광환경론의 이해

08편 문화명사 담론

안영혁 대표가 미래의 관광인들에게 들려주는 **"레저 경영의 본질은 무엇일까?"**

제8편 · 관광경영론의 이해

문화와 함께하는
관광학 이해

01편 문화명사 담론

고은 시인이 미래의 관광인들에게 들려주는

관광에 대하여

고은

- 단국대학교 석좌교수
- 겨레말큰사전 남북편찬위원회 이사장
- 1958년 시인으로 등단한 이래 시집 등 155권 저술

고은 시인이 미래의 관광인들에게 들려주는

관광에 대하여

아래의 한마디는 강하다.

'어디서 산다는 의미는 어디로 간다는 의미보다 결코 우월할 수 없다.'

여기서는 인류로만 말하겠다. 인류는 직립보행 이전부터도 한곳에서조차 그곳만의 삶으로 고정될 수 없었다. 우선 동물에 속하는 것이 인류이므로 늘 움직이는 행위로 살았다. 여기에 대해서 저기가 있었다. 날이 어두워지면 동굴이나 움집에서 잘 수 있었다. 그리고 잠자는 동안 꿈속으로 어디로 가거나 오거나 했다.

그런 다음에 기(紀)에 이르러 한 고장에서 인류는 씨족적인 환경으로 1백 명 안팎의 단위로 자연 촌락을 유지했다. 그러다가 삶의 장소를 개척하기 위해 미지의 곳을 향할 때, 역시 1백 명 안팎 규모의 청소년 남녀가 운명공동체가 되어 인류사 대사건인 이동을 단행하였다.

오늘날의 중동아랍지역으로의 '출(出)아프리카' 이후 유럽과 아시아, 동남아시아 그리고 뗏목 여행의 위험을 무릅쓴 오스트레일리아 애보리진의 선조가 되었다. 또 몽골이나 그 일대의 동북아시아 원시사회에서 시베리아, 알래스카를 건너 북미 중남미까지 인류사의 길고 긴 이동이 있게 되었다.

오늘날 마야문명, 아즈텍문명의 아련한 흔적에서 아시아의 요소들이 많이 남아있는 것에서도 이 같은 원거리 이동의 인류 전기(傳記)의 단면을 알게 된다. 그래서 태양계 생명 행성인 지구상의 육지들은 인류 1원론의 원점에서 인류 다원론의 세계를 펼쳐 세계사의 창조공간이 되어주고 있다. 이 비장한 대순례 역사야말로 산다는 의미가 간다는 의미를 당연히 수단으로 삼는 목적이 아니다. 그러므로 어디로 간다는 의미는 어디서 산다는 의미 이상으로 가장 본원적(本源的)인지 모른다.

불가에서는 존재라는 개념이 필요 없다. 그것은 '제행(諸行)' 안에서 녹아버리는 개념이다. 그런 '제행(諸行)'의 행(行)이 바로 존재론도 인식론도 다 흡수해버리는 것이다. '행'은 '간다'와 '행하다'는 의미이다.

고대 그리스 철학은 초기 자연철학 이후에 이르러서 존재에의 정태적(情態的)인 관념을 만들어 낸다. 그 이래 서구사상의 단초는 존재가 모든 사유의 근원에 해당한다. 하지만 엄밀히 따지노라면 존재는 없거나 불가능하거나 한 것이다. 왜냐. 존재란 실시간으로 고정된 것, 영구불변의 것이 아니기 때문이다. 존재는 끊임없이 움직이는 것, 끊임없이 변하는 것, 시간과 공간의 제약을 받으며 무엇으로부터 무엇으로 옮겨가야 한다.

아기가 늙은 송장으로 변하는 것이고, 미인은 늙어빠진 추악한 난치병 환자의 몰골이 될 수 있다. 아이는 단 한번이고 그 다음으로는 아이가 아니다. 미인 역시 시간이 지나면 노파이다. 그러므로 그것은 존재가 아니라 행(行)인 것이다.

주역에서 관광(觀光)은 광명이 비추어져 사물의 본체를 보는 것이다. 이 동양의 형이상학적 의미가 현대에 이르러 '관광'이라는 레저사업의 총아가 된 것이 야릇하기도 하고 마땅하기도 하겠다.

제2차 세계대전 후 인류에게는 '관광'이라는 휴가형태의 오락과 휴식행위가 이제 그 특별한 영역을 벗어나서 인간생활에서 매우 일상적이고 중요한 의미를 내포하게 되었다. '본체를 본다'라는 진리행위와 관광객의 일차적 시각의 만족은 어떤 의미로는 하나의 차원으로 통합된다. 삶의 일상적 질곡으로부터 벗어나는 것, 심신의 피로를 털어내는 것이 곧 새로운 삶의 가능성을 낳는 것이라면 관광은 사회적 기능과는 또 다른 본질적인 승화작용일 것이다.

여기서 현대 인간은 전근대 몇 천 년의 농경사회와 근대 도시생활의 구조 속에 종속되는 정착으로 일상을 살아온 바를 기억한다.

아직껏 사람들의 심상에 낙인찍힌 고향이나 성장장소에의 향수(鄕愁)가 그런 인류문명으로서의 정착성을 낳아준다. 철학에서도 '존재의 고향'이라는 명제로 말하고 현대문명의 한계상황에 사로잡힌 인간을 '고향상실자'라 말하기도 한다.

그러나 이런 눈앞의 실상들보다 몇 백만 배나 오래된 그 이전의 이동기(移動紀)의 유목채집시대의 유전자는 인간의 의식에 대해서 무의식의 무한을 내포한다. 이 같은 초시간적 유전자 역시 현대인간의 핏줄에서 지워지지 않는 숙명의 핵심이 된다. 한 사람의 인생이 하나의 산기슭에서 태어나 그 기슭에서 흙을 일구며 살다가 그 기슭에 묻히는 전근대의 전통은 그 이전의 오랜 기간 '고향 없는 삶'의 크기 앞에서 모래알도 되지 못한다. 그것은 극대 우주에 대한 극소의 티끌에 견주어질 수 있다.

아직도 야외에서 고기를 구워먹는 맛이 실내에서 먹는 맛과 전혀 다른 해방의 미각을 일으키는 것은 지난날의 유목생활 유습일지도 모른다. 저 들에 나가보라. 가슴이 탁 트이는 그 자유는 집안의 평안과는 또 다른 인간 경험의 유서를 드러낸다.

아니 더 나아가 조상대대의 지상 차원이 아닌 바다를 만나보아라. 거기야말로 인간 이전의 우리 생명의 원초 박테리아가 살던 곳이 아닌가. 거기에서 육지로 기어오르는 고통스러운 과정을 통해 지상의 생명체로 진화해 온 것이 오늘의 인류 아닌가. 그래서 바다는 잃어버린 고향에의 낯선 공포감을 불러일으키는 한편 희망과 동경으로 새로운 세계를 여는 마음속의 대공간이기도 한 것 아닌가. 이 같은 전생(前生)으로서의 생명의 먼 과거로부터 '나'라는 인간은 주관적 집합의 임시구성체 진화의 한 결실인 것이다.

인간의 심성에는 현재의 거처나 일정한 정착에 길들여질수록 어디론가 떠나고 싶어 하는 충동과 영원의 공간을 꿈꾸는 영혼의 본능이 들어있다. 그래서 인간의 일생은 생만이 아니라 사후의 다른 생을 내포할 것이다.

지금의 세기를 노마드의 세기라 한다. 국가나 사회도 단일단위로는 존속하지 못한다. 세계화가 문제적일수록 세계화는 절실한 삶과 문화를 구성한다. 비단 관광의 이동산업뿐 아니라 사이버 정보 역시 이곳과 어느 곳의 인드라망으로 오고 가는 동시의 세계가 되었다. 이제 자아는 타아 없이, 세계 없이, 우주 없이도 자아일 수 있다. 그뿐 아니라 나는 나라는 명제가 아니라 나의 행위 자체인 동사(動詞)인 것이다.

이런 대변동의 시대에 '관광'은 선택이나 어떤 취향을 넘어서 생활필수적인 '놀이'로서의 '일'인 것이다. 이제 관광은 의식주에 하나 더하는 '행(行)'으로서의 '관광'이다. 이제 어디로 가지 않는 삶은 죽은 삶이다. 아니 관광여행은 삶의 일탈이가도 하지만 종교적 차원의 제례(祭禮)로서의 삶의 정화(精華)이기도 한 것이다.

나는 60세 이후 문민정부가 들어선 이후에야 정식 여권을 받을 수 있었다. 그 여권이 나오자마자 세계 각처로부터 초청장이 날아왔다. 그래서 내후년은 해외여행의 천연색으로 칠해지고 있다. 문학축제 기간에는 보통 그 지역이나 더러 먼 지역을 포함한 관광 일정이 들어있는데 그럴 때 나는 무척 행복하다.

대학 학부에 관광학과가 설치된 시대가 오늘이다. 관광학회가 관광을 연구대상의 학문으로 삼는 시대가 오늘이다. 그 관광학과가 대학 학사일반(學事一般)에서 중요시되고 있는 시대가 오늘이다. ☻

제 1 편

관광학론적 담론의 이해

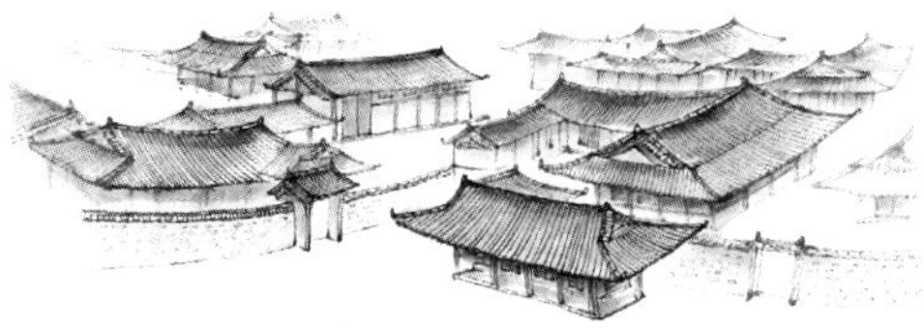

제 1 장

문화와 관광

변우희

경주대학교 관광경영학과 교수
(현 한국관광학회 회장)

제23대 한국관광학회 회장(현)
제22대 한국관광학회 수석부회장
문화체육관광부 한국문화관광축제 평가위원(현)
국토교통부 도시재생사업 관문심사위원(현)
국토교통부 「대한민국국토경관 헌장」 제정위원회 위원(현)
국토해양부 4대강 살리기 자문위원
한국관광공사 관광교육원 관광통역안내원 시험출제 위원
제주시 호텔등급평가위원(현)
경상북도 경북문화관광축제 평가위원 및 선정위원
경북관광공사 관광정책자문 및 인사위원(현)
경주시 컨벤션건립지원위원회 심사위원
경주대학교 관광학부장 및 문화관광산업연구원 원장
경기대학교 대학원 관광경영학과 졸업(경영학박사)

『관광사업론』, 『관광학총론』 등 다수의 저서와 "관광학 연구동향 및 교육과정 분석과 관광학총론의 구성체계" 등 다수의 논문 저술.

byunwh2000@hanmail.net

한상현

동의대학교 호텔관광외식경영학부 부교수
(현 한국관광학회 사무차장)

영국 University of Surrey 관광경영학 박사(Ph.D.)
현재 부산문화관광축제조직위원회 집행위원, 동의대 관광컨벤션연구소장.
"지역문화축제의 수요결정요인 변화에 관한 연구(2016)" 등 다수의 논문이 있음.

shan@deu.ac.kr

제 1 장

문화와 관광

변우희 · 한상현

제1절 문화로서의 호스피탈리티, 여행과 관광

1. 호스피탈리티의 등장

우리는 여행이라는 행위가 단순히 여가활동의 하나라기보다는 인류사와 함께해 온 역사의 산물이자 문화행위라는 진지한 함의를 전제로 본 글을 시작하고자 한다. 오늘날 문화라는 개념은 굉장히 포괄적인 의미를 가지고 있고, 이 개념을 설명하기 위한 노력도 오랜 기간 수많은 학자들에 의해 시도되어 왔다. 19세기 후반 타일러(Tylor)가 주장한 문화에 대한 개념을 살펴보면, '문화는 지식, 신념, 예술, 도덕, 법, 관습 등과 더불어 그 사회의 구성원들이 갖는 습관과 가능성들을 모두 포함한 복합적인 것'이다. 따라서 문화는 곧 인류가 오랜 기간 유지해 온 삶이자 생활 그 자체라고 할 수 있다. 그리고 문화는 개인이 아니라 집단적이고 대중적인 인류의 삶과 생활을 말하는 것이다.[1)]

공간적인 이동은 인류사와 함께해 온 인간의 본능과 같은 행위라고 할 수 있다. 인류사의 초기에 여행은 단순히 생존을 위한 행위로 시작하였지만, 종교적인 의미가 가미되면서 보다 풍부해지고 가치 있는 개념으로 발전하였다. 계속하여 여행은 18세기에 이르러 산업혁명과 맞물리면서 산업적 의미가 더해져 관광이라는 근대적 산물로 발전하게 되었다. 오늘날의 관광산업은 크게 장소의 이동을 전제로 하는 여행산업 분야와 서비스의 관점이 강조되는 호스피탈리티 산업 분야로 나눌 수 있다. 인류의 역사를 살펴볼 때, 이들 중에서 관광분야에서 가장 먼저 등장하는 개념이 호스피탈리티(hospitality)라는 것은 매우 의외라고 할 수 있다. 우리는 뜻밖에 호스피탈리티의 등장을 이야기하기 위해서 고대 로마시대로 거슬러 올라가야만 한다.

고대 로마의 목욕탕 문화를 로마인의 사치와 방탕의 상징으로 인식하여 로마 멸망의 주요 원인이라고 생각하는 사람들도 있지만, 목욕탕 문화와 로마 멸망이 직접적인 인과관계를 가지고 있는 것은 아니다. 오히려 당시 로마의 황제나 귀족들은 시민들을 위해서 대규모 공공시설물을 지어주는 것이 당연시되었는데, 이런 식으로 세계 곳곳에 조성된 것이 원형 경기장과 대형 목욕탕이었다. 특히 로마인들의 일상생활 속에서 환영받았던 것이 목욕탕이었다. 지금도 로마의 목욕탕 유적이 가장 잘 보존되어 있는 곳이 영국 잉글랜드 남서쪽에 자리하고 있는 바스(City of Bath)이다. 로마의 목욕탕에는 단순히 목욕시설만 있었던 것은 아니다.

우리가 흔히 생각하는 온탕, 열탕, 냉탕이 있는 것은 기본이고 한증막, 체력단련실, 마사지실을 비롯한 휴식공간, 게임룸, 도서관, 식당 등이 모두 갖춰져 있어야 제대로 된 로마 목욕탕이라고 할 수 있었다. 이런 모습은 오늘날 우리나라의 찜질방을 넘어서 워터파크의 형태와 유사하다고 할 수 있겠다. 목욕탕을 이용하는 남녀 로마인들은 노예의 시중을 받으며 일상의 스트레스를 풀었다고 하니 이것이 바로 진정으로 대중화된 호스피탈리티의 시작이라고 할 수 있겠다. 17세기에 들어 등장한 최초의 근대식 대규모 리조트가 과거 로마의 목욕탕을 모방한 온천 리조트였다는 것은 시사하는 바가 크다. 로마가 멸망한 이후 아주 오랜 시간이 지났음에도 유럽인의 마음 속에 가장 호사스러운 삶의 모습은 로마인의 목욕탕 문화였기에 가능했던 일이었을 것이다.

2. 여행의 가치를 바꾼 순례여행

고대 로마의 목욕탕 문화에서 호스피탈리티의 기원을 찾을 수 있었다면, 공간적 이동을 의미하는 여행을 바라보는 문화적 시각이 극적으로 반전하는 사건은 12세기로 거슬러 올라가면 만날 수 있다. 인류사의 초기부터 인간에게 있어 공간적인 이동은 본능적이고 필수적인 행위였을 것이다. 그러나 정주공간을 떠나는 수준의 이동은 생존을 위해 어쩔 수 없이 선택하는 일이지 결코 선호되는 것은 아니었을 것이다. 동서양을 막론하고 이러한 이동은 대자연에 대한 도전이자 들짐승이나 도적으로부터 스스로를 방어해야만 하는 목숨을 건 행위였을 것이다.

여행(旅行)에서 한자 여(旅)의 유래가 깃발 밑에 사람들이 모여 이동하는 형상에서 비롯되었다는 점은 여러 사람들이 함께 이동함으로써 여행의 고난을 조금이라도 덜어보려고 한 고대인들의 노력을 엿볼 수 있는 부분이다. 아울러 오늘날 여행사 단체여행상품의 여행단 모습과 상당부분 유사한 모습을 찾아볼 수 있다. 영어의 여행에 해당하는 용어인 travel의 경우도 프랑스어 일(travail)을 어원으로 하고 있는데, 걱정 · 고생(trouble), 고통(toil) 등의 단어와 같은 어원이라는 점에서 동양과 크게 다르지 않다. 이렇게 동서양에서 여행은 한동안 생활을 위해 어쩔 수 없이 선택하는 이동의 의미였을 뿐 긍정적인 의미는 아니었다. 그러던 것이 서양의 경우에는 종교적 목적의 여행인 성지순례의 개념이 등장하면서 생활을 위해 어쩔 수 없이 떠나는 행위에서 일생에서 반드시 하고 싶은 성스럽고 가치 있는 행위로 변모하게 된다. 이러한 순례여행의 개념은 어떻게 등장하게 된 것인가.

유럽이 로마 멸망 이후 중세 암흑기에 접어들어 있던 시기였다. 12세기 어느 날, 스페인 북서쪽 끝자락에 자리하고 있는 소도시 '산티아고 데 콤포스텔라(Santiago de Compostela)'에서 당시 사회의 모든 시스템이 종교에 의해 유지되던 유럽사회에 일대 사건이 발생하였다. 바로 예수의 12제자 중에서 야고보(야곱)의 무덤이 발견된 것이다. 오랜 기간 기독교가 삶의 최대 가치였던 유럽인들에게 스페인 산티아고는 죽기 전에 반드시 가봐야 할 성스러운 곳이 되었다. 당시 스페인 남부지역은 아직 이슬람의 지배를 받고 있는 상태여서 순례여행에 나선 기독교인들은 이교도의 위협에 대비하여 순례여행단을 조직하는 것이 흔한 일이 되었다. 이후 산티아고 순례길은 천년 가까운 기간에 걸쳐 수많은 순례자들에게서 사랑을 받아 온 만큼, 한 달에서 길게는 수개월이 소요되는 순례길의 곳곳에 순례자들을 위한 다양한 편의시설들이 들어서게 되었다. 오랜 기간 동안 만들어진 순례길에는 순례자가 아침에 출발하여 저녁에 도착할 정도에 이들 순례자들을 위한 마을이 형성되었고, 여기에는 숙박시설과 식당, 휴식공간, 병원 등이 복합적으로 들어섰다. 이 형태는 오늘날의 대규모 리조트의 모습과 흡사하다고 할 수 있다. 로마시대 때 목욕탕에서 볼 수 있었던 귀족 중심의 환대시설이 일반 대중을 위한 여행문화로 재생산되었다고 할 수 있다. 순례여행을 계기로 인간들의 생각 속에서 여행이 고통스러운 일에서 긍정적이고 가치 있는 일로 자리 잡게 된 것은 중세 암흑기에 고통받고 있던 서양의 문화가 좀 더 도전적이고 역동적인 것으로 바뀌게 되는 계기가 되었다. 아울러 여행에 대한 사회적 분위기의 변화는 이탈리아인 마르코 폴로의 동방여행을 가능하게 했고, 르네상스를 꽃피우는 문화적인 토대가 되었다고 할 수 있다.

이 글을 읽고 있는 독자들은 중국을 중심으로 한 동양문화권에 비해 전반적으로 뒤처져 있던 유럽이 르네상스를 기점으로 많은 부분에서 동양을 압도하게 된 계기가 무엇이었다고 생각하는가. 유럽인들이 거친 바다로 나아가 신대륙을 발견하고 이곳으로부터 유입된 각종 산물들을 통해 부를 축적하고 본격적인 식민지 건설에 나서는 일이 가능하였던 이유는 무엇이었을까. 이런 일들의 근본적인 원인이 여행에 대한 사회적 인식의 변화에서 비롯되었다고 믿는 학자들이 다수 있다는 점은 관광을 전공하는 젊은 학도들에게는 진지하게 생각해 볼 화두라고 할 수 있겠다. 이런 관점을 떠나서라도 순례여행을 계기로 이루어진 여행에 대한 사회 전반의 인식 변화가 유럽인들의 삶과 문화에 커다란 변화를 가져왔다는 점은 분명한 일인 것이다.

3. 세계사의 흐름을 바꾼 여행문화와 관광의 등장

앞서 우리는 유럽인들의 여행에 대한 인식 변화가 그들의 삶과 문화에 미친 영향에 대해 생각해 보았다. 여행이 유럽사회의 전반에 걸쳐 영향을 미친 사례는 앞서 순례여행 이후에 한 번 더 찾아볼 수 있다. 필자는 이 주제를 다루기 위해 독자들에게 한 가지 질문을 던져보고자 한다. 17세기까지 유럽의 변방 국가로서 큰 힘을 발휘하지 못하였던 영국이 18세기 가장 먼저 산업혁명을 이루고 해가 지지 않는다는 대영제국으로 성장하게 된 이유는 무엇이겠는가. 그 이유를 우리는 백 년 이상 지속된 여행문화 현상인 그랜드투어(Grand Tour)에서 찾을 수 있다. 그랜드투어는 17세기에 시작해 19세기 중반까지 이어진 유럽, 특히 영국 상류층 자제들의 유럽여행 문화를 말한다. 짧게는 몇 달에서 길게는 몇 년에 걸쳐 유럽 곳곳의 유적을 탐방하고 문화를 직접 체험한 이 문화현상은 영국사회에서는 한때 귀족 사회의 등용문처럼 여겨졌다. 주 여행지는 그리스와 로마의 유적지, 이탈리아와 프랑스의 도시들이었다. 그랜드투어에는 귀족의 자제와 함께 하인들이 대거 따라갔지만 이들 외에도 귀족 자제의 교육을 담당한 몇 명의 가정교사가 함께했다. 우리가 주목할 부분은 이들 가정교사들이다. 당시 유럽 본토로의 여행은 많은 시간과 비용, 노력이 드는 일이었다. 따라서 영국의 지식인들이 귀족 자제의 가정교사로 따라나서 당대 최고의 문화와 기술들을 접하고, 공부할 수 있는 기회는 가히 꿈 같은 일이었을 것이다. 놀랍게도 당대의 지성 토마스 홉스, 존 로크, 애덤 스미스 등의 지식인들이 그랜트 투어의 가정교사 출신들이라는 것이 이를 방증하고 있다.[2)]

당대 유럽 최고의 열강인 이탈리아, 프랑스 등이 자국의 기술과 문화에 심취하여 다른 나라에는 관심도 없던 시기에 영국의 지식인들은 이들 나라들을 여행하며 각국 문화와 기술의 장점들을 뽑아내어 영국 본토로 들여왔던 것이다. 결국 이것이 영국이라는 후발국가가 그 한계를 뛰어넘어 가장 먼저 산업혁명이라는 혁신을 이루어내고 해가 지지 않는 대제국으로 성장하게 된 근본 배경을 만들어 냈다. 개별 여행들이 모여 하나의 여행문화를 만들어 내고 결국 세계역사를 바꾸는 중요한 역할을 하게 된 것이다. 산업혁명은 결국 영국이 세계사의 중심역할을 하는 기폭제가 되었으며, 이때 등장한 중산층은 여행의 대중화를 이끌었다. 19세기에 등장한 관광(tourism)이라는 용어는 영국의 'The Sporting Magazine'이라는 잡지에서 처음으로 사용되었고, 관광이라는 개념은 여행의 의미에 산업적인 의미가 추가된 것이다.[3)]

제2절 관광의 개념

1. 관광의 어원

오늘날 우리가 사용하고 있는 관광이란 용어의 개념을 살펴보면, 지역이나 시대에 따라 다양한 관점이 있었던 것을 알 수 있다. 동양의 한자문화권에서 사용하고 있는 관광의 어원은 중국 고서 주역(周易)의 역경(易經)에 나오는 '관국지광이용빈우왕(觀國之光利用賓于王)'이라는 말이다. 이 말의 의미는 나라의 문물을 살펴보려고 오는 사람들을 일국의 왕을 모시듯 후대한다는 것이다. 당시 유교적인 사고에서는 나라의 문화와 풍속은 통치자인 군주의 능력에 달려있다고 생각했다. 따라서 국가가 번성한다는 것은 훌륭한 군주가 있기 때문으로 이를 보러 오는 사람들을 잘 대해주어야 한다고 생각하였다.[4)]

서양에서의 관광의 어원을 살펴보면, 투어리즘(tourism)은 짧은 기간 동안의 여행을 뜻하는 투어(tour)의 파생어로서 여러 나라를 여행한다는 의미를 가지고 있다. 이외에 트래블(travel)은 포괄적인 여행을 의미하고, 트립(trip)은 1박 정도의 단기여행을 뜻한다. 여기서 투어가 개별 단위의 여행을 의미한다면, 투어리즘(tourism)은 산업의 개념이 포함된 사회현상을 의미한다.[5)]

2. 관광의 정의

관광의 정의는 다양한 학자들에 의해 시도되어 왔다. 그동안 제시된 관광의 정의를 살펴보면 해당 시기의 사회적 가치관과 요구들이 반영된 것이라고 할 수 있다. 현대적 관점에서 관광에 대한 초기의 정의는 1911년 슐레른(Schulern)의 '일정 주 또는 나라를 방문하여 체재하고 다시 돌아가는 방문객의 유입과 체재, 유출이라는 형태를 취하는 모든 현상과 이와 관련된 경제적인 것을 중심으로 한 모든 사상(事象)'을 들 수 있다. 시간이 다소 흐른 1931년에 이르러서는 독일의 보르만(Bormann)이 '관광은 직장에 출퇴근 하는 것과 같이 정기적인 왕래를 제외하고 휴양 목적이나 유람, 상용, 행사 참여 등과 같은 이유 때문에 거주지를 일시적으로 떠나는 여행'이라고 정의하였다. 1933년 영국의 오길비(Ogilvie)는 관광객을 '다시 돌아올 의사를 가지고 1년 이상을 초과하지 않는 기간 동안 거주지에서 취득한 금전을 소비하며 거주지를 떠나있는 사람'이라고 정의하여 당대의 관광에 대한 시각이 상당히 구체화되었던 것을 엿볼 수 있다.[6)]

현대사에 있어 국가 간 질서를 새롭게 형성하는 계기가 된 사건은 역시 제2차 세계대전이라고 할 수 있다. 관광분야의 경우도 제2차 세계대전 이후에 항공교통의 발달, 국가 간 교류의 증대, 전후 복구 사업을 통한 경제부흥 등을 이유로 폭발적인 성장을 이룬다. 따라서 관광에 대한 정의 또한 이러한 시대적인 요구에 따라 확대되고 구체화되는 과정을 거치게 된다. 비교적 최근이라고 할 수 있는 1990년 맥킨토시(McIntosh), 골드너(Goeldner)와 리치(Ritchie)의 정의를 살펴보면 '관광은 방문객을 유치하고 접대하는 과정에서 관광객, 관광기업, 관광지의 정부, 지역사회 등이 서로 상호작용하는 과정 중에 발생하는 현상과 관계들의 총체'라고 언급하고 있다. 이들에 따르면 관광은 교통체계, 서비스 공급자, 레크리에이션 시설, 숙박업체, 서비스 등을 포함하는 대단히 복합적인 산업이라고 할 수 있다. 아울러 세계관광기구(UNWTO)의 정의를 살펴보면, '관광은 여가, 사업 및 기타 목적으로 1년 미만의 기간 동안 비일상적인 곳에서 여행하고 체재하는 사람들의 활동'이라고 규정하여 관광의 목적과 체재기간 등을 구체화하여 국가별 관광통계의 수립에 용이하게 하는 특징을 보여주고 있다.[7)]

3. 관광의 유사개념

현대사회는 여가활동의 대중화, 대량화, 일상화라는 특징을 보여주고 있다. 앞서 우리는 관광도 여가활동의 한 형태로 받아들여지고 있는 것을 알게 되었다. 여기서는 관광과 유사한 개념으로서 여가(leisure), 레크리에이션(recreation), 놀이(play), 여행(travel)의 의미를 살펴보고자 한다.

먼저 우리가 사용하고 있는 용어인 여가(餘暇)는 한자어 남을 여(餘), 한가로울 가(暇)로 구성되어 있어 '남는 한가로운 시간'의 의미를 가지고 있다. 영어의 경우 여가에 해당하는 용어는 Leisure이다. 이 단어의 어원은 프랑스어의 Loisir, 라틴어 Licere 또는 Otium, 그리스어 Schole 등의 어원에서 비롯되었다고 알려져 있다. Licere는 오늘날의 자유(free)를 의미하는 것으로서 '허락된 것 혹은 자유롭게 된 것'을 뜻한다. 실제로 여가에 대한 통일된 정의는 아직까지 제시되지 못하고 있다. 다만 여가 현상을 어떤 시각과 기준으로 보느냐에 따라 그 정의는 다양하게 도출될 수 있다는 점을 인식할 필요가 있다. 이런 관점에서 오늘날 다양한 의미의 여가 개념들이 받아들여지고 있는데, 이들 개념들을 정리해 보면 다음과 같이 요약된다. 먼저 자유시간의 개념을 들 수 있다. 즉, 하루 24시간이라는 절대적인 한계를 가지고 있는 인간의 시간에서 노동시간이라는 구속적인 시간과 생존을 위해 필요한 생리적 시간을 제외한 여분의 자유시간으로 정의된다. 두 번째로 활동으로서의 여가개념을 생각해 볼 수 있다. 즉, 자유 시간에 일어나는 모든 활동이 여가라는 관점이다. 따라서 현대적 관점의 여가의 개념은 '자유로운 상태에서 내재적 보상을 얻기 위해 스스로 선택에 의해 결정하는 모든 경험'이라고 할 수 있다. 고동우(2007)는 여가 개념을 상대적 수준에서 이해하는 것이 필요하다는 주장을 하며 '여가란 경험이라는 마음의 상태이며, 그 마음의 핵심은 지각된 자유감(perceived freedom)과 내재적 동기(intrinsic motivation)의 정도'라고 언급하고 있다. 여가활동 또한 '개인이 어떤 즉각적이고 주관적인 경험을 얻기 위하여 비교적 자유롭게 선택하여 참여하는 모든 활동'이라고 정의하고 있다. 이렇게 여가와 여가활동을 상대적 관점에서 정의하면 여가시간의 개념도 여가시간이 곧 자유시간이라고 보는 것보다는 오히려 여가활동이 가능한 시간이야말로 진정한 여가시간이라고 볼 수 있다.[8]

다음으로 레크리에이션(recreation)의 개념에 대해 살펴보도록 하자. 이 용어의 영어 단어는 라틴어 recreatio에서 유래하였다. 오늘날 레크리에이션이라고 언급되는 주요 활동은 신체적 운동을 동반하는 행위가 중심이 되고 있으며, 최근까지도 주로 스포츠 관련 분야에서 다루어져 왔다. 여가활동이 내재적 보상을 목적으로 스스로 결정한 활동이라면, 레크리에이션은 타인이 결정한 활동인 경우가 많다. 따라서 레크리에이션은 내재적 보상만을 목표로 하지 않는 활동이다. 즉 최근 들어 각광을 받고 있는 인센티브 여행상품에서 단체의 소속감을 높이기 위해 레크리에이션을 실시한다면, 여기서 참여자는 단지 수용자일 뿐 레크리에이션 활동은 주최 측의 의도에 의해 실시되는 것이기 때문이다. 실시되는 목적 또한 긴장완화, 몸 풀기 등의 단순한 목적에서부터 소속감 고취, 단결 및 협동심 증진 등 외재적인 보상을 목적으로 하는 경우가 많다.

놀이(play)는 '여가활동 중 규칙이 있는 모든 것'으로 정의할 수 있다. 일이라는 것은 특정의 목적을 달성하기 위한 수단의 의미이기 때문에 일 자체에는 강제성의 특징이 있다. 그러나 놀이는 활동 자체에 즐거움이 있고 강제성이 없어 자발적으로 행해진다. 고대 그리스로 거슬러 올라가면 당대에는 놀이가 가장 중요한 교육 수단으로 인식되기도 하였다. 호모루덴스(Homo Ludens)라는 저서로 유명한 호이징아(Huizinga, 1938)는 놀이야말로 인간의 본질이며 문화의 근원이라고 주장하였다. 그가 주창한 놀이의 개념에서는 놀이가 가지고 있는 자발성, 탈일상성, 몰입성, 내재적 보상 추구, 고유의 규칙, 사회성, 상징성 등이 중요하게 인식된다. 놀이는 여가의 기본 속성으로 제시된 자기결정성과 내재적 동기의 특성을 모두 가지고 있으며 여가의 한 범주라고 할 수 있다. 따라서 놀이는 여가활동 중에서 규칙이 있는 모든 것이라고 할 수 있다.

마지막으로 관광과 유사한 개념으로 여행(travel)을 살펴보도록 한다. 여행은 오늘날 가장 보편화된 여가활동 중의 하나가 되었다. 그러나 모든 여행 행위가 여가활동의 범주에 속해 있는 것은 아니다. 여행은 공간적인 이동을 의미하는데, 여행 중에는 사업을 목적으로 하거나 친지를 방문하는 등 외재적 목적의 것들이 다수 포함되어 있다. 따라서 여행 중 즐거움이라는 내재적 보상을 목적으로 하는 여행을 여가활동에 포함되는 여행이라고 할 수 있다.[9]

제3절 관광과 관광현상의 발전·변천과정*

1. 관광의 발전과정

(1) 고대의 관광

① 선사시대의 관광[10)]

선사시대에 있어서의 관광이라는 것은 현대의 관광과는 달리 자신과 종족의 생존에 필수적인 의식주를 해결하기 위하여 채집과 사냥활동을 위하여 단순히 여러 장소를 이동하는 것이었다. 신석기 시대에 들어서면서 원시농경사회의 정착과 함께 공동사회생활의 터전을 마련하게 되었으며, 생활양식의 변화에 따라 새로운 도구와 가축의 이용, 배 또는 바퀴의 발명을 통해 새로운 형태의 이동이 가능하게 되었다. 이와 같은 이동수단의 발명은 장거리 여행을 가능케 함으로써 타 지역 또는 타 종족과의 교류가 활발하게 이루어질 수 있는 계기를 마련해 주었으며, 집단적인 공동체사회의 정착에 따라 그 사회 고유의 문화가 형성되고, 이에 따른 원시신앙이 나타나게 됨으로써 이에 수반되는 물품의 교역이나 축제 또는 종교적 행사를 위한 여행이 시작되었다.

② 고대시대의 관광

일반적으로 고대시대의 국가로는 그리스, 이집트, 로마를 들 수 있는데, 이들 국가는 교역에 필요한 수단과 도구들을 발전시킴으로써 이동을 용이하게 하고, 활발한 관광활동을 전개하였다.

관광이 유럽에 본격적으로 나타난 것은 그리스 시대로 올림피아에서 열렸던 경기대회에 참여하거나 요양을 목적으로 많은 사람들이 관광을 한 것으로 전해지고 있다. 또한 그리스신화에서 알 수 있듯이 종교적인 목적으로 신전에 참배하기 위해 많은 사람들이 운집하기도 하였다. 이러한 관광의 성장과 발전을 가져다 준 주요 요인으로는 노예를 이용함으로써 귀족층이나 부유층이 노동으로부터 해방되어 충분한 여가시간을 확보함으로써 관광 참여의 기회를 증대시킬 수 있었기 때문이다.

로마시대에서는 관광이 한층 더 번성하여 종교, 요양, 식도락, 예술감상, 등산 등과 같은 목적으로 관광이 활발하게 이루어졌다. 로마시대의 관광성장의 주요 요인으로는 교통수단인 도로의 정비를 들 수 있다. 본래 로마의 도로 정비는 주로 전략상의 이유였지만 이것이 관광발전에 기여한 부분은 매우 큰 것이었다. 그러나 기원 5세기에 이르러 로마제국이 붕괴되면서 치안의 문

* "변우희 외(2016), 『최신관광사업론』, 한올출판사" 내용을 재인용함.

란과 도로의 황폐, 그리고 경기하락으로 인해 관광의 암흑기가 도래하게 되었다.

(2) 중세의 관광

① 십자군전쟁과 순례여행

로마제국의 붕괴는 관광에 많은 부정적인 영향을 미쳐, 이 시기는 관광 발전이 침체된 시기라고 할 수 있다. 관광의 암흑기는 A.D. 1000년경에 이르기까지 지속되었으며, 이로 인해 교역을 위한 여행이 침체되고, 여행의 안전성 확보 및 필요한 서비스가 적절하게 이루어지지 않았다. 또한 이 기간 동안 지역 간의 빈번한 분쟁으로 인한 정치적 불안정으로 장기적 여행은 매우 위험스러운 모험으로까지 인식되었다. 그러나 A.D. 1095년에서 1291년 사이에 이슬람교도로부터 성지를 재탈환하기 위해서 기독교 중심의 권력에 의해서 이루어진 십자군 전쟁으로 인해 동서간의 교류가 지속적으로 이루어지면서 유럽을 가로지른 여행이 시작되었으며, 중세 유럽의 관광은 성지순례와 같은 종교적 목적의 관광이 활발히 진행되었다.

② 르네상스시대의 관광

르네상스는 중세와 근세 사이에서 서유럽 문명사에 나타난 역사적 시기로 학문 또는 예술의 재생, 부활이라는 의미를 가지고 있다. 고대의 그리스 · 로마 문화를 이상으로 하여 이들을 부흥시킴으로써 새 문화를 창출해 내려는 시기로 그 범위는 사상, 문학, 미술, 건축 등 다방면에 걸쳐서 나타났다. 이 시기의 유럽의 상류계층에서부터 보편화된 여행으로 그랜드투어(Grand Tour)가 나타났는데, 그랜드투어란 귀족들의 자제를 위한 현장체험의 교육프로그램에서 출발하였으며, 1500년경에서 1820년경까지 지속되었다. 초기에는 여행동기가 주로 귀족층 자녀들의 견문과 지식을 넓히는 데 있었으나, 후기에는 주로 작가, 예술가, 그리고 철학자의 아름다운 자연경관을 감상하는 데 있었다.

(3) 근대의 관광

이 시기의 유럽은 산업화가 진행되면서 지방중심의 농업경제에서 도시중심의 공업경제로 급속히 전환되면서 고용구조, 사회계층, 부의 구조에 재편을 초래하게 되었다. 산업화로 인한 물질문명의 발달, 도시화, 부의 축적 가속화는 사람들로 하여금 자신의 건강, 즐거움, 호기심에 대한 욕구충족을 할 수 있는 여행의 기회를 확대하여 주었으며, 더 나아가 철도망의 확대, 선박과 자동차의 발달과 같은 교통수단의 발전은 여행의 대중화에 크게 기여하게 되었다.

특히 1841년 '근대 관광산업의 아버지'로 불리는 토마스 쿡(Thomas Cook)이 최초로 포괄 단체여행을 창안하였는데, 포괄 단체여행은 운송, 숙박, 여행에 요구되는 것들을 한꺼번에 묶어 저렴한 가격으로 판매하는 단체 여행을 의미하는 것으로서 현대의 패키지 여행상품과 유사한 개념이다. 또한 토마스 쿡은 1845년 아들과 함께 세계 최초의 여행사인 Thomas Cook & Son CO를 설립하기도 하였다.

(4) 현대의 관광

제2차 세계대전 후 항공, 대중교통, 자가용, 렌터카 등의 교통수단의 발전과 더불어 교통기관의 설비능력이 개선 · 발전됨에 따라 대량수송체계를 갖추기 시작하였다. 또한, 전후의 경제회복으로 국민소득이 증대함에 따라 관광이 증대하기 시작하였으며, 나아가 매스컴의 발전과 정보산업의 발달로 인해 가상 여행까지 할 수 있는 시대로 접어들고 있다. 이와 같은 고도 성장에 따른 산업화, 도시화는 인간의 긴장과 스트레스로 인한 탈 스트레스 욕구의 증가, 주거지역 공해로 인한 사람들의 자연으로의 도피욕구가 점점 더 증가하게 되었다. 이러한 현상은 전후의 관광선진국에서는 대중에 의한 대량관광시대인 매스투어리즘시대를 맞이하게 되었다.

국제적 측면에서 보면 각국의 경제력 회복을 위해 필요한 외화획득의 한 수단으로 국제관광을 중시하게 되었으며, 외국인용의 환대 건설과 대외관광선전에 힘을 기울이고 있으며, 전 세계적인 국제관광수입은 국제거래의 1위를 점하고 있다.

한편으로 국민후생의 증진과 지역개발의 촉진에 주목한 각국의 정부와 지방공공단체는 혜택받지 못한 계층에게도 관광의 기회를 제공하자는 측면에서 Social Tourism의 시대를 열었다. Social Tourism은 '재정적으로 취약한 계층을 위하여 대부분의 경우 특별한 조직에 의하여 추진되는 관광'으로 정의되고 있는데, 구체적으로 철도나 항공기 등의 운임할인제도, 유스호스텔이나 국민휴가촌의 건설 등을 들 수 있다.

현대관광의 대표적인 현상은 관광의 대중화라고 할 수 있다. 그러나 관광경험이 보편화될수록 관광객은 보다 차별적이고 세분화된 관광경험을 찾고자 하는 욕구가 증대될 것이며, 이에 따라 다양한 관광상품 개발에 대한 필요성이 제기되고 있다. 특히, 대중관광은 사회문화적, 환경적 측면에서 관광목적지와 조화를 이루지 못하여 지역사회에 많은 부작용을 유발하여 왔으므로 이를 개선하기 위하여, 향후의 관광은 지역의 자연환경, 풍습, 역사 등을 보전하는 가운데 적절히 활용함으로써 질적으로 수준 높은 경험을 얻을 수 있는 다양한 대안적 관광(Alternative Tourism)의 형태가 등장할 것이다. 즉 현지에서 직접적인 체험을 통하여 관광활동의 이해를 넓히고, 만족을 증대시키고자 하는 관광욕구가 늘어나며, 기존 대중관광에 대한 반작용으로 자연환경과 고유문화 등을 보전하는 가운데 관광하려는 대안적 관광형태의 중요성이 크게 강조될 것이다.

체험관광(Experiential Tourism)이란 관광객이 목적지나 경유지 등에서 단순히 구경하는 것만이 아니고 스스로 손과 몸을 움직여 무언가를 체험하는 관광을 말한다. 이러한 체험관광은 관람형 관광에 비하여 다음과 같은 차별성이 존재한다.

① 체험관광은 이(異)문화적 요소 혹은 기억에 남을 만한 현상에 대한 강도 높은 체험활동이 이루어진다.

② 체험관광은 지역사회나 자연환경과의 직접적인 접촉을 통하여 이해의 폭을 넓힐 수 있는 활동이 이루어진다.

③ 체험관광은 보다 적극적이고 창조적인 참여활동을 통하여 지적 욕구를 충족시킨다. 즉, 체험관광이란 독특한 체험을 추구하기 위하여 특정 관광대상에 대한 보다 직접적이고 강도 높은 관광경험을 의미한다.

2. 관광현상의 변천과정

인류역사의 시작과 함께 생성된 관광은 시 · 공간의 환경변화에 따라 관광현상 자체도 뚜렷한 구분을 지으면서 발전해 온 것이 사실이다. 그러나 현대사회에 접어들면서 관광은 단순히 이동에서 나타나는 현상으로 보기에는 다소 무리가 따르기 때문에 관광현상을 명확히 구분하기는 매우 어렵다.

대체적으로 관광역사를 통하여 분석해본 관광현상은

① 사회계층상으로 볼 때 관광의 참여계층은 상류층에서 점차 중류층, 하류층으로 확대되고 있으며, 유급휴가제와 같은 제도적 장치로 일반근로자들의 관광기회를 보장함에 따라 대중관광으로 발전하고 있다는 점.

② 시대적 환경변화에 따라 사람들은 자신의 여가시간에 대한 욕구가 더욱 다양화되고 있다는 점.

③ 관광수요가 급증하고 여행에 따르는 이동수단 및 각종 편의시설이 획기적으로 발전함에 따라 관광관련기업들의 경쟁적 환경도 급변하고 있다는 점 등으로 인하여 매우 복잡하게 나타나고 있다.

(1) Tour 시대

고대 이집트 · 그리스 · 로마시대로부터 1830년까지를 총칭하여 투어시대라고 할 수 있다. 이 시대의 특징은 관광의 범주가 이동수단이나 여건의 제약으로 일상생활권의 범주를 크게 벗어난 활동이 아니었으며, 관광사업의 형태 역시 자연발생적인 특징을 가지고 있다. 특히, 관광의 주체인 참여자도 노동에서 제외되고, 이동이 자유로운 일부 특권층에 의하여 관광행위가 이루어졌기 때문에 아주 미미한 관광현상만이 존재하였다.

또한, 고대인들 대부분의 생활양식이 생활을 위한 노동이 전부였기 때문에 관광이란 곧 노동을 의미한다고 볼 수 있다. 다시 말해서 이들은 노동을 통해서 생활의 만족을 찾았으므로, 이로써 얻어지는 생산성은 동시에 관광활동에서 얻는 만족과 같은 정도로 노동이 개인생활의 전부를 지배했다.

(2) Tourism 시대

자연발생적인 단계에서 벗어나 매개발전시대 즉, 19세기 이후에서 제2차 세계대전까지의 사회의 변화는 보다 세분화된 산업사회로 발돋움하기 시작하면서 지금까지 사회현상에 공존해오던 관광현상이 여러 가지 요인으로 인하여 사회현상과 상호작용을 하게 되었다.

첫째, 관광참여계층 측면에서 자연발생적인 단계와는 달리 범위가 확대되어 관광수요가 증가되었다.

둘째, 공간적 이동수단과 조건이 발전됨에 따라 지역적인 범위에서 벗어난 관광행동으로 전환되었으며, 생활양식 또한 변화되었다.

셋째, 자연발생단계의 생산방식이 산업성장으로 인하여 분업화, 기계화로 전환됨에 따라 생활형태의 새로운 양식이 나타나기 시작하였다. 즉, 노동을 통한 만족보다는 새로운 생산을 위한 수단으로 관광이 점차 필요하게 되었다.

넷째, 매개발전 단계의 전반적인 사회현상에 의한 관광의 필요성은 사회현상과 관광현상 간의 상호작용으로 인하여 관광활동을 위한 관광환경을 제도적으로 유도할 만한 기능이 출현하게 되었다. 즉, 생존을 위한 생활과 생활의 재창조 및 노동의 재생산을 위한 관광활동의 분리가 일어나게 되었다.

다섯째, 이 시대의 두드러진 관광현상은 관광시장, 관광대상에 관광사업이 개입하여 관광현상을 주도하기 시작했다는 점이다.

이러한 관광현상의 세분화에 의하여 출현된 관광알선과 관광시설들은 그 구성의 복잡화에 의하여 통제와 관리가 필요하게 되었다. 결국 매개발전단계에서의 관광현상은 자연발생적 단계와는 달리 인간의 관광활동 편의를 제공하기 위하여 공익성보다는 영리성을 추구하게 되었다.

(3) Mass Tourism, Social Tourism 시대

제2차 세계대전 이후의 시대를 Mass Tourism, Social Tourism 시대라고 표현한다. 학자에 따라서는 이를 좀 더 세분화하여 Popular Tourism, National Tourism을 포함시켜 표현하기도 한다.

이 시대는 제2차 세계대전 전후로 급속하게 발전하기 시작한 산업사회의 출현은 인간생활에 보다 복잡하고 다양한 사회조직과 기능을 요구하게 되었다. 이러한 공업화 현상과 더불어 현대과학문명의 발전은 인구구조에 있어 비례적인 인구증가를 초래하였으며, 인구의 도시집중에 의한 도시화현상은 오늘날 급격한 사회변화 요인으로 작용하게 되었다.

사회가 기능적으로 복잡해짐으로써 관광현상도 다기능화되었다. 관광활동의 공간적 개념이 교통혁신으로 시간적 개념으로 변화되었으며, 산업화로 인한 경제성장은 현대인에게 관광의 필수품시대를 가능하게 하였다. 특히, 전 국민이 관광참여가 가능해졌으며, 이로 인하여 관광의 대량이동과 관광의 대중화 사회가 가능해졌다.

① Mass Tourism

Mass Tourism(대량관광)은 도시화, 공업화로 인한 부의 증대, 자동생산 체제로 돌입한 산업혁명 이후부터 본격화되기 시작하여 20세기에 접어들어 교통수단의 발달, 노동시간의 단축에 따른 여가시간의 증대와 더불어 급속히 발전하였다.

이러한 Mass Tourism은 더욱 심각한 도시화와 환경오염의 영향으로 건전한 생활환경을 갈구하는 현대인의 위기심리를 더욱 배가시켜주기 때문에 이러한 현상은 계속적으로 증가할 것이다. 즉, 여기서 의미하는 Mass Tourism은 관광참여자의 양적인 측면을 의미하는 관광형태로 관광이 설립할 수 있는 조건인 여가시간, 경제적 소득, 관광에 참여할 수 있는 심리적 요인 등이 주어져 개인의 능력에 따라 자연발생적으로 관광활동에 참여하는 것을 의미하며, 관광참여비율이 대량화 현상으로 전개되는 것을 의미한다.

② Popular Tourism

Popular Tourism(대중관광)은 20세기의 지배적인 관광현상으로서 자연발생적으로 관광행위에 참여하는 것을 의미한다. Popular Tourism은 Mass Tourism과 마찬가지로 여가비나 여가시간에 대한 정책적 지원이 필요 없는 사회계층이 관광활동에 참여하는 형태라고 볼 수 있다. 이러한 Popular Tourism은 Mass Tourism과는 달리 양적 개념보다는 질적 개념을 강조하고 있다. 다만 관광정책은 Mass Tourism의 여건개선에 필요한 제반사항을 연구해야 하기 때문에 국민관광 및 복지관광과 연관된다고 하겠다.

③ Social Tourism

Social Tourism(복지관광)에 대한 정의는 학자에 따라 견해를 달리하고 있으나, 이에 관한 연구가 국내외로 진행되고 있다.

〈표 1-1〉 Social Tourism의 정의

학자 및 기구	정의
훈지커 (W. Hunziker)	저소득 계층들이 하는 관광의 한 형태로서 저소득층으로 하여금 관광을 할 수 있게 하고, 그들 각자에게 관광을 장려시킴으로써 누구나 쉽게 인지할 수 있는 사회체제
메탈카 (C. J. Metalka)	경제적 또는 신체적 이유 때문에 관광에 참여하지 못하는 사람들에게 비상업적 관광의 경험을 갖게 하기 위하여 정부가 보조금을 지급하여 관광에 참여케 하는 것
매킨토쉬 (R. W. McIntosh)	여행비나 숙박비를 마련할 수 없는 저소득계층 또는 단순 노동자를 위한 관광으로서 주정부, 지방당국, 고용주, 노동조합이나 사회단체에서 보조금을 지원받는 것
마에다 이사무 (前田勇)	관광이 국민후생에 큰 효과가 있음을 주목하여 정부나 지방공공단체가 관광을 활성화시키기 위한 여러 시책을 취하는 것과 관광을 일반에게까지 넓혀나가는 것
WTO	휴식권 행사가 극히 어려운 시민들을 위하여 사회가 추구해야 할 목표
국제소시얼 투어리즘기구(BITS)	명백한 사회적 성격의 조치를 통하여 저소득층의 관광참여를 가능하게 하거나 참여를 촉진시키는 것과 그렇게 이루어진 관광으로 인해 발생되는 관계와 현상의 총체

이상의 여러 학자들과 국제기구들의 정의 내용을 토대로 살펴보면, Social Tourism의 몇 가지 특성을 도출해 낼 수 있다.

첫째, Social Tourism은 관광할 권리를 국민의 기본권으로 인식하고 관광할 수 있는 실제적인 기회를 주어야 한다는 것이다.

둘째, Social Tourism은 국가, 지방정부, 공기업, 사회단체, 노동조합이 경제적 · 신체적 · 정신적 등 여러 가지 이유로 인하여 관광행위에 제약을 받는 계층을 대상으로 하고 있다.

셋째, Social Tourism은 정책적 · 제도적 · 인위적으로 이루어지는 사회정책 지원활동이며, 이러한 조치로 인하여 이루어지는 관광현상의 총체이다.

제4절 문화와 관광의 관계성 고찰

우리는 앞에서 관광현상이 인류문화의 일부라는 점을 인식하였다. 관광을 비롯해 여가활동, 레크리에이션, 놀이, 여행 등의 행위도 모두 문화의 일부라고 할 수 있다. 아울러 관광의 개념을 살펴보면서 관광객이 다른 지역을 방문하는 행위는 이질적인 관광객의 문화와 지역주민의 문화가 서로 만나는 상황이 된다는 것도 알 수 있었다. 이렇게 이질적인 문화들이 서로 만나고 충돌하는 것이 관광이라는 관점에서 다양한 논의들이 이루어질 수 있다. 세계 속의 모든 지역은 고유의 문화를 가지고 있다. 사람들은 자기가 속해 있는 지역의 문화적 특성을 가지고 다른 지역을 여행하며 새로운 문화와 접하기도 하고 타 지역에서 오는 다른 문화를 가지고 있는 관광객들과 접하기도 한다. 이렇게 관광이라는 이름으로 이루어지는 문화의 교류들은 다른 지역의 문화에 대한 이해를 높이고 궁극적으로 자기문화에 대한 중요성과 애정을 느끼게 한다. 타 지역 문화를 이해한다는 것은 문화 간의 갈등 정도를 줄이고 오해와 편견이 발생하는 것을 근본적으로 방지할 수 있다. 따라서 국가 간 관광교류의 증대는 궁극적으로 상호 선린우호 관계가 커지고 평화 유지에 기여하게 된다. 아울러 문화적 측면에서 관광은 특정지역의 전통문화 보전에 긍정적인 역할을 하는 경우도 있다. 관광객의 지역 문화에 대한 관심은 지역주민들이 자기문화에 대한 가치의 재발견과 자긍심을 고취하는 계기가 되기도 한다. 이를 통해 사라질 운명에 처해있는 전통문화가 극적으로 보전되는 경우를 드물지 않게 찾아볼 수 있기도 하다.

물론 관광으로 인하여 지역문화가 왜곡되거나 파괴된 부정적인 경우도 어렵지 않게 찾아볼 수 있다. 이방인으로서의 관광객과 접대계급으로 전락한 지역주민 간의 문화적 충돌은 갈등의 원인이 되기도 한다. 우선 고유문화의 상품화를 생각해 볼 수 있다. 문화의 상품화란 특정지역의 문화가 관광객의 소비에 적절하도록 그들의 기호에 맞게 변형되는 것을 의미한다. 지연주민들에게 오랫동안 신성시되어 오던 장신구와 제기(祭器) 등이 관광기념품이 되어버린 경우를 우리는 쉽게 찾아볼 수 있다. 다음으로는 지역문화가 놀이터 문화로 변질되는 경우를 들 수 있다. 보통은 관광객들에게 관광지는 놀이터로 인식된다. 그곳이 지역주민들에게는 종교적으로 성스러운 곳이거나 역사적인 유적지라고 해도 관광객들에게는 단지 호기심의 대상이 되곤 한다. 따라서 관광객들은 관광지라는 공간에서 자신의 직업이나 성향에 상관없이 손쉽게 일탈행위에 빠지기도 한다. 이러한 관광객의 행동들은 지역주민들 스스로에게 자괴감에 빠지게 하고 지역문화의 고유한 가치와 전통을 포기하고 관광객들의 행동을 맹목적으로 추종하거나 동경하는 현상이 벌어지기도 한다.

관광에 관심을 가지고 있는 사람으로서 우리는 1967년 로마 바티칸에서 개최된 '관광의 정신적 가치'에 대한 회의에서 다루어진 내용들을 진지하게 되짚어 볼 필요가 있다.[11] 무엇보다 잊지 말아야 할 것은 오늘날의 관광이 단순히 경제적 부를 창출하는 기능을 넘어서 정신적이고 문화적인 가치를 창출하는 포괄적이고 강한 힘을 가지고 있다는 점을 간과해서는 안 된다는 점이다. 그리고 인류가 관광이라는 경험을 통해서 인류공동의 재산인 정신적 가치를 공유하게 됨으로써 서로에 대한 이해를 증진시키고 지역 간 분쟁 완화에 도움이 되고 평화의 산물이라는 점도 명심하여야 하겠다. 그리고 관광은 사회교육의 수단이 되며, 가족 간 대화의 기회를 부여함으로써 유대관계를 강화시키는 중요한 사회적 기능을 가지고 있다는 점도 강조되어야 한다.

아울러 관광이 중요시되는 현실적인 이유는 국가차원에서 볼 때 관광승수효과로 인하여 관광수지개선과 국가경쟁력강화에 중요한 수단이 되며, 이것은 곧 국가경제의 기반을 튼튼히 해주는 단초가 된다는 점이다. 지역관광차원에서도 지역의 고유한 전통역사문화가 관광자원화되고 문화관광축제가 되면서 자연스럽게 세계와 소통하는 마중물이 됨으로써 이러한 현상들이 현대관광발전에 중요한 발전 동인이 된다. 따라서 문화와 관광은 하나의 공통된 속성인자를 가지고 미래사회에서도 매우 중요한 관계성을 가지고 그 역할을 다할 것이다. 그동안 관광에 있어 문화는 단순히 관광자원이나 관광상품의 하나로서 인식되어 왔지만, 사실 관광은 그 자체가 중요한 문화이자 문화적 행동의 결정체라는 것이다. 본고에서는 이와 같은 관점에서 문화와 관광에 대한 접근을 시도하고 개념화작업을 시도하였다.

참고문헌

1) 김사헌 · 박세종(2013). 『관광사회문화론』, 백산출판사.
2) 설혜심(2013). 『그랜드투어, 엘리트 교육의 최종 단계』, 웅진지식하우스.
3) Zuelow, E.(2015). *A History of Modern Tourism*. London: Palgrave.
4) 한국관광학회(2009). 『관광학총론』, 백산출판사.
5) 김원인 · 김수경(2015). 『관광학원론』, 백산출판사.
   김종은(2000). 『관광학원론』, 현학사.
6) 동남레저산업연구소(2001). 『관광학의 이해』, 기문사.
7) McIntosh, R., Goeldner, C., & Ritchie, J. R.(1990). *Tourism: Principles, Practice, Philosophies*. New York: John Wiley & Sons.
8) 고동우(2007). 『여가학의 이해』, 세림출판.
9) 김원인 · 김수경(2015). 『관광학원론』, 백산출판사.
   김종은(2000). 『관광학원론』, 현학사.
   동남레저산업연구소(2001). 『관광학의 이해』, 기문사.
10) 변우희 외(2016). 『최신관광사업론』, 한올출판사.
11) 원융희(2007). 『문화와 관광 그리고 공해』, 백산출판사.

제 2 장

관광의 역사

한경수

계명문화대학교 관광학부 교수(1987~2014)
현재 동 대학 명예교수

경북대학교 정치학사 · 석사를 거쳐, 경기대학교 관광경영학과 석 · 박사 과정을 이수하였다. 1982-86년 대한항공에서 현장 경험을 쌓았으며, 1987년부터 2014년까지 상기대학에 재직하였다. 1988년부터 "한국전통여행연구"라는 주제로 관련논문 13편을 통해 삼국시대에서 일제강점기까지의 한국관광사를 정리하였다. 한국관광사, 관광객행동, 관광마케팅, 국제관광, 관광법규, 항공실무 등 저서가 있다. 한국관광학회 및 대한관광경영학회에서 부회장직을 맡았다.

kshan518@naver.com

고계성

경남대학교 관광학부 교수

제주대학교에서 관광학 박사학위를 취득하였다. 1994년부터 1997년까지 로버츠하와이(Roberts Hawaii) 동아시아부서에서 실무 경험을 쌓았다. 1999년부터 2009년까지 제주관광대학교에 재직하였고, 2009년부터 현재까지 경남대학교 관광학부에 재직하고 있다. 관광사를 비롯하여 관광자원, 상품기획 및 개발 관련 분야 등에 대한 관심으로 저서와 다수의 논문이 있으며, 한국관광학회 산하 관광자원개발분과학회장(2017. 9~2019. 8), 한국관광연구학회 및 한국관광레저학회 등에서 평생회원으로 활동하고 있다.

wegotravel@kyungnam.ac.kr

제 2 장

관광의 역사

한 경 수 · 고 계 성

제1절 관광학의 역사적 접근*

1. 관광역사의 연구 필요성 및 접근방법

관광을 역사적 관점에서 바라보는 연구가 역사적 접근이다. 역사학의 유명한 문구인 "미래는 과거와의 대화이다"는 우리에게도 시사하는 바가 크다. 미래의 모습은 과거와 동일하지는 않지만 그 깊숙한 바탕에는 과거라는 뿌리가 존재하고 있는 것이다. 역사는 하나의 큰 궤를 이루면서 그 속에서 다양한 변화를 용해하고 그것을 토대로 서서히 또 다른 궤를 만들어 가는 것이 아닐까.

관광현상은 형태는 다르지만 인류역사와 함께 존재해 왔다고 해도 과언이 아닐 것이다. 이러한 관광을 어떻게 이해해야 할까. 자칫 장님 코끼리 만지는 형상이 되지는 않을까. 학문이란 미지의 어떤 대상을 두고 그것의 정체를 밝히기 위해 다양한 방법으로 접근해 가는 것이라고 본다면 다소 위안이 될 수 있다. 우리는 관광이란 산의 모습을 여러 각도에서 다양하게 그리고 끊임없이 관찰하여 그 전체 모습을 밝혀내려고 노력할 뿐이다. 관광역사는 어떻게 보아야 할까.

첫째, 관광현상을 시대에 따라 나누어 보는 것이다. 시대적 접근법, 즉 시대사(時代史)는 가장 보편적이고 손쉬운 방법이다. 만약 어느 국가 또는 지역의 관광을 시대를 통틀어 전체로 본다면 일종의 관광통사(觀光通史)라고 할 수 있겠다.

둘째, 관광현상과 관련된 사항을 나누어 보는 것이다. 즉, 관광유형, 관광숙박, 관광교통, 관광사상, 관광용어 등이 그것이다. 관광유형사, 관광숙박사 등으로 표현할 수 있겠다. 관광사상이란

* 한경수(2010). 관광의 역사. 「관광학총론」, pp.37~71. 백산출판사. 내용 중 일부 인용되었음.

관광이란 행위 속에 깔려있는 기본적인 사고 또는 철학 등을 말한다. 또한 관광용어는 관광과 관련하여 사용된 용어인데 그 속에는 당시 관광의 의미가 내포되어 있어서 관광의 모습을 이해하는데 도움이 된다. 결국 이것은 부분적인 것을 통해 전체에 접근하려는 시도로서 통사에 비하면 부분사(部分史) 또는 분야사(分野史)라고 부를 수 있겠다.

셋째, 현대에 이르러 선진국들은 관광의 국가정책적 중요성을 인식하게 되었다. 경제, 복지 등의 측면에서 관광의 역할을 중시하게 되었고 이를 위한 국가의 정책과 행정적 뒷받침이 요구되었다. 이러한 부분에 대한 접근을 정책적 접근이라고 할 수 있다면 시대별로 관광정책을 고찰하는 것은 관광정책사라고 말할 수 있겠다.

2. 한국과 서구의 관광역사 연구 현황

(1) 한국의 관광사 연구

한국에 있어서 관광사연구는 일부 학자를 제외하고 관심의 대상이 되지 못한 것 같다. 그것은 연구자 및 연구물의 절대적 부족, 관광사에 대한 인식 부족, 한문 등 언어적 장벽 때문이다. 또한 지금까지 여행관련 기록들이 기행문학 등과 같은 타 분야에서 다루어져[1], 관광학의 연구대상이라는 것을 인식하지 못하였다. 1980년대를 태동기 또는 도입기, 1990 및 2000년대는 성장기라고 부를 수 있겠다.

1980년대는 관광사 연구가 공식적으로 이루어지고 학회지에 관련 논문이 발표되기 시작하였다. 김상훈은 우리나라에서 처음으로(현재까지 발견된 것으로 볼 때) 관광사업사(觀光事業史)를 다루었다.[2] 우락기는 제주지역 관광 관련 그림 및 지도에 대한 연구로서 유일무이하다.[3] 이광진의 석사학위논문은 관광사에 관한 학위논문으로는 이 시기에 있어서 유일하다 하겠다.[4] 오정환은 호텔산업사를,[5] 박호표는 삼국시대의 관광유형에 관한 논문을 발표하였다.[6] 한경수는 1988년부터 「한국전통여행연구」라는 주제로 조선시대 관유(觀遊)여행, 조선시대공무여행 그리고 관광의 어원 및 용례 등에 관한 논문 3편을 발표하였다.[7]

1990년에는 관광사에 대한 인식이 다소 고양되었으나, 연구논문 발표는 여전히 미미하였다. 그러나 그 가운데서도 한국관광사는 아니지만 서양관광사 관련 저서 3권이 출간되었다.[8] 또한 일부 대학에서 관광사관련 강좌를 개설하여 관광사의 학문적 입지를 넓혀주었다. 오정환은 그의 박사학위논문에서 서양과 한국의 숙박시설(호텔)의 변천사와 근현대의 호텔경영사를 분리하여 정리 · 비교하였다.[9] 한경수는 「한국전통여행연구」라는 주제로, 1990년대에 6편을 추가로 발표하였다. 이로써 그는 일단 시대별 「한국전통여행연구」의 1차 작업을 마무리하였다.[10]

2000년대는 한국관광사 연구가 활발하지 못하였다. 그것은 기존의 연구자들이 역사적 접근을 소홀히 하였고 정책적 지원도 미약하기 때문이다. 한경수는 2000년대 초중반 4편의 관광사 관련논문을 발표하여, 삼국시대에서 일제강점기까지의 한국관광사 연구를 일단 마무리하였다.[11] 2000년대 후반 육재용은 한국관광사연구에 새로운 연구자로 나타났다. 그는 와유관광(臥遊觀光)이라는 선인들의 관광현상을 다루었다.[12] 현재 역사적 연구가 미미하다고 하여 중요성마저 무시되는 것은 아니다. 관광학의 장기적 발전을 위해서 역사적 접근은 큰 역할을 할 수 있을 것이다.

(2) 서구의 관광사 연구

유럽에서 1980년대부터 관광사를 체계적으로 접근한 대표적인 학자인 타우너(J. Towner)는 관광사 연구방법으로 일반적인 역사적 접근(historical research), 현상의 일반화를 지향하는 사회과학적 역사 접근(social science research), 그리고 인문주의적 역사 접근(humanistic approach)을 말하고 있다.[13] 이들 방법은 상호보완적 역할을 할 수 있다.[14]

한편, 미국은 역사가 짧기 때문에 유럽의 관광사 연구형태를 그대로 적용할 수가 없다. 초기에는 정착 등의 이유로, 또한 나라가 광대하여 국경을 넘어 외국으로 여행할 수도 없었기 때문에 관광보다는 여가, 레크리에이션에 더 관심을 가졌다. 벨라스코(W.J. Belasco)는 자동차여행을, 재클(J.A. Jakle)은 북미관광사에 대해 가장 포괄적인 연구를, 시어즈(J.F. Sears)는 19세기 관광을 중점적으로 연구하였다. 파이퍼(M. Feifer)는 미국인으로서 서구의 관광사를 포괄적으로 연구하였다.

또한 미국의 온천 · 해변휴양지 연구는 1940년대에 시작하였고, 존스(B.M. Jones)의 미국 서남부 "health-seekers" 연구 등이 있다. 미국은 온천이 국립공원에 위치하고 있어 온천에 관한 연구는 주로 국립공원사에서 다루어지고 있다.

〈표 2-1〉 유럽의 관광사 연구

<table>
<tr><th>접근법</th><th colspan="2">연구대상</th><th>학자</th></tr>
<tr><td rowspan="6">일반적 접근</td><td colspan="2">고대 로마의 관광 연구</td><td>L. Casson</td></tr>
<tr><td colspan="2">중세 관광 연구</td><td>G. B. Park 등</td></tr>
<tr><td colspan="2">그랜드투어 연구: 유럽관광사에서 가장 심도있게 연구된 분야. 통계적인 자료 등 가장 포괄적인 내용을 담아 지금까지의 연구를 총정리</td><td>J. Towner</td></tr>
<tr><td colspan="2">영국의 온천과 해변휴양지의 발전(1940~60년대)</td><td>J. A. R. Pimlott 등</td></tr>
<tr><td colspan="2">19세기 해변휴양지와 리조트의 성장(사회역사학자)</td><td>J. K. Walton 등</td></tr>
<tr><td colspan="3">1960년대부터 프랑스 역사가들에 의해 관광사 연구가 이루어졌으며 1970~80년대 영국의 사학연구에서 주된 주제는 여가사(餘暇史)였다.</td></tr>
<tr><td rowspan="5">사회과학적 접근</td><td rowspan="3">발전모형연구</td><td>관광지 발전 사이클</td><td>R. W. Butler</td></tr>
<tr><td>프랑스니이스연구: 1763~1936 기간을 초기 성장기, 성숙기, 전환기로 구분</td><td>D. Nash</td></tr>
<tr><td>관광지 변화모델: 성장과 쇠퇴</td><td>S. C. Plog</td></tr>
<tr><td>구조적 접근</td><td>관광시스템 연구(주 요소: 문화, 사회, 경제, 정치, 기술적 환경)</td><td>N. Leiper 및
J. Towner</td></tr>
<tr><td>정량적 연구</td><td>“빅토리아 시대 관광산업의 성장에 관한 연구” 및 시계열 연구</td><td>J. K. Walton</td></tr>
<tr><td>인문주의적 접근</td><td colspan="2">워즈워드(Wordsworth)의 작품이 잉글랜드 호수지역의 관광발전에 미친 영향</td><td>P. T. Newby</td></tr>
</table>

제2절 한국의 관광역사

기록이 남아있는 삼국시대부터 고려시대, 조선시대, 개화기, 일제강점기, 현대로 구분하였다. 관광유형과 관광사상을 중심으로 전개하였다.

1. 삼국시대의 관광

이 시대에 관한 기록은 매우 희소하며 최치원(857-?)의 계원필경(桂苑筆耕), 삼국사기, 삼국유사, 해동고승전, 동사강목 등이 있다.

(1) 왕의 순행과 풍월도

왕이나 신하들에겐 순행이 나라 안의 명승지를 여행할 수 있는 좋은 기회가 되었던 것이다. 사서에 나타난 왕의 첫 순행은 백제 시조 5년(BC 14)에 "백제 임금이 북변을 순행하다가 신록(新鹿)을 사냥하여 잡았다"라는 기록에 나와 있다.[15] 왕의 순행기록은 고분벽화(황해도의 안악3호, 덕흥리 고분 등)를 통해서 그 전체 모습, 규모, 분위기 등을 비교적 생생하게 확인할 수 있다.

또한 화랑제도는 신라시대에 훌륭한 인재를 선발하기 위한 방법으로 금강산, 지리산 등을 유람하게 하면서 그 사람 됨됨이를 보려 하였다. 화랑제도를 처음 도입한 것은 신라 진흥왕 37년(576년)이었다. 최치원의 난랑비 서문에는 화랑도를 풍월도(風月道) 또는 풍류라고도 하였다.

(2) 중국 유학(遊學)

당시 유학(遊學)은 곧 선진문물을 익히고 나아가 대륙의 경관을 구경하는 것(遊)으로 오늘날 국제관광과 맥을 같이한다 하겠다. 최치원은 이러한 유학을 관광(觀光)이라고 불렀다. 국비 중국 유학의 첫 기록은 선덕왕 9년(640년)에 있었다. "당태종은 천하의 명유(名儒)들을 학관으로 삼고 빈번히 국자감에 행차하여 그들로 하여금 학문을 강론하게 하고, 학사 1200간을 증축하여 학생 3260명이 치도록 만드니 사방에서 학자들이 구름과 같이 경사로 모여들었다. 이때에 고구려, 백제, 고창, 토번 등도 또한 자제들을 파견하여 입학시켰다".[16] 당시 중국유학에 대해 최치원은 당시 유학기간은 10여 년, 유학생수는 100여 명이라고 기록하고 있다. 개인유학은 주로 서학(西學) 또는 서유(西遊)라는 이름으로 불리었다. 신라인 설계두(薛罽頭), 대세(大世)와 구칠(仇柒) 등이 개인 유학을 한 기록이 있다. 최치원의 계원필경(桂苑筆耕) 서문에 다음과 같은 글이 있다.

"돌아가신 아버님께서 훈계하여 말씀하시기를 10년 내에 급제하지 못하면 내 아들이라 말하지 말라. 나 역시 아들이 있다 말하지 않겠다. 관광 6년에 저의 이름을 방 끝에 붙이게 되었나이다".[17](亡父誡之曰 十年不第進士 則勿謂吾兒 吾亦不謂有兒. 觀光六年金名牓尾)

(3) 불교 관련 구도여행 및 행사 관람

첫째, 삼국불승들이 중국을 경유하여 당시로서는 멀고도 먼 인도로의 구도여행을 행하였다. 신라사람 아리야발마는 627-649년경에, 비슷한 시기에 신라인 혜륜과 현각, 고구려인 현유, 혜업 등이 삼국에서 또는 당에서 인도로 구도여행을 하였다. 신라인 현대범이 650-655년 기간 중 인도를, 혜초가 723년경 오천축국(五天竺國: 인도)을 여행하고 돌아와 왕오천축국전을 남겼다. 삼국불승의 중국 여행은 그 예가 상당히 많다. 576년 신라승 안홍이 진(陳)나라로 여행한 것에서부터 원광, 자장, 의상, 원효 등을 포함하여 신라 말 보요선사의 오월국 여행 등이 있었다.[18] 둘째, 불교행사의 관람이다. 불교가 삼국에 자리를 잡으면서 국가의 복을 비는 여러 가지 불교행사가 이루어졌는데 이 행사에는 다양한 가무와 놀이가 벌어져 이를 구경하려는 많은 사람들이 사찰로 이동하였다. 백좌강회(百座講會), 연등회(燃燈會), 팔관회(八關會)가 대표적이다. 백좌강회와 팔관회에 관한 최초의 기록은 551년 신라 진흥왕 때이다. 행사의 내용을 여실히 보여주는 문구가 있다.[19] "화랑을 본떠서 양가의 자제 네 사람을 뽑아 무지개같이 아름다운 옷을 입혀 뜰에 줄지어 춤추게 하였다. 구경하는 이들이 온 도성을 뒤덮어 밤낮으로 즐겼다. 왕은 의봉루에서 관람하였으며, 그 명칭을 '부처를 공양하고 귀신을 즐겁게 하는 모임(名爲供佛樂神之會)'이라 하여 해마다 이렇게 하는 것을 상례로 삼았다."

이외에도 뱃놀이, 사냥, 온천욕 등이 유행하였고, 활쏘기, 말 경주, 씨름, 교예구경(서커스), 마상희(馬上戱), 수박도(手搏道) 등의 놀이문화가 있었다.

2. 고려시대의 관광

고려인들은 불교행사의 관람 및 참여를 즐겼으며 한편으로는 관광과 관련된 깊은 사상도 지니고 있었음을 알 수 있다.

(1) 고려시대의 관광유형

첫째, 불교행사 관람 및 원유(遠遊)이다. 고려시대 대표적인 불교의식은 팔관회와 연등회였다. 문종 27년(1045) 봉은사에서 새로운 불상을 만들고 연등회를 개최하였는데 봉은사까지 가는 거리에는 3만 개의 등을 달아 불을 밝혔다. 이때 남녀노소들이 봉은사까지 따라가며 임금의 긴 행렬을 구경하였다고 한다.[20] 연등회는 그 후 불교행사를 겸한 유희장으로 변하게 되었다. 광대와 재담하는 무리들도 있고 군중과 같이 오락이 벌어졌다. 이것을 구경하기 위해 사람들이 각지에서 모여들었다. 오늘날 성지순례나 종교축제의 참여와 비교할 수 있겠다.

또한 크고 넓은 마음을 키우고 큰 포부를 품으려면 좁은 지경에서 벗어나 명산대천을 두루 구경하고 천하의 장관을 보아야 한다고 생각하였는데 이를 원유(遠遊) 또는 장유(壯遊)라고 불렀다. 불승들의 구도여행도 이와 관련이 있다. 이를 유방(遊方) 또는 참방(參訪)이라고 하는데, 모든 욕심을 버리고 기약도 없이 명산대천을 유람하면서 자연과의 합일을 통해 영원한 도를 얻으려는 것이다.

둘째, 격구가 유행하였다. 최이(?~1249)는 격구장을 크게 만들기 위해 주변의 집 100여 채를 헐어 냈고 한번 시작하면 5-6일이 걸렸다.[21] 격구는 처음에는 체육 및 군사훈련용으로 개발되어

나중에는 유희화하였는데 특히 여악(女樂), 잡희, 음주가무 등을 관람 내지 참여하고 많은 사람들이 이를 구경하였다.

셋째, 온천관광은 예나 지금이나 관광의 중요한 유형으로서 치료 및 유람목적으로 이루어졌다. 임금의 온천거동을 호위하여 온천욕을 한 경우가 많았다. 온천욕 후에는 광대, 기생 등이 참여하는 유희가 있었음을 여러 시(詩)에서 알 수 있다.

이외에 왕이나 대신들은 중국에서 사신이 오면 이들을 사냥터로 데리고 가 함께 사냥 구경을 하였다. 왕들은 용선 등을 타고 대동강 선유(船遊)를 했다는 기록도 적지 않다. 고려시대에는 여자를 사고파는 시장 등에 관한 기록이 있어 매춘도 존재했음을 알 수 있다.

(2) 고려시대의 관광사상

고려시대인들은 우선 자연을 사랑하고 그 속에서 무언가를 찾으려는 마음자세가 있을 때 그 본래의 목적을 달성한다고 생각하였는데 이를 인이후락(仁而後樂) 사상이라고 한다.[22] 산수고황(山水膏肓)은 우리 민족의 자연사랑과 유람의식을 단적으로 표현하고 있다.[23] 인자요산 지자요수(仁者樂山 知者樂水)는 자연을 유람하면서 인간이 배우게 되는 또 다른 중요한 측면을 말해주고 있다. 그러나 고려시대 말엽 불교가 타락하면서 명산과 사찰이 백성들에게 폐를 입히는 경우도 나오게 되어 등산을 경원시하는 경우도 생겼다.[24]

"위로 공경(公卿)으로부터 아래로 서민에 이르기까지 처자들과 더불어 다투어 가서 예배를 드리게 되니, 겨울철의 눈보라나 여름철의 장마로 길이 막힐 때를 제외하고는 구경꾼이 줄지었으며, 산 근처에 사는 백성들도 응접하기에 지쳐서 심지어 성내며 하는 말이 '이 산(금강산)은 어째서 다른 지경에 있지 아니했는가' 하는 자까지도 있다. 머리 깎은 자들이 이 산을 팔아서 제 배를 불리기만 생각하고, 백성은 그 해를 입게 되었으니 말해 무엇하랴. 그러므로 나는 사대부가 산 구경 가는 것을 보면 비록 힘써 말리지는 아니하나 마음속으로는 그윽히 더럽게 여기는 바이다."

고려시대에는 다양한 놀이와 볼거리가 있었으며 여기에는 사상은 깃들어 있다. 여색을 따르고 사냥과 놀이만을 일삼는 것을 음풍(淫風)이라 하는데 작게는 집안을 망치고 크게는 국가를 망친다고 하였다.[25] 이 말은 관광이나 유람 · 유희 속에서도 일정한 범위와 절제된 행동이 있어야 한다는 것이다. 사냥과 낚시에도 중용의 도(道)와 인격도야의 목적이 있었다.[26]

3. 조선시대의 관광

조선 건국부터 임진왜란까지를 조선 전기로, 임진왜란부터 개화기까지를 조선 후기로, 개화기는 조선의 마지막 시기로 볼 수 있다. 조선시대는 유교가 정신적 기반이 되었으므로 관광에 있어서도 적지 않은 변화가 일어났다.

(1) 조선 전기의 관광

엄격하고 이성적인 삶의 방식을 요구하는 유교는 관광에서도 큰 변화를 가져왔다. 즉, 동적이며 자유분방한 관광형태에서 정적이고 형이상학적인 관광형태를 보이고 있다.

첫째, 상외유적 · 소요유적(象外遊的 · 逍遙遊的) 유람이다. 속된 인간세상을 벗어나 신선세계와 같은 맑음과 아름다움 속에서 유람을 하고자 하는 것이다. 즉 정신적 자유 속에서 유유자적하면서 모든 것을 초월한 상태에서 유람을 한다는 것이다. 성리학의 대가인 서경덕(1498~1546)이 그 예이다.[27)]

둘째, 산야질적(山野質的) 유람이다. 자연을 사랑하고 그 속에서 자연의 섭리와 인간에 대한 깊이 있는 성찰을 하고자 하는 것이다. 이황(1501~1570)은 자신을 산야질이라 부르며 본시 산과 들을 좋아하는 바탕을 가지고 있다고 하였다.[28)] 그가 쓴 유소백산록(遊小白山錄)에서 그의 유람관을 엿볼 수 있다.

셋째, 도학적 유람이다. 성리학의 대가 이이(1536~1584)는 궁극적으로 자연 속에 살면서 자연과의 합일을 원하였다.[29)] 도를 배우는 것은 곧 한 가지에 집착하지 않는 것이니 자연을 유유자적하면서 욕심을 버리고 산수와 함께 몸과 마음을 바로 세우려는 심상이 보인다.

넷째, 선적 유람 · 유방(禪的 遊覽 · 遊方)이다. 유방은 불승들의 수도여행이지만 그들의 유람이 어떤 의미에서는 가장 순수하고 아름답다고 하겠다. 자연과 인간을 만나면서 그 섭리와 이치를 자각하는 과정이다. 서산대사 휴정(1520~1604)과 사명대사 유정(1544~1608)의 유람기록에서 이를 확인할 수 있다.[30)]

다섯째, 유학적(遊學的) 유람이다. 유학이란 관광과 동일한 의미로 사용되었는데 중국의 문물제도를 배워 우리나라에 봉사하고자 하는 일종의 국비유학인 셈이다. 그 목적에 대해 양성지(1415~1482)가 명확히 밝혔다.[31)]

"첫째, 어진 스승과 벗을 만나 의심나고 어려운 것을 질문할 수 있습니다. 둘째, 친히 어진 사대부에게 감화를 받아 그 기질이 훈도되게 하는 것입니다. 셋째, 인심과 풍속과 피차의 형세를 알지 못함이 없게 되는 것입니다. 넷째, 친히 문헌의 아름다움과 예악과 명물을 보고 점차로 습속의 고루함을 고치는 것입니다. 다섯째, 혹은 서적을 사들여 모자라는 것을 고치고 보완하는 것입니다. 여섯째, 중국의 말과 소리를 배워 통역의 와전을 바로잡는 것입니다."

(2) 조선 후기의 관광

조선 후기에는 사상적 변화를 겪게 되었는데 공론적 성리학을 탈피하여 실사구시적 학문과 사상을 추구하게 되었다. 그렇다고 오랫동안 조선사회의 기반이 되어 온 성리학이 사라진 것은 아니다. 조선 후기에 있어서 관광의 사상적 기반은 성리학과 실학에 있다고 하겠다.

첫째, 성리학적 유람은 절제되고, 균형이 잡힌 그리고 건전하고 조용하게 마음속으로 자연을 즐기는 것이다. 이러한 유람관은 조선 전기에 풍미하였고 조선 후기까지 이어져 조선시대 전체를 흐르는 큰 줄기를 이루었다고 하겠다.

둘째, 실학적 관광이다. 조선 후기를 뒤흔든 실학은 관광에도 영향을 미쳤다. 특히 북학은 젊은 선비들(박제가, 박지원 등)이 중국을 다녀와 선진문물을 배우면서 시작되었는데, 관광이 원래 담고 있는 사상, 즉 선진국의 문물제도를 보고 배우는 관국지광(觀國之光)의 모습을 그대로 재현하고 있다고 하겠다.[32)]

셋째, 등고(登高) 및 일주유람이다. 한양 주변의 명산을 유람하는 등고형 유람은 고려시대부터 내려온 오랜 유람형태이다. 또 하나는 하루만에 한양 주위의 명승지를 일주하는 일주유람이었다. 일주유람은 모든 사람이 한번은 꼭 하고 싶은 유람형태였다. 금강산 등 장거리 유람은 그대로 존재하였다.

넷째, 국외 공무여행이다. 이는 사신들이 공적인 목적을 수행하기 위해 외국을 여행하는 것으로 삼국시대부터 존재하였다. 공무여행은 해당 외국을 관광할 좋은 기회를 제공하였다. 실학사상, 북학 등도 공무수행차 중국을 여행한 젊은 선비들에 의해 형성되었다. 주로 중국과 일본이 공무여행 대상국이 되었다. 사행단 규모는 중국의 경우 250명 내외, 일본의 경우 뱃사공을 제외하고 270-280명 정도였다. 여행기간은 중국은 보통 4-8개월, 일본은 8-10개월이 소요되었다. 중국 사행단은 매년 수차례 있었으며, 일본 공무여행은 임진왜란 전 22회, 후 12회 등 총 34회에 달한다.

이외에도 매춘 등은 어느 시대나 존재하였다. 조선시대 후기 후반부의 기록에는 매춘을 의미하는 상화가(賞花家), 매음가(賣淫家) 등의 기록이 있다.[33)]

4. 개화기의 관광

이 시기에 우리나라는 역사상 가장 큰 변화를 겪게 된다. 사상적으로는 수백 년간 지탱해온 유교사상이 서구의 과학적, 실리적 사상에 의해 그 기반이 흔들리게 되었고, 서구 국가들은 조선에 대해 경제적 실리를 추구하고 영향력을 행사하기 위해 개항을 요구하였다. 이러한 자의적, 타의적 국제관계 형성은 관광에도 자연히 큰 영향을 미치게 되었으니, 여러 가지 목적으로 조선을 향한 서구인들의 발걸음이 바로 그것이다. 이는 국제관광사적으로 보면 세계적으로 국제관광의 여건이 획기적으로 개선되어 조선도 국제관광의 대상지가 되기 시작했다는 것을 의미한다.

(1) 관광유형

외국인 특히 서구인의 조선 방문이 시작된 것은 1880년대부터였으며, 당시 조선을 방문한 20여 명의 외국인이 조선방문기를 집필하여 당시 시대상을 연구할 수 있는 귀중한 자료가 되고 있다(〈표 2-2〉 참조). 조선인의 국내외여행은 다음과 같다.

첫째, 조선인의 최초 미국방문은 1883년 조선주재 미국 전권공사 푸(Foote)이 본국에 보고하기를, "미합중국 기선 모노가(毛魯哥)호에 조선의 두 사절 등이 요코하마를 거쳐 우리나라에 입항하려 합니다."에서 알 수 있다.[34] 민영환, 유길준, 윤치호, 박영효, 의화군(영친왕) 등이 주요 인물이었으며, 여행지는 일본, 미국, 러시아, 유럽 등이었다. 특히 민영환(1861~1905)은 1896년 러시아 황제 대관식에 특명전권공사로 파견되어 윤치호 등과 함께 해외파견사절 중 최초로 세계일주를 하였다.[35] 1880년대에 조선정부는 대일 유학을 실시하였는데 1897년 일본 유학생은 77명이었다. 이외에도 런던 1명(1896년), 뉴욕 5명(1902년), 샌프란시스코 8명(1902년) 등의 유학생이 있었다.

둘째, 국내여행이다. 외국인의 조선여행기에 의하면, 왕의 행차구경, 과거구경, 중국유학 및 일본연수, 소풍 및 나들이, 기타 오락(석전, 고래사냥구경, 정자 풍경완상, 궁도, 격투 등)이 보인다. 매음가는 내국인 상대는 상화가패(賞花家牌)를, 외국인도 상대하는 경우는 매음녀라는 별호 문패를 붙이게 하였다. 독립신문에 보면 학생들의 화류(花柳), 야회 및 뱃놀이 등의 기사가 보인다.

〈표 2-2〉 개화기 외국인이 저술한 조선여행기

성명(국적)	여행기록명	조선체류기간	신분 · 방문지역 등
E. J. 오페르트 (1832–1903) (독)	금단의 나라 조선	1866.2, 1866.6 1868.4	• 여행가, 인종학자 • 아산만일대 남연군도굴사건 연관
P. G. 묄렌도르프 (1847–1901) (독)	묄렌도르프 自傳	1882.12.12. 입국	• 외교관 • 황해도, 평안도, 함경도(2회여행)
H. N. 알렌 (1858–1932) (미)	조선 견문록	1884.7.20 입국 ~1904년 귀국	• 주한미국공사관서기관 • 의사, 선교사 · 민영익 치료 • 박정양의 고문
W. R. 칼스 (1848–1929) (영)	조선 풍물지	1884~1886	• 외교관 • 함경도 및 평안도 오지 탐사
O. N. 데니 (1838–1900) (미)	淸韓論(외)	1886.3.28 ~1891.1.22	• 법률학자, 조선국왕 외교고문

성명(국적)	여행기록명	조선체류기간	신분 · 방문지역 등
O. N. 데니 (1838–1900) (미)	淸韓論(외)	1886.3.28 ~1891.1.22	• 법률학자, 조선국왕 외교고문
H. B. 헐버트 (1864–1949) (미)	대한제국 멸망사	• 1886.7~1891.12 • 1893.9~1905.10 • 1906.7~1907.4 (1949.7.29~1949.8.5)	• 육영공원 교사 · 고종황제밀서휴대 헤이그파견 • 마니산, 경주, 송도, 금강산
G. W. 길모어 (1857–?) (미)	서울 풍물지	1886.7.4~1894(?)	• 육영공원교사
J. S. 게일 (1863–1937) (캐나다)	전환기의 조선	• 1888.12.15 입국 • 1898년 재입국	• 선교사 • 貞信여중 · 儆新중고등의 전신 설립 • 서울, 송도, 평양, 의주, 봉천, 동만주 고려촌, 함흥, 원산, 금강산
L. H. 언더우드(女) (1851–1921) (미)	상투의 나라	1888년 입국	• 의사(민비어의) • 선교사 • 관서 · 관북전도여행 (평안도, 황해도, 함경남북도)
A. H 새비지-랜도어 (1865–1924) (영)	고요한 아침의 나라 조선	1890년 말(2번째)	• 탐험가, 화가 • 서울 주변(북한산)
I. B. 비숍(女) (1831–1904) (영)	조선과 그 이웃나라들	1894.2~1897 (4차방문)	• 왕립영국지리학회 최초 여성회원 • 관서지방 북한강(한강상류)
W. F. 샌즈 (1874–1946) (미)	조선 비망록	1898 입국	• 조선주차 미국공사관 1등 서기관 • 관동지방
E. 와그너(女) (1881–1957) (미)	한국의 아동생활	1904 입국	• 선교사: 호수돈여고 전신설립
F. A. 매켄지 (1869–?) (영)	대한제국의 비극	1906 여름 ~1907년 말(2회)	• 언론인(종군기자) • 서울 일원
E. G 켐프(女) (1860–?)	조선의 모습	1910.2.1	• 왕립 스코틀랜드 지리학회 회원 • 서울, 부산, 금강산
W. E. 그리피스 (1843–1928) (미)	은자의 나라 한국	• 1차방문(?) • 1926~1927	• 과학자 • 서울 일원

자료: 한말외국인기록 총 16편(집문당, 1999)에서 저자 정리.

(2) 관광교통 및 숙박

첫째, 해운교통이다. 국제선박 여행은 묄렌도르프 부부가 1882년에 유럽-수에즈운하-싱가포르-홍콩-상해-제물포 구간을 선박을 이용하여 조선에 입국한 기록이 있다.[36] 제물포에는 일본, 독일, 아라사 등의 병상선(兵商船)이 왕래하였고 일반인도 이용할 수 있었다. 유럽-아시아 해운은 1904년 E. Meyer & Co 소속의 Hamburg Amerika Linie가 중국 · 일본 · 조선을 왕래하였다(6500톤급). 프랑스 만국박람회에 참가할 업자(체)를 모집한다는 광고가 있었는데 이러한 선박교통이 있었기에 가능하였다. 미국행 선박은 모두 요코하마나 고베에서 출발하였으므로 일본을 경유하여 미국으로 갈 수 있었다. 국내해운의 경우 1897년에 세창양행(제물포 소재)이란 회사가 기선 운항광고를 한 것을 보면 창룡호(蒼龍號)는 국내선에, 현익호(縣益號)는 일본행에 활용되었다.[37]

둘째, 철도는 1899년 제물포-노량진 구간에 철도가 개통되고 1905년 경부선, 경의선(1906년) 등이 건설되어 조선은 일부 철도망을 일단 갖추게 되었다. 1899년 당시 경인선에는 일일 승객수가 300여 명, 화물은 14-15톤 정도로 하루 4차례 왕복하는데 불과하였다. 시베리아 횡단열차는 1916년에 전 구간이 완성되었다. 캠프 여사가 레닌그라드에서 기차로 조선에 입국한 기록이 있다(1910.2.1).[38]

당시 열악했던 숙박시설 중 인천의 대불호텔에 관한 기록은 새비지-랜도어와 끄라르 보테에의 여행기에서 찾을 수 있다.[39] 1888년(고종 25년) 일본인 호리(堀力太郎)가 인천에 세운 한국 최초의 호텔이며 인천에 도착한 외국인들이 반드시 머물던 곳이다. 새비지 등은 1890년 말 이 호텔을 방문하였으며 당시 제물포에 3개의 호텔(Steward's Hotel, Hotel de Coree, 대불호텔/Giant)이 있었음을 기록하고 있다. 서울의 경우 손탁호텔은 1902년 개관하였고, 두 개의 호텔을 신문광고를 통해 확인할 수 있었는데, Grand Hotel(구 철도호텔)과 Hotel Palais가 그것이다.[40]

> **Grand Hotel** (formerly the station hotel)
> Near the Railway Terminus, West Gate, Seoul
> The Best Hotel in Korea, Handsome new Building, Fine airy Rooms, Excellent Cuisine, Terms Moderate, Special terms to Missionaries and permanent boarders. 'Electric cars within 2 minutes' walk
> W. H. EMBERLEY (proprietor)

5. 일제강점기의 관광

이 시기는 주요 간선철도망을 갖추게 되어 역사 이래 대규모의 관광객들이 다양한 유형의 관광을 하게 되었다. 따라서 근대는 현대관광으로의 큰 전환점이라 하지 않을 수 없다. 개화기는 우리나라 국내관광의 근대적 변화의 시발점이자 국제관광의 여명기로, 일제강점기는 현대관광의 출발점이라 말할 수 있겠다.

(1) 관광유형

① 외국인의 조선여행

첫째, 미국, 캐나다, 유럽 관광객은 1920년경부터 외국의 여행사 및 항공사가 주최하는 관광단이 들어오기 시작하였다.(〈표 2-3〉 참조) 이들이 타고 온 선박의 명칭은 후랑고니아, 프레시덴트 후버, 레조루트 등이다. 한편 남미인의 조선방문기사는 1930년대 말에 집중되어 있고, 그 횟수나 방문객수가 미미하여 십수 건에 불과하다.

〈표 2-3〉 미국 · 캐나다인의 단체 조선관광(1920–1940년)

연도	횟수	주최자(건수)	규모 (총인원)	일정	숙박/교통수단
1920	11	뉴욕관광국1, 여행사(토마스쿡2, 아멕스1, 아메리칸스프링1), 商會3, 美의원1	9~35명 (159)	중국→경성→일본	열차, 조선호텔
1926	3	여행사1(프랭크쿡), 일반관광단1, 단체관광단(불명)	13~650 (1003)	인천↔경성 일본→경성→중국	선박, 열차
1927	2	유나이티드아메리카1, 불명단체1	390–450 (840)	인천↔경성	조선호텔
1928	6	함부룩아메리카라인1, 토마스쿡1, 미국세계일주단1, 桑港기독교청년회1, 대학단체1, 하와이(布哇)단체1	20–400 (950)	인력거로 서울시내 관광, 장사진을 이룸	선박, 열차
1929	2	함부룩아메리카라인1, 아메리카규나드·토마스쿡 연합주최1	380–400 (780)	인천↔경성 인력거로 경성관광	선박, 열차
1934	3	日米협회1, 美슈라이나스1, 와싱통대(華盛頓大)학자단1	2–100 (130)	대구·경주→만주	선박, 임시열차
1939	2	미국캐나다여교원단1, 북미기자단(애틀랜타)1	4–15 (19)	일본국제관광국 초청 (기자단)	조선호텔

자료: 동아일보(1920–1940)에서 저자 정리.

둘째, 아시아인의 방문에 관해서이다. 중국인의 방문은 관련 기사가 거의 없다. 일본인의 관광은 1920년대부터 시작되었는데 만주시찰단, 학생단체, JTB 및 일본여행회 주최가 주를 이루었다. 1935년 통계에 의하면(1-11월) 조선을 방문한 관광단체는 885단체 총 385,00명으로, 이 중 일본으로부터 330단체/15,500명, 만주방면으로부터 80단체/3200명이었다(동아일보, 1935.11.28).

② 내국인의 국외여행

일제강점기에 들어서는 다양한 목적의 국외 여행이 시작되었다.

첫째, 조선인의 유럽, 미국 등 여행은 1920년대 중반부터 시작되었다. 모두 개인 또는 소수인원의 여행이었다. 직업은 주로 의사 · 교수 · 사업가 · 예술가 등이며, 여행목적은 세계일주 · 종교집회참가 · 대학교육시찰 · 체육대회참가(LA 10회 올림픽) · 사업 등이었다. 방문국가별로 보면 미국 · 캐나다, 세계일주, 구주의 경우 덴마크 · 스위스 · 프랑스 등이다. 이 중 특기할 것은 옐로우스톤국립공원(黃石公園)에 관한 기사이다. 조선일보 북미통신원 윤성순(尹城淳)이 1927년 학생신분으로 여기서 아르바이트를 하면서 국내에 소개한 것으로 이 공원에 대한 최초의 글로 보인다.[41] 둘째, 조선인의 아시아 여행이다. 개인여행으로는 박춘우(1929)와 한용운의 러시아 여행(1935) 등이 있었다. 중국여행은 일본이 1932년 만주국을 설립한 때부터 각지에서 만주시찰단을 모집하였다. 대만행 관광단 모집(1931, 1932년 각 1차례)은 JTB 조선지국이 철도국의 후원으로 13일간의 여정이었다. 또한 블라디보스토크 관광단 모집은 청진상업회의소 주최로 이루어졌다. 1935년 통계(1-11월)에 의하면 조선으로부터 만주에 여행한 단체는 140개 6,300명에 달했으며, 전년대비 40% 증가하였다(동아일보, 1935.11.28).

셋째, 조선인의 일본여행이다. 1921년 오사카도시박람회, 1922년 평화박람회(동경) 등 92개 단체 4,168명에 이르렀다. 1935년 통계(1-11월)에 의하면 조선으로부터 일본에 여행한 단체는 135개 5,500명이었다(동아일보, 1935.11.28).

③ 내국인의 국내여행

1938년도 열차 이용객(45,053,752명)이 1911년(2,429,687명) 대비 약 18배가 증가한 것을 보면 내국인의 여행규모를 알 수 있다(경부선 약 7배, 경의선 약 14배).[42] 개인관광은 명사들의 여행기를 신문에 게재하면서 바람을 일으켰다. 이광수의 "금강산유기"(1921년 여행) 등에서 알 수 있다.[43]

단체관광은 주최자별로 보면, JTB 조선지사, 철도국운수사무소, 잡지사, 행정기관, 언론기관, 여행구락부(클럽), 탐승단(화양동, 속리산, 금강산) 등이다. 관광단의 종류는 선진도시(순회)관광단, 고적/자연경관/탐승단, 동굴관광단, 앵화/경성꽃/복분자대회, 박람회 관광단 등으로 분류할 수 있다. 규모는 일반관광단의 경우 10~40명 정도이며, 조선부업품공진회 100-200명, 물산공진회 500명 이상, 조선박람회는 최고 2000여 명까지로 구성되어 있다.

(2) 관광교통 및 숙박

선박과 기차가 주류를 이루었고 승용차와 비행기도 일부 이용되었다.

첫째, 열차는 1932년 부산-서울은 아까스까호로 6시간 45분, 부산-북경은 직통급행열차(1939년)로 38시간 45분이 소요되었다. 1921년 5월 1일 개성의 도화세계(桃花世界)에 만철(滿鐵) 주최 경성-개성 간 관화열차(觀花列車)가 운행되었는데 오늘날 관광열차의 효시라 할 만하다.

둘째, 국내선박여행 기록은 비행환(飛行丸: 조선기선)이 유일하다. 국제선박의 경우 한일국제노선은 1920년부터 운항하였다. 국내 각 항으로부터 고베/오사카를 경유하여 요코하마에 이르는 노선이며 조선우선회사가 운항하였다. 한중 간 노선은 1924년부터 조선우선회사가 상해와 청도에 운항을 시작하였고, 왕복 약 20일이 소요되었다.

셋째, 유람자동차가 이용되었는데 오늘날 시티투어와 같은 것이었다. 1929년 경성자동차조합에서는 조선박람회 개최 중 유람자동차 할인을 실시하였다. 경성에 유람자동차가 공식적으로 운행한 것은 1931년 6월 22일이었다(14개소 정차, 소요시간 4시간 반, 부인안내자 동승, 운임 2원 20전, 정원은 16명).

넷째, 조선일보는 조선일주대비행(여의도-대전-진주)을 주최하여 항공에 대한 관심을 불러일으켰다. 국내노선도 처음으로 설정되었는데 일본항공회사(日鮮滿항공회사)가 동경-울산-대구-경성-평양-신의주-대련노선에 취항하였다(1929년 1주 3회 왕복, 1930년 6회 왕복, 6-10인승, 요금은 선박 일등침대와 동일). 평양 명기와 평양 갑부들이 큰 고객이었다. 일본항공수송주식회사는 울산비행장(1930.10.19 매 일요일) 및 여의도비행장에서(1931.3.3. 경성상공 및 경성-인천 일주) 유람비행을 하였다.

서울의 숙박시설은 호텔의 경우 조선호텔이 가장 선호되었다. 제물포를 통해 들어오는 단체관광객들이 서울에 오면 거의 대부분이 조선호텔에 투숙하였고 일부는 반도호텔(1936년 개관)에 투숙하였다. 조선호텔은 1914년 10월 3일부터 영업을 개시하였다(객실 69실, 수용능력 106명). 이외에 서울에는 남대문통 「원파밀(元巴密)호텔」(1922), 경성역전 「동양호텔」(1923), 「경성호텔」(서울호텔: 1920년 창립), 반도호텔(1930년) 등이 있었다. 금강산에는 만철 경성관리국이 경영하는 「장안사호텔」(1924년 낙성)이 있었으며, 매년 6.1-10.15 기간에 운영되었다. 정차장호텔로 「철도호텔」이 평양, 부산, 신의주 등지에 있었다. 지방의 숙박시설은 다다미방이 있는 일본여관과 조선여관, 온천장 여관 또는 청루라 불리는 기생집으로 구분되어 있었다.

(3) 여행정보, 관광홍보, 관광개발 등

1939년 JTB 조선지부에 관해서는, 매상총액(3,938,115원: 전년대비 48% 증가), 알선단체(1,321개, 618,66명, 전년대비 27% 상승), 국내에 10개의 안내소(경성三越, 경성三中井, 화신, 평양, 부산, 대구, 함흥, 신의주, 원산, 대전), 경성삼월 안내소가 내방자수나 알선자수 1위 등을 알 수 있다.[44]

1937년 당시 금강산 안내자는 회원이 14명이며 최소한 1921년 이전부터 안내자가 있었다.[45] (첫 안내자는 승려 韓聖安). 영어안내자가 있었던 적도 있고, 정식 안내원이 있기 이전에는 승려들이 안내역할을 했다. 당시까지도 명사나 귀족들은 지역 관리나 승려들이 직접 안내하였다.

1921년 이광수의 금강산 유람에는 안내원이 있었고, 1938년「여성」이란 잡지에는 여성들의 사직업으로 "까이드걸"이 소개되고 있다.46)

〈표 2-4〉 일제강점기 여행안내서

관광 안내서 등	「여행안내」	1923년	경성여행안내사 발행
	「全鮮철도여행안내」	1928년	전선철도여행안내사 발생
	「국제관광」	1933년	국제관광협회. 동경 철도성 국제관광국. 연 4회 발행
	「여행」	1935년	동경, 일본여행구락부 발행
	"단체여행에 관한 상식문제"	1938년	철도국. 단체여행에 관한 지식보급 목적
	유람권(券)	1936년	기차역에서 경주고적 탐승단에게 판매. 1936.5.25-7.31. 불국사유람 시 자동차회사와 연합, 15일간 유효, 성인 1원
	「관광조선」	1939년	일본여행협회/JTB 조선지부, 격월발행

〈표 2-5〉 일제강점기 관광홍보

관광 홍보	관광취미 전람회	1934년	경성관광협회, 관광사업과 여행취미를 보급
	관광홍보영화	1938년	조선풍광(風光朝鮮: 국제관광국 제작)
		1938년	"선만북지(鮮滿北支)여행"
		1939년	"四季의 朝鮮", 춘하추동 시나리오를 東京文壇 三氏(불명)에게 위탁
	관광사진전	1939년	경성부 총무부 주최, 경성 관광풍물 현상사진 모집
	관광광고	1929년	조선총독부 철도국(경주고적 순회, 부여 8경 행각, 동래온천, 유성온천, 온양온천). "정월휴가의 선용, 避寒여행을 겸하야 고적순례와 욕탕에!!"
		1930년대	신문지면의 관광광고는 금강산, 동룡굴 등 관광단 모집

관광개발에 관련된 사항으로는 금강산 관광정비 신플랜(1937), 경성의 오락지대계획(1939), 금강산을 관광자원으로 개발(1940) 등이 있었으며, 조선관광협회 창립(1933), 조선관광연맹 결성준비회 개최(1939)가 있었다.

6. 현대의 관광

(1) 해방~5·16 군사쿠데타(1945~1961)

8·15해방 이후 1950년대까지의 관광은 정부수립 전후의 사회혼란과 6·25전쟁에 따른 정치·경제·사회적 불안 등으로 발전을 이루지 못했던 과도기 시기이자 관광산업의 발아기라고 할 수 있다.[47)]

〈표 2-6〉 1945~1961년도 주요 관광사

연도	주요 내용
1945	• 미군정청에 육운국(陸運局) 발족 • 우리나라 최초의 조선여행사 설립(1949년 대한여행사로 변경) • 서울 종로에 고려당이 들어선 이후 전통음식점 중심의 요식업 형성
1947	• 해방 이후 최초의 단체 외국인관광단(RAS: Royal Asiatic Society, 70명)이 2박 3일간의 일정으로 경주를 비롯하여 국내 주요 관광지 여행 • 서울-온양 간 관광전세버스 운행면허가 처음 발급되어 국내여행업 시작
1948	• 대한민국정부 수립 • 우리나라 최초 대한민국항공사(KNA: Korean National Airlines) 설립 • 한국행정조직의 근간이 되는 정부조직법 제정·공포
1949	• 최초의 외국항공사 미국 팬암항공사 시애틀-도쿄-서울 노선 취항
1950	• 6·25전쟁 발발
1952	• 최초의 민영호텔 대원호텔 개관 • 교통부에 관광계가 신설되어 처음으로 관광행정업무를 담당
1953	• PATA 설립
1954	• 교통부 육운국에 관광과 설치, 국가차원에서 관광에 관한 행정업무 시작
1955	• 국내 최초 제작차량 '시발택시' 등장, 자동차운송업 발전 계기
1956	• 온양, 해운대, 불국사 등에 철도호텔 개관
1957	• 한국주둔 UN군을 위한 코리아 하우스(Korea House) 설립 • 교통부 국제관설 관광기구(IUOTO: 현 UNWTO) 가입
1958	• 대통령령 제1850호: 교통부장관 자문기관(중앙관광위원회), 도지사 자문기관(지방관광위원회) 설치, 관광행정에 있어서 각계의 의견 집약 노력
1960	• UN군의 휴가 장병이 일본이나 홍콩 등지에서 지내는 휴가를 한국에서 지낼 수 있는 R/R(Rest and Recuperation) 지구로 지정

자료: 정규엽(2012). 호텔업의 역사, 한국현대관광사, 백산출판사, p.78; 하동현·변우희·조문식(2012). 관광학원론, 한올출판사, p.18; 박시사(2012). 여행사의 역사, 한국현대관광사, 백산출판사, p.135; 안대희·최철수·김인웅(2013). 관광학원론, 대왕사, p.86; 이정학(2004). 관광학원론, 대왕사, p.50; 문화체육관광부(2015). 2014년기준 관광동향에 관한 연차보고서. 참조로 작성.

이 시기에는 최초의 민영호텔인 대원호텔과 철도호텔 개설, 출입국절차의 간소화, 국내외에 걸친 관광선전 등 관광공공정책이 미미하지만 행정 본연의 사무가 실천에 옮겨지게 된 시점이라 할 수 있다.[48]

관광정책의 체계가 완전히 갖추어져 있지 않은 시점에서 최대 관심과 역점을 둔 것은 한국주둔 UN군을 위한 휴식장소와 위락의 제공이라 할 수 있다. 북한의 침략을 저지하기 위해 우리나라에 온 그들을 환대하고 그들을 통한 한국의 소개 및 외화획득은 관광행정면에서도 중요한 과제였던 것이다. 당초 UN군 휴가 장병 대상으로 코리아 하우스(Korea House)에서 한국의 풍광을 영화로 소개하는 정도였지만, 이후 2박 3일의 사진촬영을 위한 여행을 조직하는 등 차츰 활기를 더해 갔다.[49]

(2) 박정희 정부(1961~1979)

한국의 관광산업은 1960년대에 들어서 정부의 체계적인 정책기반 조성과 민간관광기업의 등장으로 외화획득산업으로서 발전의 토대를 구축하게 되었고, 관광분야를 국가 전략산업으로 지정하여 관광산업의 기틀을 마련하게 된 시기였다.[50]

이 시기에는 관광산업의 효용성에 입각하여 외화획득에 의한 국제수지를 개선한다는 차원에서 국민관광의 기반 없이 국제관광 일변도의 정책을 추구하기도 하였다.[51] 1975년 12월 31일을 기해 관광사업진흥법이 관광기본법과 관광사업법으로 분리 제정 · 공포하게 되었다. 그리고 외화획득을 위한 국제관광 진흥정책에서 나아가 건전한 국민관광의 발전도 도모하겠다고 선언을 한 점은 우리나라 관광사에서 특기할 만하다고 할 수 있다.[52]

1970년대 초반부터 시작된 3 · 4차 경제개발 5개년 계획 중의 발전기에는 성장 · 안정 · 균형을 추구하면서 국민관광의 발판을 마련하게 되었으며, 정부의 적극적인 관광육성책과 민간 관광기업인의 대대적인 참여로 우리나라 관광을 발전시키는데 큰 역할이 이루어졌던 시기라 할 수 있다.[53]

〈표 2-7〉 1961~1979년도 주요 관광사

연도	주요 내용
1961	• 한국관광 발전에 획기적인 계기가 된 관광사업진흥법 제정공포(법률 제689호)
1962	• 관광사업진흥법 시행령(1962.7.9. 공포: 각령 제874호)과 시행규칙(1962.12.23. 공포 교통부령 제 141호) 제정 • 정부출자의 국제관광공사와 대한항공공사 설립 • 관광안내원을 양성하기 위한 통역안내원 자격시험제도 도입 • 문화재보호법 제정

연도	주요 내용
1963	• 교통부 관광과가 관광국으로 승격 • 관광외화 획득 목적으로 종합위락시설인 워커힐호텔 개관 • 관광사업진흥법 제48조에 의거 특수법인 대한관광협회중앙회(현 한국관광협회중앙회) 설립, 동경과 뉴욕에 최초로 해외선전사무소 개설
1964	• 최초로 경기대학교에 4년제 정규 학사과정으로 관광 관련 학과가 설치
1965	• 한·일 국교 정상화로 일본인관광객의 대량 유입이 시작됨 • 관광호텔 종사원 자격시험제도가 실시 • 14차 태평양지역관광협회(PATA) 총회 서울에서 개최 • 국무총리를 위원장으로 한 관광정책심의위원회규정이 공포 • 지방문화사업조성법 제정으로 지역축제 지원 기반 마련
1966	• USOM(United States Operations Mission)의 지원으로 외국전문가에 의해 한국관광지를 최초로 진단한 Morton D. Kauffman 보고서 제출
1967	• 자연공원법 제정과 최초로 지리산국립공원 지정 • 11월을 「관광의 달」로 지정 • 국내 최초 외국인전용 오림포스호텔 카지노 개장
1968	• 한려해상 국립공원 지정 • 서울 워커힐호텔 카지노 개장
1969	• 부산 태종대공원 등 12개소 관광지 지정 • 숙박업법 제정
1970	• 최초로 경상북도 금오산 도립공원 지정
1971	• 경부고속도로 개통 • 한국관광학회 발족 • 전국 관광지를 10대 관광권으로 설정하여 관광지조성사업 본격적으로 추진
1972	• 관광진흥개발기금법이 제정되어 관광사업체에 대한 금융지원 시작
1973	• 대한관광협회중앙회 기구개편을 단행하여 한국관광협회로 명칭 변경
1974	• 경주 보문단지 개발 착수(1974~79)
1975	• 용평리조트 탄생과 더불어 리조트의 역사가 시작
1976	• 한국관광협회와 서울특별시 관광협회의 사무국 통합개편 • 국제관광공사 훈련원이 개관 • 한국관광공사 정기간행물 발간(전국민여행동태조사, 관광동향에 관한 연차보고서, 외래객여론조사)
1977	• 우리나라 최초의 치킨 프랜차이즈사업이 시작(림스치킨 1호점)
1978	• 제주중문단지 개발 착수(1978~86)
1979	• 제28차 PATA총회 개최를 계기로 우리나라 최초의 컨벤션 전담기구인 국제 관광공사의 국제회의부(현 MICE 뷰로) 발족 • 한국관광진흥 장기종합계획 보고서 발간

자료: 이정학(2004). 관광학원론, 대왕사, p.52; 김철원(2012). 컨벤션산업의 역사, 한국현대관광사, 백산출판사, p.161; 정규엽(2012). 호텔업의 역사, 한국현대관광사, 백산출판사, p.79; 이충기(2012). 카지노의 역사, 한국현대관광사, 백산출판사, p.216; 문화체육관광부(2015). 2014년 기준 관광동향에 관한 연차보고서; 안종윤(2000). 관광정책론, 박영사, p.418; 김기홍·조인환·윤지현(2013). 관광학개론, 대왕사, p.33; 이태희(2012). 리조트의 역사, 한국현대관광사, 백산출판사, p.89; 정희천(2014). 제14판 최신 관광법규론, 대왕사, 49; 정유경(2012). 외식산업의 역사, 한국현대관광사, 백산, p.113. 참조로 작성.

(3) 전두환 정부(1980.9~1988.2)

1980년대에는 국제관광 진흥 위주의 정책에서 탈피하여 국제관광과 국민관광의 진흥을 동시에 추진하였다.[54] 국민관광과 국제관광의 조화발전, 서비스수준의 적극적 향상, 건전관광유치기반확립, 국제회의의 국내유치촉진, 그리고 86년 아시안게임 개최 등 다양한 관광진흥과 시책방향을 제시하고 전력을 경주하였던 시기이다. 그러나 외화정세의 불안상태가 지속됨에 따라 외래관광객의 방한이 감소했던 시기[55]인 반면에, 외래관광객 유치 및 내국인 해외여행 자유화의 기반을 마련하였던 관광의 도약기라 할 수 있다.[56]

〈표 2-8〉 1980~1988년도 주요 관광사

연도	주요 내용
1980	• 김포국제공항 국제선 신청사 개관 • 제주도 입국사증(VISA) 면제지역으로 지정
1981	• 관광관련 업무의 소관부처는 교통부로, 2국 6과에서 1국(관광국) 5과(관광기획과, 국제관광과, 국민관광과, 관광시설과, 관광지도과)로 축소 개편, 해외과 폐지 • 한국 최초 전북 순창군 강천산 군립공원 지정
1982	• 경제기획원 산하 88올림픽대비 관광종합계획단 신설 • 야간통행금지 해제조치 • 국제관광공사를 한국관광공사로 명칭 변경
1983	• 제주공항 신청사 준공 • 50세 이상 관광목적 해외여행 자유화 • 대우그룹에서 힐튼호텔 건립 • 문예진흥법 개정 • ASTA 第53차 세계총회 서울 개최
1986	• 관광사업법을 폐지하고 관광진흥법을 제정・공포 • 86 아시안게임 개최
1987	• 45세 이상 관광목적 해외여행 자유화 • 국립공원관리공단 설립 • 서울에서 열린 미주여행자협회(ASTA)총회 • 한국관광공사에서 최초로 국내관광안내정보를 개발하여 제공

자료: 안종윤(2000). 관광정책론, 박영사, p.312, 421; 김상태・심원섭(2007). 참여정부 관광정책 평가와 차기정부 과제, 한국문화관광연구원; 안대희・최철수・김인웅(2013). 관광학원론, 대왕사, p.87; 고동완(2012). 관광(단)지의 역사, 한국현대관광사, 백산출판사, p.268. 참조로 작성.

(4) 노태우 정부(1988.2~1993.2)

전 국민 해외여행 자유화조치에 따라 내국인들의 해외여행이 폭증하게 되었고 관광산업이 국제화하는 토대를 마련했던 시기이다. 1991년도에 사치성 해외여행 증가와 더불어 관광수지가 적자로 돌아서자 정부는 관광산업을 소비성 산업으로 지정하게 되었다. 한국기업의 외국 관광시설 투자도 원천봉쇄하여 국제적 역량을 축소시키는 등 그동안 유지되어 온 성장정책이 다소 주춤하기도 하였다.[57)]

그럼에도 불구하고 1990년대는 올림픽 개최를 통한 효율적인 관광진흥책에 힘입어 관광객 300~500만 명 유치목표 추진 등으로 고차원적인 관광성숙의 단계로 돌입했던 시기라고 할 수 있기 때문에 성숙기라고 통칭해 볼 수 있다.[58)]

〈표 2-9〉 1988~1993년도 주요 관광사

연도	주요 내용
1988	• 88 서울올림픽 개최 • 롯데호텔과 롯데호텔월드 개관 • (주)서울항공 설립-현재 아시아나항공
1989	• 국민해외여행 전면자유화
1990	• 전국의 관광지를 5대 관광권 24개소권으로 확정 • 관광정보 자동응답안내서비스 개시
1991	• 관광호텔 외화획득 금액에 대한 부가가치세 영세율 폐지 • 관광여권과 친지방문여권도 일률적으로 5년 복수여권으로 발급 • 제3차 세계관광기구(WTO) 총회에서 WTO 집행이사국으로 피선 • 여행업 해외시장 개방
1992	• 중국과 수교 • 전국관광장기종합개발계획을 제1차 관광개발기본계획(1992~2001)으로 확정

자료: 김상태・심원섭(2007). 참여정부 관광정책 평가와 차기정부 과제, 한국문화관광연구원; 안종윤(2000). 관광정책론, 박영사, p.335; 권순(2009). 관광정책론, 백산출판사, p.161; 하동현・변우희・조문식(2012). 관광학원론, 한올출판사, p.24; 신동주・홍성도(2010). 지역관광계획・개발론, 대왕사, p.44; 안종윤(2000). 관광정책론, 박영사, p.422.

(5) 김영삼 정부(1993.2~1998.2)

이 시기에는 작고 효율적인 정부를 구현하고 행정환경과 행정수요의 변화에 능동적으로 대처하는 차원에서 관광과 문화행정의 연계성을 위하여 조직을 개편하게 된다. 관광관련 업무의 소관부처가 교통부에서 문화체육부로 이관되었으며, 이전 정부에서 소비성 산업으로 지정된 관광산업을 제외하여 관련되는 각종 규제를 철폐하였던 시기이다.[59)]

1990년대에 외래관광객은 꾸준히 늘어났지만 1994년부터 관광수지 적자가 나타나기 시작하였다. 1997년 IMF 체제기간에는 국외여행사를 중심으로 호텔・외식사업체 등 많은 관광사업체가 도산하거나 구조조정을 겪어야 했다. 이 기간에는 국내관광의 불황과 내국인의 국외여행이 저조하여 전체적으로 관광산업은 침체국면을 맞이했던 시기라 할 수 있다.60)

〈표 2-10〉 1993~1998년도 주요 관광사

연도	주요 내용
1993	• 대전 엑스포(EXPO) 개최
1994	• 제43차 PATA총회 개최 • 한국방문의 해 지정 운영 • 5개 관광특구(제주도, 경주시, 설악산, 유성, 해운대)를 지정 • 관광진흥 10개년 계획 수립 • 관광호텔 식품접객업소 영업시간제한 완화 및 관광호텔 등급기준 완화 • 관광단지 및 관광지 개발사업을 민자유치대상시설에 포함 • 관광진흥법 개정: 사행행위법으로 분류되어 경찰청에서 관리되어 오던 카지노업을 관광사업으로 전환 • 관광지 지정 및 조성계획 승인권 시·도지사에게 위임
1995	• 문화관광축제 제도 시작 • 폐광지역 개발지원에 관한 특별법 국회 통과
1996	• 한일월드컵 공동개최 결정 • 국제회의산업 육성에 관한 법률 제정
1997	• 한국경제 IMF 관리체제 • 관광숙박지원시설 등에 관한 특별법 제정

자료: 하동현·변우희·조문식(2012). 관광학원론, 한올출판사, p.24; 이훈(2012). 축제의 역사, 한국현대관광사, 백산출판사, p.199; 안대희·최철수·김인웅(2013). 관광학원론, 대왕사, p.88; 권순(2009). 관광정책론, 백산출판사, p.162. 참조로 작성.

(6) 김대중 정부(1998.2~2003.2)

남북관광 시작을 알렸던 금강산관광 실현, 국제공항 개항, 월드컵 개최 등 새로운 관광진흥의 계기가 마련되었고 주5일 근무제를 실시하여 관광행태의 변화 및 외연을 확대했던 시기이다.61) 제주권, 설악권, 경주권, 백제권, 부산권, 수도권의 6대 관광문화권이 한국을 대표하는 관광단지로 조성된다. 그리고 남해안관광벨트개발계획, 유교문화권관광개발사업, 관광진흥 5개년계획(1999~2003)을 추진하고 금강산 관광활성화에 노력하였다. 관광복지 측면에서는 관광소외계층의 관광기회 확대 및 선진적인 관광환경을 조성하고 관광수용태세의 개선을 위한 정책을 추진하였다. 특히 이전 정부의 문화체육부를 문화관광부로 직제명칭을 개편하여 독립부를 기대했던 오랜 숙원을 해결했던 시기이다.62)

〈표 2-11〉 1998~2003년도 주요 관광사

연도	주요 내용
1998	• 금강산관광 시행
1999	• 관광진흥법 개정(20개 규제 폐지하고 19건 규제 완화) • 관광비전 21 확정, 7대문화관광권 개발사업 추진
2000	• 제1회 환태평양지역 경제협력기구(APEC), 관광장관회의, 아시아유럽정상회의(ASEM), 경주문화엑스포 등의 행사 개최 • 하나투어 여행사 코스닥 상장, 첫 거래 • 내국인 출입 가능한 강원랜드 카지노 개장 • 우리나라 최초의 대규모 컨벤션센터 COEX 개관
2001	• 인천 신공항 개항 • 한국 방문의 해(Visit Korea) 선포 • 대구 EXCO, 부산 BEXCO 개관
2002	• UN에서 '세계 생태관광의 해'로 지정 • FIFA 대한민국 · 일본 월드컵 개최 • 부산아시안게임 • 제2차 관광개발기본계획 수립

자료: 김상태 · 심원섭(2007). 참여정부 관광정책 평가와 차기정부 과제, 한국문화관광연구원; 박시사(2012). 여행업의 역사, 한국현대관광사, 백산출판사, p.153; 안대희 · 최철수 · 김인웅(2013). 관광학원론, 대왕사, pp.88-89; 김철원(2012). 컨벤션산업의 역사, 한국현대관광사, 백산출판사, p.175; 이충기(2012). 카지노의 역사, 한국현대관광사, 백산, p.224.

(7) 노무현 정부(2003.2~2008.2)

김대중 정부의 관광정책 기조를 큰 변화 없이 승계하였으며, 한류열풍의 확산으로 관광진흥의 흐름을 계속 이어갔다.[63] 주 40시간 근무제가 공무원까지 확산되면서 주말여행과 더불어 여름휴가 기간에 해외여행을 다녀오는 것이 최고의 바람으로 자리 잡게 되었던 시기이다.[64] 외래관광객 600만 명이 돌파되었지만 급성호흡기증후군(SARS)의 출현과 소비심리의 위축 등으로 경제불황을 겪은 시기라 할 수 있다.

〈표 2-12〉 2003~2008년도 주요 관광사

연도	주요 내용
2003	• 문화관광부 18대 관광정책을 수립(정책과제 12개 및 관광인프라 6개 정책) • 급성호흡기증후군(SARS)의 출현 • 금강산 육로관광 개시 • 대구 유니버시아드 대회 • 제주 ICC Jeju 개관

연도	주요 내용
2004	• 한류관광의 해로 지정 • 한류관광 추진기획단발족 • 제53차 제주 PATA 연차총회 • ADB 총회 • 고속철도 개통 • 관광비전 21의 후속인 관광진흥5개년계획(2004~2008) 수립
2005	• 여행바우처제도 추진 • 청계천 복원 • 문화관광대표 축제 선정, 유-트래블(U-Travel) 시대 개막 • 경기도 고양 KINTEX, 광주 김대중컨벤션센터, 경남 창원 CECO 개관
2006	• 주 40시간근무제 실시 • 내나라여행함께가꾸기 사업 추진 • 관광산업 경쟁력 강화대책으로 조세부담 완화
2007	• 한국 고유의 관광브랜드 'Korea Sparkling'을 선포하고 홍보 • 중저가 숙박시설인 '굿스테이(Goodstay)'와 중저가 숙박시설 체인화 모델인 '베니키아(BENIKEA)' 체인화 사업 운영 • 대한민국 구석구석 캠페인 • 한국에서 최초로 제주화산섬과 용암동굴이 세계자연유산으로 지정

자료: 김상태 · 심원섭(2007). 참여정부 관광정책 평가와 차기정부 과제, 한국문화관광연구원; 김경숙(2012). 관광교통업의 역사, 한국현대관광사, 백산출판사, p.244; 권순(2009). 관광정책론, 백산출판사, p.171; 안대희 · 최철수 · 김인웅(2013). 관광학원론, 대왕사, p.89; 김광근 외(2013). 관광학의 이해, 백산출판사, p.62; http://www.unesco.or.kr(유네스코한국위원회). 참조로 작성.

(8) 이명박 정부(2008.2~2013.2)

2008년도에는 관광산업의 국제경쟁력 강화를 위해서 '관광산업의 선진화 원년'으로 선포하고, '서비스산업 경쟁력 강화 종합대책' 등 범정부 차원의 대책을 본격적으로 추진하였던 시기였다.[65] '소프트파워가 강한 창조문화국가 건설'을 문화비전으로 삼고서 관광산업의 경쟁력 강화에 주력하였으며, 2008년 2월 관광행정의 책임과 권한을 문화체육관광부[66]로 명칭과 소관을 이관하기도 하였다. 2010년 7월에는 관광레저산업 육성을 위한 방안 발표 등 외래관광객 1천만시대 실현 등의 성과[67]도 있었지만 인 · 아웃바운드 불균형 성장이 지속되었고 이에 따른 관광수지 적자폭도 커지는 시기라 평가할 수 있다.[68]

〈표 2-13〉 2008~2013년도 주요 관광사

연도	주요 내용
2008	• 서비스산업 경쟁력 강화 종합대책 마련 • 관광행정의 책임과 권한을 문화체육관광부로 명칭과 소관을 이관 • 서비스산업선진화(PROGRESS-1) 방한의 일환으로 「관광진흥법」, 「관광진흥개발기금법」, 「국제회의산업 육성에 관한 법률」의 관광3법을 제주특별자치도로 일괄 이양 결정 • 13개 시 · 도 26곳이 관광특구로 지정

연도	주요 내용
2009	•관광지 등 지정 시 권역계획 변경절차 생략 •고속버스 환승 시범시행 •제3차 관광산업 경쟁력 강화대책(2009.11) 발표
2010	•관광레저산업 육성을 위한 방안 발표 •경복궁, 덕수궁 등 조선왕조 궁궐복원(2006~2010) •관광숙박시설확충특별법(2010.11)
2011	•최대 정부대표 국제회의인 세계관광기구(UNWTO) 총회 개최 •관광자 · 숙박 · 교통 등 연계한 통합이용권인 코리아 패스(Korea Pass) 출시
2012	•한국컨벤션의 해 지정–Korea Convention Year •안전한국 캠페인 실시

자료: 정희천(2014). 제14판 최신 관광법규론, 대왕사, p.64; 문화체육관광부(2008). 관광동향에 관한 연차보고서; 권순(2009). 관광정책론, 백산출판사, p.166; 문화체육관광부(2011). 문화 · 체육관광분야 주요 성과와 과제; 김광근 외(2013). 관광학의 이해, 백산출판사, p.62. 참조로 작성.

(9) 박근혜 정부(2013.2~2017.3)

'창조경제' 슬로건을 중심으로 과학기술, 산업, 문화 융합을 추구하는 국민관광 활성화를 꾀하고자 하였다. 문화관광 산업 발전 방안과 관련해 다양한 관광 콘텐츠 발굴 및 육성, 관광품질 개선, 청년 일자리 창출 등 국격상승과 문화융성의 시대를 준비하는 시기로 정하여 연도별로 문화집중형 대책을 추진했던 시점이다.

〈표 2-14〉 2013~2016년도 주요 관광사

연도	주요 내용
2013	•관광경찰 창설, 비자개선(중국 복수비자 2,900만명 확대) •중국전담여행사 갱신제 도입 •소형호텔 · 메디텔 도입과 숙박 등급제 의무화 추진 •대체휴일제 도입 등이 추진 •크루즈 부두 준공계획이 포함된 크루즈산업 활성화 대책 추진
2014	•문화누리카드 발급 •한국관광공사 원주 이전 •창조관광기업 육성펀드 조성 •스마트투어가이드 플랫폼 구축 •시 · 군 단위 관광두레가 조직 •러시아 무비자 협정체결 •관광서비스 특성을 반영한 벤처 · 중소기업 지원제도 정비 •도시민박의 내국인 숙식 허용과 올해의 관광도시 선정 추진 •MICE 국제회의산업 육성 중장기 기본계획(2014–2018) 시행 •관광주간 시행 •제주특별자치도 제1호 말산업 특구 지정

연도	주요 내용
2015	• C-Festival 개최 • 메르스 발병 • 로컬 콘텐츠사업 육성 • 고급·융복합 관광콘텐츠 개발과 마을 관광 활성화사업
2016	• 한국 방문의 해(2016-2018) • 부정청탁 및 금품 등 수수의 금지에 관한 법률(김영란법) • 문화콘텐츠산업실 16대 추진 과제 제시

자료: 문화체육관광부(2014). 2013년기준 관광동향에 관한 연차보고서; 문화체육관광부(2014). 문화융성, 국민체감의 시작-2014년 주요업무계획; 문화체육관광부(2016). 2015년기준 관광동향에 관한 연차보고서; 문화체육관광부(2015). 혁신미래, 박근혜정부 2년 정책모음집.; 문화체육관광부(2015). 문화로 행복한 삶 - 2015년 주요업무계획.

초기 외래관광객 입국에 따른 비자개선과 대체휴일제 등 관광분야 규제개혁과 제도개선을 시작으로 국민관광 여건 개선 및 지역관광 편의성 증진 차원의 대책 마련 등에 주력하였다. 그리고 고급·융복합 관광콘텐츠 개발과 빅데이터를 기반으로 한 외래관광객 유치체계 개선 등 지원제도 개선을 통하여 관광산업체 경쟁력 강화 등의 지원범위를 확대하고자 했던 시점이라 할 수 있다.[69] 그러나 고부가가치산업의 경쟁력 제고를 위한 구체적 정책목표의 실종, 창조경제라는 실체가 불명확한 정책의 실패, 그리고 박근혜 대통령의 비선 실세 개입 등으로 최순실게이트가 비화되면서 정부붕괴로 이어졌고 중국발 '사드(고고도미사일방어체계)보복' 리스크가 국내 관광산업 전체로 번지게 된 시기이다.

제3절 서양의 관광역사

서양의 관광역사는 크게 보아 고대(이집트, 수메르, 로마, 그리스), 중세, 그랜드투어시대, 온천·해변휴양시대, 산업시대, 현대 등의 순서로 전개되었다고 할 수 있다.[70]

1. 고대 유럽·중동의 관광

(1) 수메르 및 이집트

수메르(Sumer)는 BC 4000년 이전부터 존재하였으며 티그리스강과 유프라테스강 사이에 메소포타미아(Mesopotamia: 강 사이란 뜻) 문화를 형성하였다. 수메르인은 BC 4천 년 화폐, 바퀴, 마차를 발명하고, 쐐기문자를 사용하고, 무역을 실시하여 여행업의 창시자로 불린다. 우르(Ur)왕 시대(BC 2050년)에 이미 마차가 갈 수 있는 도로가 있었으며, 도로포장은 히타이티(Hitities) 시대에 처음 이루어졌다.

이집트는 BC 3000년경부터 존재하였으며, 기원전 2700년 초에 건설된 정교한 파라오(Pararoh) 무덤은 수많은 관광객을 끌어들였다. BC 1480년 이집트에서 유람선업이 시작되었다(Queen Hatshepsut 호). 관광객들은 그라피티(graffiti)를 남기고, 오늘날처럼 기념품을 구하고자 하였다.

세계 최초의 위대한 여행작가이며 역사의 아버지라고 불리는 헤로도투스(Herodotus: B C 484?~BC 425?)는, "이집트인들은 일 년에 여러 번 축제에 참여하였다. 가장 대규모로 인기가 있었던 축제는 Bubastis에서 시작하여, Busiris, Said, Heliopolis, Buto, Papremis의 순서였다. 이때 소비되는 포도주는 일 년간의 소비량보다 많았다"고 한다.[71] 당시 선박도 상당히 발달하였다. 기원전 800년에 이르러 페니키아는 지중해 전체에 무역센터를 세웠으며, 이웃나라의 중개인으로 활동하면서 때로는 여객을 수송하기도 하였을 것이다. 이들이 바로 해양제국의 창시자였다.

(2) 로마

로마는 BC 8세기(753년)부터 존재하였으며, AD 395년 동서로 분리되어 서로마제국은 476년 멸망하였고, 동로마제국(비잔틴)은 1453년까지 존속하였다. BC 150년에 매우 정교한 도로를 건설하기 시작했다. 5-6마일 간격으로 비치된 말을 이용하여 하루에 100마일 이상을 여행하였다. 포장도로를 이용하여 3,000 내지 6000명의 군인과 동수의 동물로 이루어진 로마군단은 하루에 30마일을 여행하여, 이집트에서 영국에 이르는 그들의 영토 어디라도 이를 수 있었다. 트라얀(Trajan)황제 시대(기원전 98~117)에 이르러 로마의 도로는 총 50,000km에 달했다. 테오도시우스(Theodosius) 시대의 군사지도 일부는 관광안내자의 역할을 하였다.

부유한 로마인들은 역사와 종교에 관심이 많아 이집트나 그리스를 여행하였다. 그리스 사원, 알렉산더 대왕 숙박소, 소크라테스가 살던 곳 등을 트레킹하였다. 소아시아도 특별한 여행 목적지였는데 올림픽경기, 치료목적의 해수욕, 해변휴양지, 연극, 축제, 스포츠 경기 등 때문이었다. 이들은 안내책자와 안내원을 이용하고, 이름을 새기고 기념품을 구입하였다. 그리스인 Pausanias가 160~180년경에 쓴 그리스 안내서(Guidebook of Greece)는 고대에 관하여 남아있는 유일한 안내책자이다.

그림 2-1 로마의 도로망(Roman Roads)

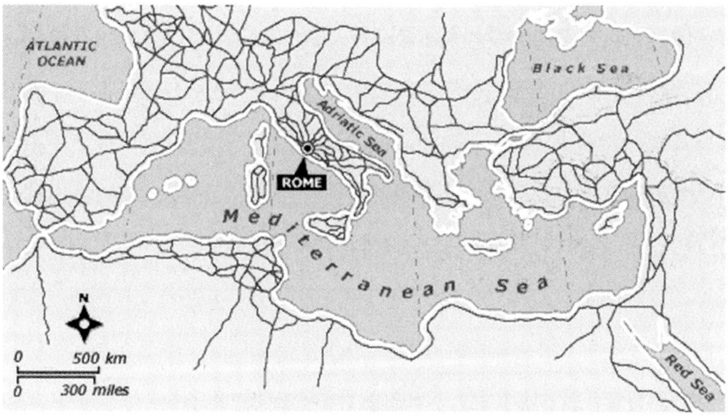

(3) 그리스와 소아시아

그리스는 BC 2000년 미케네문명 이후, BC 8세기부터 존재하였다. 그리스에서는 BC 4세기에 이르러 사람들이 불편과 위험을 무릅쓰고 여행을 하였다. 부유층만이 최악의 함정을 피할 수 있었다. 대다수의 여행객은 장사, 치료, 축제참여를 위해 여행하였고, 여행 그 자체를 좋아하는 사람은 헤로도투스처럼 극소수였다.

고대 그리스인들은 환자의 치료에 휴식과 기분전환이 중요한 것을 알고 있었다. 맑은 공기와 물이 있는 치료의 신 Asclepius신의 신전, 대단한 조각이 있는 사원, 체육행사를 할 수 있는 운동장, 큰 극장 등이 그 대상이다. 또한 여행 중 프로제노스(proxenos: 그리스어로 pro는 before 또는 for, xenos는 외국인)라는 자국 영사관에서 많은 도움을 받을 수 있었다.

BC 776년 초 도시국가의 시민들은 제우스신을 기리기 위해 체육경기를 통해 4년마다 모이게 되었다. Olympic/Pythian/Isthmian/Nemean Games 등이 그것이다. 각 축제에는 각각의 신에 대해 제물을 바치고 기도를 하였다. 따라서 축제에는 항상 어느 장소에서나 많은 관광객을 끌 수 있는 다양한 매력물이 제공되었다.

기원전 5-4세기에 헤로도투스는 그리스와 에게해 전역, 북아프리카, 남부 이태리와 시실리(Sicily), 소아시아 서해안의 에페수스(Ephesus)에서 사르디(Sardis)까지 항해했다. 시리아로 항해하여 동쪽 바빌론(Babylon)에 이르렀고 유프라테스강을 만나 수주 동안 상인들의 행로를 따라갔다. 그는 고대 바빌론을 보고 다음과 같이 기술하였다.[72] "사각모양, 한쪽이 14마일 정도로 총 56마일. 바빌론은 규모만 장대한 것이 아니라 지금까지 우리가 본 어떤 도시도 그렇게 화려하지 못했다. 도시의 벽은 85.5피트의 높이로 도시 주위에는 100여 개의 출입구가 있었다. 도시는 3-4층의 집으로 가득 차 있었고 똑바른 도로로 나누어져 있었다."

소아시아에서는 BC 334년 고대세계에서 가장 중요한 도시의 하나인 에페수스(터키)에 한철에만 약 70만 명의 관광객이 모여들어 서커스, 마술, 그리고 매춘을 즐겼다. 여행할 여유가 있었던 사람들은 7가지의 고대세계의 불가사의를 보려고 하였다.

도로도 상당히 발달하였다. 크레테(Crete)해안에서 왕도 크노소스(Knossos)까지 2차선의 약 4미터 넓이의 도로가 있었다. 페르시아(지금의 이란)에서는 모든 도시와 지방이 수도 수사(Susa)로 도로로 연결되었는데 BC 500년~400년 사이에 만들어졌고 그중에 긴 것은 1500마일에 이르렀다.

(4) 고대 7대 불가사의(不可思議: Seven Wonders of the Ancient World)

7대 불가사의에 대해 제대로 정리한 사람은 고대 그리스 시인이자 작가인 시돈(Antipater of Sidon: BC 2C)인데 7대 불가사의를 보고 기원전 140년에 시를 통해 이를 설명하였다. "위에 전차길이 있는 바빌론의 높은 성벽을 보았고, 제우스신상, 공중정원, 높은 피라미드의 역사, 마우솔로스의 거대한 무덤도 보았다. 그러나 구름 위로 솟아오른 아르테미스의 신전을 보았을 때 다른 것들은 그 빛을 잃어버렸다. 나는 말했다. 보라, 올림푸스를 제외하고 태양은 아무것에나 그렇게 장엄하게 향하지는 않는다".[73)]

그리스인의 개념으로는 이것은 불가사의가 아니라 보아야 할 것(theamata)이라는 의미였다. 오늘날 우리가 알고 있는 7가지는 중세에 정리되었으며, 당시에 그중 상당수는 이미 존재하지 않았다.

〈표 2-15〉 고대 7대 불가사의

명칭	건설일	건설자	특징	파괴일	파괴원인
쿠푸왕 피라미드	BC 2650-2500	이집트인	이집트 4왕조 쿠푸왕 무덤	현존	
공중정원(바빌론)	BC 600	바빌론인	헤로도투스의 기록 "외벽길이가 56마일, 두께 80/높이 320피트"	AD 1세기 이후	지진
아르테미스신전	BC 550	리디아인 페르시아인 그리스인	그리스여신 아르테미스에게 바침, 건축에 120년 소요	BC 356	방화
제우스신상	BC 435	그리스인	신전복도 전체를 차지할 정도로 웅장함. 높이 40피트(12미터)	AD 5-6C	화재

명칭	건설일	건설자	특징	파괴일	파괴원인
마우솔로스영묘(靈廟)	BC 351	페르시아인 그리스인	4면에 조각으로 장식하고 높이는 45미터에 달함. mausoleum(靈廟: 장엄한 무덤)의 어원	1492년까지 존재	지진
크로이소스거상(巨像)	BC 292-280	헬레니즘시대 그리스인	그리스신 Helios의 거대한 동상 현 자유의 여신상과 비슷한 크기	BC 224	지진
파로스등대	BC 3C	헬레니즘시대 이집트인	높이 115-135미터, 당시 수세기 동안 인간이 만든 최고의 건물	1303-1480 AD	지진

2. 중세 및 근세의 관광

로마제국이 멸망하자 유럽에서는 여행과 관광도 재앙을 가져왔다. 중세기(476년 서로마제국의 몰락에서 1450년 근대의 시작까지)에는 아주 모험적인 사람들만이 여행을 시도하였다. 그러나 성지순례와 십자군 원정으로 종교적 관광이 가능하였다. 또한 르네상스에서 근대가 시작되기 전까지를 근세로 부르기로 하며 그랜드투어와 온천해변휴양 시대가 이어졌다.

(1) 성지순례와 십자군 원정

중세의 교회는 절대적 기구였으며 국가 간에 인정되는 유일한 기관이었다. 수도원(그리스 메티오라 등), 여인숙의 형태인 호스피스(hospice), 게스트 하우스(guest house)는 종교교단에 의해 운영되었다. 의사 및 의약품을 준비하고 낡은 옷을 교환해주고, 관광지 안내원도 소개하고, 돈을 빌려주기도 하였다. 가장 유명한 곳으로는 962년에 설립된 알프스통로(Great Saint Bernard: 2472m)에 있는 알파인호스피스(Alpine hospice)였다.[74] 부유층과 귀족은 고위성직자와 함께 별도의 시설에서 지냈다. 아마도 교회가 최초의 호텔체인을 운영한 것이 아니겠는가. 그러나 중세 초기 성지로의 여행은 오랜 기간이 걸리고 비용도 많이 들며 위험했기 때문에 극소수만이 가능했다.

암흑시대 말에 수많은 순례자들이 영국의 캔터베리(Canterbury: 초서의 캔터베리 이야기 때문에 영원히 남게 됨) 등과 같은 유명한 사원으로 여행했다. 1388년 왕 Richard 2세는 순례자들이 여행허가증(permit) 즉, 오늘날의 여권을 소지하도록 요구하였다. 종교단체는 기독교적 자비가 중요한 사명인 만큼 가난한 사람들을 물리칠 수 없었고 부유한 사람은 상당한 기부를 하기 때문에 역시 물리칠 수 없었다. 이렇게 이 시기의 교회는 여행산업의 발달에 중요한 역할을 하였다.

로마 교황 우르반 2세는 예루살렘을 순례하는 그리스도 교인들에 대한 셀주크 투르크인들의 박해를 강력하게 비난하면서 성지회복을 위한 성전을 호소하였다. 종교적 열정에 불타는 농민과 일부 기사들은 저마다 등과 가슴에 붉은 십자 표시를 달고 예루살렘으로 향했다. 이렇게 시작된 십자군 전쟁은 1365년까지 9번의 대규모 출병으로 이어졌고(1095년에서 1270년 사이에 8회) 약 250년 동안 오리엔트와 소아시아 반도를 피로 물들였다.

이슬람 입장에서 보면 십자군 전쟁은 유럽인의 침략 전쟁이고, 이방인들이 저지른 대학살과 약탈로 삶이 짓밟힌 역사상 가장 치욕적이고 반문명적인 사건이었다. 예루살렘은 메카, 메디나에 이어 이슬람 제3의 성지이다. 기독교 순례자가 박해받는다는 종교적 호소는 다분히 정략적인 발상이었다. 십자군 전쟁은 순수하게 기독교적인 동기로 시작되었다고 말할 수는 없다. 십자군 원정은 관광사적으로 보면 성지탈환이라는 성전(聖戰)의 의미만이 아니라, 성직자, 군인, 상인, 일반여행자들에게 성지순례라는 국제여행의 기회를 제공하였다.

(2) 그랜드투어

17세기 중반에서 19세기 초 대량철도 시대가 도래할 때까지 번창했던 영국인의 유럽여행 형태였다. 특히 부유한 영국 상류층의 대학졸업생이 주류를 이루었다. 이는 고대와 르네상스의 문화를 접촉하고 항해술, 조선술 등의 선진지식을 받아들여 영국을 대국으로 만드는데 초석이 되었다는 데 큰 의미가 있다. 사상 최초의 대규모 해외여행이었다고 말할 수 있다.

Thomas Coryat(1577-1617: 여행작가)의 기행문 "Coryat's Crudities: Hastily gobled up in Five Month's Travels"(1611)는 초창기에 큰 영향을 주었다. 그랜드투어의 사상은 호기심과 교육을 위한 여행 사상에서 18세기에 본격적으로 등장하였다. 존 로크(J. Locke)의 "인간 이해에 관한 에세이"(Essay Concerning Human Understanding: 1690)라는 글이 이에 불을 붙였는데, "지식은 전적으로 외적 감각에서 나오며, 우리가 알고 있는 것은 우리에게 노출된 외적 자극에서 나온다."라는 것이었다. 따라서 여행이란 정신을 개발하고 지식을 확대하려는 사람들에겐 의무적인 것이었다. 여행은 복지를 증대하기 위한 하나의 의무였다. 18세기 그랜드투어 비판자들은 모험부족을 비판하였으나, 18세기 후반에 들어 여행비용이 낮아짐에 따라 귀족, 일반 부유층, 특히 역사상 처음으로 여성들에게도 화려한 여행이 열리게 되었다. 여성들은 문학에서 읽은 소문난 아름답고 이국적인 경치를 기록하기 위해 해외여행을 감내했다. 이들의 편지는 18세기에 최초로 여행한 여성들이 남긴 유일한 여행기사(memorabilia)가 되었다. 옥스퍼드 영어사전에 의하면 그랜드투어란 용어를 영어로 처음 도입한 사람은 러셀스(Richard Lassels)로 그의 저서 "An Italian Voyage"(1670)에서 언급되고 있다.

(3) 여행 경로 및 학습대상

가장 흔한 여정은 영국 도버에서 시작하여 프랑스 칼레(Calais)를 거쳐 파리로 입성하여 여행 선생(tutor) 또는 하인을 두며, 마차를 구입한다(돌아올 때 되판다). 파리에서 프랑스어, 댄스, 펜싱, 승마 등을 통해 프랑스 상류층의 말, 행동 등을 배운다. 프랑스는 유럽의 다른 어느 도시보다 문화적으로 사회적으로 인상적이기 때문이다.* 그 다음 제네바로 가서 잠시 스위스를 경험한다. 알프스 여정은 매우 위험하다. 스위스에는 볼만한 역사적 장소는 거의 없었고 주요 도시의 숙박시설이 유명했다. 일단 북이태리에 도착하면 플로렌스와 베니스에서 르네상스 예술을 배운다. 다음 로마로 가서 고대 유적을 보고 나폴리에서 음악을, 폼페이에서 고고학을 배우고, 모험적인 사람들은 베수비우스산을 오른다. 영국관광객들은 특히 이태리 음식과 고급 숙박을 즐기려 하였다. 이태리 전체의 호텔과 숙박은 유럽 전체 평균정도였다.

돌아오는 여정은 알프스를 거쳐 북쪽 독일어 사용 지역으로 간다(인스부르크, 베를린, 비엔나 등. 포츠담. 뮌헨과 하이델베르크의 대학 방문). 마지막으로 홀랜드와 벨기에에서 갤러리를 방문하면서 예술을 이해하고 마침내 돌아온다.

타우너(John Towner)는 그랜드투어를 둘로 나누었다.[75)]

첫째, 고전적 그랜드투어(17-18세기)는 이탈리아를 중심으로 유럽의 고대문화와 르네상스의 문화에 관심을 두는 것으로 그랜드투어의 원래 목적을 달성하고자 한 것이다. 두 개의 코스가 있으며 볼로냐(Bologna)에서 교차된다.

- Turin - Milan - Verona - Vicenza - Venice(북부지방)
- Piacenza - Parma - Reggio - Modena - Bologna

둘째, 낭만적 그랜드투어(18-19세기)는 유럽의 문화보다는 자연경관에 더 많은 관심을 두었다(프랑스, 이태리, 라인강, 브뤼셀, 스위스 등).

(4) 당시의 환경

첫째, 전쟁 등이 여행에 악영향을 미쳤다. 그러나 1789년 프랑스 혁명도 관광을 중단시키지는 못했으며 오히려 정치적 관심사 때문에 프랑스로 관광객을 몰리게 했다. 이태리는 큰 갈등요인이 없었기 때문에 많은 그랜드투어 여행객들이 이 나라를 방문하였다. 둘째, 여행비용이다. 지폐

---

* Thomas Nugent의 The Grand Tour(1743)에 자세한 내용이 나와 있다.

형태의 신용장은 영국은행과 제휴한 유럽 은행에서 현지화폐로 교환하여 주었다. 또는 영국 돈을 가져가거나 현지 영국대사관에서 돈을 빌리는 것이다. 환율, 동전부족, 다양한 화폐 등으로 여행이 쉽지 않았다. 셋째, 여행지침 및 준비물품이다. 여행 전 건강증명서를 받아야 하고 여권을 소지해야 한다. 많은 도시들은 군대가 지키고 있어서 요소에서 각종 증명서를 확인하고, 여행목적을 신고해야 하는 등 시간이 걸린다. 여행 준비물품도 상당히 많았다.

특히 여행과 관련된 사전 지식을 위한 서적은 다음과 같다.

- The Gentlemen's Guide in his Tour through France,
- Letters From Italy(1792-1798),
- The Grand Tour containing an exact Description of most of the Cities, Towns, and Remarkable Places of Europe, by Thomas Nugent.

(5) 온천 및 해변휴양

18세기에는 건강과 즐거움이 여행의 또 하나의 큰 동기가 되었는데, 이는 여행경향이 그랜드투어에서 가족이나 친구들과 여행하고 휴가를 보내는 형태로 바뀌었음을 뜻한다. 사람들은 따뜻한 미네랄 온천을 경험하기 위하여 온천관광지로 몰려들었다. 건강과 사교 및 친구를 만나기 위하여 온천장으로 가기도 했다.

미국의 경우 독립전쟁 전에 유럽처럼 해변이나 온천으로 여행을 갔다. 필라델피아 근처의 옐로우스프링(Yellow Springs), 버지니아의 버클리온천(Berkeley springs) 등이 유명하다. 조지 워싱턴(George Washington) 대통령 등도 온천을 즐겼다. 1800년까지 미국의 온천은 확장되고 보편화되었다. 또한 청교도들의 영향력이 감소되어 편안한 여행을 금기시하던 관습이 사라져가고 있었다. 유럽대륙에서는 온천요법의 가치를 인정하고 있었고, 독일의 바덴바덴(Baden-Baden)과 같은 대형온천은 여행자보다 환자들이 운집하였다. 배스(Bath)는 2천 년간 온천지로서 영국 유일의 미네랄 온천이 있었다. 1790년의 배스 가이드북은 18명의 내과의사, 13명의 외과의사, 25명의 약(제)사를 광고하고 있다. 1709년 어느 환자는 다음과 같이 말했다. "지난 인생에서 겪은 것보다 더 많은 질병을 일주일 만에 치료했다."* 한편 18세기 중엽에는 해수와 해수욕의 치료효과에 관심이 집중되었다. 러셀(Richard Russell) 박사는 1754년 해수치료법 해수욕의 장점을 옹호하였다. 또한 해안 휴양지가 내륙온천을 대체하는 것처럼 보였다. 그러나 대부분의 국민들은 내륙온천이나 해안 휴양소에 갈 수 없었다. 이 두 가지를 모두 향유하는 사람은 유한계층에 극히 한정

* http://www.cityofbath.co.uk

되었다. 영국의 해변 휴양지인 브라이튼(Brighton)이 그 예이다.

3. 산업시대의 관광

1800년대 중반에 시작된 산업시대의 국가경제는 시골 농업에서 도시중심의 산업으로 옮겨졌으며, 직업과 계층 그리고 부의 구조도 바뀌었다. 건강과 즐거움 및 호기심 목적의 여행이 많아졌으며, 철도확장, 해상여행, 안내여행 등으로 여행의 균형과 평등화가 이루어지게 되었다.

(1) 낭만주의와 관광

이 시대에는 문학과 예술을 통하여 여행의 강한 동기가 표출되었는데, 1800년대의 작가, 시인, 예술가, 탐험가들은 자연의 아름다움을 격찬하였다. 문학 및 예술적 주제에 관한 이야기를 통해서 미지의 세계에 동경심을 가지게 만들었다. 이런 관점에서 본다면 낭만주의 예술가는 당시 여행의 선구자가 되었다. 바이론(Byron)은 그의 여행담을 시로 썼는데, 그의 문장에서 자연에 대한 강한 감정개입과 1800년대 작가들의 정서를 엿볼 수 있다.

당시 미국에서도 작가들이 도시의 스트레스는 심신의 건강을 해치고 있으며, 건강을 지키기 위해서는 신과 자연을 가까이해야 된다고 주장하였다. 예술적 그림과 문학 창작 속에 자연과 인간 본연에 대한 호기심을 나타냈으며, 사람들은 그것을 실제로 경험하기 위하여 여행을 떠났다.

(2) 교통수단

산업시대에서 여행이 크게 발달한 원인 중의 하나는 교통수단의 향상 때문이다. 우편서비스와 역마차를 넘어 증기선과 기차의 탄생은 관광의 새로운 시대를 열었다. 선박여행은 식민지로 세력을 확장하는 필수적 수단이 되었다. 1838년은 영국에서 인도와 극동으로 가는 정기 여객선이 운항된 뜻 깊은 해이다. 1840년 커나드 증기선회사(Cunard Steamship Company)가 미국으로 가는 여객선을 출항시켰으며, 또한 우편 서비스가 신뢰성있는 교통수단의 발전을 촉진시켰다.

육지에서는 증기기관을 이용한 철도가 중요한 대중 교통수단이 되었다. 1830년 영국에서는 리버풀과 맨체스터 구간의 철로가 영업을 시작하였으며, 그 후 15년 내에 런던에서는 외곽도시와 연결되는 철로가 개통되었다. 이즈음 미국에서도 철도가 발달되어 서부와 새로운 주들을 연결하였다.

(3) 토마스 쿡(Thomas Cook) 여행사의 출현과 발전

단체포괄여행에 대한 상업적 기술개발은 영국인 토마스 쿡(T. Cook)의 노력에 힘입은 바가 컸다. 쿡은 금주운동협회(Temperance society)의 실제 회원으로 1841년 7월 기차를 이용한 첫 번째 단체여행을 조직하였다(600명 단체할인요금). 4년 후 쿡은 전문사업으로 여행을 상품화하기 시작했는데, 영국에서 일반인들을 대상으로 한 기차상품이 개발되어 이전에는 비싸서 꿈도 꿀 수 없었던 곳을 여행할 수 있게 해주었다. 최초의 대규모 관광객의 도착은 그 지역사회에 충격적인 일이었으며, 이러한 현상에 대해 한 역사가는 다음과 같이 서술하고 있다.*

"상호 접촉이 없었던 소수의 주민으로 이루어진 지역사회에서는 수백 마일 멀리 떨어져 있는 도시에서 온 수많은 관광객의 출현은 참으로 경이로운 일이었다. 주민들은 놀라움과 신기함으로 쿡의 관광단을 구경하러 나왔으며, 깃발을 흔들고 대포를 쏘며 악기 연주 등으로 그들을 환영하였다."

쿡은 이후 여행업의 발전에 큰 기여를 하였다. 주요 업적은 다음과 같다.[76)]

- 여행일정에 따른 모든 경로를 통과할 수 있도록 기차티켓을 패키지로 만들어 팔았는데, 이것을 일주여행티켓(circular ticket)이라고 불렀다.
- 쿡쿠폰(Cook coupon)을 도입하여 투숙한 호텔의 객실과 식사에 대한 요금을 지불하는 데 편리하게 사용할 수 있도록 했다. 1873년 쿡은 쿠폰에 이어 순환어음(Circular note)을 발행하였는데 이것이 여행자수표(Traveler's check)의 초기단계였다. (당시 약 200개 호텔, 1890년 약 1000개의 회원 호텔 확보)
- 쿡은 세계 전역을 관광 시장화하였다. 그의 아들은 1866년 미국행 최초 관광단을 결성하였고, 1871년 뉴욕에, 1880년 세계 도처에 60개의 지점을 설치하였다. 쿡과 그의 아들 그리고 3명의 손자는 주로 중산층 관광단을 이끌고 파리, 런던, 시카고, 세인트루이스 등에서 열리는 박람회 등 세계를 누비고 다녔다. 1872년 쿡은 11명의 관광객과 함께 최초로 세계일주 여행에 올랐다. 그 내용을 런던 타임스(The Times)지에 발표함으로써 대중들에게 세상을 보는 안목을 넓혀 주었다.
- 1875년 최초의 단기 선박여행상품인 7일간의 스칸디나비아행 '심야의 태양여행(Midnight Sun Voyage)'은 해양관광 또는 크루즈의 시초가 되었다.

* Encyclopaedia of Britannica(2000.8.29)

그림 2-2 토마스 쿡과 당시 팸플릿

Thomas Cook(1808–1892) 및 이집트행 상품 팸플릿(1869)

4. 대중관광의 시대

양대 세계전쟁은 무기개발에 대한 관심 때문에 기술적인 진보를 급속도로 이룩하게 되었는데, 결국 이것은 관광발전에 크게 기여하게 됨으로써 전쟁과 관광의 아이러니컬한 상관관계를 보여주었다. 1928년 약 437,000명의 미국인이 여객선을 이용하여 해외로 여행하였는데 혹자는 이 시기를 "여행의 번영기"라고 부르기도 한다. 이제 진정한 의미에서의 대중관광시대가 개막되었다고 할 수 있다. 대중관광의 출현을 가능하게 했던 요인들은 다음과 같다.

(1) 교통기술의 획기적 발전

첫째, 자동차의 출현은 관광역사상 기술면에서 가장 혁명적인 진보를 이룩한 교통수단 중의 하나이다. 잭슨(H.N. Jackson) 등은 1903년형 Winton Touring Car를 이용하여 샌프란시스코에서 뉴욕 간을 63일 만에 주파하였다. 제1차 세계대전 후 늘어나는 자동차 때문에 도로와 숙박시설의 개선이 필요하였다. 둘째, 1927년 찰스 린드버그(Charles Lindbergh: 1902-1974)가 뉴욕에서 파리로 첫 대서양 무착륙 비행에 성공한 후(총 33시간 30분 소요) 업무 및 개별적 항공여행이 큰 호응을 얻게 되었다.

1930년대에 가서야 비로소 국제항공여행시대가 열렸다. 당시 비행기는 대형화되고 비행시간도 길어지고 서비스도 고급스러워졌다(기내음식제공, 휴게실과 화장실 설치, 승무원 서비스 등).

그림 2-3 찰스 린드버그의 비행기와 제펠린 비행선

린드버그의 Spirit of St. Louis호

LZ 127 Graf Zeppelin호

독일인 설계자(Ferdinando on Zeppelin: 1838-1917)의 이름을 딴 제펠린 비행선은 제1차 세계대전 이전부터 유럽과 대서양을 운항하였으며, 1937년 뉴저지 힌덴버거(Hindenburg)에서 착륙 중 화재로 폭파되어 63명이 사망하였다.

항공여행은 제2차 세계대전 이후에 꽃을 피우기 시작했고, 국제관광 차원에서 1958년 2가지 중요한 사건이 대중관광을 예고했다. 그것은 제트엔진의 발명과 일반석(Economy class)의 설치로써(Boeing 707) 항공요금이 파격적으로 인하되어 대중관광의 큰 계기를 마련되었다는 점이다.

(2) 세계경제의 부흥 및 유급휴가제도의 실시

전후 유럽 국가는 전쟁의 잿더미 속에서 1947년 미국의 마샬플랜 등으로 경제부흥의 기틀을 마련하였다.(4년간 총 130억 불을 영국, 독일, 프랑스, 이태리 등에 제공). 국제경제는 미국의 고도성장에 힘입어 전체적인 성장을 하였는데, 여기에 일본과 독일 등의 국가가 함께 보조적 역할을 하였다. 국제경제의 향상으로 국민들의 가처분소득이 증가하고 그로 인한 관광수요가 증가하였다.

이러한 국제경제의 부흥과 함께 대중관광의 불을 지핀 것은 유급휴가제도였다. 미국에서는 1968년 1년에 4일 합법적인 연방 공휴일이 제정되었다. 스페인과 프랑스에서도 1년에 12일 내지 13일의 휴가를 줌으로써 휴일을 증가시켰다. 유급휴가제도의 실시는 휴가라는 무노동에도 불구하고 근로자의 복지향상 차원에서 이루어진 것이며 국민소득의 향상과 맞물려 관광동기로써 상승작용을 일으켰다.

(3) 관광산업의 고도화 및 관광진흥정책 실시

관광산업이 부가가치가 높고 외화획득이 타 산업보다 용이하다는 인식이 퍼지면서 관광산업은 관광객에게 편의와 즐거움 그리고 교육을 제공하는 방법을 연구하게 되고 국가는 이것을 지원하는 정책을 실시하였다. 주제 공원(theme park) 등이 그 예이다. 이러한 관광산업의 노력은 관광객으로 하여금 동기유발을 시키고 국제관광의 대중화에 기여하였다. 여기에 다국적 관광기업의 탄생은 시설 및 기능의 표준화를 기할 수 있게 되었고 동시에 신뢰성, 안전성 등 관광의 필요조건들이 보편화되고 충족되었다.

대규모 국제스포츠의 빈번한 개최는 그 자체가 하나의 관광자원이 되어 많은 사람들을 국제적으로 이동하게 만들었으며, 동시에 이들을 수용할 숙박시설, 여행업 및 기타 관광관련 사업들이 번성하게 되었다. 그러나 관광산업의 지나친 육성은 적지 않은 부작용을 낳는다는 것을 나중에 알게 되었고 거기에 대한 반성의 소리도 높다.

(4) 국제정치적 · 문화적 교류의 증대

제2차 세계대전 후 전 세계는 이념의 차이로 인해 자유진영과 공산진영으로 크게 양분되었다. 이러한 이념적 갈등은 냉전(冷戰)으로 불리우며 국제관광의 저해요인으로 작용하기도 했지만, 진영 내에서는 국가 간의 교류가 증대되기도 하였다.

수십 년간 지속해 온 냉전구도는 1990년 제2차 세계대전 전승국들이 독일의 통일을 인정함으로써 동서 냉전체제는 사실상 막을 내렸다. 같은 해 유럽안보협력회의에서 34개 회원국들이 파리헌장에 서명하였고, '대결과 분열의 시대는 유럽에서 종말을 고하였다'라고 선언하였다. 이로써 세계가 하나의 관광촌이 될 수 있게 되었다.

참고문헌

1) 최강현(1982). 『한국기행문학연구』. 일지사.
2) 김상훈(1980). 한국관광사연구. 『관광학연구』, 4호. 한국관광학회.
3) 우락기(1982). 한국관광도의 祖 탐라순력도. 『관광학연구』, 5호. 한국관광학회.
4) 이광진(1987). 한국관광사에 관한 연구. 경희대학교 석사학위논문.
5) 오정환(1987). 호텔산업사에 관한 비교연구. 경기대학교 관광개발연구소, 제4집.
6) 박호표(1988). 삼국시대의 관광유형에 관한 사적 고찰. 청주대학교 산업경영연구소, 제10권 제1호.
7) 한경수(1988). 조선시대관유여행에 관한 연구. 『관광연구논집』, 제5집. 경기대학교 관광개발연구소.
한경수(1989). 관광의 어원 및 용례에 관한 연구. 『관광학연구』, 제13호, 한국관광학회.
한경수(1988). 조선시대공무여행에 관한 연구. 『계명연구논총』, 제6집. 계명전문대학.
8) 김진섭(1999). 『고대관광사』, 『중세관광사』. 대왕사; 『고대관광사』, 2000.
9) 오정환(1991). 호텔경영의 변천과정에 관한 국제비교 연구. 단국대학교 박사학위논문.
10) 한경수(1992). 고려시대의 관광에 관한 연구. 『관광연구』, 제2집. 영남관광학회.
한경수(1993). 고려시대의 관광유형에 관한 연구. 『계명연구논총』, 제11집. 계명전문대학.
한경수(1993). 고려시대의 관광사상과 관광용어에 관한 연구. 『관광연구』, 제3집. 대한관광경영학회.
한경수(1998). 조선 전기 관광사상에 관한 연구. 『관광연구』, 제12집. 대한관광경영학회.
한경수(1999). 삼국시대의 관광에 관한 연구. 『관광연구』, 제14집. 대한관광경영학회.
한경수(1999). 조선후기의 관광사상에 관한 연구. 『관광경영학연구』, 제4호. 한국관광경영학회.
11) 한경수(2001). 한국관광사 연구의 현황과 접근방법. 『관광학연구』, 24(3). 한국관광학회.
한경수(2001). 한국에 있어서 관광의 역사적 의미 및 용례. 『관광학연구』, 25(3). 한국관광학회.
한경수(2002). 개화기 서구인의 조선여행, 『관광학연구』, 26(3). 한국관광학회.
한경수(2005). 한국 근대 전환기 관광(1880-1940). 『관광학연구』, 29(2). 한국관광학회.
12) 육재용(2008). 선인들의 여가문화에 나타난 관광현상 일고찰: 와유관광을 중심으로. 『관광학연구』, 32(6). 한국관광학회.
13) Towner, John(1988). Approaches to Tourism History. *Annals of Tourism Research*, 15(1): 47-62.
14) Goldthorpe, J.H.(1984). *The Relevance of History to Sociology* (2nd edition). In Sociological Research Methods. M. Bulmer, ed. London: MacMillan.
15) 동사강목. 제3하, 2권, 118쪽.
16) 삼국사기. 권제5, 신라본기 제5, 상102쪽.
17) 최치원(1972). 계원필경, 최문창후전집. 성균관대학교 대동문화연구원, 287쪽.
18) 각훈. 이병훈 역(1983). 『해동고승전(海東高僧傳)』. 을유문화사(을유문고161).
19) 동사강목. 제5하, 역서 제3권, 151쪽.
20) 고려사. 권제9, 세가 제9, 문종3.
21) 고려사. 권제22, 세가 제22, 고종1(제2책, 523쪽).

22) 정도전(1978). 『국역 삼봉집(三峯集)』. 민족문화추진위원회, 265쪽.
23) 서거정(1988). 가산기(假山記). 『속동문선』, 제13권, 국역35권, 136쪽.
24) 최해. 송승선지유금강산서(送僧禪智遊金剛山序). 동문선 제84권, 序, 국역31권, 117-8쪽.
25) 이제현(1988). 『익제난고』, 제8권, 국역 상, 25쪽.
26) 정도전(1988). 『국역삼봉집』. 2권. 297쪽.
27) 서경덕(1988). 『화담집』. 양우당, 41-42쪽.
28) 이황. 장기근 역(1988). 『퇴계집』. 양우당, 45-47쪽.
29) 이이(1988). 『율곡집』. 양우당, 130쪽.
30) 휴정(1988). 『청허당집』. 양우당, 285쪽.
31) 양성지(1988). 눌재집(訥齋集). 제2권. 양우당, 92쪽.
32) 박제가(1988). 『북학의(北學議)』. 양우당; 박지원(1988). 『열하일기(熱河日記)』. 양우당.
33) 황현(1988). 『매천야록(梅泉野錄)』. 양우당, 274쪽.
34) 한성주보. 1883. 12. 9.
35) 민영환(1996). 『해천추범(海天秋帆)』. 을유문화사.
36) 묄렌도르프, P. G.(1999). 『묄렌도르프 자전』. 집문당.
37) 한성순보. 1897. 4-10월.
38) 켐프 E.G.(1999). 『조선의 모습』. 집문당, 한말외국인기록13.
39) 새비지-랜도어, A.H.(1999). 『고요한 아침의 나라 조선』. 한말외국인기록19. 집문당.
40) 대한매일신보 영문판: The Korea Daily News. 1904.8.4.
41) 조선일보, 1927.11.15.
42) 정재성(1999). 『일제침략과 한국철도』. 서울대출판부, 409쪽.
43) 이광수(1998). 『금강산유기』. 실천문학사.
44) 동아일보. 1940.5.22.
45) 월간지 조광(朝光). 1937년 9월호. 68-77쪽.
46) 이배용 외(2003). 『우리나라 여성들은 어떻게 살았을까(개화기-1945)』. 청년사.
47) 한경수(2010). 『관광학총론』. 백산출판사.
48) 안종윤(2000). 『관광정책론』. 박영사.
49) 하동현・변우희・조문식(2012). 『관광학원론』. 한올출판사.
50) 한경수(2010). 『관광학총론』. 백산출판사.
51) 권순(2009). 『관광정책론』. 백산출판사.
52) 이정학(2004). 『관광학원론』. 대왕사.
53) 권순(2009). 『관광정책론』. 백산출판사.
54) 안종윤(2000). 『관광정책론』. 박영사.

55) 하동현・변우희・조문식(2012). 『관광학원론』. 한올출판사.
56) 이정학(2004). 『관광학원론』. 대왕사.
57) 한경수(2010). 『관광학총론』. 백산출판사.
58) 권순(2009). 『관광정책론』. 백산출판사.
59) 김상태・심원섭(2007). 참여정부 관광정책 평가와 차기정부 과제. 한국문화관광연구원.
60) 이정학(2014). 『관광학원론』. 대왕사.
61) 한경수(2010). 『관광학총론』. 백산출판사.
62) 김상태・심원섭(2007). 참여정부 관광정책 평가와 차기정부 과제. 한국문화관광연구원.
63) 한경수(2010). 『관광학총론』. 백산출판사.
64) 엄서호(2008). 『한국적 관광개발론』. 백산출판사.
65) 김광근 외(2013). 『관광학의 이해』. 백산출판사.
66) 정희천(2014). 『관광법규론』. 대왕사.
67) 문화체육관광부(2012). 관광동향에 관한 연차보고서.
68) 심원섭(2012). 이명박 정부 관광정책 성과와 향후 관광산업 발전을 위한 과제. 한국문화관광연구원.
69) 문화체육관광부(2014). 문화융성, 국민체감의 시작-2014년 주요업무계획; 문화체육관광부(2015). 문화로 행복한 삶-2015년 주요업무계획; 문화체육관광부(2016). 2015년기준 관광동향에 관한 연차보고서.
70) Feifer, Maxine(1986). *Tourism History: From Imperial Rome to the Present*. New York: Stein and Day.
71) McIntosh, Robert W. Charles R. Goeldner & J. R. Brent Ritchie(1995). *Tourism, Principles, Practices, Philosophies*, 7th edition, John Wiley & Sons, Inc., pp.29-52.
72) Casson, L.(1974). *Travel in the Ancient World*. London: Allem and Unwin.
73) 'Lo, apart from Olympus, the Sun never looked on aught so grand.' *Antipater, Greek Anthology IX. 58.*
74) Lundberg, Donald E.(1990). *The Tourist Business*, sixth edition, New York: Van Nostrand Reinhold, chapter 2.
75) Towner, John(1985). The Grand Tour: A Key Phase in the History of Tourism, *Annals of Tourism Research*, vol. 12, no. 3, pp.297-334.
76) 한경수(2007). 『국제관광의 이해』. 백산출판사.
한경수(2011). 『한국관광사』. 정림사.
한국관광학회(2012). 『한국현대관광사』. 백산출판사.

제 3 장

관광의 사회학적 이해

정 병 웅

순천향대학교 관광경영학과 교수

한양대학교 대학원 관광학과 졸업(문학박사)
前 순천향대 이순신연구소 소장
현재 한국관광학회 부회장(자원개발분과 학회장)

cbung@sch.ac.kr

심 창 섭

가천대학교 관광경영학과 교수

미국 University of Illinois 관광여가학과 졸업(Ph.D.)
前 터키 Kadir Has University 박사후연구원
현재 한국관광학회 기획이사

cshim@gachon.ac.kr

제 3 장

관광의 사회학적 이해

정병웅 · 심창섭

제1절 관광의 사회학적 이해

관광은 본질적으로 사회적 현상으로 사회학은 관광이라는 현상을 이론적으로 접근하기 위한 가장 중요하고 오래된 학문적 기반이라고 할 수 있다. 실제로 최근 관광연구의 주류를 차지하고 있는 심리학, 지리학, 경제학, 경영학 등의 학문분야에서 관광에 대한 논의가 시작되기 상당기간 전인 19세기 말부터 유럽을 중심으로 사회학자들은 급격히 늘어나는 사회현상으로서 관광과 관광이 사회에 미치는 영향에 대해 이해하고자 하는 학술적 노력을 시작해 온 것으로 알려지고 있다.[1)2)3)] 사회학과 심리학은 모두 인간을 연구의 대상으로 삼고 있다는 공통점을 지니고 있지만 관광현상을 접근함에 있어 심리학이 관광객 개인 또는 소규모 집단을 주로 분석의 단위로 삼고 있다면 사회학은 관광객 개인의 차원을 넘어서 관광객이 출발한 또는 방문한 사회 전체를 분석의 단위로 삼고 있다. 관광에 대한 사회학의 이른 관심에도 불구하고 오랫동안 관광과 관련된 주제는 사회학의 지엽적 관심사에 불과했고 1960-70년대에 이르러서야 Cohen(1972)[4)], MacCannell(1973)[5)] 등의 논의를 시작으로 이론적인 토대를 갖추기 시작하였다. 이후 관광을 사회학적으로 이해하고자 하는 연구자들은 관광객의 동기, 역할, 관계 등과 같은 주제는 물론 관광과 관련된 다양한 제도와 기관, 관광의 지역사회에 대한 영향 등의 주제를 중심으로 논의가 발전하였다.[6)7)]

Cohen(1984)[8)]은 관광의 사회학적 접근이 주로 이루어진 주요한 분야를 네 가지로 설명하고 있다. 첫 번째 분야는 관광객(The tourist)으로 관광이 대중화된 현대사회에서 관광객들이 일상을 떠나 관광에 왜 참여하는지에 대한 논의를 중심으로 이론적 발전이 이루어지고 있다. 두 번째 분야는 관광객과 지역주민(Tourists and locals)으로 관광이라는 현상을 이 두 집단의 조우

(Encounter)라고 바라보고 관광산업이자 사회적 현상의 주체들로서 그들의 상호작용에 대한 논의가 다양한 측면에서 이루어지고 있다. 세 번째 분야는 관광체계(Tourist system)와 관련된 주제로서 관광이라는 현상을 둘러싼 다양한 이해관계자와 이들의 복잡하면서도 유기적인 정치적, 경제적 역학관계를 관광의 개발단계를 바탕으로 이해하고자 하는 논의라고 할 수 있다. 네 번째 분야는 관광의 영향(The impact of tourism)으로 관광으로 인해 관광객의 출발지(Origin)의 사회 및 목적지(Destination)의 지역사회에 미칠 수 있는 다양한 정치경제적, 사회문화적 파급효과에 대해 활발한 이론적 축적이 이루어지고 있으며 관광객 및 지역주민에게 미치는 개인적 영향에 대한 논의도 지속적으로 이루어지고 있다.

관광의 사회학적 접근은 관광의 사회와의 관계를 통해 접근이 이루어지게 되는데 학술적 논의에 있어서도 특히 우리 사회가 직면하고 있는 역사적인 사건들, 주요한 기술적 혁신, 사회문화적 변화들 등과 밀접한 관련을 갖게 된다. 특히 20세기 후반부터 지금까지 교통 및 정보통신의 발전과 자본주의의 고도화로 급격하게 이루어진 시공간의 압축 및 글로벌라이제이션, 상업화 및 대중문화의 발전, 도시인구의 증가 등의 변화들은 관광의 양상을 급속도로 변화시키고 있다. 더욱이 르네상스 및 산업혁명이후 지금까지 지속되어 왔던 근대화의 시대에서 소위 탈근대 시대로 진입하는 최근의 양상들 즉 상대주의, 다원화, 융복합화 등은 관광현상에 대한 지금까지의 사회학적 접근의 유효성에 근원적인 의문을 던지게 하고 있다. 따라서 본고에서는 관광의 사회학적 접근과 관련된 수많은 접근방식 가운데 앞으로의 관광현상을 이해하는데 중요한 의미를 지닐 수 있는 개념인 탈근대성(Post-modernism), 진정성(Authenticity), 시선(Gaze), 재현(Representation) 등을 중심으로 논의를 이어가고자 한다.

제2절 관광의 사회학적 이해를 위한 주요 개념

1. 탈근대 관광

탈근대성(Post-modernism, 포스트모더니즘)은 중세 이후 오랫동안 서구 문명의 철학적 기반이 되어 온 근대성(Modernism, 모더니즘)에 대한 반동으로 등장한 여러 변화를 방향을 통칭하는 개념이다. 탈근대성에 대한 합의된 논의는 존재하지 않지만 근대성의 핵심가치인 합리성, 과학적 사고, 보편성, 객관성, 효율성 등에 대한 회의적 시각에서 출발한 탈근대성은 다양성, 다원성, 불확실성, 우연성, 해체 등의 가치를 중심으로 논의가 이어지고 있다. 즉 근대성이 인간의 합리성을 바탕으로 보편타당한 정답을 찾는 것을 추구했다면 탈근대성은 개인이 가진 다양성과 특수성에 초점을 맞추고 있다. 철학, 문학, 예술 등의 분야에서 논의가 출발한 탈근대성은 정치, 산업 등의 분야를 거쳐 관광 분야에서도 탈근대관광(Postmodern tourism)이라는 용어로 논의가 이어져오고 있다. 탈근대관광에서는 개인에 의한 관광경험을 각자의 배경, 동기, 욕구 등에 기반한 하나의 의미 만들기(Signification)의 과정으로 이해하고 있다. 이스라엘의 관광연구자 Uriely(2005)[9]는 탈근대 관광에 대한 그동안의 다양한 논의를 종합하면서 전통적 관광에서 탈근대 관광으로의 변화가 가져오는 4가지 특징에 대해 설명하고 있다.

첫째, 탈근대 관광에서는 일상과 관광의 구분이 모호해진다. 전통적으로 관광은 자신이 평소 삶을 영위하는 일상을 벗어나 이루어지는 현상으로서 일상과는 대응되는 개념으로 이해되어 왔다. 그러나 탈근대사회에서는 매스미디어의 발달 및 가상현실 등 기술의 발전으로 인하여 일상을 벗어나지 않고 관광경험을 할 수 있게 되어 그동안 관광이라는 현상을 규정짓는 가장 중요한 요소 가운데 하나였던 물리적 여행을 통한 일상으로부터의 이격이라는 조건이 탈근대관광에서는 큰 의미를 잃어버렸다는 것이다. 이러한 상황을 Lash & Urry(1993)[10]는 "관광의 종말(The End of Tourism)"이라는 표현을 통해 여행이라는 요소를 더 이상 필요로 하지 않은 일상과 구분이 모호한 탈근대 관광의 특징을 묘사하고 있으며, Munt(1994)[11]는 "모든 것이 관광(Everything is Tourism)"이라는 표현을 통해 과거에는 위락적 관광만이 관광으로 여겨졌으나 지금은 여가, 스포츠, 업무, 교육, 연구 등 전통적으로 일상의 범위에 포함된 요소들까지 관광이 포괄하면서 관광의 범위가 매우 확장되고 있다는 사실을 지적하고 있다.

둘째, 탈근대 관광에서는 관광경험의 형태가 다양화된다. 초기관광부터 대중관광의 시대에 이르기까지 관광객들은 다양한 형태의 경험을 추구하는 것으로 이해되기보다는 유사한 특성을 가지고 있는 동질성 있는 집단으로 여겨져 왔다. 그러나 관광객이 추구하는 경험 유형에 따라 휴양형(Recreational), 기분전환형(Diversionary), 실험형(Experimental), 체험형(Experiential), 실존형(Existential) 관광객의 5가지의 유형으로 구분한 Cohen(1979)[12]의 논의 이후 관광객들이 추구하는 다양한 경험을 강조하는 방향으로 탈근대 관광의 논의가 진전되고 있다. 특히 다원화된 탈근대사회를 살고 있는 개인들은 관광활동에서 추구하는 욕구가 다양할 수밖에 없어 이들의 욕구를 충족시키는 것은 패키지관광으로 대표되는 기존의 단체관광에서 제공할 수 있는 범위를 벗어나게 된다. 따라서 많은 사람들은 각자가 원하는 관광경험을 위해 개별관광, 배낭여행 등으로 관광의 형태를 바꾸고 있다. 따라서 탈근대 관광을 이해하기 위해서는 관광객의 보편적 특징을 도출하려는 시도보다는 소위 탈관광객(Post tourist)이라고 불리는 이들의 다양한 관광경험의 가능성을 인정하고 끊임없이 찾아내고자 하는 것이 필요하다고 할 수 있다.

셋째, 탈근대 관광에서는 관광의 대상보다는 관광객에게 초점이 맞춰진다. 즉 탈근대 관광에서는 관광을 이해하기 위한 방식이 공급자적 측면에서 소비자적 측면으로 변화하고 있다. 대중관광, 단체관광으로 대표되는 전통적인 관광에서는 관광산업에 의해 제공되는 관광의 대상이 관광현상을 이해하는 중요한 요소였다면 탈근대 관광에서는 같은 관광 대상일지라도 저마다 다른 의미를 부여하는 관광객들의 주체성이 관광현상의 중심 개념이 되었다고 할 수 있다. 이러한 경향은 관광객이 추구하는 진정성에 대한 논의에서도 찾아볼 수 있는데 Wang(1999)[13] 이후 관광에서의 진정성의 개념은 관광대상의 객관적 진정성에 관한 논의뿐만이 아니라 관광객이 서로 다르게 부여하는 의미에 기반한 구성적 진정성, 그리고 관광대상과는 무관하게 관광객이 경험하는 실존적 진정성에 대한 논의로 중심이 옮겨가고 있다. 다시 말해, 다양한 욕구를 가진 개인들이 만들어가는 탈근대 관광에서는 모든 관광객을 만족시킬 수 있는 보편적으로 좋은 관광 대상을 공급하고자 하는 노력에서 벗어나 관광객 저마다의 서로 다른 의미 부여를 이해하고자 하는 것이 요구된다.

넷째, 탈근대 관광에서는 관광현상에 대한 상대적인 해석을 추구해야 한다. 관광연구 초기에 관광현상을 이해하고자 한 많은 연구자들은 관광과 관광객에 대해 상당히 단정적으로 해석하는 경향을 가지고 있었다. 예를 들어 관광객의 특성에 대한 Boorstin(1964)[14]와 MacCannell(1973)[15]의 논쟁이 대표적인데 이들은 관광객을 위락추구자 또는 의미추구자로 서로 다르지만 단정적으로 해석을 해왔다. 그러나 탈근대 관광에서는 관광의 형태가 다변화되면서 단체관광 위주의 대중관광 일변도에서 생태관광 · 비즈니스관광 · 교육관광 · 쇼핑관광 · 스포츠관광 등 다양한 형태의 관광이 등장하게 되고 더 이상 관광현상을 단정적으로 이해하는 것보다는 각각의 맥락을 포함하여 상대적으로 이해하는 것이 요구되고 있다. 특히 탈근대사회에서는 매스미디어와 기술발달에 의해 진짜보다 더 진짜 같은 초현실(Hyper-reality)에 기반을 둔 가상 관광이 보편화될 것이 예상되는 동시에 삭막해진 도시사회에서 관광을 통해 진정성을 추구하고자 하는 욕구가 더 늘어날 것으로 예상되고 있다. 따라서 관광을 이해하는데 있어 과거와 같은 진정성-비진정성의 이분법적 사고는 적합하지 못할 것으로 판단되고 있다.

2. 관광과 진정성

진정성(고유성, Authenticity)의 개념은 관광이라는 현상이 발생하게 된 근원적인 욕구를 설명하기 위해 관광연구에서 가장 오랫동안 그리고 가장 활발하게 논의되고 있는 개념으로 1960년대부터 최근까지 수많은 관광연구자들에 의해 계승, 비판, 수정이 이루어지고 있다. 관광객이 추구하는 궁극적 지향점으로서 관광이라는 행동을 통해 '진짜'를 경험하고자 하는 욕구로 요약할 수 있는 진정성의 개념은 근대화 이후 상업화되고 도시화된 공간에서 반복적 일상을 보내고 있는 현대인들에게 '진짜'를 경험할 수 있는 유일한 방법은 오직 일상을 떠나 관광에 참여하는 것이라는 내용을 함축하고 있다. 즉 각자가 살고 있는 일상에서 개인은 합리성 · 효율성이 우선시되는 산업화 · 도시화된 사회의 부속물로서 '소외(Alienation)'를 경험하게 되고 이러한 일상의 규범이 일시적으로 유예되는 '역치의 공간(Liminal space)'으로서 진정성이 존재할 것이라고 믿어지는 관광을 선택하게 된다는 것이다. 일상(비진정성)/관광(진정성)으로 구분된 이러한 진정성의 개념은 소크라테스 이후 서양철학의 기반이 된 이분법적 사고에 기반을 하고 있다.[16)]

관광연구에서 진정성에 대한 논의가 이루어지기 이전에 진정성의 개념은 주로 박물관에서 유물 · 예술품 · 자료 등 소장품의 가치를 감정하는 측면에서 가짜(Fake)가 아닌 진품(Genuine)인지를 판단하는 과정에서 사용되는 개념으로 알려져 있다.[17)] 이후 관광산업의 급속한 발전과 함께 관광연구에서도 진정성 개념에 대한 논의가 시작되었는데 역사유적 · 음식 · 건축양식 · 문화적 전통 · 기념품 등 진정성 개념의 적용 대상이 급속히 확장되기는 했지만 초기 관광연구에서의 진정성에 대한 논의는 박물관의 소장품에 대한 논의와 유사하게 주로 '관광대상(Tourism object)이 객관적으로 진품 · 진짜이며 유일무이한가?'라는 질문에 초점이 맞추어져 왔다. 객관적 진정성(Objective authenticity)이라고 명명되는 이러한 진정성의 개념은 관광객이 경험하고자 하는 관광대상이 과학적, 권위적, 인지적 측면에서 진정성을 지니고 있는가에 초점을 맞추고 있으며 진정성이 실제로 측정이 가능한 실체가 있는 가치라는 입장을 취하는 개념이라고 할 수 있다.[18)19)]

관광현상과 관련하여 최초로 진정성 논의를 시작한 연구자는 Boorstin(1964)[20)]과 MacCannell(1973)[21)]로 알려지고 있는데 이들은 관광의 대중화에 따른 상업화 · 상품화와 이로 인한 객관적 진정성의 상실을 동시에 지적하고 있다. 그러나 이들은 관광객의 진정성 추구 여부에 대해서는 상반된 의견을 개진하는데 Boorstin은 관광객들은 단순히 즐거움을 추구하는 존재로서 상품화되어 진정성을 상실한 가짜이벤트(Pseudo-event)에 만족한다고 주장한 데 반해 MacCannell은 진정성의 추구가 관광의 가장 큰 동기이며 관광객들은 전면(Front stage)에서 제공되는 연출된 진정성(Staged authenticity)에 만족하기보다는 지역의 실제 삶을 경험할 수 있는 후면(Back stage)으로 진입하기를 원하는 존재라고 설명하고 있다. 이와 관련하여 관광객의 진정성 추구에 대해 Cohen(1979)[22)]은 관광객은 진정성 추구의 정도가 저마다 다르며 그 정도에 따라 휴양형, 기분전환형, 체험형, 실험형, 실존형 관광객 등으로 구분될 수 있다고 주장하고 있다.[23)]

그러나 관광의 영역이 더욱 확대되고 관광의 대상과 유형이 다양화되면서 진정성/비진정성의 이분법적 구분에 기반한 객관적 진정성의 개념이 관광현상을 설명하는데 한계를 노출되면서 이에 대한 반론이 제기되기 시작했다. 특히 1980년대 이후 후기구조주의 및 사회구성주의에 기반하여 구성적 진정성(Constructive authenticity)의 개념이 관광연구에서 활발하게 논의되기 시작하였다. 예를 들어 Bruner(1994)[24]는 MacCannell의 진정성 개념이 너무 단순하여 현대의 관광현상이 내포한 복잡성을 설명하기에 어려움이 있다고 주장하며 보다 유연한 진정성의 개념이 필요하다고 주장했다. 그는 어떤 관광대상도 본질적 · 태생적으로 진정성을 갖고 있을 수 없으며 진정성은 측정가능하지 않은 개념으로 관광객의 배경 · 기대 · 욕구에 기반하여 형성되는 것이라고 주장하였다. 유사한 맥락에서 Cohen(1988)[25]은 관광대상의 상업화나 세계화가 진정성과 상충되는 개념이 아니며 관광대상의 상품화조차도 진정성의 영역으로까지 이해해야 한다고 주장하고 있다. 더 나아가 일부 연구자들은 탈근대성에 기반하여 과학기술의 발전에 의해 진짜/가짜, 현실/비현실의 구분이 모호해진 현대사회에서 진정성에 대한 논의 자체가 무의미하다고 주장하기도 하였다.[26]

이후 관광에서의 진정성과 관련된 논의에서 빼놓을 수 있는 쟁점은 Wang(1999)[27]에 의한 실존적 진정성(Existential authenticity) 개념의 등장이라고 할 수 있다. 그의 논의 이전까지 관광연구에서 진정성의 개념은 객관적 · 구성적 진정성을 막론하고 관광대상에 주로 초점이 맞추어져 있었다면 그는 실존적 진정성의 개념을 통해 진정성을 관광객(The tourist)에게까지 적용시켜야 한다고 주장하였다. Heidegger의 실존주의에 기반을 둔 Wang의 실존적 진정성의 개념은 개인이 관광의 과정에서 진정성을 경험하는 것은 관광대상과 관련된 객관적 · 구성적 진정성뿐만이 아니라 관광대상과는 직접적으로 관련이 없이 '진정한 자아(Authentic self)'를 만나는 것을 통해 경험하는 실존적 진정성이 존재한다고 설명한다. Wang과 그 이후에 Steiner & Reisinger(2006)[28], Kim & Jamal(2007)[29] 등에 따르면 관광은 일상에서의 사회적 규범이 일시적으로 유예되는 역치공간(Liminal space)으로서 개인이 자유로운 표현과 참된 인간관계 등을 통해 실존적 진정성을 경험할 수 있는 환경을 제공한다고 주장한다.

객관적 · 구성적 진정성을 거쳐 실존적 진정성에 이르기까지 관광에서의 진정성의 개념은 관광현상을 사회학적으로 이해하기 위한 대표적인 개념 가운데 하나로 인정받고 있다. 최근 과거에 비해 점차 다원화되고 복잡해지는 관광현상들을 설명하는데 있어서 진정성 개념이 지닌 한계에 대한 지적도 있지만 진정성의 개념은 '관광객의 근원적 동기'로서의 개념적 가치를 넘어서 탈근대사회에서 다원적 의미를 지닌 관광이라는 현상을 이해하기 위한 포괄적 분석틀로서의 방법론적 가치에 집중해야 할 것이다. 즉 객관적 진정성에서 구성적 진정성으로 더 나아가 실존적 진정성으로 확장되는 진정성 개념에 대한 관광학적 논의과정은 단체관광으로 역사문화 · 자연환경에 관련된 매력물을 방문하는 것으로 대표되는 전통적 형태의 관광에서 개별관광으로 도시관광 등을 통해 보다 넓은 의미의 관광매력물을 경험하고자 하는 현대 관광으로의 변화와 일맥상통한다고 할 수 있다. 즉 진정성 논의는 우리 인류가 '진짜'라는 규범적 가치에 대해 사회문화적·과학기술적 진보를 배경으로 어떻게 변화하여 개념화하고 있는지를 보여주고 있다. 더욱이 지난 반세기 동안 우리 사회가 직면한 세계화, 상업화, 도시화 등 구조적 영향들이 관광에 미치는 영향을 반영하며 치열한 논쟁을 통해 축적되어 온 진정성 관련 논의는 양적인 성장과 더불어 가장 다차원적이고 복잡하게 진화하고 있는 분야인 관광분야의 빠른 흐름 속에서 앞으로 관광연구가 어떤 측면에 더욱 초점을 맞추어야 할지에 대한 상당한 시사점을 제공해 준다.[30]

3. 관광과 시선

1990년 영국의 사회학자 John Urry가 저서 「관광객의 시선(The tourist gaze)」을 통해 처음으로 관광현상과 관련하여 논의를 시작한 시선(Gaze)의 개념은 개인이 평소 생활하던 일상을 떠나 관광에 참여해 관광객이라는 입장에 놓이게 되면 주변 환경을 일상에서와는 다른 형태로 바라보게 된다는 주장으로 요약될 수 있다. 즉 관광객의 시선은 각자의 관심이나 호기심이 반영되어 결코 중립적인 것이 아니며 일상과 명확히 분리된 관광경험을 형성하기 위한 모든 역학관계의 결과물로서 이해될 수 있다. Urry(1990)[31]는 관광객과 관광대상은 상호간의 권력관계에 의해 불가피하게 바라보는 자(Gazer)와 바라보이는 자(Gazee)의 비대칭적인 관계에 놓이게 되며 따라서 관광객의 시선은 중립적일 수 없고 관광객 각자의 일상에서 비롯된 문화적 배경을 통해 형성된 관심, 호기심, 기대를 반영할 수밖에 없는 시선이라고 주장한다. 즉 관광객의 시선은 어떤 집단이나 사회에 속해 있느냐 또는 어떤 시기를 살고 있느냐에 따라 달라지는 사회적으로 구성된 시선이며 체계화되고 조직화된 일방적인 시선으로 관광객들이 관광대상을 특정한 방식으로 보게 만든다.[32]

Urry가 관광현상을 설명하기 위해 적용한 시선의 개념은 사실 Michel Foucault의 저서인 「병원의 탄생(1967)」, 「감시와 처벌(1979)」 등의 논의에서 유래를 찾을 수 있다. Foucault는 19세기 철학자 Bentham이 제시한 판옵티콘(Panopticon)이라는 원형감옥의 예를 들며 간수의 시선에서 자유로운 공간이 주어지지 않는 감옥에서의 감시의 시선에 대해 설명하고 있으며 유사한 시선이 근대화된 사회의 주요 기관들인 병원, 군대, 학교, 공장 등에도 존재한다고 주장한다. 예를 들어 의사와 환자의 관계에서 의사는 바라보는(Gaze) 자이며 환자는 바라보여지는(Be gazed upon) 자로 근대사회가 제도화한 권력관계를 형성하고 있다. 마찬가지로 관광객들이 모여 있는 관광지의 지역주민들은 항상 바라보이고 있다는 느낌을 받으며 여기에 순응하며 지내게 된다. 즉 관광객의 시선은 간수/죄수, 의사/환자 등의 관계와 마찬가지로 특정한 목적 및 의도에 기반한 권력관계를 지닌 인식하고 지배하는 전능한 시선으로 Urry는 개념화하고 있다.33)34)35)

Urry는 관광객의 시선을 낭만적(Romantic), 집단적(Collective), 관객적(Spectatorial), 환경적(Environmental), 인류학적(Anthropological) 시선의 다섯 가지 유형으로 구분하고 있다. 낭만적 시선은 상업화된 일상에서는 경험할 수 없는 때묻지 않은 진정성을 관광을 통해 경험하고 있으리라는 기대에 기반한 시선이라고 할 수 있으며, 집단적 시선은 다른 관광객 및 지역주민과 함께 감정을 공유하며 관광지를 즐길 수 있으리라는 기대를 반영하는 시선이다. 관객적 시선은 버스 창문으로 빠르게 지나가는 경관을 피상적으로 바라보는 것 같은 관광객의 시선을 의미하며, 환경적 시선은 환경단체 감시하듯 관광지를 조사하는 듯한 시선으로 설명된다. 마지막으로 인류학적 시선은 마치 학자가 연구대상을 분석하듯이 관광지를 적극적으로 해석하며 바라보는 것을 의미한다.

관광객의 시선은 관광지, 관광대상, 관광매력물, 지역주민 등을 보다 구별되고, 놀랍고, 특이하고, 특별한 것을 보게 만드는 경향을 갖고 있다. 따라서 관광산업은 홍보물, TV, 영화, 다큐멘터리, 뉴스, 소설, 기념품, 블로그 등 다양한 매체를 통해서 관광객의 시선을 관광마케팅을 위한 수단으로 활용하게 된다. 즉 관광객의 시선은 사람들의 따분한 일상과 관광대상의 이미지를 최대한 대조하는 방식으로 환상을 형성하여 관광객들에게 그들이 경험하게 될 관광활동에 대한 기대를 형성하고 관광욕구를 극대화하는 도구로 활용되기도 한다.36)

그러나 Urry의 시선 개념은 관광객과 관광대상의 관계를 비롯하여 다양한 관광현상을 설명하기 위한 의미있는 관점으로 인정받고 있음에 틀림없으나 동시에 많은 비판과 도전에 직면하고 있다. 관광객의 시선 개념을 비판하는 주장의 핵심은 시선의 개념이 관광객의 수동적 측면만을 강조하고 있으며 다소 단순하고 추상적이어서 명료한 모형을 보여주지 못하고 기존의 관광연구의 결과들에 기반하고 있지 못하다는 데 초점을 맞추고 있다. 관광객의 시선 개념을 비판한 대표적인 논의로는 Perkins & Thorns(2001)37)의 논의를 찾아볼 수 있는데 그는 Urry의 관광객의 시선이 논의된 영국과는 달리 자연에서의 야외활동 등 보다 동적인 관광을 선호하는 뉴질랜드 등에서의 관광현상을 설명하기에는 Urry의 시선 개념이 다소 시각적인 측면을 강조하고 있다고 주장한다. 또한 MacCannell(2001)38)은 Urry가 설명한 관광객의 시선은 가시적인 시각에만 초점이 맞추어져 있으며 실제 관광객들은 가시적인 시각 이외에도 보이지 않는 곳을 궁금해하는 감추어진 제2의 시선이 있다고 주장한다. 또한 Maoz(2006)39)는 관광객의 시선이 일방적인 시선이 아니며 지역주민 역시 관광객을 바라보는 시선, 즉 현지인 시선(Local gaze)을 지니고 있다고 주장하며 기존의 바라보는 자/바라보여지는 자의 구도가 존재하지 않는다고 설명한다.40)41)

몇몇 비판에도 불구하고 Urry의 시선 개념은 여전히 관광경험을 사회학적으로 설명하는 대표적인 개념으로 인정받고 있으며 대중관광의 시대를 넘어서 기술 및 미디어의 발전에 의해 진짜와 가짜의 구별이 모호해져 진정성(Authenticity)의 중요성이 덜해진 탈근대사회에서 흥미와 호기심을 유발할 수 있는 일상과 관광 간의 '차이(Difference)'에 대한 논의로서 관광객의 행동을 이해하는 데 있어 의미있는 시사점을 제공하고 있다.

4. 관광과 재현

개인은 관광활동을 통해 각자의 자기정체성을 형성하며 국가나 지역은 관광홍보를 통해 국가정체성, 지역정체성을 형성한다. 즉 정체성(Identity)을 발현시키는 매개체로서 관광은 중요한 의미를 지닐 수 있는데 여기서 의미하는 정체성은 결코 스스로 형성될 수 있는 것이 아니며 타자(Other)와의 관계의 측면에서 형성이 되는 상대적이고 변화하는 개념으로 이해될 수 있다. 특히 특정 집단이 집단의 정체성을 형성함에 있어 타자의 존재는 필수적일 수밖에 없으며 타자와의 끊임없는 차별화와 비교를 통해 해당 집단의 정체성을 형성하게 되는 것이다. 이러한 과정은 소위 타자화(Othering)로 개념화되는데 타자화는 다른 지역과의 비교를 통해 스스로가 거주하는 곳을 정의하거나 다른 사람들과의 비교를 통해 스스로를 정의하는 것을 의미한다. 관광의 관점에서 특정 관광객체의 정체성, 즉 국가, 지역, 관광목적지의 정체성은 그 정체성을 형성하는 주체와 객체 간의 타자화를 기반으로 형성되는 유동적인 개념이다. 이렇듯, 특정 주체에 의해 형성된 관광객체의 정체성이 발현되는 과정을 통칭하여 관광에서의 재현(Representation)으로 이해할 수 있다.[42)43)]

관광연구에서 재현의 개념은 다양한 맥락에서 논의가 이루어지고 있는데 예를 들어 특정 국가나 지역 또는 관광목적지에 대한 문자적, 언어적, 회화적 재현 등의 형태가 대표적이며 관광객체의 정체성은 사진, 영화, 가이드북, 신문기사, 음악, 기념품, 블로그 등 수많은 매체를 통해 발현될 수 있다. 이러한 관광에서의 재현은 해당 관광객체의 정체성이 형성되는 과정에 중요한 영향을 미치는 요소임에 틀림없지만 재현의 결과는 해당 관광객체에 대한 객관적인 사실을 이해하는 데 도움이 되기보다는 오히려 그 객체를 재현하는 주체의 특성을 이해하는 데 도움이 된다고 할 수 있다. 다시 말해, 관광에서 특정 관광객체에 대한 성공적인 재현이 이루어지기까지 사용되는 언어, 상징, 이미지 등이 결정되는 과정은 그 재현의 주체가 속한 집단의 가치, 믿음, 기대를 반영할 수밖에 없으며 이 과정 자체가 두 집단 간의 관계에 중대한 영향을 미치는 권력을 갖고 있으며 더 나아가 사회가 변화하는 동력으로 활용되기도 한다는 것이다. 즉 관광에서의 재현은

현실을 반영하는 것이라기보다는 현실을 창조해가는 과정으로까지 이해될 수 있다.[44][45]

관광이 사회문화적 현상인 동시에 수익을 추구하는 산업이라는 측면에서 관광적 재현은 관광객체의 소비자인 관광객에게 해당 국가, 지역, 관광목적지의 매력을 극대화하는 목적으로 관광객이 속한 집단의 문화적 특성을 고려하여 이루어지게 된다. 관광을 위한 상업적 재현이라고 할 수 있는 이 과정은 민간기업뿐만 아니라 정부, 관광개발자, 관광연구자는 물론 관광객과 지역주민에 의해서도 이루어지게 된다. 소위 지역의 정체성을 더욱 매력적으로 만들어가는 과정으로 개념화할 수 있는 관광산업에 의한 재현은 실제 관광객체의 객관적 속성들의 변화와는 무관하게 진행되는 반면 상황의 변화나 시대적 유행에 따라서는 언제라도 쉽게 변화하는 특성을 지니게 되며 이러한 과정은 관광을 통한 문화의 상품화, 더 나아가 관광수익을 위한 과장이나 왜곡으로 비판되기도 한다. 흔하게 활용되는 관광적 재현의 예로는 이국적(Exotic)이고 일탈적(Escape)인 이미지를 강조하는 관광지 마케팅으로 관광객들이 보편적으로 지니고 있는 심리를 활용하는 일반적인 재현의 방식이지만 사실 이 과정에서 해당 관광객체의 속성은 왜곡되고 있다고 할 수 있다. 이러한 상업적 재현이 가져오는 문제는 해당 관광목적지 내부의 다양하고(Diverse) 비균질적인(Heterogeneous) 속성들이 해당 관광목적지에 대한 재현의 과정에서 모두 상실되는 것은 물론 해당 국가나 지역의 정체성이 주체적으로 결정되는 것이 아닌 관광객의 만족을 위한 매력적인 대상이 되는 상업적 재현에 과정에 의해 결정된다는 것이다.[46]

Echtner & Prasad(2003)[47]의 연구는 북미 여행사들이 아시아 및 아프리카 등 제3세계 국가를 관광목적지로 홍보하기 위해 사용하는 브로슈어를 분석하여 이들 관광목적지의 관광적 재현의 과정에서 형성되는 근거없는 믿음(Myth)을 세 가지로 구분하고 있다. 첫째는 불변에 대한 믿음(The Myth of the Unchanged)인데 전 세계적인 경제적, 기술적, 사회문화적 진보에도 불구하고 관광목적지는 언제 다시 방문하더라도 변하지 않은 그대로의 모습을 지니고 있을 것이라는 믿음이다. 둘째는 제약받지 않음에 대한 믿음(The Myth of the Unrestrained)인데 우리가 현재 살고 있는 일상은 수많은 사회적 규범과 역할에 의해 제약으로 가득 차 있지만 관광목적지는 이런 제약이 존재하지 않은 자유로운 낙원일 것이라는 믿음이다. 셋째는 문명화되지 않음에 대한 믿음(The Myth of the Uncivilized)으로 관광목적지는 외부 문명의 영향을 받지 않아 때 묻지 않은 자연 그대로의 상태로 태초의 모습을 간직하고 있을 것이라는 믿음이다.

최근 들어 관광객체에 대한 재현과 관련하여 가장 많은 논의가 이루어지고 있는 분야는 매스미디어에 의한 국가, 지역, 관광목적지의 재현이다. 소위 미디어지배 사회라고까지 일컬어지는 현대사회에서 언론, 방송, 영화 등 매스미디어의 영향력은 가히 상상을 초월하는데 매스미디어는 각자가 추구하는 목적에 부합할 수 있도록 특정 관광객체를 다양한 편집 및 연출기법을 통해 재현하고 있다. 예를 들어 특정 관광목적지가 TV드라마에서 재현되는 방식은 선택, 생략, 변형 등 편집 및 연출뿐만 아니라 등장인물, 스토리라인, 사건 등 시청자의 해당 관광목적지에 대한 평가에 영향을 미칠 수 있는 다양한 요소를 포함하며 이 모든 과정은 가치중립적일 수 없다. 즉 관광적 재현을 하는 매스미디어가 추구하는 바가 정치적 목적이든 경제적 이익이든 문화적 변화이든 간에 매스미디어는 그 목적에 부합하는 방향으로 재현된 관광목적지를 대중에게 노출한다. 특히 매스미디어는 모든 주제를 재현하는 데 있어 특정 시기의 해당 사회를 지배하는 주류의 가치 및 평균적 취향에 초점을 맞출 수밖에 없고 사회적 약자 및 소수 의견은 이 과정에서 배제되는 경향이 있다. 따라서 관광에 대한 매스미디어의 재현 과정은 관광목적지가 지니고 있는 객관적 속성과는 별개로 그 목적지를 재현하는 사회의 평균적 기대에 기반한 관광목적지의 정체성을 해당 사회 구성원들에게 강요하는 형태로 이루어져 그러한 정체성이 점점 더 강화되는 형태로 진행된다.[48)49)50)]

제3절 관광의 사회학적 이해를 위한 향후 과제

관광의 사회학적 이해를 위한 주요 주제들은 시대적 흐름에 따라 지속적인 변화의 과정을 겪고 있다. 특히 ICT기술 발달에 의한 스마트 생태계의 등장, 인구 고령화와 노인인구 증가, 저성장 장기화 및 소비둔화 등 인류의 삶에 근본적 영향을 가져오는 최근의 구조적 변화들은 소위 '뉴노멀(New normal)'이라 일컬어지는 과거와는 다른 새로운 질서를 형성하고 있다. 이런 전환기적 시기에 관광이라는 현상에 대해 각각의 사회에서 부여된 의미와 관광이 수행해야 할 역할도 지속적인 변화의 요구를 받게 된다. Cohen(2012)[51)]은 최근 관광분야에서 사회학적 접근이 활발히 이루어지고 있다고 설명하며 앞으로도 사회학적 이해가 더욱 필요한 주요 주제를 다음과 같이 일곱 가지로 제시하고 있다.

첫 번째 주제는 사회적 정의(Social justice)와 관련된 주제로서 관광연구가 자본주의적 가치의 확산을 통한 불평등의 심화의 결과를 낳고 있는 도구적 기능적인 접근에서 벗어나 관광이 우리 사회가 보다 정의롭고 평등한 곳이 될 수 있도록 도덕적인 의무를 다하는 방향으로 나아가야 한다고 주장하고 있다. 두 번째 주제는 환경적 지속가능성(Environmental sustainability)으로 대중관광으로 야기되는 자연환경의 훼손과 관련된 주제는 지금까지도 계속 논의되어 왔지만 이러한 관심이 관광산업과 기후변화와의 관련성 속에서 더욱 심화되어야 한다는 것이다. 세 번째 주제는 자연재해(Natural disasters)와 관련된 주제인데 지금까지 자연재해는 인간의 영역을 벗어난 것으로 관광사회학의 주 관심사를 벗어나 있었지만 자연재해에 특히 취약한 관광산업의 특성상 자연재해가 산업, 관광객, 지역주민 등에 미치는 막대한 영향을 고려하였을 때 보다 많은 사회학적 접근을 요구하고 있다. 네 번째 주제는 테러리즘(Terrorism)과 관련된 주제로 2001년 9·11테러 이후 급변한 국제정세는 관광객의 행태, 관광목적지의 판도, 출입국정책 등 관광분야에 상당한 영향을 미치고 있으며 소위 소프트타깃으로 불리는 관광객들은 종종 테러리즘의 주요 대상이 되기도 하고 있어 이에 대한 사회적인 관심이 필요하다는 것이다.

다섯 번째 주제는 유산관광(Heritage tourism)과 관련된 주제로서 유산은 결코 절대적으로 고정된 개념이 아니며 해당 사회의 필요나 목적에 의해 그 개념이 달라질 수 있는 상대적 개념으로 유산의 의미를 결정하고 유산을 상품화하는데 가장 결정적 역할을 하고 있는 관광의 역할을 사회학적으로 접근할 필요가 있다는 것이다. 여섯 번째 주제는 체화 및 정서(Embodiment and affect)와 관련된 주제로 관광경험은 필수적으로 신체의 오감을 통해 정서적으로 이루어지는데 지금까지의 관광연구는 합리주의에 기반하여 너무 현상에 대해 형이상학적인 접근으로 이루어지고 있어 더 많은 사회학적 연구가 요구되고 있다. 일곱 번째 주제는 미디어화(Mediatization)와 관련된 주제로 과학기술이 발달한 현대사회에서는 실제와 가상의 구분이 모호해지고 있으며 이러한 특성을 활용하여 각종 미디어는 관광객들의 심리와 행동에 막대한 영향을 미치고 있다는 사실을 고려하여 미디어화의 과정에 대한 더 세밀한 사회학적 접근이 이루어질 필요가 있다는 것이다.

사실 광범위한 사회학의 관심사를 고려할 때 본고에서 규정한 관광사회학의 개념 그리고 짧게 살펴본 관광사회학 관련 몇몇 주제들은 관광사회학이 잠재적으로 포함할 수 있는 영역을 고려할 때 매우 작은 부분에 지나지 않는다. 특히 우리 사회를 연구 대상으로 삼고 있는 사회학은 사회변화에 따라 새로운 연구주제가 끊임없이 등장하고 새로운 사회현상에 따라 기존의 이론이 도전을 받아 수정되는 것이 일상화된 학문분야이다. 또한 갈수록 학문분야 간의 경계가 모호해지는 최근의 융합적 경향을 고려하였을 때 전통적인 관광의 영역은 사실상 무의미하며 분야 간의 상호의존성이 확산되고 있다. 따라서 앞으로의 관광사회학은 다른 학문분야에서 이루어지고 있는 논의에 항상 귀를 기울이고 개방적인 문화를 통해 새로운 주제를 끊임없이 받아들여 관광연구의 저변을 확장하고 계속 살아 있는 학문으로 역할을 하는데 기여해야 할 것이다. 동시에 사회 전체적으로 늘어나고 있는 관광분야에 대한 관심을 반영하듯 타 학문분야에서도 관광관련 주제들에 대한 연구가 급격히 늘어나고 있는 현실에서 타 분야와의 차별성을 중심으로 관광사회학의 존재의 이유가 될 수 있는 특수성과 전문성을 잘 발전시키는 것 역시 요구된다.

참고문헌

1) 정병웅(2004). 관광사회학의 역할과 과제. 『여가관광연구』 1(2): 5-21.

2) Cohen, E.(1984). The sociology of tourism: approaches, issues, and findings. *Annual Review of Sociology*, 10(1): 373-392.

3) Cohen, E., & Cohen, S. A.(2012). Current sociological theories and issues in tourism. *Annals of Tourism Research*, 39(4): 2177-2202.

4) Cohen, E.(1972). Toward a sociology of international tourism. Social Research, 164-182.

5) MacCannell, D.(1973). Staged authenticity: Arrangements of social space in tourist settings. *American Journal of Sociology*, 79: 589–603.

6) 이진형(2007). 에릭 코헨의 관광사회학: 지식사회학적 접근. 『관광학연구』 31(1): 33-54.

7) 민웅기(2016). 한국 관광사회학의 융합연구 생태계 구성: 사회학 이론의 적용을 통한 '분석'에서 '통합'으로의 전환. 『관광연구논총』 28(2): 3-25.

8) Cohen, E.(1984). op. cit.

9) Uriely, N.(2005). The tourist experience: Conceptual developments. *Annals of Tourism Research*, 32(1): 199-216.

10) Lash, S. & Urry, J.(1994). *Economies of Signs and Space*. London: Sage.

11) Munt, I.(1994). Theother'postmodern tourism: culture, travel and the new middle classes. Theory, *Culture & Society*, 11(3): 101-123.

12) Cohen, E.(1979). A phenomenology of tourist experiences. *Sociology*, 13(2): 179-201.

13) Wang, N.(1999). Rethinking authenticity in tourism experience. *Annals of Tourism Research*: 26, 349–370.

14) Boorstin, D.(1964). *The image*. New York: Vintage.

15) MacCannell, D.(1973). op. cit.

16) 심창섭·칼라산토스(2012). 도시관광에서 진정성 개념에 관한 탐색적 고찰. 『관광연구논총』 24(3): 33-56.

17) Trilling, L.(1972). *Sincerity and Authenticity*. London: Oxford University Press.

18) Kim, H. & Jamal, T.(2007). Touristic quest for existential authenticity. *Annals of Tourism Research*, 34(1): 181-201.

19) Steiner, C., & Reisinger, Y.(2006). Understanding existential authenticity. *Annals of Tourism Research*, 33: 299–318.

20) Boorstin, D.(1964). op. cit.

21) MacCannell, D.(1973). op. cit.

22) Cohen, E.(1979). op. cit.

23) 김영래 · 정병웅(2014). 관광에서 진정성 논의의 현재와 평가: 실존적 진정성을 중심으로. 『관광학연구』 38(5): 79-99.

24) Bruner, E.(1994). Abraham Lincoln as authentic reproduction: A critique of postmodernism. American Anthropologist, 96: 397-415.

25) Cohen, E.(1988). Authenticity and commoditization in tourism. *Annals of tourism Research*, 15(3): 371-386.

26) 심창섭 · 칼라산토스(2012). 전게서.

27) Wang, N.(1999). op. cit.

28) Steiner, C., & Reisinger, Y.(2006). op. cit.

29) Kim, H. & Jamal, T.(2007). op. cit.

30) 심창섭 · 상삼요(2017). 도시관광에서 현대적 진정성의 의미: 신사동 가로수길의 중국인 개별관광객에 대한 에스노그라피. 『관광연구』 32(2): 429-447.

31) Urry, J.(1990). *The Tourist Gaze*. London: Sage.

32) 김사헌(2008). 어리의 관광시선론 재론: 시선주의의 비판과 확장. 『관광학연구』 32(6): 85-103.

33) Urry, J.(1992). The tourist gaze “revisited”. *American Behavioral Scientist*, 36(2): 172-186.

34) 김사헌(2008). 전게서.

35) 박상훈 · 김사헌(2011). 어리의 시선이론과 이의 비판론에 대한 통합적 고찰: 에릭 코헨의 관광객 유형 분류를 기준으로. 『관광학연구』 35(10): 13-31.

36) Urry, J.(2002). *The Tourist Gaze*. Second Edition. London: Sage.

37) Perkins, H. C., & Thorns, D. C.(2001). Gazing or performing? Reflections on Urry's tourist gaze in the context of contemporary experience in the Antipodes. *International Sociology*, 16(2), 185-204

38) MacCannell, D.(2001). Tourist agency. *Tourist Studies*, 1(1): 23-37.

39) Maoz, D.(2006). The mutual gaze. *Annals of Tourism Research*, 33(1): 221-239.

40) 박상훈 · 김사헌(2011). 전게서.

41) 윤현호 · 황희정 · 이훈(2012). 중국인관광객과 내국인의 상호 시선 비교. 『관광학연구』 46(10): 239-263.

42) Amoamo, M., & Thompson, A.(2010). (re) Imaging Māori tourism: Representation and cultural hybridity in postcolonial New Zealand. *Tourist Studies*, 10(1): 35-55.

43) Pritchard, A., & Morgan, N. J.(2001). Culture, identity and tourism representation: marketing Cymru or Wales?. *Tourism Management*, 22(2): 167-179.

44) Hunter, W. C.(2008). A typology of photographic representations for tourism: Depictions of groomed spaces. *Tourism Management*, 29(2): 354-365.

45) Santos, C. A., & Buzinde, C.(2007). Politics of identity and space: Representational dynamics. *Journal of Travel Research*, 45(3): 322-332.

46) Santos, C. A.(2004). Framing Portugal: representational dynamics. *Annals of Tourism Research*, 31(1): 122-138.

47) Echtner, C. M., & Prasad, P.(2003). The context of third world tourism marketing. *Annals of Tourism Research*, 30(3): 660-682.

48) Iwashita, C.(2006). Media representation of the UK as a destination for Japanese tourists: Popular culture and tourism. *Tourist studies*, 6(1): 59-77.

49) Mercille, J.(2005). Media effects on image: The case of Tibet. *Annals of Tourism Research*, 32(4): 1039-1055.

50) Yan, G., & Santos, C. A.(2009). "CHINA, FOREVER": Tourism Discourse and Self-Orientalism. *Annals of Tourism Research*, 36(2): 295-315.

51) Cohen, E., & Cohen, S. A. (2012). op. cit.

02편 문화명사 담론

정창수 한국관광공사 사장이 미래의 관광인들에게 들려주는

관광개발 및 정책적 관점에서의 문화관광 이야기

정창수

학력

- 1980 성균관대학교(행정학과), 학사
- 1986 서울대학교 행정대학원(행정학과 정책학전공), 석사
- 2004 경희대학교 행정대학원(행정학과 정책학전공), 박사

주요경력

- 1999~2002 대통령비서실 경제수석실 행정관
- 2002~2002 건설교통부 공보관
- 2002~2003 대통령비서실 건설교통비서관
- 2003~2004 건설교통부 주택도시국장
- 2005~2007 국무조정실 농수산건설심의관
- 2007~2008 건설교통부 공공기관지방이전추진단 부단장
- 2008~2010 국토해양부 기획조정실장
- 2010~2011 국토해양부 제1차관
- 2012~2013 강원대학교 사회과학대학 초빙교수
- 2013~2014 인천국제공항공사 사장
- 2015. 8~ 한국관광공사 사장

상훈

- 1997 홍조근정 훈장
- 2012 황조근정 훈장

정창수 한국관광공사 사장이 미래의 관광인들에게 들려주는

관광개발 및 정책적 관점에서의 문화관광 이야기

최근 관광콘텐츠 개발이나 관광인프라 확충과 관련해서 가장 주목할 경향이 바로 도시재생이다. 디즈니랜드, 유니버설스튜디오 등의 대규모 테마파크 개발은 자본과 지역의 수요층이 충분하지 않다.

1980년대 이후 유럽에서 시작되었던 도시재생 사업은 이런 측면에서 테마파크 개발의 대안이 될 수 있다. 더 나아가 관광객들이 지역주민들의 라이프스타일을 직접 느끼면서, 지역의 독특한 문화와 현지인들의 예술 활동을 직접 보고 체험하고 싶어 하는 최근의 관광트렌드에 더 부합하는 방식이기도 하다. 한국의 사례를 보면 충북 청주시에는 폐공장 부지인 연초 제조창을 활용하여 공예 · 문화산업지구로 육성하고 전북 군산시는 군산 내항지구와 연계한 근대역사 문화지구를 조성하고 있으며, 경남 창원시는 부림시장, 창동예술촌을 핵심으로 하는 문화예술 기반의 도시재생을 추진하고 있다.

해외에서도 혐오시설, 쇠퇴산업 지역, 폐허화되었던 곳들이 도시재생을 통해 지역 명소로 탈바꿈하면서, 연간 수백만 명의 관광객들이 방문하고, 이들의 소비를 통해 내수진작과 지역경제가 활성화된 사례들을 쉽게 찾아볼 수 있다. 몇 가지 성공사례를 소개하면, 먼저 영국 런던 남쪽의 베드제드는 세계 최초의 탄소제로 도시로서, 가동이 중단된 오물처리장이었던 곳을 2002년에 100가구 규모의 친환경 주거단지로 재생시키면서 주목을 받고 있다. 태양에너지를 활용, 일반 가정 대비 10% 수준의 에너지로 난방을 가동하며, 빗물오수정화 시스템, 저탄소 교통수단 등 철저한 녹색시스템을 기반으로 고효율, 저에너지, 친환경을 고려한 미래형 녹색도시의 표본으로 꼽히고 있다. 스페인 제1의 항구도시였던 빌바오는 조선사업 몰락으로 쇠퇴하였으나, 1997년 구겐하임미술관 개관을 통해서 도시재생의 전기를 마련하였다. 바스크 주정부와 시당국의 체계적인 도시재생 노력이 빛을 본 케이스로 쇠퇴 도시에 현대 예술문화를 접목하여 새로운 문화 기반을 조성함으로써 시민들의 삶의 질 향상은 물론, 대규모 관광객 유치에 성공하였다. 독일의 졸페라인(Zollverein)은 폐광시설을 예술지구로 리모델링한 대표사례로 유명하다. 1847년 건설 이후 세계 최대 탄광이었던 졸페라인은 석탄산업 몰락에 따라 1980년대 말 탄광폐쇄 이후 도시기능을 상실하면서 사실상 폐허나 다름없었던 지역이다. 하지만 주 정부가 폐광촌 철거보다는 산업유산 보존으로 방향을 잡고 유명 건축가 · 예술가들의 참여를 통해 산업특성을 살린 도시재생을 추진하면서, 흉물로 꼽히던 탄광시설이 박물관, 예술가 작업실, 전시 · 공연시설로 탈바꿈하게 되었다. 2001년에는 유네스코 세계문화유산으로 지정되어 문화가 살아 있는 '디자인의 성지'로 불리면서 연간 200만 명의 관광객이 방문하는 명소가 되었다. 가까이 있는 중국의 사례도 검토해

볼 만하다. 낡은 군수공장을 개조한 '798 문화창조산업지구'는 북경의 문화랜드마크로 관광객들이 북적인다. 798지역은 과거 북경시의 제1차 5개년계획 시기에 건설된 군수공장 지역이었다. 1990년대 들어 북경시 제2차 산업의 쇠퇴에 따라 798지역에는 빈 공장들이 늘어났고 저렴한 임대료 덕에 가난한 예술가들이 하나둘 모여들기 시작했다. 문화예술 산업 촉진을 위해 2008년 시작되는 북경시 제11차 5개년 경제사회발전계획을 통해 5억 위안(약 600억 원)의 예산을 별도로 배정하는 등 재정적 지원책도 마련했다. 798지역은 예술가와 화랑, 관련 매체와 기업들이 공존하는 이색적인 종합예술 지역으로 발전하였으며, 200여 개 창작실, 400여 개 갤러리, 50여 개 패션숍 이외에도 스튜디오, 레스토랑, 카페, 출판사, 디자인 회사, 광고회사 등 다양한 산업군이 형성되어 일평균 2~3만 명이 방문하는 명소가 되었다.

산업이 사양길을 걸으며 쇠퇴한 곳은 새롭게 재생시켜야 한다. 재생과정에서 문화, 예술의 토양 위에 친환경, 힐링, 주민참여, 지속가능성 등의 요소가 숨 쉬게 되면 방문객도 늘어나 활력을 배가시킬 수 있다. 앞서 소개한 유럽의 사례가 시사하는 것처럼 대규모의 관광지 개발이나 테마파크 건립에만 관심을 두기보다는 한국 고유의 도시재생 모델을 통해 여러 지역들이 각자의 독특하고 차별화된 매력을 풍길 수 있도록 뒷받침해 줄 수 있는 정책적 노력이 필요하다.

지금까지와는 다른 시각과 관심으로 도시재생사업을 바라보고 더욱 적극적인 투자와 각계각층, 현지 지역주민들의 활발한 참여 속에 세계가 주목할 만한 격조 있고 감성이 넘치는 명소들이 만들어져야 한다. ☻

제 2 편

관광정책개발론의 이해

제 1 장

관광자원개발의 이론과 실제

양 광 호

한국영상대학교 항공관광과 교수

경기대학교 대학원 관광개발학과에서 경영학 박사학위를 취득했다. 한국관광학회 부회장 겸 지자체협력위원장, 한국관광학회 산하 관광자원개발학회 부회장 겸 학술심포지엄위원장, 문화체육관광부 콘텐츠융합형 관광개발사업 자문위원, 세종특별자치시 출범준비위원회 기획행정분과위원장 등을 역임하였다. 현재, 공주시 '2018 올해의 관광도시' 총감독, 백제문화제 추진위원회 추진위원, 충청남도 관광시책자문위원, 세종시 도시계획위원회 위원 등으로 활동하고 있다. 주요논문으로 '공간미찰력이 관광수요에 미치는 영향분석', '관광자원 보전가치의 편익비용분석', 'BSC를 활용한 관광사업평가', '지역방문의 해 평가분석' 등 다수가 있다.

yangho@pro.ac.kr

김 규 호

경주대학교 관광레저학과 교수

경기대학교 대학원 관광개발학과에서 경영학 박사학위를 취득했다. 한국관광학회 총무이사, 편집위원, 한국관광학회 산하 관광자원개발학회장을 역임하였다. 현재 경상북도 동해안권 발전 공동협의회와 미래경북발전위원회 위원으로 활동하고 있고, 주요 논문으로는 '지역산업연관모형에 의한 관광산업의 경제적 효과분석', '관광의 문화적 영향과 유교문화자원: 그 관계와 개발이념에 대한 고찰', '문화행사가 지역경제에 미치는 효과분석: 경주지역에 대한 애드-혹 소득승수추정을 중심으로', '관광개발정책의 진단: 회고와 과제', '문화유산관광이 지역경제에 미치는 효과분석', '문화유산의 재해석과 관광자원화' 등 다수가 있다.

khkim105@hanmail.net

제 1 장

관광자원개발의 이론과 실제*

양 광 호 · 김 규 호

제1절 관광자원 개념, 분류, 가치

1. 관광자원개념

관광자원(tourism resources)은 일상적인 삶을 살고 있는 일반인들이 그들의 거주지를 벗어나 관광활동을 하게 하는 가장 중요한 유인인자라고 할 수 있다. 관광객들은 가능하면 보다 가치 있고 매력 있는 관광자원을 방문하고자 하며, 또 관광자원을 보유한 지역은 그들 지역 내 매력 있는 자원을 찾아내 가치를 높여 보다 많은 관광객들의 지역방문을 유도하려고 노력한다. 관광객, 지역, 관광사업체 등 관광과 관련된 모두에게 관광자원은 찾아내 가치를 높여야 하는 대상으로 인식된다. 세상의 모든 현상과 사물 중 무엇을 관광자원으로 볼 것이냐에 대한 개념규정은 개발대상을 명확히 함으로써 효율적인 자원활용과 정보교류를 가능하게 한다.

관광자원의 개념규정을 위해 그동안 많은 시도들이 있어 왔으나, 그 범위가 넓고 기준이 모호하여, 통일된 개념을 도출하지 못하고 있다. 이하에서는 관광자원의 개념규정에 대한 논의를 전통적인 관점, 서비스 생산요소로 보는 관점, 법제도적 관점을 중심으로 살펴보기로 한다.

일반적으로 관광자원의 개념규정에는 두 가지 접근이 있다. 먼저, 관광욕구를 직접적으로 충족시켜주는 요소인 자연자원, 인문자원 등 주자원만을 관광자원으로 보는 협의의 관점이다. 또 다른 접근은 주자원 외에 관광자원의 가치와 유인력을 높이기 위하여 수반되는 접대시설, 기반시설 등 제반요소를 포함하여 관광자원으로 보는 광의적 접근이다.[1]

이들 관점은 시대에 따라 변화해 왔는데, 1960년대까지는 관광자원을 협의의 개념으로 보는

* '1절 관광자원 개념, 분류, 가치'와 '2절 관광개발' 부분은 한국관광학회(2009), 『55인의 관광학 전문인이 집필한 관광학총론』의 '제25장 관광자원개발' 부분을 일부 수정한 내용임.

관점이 우세했으나, 1970년대 이후부터 광의의 개념으로 해석하기 시작하였다. 1990년 전후로는 관광이 전통적인 영역을 뛰어넘어, 농촌관광(관광과 농업), 의료관광(관광과 의료), 산업관광(관광과 산업), MICE(관광과 전시컨벤션) 등 타 분야와의 융복합화로 관광대상은 더욱 확대되었다.

2010년을 전후해서는 정보통신기술(ICT)의 융합으로 나타나는 4차 산업혁명시대에 접어들면서 가상현실(Virtual Reality) 등의 기술을 활용한 관광자원화가 시도되며, 관광자원의 범위는 기존과는 다른 새로운 차원으로 전개되고 있다. 따라서, 최근 들어서는 관광자원이 영역이 관광객 관광욕구 대상이 되는 모든 사물과 현상을 관광자원이라 볼 수 있을 만큼 확대되고 있다.

이와 같은 관광자원의 영역확대현상은 관광욕구에 기반한 관광자원 이용행태 변화와 밀접하게 관련되어 있다. 과거 단순히 보는 관람형에서 직접 체험하는 동태적 관광행태로의 변화는 자연자원은 물론, 인문, 시설자원 등과의 복합적 이용 필요성을 증대시키고 있다. 또한, 과거 관광대상*이 자연관광자원에 편중되었던 반면에, 최근 다양화된 관광수요를 충족시키고 관광의 융복합화 추세를 반영하는 창조적인 관광시설의 증대 등도 그 원인이라 할 수 있다.[2)]

관광자원의 개념규정에 있어, 전통적인 개념은 주로 우리나라 및 일본학자들에 의하여 제안된 개념으로 관광자원의 특성을 토대로 한다. 관광자원의 개념정의에 사용된 기준들은 학자마다 다르지만, 공통적으로 많이 언급되는 특성들로는 '매력성과 유인성', '욕구충족 및 동기유발', '보전보호의 필요성', '가치의 변화성(시대변화, 관광자 간)', '비소모성', '범위의 다양성', '비이동성' 등을 들 수 있다(津田昇 1969; 이장춘, 1983; 김홍운, 1989; 서태양, 1998; 박석희, 2000; 김성기, 2005).

또한 관광자원은 서비스 요소적 측면에서 설명되기도 한다. 박석희(2000)는 관광자원을 관광이라는 서비스를 생산하는데 소요되는 투입요소로 보았다. 이 개념에 의하면 관광행위는 관광서비스의 생산과 소비활동으로 관광행위는 재화, 시간, 여행의 함수 즉, 관광행위=f(재화, 시간, 여행)로 정의할 수 있다. 다시 말해, 관광행위는 재화로서 관광자원에 해당하는 자연적 매력, 인문적 매력, 관광시설 매력, 공급처리시설, 편의시설, 인력과 시간, 여행이 더해지는 8가지 생산요소의 적절한 배합에 따라 성립되는 것으로 설명한다.[3)]

법제도적으로는 주로 개발 혹은 관리수단으로의 활용을 목적으로 관광자원을 개념규정하고

---

* 관광자원(tourism resources)은 때로는 관광대상(tourism objects), 관광매력물(tourism attractions), 관광시설(tourism facilities) 혹은 관광재(tourism goods) 등의 개념과 혼재되어 사용되기도 한다. 이들 개념들은 관광객들을 유인하는 목적물이라는 공통점이 있으나, 각 개념이 아우르는 범위 및 해당자원의 성격에 따라 차이를 보인다. 곧, 관광대상은 가장 포괄적인 개념으로 관광객들의 욕구충족 대상 모두를 의미하며, 관광자원은 개발에 의하여 관광대상이 된다. 관광자원은 광의적으로 해석하면 관광대상과 동일시되기도 하고, 협의적으로 보면 관광시설과 함께 관광대상의 구성요소가 되기도 한다. 관광매력물은 관광객을 유인하는 주 자원을 의미하며, 관광자원을 협의의 개념으로 보면 동일한 개념이다. 관광시설은 인공적으로 만들어진 시설을 의미한다. 관광재는 경제적인 시각에서 관광소비의 대상으로서 관광자원 또는 관광대상을 일컫는 말이다.

있다. 우리나라의 대표적인 자연 및 인문자원을 개발 및 관리하기 위한 목적으로, 법·제도에 의해 규정하고 있기 때문에, 통상 관광객들에게 관광자원으로 인지되는 자원은 법·제도에 의해 규정되는 관광자원 개념*이라고 할 수 있다.

이상을 종합해 볼 때, 관광자원**이란 관광객의 관광동기를 유발하고 관광욕구를 충족시킬 만한 가치와 매력이 있는 유형·무형의 제 관광대상을 총칭하며, 개발과 관리라는 인간의 계획되고 의도된 노력에 의하여, 그 가치가 높아지는 특성을 지닌 대상이라고 개념 규정할 수 있다.

2. 관광자원분류

(1) 개념적 특성에 의한 분류

분류체계는 자원의 체계적인 연구 및 이용, 관리목적으로 식물학 분야에서 발달하기 시작하였다.[4)] 관광자원의 분류목적은 첫째, 미래의 관광수요에 대처할 수 있는 잠재적 관광자원의 유형과 수용력을 객관적으로 평가하려는데 있다. 둘째, 관광객들이 관광지의 특성을 이해하고, 욕구충족을 위한 관광활동의 목적지를 선정하는데 유용한 기초정보를 제공하는데 있다.[5)] 셋째, 관광계획측면에서는 관광행태변화에 따른 관광지 신규 공급여부를 파악하기 위한 수급분석 등을 효과적으로 수행하기 위한 목적이다.

지금까지 관광자원의 분류에 이용되어 온 기준은 크게, 개념적 특성에 의한 분류, 입지 및 이용측면에 따른 분류, 기타 분류로 나눌 수 있다.

관광자원의 개념적 특성에 의한 분류는 연구자가 다양한 관광자원 중에서 중요하다고 판단하는 자원의 개념적 특성에 따라 임의로 정의하고 분류하는, 주로 우리나라와 일본학자들에 의해 이루어진 분류체계이다. 이 분류방식은 그 존재형태, 형성원인, 자원특성, 관광행동패턴, 자원의 이용 등을 기초로 분류하고 있다. 첫째, 관광자원을 존재형태에 따라 유형관광자원과 무형관광자원으로 대별하고 거기에 세부항목을 설정한 시도이다(이장춘, 1974; 한국관광공사, 1987). 둘째, 형성원인에 따라 자연관광자원과 인문관광자원으로 유형화한 시도이다(末武直義, 1974; 김병문,

---

* 자연자원은 자연공원법에 의해 국립공원, 도립공원, 군립공원으로 규정·관리되고 있다. 또한, 문화자원의 경우는 문화재 보호법에 의해 형태상 유형문화재, 무형문화재, 기념물, 민속자료로 구분하고, 지정여부에 따라 지정문화재(국가지정, 시·도지정)와 비지정문화재로 구분하고 있다. 인위적으로 새로이 개발하는 관광단지, 관광지, 리조트와 테마파크, 관광레저도시는 관광진흥법과 기업도시 특별법에 의해 규정·개발·관리되고 있다.

** 하늘의 별도 관광자원성을 가지고 있으며, 관광객들의 관광동기를 유발하여, 관광자원 및 관광대상이 되기 위해서는 별을 볼 수 있는 천체망원경 등의 시설, 별을 가장 잘 볼 수 있는 장소까지의 이동이 마련될 때(곧, 개발될 때) 비로소 유인성 있는 관광자원 및 관광대상이 되는 것이다. 실례로 강원도 영월군의 '별마로천문대'는 매력있는 관광자원으로 영월을 방문하는 관광객들의 주요 관광대상이 되고 있다.

1984; 이근, 1996; 김성기, 1997). 셋째, 관광행동 패턴에 따라 주유형 관광자원과 체재형 관광자원으로 구분한 시도이다(Gunn, 1978). 넷째, 자원이용 형태에 따라 동적 이용자원과 정적 이용자원으로 구분한 사례이다(김홍운, 1986; 김사헌, 2003). 다섯째, 자원정보체계 구축을 위해 인위적 계통분류한 사례이다(박석희, 2000), 여섯째, 자원특성에 따라 자연적 관광자원과 문화적 관광자원, 사회적 관광자원, 산업적 관광자원 등으로 유형화한 시도이다(津田昇, 1964; 김진섭, 1981; 김상훈, 1982; 김홍운, 1989; Gunn, 1994). 이 중 자원특성 기준은 지금까지 가장 일반화된 분류체계로 이용되고 있으며, 특히 대부분의 유형화에서 2차적 분류나 세부항목의 지표로 사용하고 있다.[6)]

(2) 입지 및 이용측면에 따른 분류

이 분류는 구미지역 학자들에 의해 주로 제안되는 분류방식으로, 입지 및 지역특성에 따라 수용 가능한 관광활동행태가 달라지므로, 관광개발계획 수립 시 유용하게 활용되어질 수 있는 분류기준이다.

Clawson(1960)은 자원입지에 따라 관광자원을 분류하고 있는데, 입지, 이용시기, 활동유형, 지역규모, 관리유형, 이용정도 등의 분류기준으로 관광지역을 이용자중심형, 중간형, 자원중심형으로 분류함으로써 관광자원을 공간적인 연속체로 파악하고자 하였다.[7)]

미국 산림청은 ROS(recreation opportunity spectrum)라는 관리모형에 의한 분류체계를 개발하였다. 이는 관광객은 관광경험의 만족을 위해 선호관광활동을 결정하고 그 활동을 위한 최적장소를 선택한다는 가정하에, 관광환경의 특성에 따라 야생지역, 자동차 진입 불가능한 준 야생지역, 자동차 진입 가능한 준 원시지역, 도로가 있는 자연자원지역, 농촌지역, 도시지역으로 ROS 등급체계를 설정하고 있다.[8)] 수용력 개념을 고려한, 이용측면에 따른 대표적인 분류방식이다.

3. 관광자원 가치

관광수요자뿐만 아니라 관광공급자 입장에서도 관광자원의 고유가치를 파악하는 문제는 각 개별주체의 합리적인 의사결정을 위해 필요한 과제이다. 그러나 관광자원의 가치평가는 관광자원의 다양성, 관광수요, 활동형태, 시대 등에 따라 자원가치가 변화되는 특성 및 가치개념의 복합성 때문에 자원가치 도출은 매우 어려운 문제이다.

그동안 관광자원의 가치를 평가하고자 하는 시도는 주로 경제학적인 접근이 이루어져 왔다.[*]

* 주요 자연관광인 계룡산 국립공원의 가치는 돈으로 환산하면 얼마나 될까? 지금은 입장료가 폐지되었지만(문화재관람료 별도) 입장료가 국립공원의 가치를 제대로 평가하고 있는 것일까? 또 국보 1호인 동대문의 가치는 얼마나 될까? 이런 근본의문을 해소하는데 관광자원의 경제적 가치 평가는 어느 정도 해답을 줄 수 있다.

이하에서는 상대적으로 많은 연구가 이루어진 경제적 가치평가의 기초이론에 대하여 살펴본다.

(1) 가치개념

관광자원 가치를 논의하기 전에 일반적인 가치의 개념과 효용, 가격 등 유사개념 간의 관계를 살펴보는 것이 필요하다. 먼저 효용(utility)이란 개념을 살펴보면, 효용이란 개인의 어떤 욕구에 대한 주관적 만족도를 의미하며, 가치란 어떤 행위나 사물의 상대적 중요성을 나타내는 척도라고 할 수 있다. 특정재화에 대한 효용(만족도)도 가치와 마찬가지로 사람에 따라 혹은 주어진 외부환경에 따라 각각 다르게 나타난다. 이 효용의 크기에 따라 가치가 부여되고 이 가치에 따라 가격(즉, 재화획득에 대한 대가)이 결정된다.9)

(2) 관광자원의 가치

공공재적 성격을 지닌 자원의 가치는 크게 이용가치(use value)와 그 자원을 이용하지 않는 사람들로부터 발생되는 비이용가치(non-use value)로 나눌 수 있다*. 이용가치는 다시 실제 그 재화를 구매할 때 지불한 시장가치와 소비자가 그 가격을 지불하지 않고도 무료로 얻는 소비자 잉여(consumer surplus)**로 나누어볼 수 있다. 또한 비이용가치 또는 보전가치는 다시 선택권가치(option value), 존재가치(existence value), 유산가치(bequest value)로 나눌 수 있다.10))

즉, 자원의 가치 = 이용가치(사용가치) + 비이용가치(보전가치)
= [시장가치(교환가치) + 소비자 잉여] + [선택권가치 + 존재가치 + 유산가치]

여기서 이용가치란 일명 사용가치 또는 교환가치로도 불리는데, 실제 관광객들이 재화나 서비스를 구매하기 위하여 지불하고자 하는 가격이나 지불용의액(willingness to pay)을 말한다.

새로이 주목받는 비이용가치란 보전가치라고도 하며, 아름다운 관광자원이나 수질, 동식물,

---

* 자연관광자원과 인문관광자원은 그 성격상 사적재와는 구별되는 공공재적 특성을 가지고 있다. 공공재는 "일단 생산되면, 그 소비가 공동으로 집합적으로 이루어지며, 불특정 다수에게 똑같이 편익이 돌아가는 재화"(김대식 외, 1992: 468-469)를 의미한다. 공공재는 소비에 있어 배제불가적 특성(non-exclusiveness)과 소비에 있어 비경합성(non-rivalness)이라는 특성 때문에, 무임승차자(a free rider) 등의 문제가 발생하여, 시장기구에 의해 가격이 산정되지 않는 시장실패문제를 야기한다(김사헌, 1997: 102-8).

** 소비자 잉여는 마샬(Alfred Marshall, 1930)에 의하여 이론화된 경제개념의 하나로서 한 개인이 소비하는 어떤 재화의 확보를 위하여 최대한 지불하고자 하는 지불용의의 합과 실제로 그것을 구입하는데 지불한 비용의 차이를 말한다(조순, 1987). 다시 말해, 특정소비자들이 어떤 재화를 향유하기 위해 시장가격보다도 더 높은 가격을 지불할 용의가 있다면, 이보다 낮은 가격을 지불한 소비자들은 그만큼의 초과효용, 즉 소비자 잉여를 누리게 된다는 것이다.

환경 등이 보전되고 있다는 그 자체를 앎으로써, 잠재 이용자들이 받게 되는 편익 또는 효용, 무형의 가치이다.[11] 보전가치는 자연자원의 가치평가에서 주로 존재가 확인되었는데, 최근에는 문화유산자원과 같은 인문관광자원에서도 그 가치의 존재를 인정받고 있으며, 심지어 문화유산자원의 경우 독특한 역사성을 대체할 수 있는 자원이 없기 때문에 매우 큰 보전가치를 예상할 수 있다는 주장도 제기되고 있다.[12] 따라서, 자연 및 인문관광자원의 진정한 총가치는 이용가치와 비이용가치(보전가치)의 합이라고 할 수 있다.[13]

비이용가치 중 선택권가치(option value)란 현재는 사용하고 있지 않으나 미래에 사용할 가능성을 보고, 미래의 선택을 위해 지불할 용의가 있는 일종의 보험료와 같은 기대가치를 의미한다. 존재가치(existence value)는 특정재화를 현재 이용하고 있지 않으며, 미래에도 이용할 가능성이 없지만 존재한다는 사실만으로도 얻는 효용을 말한다. 또한 유산가치(bequest value)란 후대에게 물려주기 위한 보존을 전제로 한 지불의사액을 의미한다.[14]

따라서, 자연 및 인문관광자원의 경우는 자원의 특성상 이와 같은 보전가치가 존재하기 때문에 자원의 전체가치를 평가할 때, 이들이 포함되어야만 진정한 자원의 가치평가라고 할 수 있다. 만약 이들 보전가치가 고려되지 않는다면, 관광자원의 가치는 필연적으로 저평가되게 될 것이다.

관광자원의 경제적 가치평가는 자원의 개발과 보전의 의사결정(예를 들면, 갯벌을 보전해야 하는지 갯벌을 매립하여 해양리조트를 개발해야 하는지 등)을 위한 편익 · 비용분석의 중요한 기준이 된다.

제2절 관광개발

1. 관광개발 개념 및 전략

(1) 관광개발의 개념 및 목적

관광개발은 관광자원을 대상으로, 관광객 만족증대, 지역활성화 등의 목적으로 자원의 가치를 높이기 위해, 인간이 지닌 지혜와 노력을 의도적으로 기울이는 활동 또는 과정이라고 할 수 있다.

관광개발의 개념도 관광개발 대상의 범위를 어떻게 보느냐에 따라, 좁게 해석하는 접근과 광의적으로 해석하는 접근으로 나누어볼 수 있다. 협의의 개념은 관광자원개발 즉, 관광유인력을 갖는 자연 및 인문관광자원 등 주자원의 개발로 보는 관점이다. 반면 광의의 접근은 관광욕구를 충족시키기 위하여, 관광자원 및 시설의 활용뿐만 아니라, 관광만족에 기여하는 무형의 상품 및 서비스개발까지 포괄하는 개념이다.

과거 물리적 개발위주의 관광자원개발로 인식하던 전통적, 협의의 관점에서, 최근에는 물리적 개발뿐만 아니라 상품 및 서비스개발까지 포함하는 광의의 개념으로 해석하는 추세이다. 또한 과거에는 관광개발을 지역개발의 수단으로 보던 인식에서 지역개발과 관광개발의 통합화, 더 나아가, 지역사회관광개발로 그 개념이 확대되어 가고 있다.

이는 관광의 구성요소를 관광주체(관광객), 관광매체(관광산업), 관광객체(관광자원)로 볼 때, 개발의 대상을 관광객체로 보던 관점에서 관광객체 외에 관광매체를 개발의 대상에 추가하여, 대상이 확대되고 있음을 의미한다. 최근에는 관광의 구성요소에 관광객, 관광산업, 관광자원 외에 지역사회를 새로이 포함시켜, 지역민의 인적역량 강화까지 개발의 대상으로 확대시키고 있음을 의미한다. 또한 경제적 효과뿐만 아니라 사회문화적 측면도 고려하는 방향으로 변화하고 있다.

관광경험단계로 보았을 때, 기대단계, 가는 단계, 현지단계, 오는 단계, 회상단계의 5단계 관광경험단계 중, 현지단계 개발만이 아니라 이동단계(가는, 오는), 회상단계까지 개발의 대상으로 보는 방향으로 개념이 확대되고 있다. 따라서, 관광개발을 관광경험단계 전 과정에 걸쳐 관광객들의 관광욕구를 충족시켜 주기 위하여, 현존하는 자원에 인간의 지혜와 노력, 자본을 투입하여 자원의 가치를 증대시키는 활동으로 폭넓게 이해하는 것이 필요하다.

최근에 주목을 받는 지역사회관광개발(community-based tourism development)은 지역사회를 구성하고 있는 관광자원과 인적요소의 개발을 통해 지역성을 높이고 지역활성화 및 주민복리 증진에 기여하는 동시에 관광객의 욕구를 만족시키는 개발전략이다. 이는 지역개발과 관광개발 일체화를 추구하고, 지역사회 참여를 전제하며, 지역주민의 의식과 생활영역까지 개발의 대상을 확대한다. 공간적으로 관광과 주민의 생활이 함께 공존, 관광산업과 지역연고산업과의 연계를 추구한다.[15)]

그림 1-1 지속가능한 정주형 관광개발개념

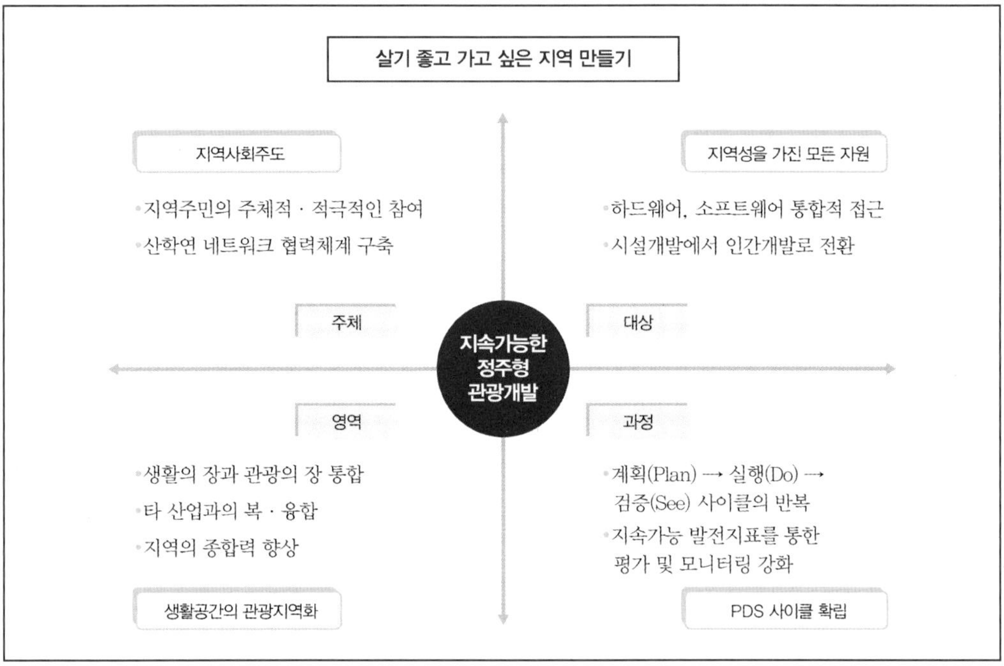

자료: 김성진(2006). 『지속가능한 정주형 관광개발체계연구』. 한국문화관광연구원. p.55.

관광개발의 목적은 첫째, 관광자원의 가치를 증진시키고 둘째, 관광자원이용자를 보호하고, 셋째, 지역경제를 발전시키고, 넷째, 관광공간을 제공하고 국토의 합리적인 이용과 지역 간의 균형적인 개발 및 효과적인 활용 다섯째, 관광객 만족증대를 위함이다.[16]

(2) 관광개발전략 및 방식

① 관광개발전략

관광개발 목표를 달성하기 위해, 고려되는 전략은 성장거점전략과 기본욕구전략을 들 수 있다. 1990년대 이전까지는 관광개발 시 관광거점을 설정한 후 그 개발효과가 주변으로 확산되는 효과에 주목한 성장거점전략이 주로 채택되어 왔다.

가. 성장거점전략

성장거점전략이란, 개발에 투자할 수 있는 재원이 한정되어 있는 경우, 비교우위가 있고 성장 잠재력이 높은 지역을 집중 투자 개발하여 그 개발효과가 주변지역으로 확산되게 함으로써, 지역 전체의 발전을 유도하는 지역개발전략이다.17) 이는 개발효과가 가장 크게 나타날 성장거점을 선정한 후, 집중개발을 통해 주변지역 개발로 확산을 기대하는 효율성과 형평성 중 효율성에 무게중심을 두는 불균형성장전략*이라고 할 수 있다. 성장거점의 필요성은 제한된 자원의 효율적 이용과 투자의 효율성 제고 및 지역의 균형발전을 유도하기 위해 필요하다.

관광분야에서 관광개발방식으로 고려되는 honey-pot개발방식과 hub & spoke개발방식도 성장거점전략의 실현을 위한 개발방식이라고 할 수 있다.

나. 기본욕구전략

성장거점전략에 의한 지역 간, 산업 간 격차심화 등의 문제점을 해결하기 위한 성장거점전략의 대안으로 기본욕구이론이 대두되었다. 기본욕구전략은 전통적인 성장지향적 전략을 완전히 대체하는 대안이라기보다는 이를 보완하는 성격을 지니고 있다. 기본욕구전략은 성장거점전략에 의한 관광개발에서 배제된 소외지역의 기본욕구충족에 초점을 맞추고 소외지역의 개발과 고용기회의 확대, 이에 따른 소외지역의 소득증대를 도모한다. 효율성(efficiency)과 형평성(equity) 중 형평성에 관심을 둔다.

② 관광개발방식

가. 허니포트(honey-pot) 개발방식

honey-pot 개발방식**은 원래 이용자에 의해 쉽게 훼손될 수 있는 지역의 이용압력을 경감시키거나 포화상태에 도달한 관광수요를 줄이기 위해 다른 지역을 개발하거나 교통의 흐름을 다른 곳으로 돌리게 하는 방식을 뜻한다.18) 이 방식은 개발되지 않은 지역을 선정하여 개발함으로써 관광으로 인해 발생한 부정적인 영향을 줄일 수 있을 뿐만 아니라 경제적 편익을 확산시킬 수 있는 효과를 창출할 수 있다. honey-pot 개발방식은 한 지역으로의 과도한 관광수요를 차단하여 새로운 관광매력물로 돌리게 할 때 특히 효과적일 수 있다.19)

나. 허브 앤드 스포크(hub & spoke) 개발방식

hub & spoke 개발방식은 원래 물류 항공운송분야에서 사용된 용어로 운송할 화물을 한 지역

---

* 다시 말해, 작은 크기의 빵을 열 사람이 나누어 먹어 보았자 열 사람 모두 배고프기는 마찬가지이니, 한두 사람에게 집중적으로 나누어 주어 이들의 배를 먼저 채워주고, 이들 두 사람이 윤택해지면, 이들이 열심히 일하도록 하여 나머지 8명을 먹여 살리도록 하자는 논리이다.

** 벌통형 개발방식은 관광객은 벌이고, 관광자원은 꽃이며, 거점은 벌통이 될 수 있다. 벌꿀은 지역민들이 가질 수 있는 개발이익이 될 것이다(엄서호, 2009: 5).

(hub)에 집결하게 하고 이를 다시 자전거의 바퀴살(spoke)의 형태처럼 다른 지역으로 운송한다는 의미에서 비롯된 개념이다.[20] 이는 성장거점(hub)을 설정하고 주변 자원을 연계시켜 허브를 통해 시장을 빨아들이고 주변으로 확산시키는 전략이다. 이 전략은 남해안권 관광개발계획(2007) 수립 등에서 채택된 개발방식이기도 하다.

다. 네트워크 개발방식

이는 특정한 성장거점을 설정하지 않고 기존 자원들의 여건, 위상 등에 따라 기능과 역할을 조정, 다양한 사업들을 네트워킹하여 공간과 사업이 유기적으로 조화를 이룰 수 있도록 하는 개발방식이다.

네트워크 개발방식은 지역 간 수평적 개발방식을 도입함으로써, 기존의 거점개발 방식에서 관광거점 기능을 담당하던 자원 및 시설 등을 지역에 분산시켜 다기능 소규모 개발방식으로 개발을 추진한다.

금강을 접한 6개 시군의 금강권 관광개발계획(2008) 수립 등에서 제안된 개발방식이기도 하다.

그림 1-2 honey-pot 방식 및 네트워크 개발체계

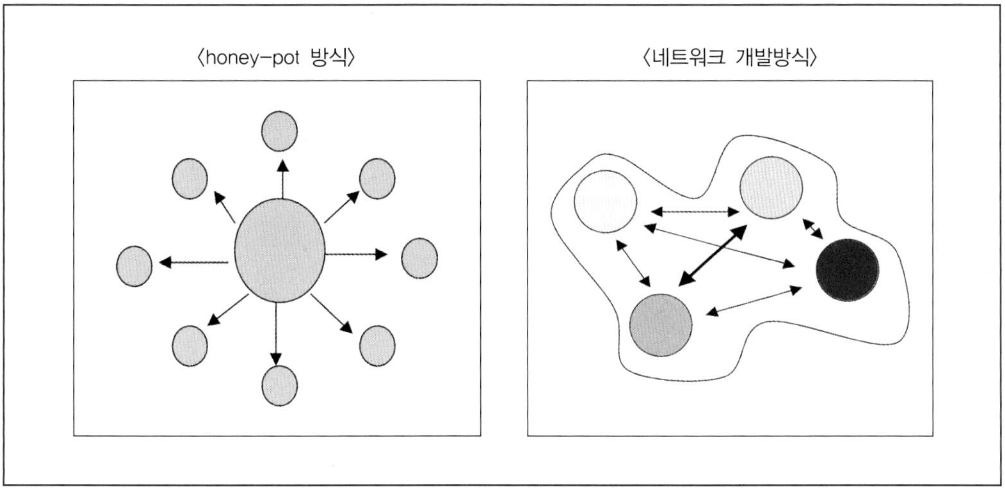

〈표 1-1〉 거점 개발방식과 네트워크 개발방식의 비교

구분	거점 개발방식	네트워크 개발방식
주요 특징	기능집중, 집적경제, 확산	기능분산, 가상집적, 네트워킹
접근방법	사업중심적 개발	지역중심적 개발
개발유형	하드웨어 개발방식 중심	하드웨어와 소프트웨어의 병행
규모	규모 의존성	규모 중립성
주변자원과의 관계	종주성과 종속성	상호 보완성
계층구조	수직적	수평적
추진주체	중앙정부 주도형	중앙과 지방의 상호 협력형

자료: 김용창(1997). 산업재구조화와 도시공간구조 변화: 네트워크 도시, 국토, 191호, 재구성.

2. 관광개발 패러다임의 변화와 지속가능한 관광개발

(1) 관광개발 패러다임의 변화

관광객 행동은 물론, 관광개발정책 및 관광개발 전략수립 등에 근본적으로 영향을 미치는 관광개발 패러다임(paradigm)*이 변화하고 있다. 관광개발패러다임 변화의 시기를 명확하게 구분하기는 복합적 특성 때문에 어려움이 있으나, 일반적으로 1990년대 전후를 기점으로 구분하여 살펴볼 수 있다. 이와 같은 구분은 이 시기를 전후해서, 환경적으로 건전한 지속가능한 개발(environmentally sound and sustainable development)에 대한 논의가 본격적으로 공론화되었고, 지방화시대를 촉발하게 된 지방자치제의 논의와 시행이 이루어진 시기이기 때문이다. 또한, 최근에는 우리나라도 저탄소 녹색성장을 국가비전으로 선포하는 등 저탄소 녹색관광개발 패러다임이 대두되고 있다.

관광개발 패러다임의 변화를 이념과, 관광개발전략, 내용 및 방식 등을 기준으로 살펴보면 〈표 1-2〉와 같다.

---

* 패러다임(paradigm)이란 토마스 쿤(Thomas Khun)에 의해 제시된 개념으로, 어떤 한 시대 사람들의 견해나 사고를 근본적으로 규정하고 있는 테두리로서의 인식의 체계, 또는 사물에 대한 이론적인 틀이나 체계를 말한다. 즉, 하나의 패러다임이 나타나면, 이 패러다임에서 나타나는 갖가지 문제점들을 해결하기 위해 과학자들의 계속 연구・탐구 활동을 통해 일정한 성과가 누적되다 보면 기존의 패러다임은 차츰 부정되고, 새로운 패러다임이 나타난다. 따라서 하나의 패러다임이 영원히 지속될 수는 없고, 항상 생성・발전・쇠퇴・대체되는 과정을 되풀이한다(http://ko.wikipedia.org/wiki).

〈표 1-2〉 관광개발 패러다임의 변화

개발전략/시기	1990년대 이전	1990년대 이후
이념	개발과 보전의 대립	개발과 보전의 조화
계획 및 개발주체	• 중앙정부, 민간 • 계획가: 70년대까지 도시계획 등 물리적 계획관련 전공자가 주요 역할	• 지방정부, 민간, 민관합동 • 계획가: 관광전문가 등에 의한 계획수립 • 민의 참여와 역할강화
개발목적	• 국제관광진흥(외화획득) • 국민 관광수요에 대응한 공급	• 지역소득 증대 • 국민 및 지역민 관광레크리에이션 수요에 대응한 공급
개발전략 및 방식 • 관광개발전략 • 관광개발방식	• 불균형 성장전략 (성장거점이론)	• 기초수요전략 (균형성장전략)
	• 하향식 접근방식(top-down approach) • 외발적, 타율적 개발	• 상향식 접근방식(bottom-up approach) • 내발적 개발, 자율적 개발
개발내용	• 시설중심 • 대규모 개발	• 콘텐츠 중심 • 소규모, 지속가능개발 (콘텐츠융합형 관광개발사업 협력적 관광개발사업 등)
개발 장소	• 자원중심지	• 시장인근 • 기존관광자원 개발사업의 내실화와 리모델링

자료: 양광호(1999), 지역활성화를 위한 관광개발전략: 충청남도를 중심으로, 『공주영상대학논문집』, pp.232-233. 수정보완.

1990년대 이전은 개발이 보전보다 중요시되고, 개발과 보전이 대립의 관계로 인식되었다. 관광전략에 있어, 정책환경과, 국가 경제적 자원동원 능력의 한계 등으로, 한정된 자원으로 개발효과를 극대화할 수 있는 성장거점전략(불균형 성장전략)이 주로 채택되었다.

〈표 1-2〉에서 볼 수 있는 것처럼, 계획 및 개발주체, 개발목적, 개발전략 및 방식, 개발내용, 개발장소에 있어, 〈표 1-2〉와 같은 선택들은, 관광자원의 개발에 있어, 자원 가운데 매력성이 가장 뛰어난 지역을 성장거점(관광거점)으로 선정하여 대규모로 개발을 추진하게 하였다(예를 들면, 경주보문관광단지, 제주중문관광단지 등). 또한 개발내용에 있어서도, 물리적 대상(시설중심)을 위주로 개발이 이루어졌고, 당연한 귀결로서 대규모시설을 개발하기에는 부족한 지역자본과 지역인재가 아닌, 외부인에 의한 외부자본에 의한 외발적 개발을 시행하는 결과를 낳았다. 이로 인해 관광개발의 문제점으로 지적되는 소득의 역외 누출뿐만 아니라 개발에서 지역민들은 소외되고, 고용인으로 전락하는 결과를 가져오게 되어 관광개발을 부정적으로 인식하는 결과를 가져왔다.

물론 그 당시 이와 같은 관광개발전략은 당시의 상황(중앙집중체제, 개발에 이용가능한 자원의 부족, 전문계획가의 부족 등)에는 불가피한 선택이었다 하더라도, 이러한 문제를 해결할 수 있는 새로운 접근방식이 필요하다 하겠다.

1990년대 들어서는 개발과 보전을 대립의 관계로 보는 것이 아니라, 상호 조화를 이루어야 한다는 지속가능한 관광개발에 대한 공론화가 이루어졌고, 본격적으로 각 지방이 지방의 목소리를 내는 시대가 되었다. 따라서, 관광개발의 전략도, 불균형 성장전략인 성장거점전략 외에 기본욕구전략에 의한 시도가 본격적으로 이루어지는 시기이다. 물리적 시설중심 개발에서 지역의 소재를 활용한 다양한 축제가 개발되는 등 상품과 프로그램 개발과 같이 아이디어 중심의 소프트한 상품들이 본격적으로 만들어지기 시작하였다. 개발의 내용도 시설중심이 아닌 콘텐츠 중심, 콘텐츠 간에도 연계를 유도하는 사업*들이 기획되고 집행되기 시작하였다.

최근에는 지속가능한 관광개발과 지구온난화에 의한 저탄소 녹색성장 패러다임이 대두되기 시작하였다.

(2) 지속가능한 관광개발

관광과 환경의 관계는 관광이 우수한 환경을 매력요소로 활용하고, 환경은 관광자원으로서의 가치를 인정받음으로써, 그 가치를 유지하기 위한 보호관리를 받을 수 있는 상호보완의 관계에 있다. 그러나 이런 공생의 관계가 관광객 수의 증가 및 부적절한 관광개발로 인하여, 불균형을 이루게 되면서 관광이 환경을 파괴하는 결과가 빈번하게 나타나게 되었고,** 따라서 관광분야에도 지속가능한 개발의 원칙을 적용한 '지속가능한 관광'의 개념이 등장하게 되었다.[21)]

지속가능한 개발에 대한 논의는 1987년 환경과 개발에 관한 세계위원회(WCED: World Commission on Environment and Development)의 브룬트란트 보고서(Brundtland Report)를 통해 "미래 세대의 욕구를 저해하지 않으면서 현세대의 욕구를 충족시킬 수 있는 개발"이라고 정의가 내려지면서 관심이 주어지기 시작했다. 이후, 1992년 브라질 리우에서 개최된 유엔환경개발회의(United Nations Conference on Environment and Development)에서 리우선언에 의해 실행전략인 의제 21이 채택되면서부터 본격적으로 공론화되기 시작하였다.[22)]

* 문화체육관광부가 추진했던 콘텐츠융합형 관광개발사업은 기존의 관광 기반시설과 콘텐츠가 어우러지도록, 기존의 관광기반시설에 최적의 콘텐츠가 개발·연계되도록 인력 및 프로그램 개발을 지원하는 사업이다. 협력적 관광개발사업은 정부부처별로 분산되어 추진되는 농·산·어촌 마을 사업들을 주변의 자원과 연계되도록 구슬을 꿰듯이 다양한 관광자원 및 사업들을 엮어 매력을 높여나가도록 지원하는 사업이다.

** 관광의 부정적 영향은 고밀도의 관광개발로 지역의 자연자원에 대한 고려가 적고 환경보전 문제에 민감하지 않은 관광객을 대상으로 저가의 숙박, 서비스를 제공하는 질보다는 양적 개념인 대중관광에 대부분의 원인이 있었다. 기존의 관광에 대한 새로운 접근법과 철학으로 접근한 대안관광은 대중관광의 문제점에 대한 인식과 새로운 목적지와 새로운 관광상품을 찾는 관광객의 등장에 맞춰 생태관광, 녹색관광, 농촌관광, 모험관광과 같은 대안관광도 새로운 관광상품으로 등장하게 되었다(김성일, 박석희 편, 2005, pp.27-28).

지속가능한 관광과 관광개발은 관광분야에 지속가능한 개발의 개념을 적용한 것이다. 지속가능한 개발은 지속성, 형평성과 미래지향성의 특성을 가지고 있다. 지속가능한 관광개발에서 가장 중요한 개념은 지속성의 개념이다. 지속성은 환경적 지속성, 사회문화적 지속성, 경제적 지속성으로 나누어볼 수 있다.

아래 [그림 1-3]은 이런 세 가지 지속성의 기본적인 틀 속에서 교육과 모니터링, 지속가능한 관광을 위한 정책과 제도, 통합적 관광계획, 의견교환과 협력, 지역사회의 참여보장 등이 지속가능한 관광개발의 개념에서 중요한 요소임을 보여준다.[23]

그림 1-3 지속가능한 관광개발의 개념

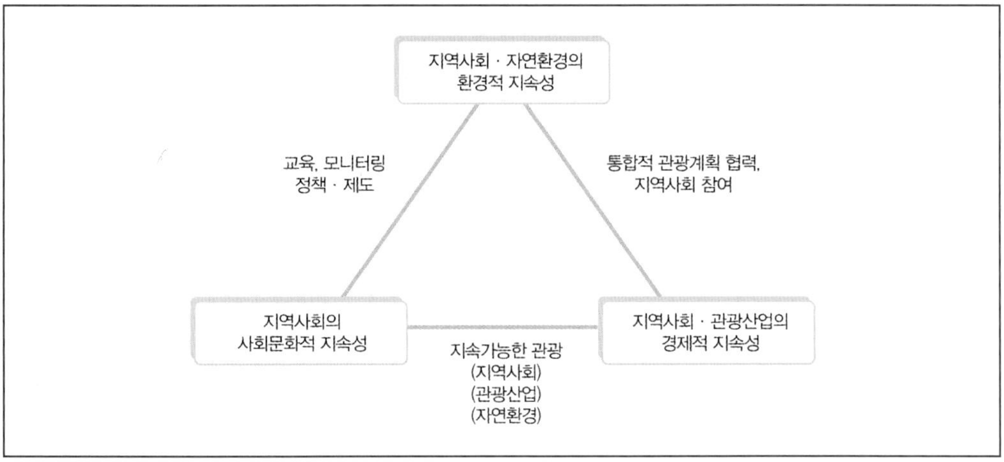

자료: 김성일 · 박석희(2005), 『지속가능한 관광』, 서울: 일신사, p.21.

관광분야에서 지속성의 개념도 '관광자원의 보전'으로 보던 초기의 개념에서, 최근에는 '경쟁력의 지속가능성'으로 변화되어 왔다. 즉, 초창기에는 자원의 보전개념이 지배적이어서, 관광객들에게 도덕적, 윤리적 책임감과 행동을 요구하고, 행동지침이나 윤리강령을 만들어 준수를 요구하며, 관광지에서 환경교육 및 관광상품에서 교육적 요소를 강화하는 등 관광객의 관광행동을 통제, 조절하려는 접근들이 있어왔다. 그러나 이러한 자원보전 위주의 개념이해에서 관광자원이 관광객으로부터 외면당하면, 자원의 지속성을 담보할 수 없기 때문에, 관광자원을 보전하면서도 관광수요를 유지하고 창출할 수 있는 '경쟁력의 지속성' 개념으로 변화하고 있다.[24]

또한, 자원의 합리적 이용을 위한 도덕과 형평성의 문제도 제기된다. 형평성은 개발로 인한 경제적, 환경적 혜택이 세대 간, 그리고 세대 내에서 고루 나뉘어야 함을 강조하는 것이다. 형평성은 환경의 질에 대한 기회의 균등을 의미하는 것으로, 현세대를 위한 개발이 후세대가 향유할 환경적 가치를 떨어뜨려서는 안 된다는 점을 강조하고 있다. 셋째, 미래 지향성은 개발에 따른 단기적 그리고 장기적 영향을 고려하여 사전에 예방조치가 필요함을 강조하고 있다.[25)]

지속가능한 관광의 불변조건은 관광자원의 지속성을 위해 관광영향은 수용능력 또는 환경용량 이하로 제한되어야 한다는 것이다. 그러나 자원의 적정수용력을 파악하고자 하는 수용력 개념은 그동안 관광학자들로부터 매력적인 연구주제로 인식되어 수많은 연구들이 수행되었으나, 다양한 영향요인에 의하여 실체는 정확하게 파악하기 어려운 마의 숫자(magic figure)로 인식되기도 한다. 따라서, 최근에는 자원수용능력의 결정은 이용자, 관리자 등 관광자원 관리 관련자들의 가치판단 문제라고 보는, 새로운 관점이 되고 있다. 이제 수용능력은 기술적으로 정량적인 수치로 판단할 대상이 아니라 자원관리목표를 먼저 설정한 후 가치판단의 대상으로 보는 것이 더 타당하다는 주장이다.[26)]

이에, 새로운 방법으로 허용변화한계(LAC)기법에 대한 논의가 활발하다. 이 기법은 Frissel과 Stankey(1972)에 의해 산림휴양자원에 대한 관리목표의 논거로 제시된 이후 1980년대 중반 이후 활발하게 논의되어왔다.

허용변화한계(LAC)기법은 한계를 정하고 그 한계 이하에서 이용을 허용한다는 데 있다. 다시 말해 허용가능한, 수용할 수 있는 변화 한계를 정하고 그 범위 내에서 이용을 허락한다는 개념이다.[27)] 수용력 개념이 이용의 양과 수준에 관심을 두었다면, 허용변화한계(LAC)기법은 관리될 관광지역이 이용에 의한 어떤 상태의 변화를 얼마만큼 허용할 것인가에 관심을 둔 것이다. 이는 수용력 개념*에서 중심이 되었던 '얼마만큼의 이용이 적절한 수준인가'란 관점이 '얼마만큼의 변화를 허용할 수 있는가?' 또는 '얼마만큼의 변화가 적절한 수준인가'란 관점으로 이동되었다고 할 수 있다. 이는 지금까지 관광수용능력이 이용의 양과 수준을 결정하기 위한 개념틀로써 활용

---

* 수용력(carrying capacity)의 개념은 원래 생태적 수용력 개념에서 발달하였는데, 이는 어떤 동식물이 그것이 속한 생태계 또는 서식처가 회복 불가능한 상태로 훼손되지 않은 가운데 그 동식물이 생존할 수 있는 최대 개체군밀도(maximum population density)를 가리킨다(Hendee, et al.: 171–72, 박석희, 175 재인용). 수용력은 아래의 4가지 유형으로 구분할 수 있다.

- 물리적 수용력(physical carrying capacity): 해수욕장이나, 유물, 유적지, 사찰 등 물리적 경계개념이 확정되어 있는 장소(건물 등) 내에서 특정활동에 종사할 수 있는 이용자의 최대 허용수준
- 사회적 수용력(social carrying capacity): 이용자 만족이 극대화되는 이용밀도, 또는 이용자가 다른 대체지역으로 가버리지 않을 정도의, 즉 이용자가 묵인할 수 있는 정도의 만족도를 유지하는 수용력
- 경제적 수용력(economic carrying capacity): 관광지 경영자의 입장에서 관광지의 질(만족도)이 낮아 신규수요가 줄거나 기존 재방문자가 다른 대체지역으로 가버리지 않을 정도의 질적 수준을 유지하여, 장기적으로 최대수입과 이윤을 보장받을 수 있는 수준의 수용력
- 환경적 · 생태학적 수용력(environmental & ecological carrying capacity): 환경 또는 생태계가 심각하게 파괴되어 자기 치유능력을 상실하는 정도 이내의 이용수준(김사헌, 2003: 268–269)

되었다면, 앞으로의 관리전략은 관리할 관광자원이 이용에 따라 어떤 변화를 얼마만큼 허용할 것인가를 수용능력으로 보았다는 점에서 차이가 있다.

최근에는, 지구온난화의 영향 등으로 저탄소 녹색성장이 지배적인 새로운 패러다임으로 나타나고 있다. 저탄소 녹색성장은 환경지속성(Environmental Sustainability)과 경제지속성(Economic Sustainability)을 동시에 이루는 상생, 공존전략이다. 기존의 지속가능개발패러다임에서의 환경지속성이 환경오염을 위협이라고 평가하는 데 반하여, 저탄소 녹색성장패러다임은 기후변화와 환경오염문제를 기회로 보는 개념이라고 볼 수 있다.[28)]

지속가능한 관광을 이념적 차원에서 실무적 차원으로 실현시키는 방안에 대한 지속적 논의가 필요하다.

제3절 사례로 살펴보는 관광개발

관광자원의 범위가 확대됨에 따라, 관광자원을 매력화하는 관광개발도 기존과는 다른 창의성 있는 새로운 시도와 성공사례들이 나타나고 있다. 아래에서는 이들 사례를 살펴보기로 한다.

1. 관광이동단계의 매력화 사례

관광객들은 거주지를 떠나 관광활동 후 집으로 되돌아오는 관광활동 전 과정의 경험을 토대로 총경험을 완성한다. 클로슨(Clawson)은 이를 기대단계, 가는 단계, 현지단계, 오는 단계, 회상단계의 5단계 관광경험으로 정리하고 있다. 일반적으로 관광개발은 목적지 현지단계의 가치를 높이는 활동으로 보는 경향이 강했다. 지방자치단체 등 관광공급자들은 이를 위해 현지단계의 매력화에 많은 노력들을 기울여 왔다. 그러나 관광객이 관광활동에 소비하는 시간 중 거주지와 관광지간 오고 가는 이동시간의 비중이 큼에도 불구하고, 이동시간의 관광매력화를 위한 노력은 상대적으로 부족했다.

관광이동단계 매력화의 한 사례로 ㈜코레일관광개발의 '바다열차'를 들 수 있다. 이 열차는 기존의 일반 열차와는 구별되는 외관과 객차구성으로 되어 있다. '바다열차'는 동해안의 아름다운 해안경관을 보고자 하는 관광객 욕구를 반영하여 의자배치가 열차진행방향이 아닌, 바다를 바라보게 배치되어 있다. 열차구성도 개별좌석객차, 부부 및 연인객차, 가족객차, 단체석객차 등 이용자 유형별로 차별화되어 있다. 또한, 내부공간을 탈일상적인 분위기가 나도록 꾸며, 관광객 만족도를 향상시킨 예이다.29)

이동단계의 매력화 관점에서 보면, 탈일상적 경험을 추구하는 관광객들의 중요 이동수단으로 이용되는 관광버스의 경우, 일반 출퇴근 버스와 어떠한 차이를 보이는지 생각해 볼 문제이다.

〈사진 1〉 차별화된 외관디자인

〈사진 2〉 바다를 볼 수 있게 배치한 좌석배치

〈사진 3〉 가족단위용 객차

2. 인위적 개발/기존 자원의 활용

(1) 인위적 개발의 성공사례: 복합리조트(싱가포르 마리나베이샌즈)

싱가포르 관광활성화의 기폭제가 된 마리나베이샌즈 리조트는 특정 공간 내에 다양한 기능들을 집적시킨 복합리조트로서, 창의성과 시설자원을 활용한 대표적 집객 성공사례이다.

싱가포르 마리나베이샌즈 리조트는 57층 높이의 건물 3개 동이 범선 모양의 배를 떠받치는 독특한 외관과 싱가포르의 전경을 한눈에 내려다 볼 수 있는 옥상수영장 시설 등으로 화제를 불러 모으며, 2010년 개장 이후 싱가포르의 랜드마크가 되었다.

이곳은 카지노, MICE, 쇼핑, 엔터테인먼트 시설 등의 집적으로 모객력을 높이고 있고, 방문객들에게 걸어서 모든 시설들을 이용할 수 있는 편의성도 제공하고 있다.

싱가포르는 융복합화라는 시대 트렌드를 반영하는 복합리조트 건설을 통하여, 2010년 개장 이후 2015년까지 일자리 4만 6천 개(간접고용 포함) 창출, 약 4조 원이 넘는 세입증대 효과 등의 경제활성화 효과를 거두고 있다.30)

〈사진 4〉 마리나베이샌즈 외관

〈사진 5〉 옥상수영장인 Infinity Pool

(2) 기존 자원의 활용: 관광을 통한 도시재생(부산시 감천마을)

부산시 감천마을은 쇠퇴 주거지역을 되살리기 위한 도시재생사업을 관광과 연계 추진하여 성공한 대표적 사례이다.

급속한 경제성장과 함께 발전해 온 우리나라 대부분의 도시들은 산업구조의 변화, 신시가지 중심의 도시확장 정책으로 기존 도심이 상대적으로 낙후되고 쇠퇴하는 상황들을 맞고 있다. 이런 상황을 개선하기 위하여, 기존 도시에 새로운 기능을 도입 또는 창출함으로써 물리적, 환경적, 경제적, 생활문화적으로 재활성화 또는 부흥시키는 것을 목적으로 하는 도시재생 사업들이 전국적으로 추진되고 있다.[31)]

전국 최초로 도시재생사업이 추진된 부산 감천마을은 6·25전쟁 피란민들이 모여서 마을을 일군 곳이다. 1980-90년대부터 젊은 층이 일자리 등을 찾아 떠나면서 노인들만 남아 살고 있는 마을이었다. 낙후되었지만, 감천마을은 한국전쟁 이후부터 근현대사의 삶의 흔적 등이 마을 곳곳에 남아 있고, 바다를 바라보는 독특한 계단식 주거형태를 볼 수 있는 곳이기도 하였다.

이곳이 도시재생을 통해 성공할 수 있었던 데에는 재개발이나 재건축같이 부수고 새로 짓는 방식의 도시재생이 아닌 기존마을에 문화와 예술의 옷을 입혀 관광객이 방문하고 싶은 목적지로 만드는 접근을 했기 때문이다.

이를 통해, 감천마을은 원주민들에게는 살기 좋은 마을, 관광객들에게는 다른 곳에서는 경험할 수 없는 독특한 매력을 주는 차별적 공간으로 자리 잡게 되었다. 감천마을은 방문객들을 대상으로 '이야기 할배·할매와 함께 걷는 부산 원도심 스토리투어'를 운영하여, 부산 최초로 문화체육관광부 주최의 '2016 한국관광의 별'로 선정되기도 하였다.[32)] 경상남도 통영시의 '동피랑'마을도 유사한 사례이다.

감천마을과 동피랑마을은 일부 개발로 인해 유입된 외지인에 의해 원주민이 밀려나는 젠트리피케이션(gentrification) 현상*이 나타나기도 했지만, 지속가능한 지역 발전의 수단으로서 관광개발에 주목해 커뮤니티를 환경 보전과 지역사회의 삶의 질 향상, 관광객의 만족이 동시에 발생하는 관광 목적지로 개발하는 커뮤니티 개발의 사례들이기도 하다.33)

〈사진 6〉 부산시 감천마을

〈사진 7〉 어린왕자 조형물(동피랑마을)

〈사진 8〉 통영시 동피랑마을

3. 새로운 발상: 철도역의 테마화 사례

경북 봉화군에 입지한 분천역은 역 이용객이 계속 줄어들고, 특히 겨울철 이용객이 급감하여 폐역이 될 위기에 있던 곳 이었다. 역이 없어질 위기의 상황에서 봉화군은 경상북도, 열차운행주체인 코레일 및 지역주민들과 협력하여, 역의 관광목적지화라는 새로운 발상에 의한 창의적 아이디어로 분천역을 살려놓았다.

역을 주제가 있는 테마역으로 조성한다는 방향하에, 겨울철에 맞는 산타마을로 주제를 설정하고 역 일대를 산타마을 이미지의 시설들로 조성하고, 코레일 중부내륙관광열차가 정착하도록 하였다. 지역과는 전혀 연관성을 갖고 있지 않은 산타마을이라는 과감한 테마선정은 겨울을 대표하는 상징성이 있는 '산타클로스'를 연상시켜 유년시절의 동심을 자극함으로써, 오지인 분천역을 비수기인 겨울철에도 많은 관광객이 방문하는 매력적인 장소로 변모시켜 놓았다. 산타마을을 4차례의 산타마을을 운영하는 동안 33만여 명의 방문객을 유치하고 32억 원의 경제적 파급효과를 낸 겨울철 대표적인 관광지로 자리 잡아, 2016년에는 '한국관광의 별'에 선정되기도 하였다.34)

* 영국의 사회학자인 Glass(1964)에 의해 주창된 용어로 낙후됐던 구도심이 도시재생사업 등의 영향으로 지역에 새로 유입 형성된 중산층에 의해 지대와 임대료가 상승되면서 상대적으로 빈곤한 기존 주민이 외지인으로 대체되는 현상을 이르는 용어이다. 2000년대 이후 서울의 종로구 서촌, 홍익대 인근, 경리단길, 신사동 가로수길 등에서 임대료가 저렴한 구도심에 독특한 분위기의 개성 있는 상점들이 들어서면서 젠트리피케이션 현상이 벌어지고 있다(박효연, 2016, pp.5-9).

〈사진 9〉 분천역 산타마을 이미지

4. 융복합관광(농촌관광) 성공사례: 충남 청양알프스마을

충청남도 청양군 정산면 천장리에 소재한 청양알프스마을은 칠갑산 산기슭에 위치한 오지마을로 농촌과 관광을 융복합한 농촌관광의 성공사례이다.

청양알프스마을은 매서운 겨울바람과 계곡 북사면 지형으로 눈이 오면 잘 녹지 않는 특성을 지닌 산촌오지마을이었다. 이 마을은 마을 특성을 살려, 마을 이름에서도 나타나듯 관광객들이 방문하고 싶은 겨울 주제의 마을을 만들 목적으로, 2008년 얼음분수축제를 개최하면서부터 겨울철 명소로 알려지기 시작하였다. 이후 4계절 관광마을화를 위하여 여름철에는 세계조롱박 축제, 늦가을에는 칠갑산 콩축제를 개최하며, 1년에 30만 명 이상이 방문하는 대표적 농촌관광마을로 정착하였다.[35]

〈사진 10〉 청양알프스마을 얼음분수축제

〈사진 11〉 세계조롱박축제

5. 디지털 기술 활용 매력화 사례: 홀로그램 복원 '김광석 공연'

4차 산업혁명시대를 맞아 관광자원의 가치를 높이고자 하는 관광개발에서도 새로운 기술 활용사례들이 나타나고 있다. 디지털 기술을 활용한 관광매력화 사례로 홀로그램 기술을 적용한 '김광석 공연' 복원을 통한 명소화를 들 수 있다. 노래하는 시인으로 불렸던 김광석은 '이등병의 편지' 등으로 대중의 사랑을 받았던 가수였으나, 젊은 나이에 요절해 더 이상 그의 공연을 직접 볼 수 없었다.

디지털기술은 그를 다시 팬들 앞에 등장시켜 놓았다. 비록 김광석이 다시 살아 돌아온 것은 아니지만 첨단디지털기술인 3차원공간에 영상을 맺히게 하는 홀로그램기술로 복원된 김광석은, 팬들이 그의 공연을 보기 위해 대구 김광석 거리를 방문하게 만들고 있다.36)

〈사진 12〉 김광석 거리 공연장 이미지

〈사진 13〉 풍남문 미디어파사드

〈사진 14〉 덕수궁강 미디어파사드

〈사진 15〉 백제문화제 미디어파사드

최근 축제장에서 디지털 기술인 미디어파사드를 이용한 전시 및 공연연출이 매력적인 콘텐츠로 자리 잡고 있다.

디지털기술은 특히 소실, 훼손, 멸실된 우리의 문화유산을 관광객 앞에 다시 등장시키는 것을 가능하게 한다. 가상현실(Virtual Reality, VR)과 증강현실(Augmented Reality, AR)기술은* 역사문화자원을 보다 실감 있게 표현하는 것을 가능하게 한다. 이제 관광객들은 가상현실로 구현되어 맞닥뜨리게 되는 관광상황들에 대해 무엇이 '진짜'이고, 무엇이 '가짜'인지를 고민하게 될 것이다.**

* 가상현실기술은 일반적으로 실제와 유사하지만 실제가 아닌 어떤 특정한 환경이나 상황을 컴퓨터 등을 사용하여 인위적으로 만드는 기술이다. 가상현실기술을 통해 만들어지는 가상의 환경이나 상황 등은 사용자의 오감을 자극하여 실제와 유사한 공간적, 시간적 체험을 하게 함으로써 현실과 상상의 경계를 자유롭게 드나들게 한다. 증강현실은 쉽게 이야기해서 사용자가 눈으로 보는 현실세계에 가상물체를 겹쳐 보여주는 기술이다(이동훈, 2014).

** 프랑스 철학자 장 보드리야르는 기호의 소비에 대해 언급하며, 현대는 이미지가 지배하는 시대이고, 가상이 실재보다 더욱 실재 같은 하이퍼 리얼리티 시대라고 주장하기도 한다.

〈사진 16〉 가상현실

〈사진 17〉 포케몬고게임 활용 마을

〈사진 18〉 증강현실

과거의 역사체험을 가능하게 해주는 아이폰 증강현실앱(Museum of London 'Streetmuseum app')은 증강현실 기술을 적용한 스마트폰앱을 활용하여 체감도를 높인 사례이다.

영국의 런던박물관이 런던시를 대상으로 증강현실기술을 토대로 개발한 아이폰 애플리케이션(iPhone app)이다. 'Streetmuseum app'이라는 이름의 이 아이폰 앱은 아이폰의 터치스크린을 통해 현재 아이폰 사용자가 위치한 주요 런던거리의 현재모습에 과거 역사 속 런던의 사진들이 증강현실을 통해 레이아웃되어 보이도록 해준다. 증강현실앱 사용자는 런던의 역사를 보다 생생하고도 즐겁게 경험할 수 있다.[37)]

최근 선풍적 인기를 끌고 있는 증강현실기술을 활용한 '포켓몬고'게임은 게임아이템들이 출몰하는 지역으로 게임 유저들을 불러 모으고 있고, 일부 지자체들은 이들을 유인하기 위한 노력들을 하고 있다.

참고문헌

1) 정태홍 외(1993). 『한국의 자연관광』. 백산출판사.

2) 권용우 · 김선희(1994). 관광자원에 대한 지리적 연구동향. 『대한지리학회지』, 29(2), 204.

3) 박석희(2000). 『신관광자원론』. 일신사.

4) 박석희(2000). 『신관광자원론』. 일신사. 53.

5) 김성기(2005).『관광개발계획론: 생태학적 접근방법』. 한올출판사. 97.

6) 권용우, 김선희(1994). 관광자원에 대한 지리적 연구동향. 『대한지리학회지』, 29(2).

7) 박석희(2000), 『신관광자원론』. 일신사. 33-34 재인용.

8) 유기준(2001). 지속가능한 관광을 위한 자원관리(김성일, 박석희 엮음). 『지속가능한 관광』. 일신사. 276-277.

9 김사헌(1997). 『관광경제학신론』. 일신사. 118-120.

10) Brookshire, David S., Eubanks, Larry S., and Randall, Alan(1983). "Estimating Option Prices Existence Values for Wildlige Resources". *Land Economics*. 59(1).

11) Walsh, R. G.(1986). Recreation Economic Decisions: Comparing Costs and Benefit. Venture Publishing, Inc.

12) 한상현(2007). 이중양분선택형 조건부 가치추정법을 이용한 문화유산 관광자원의 가치평가. 『관광학연구』, 31(1), 443-464.

13) Sutherland, Ronald J. and Walsh, Richard G.(1985). "Effect of Distance on the Preservation Value of Water Quality". *Land Economics*, Agust, 61(3).

14) 이희찬(2003). 문화예술제의 가치평가: 조건부 시장가치평가법의 적용. 『관광학연구』, 26(4), 131.

15) 김성진(2006). 『지속가능한 정주형관광개발체계연구』, 한국문화관광연구원.

16) 박석희(2000). 『신관광자원론』, 일신사.

17) 최승담 · 조광익. 지역관광개발과 거점개발전략: 강원도 지역에의 적용. 『관광개발논총』, 6-1.

18) Pearce, D.(1989). *Tourist Development*(2nd Ed.). New York, NY: Longman Scientific & Technical. 263.(김남조, 2004 재인용)

19) 김남조(2004). 관광거점의 개발방향과 과제. 『관광연구논총』. 한양대학교. p.41.

20) 김남조(2004). 관광거점의 개발방향과 과제. 『관광연구논총』. 한양대학교. p.42.

21) 김성일(2001). 박석희 엮음. 『지속가능한 관광』. 일신사.

22) 김성일(2001). 박석희 엮음. 『지속가능한 관광』. 일신사. 14.

23) 김성일(2001). 박석희 엮음. 『지속가능한 관광』. 일신사. 20-21.

24) 조용현(2003). 관광에서의 지속성 개념변화에 따른 새로운 관광개발전략에 관한 연구. 대한국토 · 도시계획학회지. 『국토계획』, 38(6), 128-129.

25) 최영국(2005). 환경용량과 지속가능한 관광개발. 지속가능한 관광(김성일, 박석희 편). 일신사. 95-96.

26) 최영국(2005). 환경용량과 지속가능한 관광개발. 지속가능한 관광(김성일, 박석희 편). 일신사; 108-110.

27) Stankey, Cole, Lucas, Petersen & Frissel. 1985:2 정정의・고동완에서 재인용, 294.

28) 크리스 최(2009). 저탄소 녹색성장 관광부분 국제동향과 해외대응 및 완화사례. 『한국관광정책』, 35, 한국문화관광연구원, 21.

29) http://www.seatrain.co.kr

30) 매일경제(2017.2.6). 랜드마크 마리나베이샌즈의 힘.

31) 대한국토. 도시계획학회 편(2015). 『도시재생』. 보성각, 17.

32) 김옥희(2015). 슬로시티 철학 구현에 기반을 둔 도시재생 사례분석을 위한 탐색적 고찰. 『관광연구논총』. 한양대학교 관광연구소. 27(3), 3-31.

33) 정성문・강신겸(2015). 커뮤니티 관광개발에서의 이해자간 네트워크 구조분석- 양림동 도시재생과정을 중심으로. 『관광연구논총』, 27(4), 한양대학교 관광연구소, 218.

34) 이인배(2015). 『호남고속철도 개통에 따른 공주역 활성화를 이한 테마역 구상 및 실현방안 연구』. 충남연구원.

35) http://www.alpsvill.com

36) 테크 M(2016.10.24.). 시공간 초월 'VR・홀로그램' 인간한계 무한확장.

37) http://blog.naver.com/stussy9505/60122971226

제 2 장

관광정책

조 현 호

경주대학교 관광경영학과 부교수

1983부터 1989년까지 서울올림픽대회 조직위원회 담당관
1992부터 1995년까지 한양대학교 대학원 관광학과 박사과정 문학박사
1995년부터 현재 경주대학교 관광경영학과 부교수

kyongjujo@naver.com

채 은 경

경주대학교 항공관광경영학부 관광사업경영 전공 조교수

한양대학교 일반대학원 관광학과 박사과정
Eastern Michigan University 호텔외식경영학과 석사
세종대학교 관광대학원 관광경영학과 석사
(전) W Seoul Walkerhill Hotel 근무
(전) Coex-Intercontinental Hotel 근무
(전) 인천 중앙전문학교 경영학부 관광경영학과 교수
(현) 경주대학교 항공관광경영학부 관광사업경영 전공 조교수

codmsrud81@naver.com

제 2 장

관광정책

조 현 호 · 채 은 경

제1절 관광정책의 개념적 고찰

1. 정책의 기본개념

정책은 보는 시각에 따라 학자들 간의 의견이 분분하다. 정책은 학자들의 주장에 따라 다양하게 정의되는데 개념적 접근에 있어서 통상적으로 어떤 문제 또는 관심사를 해결하거나 어떤 바람직한 상태를 실현하기 위하여 행위자 또는 행위 집단이 의도적으로 추구하는 일련의 행동으로 정의되고 있다. 다른 차원에서 정책의 개념적인 접근은 바람직한 사회 상태를 이루려는 정책의 목표와 이를 구체적으로 달성하기 위해 필요한 실무적인 절차나 일련의 정책수단을 적용하여 신뢰성 있는 정부기관이나 금융투자 주도기관들이 공식적으로 결정하는 기본방침이나 방향지표로 정의된다.[1)]

이러한 다양성과 포괄적인 관점에서 기존의 실행상황을 바탕으로 형성된 정책의 정의에 대하여 복합적인 결론을 도출하고 다소 시행착오적인 논리를 전개해 온 것이 사실이다. 따라서 가장 보편적으로 수용되어지고 인정할 수 있는 정의로는 다음과 같은 내용으로 전개된다. 우선 정책이란 전체 사회에 대한 가치의 권위 있는 배분이라고 정의한다. 이것은 곧 가치배분을 둘러싼 사회구성원들 간의 정책적 현상이나 환경을 직시하고 그 배경을 설명하는데 상당히 적용 가능한 개념이라 할 수 있다. 또한 정책을 어떤 목적이나 가치를 지향하는 일반적인 형태의 의사결정이나 행동으로 정의하는 것이다. 이것은 국가나 정부주체의 활동성을 목표로 그 성격을 통찰하고 설명하는 데에 도움이 된다. 이에 정책을 공공문제 해결을 위한 정부의 활동으로 규정함과 동시에 공공문제의 해결과 관련 있는 정부관련 실행당사자들의 명시적이고 암묵적인 행위와 관련된

제반사항을 이해하고 설명하는데 큰 도움이 된다.[2)]

이러한 행위의 주체가 국가나 공적인 기관의 경우 공공정책적인 관점에서 실행해야 하는 것이다. 그리고 합리적인 과정을 걸쳐 논의되는 공공정책의 정의들은 특별한 설명과 관련지침을 요구한다는 관점에서 같은 과정과 절차를 거치게 된다. 공적인 정책들은 행동의 주체가 국가나 공공기관이기 때문에 정치력과 공공성을 띠게 된다. 민주국가에 있어서의 공적인 정책수행에는 사고와 이해력이 제각기 다른 관계당사자가 관여하게 되어 공공성을 띠는 정책들은 매우 복잡하고 동태적인 절차과정을 거치게 된다. 이러한 차원에서 공적인 정책은 당연히 정치성을 가지게 된다. 그래서 강제성을 가진 권력성으로 인해 공공적인 정책은 사회전체의 이익 즉 공익성을 표방해야 그 정당성을 인정받을 수 있는 것이다.

정책은 명확성이나 암묵적인 목표 또는 주관적인 가치성을 내포해야 한다. 목표는 정책을 통하여 이룩하고자 하는 바람직한 상태라는 점에서 방향과 미래의 전망을 예측할 수 있다. 정책은 또한 사회적으로 바람직한 행위들을 구체화 할 수 있는 수단을 그 핵심내용으로 한다. 즉, 정책목표와 이를 달성하기 위한 정책수단과 방향지표는 정책의 실질적 내용으로서 가장 중요한 정책의 핵심 구성인자가 된다. 공공성을 띠는 정책들은 국민들에게 각기 상이한 영향을 미칠 수가 있다. 정책에 따라서는 그로부터 혜택을 받는 입장에서나 그 정책 때문에 부담을 지게 되는 수용자들이 있으며 그것은 바로 국민이 될 수 있다. 이 때문에 정책목표와 정책수단을 둘러싸고 있는 국민들이나 지역주민들이 될 수 있으며 그들 스스로가 이해관계자로서 대립될 수 있다. 한편 정책은 주도적 행위로서 그 행동에는 인위성뿐만 아니라 비인위성까지 포함되는 것이다. 이러한 관점에서 정책은 일련의 작위 또는 부작위를 뜻한다.

일반적으로 정책은 일련의 행동을 뜻하므로 1회의 선택을 내용으로 하는 의사결정과 구별된다. 의사결정이란 어떤 과제를 해결하기 위하여 몇 개의 대안 가운데에 최적의 대안을 선택하는 행위라고 할 수 있다.[3)] 이에 정책은 의사결정을 당연히 내포하고 상호작용의 결과인 경우가 많다는 점에서 정책은 의사결정보다는 보다 넓은 의미의 개념이다. 그리고 공공정책은 행동의 주체가 행정기관이고 공식적으로 표방하는 것이 공익이라는 점 등에서도 일반적인 의사결정과 구별되는 특성을 지닌다. 궁극적으로 정책이란 용어에 대하여 매우 익숙해 있으나, 기업, 행정조직, 학술계에서 아직까지도 일치된 견해를 구하지 못하고 있다. 이러한 현상에 대하여 결정의 원칙 혹은 목표에 대한 하나의 표시라는 주장이 제기되고 있다.[4)] 특히 정책이란 용어는 계획 혹은 행동의 경로로서 기업경영의 관점에서 말하면 정책은 곧 기업경영관리의 원칙과 준칙으로서 언어, 문자 또는 묵시적인 방식으로 설명하여 관련조직들의 이념과 일체의 행동을 인도하는 방침이라고 정의하였다. 간단히 말하면, 정책은 곧 행동의 지침과 이념의 노선을 가리키는 것이다. 이상에서 제기한 바와 같이, 정책은 일반적인 국가 혹은 정당이 정치상의 목적을 실현시키기 위하여 취하는 구체적인 방침으로 설명할 수 있으며 통상 어떤 목적을 달성하기 위한 행위를 지배하는 원칙으로 그 정의론들을 조명해 볼 수 있다.

따라서 정책의 개념적 논의에 있어 정책의 유형에 따른 새로운 관점의 접근이 필요하다. 행정과 정책의 기능이 확대되고 복잡해짐에 따라 세부적인 정책변수도 양적인 면에서 늘어날 뿐만 아니라 그 종류와 내용도 다양해지고 있다. 따라서 정책에 관한 연구를 이들에 대한 분류 없이 한다는 것이 어렵게 되고 있어 최근 정책은 여러 가지의 분류가 시도되고 있다. 가장 전통적인 정책의 분류방법으로는 정책을 관광정책, 교육정책, 외교정책, 노동정책, 교통정책, 보건정책, 복지정책, 농업정책, 통상정책 등 기능별로 분류하는 것이다. 이 분류체계는 국가차원의 기능에 관해서 경험과 사고를 정리하는 상식적인 방법임과 동시에 입법부나 행정부의 조직도 반영하고 있는 분류방법이다. 이에 정부부처도 기능별로 조직되어 있고 관련정책과 관련하여 국가가 수집하는 각종 자료나 관련지침도 기능적으로 분류 정리되어 매우 편리하다. 단, 기능별 분류의 과제는 어떤 종류의 국가 기능, 특허나 인구센서스조사 등과 같은 것들을 어떠한 기능이나 기준에 포함시킬 것이냐 하는 과제가 존재한다. 그래서 많은 정부의 관련 사업들이 다목적성을 지니고 있는 까닭에 정책의 기능별 분류로는 조치하기 어려운 과제가 많다는 점도 아울러 직시할 필요가 있다.

2. 관광정책의 개념

관광정책은 정부 또는 공적인 단체가 해당지역에서 관광산업을 구체적으로 발전시키려는 목표를 달성하기 위하여 행해지며, 권위적이고 가치지향적인 분배와 선택의 우선순위에 따른 긍정과 부정을 내포한 양면적인 행위로 규정할 수 있다. 이것은 광의의 관점에서 사회과학의 한 현상으로 관광을 규명하고 그에 따른 규범적이고 이념지향적 차원에서 접근하는 현상의 총체로 받아들일 수 있다. 순수한 관광학문적인 입장에서 고찰해 보면, 관광정책은 자연경관이나 관광자원개발, 관광정책관련조직과 관광행정조직, 관광사업 종사원 등을 전제로 관광목표, 관광환경, 관광전략 및 관광효과 등의 제반조건들을 감안하여 최적의 배합과 합리적인 운용을 도모하는 절차와 과정이 이루어지고 있다. 특히 협의의 관광정책의 방향성 정립에 있어서는 경제적 · 사회적 · 정치적 · 문화적 요소들을 충분히 고려하여 수요자의 입장에 맞추어 일반 국민들이 진정 필요로 하는 개인의 자아실현과 인간다운 삶과 아름다운 생활환경을 지향하는 것이라고 할 수 있다.[5)]

최근 선진국과 개발도상국이나 후진국 간의 격차가 갈수록 심화되는 현상이 발생하고 있다. 국가의 경제발전과 국가건설이나 구조적인 개선방침에도 역시 "경제인"과 "문화사회인"의 논쟁이 있다. 대체로 경제인은 효율추구, 부의 축적, 생활수준을 지표로 주장한다. 반면에, 문화사회인은 사회형평의 실현, 삶의 복지, 생활의 질 개선 등을 발전지표로 삼는다. 선진국은 관광객 생산국 또는 공급자에 해당되며, 개발도상국이나 후진국은 관광객 수용국 또는 수용자 입장인 것이다. 관광개발 차원에서는 이러한 한쪽 방향의 관광지침이 항상 수용자에게 수혜를 가져다준다. 물론 단일방향 관광이든 양방향 관광이든 국가 간의 정치, 경제, 사회, 문화예술 등 다면적인 관점에서 볼 때 관광산업이 적절한 관광정책과 체계적인 개발이 합법적으로 실행되면 이들의 관계성을 합리화시킴과 동시에 장차 국가 간의 이해와 평화를 증진시킨다는 점에서 관광정책의 중요성을 인식해야 한다. 전술한 광의 또는 협의의 관점에서 해당지역의 관광정책들이 확정되고 순조롭게 추진되기만 한다면, 관광정책의 효능은 바로 경제, 사회 등의 문제에서 중요한 역할을 할 수 있다는 것도 같은 맥락에서 이해할 수 있다. 특히 관광행정기관의 입장에서 보면 관광정책은 바로 관광행정주관이나 관광산업주체의 관점에서 그 정당성을 인정받아야 하며, 현재 또는 미래의 경영범위와 방식에 대하여 결정하는 하나의 거시적인 방침을 정하는 당사자의 입장에서 발전되어 나오는 일련의 방법론적 차원에서 관광정책을 개념화해야 할 것이다. 따라서 관광종사원 혹은 정부관광기구에 속해 있는 당사자들은 항상 관광정책의 입안이나 제도도입에 주의를 기울여야 함과 동시에 실제적으로 관광정책을 적극 추진해야 할 경우 새로운 관광사업 중심으로 행정조직과의 일관된 관계성을 갖고 실행한다면 결과적으로 큰 효능을 발휘할 수도 있다는 점도 아울러 중시해야 한다. 따라서 관광정책은 정부의 역할과 기능이 중요한 논의의 대상이 되며, 관광업무와 관련된 제반사항에 대한 의사결정의 영향 정도에 따른 상대적인 중요도를 산출하고 최적의 대안을 선택하는 과정에서 관광정책의 과학적인 정당성을 확보할 수 있다. 거시적인 관점에서는 관광정책이 국가가 관장하는 전반적인 행정활동을 통합적으로 조정, 통제함으로써 행정지침의 방향성을 설정하고 실행방침을 결정하는 과정으로 인식되어야 하며 관광정책의 정의론적인 함의를 도출할 수 있다. 또한 미시적이고 과정적인 관점에서는 시간이 경과함으로써 관광정책이 다양한 상황에 놓여진다. 그래서 각 관광사업에 따른 상위목표와 하부 실행목표들이 설정되고 이를 달성하기 위한 세부적인 관광정책기능과 역할분담에 따라 스스로 창조의 활동을 통하여 관광정책의 구체적인 하위개념들이 규정된다.[6] 이에 관광정책은 궁극적으로 경제적인 편익이 산출되어야 하고 그에 대응한 비용 측면에서의 평가지표를 통해 경제효과 차원에서 합리성 · 적정성에 따른 경제적인 효과성을 평가해야 한다.

최근의 연구경향을 보면, 지역의 관광개발과 관광목적지 간의 상호 피드백 과정을 통해 각종 행정지침, 일련의 규제와 특별조례 등을 통해 지역관광개발 활성화와 관광개발목표를 달성하기 위한 대응전략들도 관광정책의 개념화 작업에 적용되고 있는 실정이다. 국제관광정책의 관점에서 mass-tourism의 지향, 관광자원 및 환경보호, 여행자 권리보장, 세계평화의 증진이라는 4가지의 기본방침과 이념을 가지고 있다.[7] 이것은 환경 및 시대의 변천으로 필요에 따라 변화와 개혁이 있을 수 있겠으나, 여전히 국제관광정책의 기본지침으로 유지되고 있다. 즉, 1983년 이후 경제가 점진적으로 회복되는 추세를 보임에 따라 관광정책도 다변화되고 있다. 따라서 현시적인 관점에서 관광객의 소비성향은 여전히 체류기간을 단축하고, 비교적 저렴한 숙박시설의 이용, 인근 국가를 방문 혹은 외환시세가 비교적 유리한 국가나 지역을 선택한다. 그리고 관광지역, 여행업자, 교통운수업자 간의 경쟁이 날로 치열해지면서, 관련관광정책법에 따라 다방면에 걸쳐 서비스를 강화하고 있다.[8] 특히 국제관광정책 측면에서 볼 때 새로운 변화의 요소도 예의 주시해야 할 필요가 있다. 즉, 사회의 다양한 계층의 요구를 중시하면서도 기존의 교통인프라시설을 강화하고, 전문화된 국제관광상품개발 및 국제홍보와 선전을 촉진시켜야 한다는 전제가 필요하다. 더욱이 젊은층과 노년층의 관광촉진, 정년퇴직자 및 부녀자의 관광격려, 양 계층에 적합한 관광형태의 발생 또는 학교의 교대휴가 실시 등 장려, 관광 비수기의 휴가제도 권장 등으로 관광계절을 연장과 관광비수기에 대한 대책도 각 국가마다 근본적인 대응책을 강구하고 있는 실정이다. 결국 국제관광정책도 국내관광정책과 마찬가지로 관광지역의 숙박업, 여행업, 교통운수업 등에 관한 관광서비스 정책을 강화함과 동시에 판촉활동을 국제관광경쟁력을 강화할 수 있도록 정부의 지원과 정책적인 지지를 호소하고 있는 실정이다. 이에 따라 관광사업의 수출 영세율 적용, 국제관광보조금 지급, 융자대출, 채무보증채택 등 다양한 세제상의 특혜조치를 채택하여 국제관광산업의 발전을 도모하고 있다 아울러 국제관광 여행자를 보호하는 각종 국제관광 지원 정책을 채택하고 있으며 각국마다 국제관광 전문인력을 양성하고 인재를 적극 육성하는 공격적인 국제관광정책을 도모하고 있는 실정이다.

3. 관광행정과 조직

(1) 관광행정의 의의

관광정책은 주지한 바와 같이 관광을 주관하는 중앙정부나 지방자치단체 차원에서 관광사업의 적절한 효과를 올리기 위하여 최저의 합리적인 목적지향성을 가져야 한다. 이러한 목적에 따라 관광사업의 진흥을 도모하기 위한 여러 가지 제반관광정책이 국가나 지방에 직접적으로 실행방침으로 적용되어야 한다. 이러한 실행방침들은 곧 관광행정으로 구현될 수 있으며, 관광행정은 바로 관광정책의 이념에 기초한 정책을 구체화하는 행위를 말한다. 다만 정책주체가 국가일 경우와 지방자치단체일 경우에 있어 관광정책의 목적이나 입장이 달라지는 것은 당연하며 규모나 투자비용의 측면에서도 상이하게 접근해야 한다. 즉, 국가의 관광정책은 경제효과에 있어 지역경제효과를 항상 염두에 두면서 기본적 관광정책의 입장을 취해야 하며 사회적 · 문화적 효과 측면에서도 국민을 기저에 둔 시각에서 정책을 논해야 한다. 관광개발정책에 있어서도 전국토적인 관점에서 지속가능한 관광개발철학을 가지고 관광자원의 보호 및 환경친화적인 개발계획 수립 및 관광공급 이용태세의 정비를 도모해야 되는 것이다.[9]

이에 대응하여 지방자치단체 차원에서 실행하는 관광정책의 효과측정은 국가의 경우와 동일하게 경제적 · 사회적 · 문화적 효과 및 제반효과의 중요성에 중점을 두고 있으나 그 목적으로서의 내용은 크게 다르다는 점이다. 즉, 지방자치단체의 정책은 지역진흥의 관점에서 관광사업에 의한 지역경제효과의 증대를 도모함이 주된 목적이 되며 해당지역의 실질적인 경제효과에 심혈을 기울이고 중앙정부의 거시적인 정책방향과는 다소 이질적인 요소들을 갖고 있다. 사회적 · 문화적 효과에서도 관광자를 수용하는 입장에서의 지역효과를 올리려고 하는 데 있다. 따라서 전자는 직접적으로 지역에 관광사업을 진흥함을 목적으로 하지 않은 점에 대하여 후자는 무엇보다도 지역관광사업의 진흥에 의한 지역진흥을 목적으로 하고 있고 지역실태에 기초하여 주체적으로 지역관광사업의 진흥을 도모하게 되는 것이다.

최근 본격적인 지방자치시대에 즈음하여 관광사업의 진흥을 지역의 활성화 대책의 수단으로 하는 경향이 강하게 작용해야 할 것이고, 관광정책은 지역의 종합정책으로서 작용하여야 한다는 의견이 강하게 대두되고 있다. 지역의 활성화란 지역의 경제진흥에만 국한되는 것이 아니고 사회적 · 문화적인 측면을 포함한 지역사회 전체의 활성화를 목적으로 한 지역정책인 것이다. 이것은 크게는 지역주민이 일체가 되는 새로운 사업을 개발하고 주민 간의 연대감과 향토애의 주체성(identity)을 조성하면서 지역주민의 활력을 불러일으키게 하는 것을 중시해야 한다는 것을 의미한다.[10] 관광사업의 효과도 경제효과와 동시에 사회적 · 문화적 효과에 걸쳐 있다는 것은 관광정책의 다양성을 의미하고 있으며 이러한 효과는 복합적 의미를 내포하고 있는 것이다. 또한 정책으로서는 무엇을 중시하는가에 따라서 정책의 내용이 달라진다. 더욱이 관광정책은 관광사업의 진흥대책에 있으며 독자적인 차원에서 실행되는 관광정책으로서의 전용되는 영역은 매우 광범위하며, 대체적으로 보다 기본적 정책의 전제에 따른 부차적인 차원에서 이루어지는 정책들이 많다. 실례로, 관광자원개발의 보호 및 관리에 대해서는 자연보호정책의 일환으로 자연공원행정부서에서 실행되고 있으며, 관광목적지의 기반조성이나 환경정비는 도시계획사업이나 건설행정 등에서 이루어지고 있다. 지방관광행정의 경우에 각 자치단체의 관광행정의 소관을 볼 때,

지금까지는 관광소비에 의한 지역수익성에 착안해서 지역경제의 일부로서 장악하고 있는 자치단체가 매우 많다. 이것은 관광이 본질적으로 내재하고 있는 관광개발과 지역문화를 중시해서 지역개발 또는 공보행정에 포함되어 있는 경우가 있다.[11] 최근 관광을 복지여가문제로 인식하여 복지행정에 소속되어 있는 지자체도 있다.

〈표 2-1〉 관광관련 주요 행정부처의 업무현황

부처명	관련업무
기획재정부	세관의 여행자 통관업무, 외국환관리, 금융업무, 관광관련정부출연금, 보조금계획
문화체육관광부	관광정책 수립 및 선전, 관광자원의 조사 및 개발, 스포츠업무, 문화재의 지정 및 관리, 문화의 교류, 관광진흥개발기금 관리
외교부	여권발급, 외교관계 수립, Visa면제협정의 체결, 외국과의 대외교섭, 문화교류, 국제협력 등
행정안전부	자연보호, 여행자의 치안유치, 시·도관광관련부서의 지도·감독, 지방행정지원, 재난예방
법무부	여행자의 출입국관리, 외국인 국내체류자격심사, 출입국관리제도의 조사연구
교육부	수학여행, 관광관련학과의 산학실습, 관광관련학과 신설, 관광관련교육
국토교통부	항공협정의 체결, 도시계획, 개발계획의 수립, 관광기관시설의 계획·관리, 국토개발계획, 도로건설
보건복지부	관광업소의 위생관리, 식품위생, 사회보험, 환경업소관리 등
농림축산식품부	관광농원의 관리, 농어촌휴양시설 개발, 휴양림, 산림욕장
산업통상자원부	관광쇼핑업무, 국제박람회, 관광토산품(민예품)의 개발, 관광기자재 수출입 업무
환경부	국립공원 및 도립공원의 지정·승인, 환경의 보호, 환경영양평가, 환경정책 수립

자료: 권순(2009), 『관광정책론』, 백산출판사, 64-65.

(2) 관광행정조직

일반적으로 조직이란 일정한 환경생태 내에서 특정한 실행목표를 설정하고 이를 달성하기 위하여 일정한 구조를 갖춘 사회단위로 정의한다. 특정한 목표를 추구하는 사회단위는 사람들의 집합체이기 때문에 설정목표와 이를 추진하는 구성원을 필수적인 요소로 파악하고 있다. 특히 조직은 추구하는 목표를 달성하기 위해서 집단 내에 있는 사람들의 상호관계에 관한 규범적인 질서, 권한의 계층 및 구성원의 행동을 조정하는 체제를 갖추어야 한다. 따라서 이러한 체제를 뜻하는 구조도 조직의 중요한 요소를 이룬다. 관광조직도 협의의 관광조직과 광의의 관광조직으로 구분할 수 있으며, 협의의 관광조직이란 관광행정과 정책을 실시·집행하는 주체로서 주로 국가 및 지방자치단체의 행정기관과 공사의 공익을 목적으로 하는 조직을 의미한다. 광의의 관광조직이란 협의의 관광조직을 포함하여 관광관련 중앙행정기관, 공적 단체, 학술 · 연구단체 등을 말한다. 우선 국가관광조직으로 문화체육관광부가 존재한다.[12] 문화체육관광부는 [그림 2-1]에서 제시한 바와 같이 기구현황은 2차관 4실 6국 1단 10관 54과, 17개 소속기관으로 구성되어 있다. 공공단체로는 지방자치단체가 있으며, 광역자치단체 관광조직으로 특별자치도, 특별시, 광역시, 도의 관광과 및 기초자치단체 관광조직으로 시, 군, 구의 관광계가 있다. 민관합동기구로는 한국관광공사와 각 지역의 관광공사가 존재한다. 경북관광공사의 경우 원래 한국관광공사의 산하기관이었으나 MB정권의 민영화정책에 따라 경상북도의 산하기관으로 그 업무영역과 기능이 바뀌어졌다. 부산관광공사, 거제관광공사도 같은 체제로 운영되고 있다. 제주관광공사의 경우는 여전히 한국관광공사의 산하기관으로 운영되고 있다.

또한 광의의 관광조직으로는 관광관련 중앙행정기관으로 공직단체인 한국관광협회중앙회(KTA), 한국일반여행업협회(KATA), 한국호텔업협회 등 관광사업관련협회들이 운영되고 있다. 연구 · 학술단체로는 한국문화관광연구원, 한국관광학회 및 산하연구기관들이 운영되고 있다. 따라서 관광조직은 결정된 관광정책을 구체적으로 실시하고 수행하는 '기능적 역할'을 수행하는데 관광조직과 정책의 관계는 다음과 같이 그 특성을 규명할 수 있다. 첫째, 관광조직이란 정책의 목표를 구체화 · 현실화하는 역할을 하고 있는데, 관광정책이 추구하고 있는 목표와 방향을 구체적인 정책문제에 적용하고 실천함으로써 관광정책의 목표를 실현하기 위한 여러 가지 활동을 한다(문화체육관광부의 기능이나 한국관광공사의 기능은 주로 정책의 구체화 및 집행활동이다). 둘째, 관광조직은 정책문제를 파악하고 이를 정책결정에 반영될 수 있도록 매개 · 조정하는 역할을 한다. 셋째, 관광조직은 관광현상을 연구하고 발전적인 방향을 제시하기 때문에 관광정책을 지원하는 기능을 하는데, 학술단체의 연구활동이나 연구기관의 정책과제연구는 정책결정기관을 지원하는 참모적 기능을 수행한다. 또한 관광조직이 정책을 구체화하는 과정에서의 기획 · 조사 등도 관광정책을 지원하는 성격을 갖는다.[13]

그림 2-1 문화체육관광부 기구현황

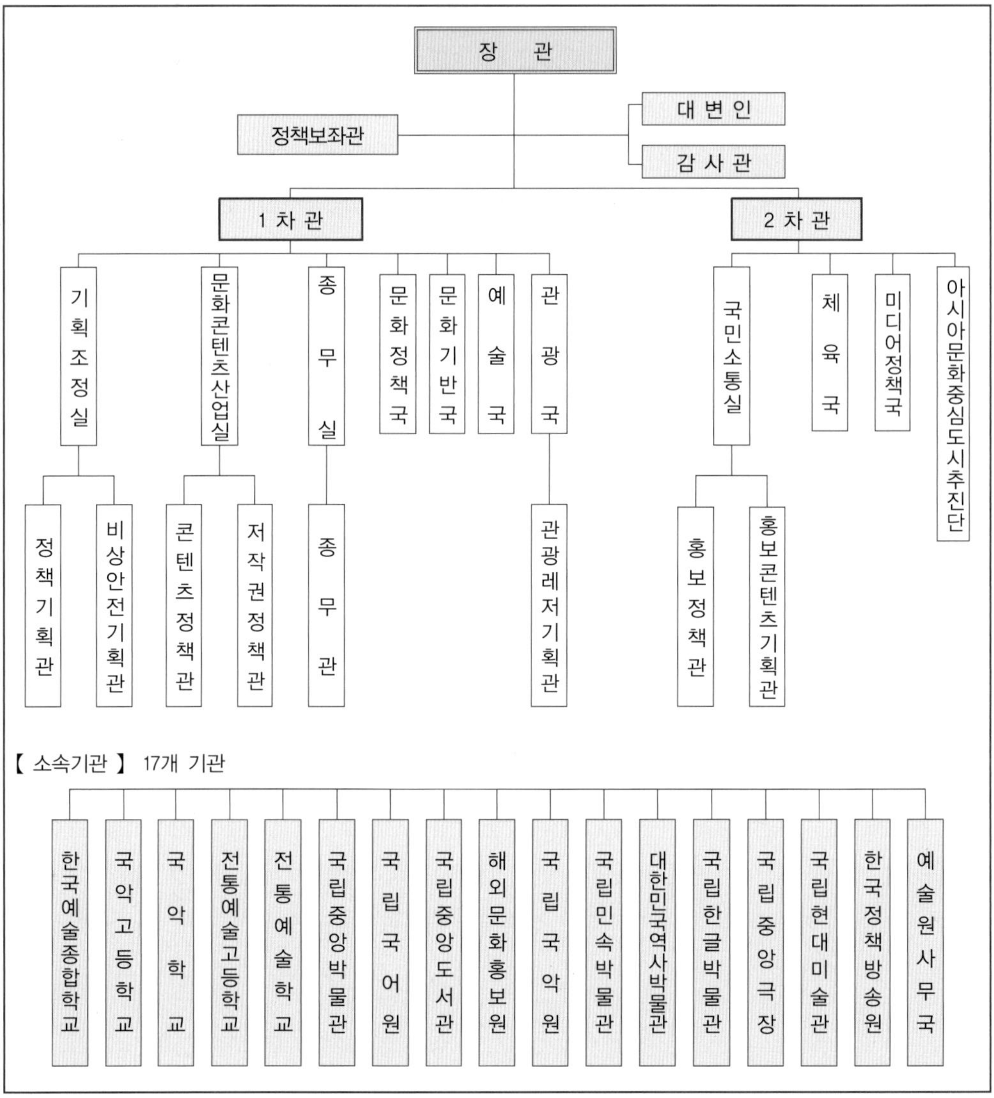

자료: 문화체육관광부(2017), 『문화체육관광부 정현원 현황』.

제2절 관광정책형성과정

1. 관광정책형성과정의 의의

관광의 정책과정 중에서 지금까지 가장 연구가 활발했던 부문이 관광정책형성부문이다. 이러한 관광정책형성(tourism policy formulation)이란 관광관련문제 또는 정책목표를 달성하기 위해 여러 정책대안 중에서 가장 바람직한 하나를 선택하는 결정과정을 말한다. 정책형성의 주체는 공공부문에서 관광정책결정체제를 둘러싸고 정부의 정책결정에 직·간접적으로 영향을 미치는 모든 집단과 개인들을 생각할 수 있고 정책형성의 또 다른 주체는 정책결정체제의 한 구성요소인 수용기관이 된다. 민간부문에서는 기업의 정책결정을 담당하는 주체인 경영자를 말한다. 결국 관광정책형성과정은 상호관계인, 관련집단, 정책결정체제의 구조·기능, 정책결정체제 밖의 여러 환경 등 다양한 요소들이 서로 복잡하게 작용하고 있는 동태적 과정이다. 그래서 관광정책형성은 한 국가의 정부기관이 최선의 수단과 방법으로 관광정책의 목표를 달성하기 위한 미래지향적 행동지침을 결정하는 것을 말한다.[14)]

현실적으로 관광정책형성과 관광정책결정을 혼용하여 사용하고 있다. 관광정책형성은 정책결정에 대한 분석적 측면을 의미하고, 관광정책결정은 정책적 결정과정 측면을 의미한다. 또 관광정책결정은 관광정책형성과정의 내포개념으로, 관광정책형성과정에서 여러 대안 중 최선의 대안으로 평가되는 하나의 대안을 결정하는 행위 그 자체를 관광정책결정이라 할 수 있다. 그러나 양자는 명확히 구별되는 개념은 아니며, 양자를 혼용하여 쓰기도 한다. 본 장에서는 관광정책결정을 관광정책형성과정의 내포개념으로 규정하였다. 관광정책결정을 관광정책형성의 내포개념으로 인식할 때, 관광정책형성은 대체로 다음과 같은 특성이 있다.

일차적으로 관광정책형성은 시간의 흐름에 따라 변화하는 동태적 과정이다. 따라서 관광정책형성은 시간과 정책환경에 따라 변화한다. 관광정책형성은 복잡 다양하다. 그래서 관광정책형성체제는 국회, 정부, 법원, 여론, 관광관련 이익단체 등 직·간접적으로 관련된 다양한 구성요소를 지니고 있으므로, 정책형성과정은 매우 복잡하고 다양한 과정인 것이다. 관광정책형성은 이러한 구성요소들이 각기 독특한 영향력을 발휘하고 있으며, 이들의 상호관계와 권한의 상대적 강도에 따라 관광정책의 방향에 영향력을 미친다. 특히 관광정책형성은 의사결정의 일종이다. 의사결정은 두 개 이상의 대체적 수단 중에서 어느 하나를 선택하는 행위이며, 정책결정 또한 대체적 정책대안 중에서 최적의 대안을 선택하는 행위이므로, 양자는 유사성을 지니고 있다.

관광정책형성은 미래의 관광정책의 바람직한 목표를 설정하는 행위인 관광정책결정과 의사결정을 포함하는 일련의 종합적 의사결정과정인 것이다. 이것은 관광에 관련된 많은 선결과제 가운데에 국가가 근본적으로 해결하기 위하여 제반 규정을 정비하고 정책방향을 전향적으로 전환시키는 과정을 의미한다. 관광정책형성은 국민, 즉 해당지역 주민들이나 관광기업집단의 요구들이 자연스럽게 정부에 전이되고 그것이 국가정책 순위에 상향조정되어 채택됨과 동시에 공개적으로 진행되어가는 과정을 말한다. 모든 관광현상의 과제들은 국가가 주도하여 정부차원에서 선별적으로 정책대상을 선정하는 것이 중요하다. 따라서 국가정책적인 차원에서 그 시대성이나 관광산업 전반에 걸쳐 발전에 필요불가결한 요소인 경우 국가차원에서 선제적인 해결을 위한 정책적 방침이나 결정지표를 산출하는 것이 매우 중요한 과정이라는 것을 직시할 필요가 있다. 그리고 관광정정책형성은 과정적인 측면에서 특정한 관광과제에 대하여 중요하고 시급하다고 인식될 경우 정부차원에서 공식적이고 객관적인 선결정책과제로 다루어 근본적인 해법을 찾는 과정이 되어야 할 것이다.15)

2. 관광정책의사결정

일반적으로 의사결정이란 '현재 강조되고 있는 결정문제와 해결하려는 목표를 달성하기 위해 여러 개의 대안 중에서 최선의 대안을 선택하는 인간의 선택행동 및 행동과정'을 말한다. 관광정책형성은 일종의 의사결정과정이기 때문에 관광정책형성에 대해 다루기 위해서는 의사결정이론의 힘을 빌리지 않을 수 없다. 의사결정은 여러 개의 대체적인 수단 중에서 어느 하나를 선택하는 행위이며, 관광정책형성은 의사결정을 포함하고 있는 종합적인 과정이다. 그래서 관광정책형성의 질은 의사결정의 질적 수준에 의해 좌우된다고 할 수 있는 것이다. 대부분의 의사결정이론은 관광정책형성에 적용할 수 있으나, 의사결정과 구별하여야 한다. 우선 의사결정과정은 정부기관에서 이루어지는 결정뿐만 아니라, 민간부문에서 이루어지는 결정행위까지 포함한다는 점에서, 정부 내에서 이루어지는 일련의 의사결정과정인 관광정책형성과 구별된다. 또한 의사결정은 개인적인 문제의 해결이나 목표에 대한 결정인 반면, 관광정책형성은 공적 문제와 목표를 달성하기 위한 일련의 행동과정이라는 점에서 양자는 구별된다. 관광정책형성이 정책결정자 개인의 의사결정에 바탕을 두고 있지만, 그 결과는 개인적인 문제의 해결이나 목표달성에 그치지 않고 다수의 정책수혜자에게 영향을 미친다.16)

이와 같은 측면에서 의사결정과 정책형성은 미래의 바람직한 대안을 선택하는 행동이라는 점에서는 유사하지만, 주체와 대상 · 결과의 범위에 있어서 다르다. 관광정책의사결정은 관광과 관련된 여러 가지 사회문제의 바람직한 해결방향을 정하는 행위이다. 관광정책결정은 이해당자자 간 협상, 경쟁, 명령, 분쟁, 협조 등의 상호작용을 통하여 이루어지며 정책결정에는 공식적인 주체로서 대통령, 국회의원, 장관, 관광국장 등 공식적 정책결정자와 이익집단, 정당, 언론기관, 전문가집단, 일반대중 등 비공식적 정책결정자로 구성된다. 따라서 공식적 정책결정자에 의해 관광정책이 결정될 경우 구성원이나 외부의 참여 없이 일방적으로 결정하고 나머지는 복종을 요구받는 권위적 정책결정으로 흐를 수 있다. 반대로, 공식적 정책결정자 외에 전문가, 이익집단 등을 참여시켜 그들의 의사를 반영하는 참여적 정책결정이 있으며, 현대로 들어와 권위적이기보다는 참여형 정책결정의 비중이 확대되고 있는 추세이다.

관광정책의사결정은 최대한 과학적이고 합리적이며 객관적인 차원에서 결정되어야 하는 것이 일반론적이다. 그러나 때로는 의사결정자와 상황과 환경의 변이에 따라 감정적인 주관적인 차원에서 의사결정이 이루어질 수도 있다. 이러한 직관적이고 주관적인 정책의사결정을 포괄하고 이성적이고 객관적이고 합리적인 차원에서 보편적인 정책의사결정과정을 고려할 필요성과 다변적이고 상황인식론적인 차원에서 관광정책의사결정의 양면성을 충분히 고려해야 한다.[17] 관광정책형성과정이 그동안 기존의 정책학적인 측면을 고려할 경우 고착화되고 고전적인 사상에 기초한 기본적인 중심적인 고정관념을 가지고 있다는 점도 인식할 필요가 있다. 관광정책의 핵심과제는 최근 관광의 추세에 따라 세계와 소통하는 커뮤니케이션의 수단적인 개념으로서 개방형 네트워크 체제로 반드시 전환하고 국제형, 세방형, 연결형의 관광정책들이 점진적으로 형성되어야 한다. 이것은 곧 국내와 국제적인 정책환경변수들이 지속적으로 반추활동(feed-back)을 통해 인과관계를 규명하고 영향변수로서 투입과 산출 변수들의 시스템론적인 접근이 실행되어야 한다는 것이다. 따라서 관광정책형성과정이 기존의 규범적이고 관념적인 과정에서 보다 실천적이고 실사회를 대변하는 경험주의와 실증주의를 수용하는 보다 포괄적이고 합리적, 개방적인 관광정책형성과정들이 기본적인 기반으로 그 방향성이 정립되어야 할 것이다.[18]

3. 관광정책형성환경

관광정책은 정치, 경제, 사회, 문화 등 여러 가지 요인으로 구성되는 일반적인 정책 환경의 범주에 속해 있다. 따라서 관광정책이 지향하고 있는 목표를 달성하기 위해서는 일반론적인 정책환경에 놓여 있는 여러 가지의 거시적, 과정적, 미시적인 환경적 요인을 바탕으로 의사결정을 해야 예견되는 불확실성 변수들을 충분히 대응할 수 있다. 앞서 제기한 바와 같이 관광정책결정과정은 정책결정체제 내외부적 환경요인과 함수관계에 놓여 있으며 투입과 산출 요인들의 인과 관계를 규명하는 것이 매우 중요한 작업이 된다는 점을 직시해야 한다. 우선 내부적 환경 측면에서는 관광정책결정체제의 목표는 조직의 존립, 지역사회에 대한 봉사, 경제적 기여, 기타 목표로 정한다. 이어서 가용자원들은 인적자원, 재정자원, 물적자원 등으로 구성된다. 이에 대하여 외적 환경을 구성하는 요인으로는 경제적, 사회 · 문화적, 환경적 요인 및 정치적 요인으로부터 환경적인 영향을 받는다.[19)]

관광정책형성과정에서 이러한 내, 외부적인 환경요인들의 규명도 중요하나 국제관광환경의 측면을 가장 우선적으로 고려해야 한다. 최근의 국제관광환경은 국제정치, 국제경제, 국제외교, 국제항공산업, 국제관광기구환경 등과의 끊임없는 도진과 상호견제 및 위협을 받고 있는 실정이다. 더욱이 중국관광이 급성장하면서 세계관광 최대 수출국으로 급부상하고 있다. 한국에서도 중국시장이 최고의 인바운드 수용국가로 급성장하다가 메르스나 사스 등 예기치 못한 국제환경 변수들에 의해 관광역조현상이 발생하고 있는 상황들은 관광정책형성에 있어 매우 민감하게 영향을 미치게 된다. 또한 세계 에너지파동이나 전쟁 등의 부정적인 요소나 올림픽, 국제박람회 등 긍정적인 요소들이 관광정책형성에 있어 상당한 유의한 영향을 주는 함수관계가 존재하게 된다. 국제관광환경에 대응하여 관광정책형성에 영향을 주는 환경으로는 국내관광환경을 들 수 있다. 국내관광환경에서 가장 우선시 되어야 하는 것은 여가문화의 정체성 확보가 될 수 있다. 가장 한국적인 것을 세계에 알리고 그것의 가치를 실시간에 세상과 소통하기 위해서는 자국문화의 가치성을 발현하는 작업이 선행되어야 한다. 이것은 곧 한 단계 높은 정치문화가 존재해야 하며, 국민 모두의 공통적인 가치와 믿음, 태도, 신념들이 관광정책형성자와 관광객들에게 매우 의미 있는 관광정책형성의 새로운 패러다임을 제공해 주는 것이다. 국내관광정책 형성에서 경제적 조건도 중시되어야 한다. 즉, 가처분소득, 가계여가지출비용, 소비패턴, 여가시간과 노동시간, 휴가제도의 정착화 정도 및 국가의 전반적인 경제수준과 도시공업화 정도 등이 국내관광정책형성에 경제적인 요인들로 작용하게 된다. 그러나 무엇보다도 국내관광정책형성에 가장 큰 영향을 미치는 것은 관광정책결정자이다. 대통령제에서는 당연히 국가수장이 중요하나 입법부, 사법부, 행정부의 책임자 및 정당, 언론, 관광협회, 관광학회 등 관광구성원 행태도 국내관광정책형성에 많은 영향을 끼친다. 그리고 관광공급국가군의 정치, 경제, 사회문화, 교육 등 제반환경도 관광정책형성에 영향을 끼친다. 특히 관광경쟁국가군의 환경은 국내관광정책형성에 직접적인 영향을 미치는 관계로 상호작용에 대한 면밀한 검토가 필요하다. 관광객의 측면에서는 관광목적지에서의 관광환경이 재방문 의사결정에 결정적인 역할을 하므로 지역의 관광자원, 관광시설, 관광특화상품, 서비스 수준, 물가, 치안상품, 쇼핑대상, 식음료 등 기본적인 요소들에 대한 점검과 대비와 함께 관광경쟁국가군과의 비교분석을 통한 우위를 확보하는 것이 관광정책형성과정에서 필수 불가결한 요소임을 인식해야 한다.

4. 관광정책형성과정

관광정책형성과정은 보는 관점이나 시각에 따라 달리 접근할 수 있다. 관광정책문제제기에서부터 관광정책형성의 전반에 걸친 환경적인 고려와 동시에 각종 측정변수들에 대한 관광정보정책의 자료수집과 분석들에 과학적, 객관적인 작업들이 선행되어야 한다. 그리고 관광정책형성과정에서 제기는 다양한 의제와 선택적인 대안들을 도출하고 복합적이고 내면적인 관점에서 최적의 대안을 선택하는 관광정책결정까지의 단계를 관광정책형성과정으로 정의할 수 있다.[20] 여기서 논의의 초점은 관광정책분석과정은 최신의 관광정보수집을 통해 관광정책형성과정에서 주어지는 근본적인 문제를 파악하고 분석된 결과를 가지고 선결과제들을 하나하나 규명해가는 핵심과정으로 파악해야 한다.

[그림 2-2]에 제시된 바와 같이 이러한 관광정책형성과정에서 관광정책결정과정은 관광정책목표설정에서부터 관광정책결정단계까지를 의미한다. 또한 관광정책평가과정도 일반적으로 관광정책목표에서부터 관광정책집행결과의 분석과 효과측정의 전 과정을 포함하는 단계이며 이것은 관광정책의 객관성과 과학성을 확보하는 핵심과정으로 보아야 할 것이다. 관광정책개발은 관광개발인이 객체가 아니라[21] 공급적 차원에서 주체가 된다는 차원에서 관광정책문제의 제기에서부터 새로운 관광정책개발에 이르는 전 과정을 포함하는 가장 넓은 과정으로 파악해야 한다. 실제로 관광목적지에서의 관광개발인은 관광객 즉 관광시장을 객관적인 연구대상으로 객체화하고 주체적인 입장에서 새로운 관광정책을 주도한다는 의미에서는 전 과정에서 관광정책형성과정을 관여한다는 것은 당연한 현상으로 받아들여져야 할 것이다. 따라서 서술한 바와 같이 관광정책형성과정의 프레임은 다양하게 접근할 수 있으나 가장 보편적으로 수용할 수 있는 단계로서 다음과 같은 과정으로 진행할 수 있다.

그림 2-2 관광정책형성 · 관광정책분석 · 관광정책결정 · 관광정책평가 및 관광정책개발과의 상관성

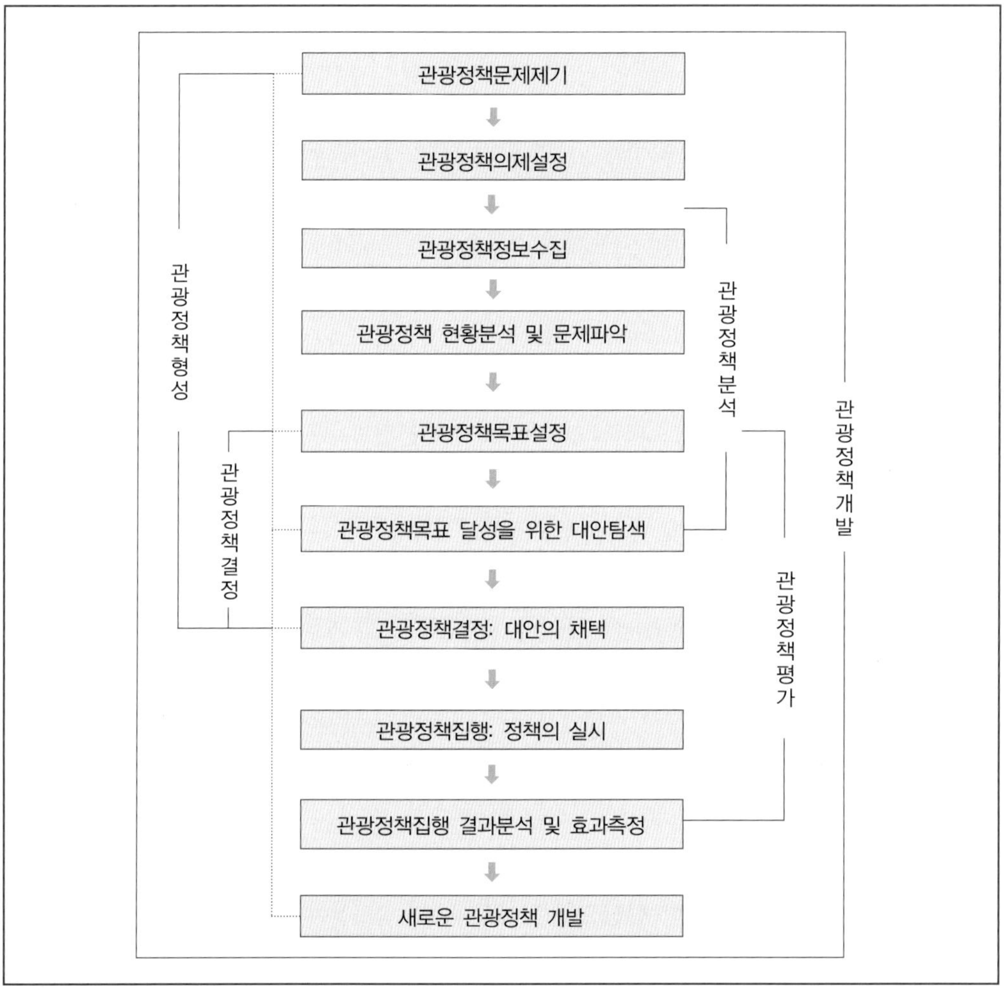

자료: 이장춘(1990), 『관광정책학』, 대왕사, 107.

(1) 관광정책의 문제제기와 의제선정

관광정책의 문제는 국가의 관광정책목표와 현재 추진하고 있는 발전계획과의 프로그램들이 어느 정도 효율적으로 추진되고 있으며 그 효과성은 어느 정도인가에 평가의 기준설정에서 출발한다. 또한 국가의 관광개발을 지향하는 데에 동원되는 인적 · 물적 재원들이 어떠한 수준으로 진행되고 있는지에 대한 현황파악과 그에 대응한 자국민의 욕구수준이 어느 정도인지에 대한 문제제기도 필요하다. 특히 관광개발계획에서 국가가 지향하는 상위목표와 지역특수성을 살린

지역관광개발계획과의 조화 정도가 어느 정도 수준이며, 자국이 추구하는 관광정신이 질적 관광인가 양적 관광인가, 아니면 양자의 조화인가에 대한 내면적인 파악도 중요하다. 그리고 자국의 관광수용태세와 외래관광객에 대한 자국민들의 인식 수준이 어느 정도인가에 대한 문제의식도 가져야 한다. 관광정책의 문제제기는 기본적으로 국제정세, 국제정치, 국제사회의 전반적인 흐름과 미래예측능력을 어느 정도인지 파악함과 동시에 국제교통수송체계의 변화에 대한 대처능력 측정과 같은 문제들에 대한 인식이 필요하다.

이러한 문제제기와 상황인식은 관광의제선정에 있어 관광정책문제제기에 나타난 제반관심영역들을 관광정책목표에 맞게 적용하고 이념체계를 통일하는 작업으로 연결된다. 즉, 관광정책의제는 그 의제가 지향하는 성격이 무엇인지에 대한 규명이 필요하며, 관광정책 자체의 목적인 단일지향인지 복합지향인지에 대한 정확하고 명확한 방향설정도 동시에 이루어져야 한다. 관광의제선정에서 가장 중요한 문제는 관광정책 의사결정자나 형성자가 반드시 전문성을 가지고 정책에 참여하는 것이 아닌 만큼 관광분야의 전문가의 통찰력도 필요하다. 여기에 더하여 관광기업인들의 요구, 일반국민들의 대응, 관광객의 만족, 관광시장의 급격한 변화와 관광지현장의 요구 등에 관한 근본적인 검토와 실행이 전제되어야 한다.

일반적으로 관광체계 내에서 발생하고 있는 제반문제들을 보다 조직적이고 관광행정으로 접근할 경우, 관광정책문제는 제반환경과의 반추작용(feed-back)으로 인식하는 것은 당연하다. 즉 관광정책의 문제제기와 인식과정은 관광체계 내에서 해결해야 할 정책과제들을 관광정책의 환경으로 끌어들여 검토하는 단계를 의미한다. 이러한 문제들을 인식하는 과정에서 관광정책 입안자들의 개인적 가치판단이 개입되지만, 순수한 개인적 의사결정과는 달리 공적 문제를 다룬다는 점에서 의사결정과정에서의 문제인식과 구별되어야 한다. 이것은 문제로서의 인지여부 및 인지의 결과에 대한 사안의 중요성과 명확성에 더하여 관광정책결정자의 상황을 보는 기준과 태도가 보다 의미가 있으며 의사결정자의 가치관에 따라 달라질 개연성도 존재하기 때문이다. 따라서 관광정책의 의제는 관광체계 내의 여러 문제 중에서 관광정책을 통해 해결하려는 정책결정자 집단의 가치판단을 명확하게 해주는 과정으로 파악해야 할 것이다. 그리고 관광정책의사결정자에게 관광정책문제의 전문성과 목적지향성을 더하는 중요한 관광정책형성과정으로 평가해야 하는 것이다. 실제로 관광정책의 목표를 외래관광객의 유치를 통한 관광외화획득에 두고 있을 경우, 관광정책을 수립하는 당사자들은 관광산업을 통해 관광외화획득을 증가시키는 갖가지 수단을 강구하게 된다. 때로는 관광지 및 관광단지를 개발하기 위해 대규모 개발정책을 실시하기도 하고, 대규모 관광호텔을 건설하는 사업계획을 추진하기도 한다. 여기에서 관광정책과 다른 정책 및 정책목표와 상충될 가능성이 존재할 경우, 전문성과 명확한 목표지향성이 충분히 예견되는 문제들을 쉽게 극복할 것이며, 의제설정의 필요충분조건이 되는 것이다. 만약 관광단지의 개발과 관광호텔의 건설이 환경정책과 상충되어 여러 가지 환경문제를 야기한다면, 구체적인 의제선정을 통해 원만히 해결해야 하며, 이는 사회 전체적으로 볼 때 바람직한 관광정책목표의 실현이라 할 수 있다.

(2) 새로운 시대에 대응한 관광정책자료 수집 · 분석과 문제파악

관광정책형성과정에서의 가장 필수적인 단계는 관광정책에 관련된 관광정보와 실증자료 및 관련지식들을 집계하여 관광정책의제를 해결할 수 있는 대안들을 탐색하고 이러한 선택적인 대안들을 비교 · 분석하는 과정이다. 그리고 구체적으로 정보수집활동에 포함되어야 할 내용은 정책의 내부적 환경에 대한 정보뿐만 아니라 관광정책의 실시로 영향을 받는 집단, 즉 관광자, 관광기업, 관광관련 이익집단, 일반국민의 지지와 요구, 세계적인 관광동향 등 외부적 환경에 대한 정보수집도 하여야 한다. 최근에는 인터넷의 발달로 각종 정보관리기법이 급속도로 발전해서 관리정보체제(management information system: MIS)와 SNS(social network system) 등을 이용하여 온라인과 오프라인의 양면적인 차원에서 실시간에 필요정보가 수집 가능한 시대에 돌입하고 있다. 특히 기존의 데이터수집이 정형화된 분석시스템이 전제가 되었지만 최근의 데이터분석체계는 비정형 데이터까지도 정보를 수집하여 저장, 분석 및 시각화과정을 거치는 빅데이터시대에 접어들고 있다. 이것은 관광정보정책의 패러다임이 전환되고 있다는 것을 의미하며, 새로운 관점에서의 관광정보수집과 분석의 정책적인 대응이 필요한 시점에 와있다는 것을 의미한다. 특히 빅데이터시대의 출현이 가져다주는 진정한 의미는 기존의 관광정보정책의 접근과 달리 시공간을 초월하는 신산업시대의 흐름을 반영해야 한다는 것이다. 이제는 실시간에 지역의 이야기들이 세상과 소통하는 쌍방형 커뮤니케이션시대를 적극 활용하는 관광정보정책수립이 필요한 시기에 와있다.[22] 또한 SNS시대의 특성이 관광정책결정자가 필요로 하는 정보를 필요로 할 때에 언제나 제공받을 수 있고 관광지 현장에서 증강현실이나 가상세계를 직접 적용할 수 있는 것이다. 그리고 4차산업과 인공지능시대가 본격적으로 전개되는 시대상황과 연계하여 관광정보정책형성과정도 현실적인 정보사회현상을 적극 반영하는 사고의 전환이 필요한 시점에 와있다는 사실도 직시해야 한다.

이러한 관광정보정책의 현황분석은 새로운 관광정책적인 환경에 존재하고 있는 관광정책문제를 구체화 · 객관화하는 과정으로서 미래의 합리적인 의사결정과 과학적인 입증을 위해 가장 필요한 분석과정이 된다. 이러한 관광정책문제가 구체적인 정책상황에서 집행되었을 때 나타날 수 있는 현실적인 상태를 실현화하는 과정으로서 관광정보수집과 분석활동을 토대로 한 새로운 관광정보정책을 형성하는 과정이다. 이것을 토대로 전술한 바와 같이 관광정책의 목표설정, 대안의 탐색과 평가에 활용되어 불확실성이 존재하는 미래의 관광사회에 대응하여 최적의 합리적인 의사결정을 내리기 위한 기본적인 관광정보자료수집과 기초분석과정이 된다.

(3) 관광정책목표설정과 대안탐색

관광정책의 목표는 관광정책을 통하여 달성하고자 하는 미래의 예상되는 상황들을 정확히 예측하고 목표연도를 명백히 나타낼 수 있어야 한다. 그리고 목표달성을 위한 수단이나 대안들이 현실을 제대로 반영해야 하는 것이다. 당연히 관광정책의 목표가 국가의 정책목표와 유기적인 종적·횡적 연계성을 갖도록 설정되어야 한다. 이러한 과정은 관광정책의 타당성을 확보하는 중요한 단초가 되며, 관광정책집행자의 정책평가기준이 되기 때문이다. 관광정책은 여러 가지의 실행변수들을 지니고 있어 이러한 예상되는 다면적인 변수들에 관해서 객관적인 사실분석을 한 다음, 분석의 결과를 참고로 해서 관광정책결정자가 무엇을 정책문제의 핵심으로 볼 것인가를 주관적인 관점에서 결정하게 된다.

실제로 국민관광정책목표와 국제관광정책목표 상호간에 발생할 수 있는 제반변수들, 해외여행정책과 외국인관광객 유치정책과의 상호관계에서도 발생될 수 있는 여러 변수들에 대하여 어느 변수를 핵심으로 볼 것인가에 관해 정책주관자마다 판단이 다를 수 있기 때문이다. 이에 관광정책의 목표는 목표의 추상성과 구체성의 정도에 따라 궁극목표, 일반목표, 부분목표, 세부목표 등으로 구분할 수 있다. 이들 목표 간에는 목표와 수단의 계층(hierarchy)관계가 형성되어 상위목표인 궁극목표와 하위목표인 일반목표와의 관계에서 일반목표는 궁극목표를 달성하기 위한 수단적 개념으로 관계성을 나타낸다. 또한 일반목표와 부분목표, 부분목표와 세부목표와의 관계에서도 상호작용을 이룸으로써 자연스럽게 네트워크가 형성되고 시스템적인 접근이 가능한 것이다. 관광정책목표 수립에 있어서도 관광정책형성자는 명확하고 실현 가능한 목표를 수립하여야 한다는 것이다. 불명확하거나 실현 불가능한 관광정책목표를 설정할 경우, 정책을 집행하는 과정에서 혼선과 중복을 야기할 뿐만 아니라, 관광정책의 목표와 실행에 대한 논리적인 정당성을 상실할 수 있기 때문이다.

관광정책형성과정에서 논하는 대안탐색은 관련된 정보와 자료를 수집한 다음에는 이것을 토대로 하여 주어진 문제를 해결하기 위한 대안들, 즉 여러 가지 대체적인 방안들을 탐색하는 실질적인 과정을 말한다. 이러한 대안탐색의 실행방법으로는 과거에 겪었던 비슷한 상황이나 문제를 제고하거나 직접 경험하지 않은 유사하고 반복적인 상황에서도 타 조직들이 행하는 실행방안과 성취여부를 살펴보는 것이다. 그러나 비정형적인 문제의 경우에는 집단적인 사고나 전문가의 조언 등을 통한 창의적이고 개척적인 대안 모색능력도 아울러 갖추어야 한다. 대안의 탐색과 함께 관광정책의 효율성을 확보하는 또 다른 과정과 단계적인 절차는 대안평가이다. 대안평가는 관광정책이 집행되었을 때 나타나는 상황들을 분석하고 그 결과를 예측하는 과정을 말한다. 즉, 대안평가는 관광정책의 경우에 목표달성과 대안의 합리성을 높이는 과정으로서, 보다 세밀하고 면밀한 대안평가는 관광정책의 실현가능성, 대안의 정치적 합리성 및 경제적 합리성을 제고시켜 목표를 조기에 달성할 수 있는 과정을 의미한다.

(4) 대안선택에 따른 관광정책결정

관광정책결정은 이러한 프레임을 통해 같은 과정을 반복하며 실행하게 된다. 이에 여러 가지 선택대안들 중에서 미래에 가장 바람직한 상태를 실현할 수 있는 하나의 최종대안을 선택하는 행위이다. 그래서 관광정책이 집행되었을 때의 미래상황, 관광정책의 목표달성 정도, 실현가능성, 타당성, 관광정책 내외부적 환경의 반영 정도 등에 대하여 충분한 검토가 이루어진 후에 결정해야 한다. 결국 관광정책결정의 효율성 확보는 정책집행의 용이성, 정책의 타당성, 주어진 관광정책과제의 해결가능성 등에 영향을 받으므로 정책과정시스템의 전반적인 과정에 직접적으로 영향을 미치게 되는 것이다. 따라서 대안선택은 관광정책목표를 효율적으로 달성시킬 수 있는 대안을 결정하는 의사결정활동이다. 이것은 반드시 탐색된 제 대안들의 장단점을 세밀히 비교분석하고 점검한 후 관광정책목표를 효과적으로 달성할 수 있는 최적의 대안을 선택해야 한다. 최적의 대안선택에는 관광정책결정자의 개인적인 자질과 윤리, 가치관이 작용되며, 이러한 요소들이 선택된 대안들이 합리성을 결여해서는 안 된다는 전제가 필요하다.

제3절 관광정책평가

1. 관광정책평가의 개념

관광정책평가는 관광정책의 관점에서 원래 의도한 정책의 방향과 목표에 대해 어느 정도의 효과를 달성하였는가에 대하여 관광정책집행이 실행된 후 분석하는 과정이다. 즉, 관광정책평가는 관광개발계획수립과 전반적인 집행과정에서 파생하는 제반요소들을 충분히 검토하고 분석한 다음 주로 사후평가를 실행하는 과정을 의미하는 것이다. 따라서 관광정책수립과정에서 관광정책이나 개발계획 자체를 평가하는 사전평가와 계획의 진행과정을 평가하는 과정평가나 진척파악 등도 넓은 의미에서는 평가의 일종이라고 할 수 있다. 일반적으로 정책평가는 정책의 내용, 집행 및 그 영향 등을 추정하거나 사정 또는 평정하기 위하여 체계적 연구방법들을 응용하는 것으로서 어떠한 정책의 과정이나 결과를 이해하고, 그 값어치를 판단하는 사회적인 과정이라고 할 수 있다. 특히 관광정책평가의 대상이 관광자원이 될 수 있으나 관광시장은 수시로 주어진 환경에 따른 변화와 비 예기변수들에 의해 상당한 영향을 받는다. 이에 관광정책평가는 일반시장의 평가보다는 보다 다면적이고 심층적인 관점에서의 관광정책평가의 과정적인 검토가 필요하다.[23)]

일반적으로 관광정책평가란 현재 실행 중에 있는 관광프로젝트가 그 목적을 달성하는데 실질적인 효과성이나 효율성이 있는가를 측정해 보는 것이다. 그리고 그 프로젝트의 효과성과 효율성을 상황이나 논리에 맞게 작용하는 다른 제반요인들의 관광 영향 정도로부터 분리 · 구분하고 충분히 연구되고 설계한 원리에 의존하게 된다. 이에 관광정책평가는 현재 운용하고 있는 관광프로젝트들의 시행착오(take & error)들을 철저히 통제하고 수정함으로써 프로젝트를 충분히 개선하고자 하는 목적과 의도적인 노력으로 정의한다. 통상 관광정책의 효과는 산출(outputs), 성과(outcomes) 및 임팩트(impacts)로 구분된다. 우선 산출평가에서 산출이란 세 가지 효과 중에서 가장 계량적으로 측정하기가 용이하며 가장 단기간에 나타나는 효과이다. 관광통계 차원에서는 산출이란 관광객의 입출국 인원수와 같은 지표를 들 수 있다. 따라서 세 가지 평가 중 산출평가가 가장 용이하고 객관적으로 증명할 수 있는 평가방법이다. 성과평가는 산출평가에 비해 계량화하기가 다소 어려운 측면이 있으나 보다 장기적인 관점에서는 유용한 평가방법이다. 즉, 관광상품개발의 경우 홍보선전을 통한 캠페인 결과 모집인원의 상황들을 체크하고 분석하는 일들을 말한다. 임팩트평가는 정책영향평가의 고정적인 프레임워크를 말한다. 이러한 임팩트는 당장의 성과보다는 관광프로젝트가 집행되고 일반적인 평가가 이루어진 다음에 오랜 시간이 지난 후에 나타나는 효과이다. 실례로 남북 간의 평화적인 관계를 위해 친인척교류를 위한 관광교환사업이라든지, 실버관광객 유치를 위하여 장기간에 걸친 지속적인 홍보선전을 통한 지역관광정책프로젝트들이 지역 간에 걸쳐 서서히 효과가 증대되고 있는 것과 같은 상황을 의미한다. 일반적으로 정책의 집행과 임팩트 간에는 많은 시간적인 격차가 존재하고 상호간 명확한 인과관계의 과학적인 규명에도 많은 난관이 있어 세 가지 평가방법 가운데 가장 측정이 어려운 평가방법이다.[24)]

이러한 관광정책평가방법은 직접 실행하고 집행하는 주체가 역시 정부이며, 궁극적으로 국민을 위한 가치지향적인 이념을 가진 방향성 정립에 따른 평가가 존재해야 한다는 사실을 주시해야 한다. 이에 전술한 바와 같이 관광정책평가는 정책집행단계 이후에 일어나는 사후 과정으로서 정책집행의 결과와 과정인 평가로 이루어지게 된다. 평가주제의 가장 중요한 준거는 역시 과학적인 타당성과 평가의 객관성 확보이다. 이것이 제대로 실행된다면 상당한 후광 효과를 가져다줌과 동시에 합리적인 정책평가의 피드백을 통해 장기적인 성공을 보장하는 중요한 동인이 된다. 따라서 일반적인 정책분석에 비해 정책평가는 단기, 중기, 장기적인 관점에서 실행되어야 하며, 기본적인 특징은 사전적, 과정적, 사후적인 분석결과들을 통합적으로 적용하나 근본적인 평가준거는 사후평가에 있다. 따라서 이러한 과정을 제대로 실행할 경우 충분한 객관적인 근거자료를 통한 평가가 구체적으로 실현되고 관광정책목표를 조기에 달성할 수 있다. 그리고 관광정책평가의 기본적인 방향은 차기 프로젝트를 수행하기 위한 관리순환과정(management feed back)을 거친다는 것이다. 이것은 평가가 마무리가 아니라 새로운 시작을 의미하며 관광경영관리차원에서는 통제(control)기법으로 연결되는 순환과정으로 인식해야 한다. 이어서 관광정책평가는 지속적으로 순환과정을 거치면서 새로운 시대 상황을 적극 반영하고 관광정책결정자들이 이 결과를 적극 활용하여야 한다. 또한 다변적인 관광시장 활동을 충분히 고려한 미시적, 과정적, 거시적 차원에서의 관광개발계획수립과 관광정책의사결정은 관광정책평가의 궁극적인 목적이라고 할 수 있다.

2. 관광정책평가의 기준

관광정책평가기준은 학자들마다 다양한 견해가 있다. 일반적인 정책평가기준은 '노력', '성취량', '성취한 일의 적정성', '능률성', '과정'으로 구분한다. 또한 보다 명확한 준거를 위해 '능률성', '효과성', '필요성'이나 혹은 '능률성', '형평성', '충분성', '효과성'을 정책평가의 기준으로 제시하고 있다. 관광정책평가의 기준설정 차원에서는 관광개발이나 서비스산업의 특성을 감안할 때, 제조업이나 일반적인 기업차원과는 달리 보다 정성적인 평가기준지표 선정이 필요하다. 관광개발프로젝트 측면에서는 다소 현실적인 기준인 '목표달성', '능률성', '주민의 만족', '수혜자의 대응성', '체제유지'를 들 수 있다. 관광서비스 차원에서는 '고객만족도', '종업원만족도', '관광시장대응성' 등을 포함한 기준지표 설정이 필요하다. 관광정책평가 기준은 다음에 제시되는 바와 같이, "목표달성", "능률성", "주민의 만족", "수혜자대응성", "체재유지", "필요성"이 일반적으로 타당한 평가기준으로 제시된다.

(1) 목표달성

보편적으로 효과성이라고 하는 기준으로서 정책이 설정하고 있는 목표를 얼마나 달성했느냐를 측정하는 기준이다. 현재에 있어서 이 기준은 많은 정책평가연구가 초점으로 삼고 있는 것이라 할 수 있는데, 관광정책의 산출 정도를 측정하는데 도움이 되며, 보다 세련된 기법의 개발을 위해 많은 노력이 경주되고 있다. 산출효과는 정책집행이 이루어지면 곧 나타나지만, 성과나 임팩트효과는 전술한 바와 같이 장기간 걸리는 경우가 많고 측정방법상의 어려움이 많다. 따라서 많은 정책평가에 있어서 성과의 측정이 가장 많이 적용되고 있으며 관광정책평가에서도 성과측정이 가장 많이 준용되고 있다.

(2) 능률성

목표달성도와 함께 가장 많이 사용되는 평가기준이다. 이것은 특정정책의 산출량을 측정하는 것이 아니라 비용과 대비해 본 실적의 질에 초점을 맞추고 있다. 주로 계량적인 지표에 의존하고 있다는 점에서 목표달성도라는 기준과 유사하다. 그러나 이 기준은 목표를 달성하는데 있어서 가장 능률적인 수단이 무엇이냐에 초점을 두고 있다는 점에서 목표달성기준과는 다르며 관광정책지표선정과 평가의 경우 객관화를 위한 상당한 노력과 엄밀성이 필요하다. 특히 능률성은 가치있는 성과를 달성하기 위하여 어느 정도의 노력이 필요했는가를 측정한다는 차원에서 관광서비스사업의 정성적인 평가를 충분히 고려하여야 한다. 능률성의 측정을 위해 흔히 사용되는 지표로는 단위원가(unit cost), 순편익(net benefits), 비용-편익비율(cost-benefit ratio) 등이 있다.

(3) 주민의 만족

주민의 비계량적인 지표를 사용한다. 이 기준 하에서는 평가자는 정책결정자의 관점에 서서 주민들이 얼마나 특정정책에 대하여 만족하고 있는가를 측정하는 것이다. 특히 관광정책결정에 있어서는 주민의 만족이 가장 중요한 평가지표가 된다. 실질적으로 주민들의 만족을 평가하기 위해서는 의사결정과정에서의 민주성, 지역민의 의사반영을 위한 과정들을 중시해야 한다. 그리고 보다 합리적인 관광정책평가를 위해서는 관광정책목표의 달성에만 집착하는 것이 아니라 시간이 흐름에 따라 변하는 지역주민들의 요구에 얼마나 제대로 잘 적응하고 있는가에 초점을 두어야 한다. 이 기준에 의하면 지역관광개발의 성공 척도는 관광정책결정자들이 그들이 제창한 정책에 관해서 지역주민들에게 얼마만큼 광범위한 지지를 받고 있느냐가 중요하다.

(4) 수혜자 대응성

이것은 정책의 수혜자들이 얼마나 만족하고 있는가를 측정하고자 하는 것이다. 서비스본질을 갖고 있는 관광정책평가 차원에서는 상당히 중요한 평가지표이다. 일반적으로 조직이란 의도적인 존재일는지 모르나, 공식적 목표의 영향만을 받는 합리적인 체계라고 단정지을 수 없다. 이러한 문제는 병원, 교도소, 학교, 사회사업기관과 같은 봉사기관에 있어서 더욱 중요성을 지니고 있으며 관광조직도 예외가 아니다. 이러한 조직에 있어서 목표달성도가 높다고 해서 수혜자들의 만족도도 반드시 높다고 할 수는 없다. 따라서 목표달성도도 중요하지만 이와 병행하여 수혜자의 만족도도 중요시되어야 한다. 특히 관광정책평가에서는 서비스에 반응하는 관광만족도평가와 관광프로젝트 내부에서 발생하는 내부마케팅 즉 종업원의 만족도 지표도 수혜자 대응성이라는 측면에서 상당히 고려해야 할 평가지표이다. 또한 형평성 관광정책의 비용과 편익이 전체조직이나 여러 내부조직에 형평성 있게 배분되었느냐 하는 문제도 수혜자의 입장에서 평가기준으로 충분히 적용해야 할 지표이다.

(5) 체제유지

관광개발프로젝트의 경우 특정한 지역개발정책이 관광시스템 관리 및 유지에 얼마나 기여하고 있는가를 측정하기 위한 평가기준이다. 시스템관리는 거시적 수준과 미시적 수준에서 논할 수 있다. 거시적 수준에서는 특정한 정책의 집행이 국가나 국제사회의 시스템 안정에 얼마나 공헌했느냐 하는 것이며 미시적으로는 개별적인 집행담당기관의 활력의 시스템유지에 얼마나 작용했는가이다. 다양한 관점에서 이 기준은 앞에서 보다 거시적이고 광범위한 의미를 지니는 것으로 능률성, 대응성, 적응성 등이 지니는 요소들을 모두 포함한 넓은 개념이라 할 수 있다. 따라서 관광정책의 성과가 특정한 이해관계자집단의 필요, 선호나 가치를 얼마나 충족시켰느냐 하는 것이다. 이것은 수혜자 대응성과 어느 정도 같은 관점의 평가기준으로 볼 수 있다.

(6) 필요성(Appropriateness)

관광정책의 목표가 과연 바람직한 것이며 가치성이 있는 것이냐 하는 문제를 평가하는 것이다. 이것은 관광정책의 이념이나 철학이 관광공급층이나 관광수요층을 대상으로 실제적인 그들의 욕구나 요구에 대응하였으며 그 가치를 실현했느냐에 관한 평가지표이다. 이 기준은 필요에 따라서 평가자로 하여금 정책 자체에 직접 개입하게 만든다. 관계법률에 의해 확정된 정책에 대해서도 필요성 여부를 검토하는 과정은 반드시 실행되어야 한다.

3. 관광정책평가의 과정

관광정책평가과정 역시 여러 견해가 제시되고 있다. 보편적으로 인정되는 과정으로는 목표의 확인, 평가기준의 설정, 모형의 설정, 연구 설계의 개발, 자료의 수집, 자료의 분석과 해석의 순으로 정책평가과정을 진행한다.

(1) 목표의 확인

관광정책목표를 확인하는 방안은 통상 정책결정이 법령의 제정으로 이루어진 경우에는 법령에 명시되어 있는 목표를 확인해야 한다. 반면에, 관광정책결정이 법률의 제정으로 이루어진 경우 법률제정의 배경과 경과 등을 검토함으로써 목표의 확인이 가능하다는 이론도 제시되고 있다. 또한 관련이익집단이나 특정정책에 관심을 가지고 있는 집단이 그 정책을 어떻게 이해하고 있는가를 검토함으로써 목표의 확인이 가능하다는 견해도 있다. 정책집행과정에 있어서는 참여자들이 발전시킨 목표를 택해야 한다는 관점들도 제기하고 있다. 정치적 언어로 발표된 모호한 정책목표를 평가자가 명확한 표현으로 바꾸어 놓아야 한다는 견해, 정책목표는 평가자의 연구의 필요성과 일치되어야 한다는 주장 및 관광정책결정자가 현재 이해하고 지니고 있는 목표가 공식적 정책목표가 되어야 한다는 논리들도 제시되고 있다. 이러한 목표의 확인방안들은 관광정책평가의 과정에서는 우선적으로 평가자의 관점에서 목표선정의 배경과 관련 제도의 적응 정도를 충분히 검토하는 사전적인 작업들이 반드시 전제되어야 하는 과정으로 인식되어야 한다.[25)]

(2) 모형의 설정

제기된 여러 가지 평가기준을 어느 것에 주안점을 두느냐가 결정되면 그에 적합한 평가모형을 설정하여야 한다. 예를 들면, 효과성을 평가기준으로 택한 경우에는 먼저 목표를 조작적으로 정의하여 수량적으로 나타낼 수 있도록 해야 한다. 관광개발의 경우 특정의 개발프로젝트 때문에 특정의 효과가 나타났느냐, 아니면 그 프로젝트가 없이도 동일한 효과가 나타났느냐를 밝힐 수 있는 인과모형을 설정해야 하는 것이다. 능률성을 평가기준으로 택할 경우에는 정책결정 시 상정했던 비용·편익을 집행 후에 실제로 나타난 비용·편익과 대비하여 양자가 일치하는지 여부를 밝혀보고, 일치하지 않는 경우 그 차이와 원인을 분석할 수 있는 평가모형이 설정되어야 한다. 관광개발의 경우 아무리 개발비용이 높다 하더라도 환경적, 사회문화적인 편익이 높다면 상황에 따라서는 개발의 정당성이 높을 수 있다. 이러할 경우 기존의 평가모형과는 상이한 평가모형이 제시되어야 하는 것이다. 일반적으로 평가모형의 설정은 연구대상이라는 문제와 관련이 있는 변수들의 선정 · 기술, 변수 간의 중요한 관계의 설명, 이러한 관계의 성격에 관한 명제의 설정이라는 세 가지 단계를 거쳐서 이루어진다.

제4절 국제관광정책

1. 국제관광정책의 의의

국제관광은 관광객의 이동에 따른 효과가 국경을 넘어 발생하므로 관광주체인 관광객에게는 관광공급, 관광수용국 및 국제관계 등에도 영향을 미치며 그 역할과 효과는 국가적 · 국제적인 교류 차원에서 그 의의가 크다. 국제연합(UN)은 「관광은 평화로 가는 여권」이라는 슬로건을 제시하였고, 관광을 통한 국제적 교류가 관광공급국과 관광수용국 국민상호간의 이해를 증진시키고 나아가 국제친선을 도모할 수 있다는 인식하에 1967년을 "국제친선의 해"로 지정하고 이를 선언하였다. 1980년 9월 필리핀 마닐라에서 개최된 세계관광회의에서 채택된 마닐라 선언에서도 관광은 인류의 자주, 평화, 자유를 보장한다는 취지의 선언문을 채택한 바 있다. 따라서 국제관광은 국가 간의 접촉과 교류를 통해 상호이해, 친선, 신뢰를 이룩해가는 과정으로서 세계평화를 실현할 수 있는 기회를 마련해 준다.[26] 특히 국제관광으로 인한 국민경제적 효과가 크다. 관광산업은 외화획득률이 높아 관광수용국의 소득증대와 국제수지개선에 기여하기 때문이다. 그리고 관광공급국가 사이의 문화교류를 증진할 수 있을 뿐만 아니라 국민의 지식정보 확대에도 기여한다.

최근 국제관광교류가 증대하고 각 국마다 그 필요성이 인식되고 있는 상황에서 정부 차원에서의 능동적인 국제관광정책의 실현이 요구되고 있다. 국제관광정책이란 국제관광을 진흥하기 위한 정책관리자의 가치가 반영된 각국 정부의 모든 시책의 총체이며, 목표설정, 대안선택, 정책의 실시, 평가, 미래의 바람직한 정책개발 등의 계속적 · 반복적 과정이다. 국제관광정책은 일반 관광정책의 상위개념으로 국제관광진흥을 위한 조직적 활동의 총체로서, 정치 · 경제 · 사회 · 경영 · 문화 및 교통에 대한 종합적인 활동계획으로서 국제관광정책의 목표는 자국의 여러 가지 이익추구에 초점을 두고 있다. 즉, 국제관광정책은 관광을 통해 국가의 이익을 촉진하거나 보호하기 위해 행해지는 국가적 총제활동으로 국제관광정책은 자국의 이익을 보호하되 이면에는 평화의 산물이자 문화의 교두보로서의 중요한 역할을 담당하고 있다. 따라서 국제관광정책의 본질은 국가의 관광 진흥에 두고 있으며 국제관광정책의 실시범위와 목표도 국민관광정책과 마찬가지로 거시적 측면과 미시적 측면으로 구분하여 접근해야 한다. 우선 국제관광정책을 관광현상과 관련이 있는 국가의 여러 시책의 총체로 파악하는 거시적 측면과 국제관광정책을 미시적 측면에서는 국가의 경제적 이익을 전제한 관광산업 진흥에 관한 모든 시책을 관광정책으로 인식하고 있다. 따라서 국제관광정책은 미시적 차원과 거시적 차원의 조합과 동시에 국내관광의 활성화가 곧 국제관광의 발전과 직결된다는 차원에서 접근해야 한다. 즉, 인바운드와 아웃바운드를 같은 맥락에서 국제관광정책의 발전전략대상으로 삼고, 이를 통하여 국내관광기업경영의 효율적 제고와 국제관광기업과의 상호발전을 위한 일련의 국가관광경영시책을 국제관광정책으로 승화시켜야 할 것이다.

2. 국제관광정책의 특성과 대상

(1) 국제관광의 특성

관광정책의 주체는 정부, 지방공공단체 및 그와 대등한 대행기관인 공적관광기구이다. 이러한 정책주체는 어떤 정책목적을 달성하기 위하여 사회적 · 경제적 정책수단을 사용하고 있다. 또한 관광정책에는 정책주체, 정책목적, 정책수단과 이 3자간의 관계를 연구의 대상으로 한다. 더욱이 국제관광정책은 정책수단의 대상이 국제간의 관광객의 이동에 관계하고 그들의 특성을 국제관광 현상으로 받아들여지고 있다. 이러한 국제관광정책은 역사적으로 일부 자국민의 국내관광에 관한 여러 사업을 포함하는 것도 있지만, 국가경제의 입장에 서서 그 경제효과로 봐서 국제관광사업정책과 연결시킬 필요가 있다. 즉, 관광레크리에이션 정책 또는 여가정책들도 국제관광정책으로 수용하여 국내관광의 발전과 국제관광 발전을 공통분모로 받아들여져야 한다. 국제관광의 특성이 거시적인 관광환경에서 일어나고 국제수지개선이나 문화친선효과뿐 아니라 부가적인 관광승수효과를 창출해준다. 그래서 국가관광정책의 목표설정에 있어서도 외래관광진흥정책에 정책의 우선순위를 부여할 필요가 있다. 최근에 국제관광정책환경은 다양성과 복잡성이 증가하고 있고, 국제정세, 세계경제 등의 정책 환경이 수시로 변화하는 데에 능동적으로 대처해야 하는 구조적인 문제들을 안고 있다. 따라서 적응적인 국제관광정책으로서 특성을 지닌 채, 각국은 정책의 환경적 변수에 민감하게 반응하는 동시에 이에 적응할 수 있는 정책수단을 나름대로 강구하고 있는 현실이다.[27)]

(2) 국제관광의 대상

국제관광정책의 대상은 그의 목적, 효용, 시책 등의 차이에 의거하여 인바운드정책, 아웃바운드정책, 해외관광 원조정책의 셋으로 분류된다. 역시 국제관광정책으로서의 이러한 것들 개개의 정책들은 다양한 국제환경 또는 국가경제, 국민생활의 상황에 따라 어떻게 비중을 둘 것인가가 선택되어야만 하고 이런 정책의 구분은 그러한 의미에서 필요한 것이다.

① 인바운드(Inbound) 정책

자국으로의 외국인 여행자 유입에 관하여 편의를 제공하여 만족을 주게 하고 그 양의 증대를 꾀하여 효과를 거양코자 하는 정책인 것이다. 구체적 내용은 외국인 여행자의 자국에 유치, 홍보선전이나 정보제공, 관광상품이 되는 관광시설의 정비나 관광자원의 보호 · 보존, 외국인의 접대 및 여행시스템의 충실에 관한 제반사업을 대상으로 하는 정책을 말한다. 국제관광정책은 본래 관광사업을 영위함에 있어 관광지를 개발하여 보다 양질의, 저렴하고 적당한 가격 또는 요금으로 관광서비스를 내방하는 외국인 관광객에게 공급하려고 한다. 그래서 국제관광시장을 대상으로 많은 외국인 관광객을 유치하여 그들의 관광욕구를 충족시켜 줌으로써 재방문을 유도하여 국가의 경제적 이익을 얻는 것이 가능하도록 취해지는 방책인 것이다. 즉, 외국으로부터의 관광수요에 대하여 관광공급을 한다고 하는 경제현상을 통해 국민경제에 기여코자 하는 것이다. 그런데 이러한 인바운드 국제관광정책들이 경제적인 효과만을 중시하면서 국제관광사업이 국책사업으로서 경주하고 있는 국가가 늘어나고 있으나,[28] 진정한 국제관광의 발전적인 측면에서는 많은 문제점을 노출시키고 있다.

최근에는 이러한 국제관광정책의 중요성을 감안하여 관광객유치사업에 있어서 대내적으로는 수용태세의 정비확충, 대외적으로는 홍보 및 선전활동에 주력하고 있다. 그 결과로서 숙박산업이나 여객운송사업 등의 발달과 함께 관광산업이 국가적 중요산업으로 등장하게 되었다. 더욱이 외래관광객에 의한 소비수요 발생과 그로 인한 각종 산업의 진전은 바로 기업활동의 활성화, 고용의 증대, 국민소득의 증대에 적지 않게 기여하고 있다. 따라서 제기되는 문제점이 많음에도 불구하고 국제관광정책에서의 경제효과 및 파생효과로 인해 인바운드 활성화 정책은 꾸준히 진행되고 있다. 인바운드 정책의 내용으로는 외래객 유치를 위한 홍보선전, 관광산업진흥을 위한 관광지 조성과 서비스 개발, 외국인 접대와 정보안내, 출입국 수속, 국제관계 시설정비 확충 등의 수용태세 확충, 관광자원의 보호, 개발 및 문화재 보존, 관광기관과 민간조직, 행정기구의 상호발전전략 모색 등이 있다.

② 아웃바운드(Outbound) 정책

아웃바운드 정책이란 자국민의 국외여행에 관하여 실시하는 정책이다. 이 정책에 있어서의 경제관계는 국가경제의 발전에 의거한 국민의 소득경제의 향상으로 휴가의 증가 등에 의한 국외여행수요의 증대가 기본적 요인인 것이다. 그런데 아웃바운드 정책은 시행의 전제조건이 외화의 여유가 있고 동시에 생산성이 높은 국가가 되어야 한다. 아웃바운드 정책이 최초로 시행된 것은 제2차 세계대전 후에 미국에서였다. 전후 유럽 제국이나 아시아 제국에서는 전쟁에 의해 생산수단의 부족이나 외화부족으로 인한 수입구매력의 저하 등 경제활동의 쇠퇴가 국민생활을 궁핍하게 만들었다. 공급력을 유지하고 있는 미국에서는 국제협력의 의미에서 직접적인 원조뿐만 아니라 간접적 원조로서 미국국민으로 하여금 외국여행을 장려하였다. 그들이 소비한 외화가 수입국에 있어서는 공업을 중심으로 생산수단의 조달이나 생활물품의 구입에 도움이 되었고 수요증대 등 상당한 경제효과를 보게 되었다. 미국은 아웃바운드 정책의 필요성을 인식하고 경제적 또는 관광사업적 의의의 내용을 파악하여 새로운 관광시책 형태의 관광정책을 펴나가기에 이르렀다.

국제관광의 경제적 의의를 국제수지에의 공헌이라는 측면에서만 본다면, 국민의 외국여행은 국제수지의 적자요인이 되기 때문에 마이너스 효과가 된다. 그러나 국제관광의 경제적 의의를 단순히 한 부분만을 한정해서 결정함은 잘못이며, 외국여행에 의한 외화의 유출이 필요할 뿐 아니라 중요한 경우도 있다. 즉, 환율의 변동과 그것에 의한 수출산업의 불황으로 이어질 경우, 해외여행이 오히려 자국의 통화가치를 낮추어 타산업의 경제적인 활성화에 기여한다. 따라서 타산업에의 연쇄를 고려하고 경제활성화에 도움이 된다면, 자국민의 외국여행에 따른 외화수요를 높이고 원화평가절하를 통하여 경제적인 반사이익을 가져다 줄 수 있다. 더욱이 경제적 · 사회적 의의로서 국민 레크리에이션 효용, 국제문화교류, 국제친선, 교육적 효용, 경제교류, 무역진흥 등의 효과를 고려하면 아웃바운드 활성화 정책의 필요가치도 충분히 있다. 즉, 경제 환경의 유지라고 하는 전제 위에 결점을 판단해야만 하는 것이고, 아웃바운드의 의의와 가치는 전제와 내용에 의거하여 검토되어야만 할 것이다.

3. 국제관광마케팅 전략

(1) 국가관광기구(NTO)의 마케팅 기능과 관광분야의 관점에서 본 문화분야 공적개발원조(ODA)

전 세계적으로 관광은 생활의 주요한 부분이 되어가고 있으며 가처분소득의 증가와 여가시간의 증대는 관광욕구를 뒷받침하게 되었다. 특히 노년계층이 주요한 관광계층으로 부상됨으로써 세계 최대 관광시장인 유럽과 미국의 경우 각국 NTO((National Tourists Organization: 국가공적 관광기구)들의 표적시장이 되고 있다. 관광기획론자들은 여행패턴은 한 번의 긴 여행보다는 여러 번의 짧은 여행을 선호하고 관광객의 기호가 다양해짐에 따라 특히 레크리에이션과 스포츠활동을 즐기고 여행지역의 문화를 배우고 새로운 관광지를 찾으며 여행을 통하여 특별한 흥미를 발전시키려는 경향이 증가하고 있다고 말한다. 모험관광과 항공, 유람선을 연계한 관광산업들도 향후 지속적으로 성장할 전망이다.[29] NTO 마케팅전략은 1980년대까지는 시장추세분석과 시장조사 실시, 브로셔 의존, 광고에 집중예산투입 및 여행사 또는 중개자 대상 마케팅활동이 주류였다. 그러나 1990년대부터는 표적시장조사, 브로셔 의존도 감소, 광고뿐만 아니라 관광소비자 중심의 다양한 관광정보 제공, 여행의사결정권을 가진 관광소비자 대상의 마케팅활동으로 변화되고 있다. 각국의 NTO들은 미국의 '콜럼버스 신대륙발견 5백주년 기념사업', 프랑스의 '프랑스혁명 2백주년 기념사업', '유럽관광의 해' 등을 유치하기 위하여 자국의 특색있는 관광행사를 개발하고 적극적인 해외선전 홍보활동을 강화하는 추세가 지속될 것이다. 또한 각국의 NTO들은 세계 3,058억 달러의 관광시장을 대상으로 전문적이고 고도화된 마케팅활동을 전개해 나가고 있어 향후 세계관광시장에서 각국 NTO들의 국제관광마케팅활동은 더욱 가속화될 전망이다. OECD 관광위원회에 의하면, 정부관광기구(NTO)는 4단계의 과정을 거쳐 그 기능이 변천해 왔다.

첫번째 단계는 해외진흥촉진자로서 외화를 벌어들일 목적으로 관광목적지로의 국가이미지를 제고하고 광고와 관광정보 제공에 집중하는 단계이다. 두 번째 단계는 관광유인 제공자로의 역할로 관광기반시설의 개발, 리조트개발 및 관광종사원 훈련을 통한 서비스 개선에 많은 노력을 기울이는 단계이다. 세 번째 단계는 국가관여 단계로 NTO의 기능이 해외진흥촉진에 국한되는 것이 아니라 관광객의 보호까지 확대되어 여행자보험, 가격통제, 여행사 규제 등 질적인 관광으로 전이하는 단계이다. 네 번째 단계는 조정자로서 한정된 재원을 효과적으로 사용하는 데 관심을 갖고 민간분야와 지역정부가 수행하지 못하는 기능을 담당하고 조정역할에 중점을 두는 단계이다.

최근 문화분야 국제개발협력(ODA: official development assistance)사업은 90년대 후반 한류로 활성화된 문화교류 혹은 국제교류를 모태로 하고 있으며, 개발협력으로서 문화분야 ODA는 2000년대 들어 본격적으로 시작되었다.* 우리나라는 문화분야 개발협력 공여국으로서 짧은 역사를 가지고 있으나, 정부 정책방향이 한국의 ODA 양적 규모가 OECD DAC 하위권에 위치하기 때문

* 이하 내용은 "정보람(2016), 『문화분야 공적개발원조(ODA) 현황진단 및 추진체계연구』, 문화관광연구원" 내용을 연구자가 정리한 내용을 중심으로 제시함.

에 사업의 질적 경쟁력에 집중하고 있어 문화분야 ODA에 관심이 크다. 특히 문화 및 관광 분야에 있어 '한류'라는 문화를 활용한 독특하면서도 성공적인 개발경험은 타 공여국과의 비교우위에서 경쟁력을 갖추고 있다. 2016~2030년까지 국제개발협력(ODA)의 지침이 될 UN 지속가능개발목표에서 문화 및 관광 관련 ODA를 포함하고 있다. 이전 새천년개발목표(MDGs)에서는 문화가 교육, 의료, 환경 등에 속하던 것과 달리 4개 이행과제에서 문화와 관광관련 개발을 분명히 명시하여 요구하고 있는 것에 집중할 필요가 있다. 이는 국제사회에서 경제적 빈곤보다 정신적 빈곤이 인간의 삶을 황폐하게 할 수 있다는 사실을 인지함과 동시에 ODA의 흐름과 방향을 경제분야에서 문화분야로 전환하고 있다는 추세를 보여주는 것이기 때문이다. 우리나라에서도 문화분야 ODA는 정책적 관심의 대상이 되고 있으나, 구체적인 담론 형성에 있어서는 교육, 의료, 환경 등 타 분야의 일부에 속하는 등 상대적으로 부진한 것이 사실이다. 따라서 문화분야 ODA 사업의 당위성 확보를 위해 지속적으로 노력하여 왔음에도 국무조정실과 국제개발협력위원회에서 확정하는 한국형 ODA 모델에서 문화분야는 누락된 상태이다. 이는 문화분야 ODA가 태생적으로 국제교류 수단의 일환으로써 일시적 · 단편적인 계획에서 진행되어 전략적인 접근이 미흡하기 때문이라고 할 수 있다.30)

그림 2-3 국내외 국제개발협력 패러다임의 변화

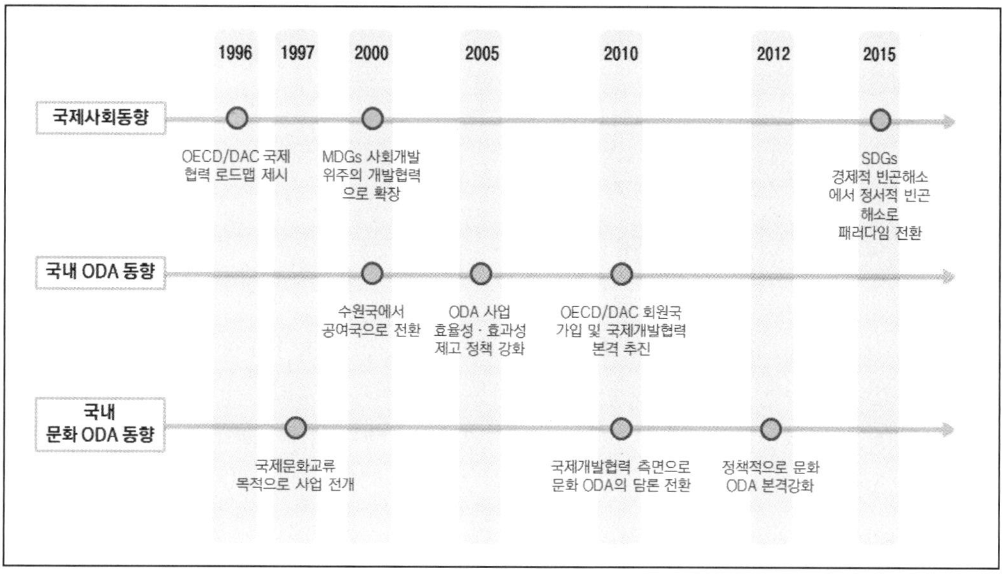

자료: 정보람(2016), 『문화분야 공적개발원조(ODA) 현황진단 및 추진체계연구』, 문화관광연구원, pp.9-12.

(2) 국제관광마케팅 전략

바람직한 국제관광시장의 마케팅전략의 접근은 우선적으로 철저한 관광시장조사분석을 통하여 국제관광시장을 세분화하고 도출된 세분시장을 분석 · 비교함으로써 표적시장(target market)을 선정하는 것이다. 세계 각국의 NTO에서는 전문적이고 고도화된 시장조사를 위해 외부 전문기관을 이용한 광범위한 시장조사를 실시하고 있다. 전문화된 시장조사와 마케팅활동을 위해서는 막대한 비용과 노력이 필요하기 때문에 특정관광업체나 기관에서 단독으로 이를 수행할 수 없다. 일반적으로 항공사가 NTO보다 해외진흥비를 더 많이 쓰고 있는 것으로 나타나 있다. 따라서 세계 주요 나라에서는 민간과 공공기관, 정부 등과 공동으로 활동이 활발히 전개되고 있다. 전문적인 시장조사에 있어서도 객관적이고 과학적으로 타당성 있는 분석기법이 사용되어야 한다. 실질적으로 유용한 통계확보를 위해 지리적 · 인구통계적 세분화뿐만 아니라 잠재 관광객의 가치나 라이프스타일 등 사회심리적 · 인지행동적 정보까지도 수집 · 분석해야 한다. 이러한 분석 자료를 통해 국제관광 표적시장별로 적절한 민간공동 마케팅전략의 수립 및 여러 국가의 표적시장에 대해 독특한 마케팅믹스를 적용하는 집중적 마케팅전략이 효과적인 방안이다. 중앙정부나 지방정부 차원에서는 이와 같은 민간공동 마케팅활동에 재정적 지원을 할 수 있는 시드머니제도의 운영이 필요하며, 공동 국제관광마케팅활동에 대한 재정보조를 할 수 있는 관광진흥기금확충방안도 시급히 해결해야 할 선결과제이다. 이제 지방자치제가 활성화됨에 따라 지방정부와 지역관광협회, 관광업계 등이 공동으로 국제관광마케팅 사업조직을 구성하고 마케팅계획을 수립하여 공동마케팅활동이 활발히 전개되어야 할 것이다.

제5절 관광정책의 과제와 전망

한국에서 최초로 관광정책을 입안하는 기관은 교통부였으며, 이를 시행하는 특수 법인체는 한국관광공사였다. 그동안 관광산업을 관장하는 진흥정책부서가 교통부, 건설교통부에서 문화체육부로 바뀌었다가, 문화관광부에서 현재는 문화체육관광부에서 관광 업무를 담당하고 있다. 주지하다시피 관광정책분야가 초기에는 타 분야에서 관광을 관장하다가 최근에는 문화나 체육 분야와 통합적인 개념으로 표류하고 있다. 그리고 여전히 관광분야는 독자적으로 분화하지 못하고 관광정책기관으로서의 전문적인 영역을 확보하는 데에 한계점을 지니고 있다. 교육인재양성분야에서도 해마다 관광분야에서 우수한 인재들이 배출되고 있으나 여전히 관광정책이나 관광행정을 담당하는 영역에 비교우위적인 위치를 차지하지 못하고 있다. 정부 차원에도 우수한 관광행정전문가를 육성하고 지원하는 데에 아직은 상당히 미흡한 실정이다. 관광산업정책 측면에서도 지금까지 정부의 관광정책이 경제적인 효과 중심에서 벗어나지 못하고 상대적으로 양적인 통계치에 관광정책의 성과의 잣대로 활용하고 있는 실정이다.[31] 더욱이 해외여행자유화와 여행등록제가 본격적으로 시행되면서 저가상품이 활개를 치면서 심지어 국가이미지를 실추시켜 왔음을 부인할 수 없다. 또한 구조적인 문제가 있으나 중국이나 일본 등 특정국가에 편중한 국제관광정책을 실행함으로써, 국제정세나 정치적인 문제가 야기될 때마다 한국관광 전체의 근간을 흔드는 상황이 연출되면서 한국관광정책의 근본적인 방향성을 재검토해야 하는 시점에 와있다는 점도 아울러 직시할 필요가 있다.

이제 한국관광정책의 방향성도 새로운 패러다임으로 전환해야 할 시기에 처해 있다. 우선 관광의 질을 개선함과 동시에 이와 연계하여 우리의 문화정체성을 확고히 하고 한국관광의 세계화를 위한 관광진흥정책의 새로운 마스트플랜을 가져야 한다. 관광산업은 타 분야와 달리 가득률이 높고 서비스산업으로서 고용을 창출하고 고부가가치의 관광 상품개발을 통해 질 높은 관광을 실현시킬 수 있는 차별적인 요소를 가져야 한다. 이 시점에서 한국의 관광정책도 일대 개혁이 있어야 한다. 새로운 대안관광시대에 지속가능하고 보존과 보전에 염두를 둔 환경친화적 선진국형 관광개발전략이 일상화 되어야 할 것이다. 즉, 자연과 농촌이 환경과의 조화를 기도하는 생태관광과 지역의 문화자원이 세상과 소통하는 문화관광정보자원 관광정책방향도 시대의 흐름에 순응해야 할 것이다. 따라서 정부 차원에서 관광정책의사결정자는 산재해 있는 문제들을 관광정책형성과정에서 충분한 해법을 가져야 한다. 또한 관광정책평가를 통해 드러난 과제들은 지속적이고 장기적인 관점에서 컨트롤타워 역할을 수행해야 한다. 특히 관광정책주부서가 문화체육관광부로 이관되고 난 이후에 질적으로 고부가치의 문화관광상품들이 어느 정도 이뤄졌고 판매실적은 어떠한지 관광공사, 업계 스스로 자문해 볼 필요가 있다고 본다. 관광정책당국자나 관련자 모두에게 문화관광개발에 보다 다양하고 폭넓게 기획과 노력이 더욱 요망되고 있다. 또 하나의 과제는 중국, 일본 위주의 인바운드 관광정책에서 중동, 유럽, 아프리카, 동남아시아 등 보다 다양한 국가를 대상으로 하는 국제관광정책들이 장기적인 관점에서 시행되어야 할 것이다.

미래의 바람직한 국제관광정책의 방향은 인바운드와 아웃바운드 양방향의 관광교류에 균형있는 비중을 두어야 한다. 국경 없는 자유경쟁의 논리는 상품교역에만 해당되는 것이 아닌 까닭이다. 인바운드에 있어서는 관광객들에게 최대의 만족을 주어 재방문토록 하고, 오래 머물게 하며, 우리 고유의 문화와 관습을 올바르게 이해하도록 하는 것이 무엇보다 중요하다. 전술한 NTO의 해외진흥예산의 비효율성을 극복하기 위해서도 전문적인 관광 시장조사분석에 근거한 관광시장 세분화와 우리 관광상품의 포지셔닝이 확립되어야 한다. 무엇보다 세계가 격동의 변화를 보이고 있는 새로운 시대 21세기를 전망할 때, 에어비엔비와 같이 새로운 패턴의 여행시대, 첨단기술의 시대, 신 평양시대, 유럽의 시대가 국제관광의 새로운 물결로서 등장하면서 대변혁을 예고하고 있다. 국내관광도 휴가일수 증대 및 지역관광의 세계화 전략들이 현실화되는 시대에 살고 있다. 특히 앞으로의 여행은 시, 공간을 초월한 관광시대로 가상체험뿐 아니라 우주관광시대가 본격적으로 시행될 것으로 예견된다. 21세기는 지구 내에서의 인구의 대이동이 이루어질 것이며, 다른 정치체제, 경제수준, 역사와 문화, 가치관을 가진 세계 각국 사람들이 서로 왕래하고 교류하면서 거의 비슷한 생활을 하게 되는 '국제공동사회'가 전개되고 있는 것이다. 현재 세계 곳곳에서 발생하고 있는 지역 간, 국가 간의 여러 가지 문제점의 해결 및 상호 이해증진을 위해서도 이러한 국가 간의 문화관광교류는 더욱더 빈번해지고 국제관광정책 측면에서도 시대상황에 적응할 수밖에 없는 환경이 도래할 것으로 본다. 향후 지식의 집약화가 급진전을 보이면서 SNS, 인공지능, 빅데이터, 4차산업 등 첨단기술의 시대가 더욱 중시될 것으로 예견된다. 이러한 첨단기술의 발달은 생산성 향상과 국민경제 향상을 가져와 국민생활이 더욱 윤택해지면서 과거에 비해 양적 생활보다는 질적 생활을 중시하게 될 것으로 보인다. 교통수송부문에 있어서의 첨단기술의 진보에 따라 초음속항공기가 보편화되면서 원거리 국가 간의 여행시간이 크게 단축될 것이며 더불어 연결하는 초고속교통시대가 예견되고 있어 국제관광정책은 엄청난 대내외 환경변화의 도전에 직면할 것이다. 아울러 관광분야에는 신 태평양과 신 유럽시대를 맞아 국제관광의 호기를 맞게 될 것으로 본다.

향후 세계는 여행산업의 비중이 더욱 더 높아질 것으로 예견된다. 이미 많은 나라들이 이 산업의 높은 성장가능성을 내다보고 국가정책상 높은 우선순위를 부여하여 지원 · 육성하고 있다. 한국의 관광 및 여행관광관련정책도 주요한 국가기간산업의 하나로 인식하고 21세기의 여러 가지 변화에 대응하여야 한다. 그리고 전 업계가 서로 협력하여 건전하고 효율적인 관광진흥정책을 추진해 나가야 한다. 관광산업이 발전한 선진국들과 우리나라와 수준이 비슷한 경쟁국들의 국제관광진흥정책을 살펴보면 한국의 국제관광정책 입안에 도움이 될 만한 몇 가지 두드러진 추세가 눈에 띈다. 즉 시장세분화에 대응, 차별적인 상품전략과 마케팅전략의 전개, 대형 행사 개최를 통한 대량관광객 유치 도모, 공 · 사, 중앙 · 지방 간 공동선전활동의 일반화, 환경보호 차원에서 관광객의 양적 증대보다 질적 증대의 도모 등이다. 이것은 정부가 컨트롤타워가 되어 각계각층의 협의를 통해 국제관광진흥이 보다 종합적이고 체계적으로 추진되어야 한다는 것을 의미한다.

참고문헌

1) 김헌(2015). 공공기관 경영성과와 기관장의 금전적 보상에 대한 연구. 『한국행정학보』, 49(1), 215-272.

2) 김철(2012). 한국 공공기관 지배구조의 민주와 방안: 공공기관운영위원회를 중심으로. 공공사회연구, 2(1), 5-42.

3) 청수진 · 김초원(2013). 통합적 아이덴티디 구축을 위한 도시브랜드 전략 연구: 수원시 및 산하단체의 통합 브랜드를 중심으로. <디자인지식저널>, 28, 297-306.

4) Chan, C. & Marafa, L. M.(2014). *Developing a Sustainable and Green City Brand for Hong Kong: Assesment of Current Brand and Park Resources*. International Journal of Tourism Sciences, 14(1), 93-117.

5) Hazime, H.(2011). *From city branding to e-brands in developing countries: An approach to Qatar and Abu Dhabi*. African Journal of Business Management, 5(12), 4731-4745.

6) 고석면 · 이재섭 · 이재곤(2012). 『관광정책론』(제3판). 대왕사.

7) 한국관광공사. 2014. 「지속가능한 MICE 표준모델 개발 및 운영전략 연구」.

8) 김상남(2011). 우리나라 관광정책집행 개선방안에 관한 연구. 명지대학교 대학원 박사학위 논문.

9) 김진옥(2016). 싱가포르의 복합리조트카지노산업 규제정책시스템에 관한 연구. 부산대학교 대학원 박사학위논문.

10) 이연택(2015). 『관광정책학』. 백산출판사.

11) 장병권(2011). 한국관광 도약을 위한 관광법제 정비방안. 『관광학연구』, 35(4), 357-368.

12) 홍주민(2012). 한국관광의 중장기적 발전방안에 관한 연구 – 정책 및 전략방향을 중심으로. 경희대 관광대학원 석사학위 논문.

13) Archer, B. H.(1987). *Demand forecasting and estimation.* In J. R. B. Ritchie & C. R. Goelder(Eds.). Travel, tourism and hospitality research(pp.77-85). New York: Wiley.

14) Cabot, Anthony(2016). Lessons from Las Vegas and Atlantic City. Global Leisure Forum 'Development Strategy of City-Based Casinos in Korea and Job Creation', Seoul. 115-156.

15) Donohoe, H. M. & Needham, R. D.(2008). Moving best practice forward: Delphi characteristics, advantages, potential problems, and solutions. *International Journal of Tourism Research*, 11(5), 415-437.

16) Eadington, W. R.(2011). Analyzing the Trends in Gaming-Based Tourism for the State of Nevada: Implications for Public Policy and Economic Development. *UNLV Gaming Research & Review Journal*. 15(1), 37-50.

17) 홍성종(1998). 한국의 국제관광정책에 관한 연구, 연세대학교 행정대학원 석사학위 논문, 12-21

18) 이장춘(1997). 『관광계획 · 개발론』, 132-140.

19) 권순(2009). 『관광정책론』, 백산출판사, 78-84.

20) 이장춘(1997). 『관광정책학』, 100-111.

21) 염미선(1984). 한국의 국제관광마케팅 전략에 관한 연구, 경희대학교 경영대학원 석사학위 논문, 10-50.
22) 김효정(2013). 『문화영향평가 실행을 위한 기초연구』, 한국문화관광연구원.
23) 박홍윤(2012). 내부평가와 외부평가에 대한 연구 : 정보화사업평가를 중심으로. 『한국교통대학교 논문집』, 47, 287-302.
24) Partal, A.(2013). *Impact Assessment: A Tool to Assist Cultural Sustainable Development*. People and the Planet 2013 Conference Proceedings. Melbourne: Global Cities Research Institute, RMIT University.
25) 안국찬(2016). 우리나라 정책평가 결과 활용 연구에 관한 비판적 고찰. 『정책분석평가 학회보』 26(3), 223-244.
26) 한국지방자치학회(2015). 「사천시 국제화사업 타당성 조사」.
27) 조성호 · 박희정(2004). "지방의 국제화 추진역량 평가에 관한 연구: 경기도의 사례를 중심으로". 「지방행정연구」 제18권 제4호.
28) 배재현 · 노우영(2012). "국제사회의 취약국 지원원칙과 한국의 취약국 지원방안 마련을 위한 탐색적 연구." 『행정논총』 제50권 1호:279-301.
29) 모철민, 『국제관광정책의 목표와 전략』, 일신사, 324.
30) 정보람(2016). 『문화분야 공적개발원조(ODA) 현황진단 및 추진체계연구』, 문화관광연구원, 9-12.
31) 안국찬(2016). 우리나라 정책평가 결과 활용 연구에 관한 비판적 고찰. 『정책분석평가 학회보』 26(3), 223-244.

제 3 장

관광법규

류 인 평

전주대학교 관광경영학과 교수

전북 루지연맹 회장
대한민국 테마여행 권역 PM
전라북도 대표축제 컨설팅 PM
한국관광학회 상임이사

✉ ipyoo@hanmail.net

김 미 라

한국관광학회 자원개발분과 이사

천안대학교(학사졸) 경영
순천향대학교(석사졸) 관광경영
순천향대학교(박사과정) 관광경영
두삼합성 이사 역임
미래테크(주) 이사 겸 감사 역임
현재 한국관광학회 자원개발분과 이사
현재 회복적생활교육연구소 회복적생활교육 강사

✉ miso711216@daum.net

제 3 장

관광법규

류인평 · 김미라

제1절 법 개론

1. 법의 의미와 개념

법이란 일반적으로 사람들의 사회공동생활에 있어서 '행해야 하는 것과 행해서는 안 되는 것'을 정해 놓은 행위의 준칙으로 국가에 의해 강행되는 사회규범이다. 사람이 자연의 순리처럼 살아가기 위하여 그 사회에서 지켜야 하는 것으로, 사람들의 외적인 행동을 규제하는 행위의 규범이다. 사람의 가장 큰 특징을 보면, 아리스토텔레스(Aristoteles B.C 384~322)는 사람을 '*社會的動物*'이라 하였고, 기르케(Otto F. von Gierke, 1841~1921)는 "사람이 사람인 까닭은 사람과 사람과의 결합에 있다"고 하였다.[1] 이 말은 두 사람 이상이 모여 살 때 비로소 인간다운 생활을 할 수 있다는 의미일 것이다. 사람이 둘 이상 모여 살다 보면 서로 이해관계가 충돌하기 마련이다. 예를 들어 길을 걷다 '지갑 또는 돈'을 발견하였다면? 함부로 사용하는 것은 법을 위반하는 행위가 된다. 유실물법 제1조 ①에서는 타인이 유실한 물건을 습득한 자는 이를 신속하게 유실자 또는 소유자, 그 밖에 물건회복의 청구권을 가진 자에게 반환하거나 경찰서에 제출하여야 한다고 규정하고 있다. 이처럼 법은 사소해 보이는 일상적인 행동에 대해서도 일정한 기준을 정해 놓고 있다. 즉, 현대사회를 살아가는 우리에게 생활과 법은 아주 밀접하다고 할 수 있다. 법은 우리사회에서 없어서는 안 되는 필연적인 것이다.

법에 대한 정의를 보면, 키케로는 "법은 인간본성(nature, nature)에 내재하고 있는 최고이성으로서 인간이 행해야 할 바를 명하고, 행해서는 안 되는 것을 금지하는 것이다"(Cicero, *De Legibus*, Bk, I.)라고 하여 자연법적 개념을 설명하였고, 칸트는 "법이란 한 개인의 의지가 자유의 일반법규에 따라 다른 사람의 의지와 공존할 수 있는 조건의 총체이다"(Immanuel Kant, *Metaphysik der Sitten*, S. 34/35)라고 하고 있는데, 이는 전통적 자연법 개념이라기보다는 이성적 인식에 대한 엄격한 비판을 거친 법 개념으로서 오히려 '理性法(Vernunftrecht)'*이라는 평가를 얻고 있다. 19세기 독일의 법학자인 예링은 "법은 가장 넓은 의미에 있어서 사회생활조건의 총체를 말하는 것이며, 이는 외적 강제력을 통한 국가권력에 의하여 그 실효성이 보장되는 것이다"(Rudolf von Jhering, *Law as a Means to an End*, Ch. VIII)라고 하여 실증주의적 입장을 취하고 있다.[2] 이처럼 법이 다양하게 정의되는 것은 법의 적용대상인 사람과 사회의 모습이 시대에 따라 다양하게 나타났고, 이에 따라 법도 다양하게 보여졌기 때문일 것이다.

여기서 설명하는 법의 의미는 정확한 의미의 법 개념이 아니라, 대체적인 의미의 일반적인 법의 개념을 중심으로 살펴보기로 한다.

첫째, 사회규범으로서의 법이다. 사회생활의 질서를 보존하고 지키기 위하여 사람들의 행동을 규율하는 규칙으로서 인위적으로 만들어진 것이며, 사람들에게 지키도록 요구되는 행동의 기준이다. '사람을 살해하지 마라', '다른 사람의 물건을 훔쳐서는 안 된다'와 같이 사람들 스스로가 만든 원칙이며 약속인 것이다. 옳고 그름에 따라 법에서 금지한 것은 행해서는 안 되며, 법이 명령하는 것을 하지 않으면 안 되는 것이다. 이러한 법규범을 당위의 법칙(Gesetz des Sollens)** 이라 한다. 이는 사람들이 살아가는 사회 질서의 유지를 위해 구성원 모두가 반드시 지켜야 할 것을 정하는 사회규범이라 할 수 있다.

둘째, 행위규범으로서의 법이다. 법의 대상이 되는 행위는 사람의 의사에 따른 신체의 외부적 동작(外部的 動作)을 말한다. 예를 들면 사람을 죽이는 행위와, 엄마가 아기에게 젖을 주지 않아 굶어죽게 한 행위로 전자는 작위(作爲)라 하고, 후자는 부작위(不作爲)라고 한다. 결국은 어떠한 행위를 할 것인가 말 것인가의 기준이 바로 법인 것이다.

셋째, 강제규범으로서의 법이다. 법의 본질은 강제성이다. 독일의 법학자 예링(Rudolf von Jhering, 1818~1892)은 "법의 절대적 기준이 강제이며, 강제가 없는 법은 자기모순이다. 그것은 타지 않는 불이요 비치지 않는 빛과 같다" 하였고, 칸트(Immanuel Kant, 1724~1804)는 "법과 강제기능은 동일하다"라고 하였으며, 켈젠(Kelsen, 1881~1973)은 "강제는 법의 본질적 속성이다"라고 하였다. 법의 강제성은 법을 지키지 않는 사람에 대한 제재로서 사람들은 이에 의하여 법의 준수를 강요받는 것이다. 법이 본질을 잃고 제 역할을 못할 때 우리 사회는 혼란에 빠질 것이다.

---

* 이성법[理性法, Vernunftrecht] : 실정법에 대립하는 개념. 구체적인 내용을 갖는 실정법이 시대와 사회에 따라서 변화하는 것에 반하여 실천이성의 요청에 기초하는 보편타당한, 시대와 사회를 초월하는 법을 일컫는다.

** 당위의 법칙: 사람으로서 마땅히 해야 하거나 하지 말아야 할 것을 판단하고 정하는 것이다.

현실의 질서를 유지하기 위해 법은 지켜지고 존중되어야 하며, 인간은 보다 더 좋은 법을 만들어 내기 위해 노력하고 법을 집행하는데 있어서도 많은 유의가 필요하다.[3)]

2. 법과 사회

사회(社會, society)는 정치, 문화, 제도적으로 독자성을 지닌 공통의 관심과 신념, 이해에 기반한 2인 이상의 개인적 집합체[4)]이다. 사회가 사회로서 존재하기 위해서는 법이 존재하기 마련이다. 개인 공동체로서 사회를 구성하지 않을 때는 법이 존재할 수 없다.

영국의 법학자이자 역사학자였던 비노그라도프(Paul Gavrilovitch Vinogradoff, 1854~1925)는 "바둑이나 테니스와 같은 경기를 위하여 사회적으로 결합할 때에도 일정한 규칙에 따라야 하는데, 하물며 국가사회에서는 더할 나위가 없다"고 말한 것처럼 사회는 질서 유지를 위해 일정한 규칙이 필요하므로 '사회가 있는 곳에 법이 있다'는 말이 생겨나게 되었다.[5)] 이렇듯 법과 사회는 불가분의 관계에 있다.

법의 근원은 사회에서 비롯되었다. 법이 없는 사회에서는 약육강식 등의 상태에 놓이게 될 것이다. 사람의 욕망은 무한하기 때문에 거기서 파생하는 분쟁이 있을 수밖에 없으며 사람들의 행동을 규율하기 위해서는 반드시 객관적인 규칙이 필요한 것이다. 그래서 현대사회에 있어서 법의 필요성은 다음과 같다.

첫째, 복합성과 다양성에 있다. 사회가 전문화되고 분화되면서 기존의 관습과 종교 그리고 도덕만으로는 이들을 통제하기가 어렵다고 할 수 있다.

둘째, 이해관계가 더욱 첨예화되고 복잡한 이유를 들 수 있다. 개인 또는 집단 간의 이해관계가 더욱 복잡해지면서, 갈등의 소지가 심화되는 상황에서 해당 분야의 법규의 필요성이 있다고 하겠다.

3. 법과 관습

법은 관습을 바탕으로 형성되는 경우가 많기 때문에 양자는 서로 밀접한 관계를 가진다. 다만,[6)] "관습이기 때문에 법이어야 한다"는 말과 같이 수차의 반복된 관행으로 인하여, 국민에게 효력을 갖는 다면 당연히, 법원이 될 수 있다.[7)]

위의 내용과 같이, 관습(慣習, Gewohnheit)은 그 집단 구성원들의 반복적 행위가 고착화된 것으로[8)] 이를 지켜야 한다는 의식이 생겨나서 하나의 규범이 된 것이며, 사회의 법적 확신에 의해 관습이 발전하여 사회구성원의 사회생활을 규율하게 된 것이 관습법이다. 관습법은 법과 관습의 중간 형태라 할 수 있으며, 여기서 설명하는 관습은 관습법의 상태에 이르지 못한 사실적인 관습을 말한다.[9]

관습으로 행하여지고 있는 사항을 규범의 측면이 아니라 행위의 측면으로 본 것을 '관행'이라 하며, 관습까지 이르지 않았으나 얼마간 되풀이되어 반복된 사례들을 '관례'라 하며, 반복적 행위를 '습관'이라 하는데 이는 사회에서 형성된 습관을 의미한다. 관습은 일상생활에서 무의식적으로 생기는 것이기 때문에 그 관습에 위반해도 그 사회의 구성원으로부터 심리적 제재를 받는 사회적 비난은 받겠지만, 법적인 비난을 받는 것은 아니다.[10] 이러한 의미에서 관습은 법에 비하여 비교적 자주적인 사회규범이라 할 수 있다. 그러나 관습이 사회규범의 하나임은 틀림없으나 법(法)과는 여러 면에서 차이가 있다.

법과 관습의 차이는 법은 국가사회를 기반으로 성립하는 규범이고, 관습은 특정사회를 기반으로 임의적이며, 자발적으로 성립하는 규범이다.[11]

법은 인위적이며 강제성이 있는 반면, 관습은 도덕과 마찬가지로 특정사회의 관행으로 성립된 한정적 사회의 규범으로 사회적 비난을 받게 될 뿐 강제성이 없다는 점이다. 또한 법의 내용을 변경하기 위한 수단으로 법은 일정한 형식을 갖추어 인위적으로 개정 또는 폐지하는 방법을 취하는데 반하여 관습은 형성과정과 마찬가지로 인위적인 절차 없이 자연히 변한다는 점에서 양자의 차이가 있다.[12]

4. 법과 종교

종교는 절대자(신)에게 의지하는 생활현상이다. 고대사회에서는 종교와 법, 그리고 관습이 혼재되어 있었다. 예컨대 모세의 십계명, 중세는 종교(계율)가 법보다 우월한 지위에 있었고, 근세에는 정교가 분리되어 현대 대부분의 국가에서는 종교의 자유가 인정되고 있다.[13] 한국은 일제 35년의 통치 동안 종교적 활동의 탄압을 경험한 후, 해방 후 헌법에서 종교의 자유(freedom of religion)를 보장하였다.[14] 그리고, 국가와 종교와의 분리원칙은 「헌법」 제20조 2항에서 국교의 불인정과 정교분리(政教分離)의 원칙을 규정하고 있으나 예외국가도 있다. 이슬람국가처럼 법규범과 혼재된 경우는 특정 신앙을 갖지 않고는 그 사회의 구성원이 될 수 없는 문제가 발생한다. 이를 국교라 한다. 그러나 대부분의 현대국가는 종교의 자유가 인정되므로 종교라는 것은 그 종교를 갖는 그 구성원 안에서만 갖는 규범이 된다.

종교(宗教)라는 말은 원래 근본이 되는 가르침을 의미하는 불교어였다. 그런데 그 말이 19세기

말 일본 메이지 시대(明治時代)에 서양의 ‘religion’의 번역어로 쓰이게 되면서 일반화된 것이다. ‘religion’의 어원은 라틴어의 ‘religio’로서, 초자연적인 존재에 대한 외경의 감정과 그것을 표현하는 의례 등의 행위를 의미한다.

종교의 정의를 보면 첫째, 신이나 절대자 등과 인간과의 관계로서 보는 정의, 둘째, 신성감, 외경의 감정 등 종교에서 보이는 특정한 심리 상태를 기준으로 하는 정의, 셋째, 특정한 가치체계를 갖춘 인간의 생활 활동으로서의 정의가 있다.[15)]

따라서 종교란 초감각적 본체로서 무한자, 절대자, 신에의 귀의를 본질로 하는 인간의 생활현상을 말하며, 천지(天地), 우주(宇宙), 사회에 대하여 일정한 태도를 가지고 생활할 것을 요구하는 생활방식에 관한 사회규범이다.[16)]

정치와 종교가 분리되지 않았던 제정일치시대에는 법과 종교를 동일하게 보았다. 즉 종교적인 금기(禁忌, taboo)가 동시에 법규범으로 되었다. 그러나 국가권력의 형성에 따라 법규범과 종교규범도 분화되어 법규범은 국민의 사회생활을 규율하고, 종교규범은 종교단체의 신자사회를 규율하게 되었다. 종교가 사회규범의 역할을 하는 경우 법규범과는 구별되는 도덕과 비슷한 특성을 갖는다. 그러므로 종교는 ‘도덕의 원천’이라 하며, 법과 종교의 구별기준으로 다음과 같이 나누어 보았다.

첫째, 법의 강제성과 종교의 비강제성이다. 법은 사람들 개인의 준수 여부를 결정하는 것이 아니라 국가권력에 의한 강제이고, 위반할 경우에는 일정한 제재가 반드시 따르는 규범이며, 종교는 신앙심을 바탕으로 하기 때문에 신앙심이 없다 하여 제재할 수 있는 것이 아니므로 강제성이 없다.

둘째, 법의 외면성과 종교의 내면성이다. 법은 종교의 자유를 인정하나 사람의 ‘행위’를 규율하는 외면적 규범이라면, 종교는 사람의 ‘양심’에 의해 준수하는 것이 더 강하므로 내면적 규범이라 할 수 있다.

셋째, 법의 단일성과 종교의 병존성이다. 법은 오직 하나인 단일성을 갖고 있으나, 종교는 한 나라에서도 신자의 수에 따라 두 개 이상이 있을 수 있다.

넷째, 법의 양면성과 종교의 일면성이다. 법은 국가와 국민 그리고 권리와 의무, 채권과 채무 등과 같이 대립되는 양면성을 가지며, 종교는 신을 대상으로 신의 이름으로 행해지고 신에 대한 봉사라는 성격을 가진다.

그리고 법과 종교는 상호 연관성이 매우 많이 있다. 십계명 속의 ‘살인하지 마라’, ‘간음하지 마라’, ‘남의 물건을 훔치지 마라’, ‘거짓증언을 하지 마라’는 계율은 법규범에 ‘살인죄’, ‘간음죄’는 폐지되었으나 ‘민법840조 제1호에 의한 재판이혼사유로 이혼소송제기’, ‘절도죄’, ‘위증죄’ 등으로 처벌할 수 있다. 이처럼 법과 종교는 우리 사회를 규율하는 규범임에 틀림없다. 사회를 구성하는 상당수의 사람들은 종교를 가지고 있다. 그들의 행위는 종교적 교리에 따라 상당한 정도의 영향을 받으므로 조화로운 발전이 필요하다.

5. 법과 관광

현대국가에 있어서 관광은 이미 보편화된 사회 경제적 현상이다. 한국에서도 복지국가를 지향하면서 관광은 국민의 기본권으로 인식되고 있으며, 관광기본법에서도 국민관광의 법적 기반을 마련한 바 있다.

정부는 관광산업의 중요성을 인식하고 관광산업을 국가전략산업 중 하나로 육성하기로 하였으며, 그 정책의 일환으로 1975년에 「관광기본법」을 12월에 제정했다. 「관광기본법」은 국가와 정부의 관광에 관한 책임과 의무를 규정하고 있으며, 일반 법률과는 다른 기본적인 법제도로서의 성격을 갖고 있다. 같은 일반 법률이면서도 관광 분야의 다른 일반 법률에 대해 상위법적 성격을 갖고 있으며, 기본적인 관광정책방향을 제시하고 있다.

현대 관광활동과 직접적으로 관련된 법규로는 「관광기본법」, 「관광진흥법」, 「관광진흥개발기금법」, 「한국관광공사법」, 「국제회의 산업육성에 관한 법률」 등을 들 수 있다. 이들 관광법규는 기본적으로 행정법으로서의 특성을 지니고 있으며, 행정주체의 공권력에 관한 사항을 주 내용으로 하며, 공공의 이익추구를 수행한다는 점에서 행정주체의 우위성과 강제성 그리고 획일성을 특징으로 하고 있다.

관광법규는 국가와 관광행정조직이 관광진흥을 위해 수행해야 할 책임과 의무를 규정한다는 점에서 임무법적 성격을 갖고 있으며, 반면에 관관과 관련된 질서유지를 위해 관광사업자의 사업활동을 규제한다는 점에서 질서법적 성격을 갖고 있다.[17)]

제2절 관광법의 기초

1. 관광법규의 의의

관광법규란 '관광행정에 관한 국내공법'을 말한다. 이는 관광사업자 또는 관광객, 관광종사원은 '대한민국이라고 하는 국가와 관계'되는 내용을 법으로 관리하고 있다.[18)] 따라서 관광법규는 관광객들의 관광이 즐겁고 안락한 환경 속에서 이루어질 수 있도록 관광객들의 행동을 규제하고, 안전을 보장하며, 관광자원을 효율적으로 보호 · 개발하고, 관광 사업을 적극적으로 지도 · 육성함으로써 궁극적으로는 관광의 지속적인 발전을 추구하기 위한 법적 · 사회적 수단이라 할 수 있다.[19] 또한 관광법규는 오로지 국내 관광행정에 관한 법이며, 국내에 거주하는 내국인은 물론이고 국내에 체류하는 외국인관광객, 외국인관광사업자, 외국인 관광종사원 모두를 규율한다. 그리고 관광법규는 관광행정을 담당하는 국가 및 지방자치단체와 개인 간의 관계를 규율하며, 공익보호를 우선으로 하는 법이다. 그러므로 관광행정주체가 개인에 대하여 우월한 지위에서 일방적으로 명령 · 강제하게 되는데, 그러한 명령 · 강제의 목적이 공공성을 지닌다는 점에서 사익보호를 우선하는 사법과 다르다.[20] 그리고 관광은 경제뿐만 아니라 사회 · 문화 등 다방면에 미치는 효과가 크며, 특히 전통문화의 보존 · 발전에도 기여한다. 그리고 국제 교류 및 상호 이해증진을 통해 세계평화에 이바지한다는 점에서 관광의 중요성이 더욱 강조되며, 세계 각국은 정책적으로 이를 육성할 뿐만 아니라 인간의 기본권으로도 인정하고 있다.[21] 관광법규를 크게 보면 다양한 정책의 목적으로 만들어졌기 때문에 특별법으로도 볼 수 있다. 따라서 관광법을 법적인 의미에서 살펴보면 관광행정에 관한 법과 공법, 국내법이라는 요소로 형성되었다.

첫째, 관광행정에 관한 법이다. 관광법규는 관광활동에 관한 질서유지와 권리 · 의무관계를 규율하며, 행정기관의 관광행정행위에 관하여 규정한 법이다. 그러므로 관광법규는 관광행정을 그 중심개념으로 한다. 특히 관광행정주체에 대하여는 모든 관광행정을 관광법규의 근거에 의하여 행하여지게 함으로써 행정권의 무원칙한 행사를 기속(羈束)하고 그 자의(恣意)를 억제하게 한다.

둘째, 관광법은 국내법이다. 관광법규는 오로지 국내 관광행정에 관한 법이며, 국제법과 구별되는 개념이다. 따라서 국내에 거주하는 내국인은 물론이고, 국내에 체재하는 외국인관광객, 외국인관광종사원 모두를 규율한다.

셋째, 관광법은 공법이다. 관광법규는 관광행정을 담당하는 국가 및 지방자치단체와 개인 간의 관계를 규율하며, 공익보호를 우선으로 하는 법이다. 따라서 관광행정주체가 개인에 대하여 우월한 지위에 서서 일방적으로 명령 · 강제하게 되는데, 그러한 명령 · 강제의 목적이 공공성을 지닌다는 점에서 사익보호를 우선으로 하는 사법과 다르다.[22]

2. 관광법규의 특성

관광법규는 관광에 관한 사회질서를 유지하기 위해 관광활동에 관계되는 제반현상을 규제하거나 조성하는 법을 말한다. 다시 말해서 관광법규는 관광활동이 원활하게 이루어지도록 관광여건을 조성하고 관광자원을 개발하며 관광사업을 육성함으로써 관광진흥에 이바지함을 목적(관광진흥법 제1조)으로 제정된 행정법이라 할 수 있다. 그러므로 관광법규가 지니는 특성은 행정법으로서의 특성과 관광법규 고유의 특성으로 나누어 설명할 수 있겠다.[23)]

(1) 행정법으로서의 특성

행정법은 다수의 국민을 상대자로 그의 권리, 의무에 관해 일방적으로 명령 · 강제하는 것을 내용으로 하는 것이 보통이기 때문에 국민에게 예측 가능성을 주는 것과 동시에 법적 생활의 안정성을 도모하기 위해서는 그 법규의 내용을 명확하게 할 수 있도록 성문화하는 것이 필요하므로 성문법주의를 원칙으로 하고 있다. 관광법규는 관광에 관한 사회질서를 유지하기 위해 제정된 관광행정법으로서 다음과 같은 특성을 갖고 있으며, 그 법규의 내용을 명확하게 하기 위해 성문화하고 있다.

첫째, 관광행정주체의 우위성으로, 관광행정목적을 실효성 있게 수행하도록 관광행정주체가 관광객이나 관광사업자, 관광종사원 등 개개인보다 우월한 지위에서 일방적인 명령 · 강제를 하게 된다.

둘째는 공익우선성으로, 관광법은 사익과의 합리적인 조화 속에서 공공의 이익을 우선으로 도모한다.

셋째는 집단평등성으로, 관광법은 규율대상인 모든 사람에게 공평하게 적용된다.

넷째는 획일 · 강행성으로, 관광법은 개인과의 관계에서나 관광행정주체와의 관계에서나 획일적 · 강행적으로 규율하는 것을 원칙으로 하여 일정한 국가목적을 실현한다.

다섯째는 기술 · 수단성으로, 관광행정의 목적을 실효성 있게 수행하기 위하여 행정과정에 기술적 · 수단적 규정이 많다.

(2) 고유의 특성

첫째, 특별법성이다. 관광법은 특별법이므로 관광분야에는 다른 법규에 우선하여 관광법이 적용된다. 관광법규는 관광이라는 특정한 분야에 국한하여 적용되는 특별법으로서의 성격을 갖는다. 그러므로 관광분야에 관하여 적용되고 있는 관광법규 이외의 다른 법과의 관계에 있어서 이들 법보다 관광법규가 우선 적용되고 있다.

둘째, 복지지향성이다. 관광법은 복리실현에 기여하는 복지 지향적 법이며 관광질서유지, 관광기회확대, 관광편의제공, 관광자원개발, 관광환경개선 등 복지행정을 제도화한 것이다. 관광법규는 여가활동을 통하여 국민의 삶을 풍요롭게 함으로써 복지를 실현하는 데 기여하는 복지지향적 성격이 강한 법이다. 관광법규는 모든 사람이 관광의 즐거움을 누릴 수 있도록 관광질서를 유지할 뿐 아니라 관광기회의 확대, 관광편의의 제공, 관광자원의 개발 등 관광환경을 지속적으로 개선해 나가도록 각종 정책을 제도화한 것이다. 우리 『헌법』에서도 국민의 행복추구권보장(헌법 제10조), 인간다운 생활을 할 권리의 보장(헌법 제34조 1항), 국가의 사회복지의 증진의무(헌법 제34조 2항), 환경권의 보장(헌법 제35조 1항) 등 국민의 삶의 질을 향상시키기 위한 제도적인 조치를 취하도록 입법방침을 밝히고 있다 .이러한 입법방침에 따라 관광법규 등의 행정법에서 복지지향적 조치들을 구체화하고 있는 것이다. 예를 들면 『헌법』보다 하위 법인 『관광기본법』에서 국민복지관광을, 『교육법』에서 초 · 중학교 의무교육을, 노동관련법에서 근로자의 유급휴가를 각각 규정하고 있는 것 등이 하나의 사례가 될 것이다.[24]

셋째, 복합 · 다양성이다. 관광산업은 관광객 운송 · 숙박 · 음식 · 운동 · 오락 · 휴양 및 용역을 제공하거나, 관광에 딸린 시설의 설치 · 운영 등 관광객의 관광행위에 필요한 전부를 대상으로 하는 복합산업이기 때문에 이러한 모두를 규율하는 관광법은 복합적이고 다양하다.

관광법규가 규율하는 관광분야는 사회현상 전체와 연관되어 있는 복합적인 성격을 갖고 있기 때문에 다른 분야를 규율하는 『행정법(예: '건축법', '국토의 계획 및 이용에 관한 법률', '공중위생관리법', '식품위생법', '산지관리법', '농지법', '하천법' 등)』과 직 · 간접적으로 연관을 맺고 있다. 부연하면 관광산업은 관광객에게 일상생활에 필요한 모든 것, 즉 운송 · 숙박 · 음식 · 운동 · 오락 · 휴양 및 서비스까지를 제공하거나 또는 관광에 따르는 시설의 설치 · 운영 등 생활의 전부를 대상으로 하는 복합적인 산업이기 때문에 이러한 모든 것을 규율하는 관광법규는 이들 사업 분야를 개별적으로 규율하는 다른 많은 개별법들과 연관을 맺지 않을 수 없다. 또 관광법규는 다른 행정법에서 규정하고 있는 행정처분(예: 허가, 인가, 승인, 지정, 면허 등)을 의제처리(擬制處理)하는 사항이 유달리 다양한 것도 관광법규가 그만큼 많은 법들과 관련을 맺고 있기 때문이고, 관광산업이 그만큼 복합적인 산업이기 때문이다.[25]

3. 관광법 구조

사회현상 전반적으로 연관이 되어 있는 관광활동은 관광 영역에서도 관광법규 경계가 명확하지 않아 관광과 관련한 관광행정 근거법인 「직접관광 법규」와 간접적으로 보충하고 있는 「관광인접법규」로 구분하고 있다. 직접관광 법규는 「관광기본법」, 「관광진흥개발기금법」, 「관광진흥법」, 「국제회의산업 육성에 관한 법」, 「한국관광공사법」 등이 있으며 관광인접법규는 전반적인 사회현상을 포함하고 직 · 간접으로 관광과 관련성이 있는 「출입국관련법」, 「숙식관련법」, 「관광개발관련법」, 「교통관련법」, 「관광시설관련법」, 「관광자원관련법」, 「국가기술자격관련법」으로 구분한다.

(1) 출입국관련법

출입국관련법은 관광객들이 국경을 출입하며 필요한 사항을 규정하는 법으로서 여권법, 출입국관리법, 관세법, 외국환거래법 등이 있는데 이는 다음과 같다.

첫째, 여권법은 여권 전체적인 제반사항으로 발급, 효력에 관한 필요한 사항을 규정한 법률이다.

둘째, 출입국관리법은 대한민국 출 · 입국 관련 내 · 외국인의 출입국관리 및 대한민국에 체류하는 외국인 관리 등에 관한 사항을 규정하는 법률이다.

셋째, 관세법은 대한민국 관세의 부과와 징수 및 수출입물품 통관에 관한 법률이다.

넷째, 외국환거래법은 외국환 거래 기타 및 대외거래 자유를 보장하는 법으로 국민경제에 건전한 발전에 이바지하기 위하여 제정된 법률이다.

(2) 숙식관련법

숙식관련법은 숙박과 음식과 관련된 법으로서 일반적으로 공중위생관리법과 식품위생법 등이 있다.

공중위생관리법은 국민 위생수준을 향상시키고 국민 건강증진을 위해 일반대중 영업과 시설 위생관리 등에 관한 사항을 규정하는 법률이며 식품위생법은 국민에게 위생적이고 양질의 식품을 제공하기 위해 위생상 위해방지, 식품영양의 질적 향상을 도모하고 국민보건의 증진을 위한 법률이다.

(3) 관광개발관련법

관광지 개발 등과 관련된 법으로 이는 국토 기본법과 국토의 계획 및 이용에 관한 법률, 환경영향평가법 등이 있으며 국토기본법은 대한민국 국토종합계획 최상위계획으로 국토에 관한 계획 및 정책 수립과 시행에 관한 기본적인 사항을 정하고 국토의 건전한 발전과 국민의 복리향상에 이바지할 목적으로 제정된 법률이며 국토의 계획 및 이용에 관한 법률은 국토의 용지를 크게 4등분하여 도시지역, 관리지역, 농림지역, 자연환경보전지역으로 관리하고 있다. 환경영향 평가법은 관광지 및 관광단지 조성사업면적이 일정 규모 이상인 경우 사업 전 환경영향평가를 받도록 규정하고 있으며 관광숙박업은 사업계획승인을 받기 전에 받아야 함을 원칙으로 하고 있다.

이들 법률 외에 관광인접 법규로서 도로법, 도로교통법, 항공법, 해운법, 유선 및 도선사업법, 여객자동차운수사업법, 기타 교통관련 법률로 「교통관련법」과 국토의 계획 및 이용에 관한 법률, 건축법, 수도법, 하수도법, 소방법률의 「관광시설관련법」, 자연공원법, 도시공원법, 문화재보호법, 온천법률의 「관광자원관련법」 등이 있다.

4. 관광법 역사

「관광법규」는 관광활동에 관한 총제적인 활동 즉 질서유지와 권리 · 의무관계를 규율하며, 행정기관 관광행정행위에 관한 법으로 우리나라는 1960년 이전까지만 해도 관광행정이 취약하여 관광행정의 기본이 되어야 할 기본법규가 없었으나 이후 국가 중추산업으로 관광산업 중요성이 재인식되면서 관광법규 제정 필요성이 대두되었다. 국내 관광법규는 최초의 관광법규인 관광사업진흥법을 시작으로 관광기본법, 관광진흥법 등 각 시대에 따라 필요성에 맞게 관광법규가 제정되었다.

첫째, 관광사업진흥법(1961. 8. 22~1975. 12. 31)은 우리나라 관광법규의 효시가 되는 법으로 주요 내용으로는 여행 알선업, 통역안내업, 관광호텔업, 관광시설업, 토산품판매업, 관광교통업 등을 통해 외국인 관광객을 유치하기 위한 법으로 우리나라 관광행정체계가 확립된 1970년대에 폐지되었고 이는 다시 관광기본법과 관광사업법으로 나누어 제정되었다.

둘째, 관광기본법(1975. 12. 31~현재)은 관광법규의 모법(母法)이자 근본법의 성격을 갖고 있으며 우리나라 관광 진흥의 방향과 시책에 관한 사항을 규정하여 '국제친선의 증진'과 '국민경제 및 국민복지의 향상', '건전한 국민관광' 발전을 도모하기 위해 제정된 법률이다.

셋째, 관광사업법(1975. 12. 31~1986. 12. 31)은 여행 알선업, 관광숙박업, 관광객 이용 시설업으로 종류를 구분하여 관광산업 육성과 관광, 질서유지 차원의 규제사항이 강화되었지만 관광사업법은 관광단지개발촉진법과 통합 필요성이 부각되어 정책적으로 폐지 이후 관광진흥법으로 대체되었다.

넷째, 관광진흥법(1986. 12. 31~현재)은 관광기본법을 바탕으로 기본적이고 종합적인 관광진흥 시책을 구체화한 법으로 관광진흥에 필요한 모든 사항을 포함한 법이다.

다섯째, 관광진흥개발기금법은 관광기본법 제14조에 제정근거를 두고 있으며, 초기 투자 규모가 막대한 관광사업에 재정상 어려움을 돕고자 마련된 관광관련 정책금융법으로 정부가 직접 기금을 조정, 관리, 운용하고 있는 법이다.

여섯째, 국제회의산업 육성에 관한 법률(1996. 12. 31~현재)은 국제회의산업을 육성하고 지원하여 관광산업 발전과 국민경제 향상 증진 목적으로 내용으로는 국제회의 유치 촉진과 원활한 국제회의 개최 지원 목적으로 제정되었다.

일곱째, 국제관광공사법(1962. 4. 24~1982. 11. 29) 및 한국관광공사법(1982. 11. 29~현재)은 정부투자기관인 한국관광공사를 설립, 운영하기 위해 제정된 특별법으로 제정 당시에는 국제관광공사법이었으나 1982년에 한국관광공사법으로 개정되었다.

5. 관광행정조직과 관련 단체

행정기능을 수행하면서 행정조직을 구체적으로 구성하는 각 단위기관을 행정기관이라 하고 이는 다양한 역할과 규모의 확대, 기능적인 전문화로 발전하고 있다. 관광행정의 체계로는 환경의 다양한 변화 속에서 정책결정, 의사결정을 거치게 되며 이는 관광행정 체계 발전에 핵심으로 작용하고 있다.

(1) 행정기관의 종류

첫째, 정부관광행정기관(NTA: National Tourism Administration)으로 이는 국가 차원 관광정책을 수립하고 행정업무를 담당하는 국가기관 또는 전국 단위의 관광개발을 담당하는 중앙정부와 관광주무 관청으로 다양한 관리부분을 수행하고 국제적 관계를 도모하고 있다.

둘째, 정부관광기구(NTO: National Tourism Organization)는 특수 법인인 정책집행기관 한국관광공사로 관광개발을 위한 재원 확보로 어려움을 극복하기 위함이고 경영 최소한의 요건은 일정한 수준의 이윤 발생을 요구하고 있다.

셋째, 한국문화관광연구원(KCTI: Korea Culture & Tourism Institute)은 문화체육관광부 산하 연구기관으로 문화와 관광분야 조사 · 연구를 통해 체계적인 정책개발 및 대안을 제시하며 산업을 지원하고 있으며 마지막으로 지방 관광행정 및 지원을 맡고 있는 지방관광공사(RTO: Regional Tourism Organization) 등이 있다.

(2) 한국의 관광행정조직

관광행정조직은 협의 조직과 광의 조직으로 구분 분류하며 협의의 관광조직은 문화체육관광부와 공공단체로 광역자치단체관광조직, 기초자치단체관광조직, 한국관광공사 등으로 구성되며

광의의 관광조직은 관광조직과 관련된 중앙행정기관, 관광사업자단체, 연구·학술 단체 등이 있다.

(3) 관광사업자 단체

관광사업자 단체로는 한국관광협회중앙회(KTA: Korea Tourism Association), 한국일반여행업협회(KATA: Korea Association of Travel Agent), 한국관광호텔업협회(KHA: Korea Hotel Association), 한국카지노업관광협회(KCA: Korea Casino Association), 한국종합유원시설협회(KAPA: Korea Amusement Parks Association), 지역별 관광협회 등이 있다.

제3절 관광법 개론

1. 관광기본법

「관광기본법」은 국제 친선을 증진하고 국민경제와 복지 향상을 위한 관광진흥의 방향과 시책에 관한 법률로 이는 외국과의 사회적·경제적·문화적 교류를 통한 국가 간 또는 국민 간 상호 이해와 협력을 강화하고, 국제사회 평화정착을 위한 선린우호관계 국제친선의 증진과 국민경제와 국민복지 향상을 위하여 1970년대부터 관광산업의 중요성을 인식하여 범정부적 차원에서 제도와 육성시책을 적극적으로 시행하며 국가가 적극적으로 복리행정기능을 통하여 소외계층을 포용하는 국민복지정책을 추진하기 위해 만든 법이다. 또한 이 법은 관광주체 및 관광의 공간적 측면에서 내국인 국내관광과 국내관광 연장인 국외관광을 포함하는 건전한 국민관광의 발전을 목표로 하고 있다. 여기에서 국민관광이란 주체 및 공간적 측면의 내국인, 국내관광과 국내관광의 연장인 내국인의 국외관광을 포함하고 있으며 관광 참여자 측면에서는 모든 국민이 관광권을 즐기는 관광과 관광소외계측 정책적으로 해소시키는 개념으로 보고 있다.

「관광기본법」은 관광과 관련한 사회전반의 현상과 연관되어 있기 때문에 효율적인 관광진흥을 위해서는 범정부차원의 기본적이고 종합적인 시책이 강구되어야 함을 강조하고 있으며 이는 다음과 같다.

첫째, 관광 진흥계획의 수립을 해야 한다. 관광진흥을 위하여 체계적이고 효율적인 목표 설정과 그 목표를 달성하기 위한 수단을 탐색·개발하여야 한다.

둘째, 관광동향 연차보고를 해야 한다. 정부는 정기국회가 시작하기 전 관광진흥에 관한 시책과 동향에 대한 보고서를 국회에 제출하여야 한다.

셋째, 법제상 및 행정·재정상의 조치강구를 해야 한다. 법을 만들거나 예산확보, 세부적인 행정조치들을 취하여 하는 것은 정부시책을 구체적으로 실시하기 위함이다.

넷째, 지방자치단체의 국가시책협조를 해야 한다. 지방자치단체는 기본시책에 근거하여 지역환경에 맞는 세부추진시책을 수집, 집행하는 것이 일반적이고, 관광시책을 효과적이고 차질 없이 추진하기 위함이다.

다섯째, 국민관광의 발전을 위한 법으로서 국내외에서 발생되고 있는 관광질서 파괴행위를 바로잡아 건전한 국민관광을 정착하기 위함을 목적으로 하고 있다.

여섯째, 외국관광객을 유치하기 위해서 해외선전을 강화하고 국내외 관광객의 출입국 절차를 개선하며 외국관광객 유치를 위한 기타 필요한 시책을 강구함을 강조하고 있으며 이 밖에도 관광자원의 보호 및 개발, 관광지의 지정 및 개발, 관광시설의 개선, 관광사업의 지도·육성, 관광종사자의 자질향상, 관광진흥개발기금의 설치 등을 포함하고 있다.

2. 관광진흥법

관광진흥법의 제정목적은 우리나라 관광 여건을 조성하고 관광자원 개발 및 관광사업을 육성하여 관광진흥에 이바지하는 것을 목적으로 핵심적인 세 가지 정책 수단 즉, 관광여건의 조성, 관광자원의 개발, 관광사업 육성을 구체화하기 위하여 시책을 명시한 법률이다. 관광진흥법은 관광사업에 대한 분류를 규정하고 있는데 이는 여행업, 관광숙박업, 관광객이용시설업, 국제회의업, 카지노업, 유원시설업, 관광편의시설업 등 총 7가지로 규정하고 있으며 이는 다음과 같다.

첫째, 여행업은 국내외를 여행하는 내국인 및 외국인 대상 여행업인 일반여행업과 국외를 여행하는 내국인 대상으로 하는 국외여행업, 국내를 여행하는 내국인을 대상으로 하는 국내여행업으로 구분하고 있다.

둘째, 관광숙박업은 호텔업과 휴양콘도미니엄업으로 구분하고 있는데 먼저 호텔업은 관광객의 숙박에 적합한 시설을 갖추어 이를 관광객에게 숙박과 함께 음식·운동·오락·휴양·공연 또는 연수에 적합한 시설 등을 갖추어 이를 제공 및 이용하는 사업이며 호텔업의 종류로는 관광호텔업, 수상관광호텔업, 한국전통호텔업, 가족호텔업, 호스텔업, 소형호텔업, 의료관광호텔업 등이 있다. 휴양콘도미니엄업은 관광객의 숙박과 취사에 적합한 시설을 갖추어 이를 그 시설의 회원이나 공유자, 그 밖의 관광객에게 제공, 숙박과 함께 음식·운동·오락·휴양·공연 또는 연수에 적합한 시설 등을 함께 갖추어 이를 이용하는 숙박업이다.

셋째, 관광객이용시설업은 관광객을 위한 음식 · 운동 · 오락 · 휴양 · 문화 · 예술 또는 레저 등에 적합한 시설을 갖추어 이를 관광객에게 제공하는 관광사업이다. 전문휴양업과 종합휴양업이 있으며 종합휴양업은 제1종 종합휴양업과 제2종 종합휴양업으로 구분된다. 관람유람선업은 일반관광유람선업과 크루즈업으로 나누어져 있으며 그 외 야영장업, 관광공연장업, 외국인 도시민박업 등이 있다.

넷째, 국제회의업은 대규모 관광 수요의 국제회의를 개최할 수 있는 시설을 설치 · 운영하거나 국제회의의 계획 · 준비 · 진행 등의 업무를 위탁받아 대행하는 업무로 그 종류로는 국제회의 시설업과 국제회의 기획업이 있다.

다섯째, 카지노업은 전문 영업장을 갖추고 주사위 · 트럼프 · 슬롯머신 등 특정한 기구 등을 이용하여 특정인에게 재산상의 이익을 주고 다른 참가자에게 손실을 주는 행위 등을 하는 업을 말하며 국내 카지노 게임의 종류는 20종이 있다.

여섯째, 유원시설업은 유기시설(遊技施設)이나 유기기구(遊技機具)를 갖추어 이를 관광객에게 제공 이용하게 하는 업을 말하며 이는 종합유원시설업, 일반유원시설업, 기타유원시설업 등이 있다.

마지막으로 관광편의시설업은 관광사업 외에 관광 진흥에 이바지할 수 있다고 인정되는 사업이나 시설 등을 운영하는 것으로 이는 관광유흥음식점업, 관광극장유흥업, 외국인전용 유흥음식점업, 관광식당업, 시내순환관광업, 관광사진업, 여객자동차터미널시설업, 관광펜션업, 관광궤도업, 한옥체험업, 외국인관광 도시민박업 등이 있다.

3. 관광진흥개발기금법

관광진흥개발기금법은 1972년 이법을 토대로 정책금융으로 설치하고 운용하며 관광사업을 효율적으로 발전시킬 목적으로 관광을 통한 외화 수입 증대에 이바지하기 위해 제정된 법률로서 기금조성 재원은 정부 조성금, 카지노 사업자 매출 1/10의 납부금, 내국인 국외여행자 일금만원의 납부금, 기금운영에 의하여 생기는 수익금과 기타 재원으로 조성하고 있다. 기금관리 주체로는 문화관광부장관이 이를 관리 · 운영하며 기금 용도로는 전체적인 관광호텔 및 각종 관광시설의 건설 및 개보수, 관광교통수단의 확보 및 개보수, 관광사업의 발전을 위한 기반시설 건설 및 개보수 등에 사용된다. 기금의 대여 또는 보조로는 국외 관광산업을 강화하고 국외여행자의 사전 관광교육 및 관광정보제공사업, 국내외 관광안내체계 개선 및 관광홍보사업 관광사업 종사자 및 관계자에 대한 교육훈련사업, 국민관공진흥사업, 기타 관광사업 발전을 위하여 대통령령이

정하는 사업에 대여 또는 보조할 수 있다. 또한 제주관광진흥기금은 제주특별자치도지사가 '제주특별자치도 설치 및 국제자유도시 조성을 위한 법률' 규정에 따라 관광사업의 효율적으로 발전, 관광외화수입 증대에 기여하기 위해 제주관광진흥기금을 설치, 운영할 수 있다고 명시하고 있다.

4. 국제회의산업 육성에 관한 법률

국제회의산업 육성에 관한 법률은 대규모 수요의 국제회의 세미나 · 토론회 · 전시회 등을 개최하여 직 · 간접적으로 고용 증대와 관련 산업을 발전시키기 위해 제정된 법률이며 각종 정보의 교류로 인한 산업 경쟁력을 향상시킬 수 있는 시설을 설치 · 운영하거나 국제회의의 계획 · 준비 · 진행 등의 업무 등을 규정하고 있다. 국제회의란 참가국 2개국 이상으로서 참가예상 외국인이 백 명 이상의 국제회의 또는 행사주최가 교통부장관의 지원을 하는 국제회의를 말하며 일반적으로 국제회의 기준은 국제기구가 주최하거나 후원하는 회의이거나 국제기구에 소속된 국내 지부가 주최하는 국내회의 중 다음을 만족하는 회의를 말하며 첫째, 전체 참가자수가 300명 이상이며 둘째, 참가자 중 외국인의 비율이 40% 이상이며 셋째, 참가국수가 5개국 이상이거나 마지막으로 회의 기간이 3일 이상인 회의를 말한다.

본 법률에서 규정하는 국제회의 기준은 국제기구 또는 국제기구에 가입한 기관 또는 법인 · 단체가 개최하는 회의로서 다음의 요건들이 충족되어야 한다. 첫째, 해당회의에 5개국 이상의 외국인이 참가해야 하며 둘째, 회의참가자가 300명 이상이고, 그중 외국인이 100명 이상일 것이며 셋째, 3일 이상 진행하는 회의여야 한다. 그리고 국제기구에 가입하지 아니한 기관 또는 법인 · 단체가 개최하는 경우에는 회의참가자 중 외국인이 150명 이상, 2일 이상 진행하는 회의여야 한다.

일반적으로 회의 종류로는 컨벤션, 콩그레스, 컨퍼런스, 포럼, 심포지엄, 세미나, 워크숍, 패널 디스커션, 클리닉, 전시회, 교역전 · 무역박람회, 만국박람회, 포상관광 등이 있으며 국제회의시설업은 관광사업자의 결격사유만 없으면 누구든지 경영할 수 있으며 국제회의시설 건립과 확충 사업에 관광진흥개발기금을 출자할 수가 있다. 종류로는 전문회의시설, 준회의시설, 전시시설 등이 있다.

참고문헌

1) 임주환(2004). 『신관광법규론』. 백산출판사.

2) 김연 · 박정기(2016). 『법학통론』. 법문사.

3) https://ko.wikipedia.org.

4) 위키백과. https://ko.wikipedia.org.

5) 이윤환 · 송인방 · 송영현 · 이한태(2012). 『법이 이해와 실제』. 형설출판사.

6) 이재진(2013). 『신법학개론』. 한올.
한영화(2012). 『三國志』 동이전에 보이는 한국 고대사회의 속(俗)과 법(法). 『수선사학회』, 43, pp.164-165.

7) 李亢求(1999). 觀光規範의 法理改善論에 관한 硏究. 『한국관광식음료학회』, 10(1), p.11.

8) 김복순(2014). 구전소화(口傳笑話)의 웃음과 의미. 『중앙어문학회』, 58, p.153.

9) 오호택(2014). 『법학첫걸음』. 동방문화사.

10) 이재진(2013). 『신법학개론』. 한올.

11) 원영철(2016). 『법과생활』. 삼영사.

12) 이재진(2013). 『신법학개론』. 한올.

13) 오영환 · 강진철 · 김기진 · 이로문 · 이선엽 · 박지원(2012). 『법과사회』. MJ미디어.

14) 최종고(1995). 한국에서의 법과 종교. 『한국사회이론학회』, 13, pp.167-168

15) 위키백과. https://ko.wikipedia.org.

16) 원영철(2016). 『법과생활』. 삼영사.

17) http://www.archives.go.kr(행정자치부 국가기록원).

18) 李亢求(1996). 2002년을 위한 觀光法理의 制定性에 관한 硏究. 『한국관광식음료학회』, 7(1), p.20.

19) 고종원 · 윤지현(2012). 『최신관광법 이해』. 대왕사.

20) 원영래(2015). 우리나라관광법제의 문제점과 개선방안에 관한 연구. 가톨릭관동대학교 대학원 석사학위논문. p.4.

21) 신상준 · 고석영(2006). 『관광법 쉽게 이해하기』. 대왕사.

22) 정희천(2007). 『신관광법규론』. 대왕사.

23) 성기룡(2005). 『관광법규론』. 일신사.

24) 신상준 · 고석영(2006). 『관광법 쉽게 이해하기』. 대왕사.

25) 한영권(2012). 『최신관광법규론』. 미학사.

03편 문화명사 담론

안종윤 이사장(한국국제관광개발연구원)이 미래의 관광인들에게 들려주는

문화관광 이야기

안종윤

학력

- 서울대학교 법과대학(법학사) 1955년
- 서울대학교 행정대학원(행정학 석사 관광사업 전공) 1965년
- 연세대학교 대학원(행정학박사 관광정책 전공) 1986년
- 미국 George Washington University 대학원(관광교육학 박사 관광학 전공) 1991년

수상

- 한양대(백남학술상) 1990년, 관광분야(대통령표창) 2005년

경력

- 한양대학교 관광학과 교수 1981~98년
- 한양대학교 관광연구소 소장 1991~98년
- 교통부 관광분과 정책자문 위원 1982~86년
- 한국관광공사 이사 1991~96년
- 한국관광학회 회장 1982~86년
- 연세대학교 대학원 강사(관광정책) 1999~03년
- 한국정책포럼 회장 2008~9년
- 한국정책학회 환경자원정책분과학회 회장 2002~05년
- Member of AIEST(International Association of Scientific Experts in Tourism): 국제관광전문가협회 회원 1987~현
- Editor of ATR(Annals of Tourism Research 「SSCI」): 국제관광전문지 심사조정편집위원 1988~현
- (社) 한국국제관광개발연구원 이사장 1998~(현)

주요 저서 및 논문

관광학개론(1972-1990) 일진문학사, 관광사업진흥법(1975) 창문각
관광법규해설(1980-2002) 창문각, 관광용어사전(1985) 법문사
Tourism and Economic Development in Asia and Australasia(共)(1997, 핀터출판사),
관광정책론(1997 · 2000) 박영사, 한국관광학(1998), 백산출판사,
관광입국의 길(1998), 백산출판사, 환경자원정책론(共)(1999), 박영사,
세계백과전자사전 'Scirus Topic'(共) (2009), 관광마케팅의 이론과 실제(1999-2000)
관광학사전(2000-2017), 관광비즈니스론(2003)
"한국의 외래관광객 유치정책 모형정립에 관한 연구"
"The Role and Impact of Korean Universities in the Development of Leisure Values Emerging in Post-Industrial Korean Society" 외 논문 다수

안종윤 이사장(한국국제관광개발연구원)이 미래의 관광인들에게 들려주는

문화관광 이야기

미국의 미래학자 허만 · 칸은 일찍이 「21세기는 "관광의 시대"라고 하여 관광산업이 세계 최대의 산업이 된다」고 저서 「대전환기」(1980년)에서 언급한 바 있었다. 그의 예언대로 관광산업은 오늘날 세계적인 선장을 이루고 있고 "21세기의 주도적인 산업"이 되어 가고 있다. 또한 오늘날 관광은 최대의 성장분야라고 하여 관광학을 21세기의 학문이라고도 한다. 관광은 국제적으로 사회의 성장 및 발전을 이끌어가는 것이라고 말하는 경우가 많다.

그런데 인간은 도대체 왜 여행 · 관광을 하게 되는가. 인간과 여행과의 관계에 관해서 생각해보면 여행은 인류의 시초부터 있었다. 인류라고 하는 단일의 것이 이만큼이나 널리 지구상에 생존하고 있는 것도 이런 것을 말하고 있다. 옛날 원래부터 인간은 노동에 의하여 다른 동물에서 떠나 인간으로 되었다고 말하여지고 있지만 인간은 여행에 의하여 인간으로 되었다고 말하고 있는 것이 아닌가. 인간은 여행 속에서 인간으로서 성장하고, 인간으로서의 정체성을 갖게 된 것이 아닌가.

관광을 연구하면 할수록 세 가지 문제에 더욱더 관심을 두게 된다고 한, 영국의 존 트라이부 교수는 그의 편저서 「관광에 있어서 철학적 여러 문제」에서 오늘날 관광연구에 철학적 중심문제로 진리, 아름다움, 도덕 · 윤리의 3개를 들고 있다. 진리는 관광이론에 인식론의 문제, 아름다운 미는 관광객이 원하는 것이 무엇인가, 관광객의 목적에 관한 문제로 도덕 · 윤리는 환경보전과 양립하는 관광의 필요 등 관광의 존재방법을 묻는 말이다.

현대사회에 있어서 관광은 중요한 성장분야이다. 실제 국내만이 아니라 국외의 관광 수요도 있고 관광과 그에 관련된 여러 산업은 금후 점점 발전할 것으로 보인다. 또한 관광은 지역의 문화자원이나 자연자원을 적정하게 활용하는 것으로 경제의 활성화나 고용창출의 기회의 증대로 이어질 뿐만 아니라 지역조성이나 지역의 정체성(아이덴티티)의 구축에 공헌하게 되는 일도 하게 된다. 또한 관광에는 지역의 지속적인 발전의 산업으로서 중요한 역할도 기대되고 있다.

문화관광의 궁극의 목적이 다양한 문화를 알고 배우며 즐기는 것이라면 평화스러운 사회 질서와 안정된 경제상황 및 사람들의 이동을 막는 장벽의 철폐가 필요하다. 현대 선진 여러 나라의 대부분은 문화관광을 즐기는 환경에 있고 그 위에 문화관광을 주요한 여흥(매력)으로 제공할 수 있는 환경에 놓여 있다.

1. 여가행동론

여가라 하면 생활시간에서 사회적 구속시간(일, 학업 등)이나 생리적인 구속시간(수면, 식사 등)을 빼놓은 자유시간이라고 한다. 한편 관광은 「여가시간 속에서 일상생활권을 떠나 행하는 여러 가지 활동으로 서로 접촉하여 배움, 놀이라고 하는 것을 목적으로 하는 것」을 정의로서 보고 있다. 일반적으로 이해되고 있는 여가와 관광의 관계에도 사람들이 관광을 실천하는 기반으로서 여가라고 하는 자유시간이 있다고 하겠다.

여가활동을 스포츠, 취미 · 창작, 오락, 관광 · 행락 등의 4개로 크게 나누어 그 소비금액으로 여가산업을 파악하고 있다. 여가산업의 시장규모가 계속해서 성장하고 있는 것은 그만큼 여가가 인간의 생활에 있어서 중요한 일부가 되고 있기 때문이다. 다시 말해서 여가를 일상생활에서 떠나지 않고 변화 욕구를 충족시키는 일상여가와 다시 돌아올 예정으로 일상생활을 떠나서 변화 욕구를 충족시키는 관광여가를 나누어 생각할 수 있다.

1) **일상여가**: 자유시간은 생활시간 속에서 학업, 취업, 가사, 통근 · 통학 등 하지 않으면 안 되는 시간을 제외하여 자유롭게 쓸 수 있는 시간을 가리킨다. 이 자유시간에 행해지는 활동이 일상여가의 행동이다.

2) **관광여가**: (1) 자유시간의 소비로서의 관광행동; 현대에는 사람들의 소비행동의 특징은 여러 가지 상품 속에서 자유로 선택될 수 있는 일이다. 일정의 범위 내에서이지만 자유로 선택되는 상황에서는 소비자에 있어 반드시 선택 행동이 필요하다. 관광행동에 있어서 개인의 자유시간의 행동은 자기자신이 선택을 결정한다. 자유시간의 활동은 누군가에 강제되는 것도 아니어서 스스로의 의사로 행동을 일으킨다. 그때 어디에 가고 무엇을 하는가를 생각하게 된다. 목적지나 거기서 기대되는 체험들을 충분히 검토하여 의사결정을 하게 된다. (2) 선택행동으로서의 관광행동; 이제까지 보아온 것과 같이 관광행동은 자유시간이라고 하는 한정된 자원을 사용해서 일어나는 행동이다. 그런 경우 「하게 되는」 느낌으로는 아니고 스스로 선택하여 행동을 일으키는 일이 관광행동의 중요한 측면으로 된다(Neulinger, 1974).

2. 관광행동론

관광을 근대사회의 성립 이후에 일반화하게 된 인간행동의 한 형태로서 분석 · 파악하고자 하는 연구론의 총칭으로 이를 관광행동론이라 하겠다. 관광행동론은 관광의 사실과 현상을 개개인의 행동이 집척된 총체로 인정하여 관광자 모티베이션(motivation)이나 행선지(나라나 지역 등)에 대한 인상의 측정, 관광자의 심리분석 등을 주요한 연구과제로 삼고 있다.

최근에는 관광행동을 대중사회의 성립에 의하여 일반화하게 된 소비자행동의 새로운 형태인 것으로 자리매김하게 됨으로써 소비자행동연구에 관한 이론과 분석기법의 적용을 가능케 하고 있다. 관광행동론은 사회의 사실과 현상으로서의 구조나 영향을 분석하는 관광사회론, 서로 다른 문화의 교류(또는 충돌)를 초래하는 사실과 현상으로서의 역할과 효과를 분석하는 관광문화론 등과 대비되기도 하지만, 그것은 결코 연구대상이 다르기 때문이 아니라 관점 및 연구방법이 다른 것이라고 해야 할 것이다.

관광의 정의는 「여가시간 속에서 일상 생활권을 떠나 행해지는 여러 가지 활동으로 접촉하여 배우고 노는 일을 목적」으로 하고 있다. 이런 의미에서는 업무목적을 제쳐놓고 모든 여행에서 행해지는 목적행위가 관광행동이고 「여행에서 무엇을 하고 싶은가」라고 하는 「여행 중의 행동목적」도 같은 뜻으로 생각해도 좋겠다. 그런데 도대체 사람들은 왜 여행을 떠나려고 할까? 관광행동을 일으키는 요인도 관광의 정의 속에 힌트가 있다. 정의에 있는 것과 같이 「여가시간 속에서(여가시간을 즐기고 싶다), 일상생활권을 떠나(일상에서 벗어나고 싶다, 기분전환), 접촉하여(인간관계를 강화하고 싶다), 배운다(자기개발, 지식욕을 만족시킨다), 논다(오락으로서)」고 하는 개인의 욕구가, 관광행동의 기본적인 동기부여를 하게 된다. 이러한 원동력을 「관광동기」라고 한다.

3. 관광심리학(psychology of tourism)

심리학의 응용영역의 하나로서 관광의 사실과 현상을 심리학적으로 연구하는 분야의 일반적인 호칭으로서 관광경제학, 관광사회학, 관광인류학 등과 대비되지만 광의와 협의의 의미로 사용되고 있으며 내용, 범위 등은 상당히 다른 것이다. 관광의 심리학이란 관광행동에 관한 심리학적 연구의 일반을 의미하고 있다. 최근에 다각적인 분석이 행해지고 있는데 관광행동 일반을 대상으로 한 연구의 총칭으로서는 관광행동학이라는 명칭이 보다 적합하다. 이에 대하여, 관광사업의 대상이 되는 관광자심리를 분석・파악하기 위한 연구가 오래전부터 행하여지고 있다. 이것이 협의의 관광심리학이다. 이것은 협의의 관광심리학인데 이 의견에는 실무적인 성격이 강하며 일반성을 가지기 어려운 경우도 적지 않다. 또한 토산품구매에 있어서의 관광자의 심리적 분석 등도 관광심리학의 과제로 되는 경우가 있지만 기본적으로는 판매심리학의 응용이라고 보아야 할 것이다.

4. 관광행동과 관광심리

관광학의 이론적 접근에 몰두하는 것은 관광의 현실을 객관적으로 설명하고 현대관광의 본질을 해명하려고 하는 학문의 묶음이다. 그런데 현대관광은 극히 복잡해서 다양한 분야에 광범위하게 영향을 주는 현실이기에 많은 학문이 여러 가지 방법으로 접근해야 한다. 현 시점에서는 학제적 연구(學際的硏究)에 의한 관광학으로서의 통합적 성과는 이르고 있지 않지만 각각의 학문분야의 이론적 접근은 관광의 현실이나 본질에 관한 많은 지식을 만들어내고 있다.

관광행동(tourist's behavior); 관광을 인간행동의 한 형태로서 파악하는 입장에서는 관광 다시 말해서 관광행동이다. 사회의 사실과 현상은 인간행동을 어떤 시각에서 "집합체"로 파악한 것이며, 그 밑바닥에 있는 것은 언제나 개인적 행동이다. 이러한 관점에서는 관광은 다른 여러 가지의 행동과 어떤 점에서든 구별될 수 있는 행동이며 기본적으로 개인적인 행동이라고 봄으로써 행동의 이유나 구조를 해명하는 의미가 있다. 이것이 관광행동론의 생각이지만 일반적으로는 관광사업이 대상으로 하는 관광자의 이동, 체재, 레크리에이션 등의 행동을 관광행동으로 총칭하고 있다.

관광자심리(psychology of tourist's); 관광객심리의 일반적인 특징에 관하여 '긴장감과 해방감'이라는 상반되는 일이 동시에 고조된다고 한다. 일상생활을 떠나서 낯선 땅을 여행한다는 것은 관광자의 긴장감을 높이고 정신적 피로를 느끼게 하기 쉬운데 긴장감은 감수성 · 정서성을 강하게 하는 데도 적용하여 쾌 · 불쾌, 좋고 · 싫음 등의 인상이 마음에 새겨지기 쉽다. 한편, 관광에 의하여 일상생활에서 이탈한다는 것은 생활상의 여러 가지 속박으로부터 일시적으로 해방된다는 해방감을 높이는 작용을 한다. 여행을 떠나면 육체적 · 정신적 피로감을 느끼면서도 즐거움을 맛보게 되는 것은 이것 때문이다.

그런데 이러한 해방감의 고조가 "객지에서는 떠나면 그만이라는 생각으로 부끄러운 행동도 거리낌없이 한다"는 유형의 행동으로 이어지거나, "충동적 구매"를 증대시키거나 하는 경향으로 이어지기 쉽다. 더욱이 긴장감과 해방감이 한데 합쳐지는 비율은 행동형태나 여행목적 등에 따라서도 달라지는 외에 여행기간 중의 시간경과에 따라서도 변화한다는 것이 분명하게 밝혀지고 있다. 관광심리학은 관광현상에 관한 사람들의 행동에 관해서 그것을 설명하고 예측하고 유도하는 것을 목적으로 한다. 좁은 의미에서의 관광은 "즐거움을 얻기 위한 여행"을 행동으로 보이고 그의 행동구조를 밝히는 일은 관광심리학의 중요한 한부분이다. 관광행동을 심리학적으로 연구하는 경우의 구성체제는 관광행동, 관광주체, 관광대상, 관광매개, 외부환경, 관광효과로 구성된다.

5. 문화관광의 목적과 방법

1) **문화관광을 배우는 목적**: (1) 첫째 목적은 무엇보다도 「문화」가 「자연」과 함께 관광자원이기 때문이다. 세계유산이 자연과 문화의 두 가지를 기축으로 분류되어 있기에 관광의 대상은 「인간의 손으로는 창조되지 않는」 자연이 「인간의 손이 쓰여져 새롭게 만들어진」 문화의 어느 것이 또는 그의 복합이다. 「문화」의 대부분은 인간에 의하여 만들어진 「도시」 또는 도시화된 지역 속에서 존재하고 있다. 이것도 문화관광에 있어 관광자원이다. 문화관광을 배우는 일은 과거를 알고, 현대를 고찰하며 미래를 통찰하는 것이기도 하다.

(2) 둘째 목적은 무엇보다도 현실적인 것이지만 이 분야는 토목 · 건축 · 도시 · 공학 등의 관광을 떠받치는 계획계(計劃系)의 기술을 배우는 것과 이어지게 되기 때문이다. 이를테면 다리(橋)나 건축은 그의 아름다움으로 문화관광의 대상임과 함께 관광지 「만들기」의 중요한 요소이기도 하다. 문화관광에 있어 관광시설은 관광자원과 그것을 만드는 계획계(計劃系) 기술이라고 하는 양면성을 가져 상호보완적인 관계를 형성하고 있다. 그러기에 문화관광을 배우는 관광자원으로서 구축물(構築物)을 연구하는 일임과 함께 그것을 만드는 기술을 배우기도 한다. 이를테면 토목이나 건축, 건축사, 건축디자인론, 토시미론, 경관론, 교량미론 등의 대학에서의 강의는 문화관광을 위해 새로 배우게 된다.

2) **문화관광의 방법**: 문화관광은 지리학(Butler, 1980), 역사학, 사회학, 정책학, 경제학, 경영학, 문화인류학(Anderson, 1991), 건축학, 토목학 도시계획(Harris and Howard, 1996), 도시공학(Lynch, 1960) 등 이른바 인문계 · 이공계 함께 포함한 문자 그대로의 학제적(學際的)인 학문이다. 대상이 코끼리와 같이 크며 더구나 그것을 알려고 하는 우리들의 수단에는 한정이 있기 때문에 도저히 단일의 학문으로서는 마무리가 안 된다. 각각의 학문 가운데에는 관광에 관계되는 것이 있어도 그러한 기존의 학문부문으로만이 아니고, 관광이라고 하는 하나의 학문체계를 확립하는 일이 필요하다. 문화관광을 배우는 방법으로서 그 관광학 자체의 내용이 20세기 후반과 21세기 초두에 어떻게 변화했는가를 볼 필요가 있다.

관광학의 변천(變遷)은 시대의 전환에 따라 크게 영향을 받고 있다. 금후에는 아마 그렇게 될 것이다. 바야흐로 2017년대에 와서도 관광입국의 본격적 전개를 필요로 하는 시대에 있어서 필요한 것은 또다시 관광을 여러 가지의 시점에서 바라보기 위해 보다 광범한 연구자의 참가를 요구하게 되며 문화관광의 내용과 추가청구(請求)를 더 깊이 하게 하는 종합적 분야로서 확립시켜나가는 일이다.

결말을 정리하면서 문화관광에서 다루는 분야는 범위가 넓어 더욱더 시행착오의 상태가 이어지고 있다. 그렇지만 어디까지나 그의 대상은「관광」이라고 하는 현실이며 그 현실 위에서 서 있는 실천이다. 예전과 같이 하우 투(How to = 방법)적 지식에 머물러서는 안 되지만 기초적인 문계(文系) 연구에서 계획계(計劃系)의 공학기술, 그 위에는 아름다운 미(美)나 인간의 존재, 행동양식의 연구 등 철학도 포함한 심원(深遠)한 철리, 한편 동시에 교양적인 학문이 요구된다. 여기에 금후의 관광학 특히 문화관광(文化觀光) 연구의 가능성을 기대해 본다.

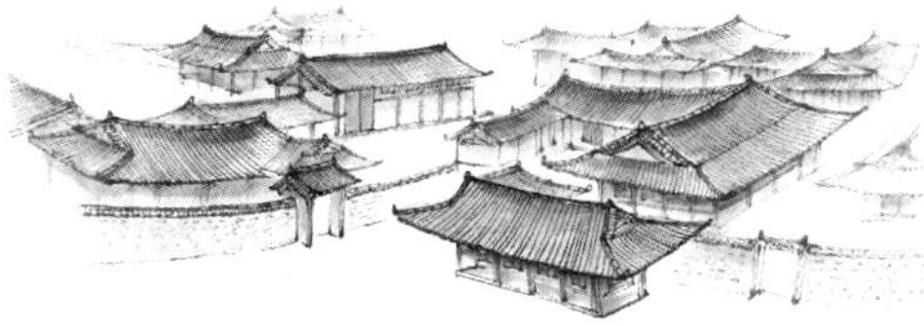

제 3 편

관광행동론의 이해

제 1 장

관광자 행동의 이해

고동우

대구대학교 호텔관광학과 교수

고려대학교 심리학과에서 학부, 석사, 박사를 마쳤고, 미국 Univ. of Connecticut 여가관광스포츠연구소에서 '박사후 연수과정'을 거쳐 경기대학교 관광개발학과에서 BK21박사후 연구원을 역임하였다. 경주대학교 관광경영학과 전임강사를 역임하였고, 현재 대구대학교 호텔관광학과 정교수로 재직 중이다. 국내 최초의 여가관광심리학자이며, '재미진화모형', '이중추동모형', '이중통로 여가체험 모형', '직업존중감' 등 독자적인 4가지 이론과 개념을 발표하였고, 「여가학의 이해(2007, 문화체육관광부 우수학술도서)」, 「관광심리학(2013, 문화체육관광부 세종도서)」 등 4권의 저서와 약 100편의 논문을 발표하였다. 한국관광학회 백산학술상(2008), 한국학술진흥재단 우수성과사례 선정(2008), 교육과학기술부 인문사회기초연구 우수성과 선정(2012) 등의 학술적 성과가 있다.

✉ dwko@daegu.ac.kr

김병국

대구대학교 호텔관광학과 부교수

경기대학교 관광개발학과에서 대학원을 졸업했고, 미국 Indiana Univ.에서 여가관광학 박사학위를 받았다. 미국 Eastern Illinois Univ. 레크리에이션학과에서 전임강사를 거쳐 현재 대구대학교 호텔관광학과 부교수로 재직 중이다. 〈여가활동의 스트레스 측정에 관한 연구〉 〈농촌관광의 치유효과 분석〉 외 30여 편의 학술논문과 〈국립공원 탐방프로그램 평가〉 〈생태체험 측정방법의 개발 및 적용〉 외 30여 건의 연구프로젝트를 수행한 바 있다.

✉ bkim@daegu.ac.kr

제 1 장

관광자 행동의 이해*

고동우 · 김병국

제1절 관광행동의 심리학적 기초

1. 관광현상의 심리학적 접근법

관광현상을 이해하고 설명하기 위해서 사회학적, 문화인류학적, 경영학적, 경제학적, 정책적 측면 등 다양한 접근 방법이 시도되어 왔다. 이 모든 관점은 결국 개인적 수준의 관광행동에 대한 체계적인 이해를 요구하고 있으며, 또한 그러한 이해에 기초하여야 한다. 따라서 인간 행동의 개인적 분석 수준을 지향하고 있는 심리학적 관점에서 관광자 행동을 살펴볼 필요가 있다. 여기서는 명시적으로 혹은 암묵적으로 관광행동을 설명하기 위해 활용되거나 적용할 수 있는 심리학적 관점을 정리하고자 한다.

우선 가장 오래된 논쟁거리이자 광범위하게 적용되어온 정신분석학적 관점은 관광행동의 가장 근원적인 문제인 '욕구' 혹은 '동기'를 이해하는데 기초 개념을 제공하였다. 정신역동이론으로 불리는 프로이트(S. Freud)의 관점은 전통적인 상담 · 임상심리학의 주요 패러다임이 되었고, 나중에 개인의 동기, 성격, 스트레스, 우울, 불안, 자기 정체성 등 많은 구성개념을 만들어냈다. 이들 개념은 각각 관광행동을 이해하는 데 광범위하게 활용되고 있다. 예컨대, 정신분석학적 관점에서 도입한 관광자의 기본욕구 개념이 관광자의 동기와 성격을 수렴적으로 이해할 수 있는 단초를 제공하였고, 관광 동기 관련 연구는 다양하게 이어져 왔다.

행동주의적 관점에서는 인간과 동물을 다르지 않게 본다. 즉, 자극과 반응 사이의 연합을 강조하는 고전적 학습이론, 강화(보상과 처벌)를 강조하는 도구적 학습이론, 그리고 인지의 역할을

* 이 장은 고동우(2013), 『관광심리학』의 내용을 축약 · 정리한 것이다.

요구하는 사회 학습이론 등은 모두 인간 행동의 메커니즘을 매우 단순하게 정의한다. 이들 학습이론의 공통점은 인간행동이 환경에 의해 결정되며, '자유를 만끽하는 것'처럼 보이는 관광행동조차도 결국은 관광자의 학습결과에 불과하다고 본다. 즉, 관광행동은 다양한 환경의 조건과 자극이 관광자의 경험을 통해 학습된 결과로 표출되는 것으로서, 이 관점에서 보면 관광자마다 여행 스타일이 다른 것은 결국 학습과정과 결과의 개인차 때문이라고 할 수 있다.

인간의 긍정적이고 미래 지향적인 측면에 주목하여 발전한 인본주의적 관점은 정신분석학에 뿌리를 두고 있으면서 그것의 무의식적 한계를 극복한 논리로서 가장 극적으로 관광행동 연구에 활용되어 왔다. 사실 20세기 중반, 2차 대전 전후에 형성된 성장지향적인 학문적 풍토의 중심에 위치하고 있는 인본주의적 관점에 의하면, 관광자들은 자신의 욕구를 충족하고, 잠재력을 개발·실현하고, 자기 존재를 확인하고 성장시키려는 욕구 때문에 여행한다고 가정한다. 여행* 과정의 많은 다양한 경험 역시 궁극적으로 자기 개발과 실현의 여정으로 간주된다. 그러나 이러한 관점이 가진 많은 개념들은 과학적으로 검증하기 어려운 한계를 지니고 있으며, 이를 위한 대안으로서 인지심리학이 각광받게 되었다.

인지심리학은 정신분석학, 학습이론 및 인본주의 심리학의 모든 한계를 일거에 극복하려는 과학적 패러다임을 지향한다. 즉, 인간의 머릿속에서 이루어지는 사고과정을 과학적 방법으로 추적할 수 있으며, 인지과정이야말로 인간행동의 근원이라고 보는 이 관점은 과학적인 심리학의 맥락에 가장 적합하다는 평가를 받는다. 인지심리학적 관점에서 관광자는 정보처리자 및 문제해결자로 가정한다. 관광자를 포함한 모든 개인은 자신이 가진 제한된 자원을 투자하여 가장 합리적으로 판단하고 의사결정함으로써 최적의 대안을 결정한다고 전제한다. 인지심리학은 결국 관광을 포함한 소비자 행동이나 다른 사회적 행동 역시 합리적이고 이성적인 의사결정 과정으로 이해한다. 정보수집 및 처리, 선택대안, 평가기준과 방식, 태도, 기억, 회상, 관여 등은 모두 관광행동을 설명하는데 적용되어온 인지적 개념들이다. 1960년대 초반 형성된 인지심리학의 패러다임은 소위 인지혁명(cognitive revolution)이라 불리며 1980년대 중반까지 심리학의 지배적인 관점으로 간주되었고, 현대 사회과학의 전 분야 및 인공지능 영역의 획기적인 발전을 견인하는 기초 이론을 제공하였다. 우리가 알고 있는 소비자 의사결정과정이나 정보처리모형들은 모두 인지혁명의 시기인 1960년대에 구성되었다. 그러나 최근의 연구들은 소비, 문화, 오락, 스포츠 등과 같은 여가와 소비행동분야에서 소비자는 합리적이고 이성적인 결정을 하지 않는 경우도 발생한다는 견해를 보여준다.[1] 다시 말해 인지주의 관점은 감성에 의존하는 인간행동을 설명하기에는 한계가 있다.

---

* 본문에서는 관광과 여행을 동일 의미로 사용하였다.

이러한 한계를 극복하기 위해 1980년대 중엽에 경험적 · 감성적 가치와 동기적 측면을 중시하여 관광행동을 이해해야 한다는 다양성 강조의 관점이 대두하였다. 전통적인 주류 심리학에서 주목하지 않았던 인간현상이 일부 선구적인 심리학자들에 의해 재조명되고 있다. 플로우 이론(Flow theory)이나 내재적 동기이론(Intrinsic motivation theory) 등은 모두 '놀이하는 인간', '즐거움을 추구하는 존재'로서 인간을 보아야 한다는 전제를 가지고 있으며, 다양성의 관점에 포함되는 이론들이다. 관광현상을 놀이의 일부로 가정하거나 즐거움을 추구하는 내재적 동기 추구 현상으로 보아야 한다는 주장은 모두 다양성의 패러다임에 속한 관점들이다. 다양성의 관점에서 강조되는 개념들은 체험, 즐거움, 동기, 감성, 역동성, 호기심, 일탈, 모험, 각성 등이다.

1980년대에 들어서면서 다양성의 관점과 더불어 문화적 가치와 양식에 중점을 둔 문화심리학적 측면 역시 중요하게 고려하기 시작하였다. 개인행동의 원인과 결과를 문화적 맥락에서 다루고 있는 문화심리학은 최소한 두 가지 다른 관점을 포함한다. 첫 번째 관점은 다양한 현상과 행동을 문화 간 차이의 상대적 수준에서 설명하려는 비교문화심리학이며, 두 번째는 어떤 사회의 독특한 문화양식과 행동을 이해하기 위해서는 그 문화의 고유한 개념과 관점에 근거해야 한다는 토착심리학이다. 전자의 관점에서는 한국인과 미국인 관광자의 여행 스타일을 직접 비교하고, 어느 쪽이 더 낫거나 잘못되었는지를 평가할 수 있다고 본다. 반면, 후자의 관점에서는 한국인의 독특한 여행문화를 외국인의 관점에서 이해하려는 시도 자체가 부적절하다는 것이다.

현대 심리학의 흐름에서 가장 크게 주목받고 있는 패러다임으로서 '긍정심리학(positive psychology)'은 인간을 자발적이고 미래지향적이며, 행복을 추구하는 존재로서 긍정적인 가치관을 강조하고 있다. 개인 삶의 궁극적 가치로서 행복을 강조하는 긍정심리학적 관점에서 '즐거움을 추구하는 여행'으로서 관광은 긍정심리학이 주장하는 행복지향적 인간관을 잘 반영하는 영역이라고 할 수 있다. 이런 관점에서 보면, 관광은 그 자체로서 긍정적인 인간행동의 발로라고 할 수 있다.

2. 관광행동 연구의 흐름

관광현상을 학문적으로 설명하려는 시도는 1970년대에 이르러 사회학과 문화인류학 연구자들에 의해 형성되기 시작했으며, 1980년대에 들어서 개인적 분석 수준에서 관광행동을 반영하는 주요 구성개념들이 변수로 다루어지기 시작하였다.[2)] 기존의 심리학 이론과 소비자 행동모형을 관광행동에 적용하면서 1980년대 전후부터 관광행동 연구들은 정보처리적 관점, 동기론적 관점, 사회심리학적 관점 등 복합적이고 다양한 접근을 시도하였다.

소비자행동 모형을 활용하여 여가 및 관광행동을 설명하기 위한 시도들은 공통적으로 소비자의 합리성과 정보처리과정을 중심으로 한 인지적 관점에서 관광자의 의사결정 과정을 다루고 있다. 초기의 소비자 의사결정 과정 5단계(문제인식 → 정보탐색 → 대안평가 → 구매 → 이용 및 평가)를 활용한 Mathieson과 Wall(1982)[3]의 관광행동모형, van Raaij와 Franken(1984)[4]의 휴가결정모형, Um과 Crompton(1991)[5], Woodside와 McDonald(1994)[6]의 모형은 소비자 의사결정과정을 관광지 선택과정에 적용한 대표적인 사례라고 할 수 있다. 관광행동이 일반적인 소비자행동과 다른 부분은 이동과정을 포함한 '여행경험과정'이라는 단계를 포함하고 있으며, 관광체험도 다른 서비스 장면보다 더 복잡하게 전개될 뿐만 아니라 '여행 후 회상'이 중요한 단계로 평가되고 있다는 것이다.

여행 전에 대략적인 여행계획을 세우는 과정은 일반적인 소비자행동모형이 예측하는 것처럼 어렵지 않게 수행할 수 있지만, 여행 및 관광 과정이 포함하는 현장 체험은 일반 소비자행동 모형으로 설명하기 어려운 수준에서 이루어진다. 관광지 현장에서는 신중한 사고 없이 즉시 판단해야 하거나 또는 뜻하지 않게 발생하는 소비경험이 빈번하게 이루어진다. 그러한 경험에 관한 구체적인 계획과정은 복합적이고 역동적인 감정의 영향을 받기 때문에 인지적 모형에 비해 훨씬 복잡하다. 또한 개인의 자유선택과 내재적 동기 과정을 강하게 내포하는 관광행동은 일반적인 서비스상품의 구매와는 다른 특징을 보여준다. 관광은 기본적으로 일상 탈출을 전제로 하고 있으므로, 일상에서 지배하는 합리성, 즉 이성적이고 규범적인 가치보다는 감성적이고 탈규범적인 가치에 의해 행동이 이루어진다고 볼 수 있다.[7] 이와 더불어 관광행동은 문화적 정체성, 과거 학습결과에 의존하는 등 일반적인 소비자행동보다 더욱 복합적인 특성을 나타낸다고 볼 수 있다.

제2절 관광행동의 심리적 특징

1. 관광자 행동의 설명 개념들

(1) 관광자의 성격: 여행하는 사람은 어떤 사람인가?

당신은 여행을 좋아하는 사람인가? 당신의 여행스타일은 어떠한가? 이런 질문들은 개인의 특질을 반영하는 개념인 관광자의 성격(personality)에 관련된 내용이며, 관광자 스스로 보여주는 일관된 행동경향성이나 혹은 그러한 행동경향을 유발하는 정신적 체계구조 자체를 지칭하는 표현이다. 성격은 관광자의 지각과 해석, 동기, 태도, 사회적 행동, 의사결정방식, 감정, 경험방식 등등에 직접적으로 영향을 미치고 있다. 다만 심리학의 여러 패러다임은 성격의 개념과 형성과정에 대해 각각 다른 관점에서 접근한다.

프로이트의 정신분석이론은 5세 이전에 경험이 고착되어 무의식을 차지하고, 그 무의식의 욕구 구조가 성인기 성격을 형성한다고 보는 무의식 결정론을 따른다. 성격을 행동 반응의 경향성 수준에서 정의하는 행동주의 심리학에서는 인간의 성격이 환경 자극에 의해 결정되는 행동 패턴이라고 주장한다. 인본주의 심리학에서는 자기 개념(self-concept)을 중심으로 인간이 스스로를 정의하고 방식이 다르다는 사실에 근거하여 성격을 이해한다. 자기존중감이나 자기정체성 등은 모두 자기개념을 구성하는 하위 개념들이며, 최근 관광행동연구에서 자주 도입되는 추세에 있다. 인지주의 패러다임인 사회인지이론은 사회적 행동을 이해하는데 매우 유용하고 다양한 성격 개념들을 유도해냈다. 사회인지이론에서 성격은 개인이 사회적 맥락에서 개인 내부와 외부의 정보를 의식적으로 판단하고 처리하는 개인적인 인지 스타일이 있으며, 그러한 인지경향성을 성격으로 규정하고 있다. 예컨대 신념이나 가치체계, 내/외부 귀인(attribution)경향성, 통제소재, 신기성 추구 경향, 자기검색, 서비스지향성, (탈)규범의식 등은 모두 전통적으로 소비자행동이나 관광행동을 설명하여 온 사회인지적 성격개념들이다. 마지막으로 비교문화심리학에서는 성격의 개념이 문화공동체의 역사적 산물이며, 해당 문화권역에서 세대를 따라 전승되어온 문화양식이야말로 문화 구성원이 공통적으로 가지는 일종의 성격이라고 가정한다. 그러므로 문화심리학에서 보는 성격의 개념은 곧 구성원이 공유하고 있는 개인적 가치체계(이를 곧 '사회적 가치'라고 한다)이자 사회인지적 신념의 한 종류인 것이다. 관광자들의 문화적 배경에 따라 유의미하게 다른 여행경험양식의 차이는 곧 문화심리적 성격의 발로이다.

(2) 관광동기: 왜 여행을 떠나는가?

'관광자는 왜 여행을 하는가?'라는 질문과 관련된 동기는 관광학 연구 분야의 가장 오래된 연구 주제이다. 흔히 욕구, 동인, 추구경향성 등의 용어는 모두 동기를 반영하는 하위 개념들이다. 일반적으로 관광의 개념은 일상생활을 벗어나 새로운 환경을 접하려는 욕구를 전제하고 있으므로, 관광행동의 동기는 일상적인 행동의 동기와 본질적으로 다르다는 것을 알 수 있다. 여기서는 관광동기를 설명하는 오래된 이론들 중에서 학자들에 의해 비교적 광범위하게 공감하는 세 가지 이론만 소개한다.

우선 Plog(1974)[8]는 관광자의 동기경향성을 내면/정신 중심적(psychocentric) vs 외부/환경 중심적(allocentric)이라는 두 가지 개념으로 구분하였고, 두 양극의 연속선상에 위치한 개인의 동기경향은 관광지를 선택하는 데 결정적으로 작용한다고 보았다. 내면/정신 중심적 경향성은 마음의 안정과 편안함을 지향하는 양식을 반영하며 따라서 친숙한 환경을 선호하는 경향으로 이어지고 이는 결국 유명하고 잘 정비된 관광시설과 친숙함을 유도하는 관광지를 선호하게 만든다. 반면 외부/환경 중심적 경향성은 외부 자극과 각성을 추구하는 경향이 강하여 새로운 자극에 대한 호기심과 모험 추구 같은 경향으로 이어진다. 이런 관광자들은 오지탐험이나 모험여행 혹은 생태관광을 선호하는 경향을 보인다.

Mannell과 Iso-Ahola(1987)[9]는 삶의 맥락으로서 생활환경이 개인적인 과제와 보상이거나, 사회적인 과제와 보상으로 구분된다고 가정하고, 이들 맥락을 각각 회피와 추구욕구에 연결하여 순수 여행과 같은 여가행동을 설명하였다. 즉, 모든 여가행동은 개인적/사회적 과제를 회피하고 개인적/사회적 보상을 추구하는 동기 경향을 반영한다. 즉, 개인적 환경에서 수행하는 과업의 부담이 커지면 이를 회피하도록 유도함으로써 일상을 떠나게 하고, 이는 다시 여행지와 같은 여가환경에서 개인적 보상을 추구하도록 유도한다. 한편 사회적 환경이 제공하는 과도한 긴장은 그러한 일상을 회피하도록 유도하고 이는 다시 여행지와 같은 환경에서 사회적 보상(예를 들어, 새로운 친구를 만나는 것)을 추구하는 경향으로 이어진다는 것이다. 이러한 회피와 추구욕구는 개인적 · 사회적 환경에서 동시에 또는 독립적으로 나타날 수 있다.

한편, 관광을 포함한 사회적 행동을 설명하기 위해 광범위하게 인용되는 매슬로우(Maslow)의 욕구위계이론은 개인이나 한 사회가 지닌 기본적인 5가지 욕구(생리적 · 안전 · 사회적 · 자기존중 · 자기실현욕구) 단계를 가정하고 있으며, 이들 각 단계가 위계적으로 발전하는 과정을 겪는다고 주장한다. 즉, 하위욕구가 충족된 후 상위욕구가 작동하여 그것을 충족하는 방향으로 행동경향이 형성된다는 것이다. 매슬로우는 나중에(1968) 자기실현욕구 직전에 인지적 욕구와 심미적 욕구를 추가하여 자신의 이론적 모형을 7가지 욕구 단계로 수정하였다. 비교적 쉬운 논리와 응용가능성을 가진 매슬로우 욕구이론은 관광학 분야에서도 자주 활용되어 왔다. 그중에서도 Mill과 Morrison(1998)[10]은 매슬로우의 욕구위계론을 관광분야에 적용하면서 7가지 기본욕구 단계별로 관광자를 분류할 수 있다고 보았다. 그들은 각 욕구단계에 해당되는 구체적인 수준의 관광욕구와 매력속성을 세분화하여 제시했다.

관광심리학자 Pearce는 매슬로우의 욕구위계이론을 관광분야에 단순히 적용하는 데 그치지 않고, 이를 근거로 새로운 이론적 모형을 개발한 경우에 해당된다. Pearce(1996)[11]는 다년간에 걸쳐 욕구 단계에 따른 여행자 경력 모형을 제안하고 수정하여 왔다. 여행자 경력모형에 따르면, 관광자는 자신의 여행행동과 관련된 여행 동기를 반영하는 경력(career)을 가지고 있으며, 이들 각 경력 단계는 매슬로우의 욕구위계론처럼 위계구조로 구성되어 있다고 본다(즉, 이완-자극추구→안전→사회적 관계→자존감 및 자기개발→자기실현). 즉, 여행경력에 따라 여행을 통해 충족하고자 하는 욕구 수준은 개인마다 차이가 있으며, 일정한 단계에 위치하게 된다. 물론 여행경력 단계 내에서 구체적인 욕구의 종류는 개인의 경제력, 건강, 대인관계 등에 의해 달라질 수 있다. 또한 관광자의 동기는 유연성과 변화가능성을 가지고 있기에 여행기간 동안 단 하나의 욕구 단계 수준이 작용하는 것이 아니라 다양한 욕구가 발현될 수 있고, 여행지는 관광자에게 동시에 다양한 단계의 욕구 충족 경험을 제공할 수 있다.

이처럼 오랫동안 많은 연구자들이 개인의 성격이나 동기 유형별로 구분하여 연구를 진행해 온 이유는 시장세분화라는 관광마케팅 전략에 부합하기 때문이며, 관광자의 성격, 라이프스타일, 동기성향 등에 따라 관광시장을 구분하고 행동경향을 예측하는데 비교적 어렵지 않게 결과를 도출할 수 있다.

(3) 관광 의사결정: 관광자는 어떻게 생각하고 평가하고 판단하는가?

소비자행동 분야의 전통적인 관점에서 보면, 관광행동은 일종의 문제해결 과정으로 이해할 수 있으며, 관광자는 일련의 의사결정을 수행하는 존재로서 감성보다는 이성에 근거하여 정보를 수집, 판단하고 합리적인 결정에 이른다. 관광자 의사결정과정은 여행을 일종의 해결 과제로 간주하며, 따라서 문제인식 - 정보탐색 및 대안평가 - 태도형성 - 여행과정 - 행동의도에 이르기까지 다양한 결정과정을 통해 그 과제를 해결한다고 가정한다. 의사결정과정의 한 부분인 정보처리과정은 '자극에 대한 주의 - 지각 - 기억 - 태도'로 연결된다. 여행이라는 과제를 해결하기 위해 외부 정보를 탐색하고 판단하는 정보처리과정은 관광자를 합리적이고 이성적인 존재로 간주하게 하는 핵심적인 부분이다. 그러나 일반 소비자행동과는 달리 복합적인 소비활동을 추구하는 관광자 의사결정 과정의 독특성을 고려해 볼 필요가 있다.

관광행동을 문제해결과정으로 간주하더라도 개별적인 관광행동에 영향을 미치는 요인들은 다양하게 존재한다. 소득수준 · 가치관 · 성격 · 동기 · 교육수준 · 직업형태 · 성별 · 연령 등의 개인적 영역과 가족 · 친구와의 관계 · 대중매체 · 물리적 환경 등의 외부 요인들이 복잡하게 영향을 미친다. 관광자 의사결정과정의 원리에 초점을 두고 다양한 영향요인을 고려해보면, 일반적으로 잠재적 관광자는 일상을 떠나고 싶다는 자신의 욕구를 충족시켜줄 대안과 정보를 탐색하고, 정보탐색은 주로 개인적 경험과 사전여행관련 정보에 의존하게 된다. 자신의 여행정보가 부족하다고 판단되면 외부의 정보원천을 통해 다양한 여행정보를 수집하고, 문제해결을 위해 비교 및 평가할 것이다. 관광과 관련된 목적지, 숙박, 교통 등 대안 평가과정을 통해 관광자의 의사결정과정이 이루어진다. 관광자 의사결정 후, 관광지에서의 새로운 체험과 사후 평가과정을 통해 만족 또는 불만족 같은 심리적 상태를 경험하게 된다.

(4) 관광지에서 무엇을 경험하는가?

일반 소비재와 달리, 관광지에서 제공하는 서비스와 관광자의 경험은 짧은 기간의 체험 후 소멸한다는 특성(perishability)을 가지고 있으며, 관광지에서의 경험은 다양하고 복잡하고 역동적인 특징을 나타내고 있다. 관광자의 심리적 상태를 반영하는 관광지경험 혹은 관광체험은 관광지의 사회문화적 · 물리적 환경자극 및 관광자 자신의 심리적 반응에 대한 주관적인 지각 수준으로 정의할 수 있으며, 여기에는 해방감, 자기결정감, 자기표현감, 자기향상감, 사회적 교류감, 자연교류감 등의 심리적 체험들이 포함된다.[12] 일상탈출감 또는 해방감은 관광체험을 형성하는 결정적인 요소로 작용하고 있으며, 다양한 관광행동의 전제조건으로서 고려되어야 한다. 해방감이 일상의 환경으로부터 벗어나려는 소극적인 '지각된 자유감(perceived freedom)' 상태라면, 스스로 선택하여 참여하고 주도적으로 행동할 때 지각하게 되는 자발성 · 자기결정감은 지각된 자유감의 능동적 차원으로 이해하여야 한다.

관광경험은 또한 자기 자신을 표현할 수 있는 기회가 되고, 관광자는 스스로 자기를 확인하고 표현하는 즐거움을 느낄 수 있다. 과시나 현시적 경험, 자기정체성 등이 자기표현의 좋은 예라고 할 수 있다. 자기표현 경향이 높은 사람일수록 스스로를 성장시키려는 자기향상감을 추구하는 경향이 나타난다.[13] 유능감(competency)은 자기향상의 대표적인 체험 내용이다. 사회적 교류감은 사회적 관계를 확장하려는 차원과 알고 있는 사람과의 교류를 확장하려는 친밀감으로 구분할 수 있으며, 사회적 지지(social support)의 경험은 유대감 형성 및 스트레스를 완충하는 중요한 체험으로 인식되고 있다. 내재적 동기이론에 따르면, 자기결정감, 자기향상감, 그리고 사회적 교류감은 내재적 동기에 대하여 가장 중요한 내재적 보상으로 작용하는 것으로 평가된다. 이외에도 수많은 관광자들은 관광경험을 통하여 휴식(relaxation)의 상태에 이르고자 한다. 안정감, 편안함, 이완 등은 모두 휴식의 심리상태를 나타내고 있으며, 이것은 관광경험의 중요한 심리적 체험으로 간주되고 있다.

한편 다양한 체험의 지각과정을 그것의 발생 맥락에 따라 관찰해보면, 관광경험의 전체적 과정은 관광지에 관련된 내생적 체험(endogenous experience)과 관광지에 관련이 없는 외생적 체험(exogenous experience)으로 구분할 수 있다. 내생적 체험은 초기의 내재적 동기에 대한 내재적 보상으로 작용하여 개인의 흥미를 강화 및 유지시킨다. 반면, 외생적 체험은 그것이 내생적 체험과 연계된 경우에만 초기 내재적 동기에 대한 내재적 보상이 된다. 만약 외생적 체험이 긍정적이라고 하더라도 내생적 체험에 연관이 없다면 그것은 사전 동기에 대한 내재적 보상의 역할을 하지 못한다. 예컨대 관광지에서 즐거운 경험을 했다면 그것이 관광지의 매력 속성 때문에 유발되었거나(즉, 내생적 체험) 혹은 연계된 체험이라면(즉, 연계된 외생적 체험) 그 관광지에 대한 흥미가 유지 · 강화될 것이다. 그러나 그 즐거운 경험이 관광지 속성에 관계없이 여행 동료나 여행사 등 외부 요인 때문에 유발된 것으로 지각한다면 그런 즐거움은 그 관광지에 대한 흥미로 이어지지 않는다.

(5) 관광 경험의 사후 태도: 관광 체험의 평가

일반적으로 관광만족, 재방문의도, 추천의도 등과 같은 사후태도는 잘 알려진 관광행동 및 체험의 단기적 결과들이다. 관광 마케팅의 관점에서 보면, 이러한 관광상품이나 목적지에 대한 관광자의 사후태도는 성공적인 마케팅을 유도할 수 있는 가장 중요한 단서가 된다는 점에서 중요한 실무적 가치를 포함한다. 이 중 관광행동의 직접적인 결과물로서 가장 많이 언급되는 것이 관광만족이며, 관광만족은 관광자 욕구충족의 정도이거나 관광지 경험과 행동에 대한 주관적인 평가 정도로 정의되고 있다. 욕구충족의 관점에서 관광만족[14]은 관광경험 과정의 내재적 보상이나 외재적 보상의 결과이며, 그것이 관광자의 욕구를 얼마나 충족시켰는지에 대한 긍정적이거나 부정적인 주관적 감정상태를 반영한다. 그러나 여행 전에 형성한 사전 욕구는 여행을 수행하는 동안 외부 자극과 심리 상태의 변화에 의해 끊임없이 역동적으로 변할 수 있다. 그러므로 사전 동기가 직접적으로 관광만족을 결정하는 게 아니라, 관광경험을 통해 잠재되어 있는 동기와 외부요인들의 상호작용이 관광만족을 형성하고 있음을 간과하지 말아야 할 것이다.

한편 만족의 개념을 개인 욕구충족의 감정상태로 간주하는 것에 비판적인 인지적 평가의 관점에서 관광만족의 개념은 다시 속성평가 방식과 기대-충족 방식이라는 두 가지 방식으로 분류된다. 속성평가 방식으로 보면, 관광만족은 소위 관광지 속성(attributes)이라고 불리는 지역주민의 친절수준 · 숙박시설 · 음식 · 쇼핑 · 엔터테인먼트 시설 · 경관매력도 · 안내시설 등과 관련된 체험차원에 대한 전반적인 평가로 접근할 수 있다. 이러한 평가는 누적적 합산의 방식이거나 혹은 평균 평가의 방식으로 결정된다.

기대-충족 방식의 관광만족 개념은 인간 행동이 사전기대와 수행의 결과에 의해 형성된다는 기대-가치 이론의 논리를 따른다. 기대-가치 이론은 기대-불일치 이론[15]에 영향을 주었으며, 기대-불일치 이론은 소비자 행동과 관광자 행동을 좀 더 폭넓게 이해하는 서비스품질 지각측정모형인 SERVQUAL[16] 도출에 많은 기여를 하였다. 관광자 욕구를 정확하게 파악하기 어려운 점에 비하여 사전기대의 측정과 관광상품의 속성별 평가가 용이하기 때문에 기대-불일치 이론은 관광마케팅 분야에서 비교적 유용하게 사용되고 있다. 그러나 이 이론에 의하면, 관광경험을 하는 동안 사전기대가 변하지 않아야 한다는 전제, 기대와 수행의 절대적 크기를 고려하지 않았다는 점, 그리고 개인 역량에 따라 기대라는 개념을 구체화시키지 못했다는 점에서 한계를 나타내고 있다. 따라서 관광만족은 기대와 수행의 평가에서만 아니라 관광자 감정을 포함한 다양한 요인에 의해 결정된다고 봐야 하며, 이러한 관광만족은 향후 태도와 행동의도를 유도하는 효과를 가진다는 점에서 여전히 중요하다.

물론 관광만족이 향후 행동의도를 항상 유도하지 않는 경우도 있다. 만족을 유도하는 체험요소와 재방문 · 추천의도를 유발하는 요소가 상이할 수 있으며, 관광만족이 관광체험의 결과라고 가정한다면, 관광지 속성에 대한 평가와 관련된 내생적 체험과 관광지와 관련 없는 속성에 대한 평가인 외생적 체험의 방향이 다를 수 있기 때문이다. 또한 친숙성 욕구와 반대 개념인 관광자의 신기성 욕구는 관광만족이 후속 행동의도를 충분히 설명하지 못하는 다른 이유로 여겨지고 있다[17]. 신기성 욕구가 강한 사람은 어떤 관광지에서 욕구충족 경험을 얻게 될수록 새로운 다른 목적지를 기대할 것이기 때문이다.

2. 관광 소비행동의 독특성: 합리성 vs 비합리성

앞서 언급한 것처럼, 소비자 의사결정방식은 크게 합리성에 근거한 이성적 행동과 그것이 최소화된 상태의 감성의존적 판단 행동으로 구분할 수 있다. 전통적인 경제학에서는 개인을 '완전한 합리성'을 가진 존재로 가정하고, 개인은 최소의 자원으로 효용을 극대화하는 방향으로 의사결정하는 합리적 인간이라고 주장한다. 그러나 현실적으로 덜 합리적이거나 비합리적인 행동 역시 자주 확인된다. 많은 사람들이 생각하고 행동하는 방향으로 자신도 따르게 되는 밴드웨건 효과(bandwagon effect), 믿고 싶은 것만 믿는 경향성, 객관적 근거 없이 원하는 바가 이루어질 것이라는 부질없는 기대(wishful thinking), 위험을 지각하면서도 그래서 비용이 너무 큼에도 불구하고 엉뚱한 도전을 시도하는 모험행동 등은 결코 합리성을 반영하지 못한다.

전통적인 소비자행동 연구 분야에서는 합리적 인간관이 주류를 이루어왔다. 소비자는 일반적으로 이성적이며 합리적이라는 전제를 두고, 각 개인은 경제적 편익의 극대화라는 목표를 두고 개인의 선호에 따라 목표를 추구하며 다양한 제약 조건하에서 자신의 편익을 극대화시키려는 합리적 행동을 취한다고 주장한다.[18] 사실 소비자가 합리적이고 이성적이라면 기업 혹은 마케터의 입장에선 고객 충성도를 높이는 전략을 구사하기가 쉽다. 왜냐하면 그러한 소비자는 예측 가능하기 때문이다. 따라서 기업은 소비자를 만족시켰을 때, 재구매 및 충성도가 높은 소비자로 변화시킬 수 있다고 믿으며, 고객유치를 최대화하기 위해 소비자가 원하는 가치와 만족할 수 있는 다양한 혜택을 제공해야 한다고 생각한다.[19] 충성도가 높은 소비자는 재구매뿐만 아니라 가격에도 덜 민감하여 기업의 입장에서는 소비자의 충성도를 높이는 전략이 된다.

한편 관광분야에서의 의사결정 연구는 관광자의 신념 · 가치 · 관여 · 태도 · 성향 등 심리적 과정을 중심으로 한 연구들과 가격 · 서비스 · 품질 · 경험 · 물리적 환경 등의 영향요인을 검증한 연구들로 구분할 수 있다. 관광자의 행동을 예측하고 의도를 파악하기 위해 주로 활용되고 있는 합리적 행동이론(TRA: Theory of Reasoned Action)[20]과 계획행동이론(TPB: Theory of Planned Behavior)[21]은 만족 · 이미지 · 방문경험 · 사전지식 · 관여 등 다양한 분야에서 경험적 연구들(empirical studies)로부터 일정부분 지지를 받고 있다. 그러나 인간의 합리성에 근거한 이러한 이론들은 동시에 충동적이고 역동적인 관광자 행동을 충분히 설명하기에 부족하다는 한계를 나타내고 있다.

최근에는 관광자 의사결정을 대안적이고 종합적인 관점에서 접근하려는 연구가 시도되고 있다. 예컨대 Woodside, MacDonald와 Burford(2004)[22]에 따르면, 관광자 행동은 합리적인 체계와는 대조적으로 사회적으로 불규칙하게 형성되는 구조적인 맥락에 의존하는 것으로 이해된다. 이들은 실용적이며 사회구조적 관점에서 관광자 의사결정 방식을 연구하였다. 관광자의 소비지출액과 만족도 간의 관계를 검토한 정오현(2013)[23]은 관광자는 합리적 및 비합리적 성향을 모두 가지고 있으며, 관광자를 제한적 합리성과 즉흥적인 의사결정의 존재로 가정하는 것이 타당하다고 주장하였다. 이와 유사한 연구로서, 레스토랑 방문객을 대상으로 심층 인터뷰를 실시한 김문식과 김남조(2014)[24]는 레스토랑 선택행동에 합리적 요인과 더불어 비합리적 요인이 상당부분 영향을 미치는 것을 확인하였다.

사실 일반 소비자행동에 비하여 관광행동의 독특성을 반영하는 특징은 크게 세 가지로 정리할 수 있다.[25] 첫째는 이미 언급한 것처럼 여행은 일상탈출의 욕구를 전제한다는 점이다. 둘째는 관광자는 다가올 여행경험에 대하여 비현실적인 높은 기대를 가진다는 점인데, 종종 로맨스와 같은 허무맹랑한 열망을 가진다. 이러한 열망은 여행에 대하여 과도한 관여를 유발하지만 그것은 이성적이라기보다 감정적이다. 셋째는 일반소비자 행동의 추구 목표가 효용적 가치(utilitarian value)를 따른다면, 관광을 포함한 모든 여가소비자는 경험의 즐거움의 의미는 쾌락적 가치(hedonic value)를 따른다는 것이다. 이들 세 가지 특징은 이성적이라기보다는 감성적인 측면을 강하게 반영한다.

결론적으로 관광자의 의사결정방식은 합리성과 비합리성을 모두 포함하고 있으며, 일반 소비자행동과 달리 덜 합리적이거나 비합리적인 측면을 더 많이 반영한다고 볼 수 있다. 사실 관광은 그 자체로서 규범과 합리성이 지배하는 공간인 일상 환경을 벗어나고자 하는 일상탈출의 경험을 전제하고 있다. 그것은 곧 일상 공간의 규범적, 합리적 패러다임이 아니라 탈규범적이고, 감성적이며 비합리적인 패러다임의 지배를 허용하거나 심지어는 희구하는 과정이라고 볼 수도 있다. 따라서 관광의사결정이 일반소비자 행동에 비해 덜 합리적이거나 비합리적이라는 주장은 타당해 보인다.

제3절 관광경험의 심리적 효과

이미 설명한 것처럼, 성격, 동기, 기대, 의사결정과정, 태도, 지각, 만족, 관여 등의 개념들은 관광행동 연구에서 가장 오랫동안 탐구되어 왔던 주제들이다. 또한 관광행동 연구가 '여행전-이동-현지체험 - 귀가여행 - 여행 후 평가'라는 단기적 과정에 국한되고 이 과정에 영향을 미치는 심리적 변수에 초점을 두었던 이유는 전통적인 관광학 연구가 산업사회의 패러다임을 따르는 경영 · 경제 · 정책적 관점에 의존하고 있기 때문일 것이다. 물론 이들 개념은 관광행동 과정의 복잡성을 고려할 때 중요하게 다루어야 하며, 앞으로도 더 깊이 있게 탐구하여야 할 필요가 있다. 그러나 현대 후기산업사회에 이르러 대중관광 대신 개별흥미관광(SIT: Special Interested Tourism)이, 관광개발 대신에 지속가능한 관광이, 소비 · 구매 중심의 관광 대신 체험 · 의미추구 관광이 각광 받으면서 관광행동연구에 대한 방향도 더 다양해지고 있다. 특히 관광행동 연구가 관광자나 관광현상 자체를 체계적으로 이해하는 데 목표를 두어야 한다면, 관광행동의 부산물인 경제 · 경영학적 효과보다는 개인적 수준의 심리적 효과가 다른 무엇보다도 중요한 주제가 될 것이다. 최근 자주 회자되는 복지관광이나 여행치유의 개념은 바로 관광의 심리적 효과를 가정하고 있는 주제들이다. 관광의 심리적 효과는 크게 정서적 효과, 인지적 효과, 사회적 역량 개선 효과, 그리고 삶의 질 효과 등으로 구분하여 정리할 수 있다.[26)]

1. 정서 능력의 개선 효과

최근 부각되고 있는 여행치유 혹은 치유여행의 목표는 대개 정서의 개선을 지향하는 경우가 많다. 우울, 부정정서, 불안 등 정서적 상태는 스트레스 반응 상태를 반영하며, 여행 경험은 이러한 스트레스를 해소하는 데 도움이 된다고 간주되어 왔다. 여행 경험의 정서 개선효과는 최소한 4가지 심리적 메커니즘을 통해 가능한 것으로 알려져 있다. 첫째, 여행은 스스로 선택하고 결정한 경험들로 구성되며, 이러한 자기결정(self-determination) 경험은 일상생활에서 얻는 스트레스를 완충하는 효과가 있다. 둘째, 일반적으로 상담 · 임상심리학에서는 사회적 지지(social support) 경험이 매우 강력한 스트레스 완충효과를 가지는 것으로 확인하여 왔는데, 바로 여행 경험이야말로 다양한 방식의 사회적 지지를 얻을 수 있는 기회가 된다. 셋째, 여행을 포함한 모든 여가 경험의 공간은 심리적 · 실제적으로 일상의 환경을 벗어나거나 일상으로부터 차단된 경험을 제공한다. 이러한 일상탈출의 경험은 곧 일상 공간의 스트레스 원천으로부터 일시적으로 차단된 심리상태를 만들어낸다. 이를 일상회피 효과(palliative effect)라고 한다. 넷째, 대개의 경우 여행은 즐거운 경험으로 구성되며 이러한 즐거움은 곧 부정적 감정을 대체할 뿐 아니라 일상생활에 전이될 가능성이 높다. 즉, 여행의 즐거운 감정이 일상생활로 전이되는 효과를 통해 정서치유가 이루어질 수 있다. 이를 감정전이 효과라고 한다.

2. 인지 능력의 향상 효과

여행은 종종 생각을 바꿔주기도 하고 새로운 것을 깨닫게 해주기도 한다. 이런 표현은 모두 여행이 가져오는 신념의 변화를 의미한다. 신념(beliefs)은 곧 인지체계(schemata)를 구성하는 핵심적인 구성요소이다. 여행을 통해 우리는 세상에 대한 지식을 얻고, 자기 자신과 타인에 대한 신념을 수정하고, 환경을 지각하는 인지적 능력을 개선할 수 있다. 이러한 인지적 변화는 종종 심리치유의 핵심 과정이 되기도 한다는 점에서 여행은 인지치료의 방법이 될 수도 있다.

우선, 여행지를 구성하는 자연 환경은 종종 주의능력 개선효과를 가지는 것으로 알려져 있다. 그리고 여행지의 다양한 자극물은 학습의 대상이 된다. 소위 문화관광, 교육관광 혹은 생태관광은 관광을 통하여 지식과 태도의 변화를 추구하는 형태의 관광양식이다. 이런 여행은 곧 친환경 태도나 문화 다양성의 이해를 구할 수 있는 기회인 것이다. 관광은 또한 여러 가지 역경을 이겨내는 경험이 된다는 점에서 문제해결능력과 자기효능감(self-efficacy: 일종의 자신감) 및 자기유능감(self-competency: 일종의 달성감)을 증진하는 기회가 된다.

이런 경험은 또한 궁극적으로 여행이라는 역할을 수행하는 자로서 자기 자신의 정체성을 확인하고 확장하는 기회가 된다. 이를 관광자 · 여행자 정체성의 확충이라고 할 수 있다. 여행을 통해 형성하고 확장한 관광자 정체성은 상위개념인 전체적 자기 정체성을 확충하는 데 도움이 될 것이다. 이외에도 여행은 다양한 자극을 접하는 기회이자, 자기 자신을 표현할 수 있는 기회라는 점에서 자기표현능력과 상상력 및 창의성 등 여러 가지 인지능력을 증진할 수 있는 경험이 될 것이다.

3. 사회적 역량 향상 효과

일반적으로 여행은 사람을 만나는 과정이자, 사람에 대해 생각하는 과정으로 구성된다. 매우 예외적인 상황을 제외하면 여행은 사회적 교류의 장인 셈이고, 사회적 갈등을 겪거나, 혹은 친교의 기회가 된다. 새로운 사람을 만날 수도 있고, 기존에 알던 사람과 더 친밀해지는 기회일 수도 있다. 종종 여행은 사회적 갈등을 겪는 과정이 되기도 한다. 우정과 사랑에 금이 가는 경우도 빈번하다. 여행을 하는 동안 갈등을 겪더라도 이를 극복하는 경험은 곧 사회적 역량을 획득하는 기회가 된다. 여행을 통해 우리는 상대를 이해하고 배려하는 방법을 배우고, 또한 단호하게 거절하는 방법을 배운다. 이런 경험은 모두 사회적 역량으로 나타난다. 다시 말해 여행은 사회적 역량을 증진하는 기회가 된다.

여행은 또한 사회적 정체성을 확인하는 기회가 된다. 사회적 정체성은 두 가지 관점에서 개념화된다. 하나는 성격심리학적 관점으로서 내가 생각하기에 타인이 어떻게 나를 바라보는가에 대한 인식이며, 다른 하나는 사회심리학적 관점으로서 사회적 역할을 수행하는 개인으로서 자기 자신에 대한 표상이라고 할 수 있다. 공교롭게도 이 두 가지 개념화의 방법은 여행을 하는 동안 가장 잘 확인할 수 있다. 여행을 하는 동안 우리는 자신의 사회적 역할을 명료하게 구축할 수도 있고, 다른 사람들이 자기 자신을 어떻게 바라보고 있는지를 객관적으로 이해할 수도 있다. 다시 말해 여행은 사회적 정체성을 확인하거나 확충하는 기회가 된다.

4. 관광경험의 장기적 효과: 삶의 질 향상

여행의 궁극적 목표나 결과는 곧 삶의 질에 연결되어 있다. 휴가여행을 다녀온 사람과 그렇지 못한 사람은 행복도 수준에서 차이가 있다는 연구도 있고, 여행을 계획하고 기대하는 것만으로도 행복하다는 연구결과도 있다. 여행이 삶의 질을 향상시킨다는 주장에는 의문이 없다. 문제는 여행경험이 어떻게 삶의 질 향상을 유도하는가 하는 메커니즘에 관한 것이다. 관광행동 연구의 향후 가장 중요한 연구과제는 바로 여기에 있다. 한 가지 힌트는 앞에서 정리하였던 정서능력, 인지능력 및 사회적 역량의 개선효과 등은 삶의 질 향상으로 이어지는 통로가 될 것이라는 점이다.

참고문헌

1) 이진용(2010). 소비자행동 관련 분야의 행동론적 의사결정이론의 연구동향 고찰. 『소비자학연구』, 21(2): 193-236.

2) Cohen, E.(1972). Towards a sociology of international tourism. *Social Research*, 39(1): 164-182.

3) Mathieson, A. & Wall, G.(1982). *Tourism: Economic, physical, and social impacts*. Longman.

4) van Raaij, W. F.(1984). Economics and psychology: the broadening of consumer research, In C. Thomas & P. Kinnear(eds.), *Advances in Consumer Research*, 11: 729-730, UT: Association for Consumer Research.

5) Um, S., & Crompton, J. L.(1991). Development of pleasure travel destinations. *Annals of Tourism Research*, 18(3): 500-514.

6) Woodside, A. G., & MacDonald, R.(1994). General systems framework of customer choice processes for tourism services. *Spoilt for choice*, 31-59.

7) 고동우(2007). 『여가학의 이해』. 세림출판.

8) Plog, S.(1974). Why destination areas rise and fall in popularity. *Cornell Hotel and Restaurant Administration Quarterly*, 14(4): 55-58.

9) Mannell, R. C., & Iso-Ahola, S. E.(1987). The psychological nature of leisure and tourism experience. *Annals of Tourism Research*, 14(3): 314-331.

10) Mill, R. C., & Morrison, A. M.(1998). *The tourism system: An introductory text*, 3rd ed., Dubuque, Iowa: Kendall/Hunt Publishing.

11) Pearce, P. L.(1996). Recent research in tourist behavior. *Asia Pacific Journal of Tourism Research*, 1(1): 7-17.

12) 고동우(2013). 『관광심리학』. 대왕사.

13) Shamir, B.(1992). Some correlates of leisure identity salience: Three exploratory studies. *Journal of Leisure Research*, 24(4): 301-323.

14) Lounsbury, J. W., & Polik, J. R.(1992). Leisure needs and vacation satisfaction. *Leisure Sciences*, 14(2): 105-119.

15) Oliver, R. L.(1980). A cognitive model of the antecedents and consequences of satisfaction decisions. *Journal of Marketing Research*, 17(4): 460-469.

16) Parasuraman, A., Zeithaml, V. A., & Berry, L. L.(1988). SERVQUAL: A multi-item scale for measuring consumer perceptions of the service quality. *Journal of Retailing*, 64(1): 12-40.

17) Decrop, A.(2001). The antecedents and consequences of vacationers' dis/satisfaction: Tales from the field. In J. A. Mazanec, G. I. Crouch, J, R. Ritchie & A. G. Woodside(eds.), *Consumer Psychology of Tourism*, 2nd. London, CABI.

18) Green, D. P., & Fox, J.(2007). Rational choice theory. In William outhwaite and Stephen P. Turner(eds.). *The SAGE handbook of social science methodology*. London: Sage, pp.269-281.

19) 하영원(2000). 소비자 의사결정-정보처리 접근방법을 중심으로. 『소비자학연구』, 11(1): 1-38.

20) Ajzen, I., & Fishbein, M.(1980). Understanding attitudes and predicting social behavior. Englewood-Cliffs, NJ: Prentice Hall.

21) Ajzen, I.(1991). The theory of planned behavior. *Organizational Behavior and Human Decision Processes*, 50(2): 179-211.

22) Woodside, A. G., MacDonald, R., & Burford, M.(2004). Grounded theory of leisure travel. *Journal of Travel and Tourism Marketing*, 17(1): 7-39.

23) 정오현(2013). 관광객 선택의 경제적 합리성 비판. 경기대학교 박사학위 논문.

24) 김문식 · 김남조(2014). 레스토랑 이용자의 비합리적 선택행동 연구. 『관광연구논총』, 26: 73-95.

25) 고동우(2013). 『관광심리학』. 대왕사, pp.44-47.

26) 고동우(2013). 『관광심리학』. 대왕사, pp.311-331.

제 2 장

여가행동론

박 봉 규

동의대학교 호텔컨벤션경영학과 교수

Virginia Tech 경영학과 졸업(경영학박사)
동의대학교 호텔컨벤션경영학과 교수
한국연구재단 사회과학단 전문위원(PM) 역임
현재 (사)부산관광포럼 회장, 한국관광학회 감사
『호텔경영론』 등 다수의 저서와 "Relationship between consumer demand for business ethics and consumption of CSR travel product: Mediation of trust to CSR travel agency(2016)" 등 다수의 논문이 있음

bgpark@deu.ac.kr

최 수 진

용인대학교 문화관광학과 교수

Purdue Univ. Hospitality & Tourism Mgmt 졸업(관광학박사)
용인대학교 문화관광학과 교수
용인시 관광진흥위원회 위원
현재 한국관광학회 이사
"Structure of Travel Planning Processes and Information Use Patterns(2012)" 등 다수의 논문이 있음

soojin@yongin.ac.kr

제 2 장

여가행동론

박 봉 규 · 최 수 진

제1절 여가의 개념과 발전과정

1. 여가의 어원과 정의

협의적인 관점에서, 여가(leisure)란 단순히 일에서 벗어나 유희나 오락, 휴식 및 사교 등이 가능한 '자유시간'이라 간주된다. 보다 넓은 의미에서 여가는 개인의 즐거운 감정 또는 육체적 건강에 기여하거나 자기계발의 추구를 가능하게 하는 등의 개인적이고 사회적인 요구를 만날 수 있는 연관된 기회를 제공하며, 나아가 공동체 전체 시민들의 삶의 질을 향상시키고 그 사회의 안정과 경제적 성장에도 기여한다.

'여가(餘暇)'라는 용어의 어원은 그리스/로마시대의 용어에 근거하고 있는데 크게 세 가지 용어가 여가의 어원으로 알려져 있다. 첫째는 라틴어 Optium으로서 이는 '아무것도 하지 않는 여분, 한가로움 혹은 휴식' 등으로 정의한다. 이는 무위활동(無爲活動)상태를 뜻하며 소극적 관점을 반영한다. 둘째로 라틴어 Liceres는 오늘날의 자유(free-)를 의미하는 것으로 "허락된 것 또는 자유롭게 된 것"을 뜻한다. 이 역시 적극적 행위의 반영은 없는 의미이며, 여가에 대한 소극적 정의의 근거가 된다. 셋째로 그리스어 Scole는 학교(School)의 고어로서 "평온, 평화, 학문, 철학, 창조적 활동" 등을 뜻하며, 자유재량과 자기향상 및 자기실현의 의미를 담고 있다. 처음 두 가지 용어에 비해 훨씬 적극적인 행위를 포함한다는 점에서 적극적 정신활동(精神活動)상태의 의미를 내포한다.

〈표 2-1〉 여가(LEISURE)의 어원과 의미

어원	원래 정의	현대적 정의	가치관	추구방향성
Otium	아무것도 하지 않음, 여분, 한가로움	남는 시간	소극적 의미	정신적/신체적 평형상태, 이완추구
Licere	허락됨, 자유로움	나태, 휴식, 자유시간		
Scole	평화, 학문, 철학, 명상 및 창조	자유재량, 자기향상, 자기실현	적극적 의미	발전적 긴장추구

자료: 고동우, 「여가학의 이해」, 세림출판, 2007.

여가에 대한 개념 정의는 학자에 따라 다양한 관점을 가지고 서로 상이한 방식으로 설명되어 왔다. 그러나 현대적 관점에서 여가에 대한 개념을 살펴보자면, 크게 시간개념과 활동개념, 그리고 주관적 · 심리적 개념으로 구분하여 생각해 볼 수 있다. 먼저 시간개념에 따른 여가는 생활에 필수적인 활동을 하고 난 나머지의 자유시간을 의미하는 것으로 생활시간에서 노동시간과 생리적 시간을 제외한 나머지 시간을 말한다. 이러한 관점은 산업혁명 이후 일과 노동에 대한 구분이 시작된 이후에 대두하기 시작한 개념으로 학문적으로는 사회학적 또는 경제학적인 접근으로 볼 수 있다. 둘째, 활동 개념으로 여가를 정의하는 학자들도 있다. Dumazedier(1967)[1)]는 여가를 '노동, 가족, 사회의 의무로부터 해방되어 휴식이나 오락을 위해 또는 지식 · 자발적 사회참여, 창조적 능력의 자유로운 실현을 위해 스스로 참여하는 활동'으로 보았다. 쉽게 말하면 여가를 활동 그 자체로 보는 것으로써, 이러한 관점은 시간 개념에 비해 그 범위가 상당히 줄어든 것이며, 여가활동을 수행하는 행위자의 주관적 입장이라기보다는 관찰자의 관점에서 정의한 것이다.

셋째, 여가를 주관적 상태로 정의하는 방식으로, 이 방식에 의하면 여가의 개념이 매우 광범위해진다. 이 관점에 의하면 여가를 상대적 관점으로 보기에 일과 완전히 분리시켜 이분법적으로 여가냐 아니냐를 구분할 수 없다. 행위자의 마음상태가 그 경험을 여가로 보느냐 아니냐가 중요한 기준이며, 행위의 목적이 가장 중요하다. 다시 말해서, 주관적 의미의 여가란 인간의 전면적인 발달을 위해 주체성을 가지고 자유롭게 활동하는 심리적 상태라고 볼 수 있다. '여가'라는 심리적 상태가 전형적으로 자유시간이나 비노동시간에 경험되지만, 그 밖에 노동과정 중에도 여가를 경험하는 것이 가능하다는 점을 함축하고 있다.

결론적으로 본서에서는 '여가(餘暇)'에 대하여 '비교적 자유로운 상태에서 내재적 보상을 얻기 위해 스스로 한 선택에 의해 결정되는 모든 경험'이라고 정의한다. 그러나 여가라는 사회적 개인적 현상을 이해하기 위해서는 일련의 행동과정으로서 '여가활동'에 대한 정의와 시간 개념으로써의 '여가시간'에 대한 규정이 필요하다고 여겨진다. 따라서 여가, 여가활동 및 여가시간의 개념을 구분하여 상대적으로 정의하여 아래의 표에 정리해 두었다.

〈표 2-2〉 여가 개념의 정의

여가	비교적 자유로운 상태에서 내재적 보상을 얻기 위해 스스로 선택에 의해 결정하는 모든 경험
여가활동	그러한 여가 경험을 유발하는 일련의 행위로서 시작과 끝을 가진 활동 단위 (예, 수영, 등산, 게임 등)
여가시간	여가활동이 이루어질 수 있거나 실제 이루어지는 시간

자료: 고동우(2007).[2)]

2. 여가 관련 개념

앞에서 우리는 여가의 어원과 개념 정의에 대하여 살펴보았다. 여기서는 이 여가개념과 유사개념인 놀이, 레크리에이션, 여행과 관광 등의 개념과 비교하여 검토함으로써 여가에 대한 종합적인 이해를 시도한다.

(1) 레크리에이션

레크리에이션(recreation)은 여가와 유사한 개념이지만, 항상 일종의 '활동(activities)'을 지칭하는 의미를 풍긴다는 면에서 여가와 비교된다. 여가 개념과 마찬가지로 레크리에이션에 대한 정의도 다양하다. Kraus(1971, 2000)[3)]는 '즐거움 또는 개인적인 실현을 위하여 자발적으로 여가시간에 행해지는 활동'으로 레크리에이션을 정의하였다. Butler(1957)[4)]는 '레크리에이션은 자기기능이나 기관을 최대한으로 이용하려 하고 활동적이라고 생각하는 행동형식, 자기표현의 시도'라고 하였으며, Ball(1964)[5)]은 '여가시간에 있어서 각자가 선택한 활동에 자발적 참가를 통해서 만족을 나타내는 여러 가지 경험을 포함 한다'라고 규정하였다. Neumeyer(1958)[6)]는 '레크리에이션이란 그것이 개인에 의해서든 집단에 의해서든 여가에 영위되는 활동이며 그 활동에서 얻어지는 직접, 간접적인 보수에 따라 강제된 것이 아니라 그 활동 자체에 직접적인 동기가 있는 자유롭고 즐거운 활동을 뜻한다. 레크리에이션 활동은 인간의 어떤 연령층에서도 가능한 활동이며 또한 시간적 요소, 참가자의 상태, 태도, 환경조건에 따라 결정되는 것이다'라고 하였다. 한편 국내학자로서 김오중(2000)[7)]은 레크리에이션을 '각자가 선택한 활동에 스스로 참가하여 만족을 느낄 수 있으며 동시에 문화 · 사회적으로 받아들일 수 있는 건설적이며 창조적인 여가의 활동'이라고 정의하였다.

이와 같이 여러 학자들의 견해를 종합하여 공통점을 찾아보면 다음과 같다. 첫째, 레크리에이션은 가치가 있어야 한다(worth-while). 둘째, 레크리에이션 활동은 여가 중에 이루어져야 한다(leisure). 셋째, 레크리에이션 활동은 사회적으로 용납되어야 한다(socially-accepted). 넷째, 레크리에이션 활동은 만족을 느껴야 한다(satisfaction). 다섯째, 레크리에이션은 자발적인 활동이어야 한다(voluntary). 따라서 본서에서는 레크리에이션을 '각자가 선택한 활동에 스스로 참가하여 만족을 느낄 수 있으며 창조적이고, 생산의욕을 고취시키는 여가활동'이라고 정의하고자 한다.

일부 학자들은 여가 개념과 비교하여, 레크리에이션을 여가활동의 한 범주로 간주하고 있으나, 이는 잘못된 견해라고 할 수 있다. 여가활동이 즉각적인 내재적 보상을 목표로 스스로 결정한 어떤 활동이라면, 레크리에이션은 스스로 결정하지 않을 수도 있으며 반드시 내재적 보상만을 목표로 하지도 않기 때문이다.

(2) 놀이

놀이(play)는 흔히 레크리에이션과 호환적으로 사용되지만, 이 용어의 어원은 라틴어 plaga에서 유래하였으며 그리스 시대 교육의 중요한 수단으로 인식될 만큼 오래된 것이다. 놀이에 대한 가장 체계적인 연구를 시도한 이는 네덜란드의 역사문화학자 요한 호이징하(J. Huizinga, 1872~1945)로서, 그는 놀이야말로 인간의 본질이며 문화의 근원이라고 주장하였다. 그는 놀이의 본질과 그 표현형태를 인류역사의 전 과정 속에서 파악한 후 놀이가 문화를 만들어내고 지속시킨다고 주장하면서, 다음과 같이 놀이의 특성을 제시하였다. 첫째, 놀이는 자발적 의사에 의해 행해진다. 둘째, 일상생활속의 막간에 이용되고 탈일상적이며 공평무사성(disinterestedness)을 가진다. 셋째, 반복화라는 지속성을 가지며, 놀이공간으로 미리 구획되어진 공간에서 행해진다. 넷째, 질서와 규칙이 놀이집단의 존재를 위해 중요한 의미를 갖는다.

한편, Huizinga의 개념을 비판적으로 계승하여 놀이에 대한 보다 구체적이고 현실적인 관점을 제시한 이는 프랑스의 문화인류학자 로제 까이요와(Roger Caillois, 1913~1978)이다. Caillois는 놀이의 기준 내지 특성으로서, ① 참가의 자유, ② 일상생활로부터의 격리, ③ 과정 및 결과의 불확실성, ④ 생산성을 목적으로 하지 않음(unproductive), ⑤ 규칙의 지배, ⑥ 허구성(imagined realities)의 6가지를 들고 있다.

우리나라에도 최근 놀이의 중요성을 역설해 주목받고 있는 문화심리학자 김정운(2011)도 놀이의 주요 속성을 다음과 같이 다섯 가지로 요약했다. 첫째, 놀이는 일상적인 경험들과 구별된다는 의미에서 비실재적이다. 둘째, 놀이는 '내적동기(intrinsic motivation)'에서 출발한다. 셋째, 놀이는 목표를 이루는 것보다 과정을 즐기는 것이다. 넷째, 놀이는 자유 선택에 따른 행동이다. 다섯째, 놀이는 즐거운 활동이다.

결론적으로 놀이는 여가경험의 기본 속성인 지각된 자유(자기결정)와 내재적 동기를 모두 포함하고 있다. 따라서 놀이는 여가의 한 범주라고 할 수 있지만 여가활동 중 놀이가 아닌 여가활동과 놀이인 여가활동을 나눌 수 있다는 사실이 중요하며 그 기준으로 고려할 만한 것은 오직 한 가지 차원인 '규칙성'이다. 다시 말해 놀이 중 가상성, 불확정성, 시공간의 분리 등이 없는 활동이 얼마든지 존재할 수 있다. 이 중 가장 주요한 절대적인 기준은 바로 규칙성이다. 즉 놀이는 여가활동 중 규칙이 있는 모든 것이라 할 수 있다.

(3) 관광과 여가

여가가 복합적인 개념이어서 정의를 내리기가 어려운 만큼 관광의 의미도 오늘날 지나치게 복합화 되어 마땅한 정의를 내리기가 어렵다. 대체적으로 관광은 여가에 포함되는 개념으로 이해되고 있지만, 그렇다고 모든 여행이나 관광이 곧바로 여가활동이 되는 것은 아니다. 여행은 거리의 이동을 전제로 한다는 점에서 탈일상성의 조건을 충족하지만, 사업여행이나 친지방문과 같은 여행은 외재적 동기에 의한 것도 많다. 그러므로 즐거움이나 내재적 보상을 추구하기 위한 순수 여행(pleasure travel) 또는 여가 여행(leisure travel)만이 여가활동에 포함된다. 때때로 업무차 여행을 하더라도 업무를 수행한 다음 또는 그 중간에 여가활동을 즐긴다면 겸목적 여행이라고 할 수 있으며, 이는 준여가(semi-leisure) 경험으로 간주할 수 있겠다.

그림 2-1 여가와 관광 및 레크리에이션의 관계

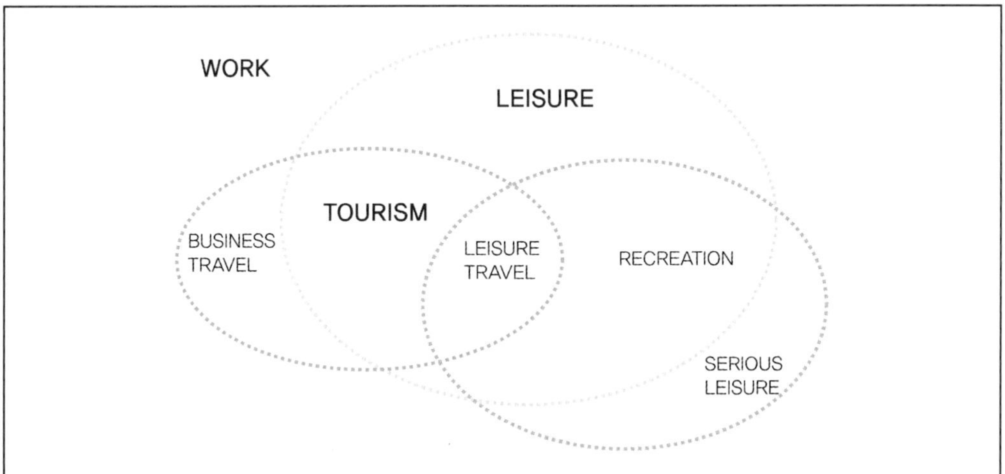

자료: Hall, C. M., & Page, S. J.(2014).[8)]

오늘날 우리가 관광이라고 부르는 여행은 행위자의 관점에서 보느냐 또는 공급자 관점에서 보느냐에 따라 여가활동으로 볼 수도 있고 비여가활동으로 볼 수도 있다. 행위자의 입장에서 보면 순수여행만이 여가활동이라고 보는 것이 타당하며, 공급자 관점 즉 제도적 관점에서 보면 겸목적 여행도 관광이 되며 심지어 업무여행도 관광으로 간주된다. 제도적 관점에서는 여행자를 소비자(consumer)로 보고 경제적 이익을 가져다 줄 대상으로 인식하기 때문이다. 실제로 세계관광기구(WTO)는 관광을 '여러 가지 목적으로 1박 이상의 여정으로 거주지역을 벗어나서 여행하는 것'으로 정의하고 있다. 이는 제도적 관점 및 공급자 관점에서 관광을 해석한 것으로, 제도적 관점에서는 여행자를 소비자라 보기에 진정한 여가를 위해 여행하는 순수여행자와 산업여행자를 가려낼 필요가 있다.

3. 여가의 발전 과정

인류사회의 역사는 여가의 역사이며, 사회 각 계급에 있어 여가의 분배와 이용에 관한 역사이기도 하다. 여가현상은 원시시대 이래로 존재하여 왔으며, 인류가 수렵 · 채집의 단계에서 유목생활을 거쳐 농경사회로 옮겨가는 과정 중에서 여가가 싹트고 레크리에이션이 행하여지게 되었으며, 그 이후 인류의 여가활동은 인간생활의 여러 측면과 함께 끊임없는 변화를 겪어왔다고 할 수 있다. 그러므로 역사 속에서 여가의 변천 과정을 이해하는 것은 여가에 대한 인간의 기본적 욕구와 현재의 여가 문화, 그리고 여가산업의 현 상황 및 미래 동향을 이해하는 데 도움이 될 것이다.

(1) 서구의 여가 변천 과정

• 원시사회

고대사회에서의 여가는 정치적 수단과 소비의 개념에 입각하여 현대적 의미로써의 여가가치나 기능이 전혀 강조되지 않았으며, 일과 휴식이라는 개념이 분화되지 않은 상태라고 할 수 있다. 즉, 원시사회에서 여가는 일하는 가운데 틈틈이 휴식을 취하거나 의식(儀式)에 참가하는 정도로 제한되어 있었고, 노동과 여가가 뚜렷하게 구분되지 않았으며, 여가가 일상적인 삶의 일부분으로 인식되었을 것이다. 요약하자면, 여가가 독자적인 사회적 행동양식으로 형성되지 못하였으므로 여가에 대한 의식이나 개념의 형성이 결여된 시대였다고 할 수 있다.

• 그리스 · 로마 사회

여가라는 것이 자유시간 이상의 것이 되어야 한다는 사고는 고대 그리스시대부터 비롯된 것으로 그리스 시대의 여가는 소수 특정집단만이 향유할 수 있었으며 계급 간에 엄격한 차별이 있었다. 이러한 상황은 그 당시의 대표적 철학자들의 사상에서 엿볼 수 있다. 먼저 플라톤(Platon)은 여가를 '자기계발과 자기표현을 위한 자유로운 시간'으로 규정하였다. 반면에 아리스토텔레스(Aristoteles)는 '노동의 필요성으로부터의 자유'로 인식하였다. 그리스인들은 여가를 시간이 자유로울 때 향유하는 것이므로, 국가가 개개인에게 여가의 기회 및 시설을 제공하여야 한다고 생각하였다. 이러한 사조에 비추어볼 때, 그들은 독특한 여가윤리를 발전시켰으며 공공여가시설의 건설을 통하여 공공의 여가를 성행시킨 근거가 역사 속에서 발견되었다.

철기문명을 받아들여 강력한 국가와 경제적인 부유를 성취한 로마의 유한계급들은 자신의 여가활동을 위하여 많은 노예들을 희생시키면서 연간 200일 정도의 휴일을 즐길 수 있었다고 한다. 이 시대의 여가는, 학습과 창조라는 여가의 기능적 측면보다는 법률과 관습을 강조하였으며 주로 소비적인 여가가 성행하였다. 대중적 현상을 보인 로마시대의 여가는 고귀한 인간행복을 위한 것이기보다는 정치적 도구로 이용되었으며, 로마인들은 여가에 참여하는 것에 의의를 두기보다는 소비에 더 큰 의의를 부여하였기 때문에, 이는 로마몰락의 주요한 원인으로 작용하기도 하였다.

- **중세사회**

봉건제도의 등장과 가톨릭의 전파로 대표되는 중세시대 여가의 핵심은 종교에 있었다. 여가의 내면적 가치를 중요시하는 아리스토텔레스의 철학은 중세 초기에 영향을 미치어 여가의 궁극적인 형태를 구원을 추구하는 명상으로 인식하기도 하였다. 가톨릭교회는 대부분의 여가활동을 통제하였으며 절도 있는 생활 속에서 종교의식 및 교회의 광장이나 도시의 광장을 중심으로 열리는 축제를 중심으로 여가활동이 이루어졌다.

르네상스시대에 이르러 신 중간계급이 등장하였는데, 이들은 넉넉한 재력과 시간적 여유를 활용하여 취미와 여가생활에 투자하였으며, 극장 및 오페라 하우스의 건설과 함께 교양적인 여가시설이 증가하였다. Huizinga는 이 시기를 "놀이의 황금시대"로 평가하였으며, 근대 후기 유럽 상류사회의 사교적 세계와 여가향유 풍조를 조성하였다. 중세말기 종교개혁이 이루어지는 동안에는 노동이 인간생활의 궁극적인 것으로 신성시되고, 반면 여가는 죄악으로 간주되어 상대적인 중요성이 감소되었으며 이에 따른 여가윤리는 20세기까지 연결되었다.

- **근대사회**

근대는 산업혁명 이후 산업화와 도시화로 인해 노동과 비노동의 뚜렷한 경계를 가진 여가의 개념이 자리 잡기 시작한 시대였다. 즉 일부 유한계급에게만 주어졌던 여가가 산업화와 더불어 대중화되기 시작하였으며, 일에 대한 보상수단으로서, 또는 일을 수행하는 데 필요한 에너지 공급의 수단으로서 여가의 중요성이 부각되었다. 이 시기의 산업혁명은 노동과 여가의 관계를 새롭게 정립하는데 상당한 기여를 하였는데 요약하자면 이를 네 가지로 정리할 수 있다. ① 새로운 도시사회를 형성하였으며, ② 직업윤리관을 낳게 하였고, ③ 산업적 생활양식을 새롭게 설정하였으며, 마지막으로 ④ 더욱 광범위한 여가의 참여기회를 조장하였다는 점이다.

• **현대사회**

현대에 이르러 과거 유한엘리트의 여가독점은 무너지고 여가가 대중화, 대량화의 현상을 보이게 되었으며, 다양하고 커다란 기술적 변화가 극적으로 다가옴에 따라 현대인들은 기계문명으로 인한 권태의 고민을 해소하려는 욕구를 증대시켜왔다. 그래서 상실되어 가는 인간성을 회복하고 정신문화주의를 지향하는 방향으로 생활가치체계의 변화를 추구하며, 삶의 보람을 노동보다는 여가에서 찾으려는 경향을 뚜렷이 보이게 되었다. 현대의 여가는 목적화되고 산업화의 특징을 강하게 가지고 있는데, 현대 여가의 특징은 정리하면 다음과 같다.

① 하나의 권리로 인식되어 국가적 차원의 사회 정책적 대책이 요구된다.
② 국가가 국민의 여가 복지를 위하여 장기적으로 시설계획 및 대책을 수립하고 있다.
③ 여가정책 및 개발 등에 있어서 관료체제화 현상이 두드러지게 나타나고 있다.
④ 현대의 여가문명은 소비성과 밀접한 관련이 있어, 여가가 독자적 형태를 지닌 독립 산업으로 등장하였다.
⑤ '노동을 위한 휴식으로서의 여가'에서 '여가를 위한 노동'이라는 인식으로 전환이 이루어지고 있다.
⑥ 여가현상의 무규제 · 비규범으로 인한 가치혼란의 양상이 파생되고 있으며, 여러 가지 여가 관련 문제들이 심각하게 대두되고 있다.

(2) 한국의 여가 변천사

여가 연구의 뿌리가 서구에서 시작되어 여가의 변천과정에 대한 연구가 서구 유럽을 중심으로 이루어졌기 때문에 해방 이전 우리나라의 여가 발전과정에 대한 체계적인 연구가 미흡하고 자료가 부족한 실정이다. 그러나 동양사회 특히 우리나라의 역사 발전에 따른 여가의 의미와 그 활용 상황에 대한 이해 또한 중요하다.

• **산업화 이전의 여가**

우리나라의 고대사회에서는 혈연을 기초로 한 공동 노동과 공동 신앙이 중심이 된 공동체 사회를 중심으로 공동체의 굿과 제사, 신제와 같은 종교적인 제의적(Ritual) 성격을 띤 여가행위가 존재하였음을 짐작할 수 있다. 청동기 시대를 지나면서 부족국가가 형성되고 신분제도가 확립되면서, 이 시대의 여가활동은 유한계급인 귀족들을 중심으로 이루어졌으며, 서민의 여가는 부정적인 것으로 간주되었다. 이 시기의 귀족계급의 여가생활의 대표적인 것으로 신선사상에 근거한 풍류도 문화를 들 수 있다. 삼국유사에 보면, 신라의 화랑도는 명산대천을 유람하는 것이 가장 중요한 교육의 일환이었다고 한다. 이것은 서양의 그랜드투어*와 매우 유사한 개념이나 나중에는 풍류도라 불리며 호연지기를 키우고자하는 이념적 본질에서 벗어나 음주가무를 즐길 수 있는 능력이야말로 지배계급의 기준이라고 생각될 만큼 왜곡되었다. 이러한 현상은 고려시대는 물론 조선시대의 양반 문화에서도 잘 나타난다. 산수가 수려한 곳에 정자를 짓고, 기생을 불러 음주가무를 즐기는 것이 양반사회의 보편적인 문화가 되었다. 귀족계급과는 달리 농민이나 천민들의 여가문화는 '일과 여가의 미분화' 현상으로 집약될 수 있다. 이들의 여가생활은 농번기와 농한기로 구분되어 나타났는데, 그나마 이러한 여가활동들도 대부분 투전과 같은 소모적 활동에 불과하였고, 농번기에는 이들의 노동생산성을 증가시켜주기 위한 수단으로써 이용되었다. 가령, 공동체의식을 위한 각종 축제(예; 길쌈놀이, 강강술래, 차전놀이, 연등제 등)를 중심으로 여가활동이 이루어졌다.

우리나라의 산업화 이전 여가의 특징은 크게 세 가지로 볼 수 있다. 첫째, 농업과 매우 밀접한 관련이 있다. 농경사회를 바탕으로 단합과 유대를 가진 집단 놀이가 중심이 되었으며 주술적 의식에 바탕을 둔 제례의식이 대표적이다. 둘째, 승부를 겨루는 남성중심의 놀이 문화가 주를 이루었으며 바깥출입과 활동에 제약이 많았던 여성들의 여가는 한정적이었다. 마지막으로, 근대 스포츠의 가장 큰 특징인 스포츠의 중심이 되는 경쟁의 원리가 우리의 전통놀이와 세시풍속에도 적용된다는 점이다.

- **일제 강점기의 여가**

일제 강점기에는 우리 사회의 정치적 · 사회적 구조가 급속도로 허물어져갔으며 여가를 생각할 겨를이 없었다. 일제는 한국의 전통적인 가치관을 말살하기 위해 다양한 문화정책을 폈으며, 이에 따라 우리의 여가문화도 왜곡되기 시작하였다. 우민화(愚民化)정책의 일환으로 일제에 의해 소개된 화투는 오늘날의 민화투나 고스톱 문화의 근거가 되었다. 이 시기는 일본의 놀이문화가 강요된 것은 물론이거니와 서구 놀이문화가 어색하게 우리 전래문화에 접목되어 동서의 어느 것도 아닌 혼합놀이가 만들어져 역사상 가장 빈약한 여가문화가 형성된 시기라고 할 수 있다.

* Grand Tour: 16~18세기 유럽 귀족 자제들의 교육관광.

- **광복 및 한국전쟁 이후부터 1980년대까지**

광복이 되고 남한에 정부가 들어서고 얼마 지나지 않아 6 · 25전쟁을 겪으면서 우리나라는 정치 · 경제적으로 격변의 과정을 거치게 되었다. 이 시대는 전통적인 산업사회로의 진입기였으며, 그래서 서구 산업사회에서처럼 노동생산성을 강조하면서 여가에 대한 부정적 인식이 팽배하였고 여가는 단지 노동을 위한 수단으로서만 가치를 인정받았다. 한편, 5 · 16 쿠데타 이후 국가주도로 경제개발과 공업화 · 도시화 과정을 거치면서 도시민들을 중심으로 도시의 혼잡을 벗어나려는 일탈적인 여가행태, 다시 말해 기분전환의 기회로 여가를 활용하고, 생활의 변화를 추구하려는 형태가 조금씩 나타나게 되었다. 정책적으로는, 1960년대부터 국립공원을 배정하고 여가행정조직 및 여가관련법규를 정비하기 시작하였으며 1970년대에는 대규모 관광휴양지로서 경주 보문단지와 제주 중문단지를 개발하는 한편, 국립공원을 확대 지정하는 등 대중화된 여가현상을 위한 다양한 여가자원을 개발하기 시작하였다.

- **1980년대 이후 현재까지**

80년대에 들어오면서 석유파동 등의 여파와 국내정국의 불안 등으로 한때 여가생활이 위축되기도 하였지만, 이후 급속한 경제성장의 가속화로 국민의 여가에 대한 관심이 고조되었으며, 국민의 의식구조는 물질충족의 단계에서 질적인 생활수준의 향상으로 그 비중이 옮겨가게 되었다. 그러나 80년대 이후 사치성 향락산업과 과소비적 여가형태가 늘어나면서, 여가 및 유흥비용을 조달하기 위해 청소년의 비행행위가 급증하는 등 사회적인 문제가 야기되기도 하였다. 80년대 이후의 국민여가성향은 그 이용대상과 방법이 다양화되었으며, 개개인의 개성과 취향을 살릴 수 있는 활동적인 레크리에이션이 널리 보급되고 또한 여가활동에 대한 긍정적인 재평가와 아울러 전국이 1일 여가권을 형성하면서 여가의 대중화, 개성화가 가속되고 있다.

제2절 여가동기와 행동의 이해

여가행동이란 여가참여자가 시간과 비용 그리고 심리적 편안함과 즐거움이 충족되는 조건하에서 각자의 여가욕구를 실현하기 위해 자발적으로 참여하고 여가활동을 통해 만족을 얻고자 하는 과정으로 이해할 수 있다. 이러한 여가행동이 인간의 다른 행동들과 다른 점은 비구속성(非拘束性)과 탈일상성(脫日常性)에 있다. 그러므로 여가행동의 전체과정을 이해하기 위해서는 여가행동의 시발점이자 추동요인이 되는 여가 욕구 및 동기를 이해하는 것이 중요하다.

1. 여가동기 이론

여가행동 연구에서 동기에 대한 이론적 모형들은 다양한 관점에서 제시되어 왔다. 그러나 큰 틀에서 보면 세 가지 접근방식으로 나눠볼 수 있는데, 첫째는 '욕구유형분류 방식'의 이론이고, 둘째는 동기의 방향성을 강조하는 '구조이론'이고, 셋째는 '동기의 기제적 접근' 이론이다. 여기서는 각각의 관점에서 대표적으로 언급되는 이론들을 살펴보고 뒤에 언급되는 여가행동 모형에 필요한 주요 개념들을 다루어보고자 한다.

(1) 여가욕구의 분류모형

여가동기를 이해하는 데 있어서 여가욕구를 분류하는 방식은 방법론적 측면에서 가장 쉬운 접근이었다. 이러한 접근은 1930년대 심리학자 Murray의 기본 욕구이론에 근거하고 있다. 그는 '어떤 행동을 왜 하느냐'라는 질문에 대해 가장 쉬운 대답은 '그러한 욕구가 있기 때문에 가능하다'라고 주장하였다. 즉, 인간의 구체적 행동에 대한 세부적 원인은 다양하겠지만 이러한 세부 원인들을 공통적인 요소로 묶어서 기본욕구의 종류를 정리해야만 비로소 욕구이론으로서 가치가 있다고 말할 수 있다. 이러한 논리 아래 몇몇 학자들은 여가행동을 설명할 수 있는 기본 여가욕구를 분류하는 방식의 모형을 제시하였다.

대표적으로 Crandall(1980)[9]은 17가지 기본 욕구를 제시하였는데, 일상탈출, 문명탈출, 신체노동, 창의성, 휴식, 사회교류와 회피, 친교형성, 이성교류, 가족관계, 지위 및 체면, 권력이타심, 자극추구, 자기실현, 성취 및 도전, 시간보내기, 지적 욕구 등이 여기에 해당된다. 그러나 Crandell의 17가지 여가욕구 모형은 개념적 기준이 분명하지 않다는 비판을 면하지 못했다. Beard와 Ragheb(1983)[10]은 Crandell보다 체계적인 방법을 택했으며 가장 근원적인 4가지 여가욕구 차원에서 제시하였다. 바로 지적 욕구, 사회적 욕구, 유능성 욕구, 자극회피 욕구 등이다. 하지만 이 또한 지나치게 여가욕구를 축약했다는 한계가 존재한다. Driver와 Brown(1986)[11]은 Bread와 Ragheb의 모형보다 더 많은 종류의 동기요소를 제시하였다. 그들이 제안한 7가지 동기요소가 곧 욕구인데, 이는 개인 성장과 발전의 욕구, 사회적 관계욕구, 치료목적과 신체건강의 욕구, 자유와 독립의 욕구 그리고 향수 욕구 등이 포함된다.

이러한 여가욕구에 관한 연구들의 공통적인 문제점은 ① 욕구 차원들 간의 의미 중복 문제가 있으며, ② 독립적인 수준에서 차원 분류를 하지 못했고, ③ 제시한 욕구들 사이의 관계성도 무시되고 있다는 것이다. 예를 들어 겉으로 표현된 욕구와 잠재된 욕구를 구분하지 못하고 있으며, 제시된 다양한 욕구 차원들 모두가 내재적 동기의 구성요소가 될지는 의문이다. 그러나 최소한

두 가지 차원의 공통된 여가욕구를 추론해 볼 수 있다. 첫째는 일상의 환경으로부터 벗어나고자 하는 일상탈출의 욕구이고, 둘째는 일상을 벗어나는 것만이 아니라 새로운 어떤 것을 갈구하는 자극추구의 욕구이다.

여가행동의 동기를 전부 설명할 수는 없지만 여가욕구를 나열하는 것만으로도 구체적인 욕구의 진행방향이나 과정에 대한 이해가 가능하다. 그래서 일부 학자들은 최소한의 기본 욕구를 가정하고 그것의 진행과정을 이해하는 데 도움이 되는 연구모형을 제시하였다.

(2) 여가욕구 구조모형

① 회피-추구 욕구 구조모형(Iso-Ahola, 1986)

여가 심리학자 Iso-Ahola(1986)는 우리가 기본 욕구라고 부르는 다양한 여가욕구들이 두 가지 기본차원 -'회피(escaping)와 추구(seeking)'-으로 분류된다고 가정한다. 그는 회피 혹은 탈출과 추구의 욕구를 맥락별로 구체적으로 정리하였다. 회피맥락에는 두 종류가 있는데, 이는 노동 장면 같은 '개인적 환경'과 사회적 관계를 의미하는 '대인 간 맥락(interpersonal environment)'이 해당된다. 추구맥락 역시 두 종류로 분류되는데 하나는 능력 확장이나 성장의 보상 같은 '개인적 보상'이며 나머지 하나는 지위와 같은 '사회적 관계 차원의 보상(interpersonal reward)'이다. Iso-Ahola(1986)의 여가욕구 모형은 아래 그림과 같다.

그림 2-2 Iso-Ahola(1986)의 여가욕구 모형

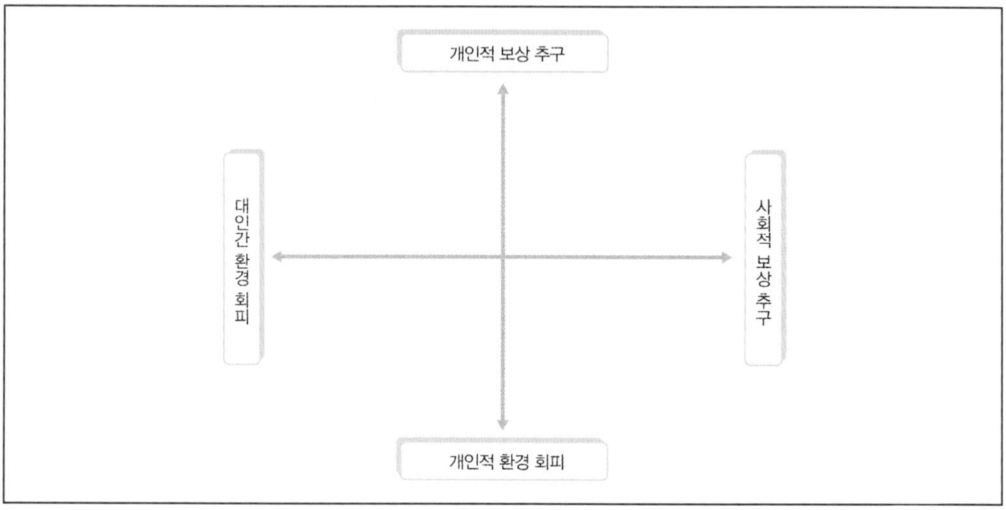

자료: Iso-Ahola, S. E.(1986).[12)]

② 이중추동 여가욕구 모형(고동우, 2002)[13)]

여가행동은 인간의 '자유선택'을 전제로 하기 때문에 기본 욕구의 실현가능성을 높인다고 할 수 있다. 이러한 행동을 추동하는 심리적 에너지는 긴장을 벗어나 이완상태로 가려는 욕구(이완추구 추동)와 지나친 이완을 탈출하여 적절한 긴장상태를 추구하는 욕구(최적각성 추동)의 방향성을 가진다. 고동우(2002)는 이 두 가지 추동이 구체적인 맥락에서 작동할 때 그것을 여가욕구라 부를 수 있다고 주장하였다. 긴장을 회피하는 '이완추구'의 추동은 안정의 욕구, 편리함의 욕구, 애착욕구, 소속감의 욕구 등으로 발현될 수 있으며, 권태를 회피하는 '최적각성 추구' 추동은 모험/탐험의 욕구, 성취욕구, 유능감 욕구, 정복의 욕구, 권력욕구 등으로 나타날 수 있다. 이를 그림으로 묘사하면 다음과 같다.

그림 2-3 이중추동 여가욕구 모형

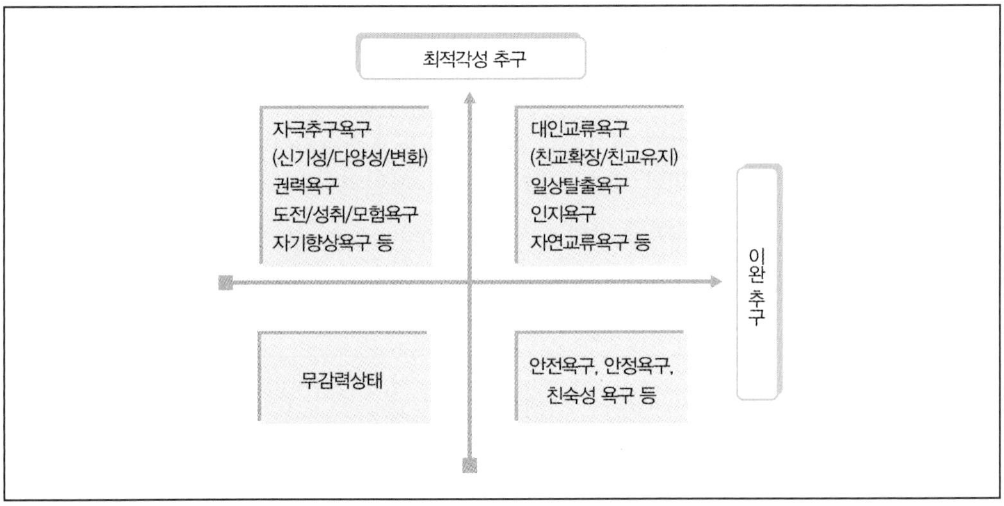

자료: 고동우(2002).

(3) 여가동기의 기제적 접근 이론

인간의 어떤 행위가 여가인가 아닌가를 가늠할 수 있는 결정요인 중의 하나는 그 행위의 목표가 어디에 있는가 하는 점이다. 행위의 결과가 금전, 성과, 보상, 승진과 같은 것을 목표로 하는 심리적 상태를 외재적 동기(extrinsic motivation)라고 하고, 행위의 과정에서 즐거움을 목표로 하는 것을 내재적 동기(intrinsic motivation)라고 한다. 여가 경험은 내재적 동기 아래에서 이루어지며 곧 즐거움을 목표로 하는 것이다. 내재적 동기가 발생하는 이유는 앞서 설명한 '이완'과 '각성'

을 추구하는 인간의 욕구가 구체적 방향성을 만나 그 욕구를 실현하려고 할 때 생긴다. 이 때 욕구는 여가활동을 수행하는 동안 실현될 수 있으며, 그 결과 지각하는 즐거움은 그 활동의 목표가 된다는 점에서 그 목표는 내재적 동기가 된다 할 수 있다.

성영신 등(1996)[14]은 동기의 환경 맥락을 중심으로 인간의 기본욕구를 5가지로 분류하였다. 이들 중 처음 세 가지(자기결정욕구, 자기향상욕구, 자기표현 욕구)는 여가활동의 구조적 특징 즉 내재적 동기의 측면에서 실현 가능하며, 사회교류 욕구는 여가활동의 사회적 환경 맥락에서, 자연교류 욕구는 여가활동의 물리적 환경의 측면에서 실현될 수 있다.

〈표 2-3〉 여가동기의 환경 맥락을 이용한 기본욕구 구분

구분	기본욕구
구조적 특성 (내재적 동기)	① 자기 결정의 욕구: 지각된 자유감 ② 자기 향상의 욕구: 자신의 정신적, 신체적 능력과 지식을 확인하고 확장하려는 욕구 ③ 자기 표현의 욕구: 가치관 및 성격, 기술과 능력, 외모, 사회경제적 지위
사회적 환경 맥락	④ 사회적 교류 욕구: 대인관계의 친밀유지발전 또는 친밀감 형성
물리적 환경 맥락	⑤ 자연 교류의 욕구: 자연정복, 자연동화

자료: 성영신, 고동우, 정준호(1996)를 수정함.

2. 여가행동 이론

여가행동 이론들은 사람들이 왜 여가를 행하는지, 그들이 어떤 방식으로 여가를 즐기는지, 그리고 여가행동에 영향을 주는 요인들은 어떤 것들인지 알기 쉽게 설명하면서 여가행동의 특성을 이해시키기 위하여 노력하는 사회과학자들에 의해 형성되어진 일종의 모형(model)이고 패러다임(paradigm)이다. 여기에서는 복잡하고 다양한 특성을 가진 여가활동이 어떻게 발생하고 어떠한 구조를 가지고 있는지를 대표적인 여가학자들이 제시한 행동모델들을 통하여 살펴보고자 한다.

(1) 松原治郎의 여가행동의 메커니즘

일본의 여가사회학자인 松原治郎(1976)[15]은 여가행동의 메커니즘을 다음의 그림과 같이 제시하고 있는데, 여가행동은 여가욕구나 동기에 의하여 행동화되며 목표를 달성한 후에 이에 대한 평가와 저해요인에 관한 논의를 거친 다음, 다시 여가욕구에 환류(還流)하게 되며, 또한 여가행동에는 여가의식, 여가관, 여가시설, 여가정보 등의 요소가 영향을 주게 된다고 주장하고 있다.

그림 2-4 여가행동의 메커니즘

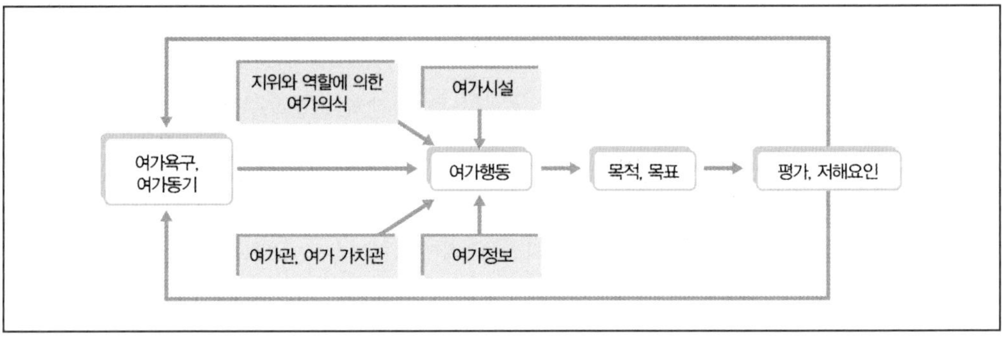

자료: 松原治郎(1976).

(2) 마틴과 메이슨의 여가행동모형

Martin & Mason(1976)[16]은 여가행동의 일반적인 발생이 자유재량시간의 이용가능성 증가에 기인하는 것으로 보며, 여가행동의 도식적 모형(schematic model)을 아래의 그림과 같이 제시하였다. 이 모형은 시간, 비용, 공간적 제약 속에서 여가참가자의 개인적 특성과 여가기회의 제공자 간의 상관관계를 나타내고 있다. 우선 개인적 차원에서 여가행동의 성립에 영향을 주는 요인으로는 만족에 영향을 주는 요인(연령, 가족생활주기, 사회집단, 개인적 취향, 교육수준)과 자원의 제약성(시간, 비용, 공간)이 있다. 여가상품과 서비스의 공급자에는 정부와 사기업을 들고 있으며, 이러한 개인적 특성과 여가공급수준에 따라 전체적인 여가시장이 형성되는 큰 그림을 제시하고 있다.

그림 2-5 마틴과 메이슨의 여가행동모형

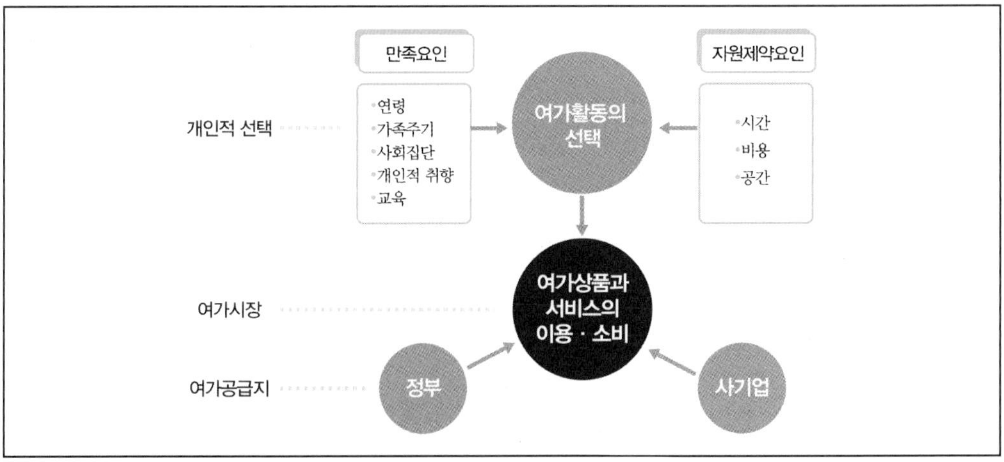

자료: Martin, W. H., & Mason, S.(1976).

(3) Micheal Chubb의 여가행동 과정 모델

Chubb & Chubb(1981)[17)]은 여가행동의 진행과정을 하나의 의사결정 과정으로 보고, 여가행동의 발생에서 경험 후의 만족에 이르는 여가행동 전체를 11가지 단계로 나누어 정리하였다(그림 2-6). 아래의 11단계의 여가행동 진행과정은 여가참가자가 부지불식간에 행하게 되는 과정으로서, 사람에 따라 각 여가활동이 11단계를 모두 거치는 경우가 있는 반면 또 다른 사람은 그중에 몇 단계를 생략하는 경우도 있다. 비교적 원거리의 여가행동인 경우에는 여러 단계를 거치지만, 가정이나 근거리의 여가행동은 그중 생략되거나 뛰어넘는 단계가 생기는 경향이 있다. 이와 같이 여가행동의 진행과정은 개인에 따라 다양하게 나타나며, 동일한 활동에 참여하는 사람들도 여가경험은 상이하게 나타날 수도 있다.

그림 2-6 Chubb의 여가행동 진행과정

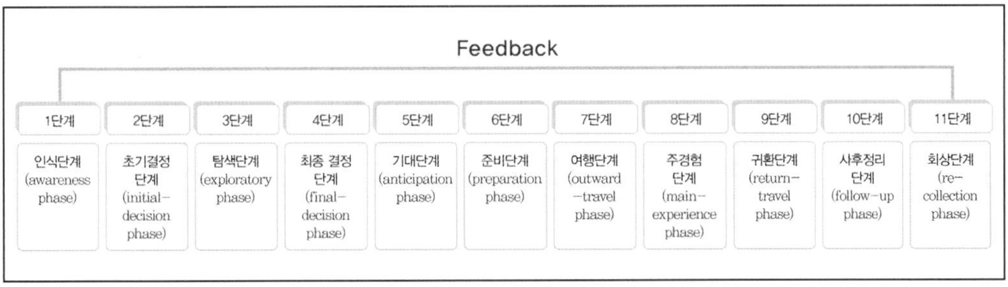

자료: Chubb & Chubb(1981).

(4) 동기론적 관점의 여가행동 과정 모델

고동우(2007)[18)]는 여가활동을 개인적인 수준에서 '사전 동기-여가체험-여가결과'로 묘사되는 일련의 과정이라 보고 다음 그림과 같은 모델을 제시하였다. 그는 여가를 포함한 모든 행동의 시발점은 개인의 동기적 요소라 할 수 있으며, 여가행동에서 개인의 근원적인 동기 요소가 어떻게 실현되느냐 하는 것이 곧 여가 체험이라 할 수 있다고 하였다. 그리고 그러한 체험은 누적되어 여가행동 결과로 나타나며, 정신적/신체적 측면에서 가능하다. 한편 이 모든 과정에서 개인특성(성격, 가치관, 경제적 상황, 나이 등)의 영향이 있으며, 또한 환경조건(사회문화적 환경과 물리적 환경)의 영향도 있다. 사회문화적 환경요소에는 가족구성, 사회제도, 여가시설, 사회 가치관 등이 포함된다.

그림 2-7 고동우의 여가행동 과정 모형

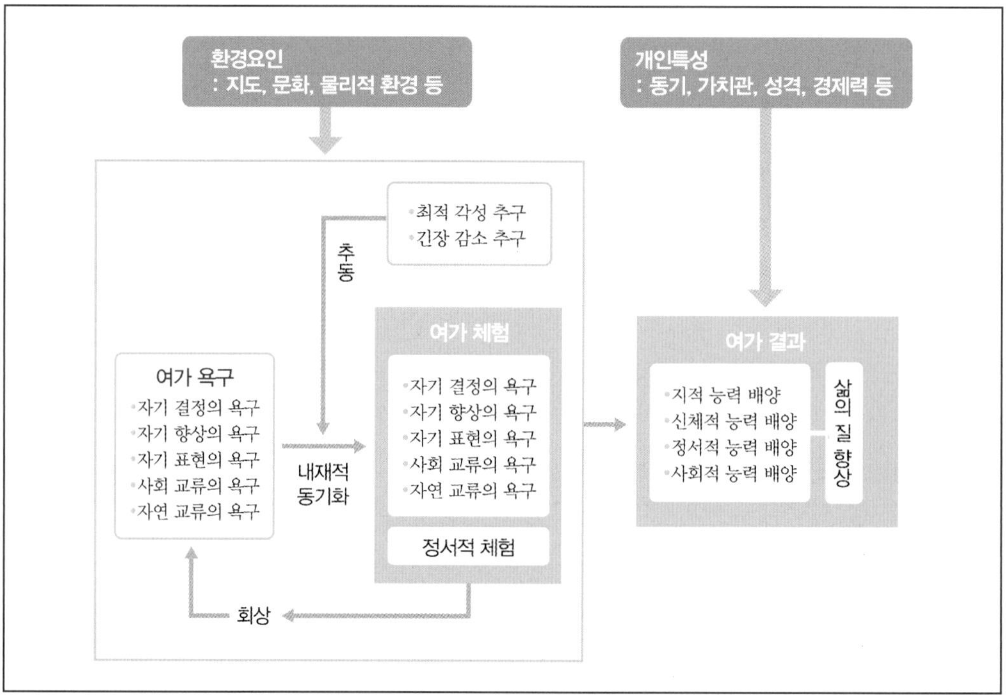

자료: 고동우(2007).

3. 여가행동 유형

여가행동의 유형은 분류기준과 분류방법에 따라 학자들마다 상이한 형태로 유형화된다. 이는 여가행동이 상호 유사한 내면적 특성을 가지고 있으며, 각 행동유형을 구분하는 분류기준이 다양하기 때문이다. 여가활동의 유형화에는 참가자의 여가동기, 활동 공간, 타인과의 상호작용정도, 참가자의 단위 등에 따라 차이가 있을 수 있다. 여러 학자들이 각자의 방식으로 유형화를 시도하였지만 여기서는 대표적으로 Iso-Ahola et al.(1994)[19]의 방식과 김광득(1990)[20]의 분류방식을 살펴보기로 한다.

(1) Iso-Ahola et al.(1994)의 여가활동 분류

Iso-Ahola et al.(1994)은 여가활동을 활동 공간, 참가자의 신체활용 정도 및 참가자 단위 등에 따라 7가지로 구분하였다. 첫째, 신체적 활동은 자전거 타기, 배드민턴, 댄스/발레/재즈댄스, 아이스 스케이팅, 조깅, 에어로빅, 수영, 테니스 등이다. 둘째, 옥외레크리에이션 활동은 등산, 캠핑, 카누, 크로스컨트리스키, 낚시, 골프, 하이킹, 사냥, 피크닉, 산책 등이다. 셋째, 팀 스포츠 활동은 야구, 축구, 하키, 풋볼/럭비, 아이스하키, 배구 등이다. 넷째, 취미활동은 창조적 활동, 정원 가꾸기, 수공예, 사진촬영, 봉사단체 참가 등이다. 다섯째, 가정 내 레크리에이션은 전자게임, 라디오/레코드 청취, 독서, TV시청 등이다. 여섯째, 도구화된 옥외레크리에이션은 드라이브, 보트 타기, 스노우 볼링 등이다. 마지막으로 기타 활동은 문화유적지 방문, 외식 유흥/오락, 도박, 영화관람, 여행/휴가, 수상스포츠 등이다.

(2) 김광득(1990)의 여가활동 분류

김광득(1990)은 특히 여가동기 및 활동내용에 근거하여 다음과 같이 5가지 활동으로 분류하였다. 첫째, 스포츠 및 건강 활동은 신체발달과 회복, 보양을 목적으로 행하는 여가활동이다. 둘째, 취미 및 오락 활동은 지식확대와 견문을 넓히기 위한 목적으로 행하는 여가활동이다. 셋째, 오락 및 사교활동은 대인접촉과 놀이, 게임, 애정을 넓히기 위한 목적으로 행하는 여가활동이다. 넷째, 감상 및 관람활동은 기분전환과 심미성 및 관찰을 목적으로 행하는 여가활동이다. 마지막으로, 행락 및 관광활동은 자연친화 및 휴양을 목적으로 행하는 여가활동이다.

제3절 현대사회와 여가문화

1. 여가환경의 변화

현대사회에서 여가의 대중화는 인간생활의 삶의 내용과 질에 일대변혁을 가져왔다. 국가의 경제가 부유해지고 사회가 안정될수록 국민들의 여가에 대한 인식과 욕구는 더욱 커지고 있으며, 앞으로 더욱더 가속화될 전망이다. 특히 우리나라의 1인당 국민소득이 2만 달러 시대에 접어들면서 여가에 대한 인식과 가치관이 변화하고 있으며, 다양한 매체의 등장 및 스마트 기기의 대중화 등 새로운 형태의 여가활동이 등장하면서 다양한 여가생활 수요가 증대하고 있다. 이러한 상황 속에서 현대사회에서의 여가활동의 변화를 살펴보면 다음과 같다.

(1) 여가의식의 변화

최근 세계 각국은 장기적인 경기 불황과 극심한 양극화 현상으로 단순한 성장논리에서 벗어나 국민의 '삶의 질'을 높이려는 노력을 다하고 있다. 우리나라도 인구의 고령화와 저출산, 다문화, 기후환경 등의 전반적인 변화가 진행되고 있으며, 한편으로는 참살이(well-being), 친환경 등 삶의 질을 추구하려는 요구가 증대됨에 따라 새로운 여가수요가 확대되고 다양화되면서 과거와 구별되는 새로운 여가환경이 요구되고 있다.

세계여가레크리에이션협회(World Leisure Recreation Association)의 여가 헌장(Leisure Chapter)의 제1조에서는 '모든 인간은 사회적 규범과 가치에 부합하는 여가활동을 할 수 있는 기본적 인권을 지닌다. 모든 정부는 시민의 여가 권리를 인정하고 보호해야 할 의무가 있다'라고 규정하고 있다. 또한 세계인권선언 제23조에는 '모든 인간은 합리적인 노동시간의 제한과 유급휴가를 포함한 휴식과 여가의 권리를 가진다.'라고 명시함으로써 여가의 중요성을 말하고 있다. 지금까지의 우리는 비교적 단기간에 급속한 경제성장을 이룩하면서 근면과 성실을 최고의 사회적 덕목으로 여기면서, 여가문화가 활성화되지 못하는 실정이었다. 그러나 앞으로 국민들에게 여가는 인간이 가지는 특권이며 권리라는 생각이 서서히 확산되어 갈 것이고 또한 단순 노동 중심에서 삶의 질 향상을 위한 생활중심, 여가중심 사회로의 변화가 확산되면서 여가는 이제 문화의 핵심코드로 자리 잡아 여가문화에 대한 사회적 관심이 고조될 것으로 예측된다.

(2) 여가시간의 확대

2013년을 기준으로 OECD 34개 국가의 '연간 노동시간'을 조사해 보면, 연평균 근로시간이 가장 많은 나라 1위는 멕시코이며, 우리나라는 2위이이다. 한국인들의 근로시간은 OECD 평균의 1.3배에 달했으며 근로시간이 가장 적은 네덜란드와 비교하면 1.6배에 이르는 수준이다. 또한 최근 통계청(2009)의 생활시간 조사결과, 우리나라 국민들은 하루 평균 여가시간은 5.4시간으로 나타났다. 이는 미국, 스페인, 폴란드 등과 비슷한 수준이지만, 노르웨이(6.4시간), 독일・핀란드(6.0시간), 벨기에(5.9시간) 등의 국가에 비교하면 낮은 수준으로 나타나 우리나라 국민들의 전반적인 여가시간이 부족함을 알 수 있다. 한편 한 국가의 경제 기반과 통치구조, 교육, 건강, 안전과 안보, 언론 자유, 사회적 자본 등 8개 부문을 기준으로 삶의 질을 평가하는 레가툼연구소가 발표하는 가치 있는 삶에 대한 평가 기준인 '2013 레가툼 번영 지수(Legatum Prosperity Index: LPI)'에 의하면, 한국은 괄목할 만한 물질적 부로 점수를 얻었지만 여가활동, 여가시간 등 개인적 자유를 저해하는 요인들로 인하여, 2013년에는 전체 국가 순위 중 26위를 차지하였다. 이러한 조사결과들에 비추어볼 때, 우리나라의 국민들에게는 시간적 요인이 여가·레저 기회를 확보하는 데 장애요인이 되고 있음을 보여준다 하겠다.

그러나 주5일 근무제도 및 노동과 고용 및 임금 문제 등의 한국사회의 시스템적 변화뿐 아니라, 그에 따른 삶의 주기와 방식, 그리고 가치관 등의 개인적 차원의 환경변화로 인하여, 국민들의 일상생활영역만이 아니라 여가영역에서도 구체적이고 포괄적인 변화가 진행될 것으로 예상된다. 그동안 과도한 노동으로 인해 주로 휴식에 집중되었던 여가활동이 관광을 통한 참여형태로 변화될 것이다.

(3) 여가활동의 질적 변화

최근까지의 한국인의 여가는 대체적으로 정적이고 수동적이며 시간 집약적 여가활동(예: TV 시청, 비디오 감상 등)을 중심으로 이루어져 왔다. 그러나 사회 전반의 체제변화와 개인의 라이프스타일 변화에 따라, 국민들의 여가활동에도 다양한 변화가 예상된다. 최근 발표된 경기개발연구원(2013)과 현대경제연구소의 보고에 따르면, 최근 다양한 사회경제적인 변화로 두드러지는 여가의 새로운 트렌드로, ① 여가를 활용하여 업무 외 개인적인 관심사를 탐구하는 '자기계발'형 여가의 확산과 ② 단순 관람형 여가를 탈피한 적극적인 참여형 여가의 증가와 나아가 남에게 도움이 되는 봉사형 여가의 성장, ③ 반면에 IT 및 스마트폰 등의 발달로 인한 가상현실을 활용한 디지털형 여가와 ④ 이와는 반대로 자연으로 회귀하고 싶은 에코형 여가가 증가하고 있으며, ⑤ 고령화에 따른 실버계층의 여가 참여 확대와 ⑥ 개성이 강하고 단체 활동을 부담스러워하는 현대인의 개인주의적 성향으로 인해 '나홀로'족이 늘어나면서 여행 및 여가활동에서도 혼자 참여하는 사람들이 늘어나고 있다는 점이다.

새로운 여가 트렌드에 맞는 만족스러운 여가를 위해서는 개인, 가정, 직장, 그리고 정부 모두의 노력과 유기적인 협조가 필요할 것이다. 개인은 각자의 적성과 취미에 맞는 여가를 개발할 필요가 있으며, 직장에서는 직원들의 여가활동 지원을 위한 제도 개선, 복지비 지원, 그리고 눈치 안보고 여가활동을 할 수 있는 직장문화 조성이 필요하다. 정부차원에서는 여가가 바로 경제발전과 국민의 삶의 질 향상을 이끄는 원동력임을 인지하여 국민들이 여가활동에 적극적으로 참여할 수 있도록 다양한 제도를 도입 또는 시행하여야 할 것이다.

(4) 여가활동 계층의 변화

앞서 언급했듯이 현재 우리나라 인구구조 변화 중 가장 두드러지는 특징 중 하나가 평균수명의 급속한 증가로 인한 고령화 현상이다. 고령화 사회는 노인의 건강 및 여가활용 문제를 수반하면서 국내 실버시장을 크게 확대시킬 것이다. 노인의 건강 및 여가활용은 질병을 사전에 예방하고 노년기 건강을 유지토록 한다는 점에서 국가적 차원의 적극적 관리가 요구된다. 선진 복지국가에서는 젊을 때부터 여가활동에 참가하도록 함으로써 건강하고 활력 있는 노년생활을 준비하도록 하며, 노년기에 이른 후에도 건강을 지켜나갈 수 있도록 노인에게 적합한 여가환경을 제공해주고 있다. 또한 이에 비래해 우리나라의 출산율은 지속적으로 감소추세를 보이고 있으므로, 핵가족을 대상으로 한 여가관련 프로그램 개발 및 운영을 통해 가족의 건강과 가치를 새삼 강조하고 유지할 수 있도록 국가가 지원해야 할 것으로 보인다.

(5) 여가활동의 디지털화

2012년 우리나라 스마트폰 보급률은 세계 1위를 차지하고 있는 것으로 나타났으며, 이는 세계 평균의 4.6배라는 보고가 있었다. 이처럼 언제 어디서나 인터넷 접속이 가능한 스마트폰의 상용화로 인하여 일상 속 디지털형 여가가 더욱 본격화될 것으로 예상된다. 아날로그형 여가는 직접적인 체험과 경험을 통해 만족을 얻는 반면, 디지털형 여가는 조작과 가상의 기술로 인해 가상체험을 통해 쾌감을 얻는 것이 특징이다. 특히 90년대에 이르러 e스포츠의 등장과 활성화로 인하여, 가상현실 속 e스포츠의 체험과 관람사례는 기존 부정적 여가로만 인식되던 컴퓨터게임을 새로운 여가문화의 일종으로 탈바꿈시키기도 하였다.

이처럼 모바일의 대중화와 다양한 서비스의 제공은 바쁜 일상 속에서 공간적 제약을 벗어나 자투리시간을 활용한 정보공유가 가능하게 되었고, 유비쿼터스 시대에 걸맞은 여가환경 조성에 기여하였다고 할 것이다. 그러나 이러한 모바일 여가활동은 특정 콘텐츠에 대한 중독이나 야외활동 위축 등의 부정적인 면도 가지고 있어 사이버 여가를 보다 긍정적이고 균형 있게 발전시키기 위한 의식 확립과 시간조절에 더욱더 노력을 기울여야 할 것이다.

(6) 새로운 여가활동의 등장

경제가 발전하고 국민소득이 증가하면서 여가활동을 즐길 수 있는 여건이 개선되었을 뿐만 아니라 여가생활에 대한 국민들의 의식도 바뀌었다. 노동시간이 감소하고 최근에는 고령화가 급속히 진행되는 등 여가에 대한 관심이 증대되고 있으며 다양한 여가스타일을 경험하게 되면서 국내의 여가활동은 예전과는 비교할 수 없을 만큼 다양화되고 있다. 이러한 여가활동의 다양성은 국가주도로 이루어진 경우들도 있고, 여건의 성숙으로 민간에서 자생적으로 발생한 경우들도 있다.

주40시간 근무제 및 주5일 수업제의 도입으로 시간적 여유가 늘어나면서 일부 여유층을 중심

으로 영위되던 다양한 문화 활동이 일상화 · 보편화되어 여유활동의 고급화, 다양화, 대중화 및 광역화가 빠르게 진전될 것으로 예상된다. 또한 여행 횟수가 증가함에 따라 단위비용이 저렴한 저비용 여가시설이 각광받을 것이며, 민박, 자연휴양림 및 펜션 등 저비용 여가시설이 활성화되고, 가족과 함께 체재하면서 직접 참여하는 체험여행 상품 등이 인기를 끌게 될 것이며, 야외 여가활동에 관심이 많아지면서 자연 친화적인 생태관광, 녹색관광 상품이 각광받는 새로운 경향이 될 것이다. 따라서 여가 및 레저관련 산업, 교육산업 특히 관광산업이 더욱더 각광받을 것이다. 특히 스포츠, 여가 및 레저 활동 증가로 인해 관광과 호텔, 항공운송, 자동차, 스포츠 및 레저 산업 등과 같은 새로운 수요가 창출되는 산업, 이틀간의 여유를 즐길 수 있는 직종이 지속적으로 성장할 것으로 예상된다.

2. 발전적인 여가산업과 정책방향을 위한 제언

주5일 및 40시간 근무제 실시를 계기로 여가시간이 증대되고 고령화 사회와 국민의 생활양식과 가치관의 변화가 일어나면서 현대인들에게는 과거 일 중심에서 점차 삶의 질 향상을 위한 여가활동이 중요시되고 있다. 현대사회에 있어서의 여가의 중요성은 재론의 여지가 없으며 이미 주요 선진국에서는 여가가 인간생활의 필수적 요소로 인식되고 있다. 따라서 여가는 누구에게나 공평하고 균등하게 제공되어야 한다는 주장이 강하게 나타나고 있으며, 직업, 성별, 신분, 지위를 막론하고 누구에게나 충분한 여가가 제공되어야 참다운 사회정책 실현이 가능하다고 보는 견해가 지배적이다. 이러한 시대적 흐름에 따라 한국사회도 여가시간의 증대로 여가에 대한 사회적 관심과 활동이 확대되고 있다. 그러나 현재 국민의 여가의식은 낮은 편이고 여가의 내용과 공간 또한 매우 부족하고 제한적이다. 또한 소득 차이에 의한 여가활동의 편차로 사회문화적 갈등과 불평등이 심화되고 있다. 이러한 점에서 모든 국민이 누려야 할 여가향유권이 침해되고 있다는 점에서 이에 적절한 여가정책의 방향을 제시할 필요성이 절실히 요구되고 있다. 이것은 '산업화시대'와 '지식 · 정보화시대'를 넘어서 개인이나 사회, 국가가 시간 자원을 얼마나 합리적으로 배분하여 운용할 것인가에 대한 과제이기 때문이다.

여가문제를 종합적으로 접근할 수 있는 가장 좋은 방법은 여가를 위한 구체적이고 체계적인 여가정책의 시행일 것이다. 특히 여가시설의 확충, 국민의 여가행동능력의 배양과 여가기술 습득을 위한 여가교육, 여가교육을 통한 여가전문가양성, 소외계층의 여가복지 정책, 여가행정기구의 정비 등을 통하여 미래의 여가대중화현상에 능동적으로 대처해 나가는 것이 더욱더 절실히 요구되는 시점이다.

참고문헌

1) Dumazedier, J.(1967). *Toward a society of leisure*. New York: Free Press.
2) 고동우(2007). 『여가학의 이해』. 세림출판.
3) Kraus, R.(1971). Recreation and leisure in modern society. *Recreation and leisure in modern society*.
4) Butler, G. D.(1958). Recreation areas; Their design and equipment.
5) Ball, E. L.(1964). Recreation and Professional Preparation. *Journal of Health, Physical Education, Recreation*, 35(5), 37-76.
6) Neumeyer, M. H.(1958). Areas for research in leisure and recreation. Sociology and Social Research, 43(2), 90-96.
7) 김오중(2000). 『여가 · 레크리에이션 총론』. 대경북스.
8) Hall, C. M., & Page, S. J. (2014). *The geography of tourism and recreation: Environment, place and space*. Routledge.
9) Crandall, R.(1980). Motivations for leisure. *Journal of leisure research*, 12(1), 45.
10) Beard, J. G., & Ragheb, M. G.(1983). Measuring leisure motivation. *Journal of leisure research*, 15(3).
11) Driver, B. L., & Brown, P. J.(1986). Probable personal benefits of outdoor recreation. *President's commission on American outdoors—A literature review*, 63-70.
12) Iso-Ahola, S. E.(1986). A theory of substitutability of leisure behavior. *Leisure sciences*, 8(4), 367-389.
13) 고동우(2002). 여가동기와 체험의 이해. 『한국심리학회지: 소비자 · 광고』, 3(2), 1-23.
14) 성영신 · 고동우 · 정준호(1996). 여가의 심리적 의미. 『한국심리학회지: 산업 및 조직』, 9(2), 17-40.
15) 松原治郎(1976). 『여가사회학』. 동경: 內出版.
16) Martin, W. H., & Mason, S.(1976). Leisure 1980 and beyond. *Long Range Planning*, 9(2), 58-65.
17) Chubb, M., & Chubb, H.(1981). *One third of our time?: An introduction to recreation behaviour and resources*. John Wiley & Sons Inc.
18) 고동우(2007). 『여가학의 이해』. 세림출판.
19) Iso-Ahola, S. E., Jackson, E. L., & Dunn, E.(1994). Starting, ceasing, and replacing leisure activities over the human life-span. Journal of leisure research, 26(3), 227.
20) 김광득(2000). 『여가와 현대사회』. 백산출판사.
21) 문화체육관광부(2015). 2014 국민여가활동조사보고서 http://www.mcst.go.kr

제 3 장

관광의 물리적 환경

서승윤

제주부영호텔&리조트 총지배인
(한국관광학회 특별회원)

관광학 박사
(전) 현대호텔(경주, 울산, 목포) 총지배인

sotrans@naver.com

성 연

대구보건대학교 호텔외식산업학부 부교수

관광학 박사
(전) 제임스딘 울산, 외식업체 대표
(전) 호텔 에어포트(대구) 개관 프로젝트 팀장
(전) 호텔 에드몬드(경주) 총지배인
(전) 현대호텔 식음료 및 마케팅 지배인

sy7959@dhc.ac.kr

제 3 장

관광의 물리적 환경

서승윤·성 연

제1절 관광지의 형성과 환경

1. 관광지와 물리적 환경

관광지의 형성은 어디서부터 시작되었을까? 관광이라는 개념이 없던 원시시대부터 인간이 이동하기 시작하면서 생성되었다고 볼 수 있다. 이동은 일상의 거주지로부터 가고자 하는 장소에 대한 호기심이나 기대, 욕망으로부터 시작되는 것이 아닐까? 이동할 장소가 타 장소와 구별되어 신기하고 매력적인 것을 갖추었을 때, 가보고 싶은 장소로 변하게 되고, 그 장소는 구전으로 전파되어 많은 사람들이 가보고 싶어 하는 곳으로 인식되면서 오늘의 관광지로 진화되어 발전해 왔을 것이다.

이러한 이동의 욕구를 일으키는 장소에는 반드시 사람들이 가보고 싶어 하는 매력을 가진 특정한 환경을 가지고 있게 된다. 때문에 매력을 가진 특이한 환경을 갖춘 곳이 관광자원으로 분류가 되고, 인간들의 관광욕구 충족을 위해 신기하고 매력적인 관광자원들이 시설들과 결합될 때 바람직한 관광지가 된다.

관광지는 장소의 신기함, 매력 등에 따라서 다양한 유형으로 물리적인 환경을 갖추고 있는데 이러한 물리적 환경의 특성에 따라서 관광지는 이미지를 형성하고 다양한 형태의 관광 유형을 만들게 된다.

따라서 매력 있는 관광지 혹은 새로운 관광장소가 되기 위해서는 관광장소에 있어서 물리적 환경의 중요성을 정확히 인식하고 관광객에게 미치는 영향에 대한 이해가 필요하다. 이러한 이해를 바탕으로 새로운 시대의 트렌드에 맞춘 관광지의 물리적 환경을 조성하여 새로운 형태의 관광을 창조하는 것이다.

2. 관광지의 개념 및 구성요소

(1) 관광지의 개념

관광지는 사람들의 관광욕구 충족을 위해서 관광자원의 특성을 개발하고, 관광자원을 제고시키기 위한 다양한 지원시설을 갖춘 일정한 지역과 공간을 말한다. 관광지를 전통적인 지리적인 차원에서 살펴보면 "관광객이 일상생활 공간을 벗어나 자신의 관광욕구를 충족시키면서 일정기간 동안 체재하는 지역으로서 자연과 인문 및 복합 관광자원 중에 어느 한 가지 이상을 갖고 관광자원의 가치를 제고시키기 위해 이미 만들어진 관광시설과 정보 서비스를 갖춘 지역공간이라고 하였다.[1] 같은 맥락에서 사람들의 관광욕구를 충족시키기 위해 관광자원과 시설들의 결합되어 있는 일정한 구역을 의미한다고 볼 수 있다.

오늘날 시대의 흐름에 따라 관광의 형태가 다양화되고 복합화되어 감에 따라 최근의 관광은 소비자에게 주관적으로 해석될 수 있는 지각적인 개념으로 이해되는 경향이 있는데, 국내 연구에서는 유·무형의 관광서비스가 제공되는 매력적인 공간으로 상품 그 자체로서 관광객을 끌어당기는 인지된 지역 혹은 장소로 정의하였으며,[2] 해외 연구에서의 관광지는 관광객의 욕구를 충족시키기 위해 설계된 시설과 서비스 중심지이며,[3] 관광객이 일종의 인지된 매력을 위해 찾아가서 일정기간 머무는 장소[4]로 정의하였다. 이 같은 견해로 볼 때 향후 미래의 관광지의 개념은 관광의 주체인 관광객이 이동을 동반한 주관적 지각과 감성이 작용하는 특성이 있는 매력성을 갖추게 되는 그 장소, 지역, 혹은 공간이 바로 관광지가 아닐까 생각한다.

(2) 관광지 구성요소

관광지의 구성요소는 학자들의 연구 관점에 따라 차이가 있으나 대체적으로 관광의 주체인 관광객과 관광의 대상 그리고 주체와 객체를 이어주는 지원적인 수단의 관점에서 구성되고 있다. 이들 요소들은 자원의 특성과 관광지의 개발주체에 따라서 그 목적에 맞게 구성되는 것으로 요소들의 결합과 특정 관광객에게 제공되는 다양한 요인들로 이루어진다.

선행의 기존연구에서는 크게 두 가지로 나누어지는데 자연, 역사, 문화적 구분에 의한 범용적인 속성과 해당 지역에서 가능한 제한적인 속성으로 나누어진다. 범용적인 속성의 경우 관광지의 구성과 요인을 분류하여 관광객, 매력물, 서비스와 시설, 교통, 정보 등의 5가지로 구성하였으며[5]

요인으로는 자연에서 주어진 요인, 사회적 요인, 문화적 요인, 인위적 요인으로 구분[6]하였다. 이 같은 관광지의 구성과 요인에서 관광지의 가치는 관광지의 접근성, 매력성, 이미지, 관광시설, 하부구조(Infrastructure), 관광자원의 유형 등에 의해서 결정되어진다고 하였다.[7] 또한, 제한적인 속성에서는 관광지를 관광 매력물과 활동, 숙박시설, 기타 편의시설, 교통시설, 하부기반시설 등으로 제시하기도 하였으며[8] 관광객, 관광유인요인, 지원편익시설, 교통수단, 정보안내로 제시되기도 하였다.[9]

전술한 선행연구에서도 관광자원의 특성과 개발주체의 목적에 따라 관광지의 구성요인을 명확하게 단정 짓기 어렵다는 것을 인지할 수 있다. 더구나 현대관광은 다양한 변화가 관광객의 목적에 따라 관광지의 주요인들이 다르게 나타날 수 있기 때문에 요인들의 복합적인 기능과 상호 의존적인 기능에 따라서 관광지의 구성요인이 조금씩 다르게 표현될 수 있는 것이다.

하지만 관광지의 주 속성들의 대부분이 관광객에게 매력적, 신기함 등의 요소로 구성되어 있기 때문에 용어가 다르게 표현되거나 약간의 속성이 장소에 따라 약간씩 차이가 있을 뿐 실제로는 공통적인 요소로 제시되고 있다. 자연경관이나 기후, 역사적인 요소, 문화적인 속성 등은 공통적으로 제시되고 있으며, 숙박시설, 쇼핑시설, 스포츠 및 오락시설, 휴식시설 등의 인위적인 속성과 지역주민, 종사원의 태도, 친절성, 접근성, 비용 등의 서비스 요소 등이 대표적인 속성으로 나타난다. 이를 요약하여 보면, 관광의 주체인 관광객과 관광의 욕구를 충족시켜주는 관광자원이 객체로 분류되면서 주체와 객체를 연결시켜주는 시간적 수단인 교통수단, 공간적 수단인 숙박 및 부대시설, 기능적 수단인 관광객의 편의를 위한 관광안내 및 여행알선 등의 기능과 관광지의 특성을 정확하게 파악하여 양질의 관광공간을 창출 관리하는 관리주체로서 구성된다고 하겠다.[10]

제2절 물리적 환경

1. 물리적 환경의 개념

물리적 환경에 대한 용어는 학자에 따라 분위기(atmosphere), 물리적 환경(physical environment), 서비스 스케이프(servicescape) 등으로 혼용되어 사용되고 있으나 여기에서는 물리적 환경이라는 용어로 통일하고 선행 연구자에 대한 물리적 환경에 대한 주요 개념을 살펴보기로 한다.

최초에 분위기 개념을 도입한 Kotler[11]는 물리적 환경을 분위기라 표현하고 점포 내의 이용객에게 정서적 영향을 줄 수 있는 자극적인 요소로 보았으며, 점포의 구조 및 구조물의 느낌을 나타낼 수 있는 분위기가 이용객의 구매력을 높이는 물리적 환경이라 정의하였다. 그리고 물리적 환경이란 구매자의 의사결정에 영향을 미칠 수 있는 환경적 요소로서 특정한 장소나 환경에서 고객들은 지각적, 정서적 반응의 자극을 유도하는 구매환경의 디자인으로 시각, 청각, 후각, 촉각을 포함한 물리적 자극으로 표현하였으며, 이는 고객의 구매촉진을 위한 인위적으로 공간을 설계하는 것이라 하였다(Kotler, 1973. 재인용).[12)13)] 이후, Upah와 Fulton(1985)[14)]은 서비스를 전달해 주는 환경 및 기업과 고객이 상호작용하는 곳이 물리적 환경이며 점포이미지와 구매행동에 영향을 미치는 요소라고 정의하였다. Baker(1987)[15)]는 물리적 서비스 환경이란 서비스가 생성되고 기업과 고객 사이에 상호작용이 발생하는 환경이라 하였고, 서비스 수행과 고객의 소비를 하는 유형적인 상품이라 정의하였다. 그리고 건물 내외부의 조각, 안내판, 장식품 등의 분위기를 조성하는 요인과 고객으로부터 환경으로 지각할 수 있는 요인으로 종사원과 고객을 포함하여 주변요인, 디자인요인, 사회적 요인으로 물리적 환경을 구분하였으며,[16)] Belk(1988)[17)]는 물리적 환경이란 사회적 작용에 서로 영향을 주는 건축디자인, 가구의 물리적 배치로 정의하고 경영자 또는 조직 구성원의 의식에 영향을 주는 것으로 물리적 구조, 물리적 자극, 상징적 조형물이라 정의하였다. 또한 Bitner(1990)[18)]는 서비스의 물리적 환경을 서비스케이프(servicescape)라고 표현하면서 사회적 환경과 대비되는 개념으로 기업의 입장에서 고객에게 인지적, 정서적, 생리적으로 반응하는 무언의 커뮤니케이션 역할을 하는 단서로써 인간이 인위적으로 만든 통제 가능한 인위적 환경이라 정의하였다.

Han & Ryu(2009)[19)]는 물리적 환경이 집에서의 느낌이 아닌 집에서 새로이 기억될 만한 분위기를 조성해주는 것을 강조하였다.

국내연구에서는 권기준(2010)[20)]의 물리적 환경을 서비스 제공자가 소비자의 감각적인 면을 자극하여 의사결정에 영향을 주는 계획적인 서비스 환경이라 하였으며 김정희 · 이경자(2012)[21)]는 기업과 고객과 상호작용을 통해 서비스가 제공되는 환경으로 정의하였다.

서비스 환경에서의 선행연구자들의 견해를 종합하여 보면 물리적 환경의 주요한 특징은 서비스가 행하여지는 관광지 혹은 점포에서의 고객, 관광객의 구매행위, 관광행동을 자극하기 위한 제반의 자연물, 구조물, 제반 시설, 디자인과 음악, 향기, 색상 등 오감을 자극하기 위한 제반의 연출적 환경을 물리적 환경이라 표현하고 있다는 것과, 의도적으로 만들어지는 인위적 환경으로 소비자의 상호교감에 의해 발생하는 제반환경을 물리적 환경으로 표현하고 있다. 따라서 물리적 환경은 자연환경, 구조물과 더불어 이용자의 감정(Mood)을 자극하는 일체의 연출적인 환경으로 상호 교감으로 발생하는 분위기를 물리적 환경이라 하고, 관광객들의 즐거운 감정을 일으키고 구매활동을 유도하기 위한 장소적 환경에 적합한 관광시설물의 종합체로 볼 수 있다.

2. 물리적 환경의 구성요소

서비스 기업의 물리적 환경을 이용하는 고객들에 대해 고객이 느끼는 감정에 대한 연구는 학자들마다 연구하는 장소에 따라서 물리적 환경의 구성요소들이 다양한 유형으로 도출시켜 왔다.

대표적인 물리적 환경의 주요구성 요소를 살펴보면 Kotler(1973. 재인용)는 시각, 청각, 후각, 촉각으로 구분하며 시각과 관련된 물리적 자극은 색체 조명의 행태가 포함되며, 청각에는 소리의 고저, 속도, 횟수 등의 행태가, 후각에서는 냄새, 신선함 등의 행태가, 촉각에서는 연함, 부드러움, 온도 등이 포함된다고 설명하고 있다.

한편 Davis(1984)[22]는 물리적 환경을 물리적 구조, 물리적 자극, 상징적 구조물로 분류하였다. 먼저 물리적 구조는 물리적 이동을 규제하고 사회적 상호작용을 배제하는 경향이 있는 벽, 복도 출입구, 가구배치, 좌석배치 등을 말하며, 물리적 자극이란 조직구성원의 주의력을 방해하는 전화벨 소리, 인터폰 소리, 커피 또는 담배냄새, 컴퓨터 프린트할 때 나는 소리 등으로 물리적 자극을 다양하다고 설명하고 있고 상징적 조형물이란 사무실의 가구배치의 형태, 벽면의 색채, 카펫의 유무, 벽, 책상에 전시된 사진 등을 상징적 조형물의 주요인으로 연구하였다. Baker(1987. 재인용)는 물리적 환경의 구성요소를 주변요소(ambient factor), 디자인 요소(design factor), 사회적 요소(social factor)로 나타내었다. 주변요소(ambient factor)는 온도, 조명, 소음, 음악, 전망 등과 같은 환경의 배경적인 특성 등을 말하며 디자인 요소는 주변요소에 비해 고객이 분명히 인식할 수 있는 가시적 요소로서 건축미, 컬러 등의 미적 요소와 레이아웃, 동선, 안정성 등의 기능적 요소를 말한다. 사회적 요소는 물리적 환경 내에 종사하는 서비스 인력의 숫자, 외모, 행동 등의 구성요소를 말한다.

Bitner(1990. 재인용)는 물리적 환경을 '서비스 스케이프(Servicescape)'라는 용어로 표현하면서, 첫 번째 구성요소로 주변요소를, 두 번째 구성요소는 공간 배치와 기능성(spatial layout and functionality)으로 기계나 장비, 사무기기를 배열하는 방법, 크기, 형태 등을, 세 번째 구성요소로는 표지판, 상징물과 조형물(signs, symbols and artifacts)로 매장에 걸린 그림, 조형물, 바닥재 등을 구성요소로 하였다. Han & Ryu(2009)는 서비스 산업에서 물리적 환경요인으로 장식예술(Decor and Artifacts), 레이아웃(Special Layout), 분위기(Ambient Condition)의 3가지 주요 요인을 제시하였다.

국내의 선행연구에 의하면 조선배(1995)[23]는 물리적 환경의 구성요소로서 분위기, 디자인, 사회적 관계로 분류하며 사회적 관계는 종사원의 외모, 친절, 신속, 정확성, 배려, 호응 등이 포함된 것으로 설명하고 있다. 결과적으로 서비스 환경에 있어서 물리적 환경의 다양한 요인들은 연구자들의 관점에 따라 다르게 나타날 수 있고 그 장소의 특성에 따라 달라질 수 있음을 알 수 있다.

3. 물리적 환경과 감정 반응

물리적 환경은 관광지(장소)에 대한 관광객의 접근과 관심 혹은 구매의욕을 유도하기 위한 분위기를 조성하는 의도된 연출환경으로 관광객들은 관광의 물리적 환경 내의 많은 자극물을 통하여 주위를 환기시키고 아름다움, 흥미 등의 각성을 유도하는 심리적 자극을 일으킨다.

Donovan & Rossiter(1982)는 주변 환경(ambient condition)을 특히 점포 분위기(store atmospherics)라 표현하고, 고객들은 유형적인 제품이나 서비스에 의해서만 의사결정을 하는 것이 아니라, 감각적인 자극에 의한 영향에서도 의사결정을 한다고 하였다.

물리적 환경의 연구에서 나타난 감정(emotion)은 정서(affect), 기분(mood), 느낌(feeling)과 같은 유사성이 있는 용어로 같이 혼용하여 사용하는 경우가 많으며 연구자에 따라서 다르게 구분하여 표현하기도 한다.[24] 개인의 감정은 의식적으로 경험하게 되며 주관적으로 느끼는 상태로 정서나 기분을 동반하는 일반적인 상태이다. 따라서 감정은 사람의 느낌 상태를 일반적으로 기술하는 것이며 정서와 기분은 감정의 구체적인 예로 볼 수 있다.[25] 이러한 감정반응은 어떠한 대상이나 장소에 대하여 호의적이거나 비호의적으로 반응하려고 하는 선유현상으로 Mehrabian & Russell(1974)[26]의 연구에서는 환경요소의 감정유발 특성을 2가지 차원 즉, 유쾌(Pleasure), 불유쾌(Displeasure)와 에너지의 활성화 정도(자극 또는 흥분의 정도)가 있음을 밝히고 있다.

초기 사회 심리학자에 의해 많은 감정관련 연구가 많이 있었으나 대표적으로 학계에서 관심을 많이 받은 감정반응의 모형으로 Mehrabian & Russell(1974)[27]의 PAD 모형이 있다. 그 척도는 감정을 즐거움-불쾌(pleasure-displeasure), 각성-비각성(arousal-unarousable), 지배성-비지배성(dominance-undomination)의 세 가지 차원으로 측정하였다. 이 PAD 척도는 감정경험을 전반적으로 측정하기보다는 환경자극에 의해서 촉발된 유쾌, 각성, 통제에 대한 지각의 양상을 측정하는 것으로 설명하고 있다.

그림 3-1 Mehrabian & Russell Model

Environmental Stimuli (환경자극)	Emotional States (감정상태) Pleasure(즐거움) Arousal(각성) Dominance(지배)	Approach(접근) or Avoidance(회피)

〈표 3-1〉 Mehrabian and Russell(1974)의 PAD 척도

전체 PAD 척도	요약형 PAD 척도
즐거움 - 불쾌(pleasure-Displeasure) -happy, contented, pleased, satisfied	즐거움(Pleasure) -pride, affection, joy
각성 - 비각성(Arousal-Unarousable) -frenzied, exited, stimulated, aroused -sluggish, calm, relaxed, unaroused	각성(Arousal) -interest, activation, surprise, involvement
지배성 - 종속성(Dominance-Submission) -controlling, autonomous, influential, domiant -controlled, guided, infleunenced, submissive	지배성(Dominance) -helplessness, sadness, fear, disgust

따라서 소비자의 기분상태는 장소가 주는 물리적 환경 요소의 자극에 따른 환경 심리적 반응으로 유쾌(pleasure), 각성(arousal), 통제(dominance)라는 3가지 차원에서 구성되고, 차원들 중 유쾌와 각성은 서로 독립적이며 통제는 각성의 정도에 따라 종속적인 기분으로 나타난다고 설명하며 이러한 기분의 정도에 따라 접근과 회피 행동이 일어난다고 설명하고 있다.

제3절 서비스의 물리적 환경

1. 서비스의 물리적 환경의 유형

서비스 물리적 환경의 주요소는 장소가 작은 점포에서부터 백화점, 그리고 규모가 큰 테마파크, 관광지에 이르기까지 장소의 특성과 설계자의 의도에 따라 다르게 나타난다. 초기 선행연구에서의 물리적 환경은 레스토랑과 판매 점포에서 중요성이 실증적으로 나타남에 따라 추가적으

로 확대되어 최근에는 지역축제, 거리, 테마파크, 관광지 등으로 보다 큰 공간과 장소에서 물리적 환경에 대한 연구가 시작되고 있다.

관광지 같은 대규모의 장소에 있어서 물리적 환경의 연구는 아직 부족한 실정으로 건축학이나 지리학적인 관점에서 장소성에 대한 연구가 활발히 이루어지고 있으나 관광이라는 환대산업(Hospitality industry)의 관점에서 Bitner(1990. 재인용)의 'Servicescespe'라고 명명한 물리적 환경 관점에서 설명하고자 한다.

선행연구들이 개별 점포 내의 음악 템포, 혼잡성, 조명, 직원들의 태도, 디자인 등 개별 요인에 의한 고객의 태도나 행동에 관한 실증적인 연구들은 많지만 물리적 환경요인을 주변요소, 공간적 배치와 기능성, 표지판, 상징물과 조형물 등으로 크게 3가지 범주로 구분하여 개별요소 혹은 통합적으로 인식되는 차원의 영향력을 살펴보자.

(1) 주변요소(ambient condition)

주변요소는 온도, 조명, 소음, 음악, 전망 등과 같은 배경적 환경을 포함하고 있으며 이러한 환경요소는 동일한 장소에서 지속적인 일을 하는 종사원에게는 중요한 영향을 미친다. 많은 선행의 연구 결과에서 이 같은 요소들이 종사원의 성과나 직무의 만족에도 영향을 미치고 소비자의 반응에도 영향을 미친다는 사실을 제시하고 있다. 특히 음악의 친숙성과 템포에 따라 소비자의 쇼핑시간에 영향을 주고, 구매활동에도 영향을 주는 것으로 나타났다(Bitner, 1990. 재인용). 또한 최근의 연구에서는 외식업체의 레스토랑에서 음악의 빠르기에 따라 식사 시간도 달라지며 고객 회전율에도 변화를 주어 매출의 증가현상이 나타나 수익창출의 기본요소로 연구되었다.

(2) 공간의 배치와 기능성(space layout & functionality)

서비스 물리적 환경의 고객의 편리와 즐거움을 유도하기 위해 기획적인 동선과 기능성을 갖추는 것은 매우 중요하다. 공간적 배치는 기계나 장비, 사무기기 등을 배열하는 방법, 크기와 형태, 그리고 이들 공간들 간의 유기적인 관련성과 기능성을 갖추는 것을 말한다. 특히 관광객이 독립적으로 활동하는 공간에 있어서는 공간의 배치와 기능성은 큰 영향을 미치며, 시간적 제약이나 장소적인 복잡성이 있는 경우 종사원이나 고객에게는 쉽게 인식될 수 있는 공간의 안배나 배치의 기능성은 더욱 중요한 영향을 미친다(Davis, 1984. 재인용). 또한 관광지의 영업적인 측면에서의 공간의 배치는 관광업체 근무자의 업무를 효율적으로 수행할 수 있도록 중요한 역할을 한다. 예를 들어 관광지의 레스토랑 주방의 경우 업무진행 프로세스를 기반으로 근무자의 공간배치가 제대로 되지 않는다면 고용의 인원수를 증가시켜야 하며 업무수행도 늦어진다. 관광객이 이용하는 레스토랑의 업장도 공간의 배치가 잘못되어 관광객동선 등을 고려하지 않고 계산대 배치가 잘못되면 관광객입장에서 계산이 복잡해질 수 있고 운영자에게는 계산의 오류가 발생할 가능성이 있으며 계산착오, 계산누락 등 고객 불만을 증가하는 주요인이 되기도 하며 이는 매출의 손실로 이어져 영업의 손실을 가져오기도 한다. 이와 같이 관광 소비자와 종업원 등은 서비스 참여자의 사회적 상호작용에 영향을 미치고 있다.[28)]

(3) 표지판, 상징물과 조형물(signs, symbols & artifacts)

물리적 환경 내에서의 표지판, 상징물, 조형물 등과 같은 것들은 이용객에게 묵시적, 명시적으로 많은 정보를 제공한다. 예를 들면 내외부에 표시된 표지판들은 장소 내에서의 행동규칙이나 방향을 제시해 주는 역할을 하며 상징물과 조형물을 통해서 그 점포가 지향하는 정체성이나 고급스러움, 타 업소와 구별되는 차별성을 나타내는 중요한 상징적 정보를 전달할 수 있다. 또한, 레스토랑에서의 고급스러운 카펫과 테이블보, 실버웨어(silver ware), 종업원들의 세련된 유니폼 등은 업소의 품격과 전문성을 나타내는 상징적 이미지를 형성하고 표지판, 상징물, 조형물 등은 매장 내의 첫인상을 결정하는 결정적인 요인으로 다른 점포와 차별화하는 중요한 수단이 될 수 있다.

2. 서비스의 물리적 환경요인과 영향

소비자의 구매환경을 유도하기 위한 물리적 환경은 오감에 영향을 줄 수 있는 자극적인 요소와 상징물을 연출함으로써 인지적, 정서적으로 고객의 감정에 영향을 미친다.

Donovan & Rositter(1982)[29)]는 점포 내 분위기가 고객의 감정반응에 유의한 영향을 미친다는 결과를 제시하였고, 권익현 · 유창조(1997)[30)]도 레저시설 내에서 휴식 공간, 레저 공간, 여가활동 공간 등의 시설 공간 등이 소비자의 매장 내 감정에 유의한 영향을 미치는 것으로 연구되었다. 노영만(2003)[31)]의 연구에서는 레스토랑의 물리적 환경이 고객의 감정반응에 영향을 주는 지각 요인을 연구하여 레스토랑의 점포환경 내에서의 물리적 환경을 어떻게 지각하는가에 따라 고객의 감정이 결정될 수 있다는 것을 확인하였다.

이러한 선행연구에 나타난 바와 같이 관광객은 관광의 대상이 되는 점포, 거리, 쇼핑장소, 관광지 등의 시각, 청각적 구조물의 배치나 음악 등은 지각적 평가를 통해 인지적 이미지를 형성하고, 물리적 환경에 대한 정보를 해석하고 이후 개인적 느낌이나 정서적 이미지를 형성하게 된다.[32] 따라서 물리적 환경이 주요 요인으로부터 오는 지각적 평가뿐만 아니라 경험 후의 느낌이나 이미지는 관광장소의 만족과 재방문에도 영향을 미치게 되는 것이다. 연구에서 나타난 물리적 환경에 반응하여 관광객의 감정반응으로 나타난 영향을 살펴보면 물리적 환경이 고객의 만족과 선택행동에 영향을 주는 부문을 연구한 이대홍(2001)[33]의 연구에서는 레스토랑의 물리적 환경요인이 레스토랑의 선택 및 재방문 등에 영향을 미치는 것으로 나타났다.

권성태(2005)[34]의 연구에서는 레스토랑의 실내 디자인 요인 중 물리적 분위기, 감정적 조형성, 오락성 등은 소비자의 전반적인 만족에도 영향을 주는 것으로 나타났으며, 김영식(2008)[35]의 연구에서는 서비스의 상품, 공간배치, 종업원, 문화체험, 분위기, 배경음악 등의 물리적 환경요인을 긍정적으로 지각할수록 고객의 충성도가 높아진다는 것을 연구를 통해 검증하였다. 또한, 물리적 환경과 재방문의도, 충성도와 같은 행동의도에 유의한 영향을 미친다는 것을 검증한 연구[36][37][38]에서 물리적 환경의 주요인들은 감정반응에 따른 고객의 만족, 상품에 대한 평가, 재방문의도, 구전효과, 충성도 등 성공적인 관광객의 만족과 관광의 개발에 있어서 대단히 중요한 영향을 미치고 있음을 알 수 있었다.

그러므로 관광에 있어 상품의 개발, 점포환경, 관광지의 조성에 있어 관광객에게 만족을 주는 경쟁적 우위를 갖기 위해서는 보다 우수한 물리적 환경을 조성하는 것이 무엇보다 중요하다.

3. 서비스의 물리적 증거 관리

서비스 산업 환경에 있어서 특정 서비스를 구매하거나 이용할 때, 소비자의 구매결정에 영향을 미치는 요소는 다양하다. 그중에서도 특정 서비스나 물리적 차별적인 특성을 통해 연출되는 분위기와 물리적 환경은 대단히 중요한 영향을 미친다. 하지만 서비스는 직접 볼 수 없기 때문에 물리적 환경의 유형적인 증거를 통해서 표현하게 되는데, 건물 내의 인테리어, 구조, 서비스 시설, 장비, 종업원, 안내서, 가격, 다양한 연출적인 기재를 통해서 서비스에 대한 지각을 형성하여 구매의사 결정에 영향을 미치게 된다. 또한, 이용고객들은 서비스를 실제로 경험하거나 보지 않고 의사결정 이전에 자신이 구매하는 서비스 상품을 추론해야 하기 때문에 서비스의 유형적인 증거에 특별히 관심을 기울이는 경향이 있다.

이러한 유형적인 증거의 역할을 세부적으로 살펴보면 첫째, 고객들로 하여금 기대를 유발하게 하고 사전 이미지를 형성하여 준다. 즉, 관광지, 테마파크, 쇼핑몰, 레스토랑, 호텔 등 진입구의 상징물, 조형물, 출입 동선의 디자인 등은 서비스 장소에 대한 규모나 수준 등을 암시적으로 나타내고 전개될 내용에 대한 기대를 한층 높이는 역할을 한다. 둘째, 서비스 상품 및 구매행위

시 즐거움과 흥미를 제공한다. 서비스 장소에서의 음악, 조명, 향기, 캐릭터 등은 장소에 대한 분위기(무드)를 제공하고 소비경험을 바탕으로 지각된 서비스상품에 자극을 주며 지겨움이나 불쾌감을 없애고 흥분과 즐거움을 만들어준다. 셋째, 환대산업에 있어서 잘 드러나지 않는 무형적인 서비스 수준과 질을 알려주는 서비스 수준의 증거가 된다. 실제로 잘 가꾸어진 나무, 깨끗하게 관리된 실내 분위기, 잘 훈련된 직원서비스, 깨끗한 유니폼, 위생적인 주방, 화장실 등은 그 기업의 서비스수준과 질을 나타내주는 단서가 된다. 넷째, 물리적 환경은 이용객이나 직원에게 관광지 내에서 행동의 방향이나 지켜야 할 내용에 도움을 주거나 방해가 된다. 잘 설계된 고객동선이나 서비스 동선, 가구의 배치, 안락한 대기실, 휴식 공간 등은 고객과 직원에 대한 기업의 관심을 보여주는 것으로 잘 설계되어야 한다. 다섯째, 물리적 환경의 설계를 통해서 타 기업과 구별되는 차별화된 경쟁력을 갖출 수 있다. 관광지 혹은 그 기업이 추구하는 정체성을 반영한 건물의 설계, 디자인, 로고, 색상, 주변시설 등의 배치 등을 통해서 마케팅 도구로서 경쟁력을 표현할 수 있다.

설명한 바와 같이 서비스 기업은 물리적인 환경의 조성을 통해서 구매 전 고객들에게 관심을 끌 수 있는 유형적인 정보와 증거들을 제공해 주어야 한다. 이러한 유형적인 증거물들이 제대로 나타나지 않는다면 고객들은 그 서비스에 대해 잘못 인식하게 되고, 그 결과는 비우호적인 지각이 형성이 되며 회피적인 행동을 유도하게 된다. 일찍이 Kotler(1973. 재인용)는 마케팅 분위기라는 개념을 이야기하며 서비스 마케팅에 있어서 유형적 단서를 통해 현실성을 제고하고, 차별화하여야 한다고 하여 물리적 증거 관리의 중요성을 강조하였다. 이처럼 서비스 산업에 있어서 마케팅 관리자들은 다양한 물리적 · 환경적 요소들을 고객이 원하는 분위기를 형성할 수 있도록 물리적 증거들이 적절히 관리될 수 있도록 노력하여야 한다.

제4절 관광의 물리적 환경 관리과제

물리적 환경에 관한 연구들은 주로 레스토랑, 유통점포, 마트, 백화점 등의 소매업에서 주로 다루어져 왔으나 이벤트 장소, 지방의 대표적인 축제, 테마파크, 리조트 지역 등의 최근 다양한 분야에서 연구가 되고 적용이 되고 있다. 관광이라는 물적인 서비스와 무형의 서비스가 동시에 이루어지는 환대산업에 있어서 물리적 환경의 관리와 조성은 대단히 중요한 성공의 요소가 아닐 수 없다. 최근 지자체에서 활발히 이루어지고 있는 지역의 정체성과 지역이미지의 향상을 위한 관광지의 물리적 환경의 개선을 통해 바람직한 관광지 개발의 과제를 살펴보자.

1. 관광지와 물리적 환경

관광지가 물리적 환경이 조성되기 이전에는 자연경관, 역사적인 유적, 해양자원, 특정식물의 군락지 같은 일반적인 관광자원으로 존재한다. 관광자원이 장소에 대한 가치성과 아름다움으로 알려지기 시작하면서 사회적으로 방문하고 싶은 관광자원 명소로 진화되고 관광이 발전하면서 관광객의 기대와 욕구를 충족시킬 수 있는 장소 특성에 맞는 물리적인 환경 조성을 통해서 물리적으로 발전된 관광지로 변화되는 것이다.

성공적인 관광지가 되기 위해서는 지역의 특성과 매력을 고려하여 물리적인 환경조성에 관한 철저한 이해가 필요하다. 이는 관광지에 있어서 물리적 환경의 이해를 바탕으로 한 관광지의 개발과 형성이 이루어지는 대단히 중요한 부문이기 때문이다. 과거 관광지의 물리적 환경에서는 우리나라의 관광객이 제일 많이 찾는 관광 1번지 서울의 경우 대표적인 관광 불만족의 요인으로 의사소통에 대한 불편, 과도한 옵션관광, 질 낮은 패키지, 새로운 관광콘텐츠 개발의 미미함, 강매, 불친절, 과도한 호객행위, 바가지 등의 내용들이 많았다. 또한, 최근의 중국인 관광객 증가의 물리적 환경에서는 관광유입인구의 2000만 명이 넘는 관광객에도 불구하고 많은 관광불만의 요소로 다시 찾는 재방문율과 관광친밀도(affinity for travel tourism)가 낮은 것으로 조사되어 관광에 질적인 문제가 있는 것으로 나타났다(금기용, 2014).[39] 이를 위한 대책으로 관광의 질적인 내실화가 필요하다. 우리의 고유 관광자원을 바탕으로 성공적인 관광지로 발전하기 위해서는 물리적 환경을 개발하고 지속적으로 관심을 갖고 관리해야 한다. 관광객의 편리함과 쾌적함을 도모하는 요소를 점검하고 관광활동에 기초가 되는 음식, 숙박, 교통 등을 보완하며 간접적인 관광기반 요소의 매력을 높이는 것이 필요하다. 이는 Baker(1987. 재인용)가 말하는 물리적 환경의 사회적 요소에서 서비스 환경 내의 인력, 행동, 태도가 고객의 감정반응에 대단한 영향을 미치고, 고객의 만족과 평가에도 영향을 미친다는 연구와 일치되는 부문이다.

물리적 환경의 인적자원부문도 관광지 인적요인들의 친절과 친밀한 태도를 개도하고 지도하여야 한다. 인적자원에 의한 물리적인 환경으로 거리와 도로의 복잡함, 더러움, 초라한 경관 등을 말하고 있는데 물리적 환경의 주변요소에서 시각, 청각, 소음, 냄새, 전망 등과 같은 배경적 환경을 말한다. 반면, 잠시 쉴 수 있는 휴게실 부재, 복잡한 거리, 교통의 혼잡 등은 물리적 환경의 배치로 기능성의 결함(Lay-Out)을 말하며 결함의 추가적 물리적 배치로는 안내표지판의 미비, 관광안내 체계의 부적절한 배치, 물리적 환경의 상징적 요소인 표지판의 오류표기, 상징물과 조형물(signs, symbols & artifacts)의 비균형 조화배치 등으로 관광환경 내에서 관광객에게 묵시적, 명시적으로 물리적 환경배치가 제대로 된 정보를 제공하지 못하고 있는 것이 문제점이다. 특히, 여전히 관광지에서 가장 문제가 되고 있는 언어의 소통은 관광지와 관광객 간의 커뮤니케이션의 기능으로서 한국의 문화를 알릴 수 있는 대단히 중요한 수단이다. 하지만 주요 도로나 쇼핑몰, 안내판 등이 기본적인 외국어가 표기되어 있지 않거나 잘못되어 있는 경우가 많아 한국을 찾는 관광객들을 불편하게 하고 있다. 이는 관광의 물리적 환경에 있어 커뮤니케이션이 요소로서의 자격이 있는 관광 택시기사, 판매점원, 외국어 안내, 관광 안내원의 수, 적절한 관광 안내소의 수를 늘리고 주요 관광시설에 다국어 안내서비스를 갖춘 통신기기 설치 등의 시스템적인 환경을 갖추어야 할 것이다. 현재의 관광한국의 불편사항에 나타난 바와 같이 관광객의 불만족을 해소하고 재방문율을 높이기 위해서는 관광지 내에서의 관광객들의 욕구와 니즈(needs)에 맞춘 물리적인 관광 기반요소뿐만 아니라 관광객의 오감을 자극하고 감성을 유인할 수 있는 관광지의 분위기와 물리적 환경의 요소가 잘 갖추어진 연출적인 환경요소가 잘 갖추어져야 할 것이다.

2. 관광개발과 물리적 환경

1990년 지방자치가 본격화되면서 각 지자체의 단체장들은 과거의 도로의 정비, 도심의 개발, 산업체의 유치 같은 지역의 인프라 중심에서 자신의 업적과 홍보를 위한 수단으로 무분별한 지역축제의 개발, 테마파크 건립, 관광단지의 개발, 카지노의 유치, 관광특구의 지정 등의 난개발로 인하여 지자체 재정의 악화와 지역주민과의 환경문제, 교통문제, 소음문제 등의 갈등을 일으키고 있다. 이는 진술한 주요인을 바탕으로 제대로 된 지역관광자원의 개발을 위해서는 지역자원의 유·무형의 매력이 있는 관광자원을 발굴하고 지역의 특성을 나타낼 수 있는 정체성을 갖춘 관광지로서 지역사회와 현대 관광객들의 욕구와 니즈에 맞는 관광개발이 이루어져야 할 것이다. 세부적으로 지역의 관광자원과 물리적 환경 조성을 위한 개발전략을 제시하여 보면

첫째, 우선 지역자체가 가지고 있는 기후, 풍토, 자연경관, 천연자원 등 자연자원, 지역의 민속자원, 유·무형의 문화재 등의 문화적 자원, 지역의 대표적 행사, 전통적인 풍습, 예술, 문화 같은 지역의 사회적 자원, 지역의 대표산업, 농촌지역, 공공서비스 등의 산업자원을 발굴하고 이들 자산들 중 지역의 정서와 어우러지는 독특하고 차별화된 정체성에 기반을 둔 관광자원과 상품의 개발이 필요하다. 예를 들면 마을에서 본래 가지고 있는 원형을 잘 보전하고 마을의 가옥이나 형태가 잘 보전되고 하회탈과 춤 같은 옛 문화의 이벤트가 살아 현존하는 하회마을, 인사동의 전통문화의 거리는 화랑, 골동품 전시장, 고서상점들이 즐비하여 풍습과 문화, 예술을 잘 이용한

문화관광의 좋은 예이다.

둘째, 이러한 관광자산과 상품의 바탕 위에 현재의 변화된 관광의 트렌드와 여행자의 라이프 사이클에 맞춘 특별하게 연출된 환경과 분위기를 위한 물리적인 구조와 환경의 조성이 필요하다. 현대의 관광과 여행의 트렌드는 재미, 오락, 환상의 몸으로 직접 느끼는 체험관광을 선호한다. 예를 들어 테마파크의 경우 일정한 주제를 선정하여 다양한 소제로 특별하게 창출된 환경과 분위기 속에서 위락시설, 볼거리, 쇼핑, 이벤트나 무대 쇼, 다양한 어트랙션, 테마송 등 다양한 물리적 표현을 통하여 비일상적인 경험을 제공하는 것이다.

셋째, 지역 환경의 특성을 살리면서 포스트 투어리즘(post tourism)에 맞춘 진화되고 창조적인 물리적 환경의 개발이 요구된다. 전남 함평의 나비의 고향이라는 독창적 이미지를 에코 함평(ECO Hampyeung)이라는 지역상징의 이미지를 만들어내어 이용객의 동심을 자극하는 분위기를 연출하여 함평 하면 나비를 연상하게 하는 대표관광지로 만들었다.

넷째, 관광지가 둘러싼 그 지역만의 독특한 스토리텔링을 만들어 이를 경험하고 체험들을 공유하게 사회적 요소로서 물리적 환경조성의 주최자이자 참여자인 지역주민의 참여를 확대하여 지역관광의 연출자로서, 커뮤니케이터로서의 역할을 활성화시켜 자긍심 있는 시민적 공감대를 만들어야 한다.

다섯째, 현대정보통신 기술의 발달로 모바일, 웹, 소셜 네트워크를 통한 이미지의 재생산과 관광의 행동이전의 사이버상의 체험이 가능해졌다. 이에 따라 관광지의 실질적인 이미지를 보여주고 매력성을 알릴 수 있는 커뮤니케이터로서 인터넷 환경의 조성이 물리적 환경의 주요한 요인이 될 것이다.

앞서 언급한 내용을 종합하여 보면, 지역사회의 관광자원의 개발은 지역의 특색에 맞는 유·무형의 관광자원을 발굴하고 지역의 지속적인 장기 비전 전략과 정체성을 수립하여야 한다. 그리고 지역주민이 참여하는 주민주체의 파트너십을 통해서 개발에 따른 갈등을 해소하고, 지역사회 통합과 지역경제의 활성화를 이루어내야 한다.

결과적으로 문제의 해결과 정체성 수립은 관광지의 긍정적인 지역이미지 창출을 위한 다양한 유인의 도구로써 이용될 수 있으며 타 관광지와 차별화가 가능한 부문이다. 창조적으로 물리적 환경 조성을 세세하게 잘 갖추어 순차적으로 점검 보완하고 관광지의 물리적 환경조성을 중점 지원 육성한다면 경쟁력 있는 관광지의 좋은 개발전략이 될 것이다.

참고문헌

1) 박석희(2000). 『신관광자원론』. 일신사.

2) 오상훈 · 임화순 · 고계성(2005). 관광매력성의 계절 간 비교 연구: 제주를 중심으로. 『관광레저연구』, 17(4), 83-98.

3) Chris, Cooper., J, Flether., R, Shepherd., & S, Wanhill(1998). Tourism, Principles and Practices. Addison-Wesley: Longman.

4) Leiper, N.(1990). Tourist attraction systems. *Annals of Tourism Research*, 17, 367-384.

5) Gunn, C.A.(1979). Tourism Planning, New York: Crane & Russak Co., 34-41.

6) 이애주(1998). 관광지 선택행동에 관한 연구. 세종대학교 대학원 박사학위논문.

7) Burkart, A. J., S. Medlik(1981). Tourism: Past, Present and Future, London, 94-107.

8) Inskeep, E.(1991). 'Tourism: An Integrated and sustainable Development Approach', New York: Van Nostrnd Reinhold, 75-106.

9) 여정태(1993). 관광지 개발계획을 위한 설계환경의 평가에 관한 제언. 경기대학교 논문집, 32, 359-382.

10) 김상훈 · 박선희(1996). 『관광자원론』. 경희호텔경영전문대학출판부.

11) Kotler, P.(1973). 'Atmospheres as a Marketing Tool', *Journal of Retailing* Vol. 49(Winter), 48-64.

12) 권희정 · 한희섭(2014). 호텔 내 레스토랑의 물리적 환경을 통한 이미지가 레스토랑의 만족도와 재방문의도, 호텔의 이미지와 숙박의도에 미치는 영향에 대한 연구. 『관광레저연구』, 26(2), 105-122.

13) 김영규 · 우미화(2013). 커피전문점의 물리적 환경에 따른 이용객의 관계품질 연구. 『관광연구저널』, 27(3), 371-383.

14) Upah, G. D., Fulton, J. N.(1985). Situation creation in services marketing. The service encounter, 5(12), 255-264.

15) Baker, J.(1987). The Service Challenge: Integrating for Conpetitive Adantage, A. Czepiel, Carole A. C., & James Shanahan, eds., Chicago, IL: AMA, 79-84.

16) 성혜진 · 김주향(2014). 한옥 게스트하우스의 물리적 환경이 고객만족과 재방문의도에 미치는 영향 -NPS(순추천고객지수)의 조절효과를 중심으로. 『관광레저연구』, 26(6), 209-226.

17) Belk, R. W.(1998). Possessions and the extended self. *Journal of Consumer Research*, 15(2), 139-168.

18) Bitner, M. J.(1990). Evaluating Service Encounters: The Effects of Physical Surroundings and Employee Response, *Journal of Marketing*, 54(April), 69-82.

19) Han, H. S., Ryu, K. S.(2009). The roles of the physical environment, price perception, and customer satisfaction in determining customer royalty in the restaurant industry. *Journal of hospitality & tourism research*, 33(4), 487-510.

20) 권기준(2010). 소규모 레스토랑의 성공창업 및 경영을 위한 물리적환경의 상대적 중요도와 우선순위에 관한 연구. 세종대학교 대학원 박사학위논문.

21) 김정희 · 이경자(2012). 물리적 환경에 대한 감정적 반응이 전환 장벽과 충성도에 미치는 영향. 『감성과학』, 15(2), 209-222.

22) Davis,. Tim. R. V.(1984). The influence of physical environment in office. Academy of management Review, 9(2), 271-283.

23) 조선배(1995). 소비자 만족에 미치는 호텔서비스 환경의 영향. 『관광학연구』, 18(2), 89-104.

24) 서승윤(2009). 호텔 레스토랑의 분위기가 고객정서, 레스토랑의 이미지, 고객 행동에 미치는 영향. 경주대학교 일반대학원 박사학위논문.

25) Cohen, J. B., Areni, C. S.(1991). Affect and Consumer Behavior, in Handbook of Consumer Behavior, eds. Thomas S. Robertson and Harold R. Kassarjian, Englewood Cliffs, Nj: Prentice-Hall, 188-240.

26) Mehrabian, A., Russell, J. A.(1974). An Approach to Environmental Psychology, Cambridge: MIT Press.

27) Mehrabian, A., Russell, J. A.(1974). An Approach to Environmental Psychology, Cambridge: MIT Press.

28) 이유재(2000). 고객만족경영의 개념과 실천에 관한 연구. 『경영저널』, 1(1), 153-172.

29) Donovan, R. J., Rossiter, J. R.(1982). Store Atmosphere: An Environmental psychology Approach. *Journal of Retailing*, 58(Spring), 34-57.

30) 권익현 · 유창조(1997). 레저시설 내에서의 소비자 감정적 반응에 대한 실증연구: 스키리조트를 중심으로. 『소비자학 연구』, 8(1), 59-97.

31) 노영만(2003). 레스토랑의 환경지각이 소비자의 태도형성에 미치는 영향: 심리반응의 중계 역할. 『관광저널』, 18(2), 249-264.

32) Chen, J. S., & Uysal, M.(2002). Market positioning analysis: A hybrid approach. *Annals of Tourism Research*, 29(4), 987-1003.

33) 이대홍(2001). 레스토랑의 환경특성이 고객의 자발적 행위에 미치는 영향. 세종대학교 대학원 박사학위논문.

34) 권성태(2005). 레스토랑의 실내 디자인이 소비자 심리적 반응 및 행동에 미치는 영향에 관한 연구. 경기대학교 관광전문대학원 박사학위논문.

35) 김영식(2008). 베이커리카페의 물리적환경이 고객감정 및 충성도에 미치는 영향. 광운대학교 대학원 석사학위논문.

36) 김영식 · 홍완수(2012). 떡 카페의 물리적 환경이 고객 감정 및 충성도에 미치는 영향: 미혼여성 고객을 중심으로. 『외식경영연구』, 15(6), 277-300.

37) 정호균(2012). 퀵서비스 레스토랑 고객들의 소비감정이 고객만족 및 재방문의도에 미치는 영향에 관한 연구: 쿠폰의 조절효과. 『관광연구저널』, 26(3), 163-178.

38) 이선호(2012). 한식 레스토랑 메뉴선택속성이 재방문의도에 미치는 영향에 관한 연구: 프랑스 현지인을 대상으로. 『관광연구저널』, 26(5), 341-356.

39) 금기용(2014). 카지노, 컨벤션이 성장 동력 독특한 아시아 문화가 매력 더해. CHINDIA Plus, 95, 9-13.

문화와 함께하는
관광학 이해

04편 문화명사 담론

손대현 명예교수가 미래의 관광인들에게 들려주는

슬로시티 운동의 물리

세계관광답사

- 1992 백두산 · 고구려유적 · 중국관광 답사
- 1994 파키스탄과 구실크로드 관광답사
- 1996 몽골과 바이칼호 관광답사
- 1999 인도, 네팔, 라다크 오지관광답사

연구실적사항

- "한국엔터테인먼트산업과 한류분석" (2007) 등 논문 137편
- 「연구지 발행」 20권 / 「실무정책연구」 41권
- 『슬로시티의 행복』와 『Go Slow & Curvy』(영문, 독일 Springer출판) 등 32권 저술

손대현

학력

- 1964-1968 외대 스페인어학과 졸업(문학사)
- 1968-1972 Madrid국립관광대학 졸업(디플로마)
- 1977-1977 미국 Michigan State University(객원교수)
- 1979-1984 고려대학교 대학원 경영학과 졸업(경영학 박사)

경력

- 1978-1980 외대, 연세대 강사
- 1981-1983 강원대학교 관광경영학과 조교수
- 1982-1983 경제기획원 관광기획단 자문위원
- 1983-2011.2 한양대학교 사회과학대학 관광학부 교수
- 1985-1989 고려대학교 경영대학 강사
- 1993-1994 통일원 교류분과 정책자문위원
- 1994-1996 한국관광학회 회장
- 1995-1996 문화체육부 문화복지기획단 위원
- 1997-1999 한양대 관광연구소 소장
- 1997-1998 문화관광부 정책심사평가 자문위원
- 1998-2000 서울특별시 관광진흥위원회 자문위원
- 1999-2001 한양대 사회과학대학 학장
- 2000-2004.8 한양대 국제관광대학원 원장
- 2007-2008 대통령 소속 문화중심도시조성위원회 위원
- 2007.9-현재 국제슬로시티연맹 부회장
- 2007.9-현재 한국슬로시티본부 이사장
- 2011.3-현재 한양대학교 사회과학대학 관광학부 명예교수

수상

- 한국대학 '名講義' 교수로 추천(전국대학 총학생회와 대학신문사, 1994)
- 삼성 '인재제일'지 추천 명강의 교수 선정(1996. 9)
- 한양대 백남학술상 수상(2001)
- 대통령 훈장 옥조근정훈장 수훈(2011)

손대현 명예교수가 미래의 관광인들에게 들려주는

슬로시티 운동의 물리物理

20세기가 물성(物性), 물건의 품질과 성능을 달성하기 위한 바쁨의 시대, 즉 참을 수 없는 존재의 가벼움이었다면, 21세기는 사람의 마음과 감성(感性)이 미래를 열게 되는 즐거움(樂)과 느림(漫)의 시대가 될 것으로 전망된다. 현재 인류의 행복과 인간관계를 송두리째 앗아가는 것이 바로 빨리빨리란 조급증이다. 왜 그렇게 빨라졌느냐? 그 답은 경제 성장 제일주의와 돈으로 귀착된다고 본다. 한국인의 대표정서인 정(情)과 신명(神明)도 바쁠 때는 설자리가 없다.* 사실 행복한 삶을 위해 돈이 많이 드는 복지보다 더 중요한 것이 바로 정이다. 우리가 보존해야 할 창조질서 중 가장 따뜻한 것이 정이라고 생각한다. 한국은 지난 약 60년간 고도의 경제성장 정책으로 3S, 즉 영혼(Soul), 땅(Soil), 사회(Society)가 그만 희생되고 말았다. 그 결과로 나타난 것이 자살률 세계 1위, 저출산율 1위, 산재사망률 1위, 원전 밀집도 1위, 온실가스 배출 7위 등으로 지금 우리는 엄청난 경제성장 중독증을 앓고 있으며 지속가능성을 보장할 수 없게 되었다. 슬로시티 운동은 21세기 시대가 요청하는 시대정신이며, 새로운 삶의 질을 추구하는 행복운동(la dolce vita, 달콤한 인생)이다.

국제슬로시티연맹 회원국

우리나라의 1960년대 농촌에서 전개된 새마을운동은 경제개발 5개년 계획과 함께 정부 주도의 상명하달식 관민운동으로 시작된 우리나라에서 자본주의를 이끈 첫 산업화 정책이었다면 슬로시티 운동은 민관주도의 하의상달과 비정부조직 운동이다. 새마을운동이 '잘 살아보세'라는 경제적 운동이었다. 슬로시티 운동은 '사람답게 살아보세, 사람이 살아 있는 도시'란 숭고한 가치를 추구하는 삶의 질 추구, 즉 달콤한 행복운동이다. 슬로시티 운동의 중요한 지향점은 단지 빠름과 느림에 대한 것이라기보다 괴테가 말했듯이 속도가 아닌 삶의 방향이다. 슬로(徐路)시티(徐市)는 느림이 있는 풍경(slowscape, 徐景), 자연이 있는 조경(landscape, 造景), 농산물 먹거리가 있는 환경(foodscape, 食景)과 전통문화가 도도히 흐르는 문화경(culturescape)이 어우러진 달콤한 행복(徐福)의 공간이다.**

슬로시티는 현대사회에서 옛날의 느림으로 가자는 복고주의가 아니다. 또한 전통과 현대, 느림과 빠름이 한쪽으로만 치우치는 악순환 구조라기보다 양 날개로 나는 새처럼, 마치 호흡의 날숨과 들숨과 같은 선순환 구조인 전체론적 접근(holistic approach)으로 조화를 이뤄 비상하는 사

---

* 손대현. 「한국문화의 매력과 관광이해」. 백산출판사. 2008. 272-274쪽.
** 「한국 행복에 빠지다」. 박영books. 2016. 233쪽.

회를 만들고, 궁극적으로 삶의 질을 개선하자는 뜻이다. 슬로시티의 상징마크인 '달팽이'에 대한 세르주 라투슈의 비유는 실로 절묘하다.* 달팽이는 섬세한 구조의 껍질을 겹겹의 소용돌이(나선형)모양으로 키우고 나면 껍질 만들기 활동을 갑자기 중지하거나 줄여간다. 소용돌이를 한 번 더 거치게 되면 껍질 크기가 16배나 늘어나 버려 안정된 생활은커녕 무게의 부담이 엄청나다. 그때부터 증가된 생산성은 모두 껍질의 확대에서 오는 어려움을 극복하는 일에 쓰이고 마는 결과가 나타난다니 이야말로 과거 우리나라와 같이 고도의 경제성장 사회로부터 마땅히 저성장 내지 탈성장사회로 가야만 하는 당위성에 대해 시사하는 바가 크다. 달팽이는 날카로운 칼날 위를 천천히 걷는다.** 달팽이는 배 밑 전체가 발 역할을 하기 때문에 달팽이는 배발(복족) 즉 발 근육이 뒤쪽에서 앞쪽으로 물결치듯이 한없이 느린 배밀이로 나아간다. 몸에서 점액질 성분이 나와 마찰을 최소화하여 이동하기 때문에 굉장히 날카로운 칼날 위로도 베이지 않는 것은 이처럼 천천히, 무의식적으로 나아가기 때문이다. 달팽이(자연)는 천년쯤을 기약하며 마을(인간사회)을 이고 어디론가 가고 있다.

마을이란 공동체를 등에 업고 슬로와 스몰을 지향해 가는 달팽이를 보라. 이 공동체가 바로 삶의 질인 것이다. 슬로시티 운동의 목적은 사람이 사람답게 사는 삶을 찾기 위함이다. 여러 가지 길이 있겠지만 무엇보다 사람과 사람 사이의 이어짐이 최우선되어야 한다. 공동체적 조화의 아름다움이야말로 우리가 추구하는 궁극의 목적이다. 그 이유는 연결 그것은 곧 해결이기 때문이다.*** 행복공동체 운동이 바로 슬로시티라고 해도 과언이 아니다. 치따슬로(cittaslow), 즉 슬로시티(slowcity)에서 슬로는 행복, 시티는 곧 공동체를 의미한다. 현대의 공동체는 윤리적이기보다 현실적이어야 하는데, 맹자는 유항산 유항심(有恒産 有恒心), 즉 먹을 게 있어야 마음이 움직인다고 했다. 한국적 슬로시티 공동체는 공동체 붕괴라는 대세를 거스르기 위한 대안으로서 협동조합의 탄생을 신서부 개척시대처럼 추진하고 있다. 발전의 대원칙을 경쟁보다 협력에 두고 협동조합의 협동문화를 물 흐르듯 수평적 시스템이 되게 한다. 또한 공무원과 주민들의 공동체에 전체론적 접근(holistic approach) 활동이 무엇보다 중요한데, 그 이유는 다양한 구성원들의 다양성의 힘과 아이디어가 있어야 세상을 바꿀 수 있기 때문이다. 공동체의 조화력은 단기적 욕구 충족과 장기적 안목(백년대계)을 조화시키는 힘으로 운용하기에 따라 "1+1=∞"로써 무한대의 힘을 낼 수 있다. 사회통합을 이룬 공동체는 장애인과 빈곤층, 사회적 소수자까지 포괄하며, 고령자의 느림과 청년의 빠름을 상호 조화시킨다. 나무를 보라. 하나만 자라면 잘 못 자라기 마련이다.

---

* 세르주 라투슈. 「탈성장사회: 소비사회로부터의 탈출」. 양상모 역.

** Thomas Henry Huxley. Practical Biology. p.296.

*** 폴 비릴리오. 「속도와 정치」. 이재원 역. 그린비. 2004.

cittaslow 삶의 질을 추구하는 국제슬로시티 공동체
International network of cities where living is easy
달팽이 마크, 국제슬로시티의 삶의 질 인증마크

슬로시티 로고마크의 치따슬로(슬로시티)가 소문자로 시작하는 것은 작은 것을 지향하기 때문이다.
슬로시티의 상징인 달팽이는 슬로(느림)와 스몰(작음)을 향하여 가고 있다.
여기서 삶의 질 easy living은 깨끗한 공기, 맑은 물, 비옥한 땅, 바른 먹을거리, 대체교통수단 등을 뜻한다.

슬로시티가 표방하는 슬로건, 표어는 천천찬찬, 즉 "slowly but surely(천천히 찬찬히)"와 "slowly but gently(천천히 다정하게)"에 발맞춰 천천히 제대로 안전하게 오래갈 미래로써 슬로노믹스(slow+economics, 지속가능한 느린 경제)를 제안하고 있다.* 패스트노믹스(fast+economics)는 결국 빠른 fast가 economics의 접두어 eco인 생태, 생명을 죽이는 것이다. 슬로노믹스, 즉 '행복 경제학'에서 중심적인 역할을 하는 것은 인간관계에 근거한 재화이다. 근대 이전의 유럽에선 공동선(共同善)은 뺄셈의 논리(덧셈이 아닌 비움의 정신)에 기초를 두었다. 자신이 소유하는 무언가(사적 이익)를 포기하고 잃을 각오가 되어 있는 경우에만 '우리의 것(共同善)'을 구축할 수 있었던 것이다.** 사람 人자를 보라. 두 사람이 지지하고 버팀목으로 되어 있는 꼴이니 인간은 사회적 존재인 것이다. 디지털 담론이 지배하는 후기산업사회에서 모든 시민이 마주칠 딜레마의 핵심은 내일을 팔아 오늘을 사는 것이다.*** 현재 사회는 미래도 공동체도 생각하지 않고 오로지 바로 지금 눈앞에 있는 자신만의 이익만 쫓는 근시사회이다. 지금 우리 사회는 비일비재하게 부모, 형제가 상종치 않고 피를 나눈 동포가 등을 돌리며 심각하게 갈등하고 있다.**** 모든 것이 개인화되어 인간 스스로 개인이라고 생각하지만 사실상 인간은 사회적 동물이란 공동체 속에 있다. "가지 많은 나무에 바람 잘 날 없다"는 말처럼 혼자나 둘이 살면 신경 쓸 일이 적으니 삶이 편하고 행복하지 않을까? 그런데 조사 결과 비록 바람 잘 날이 없어도 함께 이겨나가는 가지 많은 나무가 결국엔 행복하다는 것으로 나타났다. 신뢰와 유대가 깨진 시대에서 몰골사나운 빈 껍데기 공동체(空洞體)를 진정한 공동체(共同體)로 소생시킬 사회적 자본의 재구축을 위해 지혜를 모아야 할 때이다. 20세기가 국가의 시대였다면 21세기는 도시의 시대로 슬로시티(cittaslow)운동은 세계화 대신 지역화와 지역경제 활성

* 손대현 · 장희정. 「슬로시티에 취하다」. 조선앤북. 2010. 51쪽.
** 세르주 라투슈. 앞의 책. 254쪽.
*** 폴 로버츠. 「근시사회: 내일을 팔아 오늘을 사는」. 김선역 역. 믿음사. 2016.
**** 손대현. "국회포럼과 행복배분 정책". 「국회 슬로시티 포럼출범과 포럼개최」. 2016.10.5. 12쪽.

화를 추구한다. 지역사회를 건강하게 하는 사업 중의 하나가 국제슬로시티 운동이다. 지역경제는 의존이 아닌 자립으로 가되 세계로 나아가는 길도 지역이 기초가 되는 지방의 세계화, 즉 세방화(世方化, glocalization)를 지향해야 한다. 현대 세계화의 물결에 지역 정체성의 벽이 허물어질수록 강대국, 대도시, 대기업의 경쟁과 대량생산에 맞설 수 있도록 지역화 · 차별화 · 고급화 브랜드로 소도시가 비교우위의 매력을 갖도록 해야 하는 것이다. 멀리 오래갈 미래를 위해서는 지역화가 중요하며 즉 지방이 살아야 온 나라가 산다. 그렇게 되기 위한 핵심은 돈과 사람인데 한국의 지방은 돈도 말라버리고 인재마저 고갈되어 있다. “지방이 살아야 나라가 산다”는 지방자치가 시대정신이다. 무릇 지방이 모여 국가를 이룬 것이지 국가가 지방을 만든 것이 아니라 지방의 힘만으로 하지 못하는 일을 하게 하려고 국가를 만든 것이다. 사실 국가—지방의 관계에서는 이런 원리가 작동되어야 한다. 잘 사는 지방, 행복한 지방주의가 선진국으로 가는 이정표이다. 왜냐하면 지방이 갖는 매력적인 콘텐츠가 바로 녹색(자연과 낭만) + 느림(행복) + 음식(생명) + 지방문화(지방색)가 있는 인류의 서식지이기 때문이다.* 이제는 작은 나라가 잘 살고, 중소기업과 소작농이 발전하는 것(일자리 창출과 중산층을 튼튼)이 참 경제이고 참 농업이다.

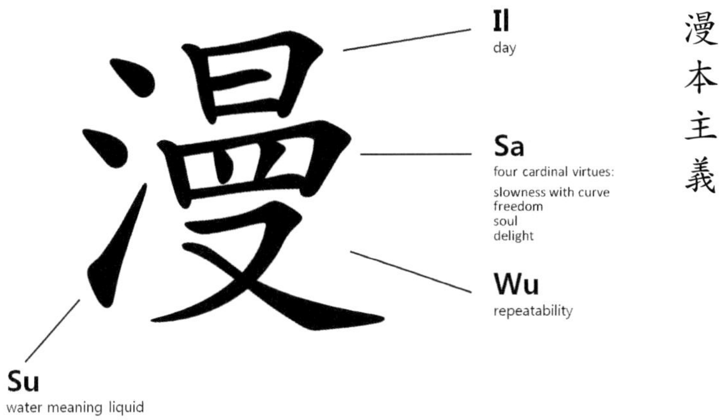

資本主義 < 漫本主義 　　 자본+만본 < 만본+자본이라는

돈	느림	선행복 후경제 모델
경쟁	자유	
가속화	행복	

돈 · 경쟁의 자본주의보다 자유 · 행복의 만본주의가 중요하다. 자본이 앞서는 자본 · 만본보다 만본 · 자본, 즉 선행복 후경제 모델이 바람직함

* 위의 글, 11쪽.

과거 비정상적인 고도 경제성장의 거품 현상에서 이제 저성장, 저소비, 지역경제를 추구하는 것이 뉴 노멀이다. 고대 그리스의 큰 스승이었던 소크라테스는 이미 기원전 5세기에 국가의 목적이 국민이 훌륭하게 살도록 하는 것이며, 정부의 목표는 국민이 행복하게 생활할 수 있는 질서를 이룩하는 것이라 했다.* 사람 · 돈 · 정보를 다 가진 정부가 국민으로부터 위임받은 정치를 겸손하게 잘해야 선진국(善進國)과 선진국(先進國)이 될 수 있다. 한 초등학생이 정곡을 찌르는 말을 했다. "국민은 세금을 내고, 기업은 돈을 벌고, 정부는 돈을 쓴다"고 했다. 돈은 제대로 써야 함이 마땅하다.

글로벌 자본주의는 우리에게 더 빨리 만들고 더 빨리 일하고 더 빨리 소비하고 더 빨리 살라고 닦달하지만 그 대가와 후유증에 대해서는 아무런 방향제시도 없는 무대책이다. 느리지만 제대로(slowly but surely) 굴러가는 경제, 인간을 위해 봉사하게 만드는 슬로자본주의(slow capitalism)가 필요하다.** 즉, 돈 · 경쟁 · 가속화를 본으로 하는 자본주의로부터 지속가능하고 오래가게 하기 위해서는 느림 · 자유 · 행복을 본으로 하는 만본주의가 앞서고 바탕이 되고 그 뒤에 자본주의가 줄서게 해야 한다. 슬로자본주의, 즉 만본주의(manbonism) 이론의 만(漫)자를 이루는 부수들의 결합이 흥미롭다. 만자는 물 수변(水), 날 일(日), 넉 사(四), 그리고 또 우(又)로 이루어져 있다. 다시 말해서 매일(日) 네 가지 덕목(四: 느림 + 자유 + 영혼 + 기쁨)을 반복적으로(又) 물 흐르듯(水) 흐르고 흘러 액체(liquid)생태계가 유지되어야 행복의 원천이 마르지 않는 원리이다. 앞으로 한국의 슬로시티는 이같이 '액체 슬로시티'가 근본이 되게 해야 한다. 느림과 행복이 사람의 근본이고 고향인 만본주의를 통해 이제는 성장에서 성숙, 삶의 양에서 삶의 질, 빠름에서 깊이와 품위를 지켜내야 한다. 플라톤은 "올바른 사람은 행복하고 불의한 자는 비참하네. 비참한 것은 이익이 되지 않지만 행복한 것은 이익이 된다네"라고 질박한 말을 남겼다.

사실 관광의 위상은 사람을 즐겁게 문화적으로 살도록 도와주는 행복체험산업이다. 곤충도 여행을 하지만 이건 생존양식일 뿐이며, 사람만이 관광을 하는데 이것은 생활양식이다. 인간에게 의식주 해결이 '제1의 밥' 문제 해결이라면 관광행동과 같은 행락(行樂)은 '제2의 밥'이다. 사람만이 문화행동, 관광행동을 한다. 슬로시티 운동의 제1의 목적은 삶의 질을 추구하는 주민의 행복이요, 제2의 목적 또한 방문자에게 단순한 만족수준을 넘어 행복감을 주는 것이다. 슬로 투어리즘(Slow Tourism)은 시끌벅적하고 빠른 관광이 아니라 조용히 보고 느끼고 좁고 깊은 체험을 강조한다.*** 관국지광(觀國之光)의 관광 원전의 뜻이 이러한 것이다. 인도 출신의 환경운동가 사티쉬 쿠마르는 "나그네여, 관광객이 아닌 순례자가 되어라"고 얘기한다. 대부분의 관광객들이 자신을 귀한 손님으

---

* 플라톤. 「국가」. 천병희 역. 숲. 2013. 16쪽.

** sohn, dehyun. et al. Go Slow and Curvy. Heidelberg: Springer. 2015. pp.163-164.

*** 손대현. 앞의 책. 「한국 행복에 빠지다」. 103쪽.

로 여겨주는 곳에서 마치 지배자처럼 오만하게 행동한다. 그에 비해 순례자는 겸허하며 대지에 대한 감사의 마음을 담아 옮기는 걸음걸음마다 음미한다. 이러한 순례야말로 슬로 투어리즘의 모습이다. 쿠마르 역시 관광의 원뜻에 접근하지 못했지만 메시지는 옳다. 따라서 바람직한 관광의 본 얼굴은 대중관광(mass tourism)의 빠른 관광(fast tourism)보다는 가족관광, 교육관광, 단체관광보다는 개별관광 위주의 슬로 투어리즘 및 테마관광이 바람직하다. 지금까지 살펴본 슬로시티 운동의 지향점은 공동체 구현, 세계화란 글로벌 대신 지역화와 지역경제 활성화, 자본주의의 대척점에서 본 슬로자본주의인 만본주의 이론을 통한 사람이 사람답게 사는 삶의 질과 행복의 실현이다. 비정상적이고 시한폭탄 같은 삶, 제대로 가고 있지 못한 현대 문명에 대해 슬로시티는 인류의 미래를 위해 진정한 의미에서 밝은 이야기이다. 21세기는 국민행복이 국가의 힘이요, 선진국으로 가는 길목이라는 공감대가 형성되어 있는 시점에서 우리는 슬로시티 운동이 지향하는 물리(物理이치)요. 궁극 철학은 행복과 자유가 강물처럼 도도히 흐르는 세상을 만드는 것이다. ☺

제4편

관광생태론의 이해

제 1 장

지속가능한 관광

김남조

한양대학교 관광학부 교수

미국 펜실베이니아주립대학교에서 박사학위를 취득했으며, 한국관광학회 수석 부회장(차기 회장)을 맡고 있다. 저서로는 『한국현대관광사』(공저), 『관광학총론』(공저), 『지속가능한 관광』(공저), 역서로는 『관광과 관광공간』(공역), 『현대관광론: 세계적 조망』(공역) 등이 있으며, 논문으로는 "한국형 관광기후지수(KTCI)의 개발에 관한 연구", "기후변화에 대응하는 녹색관광의 연구과제 모색", "에믹(emic)과 에틱(etic)방법을 이용한 관광레저형 기업도시 개발과정에서 나타나는 갈등구조 분석", "지리정보시스템(GIS)을 이용한 관광지 수용력 적용모형 개발" 등이 있다. Marquis 세계인명사전 등재, 2nd IHTC 베스트 페이퍼 및 골드페이퍼 상, 한국관광학회 최우수 관광학술상 및 컨퍼런스 최우수 베스트 페이퍼 상 등을 수상하였다.

✉ njkim@hanyang.ac.kr

김상태

한국문화관광연구원 통계평가센터 위촉책임연구원

한양대학교에서 관광학 박사학위를 취득하였으며 학위 논문 제목은 "행위자-네트워크 이론을 적용한 관광분야 공유경제 플랫폼의 성장과정 분석"이다. 주요 논문으로는 "관광산업 온실가스 배출량을 이용한 환경산업연관표 작성에 관한 연구", "메시지 유형에 따른 숙박시설 잠재적 이용객의 에너지 절약 태도와 행동의도 비교", "국립공원 생태관광체험프로그램으로 인한 지역경제 파급효과 분석", "기후변화의 대응수단으로서 국립공원 내 전기자동차 도입의 비시장적 가치 추정에 관한 탐색적 연구" 등이 있다. 한국관광학회, 한국리서치에서 근무한 경험이 있다.

✉ stjh12@naver.com

제 1 장

지속가능한 관광

김남조 · 김상태

제1절 대안관광의 출현과 의미

근대의 대중관광은 산업혁명으로부터 시작되었다. 1841년 토마스 쿡(Thomas Cook)이 1인당 1실링(shilling)의 여행비용으로 570명의 여행객을 모집하여 당일의 왕복철도여행을 시작함에 따라 단체관광시대가 열렸다.[1] 산업혁명은 그동안 귀족들의 전유물로 여겨졌던 관광을 일반시민들도 참여할 수 있는 계기를 만들었다. 산업혁명은 신흥자본가들을 탄생시켜 근대 대중관광을 앞당기게 하였다.

제2차 세계대전 이후 세계 각국은 급격한 경제성장을 이룩하였다. 이러한 경제성장은 1990년대까지 이어졌는데, 특히 1969년부터 취항한 '점보 747 제트여객기'는 1964년의 일본 신칸센철도와 1981년 프랑스의 TGV, 초고속기차와 더불어 대용량 운송수단의 상징물로써 본격적으로 대중관광시대를 열게 하였다. 1950년대부터 1960년대까지는 선진국의 국민들이 선진국에서 선진국으로의 세계여행에 참여할 수 있었고, 1960년대부터 1970년대까지는 저개발국가로 여행을 확대하는 시기였다. 1980년대부터는 선진국의 국민들뿐만 아니라 저개발국가의 국민들도 세계여행에 참가하는 시기를 맞게 되었다.[2] 바야흐로 관광은 더 이상 특수계층의 전유물이 아닌 인간의 기본적인 권리로 정착하게 되었다.

소득수준의 향상과 교통수단의 발달, 그리고 여가시간의 증대 등으로 인해 폭발적으로 증가된 관광수요의 증가는 서비스 효율의 극대화 차원에서 한꺼번에 많은 여행객들이 참여할 수 있는 다양한 패키지관광상품을 출시하게 만들었다. 대중관광(mass tourism)은 이러한 관광현상을 일컫는데, 다른 표현으로 대량관광이라고 말하기도 한다. 포디즘(Fordism)의 특성을 띤 대중관광은 패키지관광, 표준화 · 동질화, 단기간 다지역 주유형의 관광, 생산자 중심의 관광상품으로서 한정된 소품종의 관광상품으로 대변된다.[3] 또한 대중관광은 많은 관광객을 유치하기 위해 대규모 관광개발과 이들로 인한 대량관광소비로 표현된다. 이로 인해 경제적으로 국가 및 지역에 큰 기여를 하였지만 대규모 관광개발로 인한 환경훼손, 대량소비로 인한 온실가스 발생 등을 촉발하였다. 즉, 경제적 효율성에 치중한 나머지 환경적 사회문화적으로 큰 문제를 발생시켰고, 자연·생태계의 훼손과 상실, 문화유적지가 훼손되거나 반달리즘(vandalism)의 유발, 농작물 훼손, 쓰레기 문제와 교통 혼잡, 수질 및 대기오염, 인플레이션이 지역사회에서 발생되었다. 이와 같은 각종 사회적 환경적인 문제점에 반기를 든 새로운 유형의 관광현상들이 나타나기 시작했다. 그것은 곧 대안관광(alternative tourism)이라고 지칭되는 새로운 형태의 관광이다.[4]

대중관광 혹은 대량관광을 구관광(old tourism) 또는 근대관광(modernism tourism)이라고 한다

〈표 1-1〉 대중관광과 대안관광의 비교

관광에서 포디즘적 생산: 대중관광 (1950년대부터 1990년대)	관광에서의 포스트포디즘과 유연성: 대안관광 (1990년대 이후)
생산과정(The production process)	
규모의 경제 대량화, 표준화되고, 경직된 패키지 휴가 패키지여행, 전세비행기 제한된 범위의 표준화된 여행상품 상용시스템에 의한(just in case) 휴가 유지 관광산업에 의한 상품의 질과 유형 결정 산업의 집중(수평적이고, 미미한 정도의 수직적 통합)	규모와 범위의 경제 전문화된 오퍼레이터, 소매휴가판매상의 등장 틈새시장 정보기술체계(CRS기술, 원격회의, 비디오텍스트, 영상 팸플릿, 3-D프린터, AR, VR, IoT, AI 등), 전·후방 사무자동화, 인터넷, 월드와이드웹 소비자가 설계하는 유연한 휴가 관광객이 결정하는 상품 수평적 통합, 하도급(예: 호텔산업에서 세탁업무나 전문화된 조리활동의 외주화) 항공산업에서 지역에 기반하고 통합되고 컴퓨터 정보시스템과 전략적 네트워크 연합의 채택
노동실행(Labour practice)	
낮은 노동(기능적) 유연성 높은 노동회전, 노동은 계절성을 띠며 낮은 임금 대부분 비숙련 노동력	주변부에 위치하고, 수적으로 유연하며, 비숙련화된 노동자에 의해 배치되는, 기능적으로 유연한 (숙련된) 연중 지속되는 고용
소비과정(The consumption process)	
대중관광객 내향성 관광객(비체험적, 일상적인), 일광욕 추구자(sun-lust seekers), 가격에 의해 동기화되는 여행자	독립적인 관광객 경험 지향적이고 독립적이며 유연한(추가로 태양을 추구하는 sun-plus) 여행자 소수의 재방문 녹색관광 혹은 다른 대안관광(예를 들면 상품혁신)에 대한 수요

자료: Shaw & Williams(2004); 김남조·유광민·민웅기 역(2013)에서 수정·보완. p.66.

면, 환경적 영향과 사회문화적 영향을 최소화하려고 노력하는 관광을 신관광(new tourism), 대안관광 또는 소위 포스트포디즘의 특성을 띤 탈근대관광(post-modernism tourism)이라고 한다. 세계관광기구(United Nations World Tourism Organization: UNWTO)에서는 이러한 관광을 환경보호에 대한 의식이 강하고 사회적으로 책임을 지는 새로운 형태의 관광이라 정의하고 있다.

실상, 지속가능한 관광개발의 개념은 1987년 유엔환경개발위원회(World Commission on Environment and Development: WCED)의 Brundtland 보고서에서 비롯되었다. '우리 공동의 미래(Our Common Future)'라는 제목으로 발표된 이 보고서에서는 지속가능한 개발(sustainable development)을 '미래 세대의 필요를 충족시킬 수 있는 능력을 유지하면서 현세대의 필요를 충족시킬 수 있는 개발'이라 정의하고 있다.[5] 지속가능한 개발의 기본개념은 지구의 환경용량을 일정수준으로 유지하려는 수용력(carrying capacity)을 기반으로 하고 있으며, '우리는 우리의 선조로부터 지구를 물려받은 것이 아니다. 바로 우리의 후손으로부터 빌린 것이다(we do not inherit the Earth from our forefather, but borrow it from our children)'란 사고로부터 출발하였다.[6] WTO(1996)에서는 지속가능한 개발의 개념을 이용하여 지속가능한 관광개발을 "미래세대의 관광기회를 보호하고 드높이면서 현재의 관광객과 목적지(방문지역)의 필요에 부응하는 개발"이라고 정의하고 있다.[7]

지속가능한 관광개발의 개념은 크게 환경적 지속가능성, 사회·문화적 지속가능성, 경제적 지속가능성의 세 가지 차원으로 구성된다.[8] 먼저 환경적 지속가능성(environmentally sustainability)은 필수불가결한 생태계의 유지와 생물다양성의 존중, 생태자원과 양립할 수 있는 개발을 의미하고, 가능한 자연 그대로의 자원을 유지하면서, 그리고 경우에 따라 환경을 향상시킬 수 있는 노력을 포함한다. 사회적·문화적 지속가능성(socially culturally sustainability)은 사람들이 자신의 삶에 대해 자율적인 통제감을 높이고, 다양한 문화적 배경을 가진 사람들 간의 가치를 존중하고, 지역사회의 고유한 정체성과 사회구조를 유지하고 강화하는 개발을 의미한다. 경제적 지속가능성(economically sustainability)은 경제적인 자립이나 내생적(endogenous) 발전을 의미한다. 가능한 외부자본을 배제하고 내부의 지역자본만으로 경제 활성화를 이룩하고 그 혜택이 고스란히 지역사회로 되돌아오는 지역 내 선순환의 경제구조를 지향한다. 이 세 가지 차원은 동시에 추구하고 작동시키고 이룩해야만 가장 이상적인 지속가능성을 달성할 수 있다.

지속가능한 관광개발은 환경적, 사회·문화적, 경제적인 지속가능성에 대한 균형감 있는 보전과 성장을 추구한다. 아름답게 보전된 자연생태환경과 독특한 지역문화를 보유한 전통마을은 관광객에게 방문동기를 불러일으켜 그러한 지역을 방문하게 하고, 관광객의 방문은 이 지역문화를 이해하고 전파하는데 도움을 줄 수 있고 그 지역문화를 보존하는데 기여할 수 있다. 이러한 곳을 방문한 관광객은 이 지역에서 숙박하고 음식을 사서 먹음으로써 그 지역의 경제에 보탬이 되게 한다. 관광객은 이 지역에서 참여한 다양한 활동에 만족하게 되면 후에 재방문하거나 지인들에게 이 지역을 추천하게 된다. 점점 더 많은 관광객이 이 지역을 방문하게 됨으로써 이 지역은 경제적 지속가능성을 확보할 수 있는데, 이때 자칫 경제적 이득만을 취하게 되면 자연자원이나 관광시설의 수용능력을 초과하게 된다. 수용능력을 초과하게 되면 환경의 질이나 서비스의 질의 저하를 초래하게 되고 관광객은 결국 불만족스러운 관광경험을 겪게 된다. 불만족한 관광객은 그 후 그 지역을 방문하지 않거나 지인들에게 그 지역을 방문하지 말도록 권고하게 된다. 이렇게 되면 그 지역은 경제적인 어려움에 처해지고 그 지역은 점점 쇠퇴되어 간다. 이와 같이 지속가능한 관광은 환경적, 사회 · 문화적, 경제적인 지속가능성에 대한 균형있는 발전이 중요하다. 관광부문에서의 지속가능한 개발의 개념은 지역주민과 방문객 모두를 위해 양질의 환경을 유지하고, 지역사회의 구조를 유지하고, 주민의 생활의 질을 향상시키며, 방문객에게 다양한 양질의 관광경험을 제공토록 하는데 주안점을 두고 있다.[9)]

제2절 국제사회에서 지속가능성의 논의의 흐름

관광부문에서 대안관광에 대한 논의는 1960년대부터라고 봐도 무방할 것 같다. 1965년 Hetzer가 Link란 잡지에서 생태적 관광(ecological tourism)을 처음으로 언급하였다.[10)] 물론 이 시기에는 북미를 비롯한 서구사회에서 이미 공원과 삼림의 적절한 이용수준(use level)에 대한 논의가 수용력이란 개념으로 본격적으로 논의가 진행되었다. 이러한 논의가 옥외레크리에이션(outdoor recreation) 활동에 초점을 두고 있기 때문에 관광의 영역과 다소 다르다고 생각할 수도 있다. 그러나 레크리에이션 활동이나 관광활동이 펼쳐지는 대상지를 두고 볼 때 그 영역의 차이는 없고, 공히 자연자원이든 문화자원이든 인류가 보호해야 할 자원인 것만은 확실한 것 같다.

관광 · 레크리에이션에서 자연자원에 대한 보호에 대한 논의가 위와 같이 이미 논의되고 있었지만, 국제사회에서 환경보전의 중요성이 본격적으로 대두된 시기는 1972년 '성장의 한계(Limits to Growth)'라는 로마클럽보고서가 발간된 시점부터이다. 그동안 선진국들은 제조업을 중심으로 고도의 경제성장을 이루었지만 파생된 환경문제가 지속적으로 발생하여 사회적 문제로 나타났었다. 로마클럽의 '성장의 한계'는 그동안 지엽적으로 논의되었던 미래 지구의 환경에 대한 이슈를 국제적인 관심으로 불러일으키는데 결정적인 역할을 하였다. 같은 해 스웨덴 스톡홀름에서 개최된 유엔인간환경회의(United Nations Conference on the Human Environment: UNCHE)는 환경문제를 정치적으로 접근한 최초의 국제회의였다. '하나뿐인 지구(Only One Earth)'라는 주제로 개최한 이 회의에서는 환경문제가 전 지구적 문제이며 인류생존을 위한 핵심문제임을 강조하였다. UNCHE 10주년을 기념하여 1982년 케냐의 수도 나이로비에서 개최된 유엔환경계획(United Nations Environment Program: UNEP) 관리이사회 특별회의에서는 인간과 환경 간의 조화의 중요성을 다시 한 번 확인하였다. 1987년 유엔환경개발위원회(World Commission on Environment and Development: WCED)가 유엔총회에 제출한 Brundtland 보고서, '우리 공동의 미래(Our Common Future)'는 지구환경의 지속가능성을 개념화하고 미래의 방향을 설정하는데 이정표를 세웠다. 같은 해 지구 기후변화의 가능성, 특히 오존층 파괴물질에 대한 회의가 캐나다 몬트리올에서 개최되었으며, 1992년 유엔환경개발회의(United Nations Conference on Environment and Development: UNCED)가 브라질의 리우데자네이루에서 개최되었다. 소위 리우회의(Rio Summit)

그림 1-1 대중관광시대에서 지속가능한 관광과 저탄소 관광의 출현

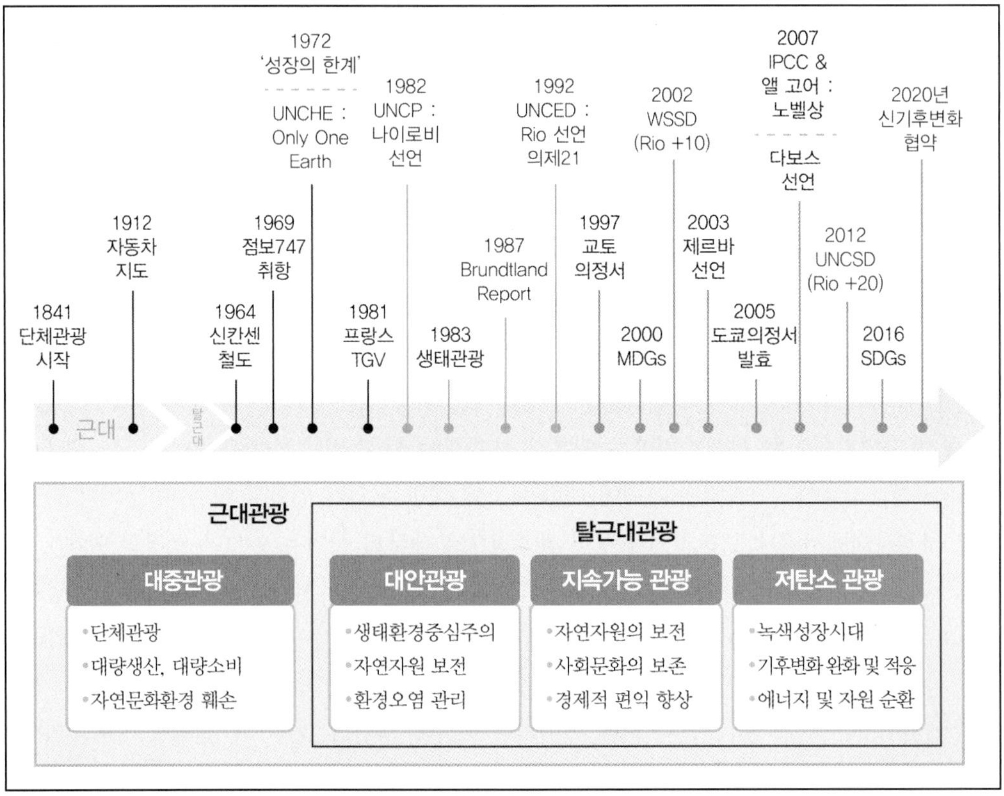

또는 지구정상회의(Earth Summit)라고 지칭되는 이 회의는 지구환경문제에 대한 제 이슈를 논의하고 향후 전략과 방안에 대해 가장 포괄적으로 다룬 회의로 기록되었다. 이 회의에서는 지구환경보전의 원칙을 담은 리우선언(Rio Declaration)과 행동강령에 해당되는 의제21(Agenda 21)이 공표되었다. 유엔은 이 회의를 각국이 지구환경의 보전 성과를 어느 정도 달성했는지를 매 10년마다 평가하고 새로운 논의를 이끌어가는 시발점을 삼고 있다. 1997년에는 온실가스 감축과 관련된 국제규범을 논의한 일본 교토의 기후변화회의가 개최되었다. 이 회의에서는 온실가스 감축에 대한 구체적인 실천 지침을 담고 있는 교토의정서(Kyoto Protocol)를 채택하였다.

2000년 제55차 유엔정기총회에서는 밀레니엄선언(Millennium Declaration)이 채택되었다. 여기에서 새천년개발목표(Millennium Development: MDGs)가 제시되었다. 기본골자는 2000년이 시작하는 현 단계에서 현 인류가, 특히 빈곤국가의 국민들도 최소한 인간의 존엄성을 가질 수 있도록 기아와 질병으로부터 벗어날 수 있고, 교육받을 수 있도록 목표를 세워 추진하자는 것이었다. 2002년에는 남아프리카공화국 요하네스버스에서 세계 지속가능한 발전 정상회의(World Summit on Sustainable Development: WSSD)가 개최되었다. 리우정상회의 10주년을 기념하여 개최되었기에 'Rio+10'으로 지칭되기도 한다. 여기에서도 인간존엄성의 불가침성에 초점을 두었다. 2005년 2월 16일 교토의정서를 141개국이 비준함에 따라 교토의정서가 발효되기 시작하였으며, 2007년에는 기후변화에 대한 정부 간 협의체 IPCC(Intergovernmental Panel on Climate Change)와 미국의 전(前)부통령인 앨 고어(Al Gore)가 기후변화에 대한 공로를 인정받아 공동으로 노벨평화상을 수상하였다. 기후변화에 대한 이슈가 본격적으로 국제적인 관심사항으로 떠오른 것이다. 2012년 다시 브라질 리우데자네이루에서 유엔지속가능발전회의(United Nations Conference on Sustainable Development: UNCSD)가 개최되었다. 1992년 리우정상회의 이후 20년 동안 각국이 지구환경의 지속가능성을 위해 어떤 노력을 기울이고 그 성과를 평가하고 향후 과제를 논의하는 회의였다. 소위 'Rio+20'이라고 불리는 이 회의에서는 '우리가 원하는 미래(The Future We Want)'라는 정상선언문이 채택되었으며, MDGs가 종료되는 2015년 이후, 즉 Post-2015에 대한 논의가 있었다. 유엔은 MDGs가 종료됨에 따라 2016년부터 2030년까지 빈곤국가뿐만 아니라 지구상의 모든 국가가 함께 참가할 수 있는 지속가능개발목표(Sustainable Development Goals: SDGs)를 채택하여 추진하고 있다.

〈표 1-2〉 MDGs와 SDGs 비교[11]

MDGs(2001-2015)	SDGs(2016-2030)
1. 극심한 빈곤 및 기아퇴치	1. 빈곤퇴치 2. 기아해소, 식량안보 달성 및 지속가능 농업 발전
2. 유아사망률 감소 3. 모성 보건 증진 4. HIV/AIDS, 말라리아 등 질병 퇴치	3. 보건 증진
5. 보편적 초등교육 실현	4. 교육 보장 및 평생학습 향상
6. 성 평등 및 여성 권한 강화	5. 성 평등 달성 및 여성 역량 강화
7. 지속가능한 환경 보장	6. 물과 위생 제공 및 관리 7. 에너지 보급
	8. 경제 성장과 일자리 증진
	9. 인프라 구축 및 산업화 확대
	10. 불평등 해소
8. 지속가능한 환경 보장	11. 지속가능 도시 구축 12. 지속가능 소비・생산 13. 기후변화 대응 14. 해양과 해양자원의 보존 및 지속가능 이용 15. 육상생태계 등의 보호와 지속가능 이용
	16. 평화로운 사회 증진 및 제도 구축
9. 개발을 위한 글로벌 파트너십	17. 이행수단 및 글로벌 파트너십

자료: 유응조(2015.10.8.). pp.2-3.

기후변화가 21세기에서 최대의 화두로 떠오름에 따라 관광부문에서의 기후변화에 대한 대책을 마련하고 있다. 2003년 모로코 제르바(Djerba)에서 제1차 기후변화와 관광에 관한 국제회의가 개최되었고 기후변화의 완화를 위한 관광부문의 역할을 담은 제르바선언(Djerba Declaration)이 채택되었다. 2007년은 IPCC의 제4차 평가보고서(AR4)가 공표된 해이다. 관광부문에서도 이와 관련하여, 스위스 다보스에서 제2차 기후변화와 관광에 관한 국제회의를 개최하였다. 여기에서는 완화・적응・신기술적용을 위한 다보스선언(Davos Declaration)이 채택되었고, 같은 해에 5개국에서 관광부문의 탄소 제로(Carbon-Neutral) 기획에 대한 선언이 있었다. 또한 UNWTO에서는 기후와 관광정보 교환서비스(Climate and Tourism Information Exchange Service)를 개시하였다. 이러한 노력은 '기후변화와 관광-지구적 도전에 대한 대응(Climate Change and Tourism-Responding to Global Challenges)'이란 보고서로 귀결되었다. 2008년 UNWTO는 페루에서 개최된 세계 관광의 날(World Tourism Day) 행사에서 '기후변화의 도전에 대한 관광분야의 대응'이란 의제로 회의를 진행하였다. UNWTO는 또한 호텔산업의 에너지 솔루션 프로젝트(Hotel Energy Solutions

Project)를 시작하였다. 2009년 UNWTO는 유럽여행위원회(European Travel Commission: ETC) 등과 함께 여행과 관광에서의 녹색경제(green economy)에 대한 심포지엄을 시행하였다. 이 심포지엄의 주제는 제15차 유엔기후변화협약 당사국총회(UNFCCC COP15)에서 논의된 코펜하겐협약(Copenhagen Agreement)과 지속가능한 관광과 여행에 초점을 맞추었다. 세계여행관광위원회(World Travel and Tourism Council)의 2009년 보고서는 2005년 기준으로 2035년까지 세계적인 대형 관광사업체들은 온실가스를 절반으로 줄여야 하며, 중기목표로 2020년까지 30% 감축할 것을 제안하였다.

제3절 지속가능한 관광의 원칙과 중요성

지역사회의 물리적 사회 · 문화적 환경에는 관광매력물로서의 가치보다 더 중요한 본질적인 가치가 내재되어 있다. 자연생태환경은 동식물들의 서식지로서의 기능뿐만 아니라 생물의 다양성을 유지하는데 중요한 역할을 한다. 지역주민이 거주하고 있고 문화유산이 있는 지역은 지역주민의 생활의 터전일 뿐만 아니라 미래세대를 위해 보존을 해야 하는 중요한 문화유산보호지역이 된다. 따라서 관광개발은 대상지의 규모와 특성을 고려하여 개발의 속도를 조정하면서 진행되어야 한다.[12] 또한 관광개발은 지역사회 전체에 편익을 가져오는 측면에서 시행되어야 하며, 소수를 위한 단기적 투기적 이익을 취하기 위해 진행되어서는 안 된다. 관광개발에 대한 의사결정과정에서 지역주민은 개발의 초기, 즉, 계획수립부터 집행, 관리까지 참여에 대한 기회가 제공되어야 하고 개발된 관광사업체에 지역주민의 고용이 보장되어야 한다.

관광부문에서의 지속가능성이 타 분야에 비해 더욱 중요한 점은 바로 다음과 같은 이유가 있기 때문이다. 첫째, 현존하고 있는 자연자원이나 사회 · 문화자원은 현 상태 있는 그대로 관광자원으로 활용될 수 있다. 우리나라도 1950년대와 1960년대 경제개발을 위해 외화가 필요할 때 대한민국 내에 있는 자연과 문화를 그대로 이용하여 외국인 관광객을 유치하고자 하였다. 바로 대규모 재원을 수반하지 않더라도 국내에 있는 자연과 문화자원으로 외화가 필요할 때 외화획득을 위해 우선적으로 시행할 수 있는 정책이 관광정책인 것이다. 저개발국가에서도 그 국가의 경제발전을 위해 초기에 관광산업을 육성하는 것도 이러한 맥락에서 시행된다. 그 국가의 그 지역의 자연자원이나 문화자원은 나름대로의 독특함을 갖고 있기 때문에 추가적인 자원을 생산하지 않더라도 관광객으로 하여금 소비하게끔 할 수 있다. 둘째, 관광은 지역주민이 거주하고 있는 생활공간 그 자체를 관광자원으로 활용할 수 있다. 소위 생활관광이라 하여 지역사회에 산재하여 있는 고택, 향교, 사찰, 성당, 교회, 방앗간, 골목길, 학교, 시장, 관공서, 여가시설 등을 관광자원화하여 관광객을 유치할 수 있다. 관광객은 그곳 주민들의 삶의 현장과 사는 모습을 보기 위하여 방문한다. 안동의 하회마을, 경주의 양동마을, 전라남도 순천의 낙안읍성, 강원도 고성의 왕곡마을, 충남 아산의 외암리민속마을, 제주도의 성읍민속마을은 지역의 고유한 특성을 간직한 전통민속마을뿐만 아니라 평범한 일상이 펼쳐지는 마을이다. 전통문화가 있는 마을은 더욱더 그 자체가 매력있는 관광지로서의 역할을 한다. 셋째, 관광은 빈곤을 줄이는데 큰 기여를 할 수 있다. 관광산업부문에서의 일자리는 비교적 고도의 기술이 요구되지 않고 몇 차례의 교육 · 훈련만으로 관광객에게 서비스를 제공할 수 있다. 저개발국가에서는 빈곤에서 벗어나기 위해 지역주민들에 대한 관광서비스교육 · 훈련과 관광사업체 육성에 대한 노력을 기울이기도 한다. UNWTO 산하의 ST-EP(Sustainable Tourism for Eliminating Poverty)재단도 전 세계 빈곤인구를 줄이기 위해 2004년 11월 서울에 본부를 설치하여 활동하고 있다. 넷째, 관광은 문화와 전통을 보호하고 계승할 수 있는 계기를 마련할 수 있다. 세계화로 인해 각국은 그 고유의 차별적 특성이 옅어지는 상황도 빚어지고 있다. 그러한 가운데 관광객은 차별적 특성을 간직한 지역문화를 보기 위해 지역을 방문하기도 한다. 소위 세방화(glocalization)현상이 나타나고 있는 것이다. 관광객은 문화적 진정성(authenticity)이란 동기로 지역문화와 전통을 찾게 되는데, 이러한 관광객들을 위해 잊혀지고 방치되었던 지역문화가 복원되고 관리되기도 한다. 특히 지역의 문화유산(heritage)은 원래의 지역 내에 존재함으로써 그 가치를 더욱 발할 수 있는데, 가끔 원래의 자리에 그대로 있는 문화유산도 관리가 소홀해지면 훼손되는 경우가 발생한다. 지역문화유산을 찾는 관광객의 발길과 눈초리는 문화유산관리에 대한 관계기관의 관심을 더욱 끌어올려 관계기관이 문화유산을 관리하는데 더 많은 노력을 기울이기도 한다. 또한 관광객의 방문은 지역주민에게 경제적인 수입을 올릴 수 있게 하고, 일부의 수입은 지역문화를 보존하는데 재투자될 수 있다. 결국, 관광은 지역의 문화유산을 보호하고 전통문화를 계승하는데 큰 기여를 한다. 마지막으로, 관광은 지역주민들과 방문자들 간의 상호이해를 통해 사회 전체의 결속을 강화하는데 도움을 준다. 물론 지역사회의 모습을 외부 관광객들에게 노출시키고 생활공간이 관광지화됨으로써 지역주민과 방문자 간에 지역사회와 문화에 대한 이해가 도모될 수 있겠지만, 역으로 혼잡으로 인해 지역주민의 불편이 발생할 수 있고 지역문화의 변형이 초래될 수 있다. 심지어는 문화의 근원을 이룬 지역의 원주민이 삶의 터전을 떠나는 젠트리피케이션(gentrification) 현상이 나타날 수 있다. 서울의 북촌과 서촌, 이태원과 해방촌, 이화동 벽화마을 등이 이러한 경우에 해당된다. 지속가능한 관광은 환경적 사회문화적 악영향을 방지하고 원래의 지역주민의 삶의 질을 일정수준으로 유지하고 향상시키는 책임있는 관광을 강조한다.

제4절 지속가능한 관광의 유형

후기근대사회로 들어오면서 관광객들의 관심은 더욱 다양해지고 있다. 관광객들의 다양한 관심은 특별목적관광(Special Interest Tour: SIT)으로 나타난다. 대중관광객들이 단순히 명소 위주의 주유형(周遊型)의 관광형태나, 3S(Sun, Sand, Sea)가 있는 리조트에서 휴양과 휴식형의 관광형태를 보이는 반면, 자연환경과 사회 · 문화의 지속가능성을 추구하는 관광객들은 자신이 관심 있는 생태계, 문화유산, 농촌, 음식, 공연과 이벤트 등에 대해 특별한 관심을 갖고 참여하고 체험하며 식견을 높인다. 특별목적관광은 이러한 특성을 갖는 관광형태를 의미한다. 즉, 소비적 측면에서의 관광은 더 이상 자기중심적 이기적 소비(egoistic consumption)가 아니라 현지의 지역사회 공동체에 도움을 주는 방향으로 대체로 진행되어야 하고, 또한 공급적 측면에서의 지역사회는 다양한 관광객의 수요를 충족시키는 관광프로그램 속에서 공정한 거래가 성사되도록 진행되어야 한다는 것이다. 지속가능한 관광은 비록 대중관광에 비해 관광수요와 사업규모가 적은 편이나 지역사회에 미치는 파급효과는 높은 편이다. 최근 들어 특별목적관광과 같은 다양한 수요를 충족시킬 수 있는 다양한 관광프로그램이 개발되고, 그 증가율이 가파르게 상승함에 따라 많은 국가와 지역사회에서 높은 관심을 갖고 전략적으로 육성하고 있다. 지속가능성의 일환인 커뮤니티기반관광, 생태관광, 지질관광, 공정관광, 걷기여행, 자원봉사관광, (소수)민족관광, 농촌관광 등이 이러한 유형의 관광이라고 볼 수 있다.

1. 커뮤니티 기반 관광(Community Based Tourism)

커뮤니티 기반 관광은 비교적 지속가능한 관광개발의 개념을 잘 반영하는 관광이라고 알려지고 있다. UN은 커뮤니티 개발(community development)을 지역주민의 적극적인 참여를 통해 전체 지역사회의 경제 · 사회적 발전의 조건을 창조하는 과정으로 정의하고 있다.[13] 커뮤니티 개발은 지역사회의 자족(self-sufficiency)을 중시하고 변화에 대한 지역사회의 통제를 강조한다. 커뮤니티 개발은 지역이 보유한 자원과 특성을 바탕으로 지역주민 스스로 능동적으로 참여하는 방식을 의미한다. 커뮤니티 기반 관광은 이러한 의미 체계를 관광에 적용한 것이다.[14]

커뮤니티 기반 관광은 지역 주민들이 주체적으로 관광사업을 기획하고 운영함으로써 그 이익이 지역사회로 귀속되거나 환원하는 형태의 관광을 의미한다. 지역사회 주도의 지속 가능한 사업 모델로 커뮤니티 비즈니스(Community Business)가 대두되고 있다.[15] 커뮤니티 비즈니스는 지역사회, 특히 지역공동체의 재생과 자립을 통해 농촌의 경제활성화를 실현할 수 있는 방법으로 주목받고 있다. 2013년 8월부터 문화체육관광부가 추진하고 있는 관광두레가 커뮤니티 기반 관광을 구현하면서 주민사업체라는 커뮤니티 비즈니스를 만들어가는 대표적인 사례라고 볼 수 있다. 관광두레는 지역 주민이 상부상조하면서 스스로 만들어가는 관광사업 공동체로, 두레라는 명칭은 전통적인 농촌사회의 노동공동체에서 따왔다.[16]

2. 생태관광(Eco Tourism)

생태관광은 점점 황폐화되어가는 자연자원을 소비적 착취적인 관점에서 보기보다는, 자연생태계를 보호하고 최소한의 이용을 허용함으로써 오히려 생태자원을 보호하고 지역사회에 도움을 줄 수 있다는 개념적 틀 속에서 나타났다. 생태관광은 1965년 Hetzer의 생태적 관광(ecological tourism)이란 용어에서 출발하는데, 1983년 멕시코의 도시개발생태부(Mexican Ministry of Urban Development and Ecology) 장관인 Ceballos-Lascurain이 열대우림지역의 보전과 이를 관광에 활용함으로써 그 용어가 정착되었다. 여기서 그는 생태계 보전과 생태관광의 경제적 효과를 강조하였다.

생태관광은 기본적으로 자연생태환경의 보전, 생태자원의 이해를 통해 교육 목적의 관광, 관광을 통한 지역사회의 경제 활성화를 추구하는 책임있는 관광이라고 정의할 수 있다. 생태관광은 주로 생태자원을 관광대상으로 하지만 생태자원을 품고 있는 지역의 마을과 문화유산까지 관광대상으로 본다. 그럼으로 생태관광객은 지역의 사회와 문화를 존중해야 하는 책임있는 행동을 요구받는다. 그렇지만 생태관광지역이 외부에 널리 알려지고 더 많은 관광객들이 이 지역을 방문하게 되면 생태관광은 대중관광으로 변질될 우려가 있다. 바람직한 생태관광은 생태자원을 보호하기 위한 일정수준의 수용력을 유지하는 가이드라인을 설정한다. 가이드라인에는 입장인원의 통제, 생태관광객의 행동준칙 등이 포함될 수 있다. 일반적으로 허가된 입장객은 그가 얻은 편익을 위해 대중관광보다 높은 생태관광 가치를 지불한다. 그래야만 생태관광이 갖는 기본개념과 취지를 존속시킬 수 있고 동시에 일정수준의 경제적 편익도 유지할 수 있게 된다. 물론 생태관광객들의 경험의 질을 높이기 위해서는 관광객의 특성에 맞는 생태해설프로그램의 운용도 매우 필요하다.

그림 1-2 창녕 우포늪의 탐조관찰시설

3. 지질관광(Geo Tourism)

지질관광은 지구란 뜻의 그리스어 'geo'와 관광을 의미하는 'tourism'이 결합된 조어이다[17]. geo는 geography(지리학), geology(지질학), geomorphology(지형학)의 접두어에서 인용되었고, 여기에 구체적 학문영역인 접미어 tourism과 결합하여 새로운 학문적 영역인 geo-tourism으로 나타났다. 따라서 지오투어리즘의 지오는 지리 · 지질 · 지형 등 지구와 관련된 영역과 관광이 의미하는 영역이 결합되었다고 볼 수 있다.[18] 협의의 지질관광은 주로 지질 및 지형유산(geoheritage)에 국한해서 환경적이고 문화적인 이해, 감상, 보전을 촉진하는 수단으로 지구의 지질 및 지형적인 특징을 경험하는데 초점을 둔 지속가능한 관광(Dowling, 2010)을 가리킨다. 광의의 지질관광은 포괄적인 개념으로 어떤 장소의 문화, 역사, 생태, 고고학 등과 연계하여 경제적 가치를 창출하는 관광산업을 뜻한다. 즉, 지질관광은 "지역의 지형 및 지질 자원과 역사, 문화, 전통, 생태자원을 연계한 지속가능한 관광산업이며, 안내와 해설을 통하여 관광객에게 만족감을 주고, 지역에는 사회 · 경제적 발전에 도움을 주는 관광"이라고 정의할 수 있다.[19]

지질관광의 주요 관광매력물이 지리 · 지질 · 지형과 같은 무생물이고, 생태관광의 주요 매력물은 살아 있는 동 · 식물이라는 점에서 차이가 있을 뿐 개념적 체계는 유사하다. 지질관광의 대상지는 분명히 지질학적으로 뛰어난 가치를 가지는 지역이어야 한다. 그러나 생태관광과 지질관광은 문화, 역사, 고고학적 여러 정보를 관광자료로 활용하고, 생태자원과 지질자원에 대한 교육

목적의 해설이 있어야 하고, 두 관광의 형태 모두 지역경제의 활성화에 초점을 두고 있다는 점에서 공통점이 있다. 예를 들면, 독도의 식물 · 동물의 분포, 생태적 의미와 가치를 배우면서 관광하는 것은 생태관광이라 할 수 있지만, 동해의 생성 과정, 독도와 울릉도의 탄생 이유, 섬의 암석 및 토양의 종류, 지역의 문화 등을 배우고 즐기는 것은 지질관광이라 할 수 있다. 지질학계에서는 생태관광의 모든 범위를 포함하며, 그보다 더 큰 의미의 지질자원을 활용하는 관광이 지질관광이라고 주장하기도 한다.[20] 지오투어리즘(geo-tourism)은 우리나라에서 지질관광으로 번역되어 사용되고 있지만, 단순히 지질뿐만 아니라 지형경관도 관광의 주요 대상이기 때문에 보다 폭넓은 용어인 '지형 · 지질 관광'으로 부르는 것이 타당하다[21]는 주장도 있다.

1999년 유네스코에서 지오파크에 관한 공식화 논의가 시작된 이후로 2004년에는 세계지오파크네트워크(Global Geoparks Network, GGN)가 결성되었고, 2016년 현재 우리나라의 제주도를 포함한 33개국 119개소가 세계지오파크네트워크에 가입되어 있다.[22] 국내에서는 2003년 지오파크가 소개된 이후로 2010년도에 제주도가 세계지오파크로 인증되었으며, 2012년부터 환경부에서 '국가지질공원 인증사업'을 실시하여 제주도, 울릉도 · 독도, 부산, 강원 평화지역, 청송, 무등산권, 한탄 · 임진강, 강원 고생대지역 등이 국가지질공원으로 인증을 받았다.

그림 1-3 강원고생대국가지질공원의 지질관광 해설

4. 공정관광(Fair Tourism)

공정관광은 공정무역의 개념이 관광부문에 적용된 개념으로 관광객과 지역주민 간의 공정한 거래를 통해 지역주민의 경제적 혜택을 최대화하고 부정적인 경제적 · 사회적 · 문화적 · 환경적 영향을 최소화하는 데 목적이 있다. 공정관광은 '관광이 발생하는 지역의 사람들, 자연환경과 경제를 위해 장기적인 편익을 발생시키는 지속성을 개발하는 관광'으로 보고 있다.[23] 공정관광의 개념적 체계는 관광목적지의 환경파괴가 여행자에게도 책임이 있다는 책임관광(responsible tourism)의 개념체계를 따르고 있다. 공정관광은 지역사회를 관광목적지로 보고 방문하는 관광객에 대해 책임있는 행동을 촉구한다. 책임관광은 1989년 WTO의 대안관광 관련 세미나에서 대두된 개념으로[24], 지구온난화 · 사회적 불평등 · 자연자원의 훼손 등에 대한 국제적 압력과 독특하고 진정성 있는 경험을 요구한다.[25]

NGO단체나 의식있는 여행사에서 시작한 공정관광은 관광객의 윤리적 소비(또는 착한 소비)와 깊은 관련성이 있다. 윤리적 소비는 개인의 도덕적 신념에 의해 절제되는 의식적이고 신중한 소비행동으로 정의된다.[26] 친환경적 소비, 자발적 간소화, 불매운동과 같은 지속가능한 소비에 대한 책임과 공정무역, 지역산물 구매, 공정관광 등이 윤리적 소비행동의 사례라고 볼 수 있다.[27] 공정관광은 모든 관광형태에 적용할 수 있지만 ODA(Official Development Assistance: 공적개발원조) 사업과 관련해서 논의되는 경우가 많다. 공정관광은 빈곤국가를 방문하는 관광객이 그 지역사회에서 요구되는 규범적 행동양식을 따라야 하고, 진정한 경험을 제공받은 만큼 지역사회에 도움이 되는 대가를 정당하게 지불해야 하는 가이드라인을 제시하고 있다. 즉, 공정관광은 관광의 공급자측면에서 논의되기보다는 지역의 행동규범을 따라야 하는 소비자측면 즉, 관광객의 행동규범에 대한 논의에서 더 많이 거론되고 있다.

5. 걷기여행 (Walking Travel)[28]

오늘날의 현대인들은 걷는 것 그 자체를 즐기기 위해 여행을 떠난다. 걷는 길 주변의 아름다운 자연경관과 고즈넉한 마을, 맛있는 음식점 등이 걷기여행을 구성하는 매력물이 된다. 걷기여행은 걷는 것 그 자체로부터 마음가짐(mindfulness)이 발현되고 자신의 마음을 정리하고 정화시킬 수 있다. 여행객들은 걸음으로써 마음을 치유할 수 있고 삶에 새로운 의욕을 불러일으킨다. 걷기여행은 느림의 속도여행을 통해 자아를 찾아보는 진정한 치유관광(healing tourism)이라고 볼 수 있다. 윤문기(2017.2.4.)는 걷기여행길을 "경관 · 생태 · 문화 · 역사 · 관광 · 건축 · 예술 · 쇼핑 · 인적자원들을 선형으로 묶어 새로운 자원으로 창출한 종합관광자원"이라 보고 있다. 걷기여행은 빠른 이동(fast movement)에 대비되는 느린 이동(slow movement)을 구현한다. 전자가 대중관광의 이동성을 나타낸다면 후자는 지속가능한 관광의 이동성을 나타낸다.

우리나라에서의 걷기여행은 2007년 9월 제주 올레 제1코스 15km가 개발된 이후 전국적으로 걷기여행길이 확산되어 오늘날 약 600여 개 길, 1,700여 코스에 약 17,000km가 조성되었고, 4,500km의 코리아둘레길 계획이 수립 · 추진되고 있다. 걷기여행길의 주 이용대상자들은 40대부터 80대이며 상대적으로 저비용으로 남녀 구별없이 참여할 수 있는 레크리에이션 활동이라고 볼 수 있다. 특히 여성과 60대 이상의 연령대에서는 걷기가 각각 49.1%, 55.6%로 압도적으로 나타난다.[29)]

걷기여행길은 장거리길일수록 활성화 정도가 매우 높다. 코리아모빌리티 ISP 전문가 평가에 의하면, 총 거리 300km 이상인 제주올레, 해파랑길, 내포문화숲길, 바우길, 낙동정맥트레일, 강화나들길을 대상으로 한 활성도 조사에서 이 6개의 길은 100%로 나타난 반면, 총 거리 100~300km 미만인 길 18개 중 13개의 길만 활성화되어 72%로 나타났다. 대체로 걷기여행길의 관리주체가 명확하고 중장기운영계획을 갖고 있는 길들이 활성화되어 있다고 지적하고 있다.

걷기여행길은 그동안 관심을 갖지 못했던 소외된 작은 자원들을 선형 자원으로 구성하여 거대 콘텐츠로 개발하였다. 자원들이 길로써 상호 연계되다 보니 시너지효과(synergy effect)가 나타나 점형 자원들의 영향력과 인지도가 상승되었고, 특정자원에 집중된 효과를 타 자원과 타 지역으로 분산시키는 효과를 낳았다. 제주 올레의 조사에 의하면 제주 올레가 통과하는 읍면단위 소비는 통과 전보다(2012년 경우) 72.9% 증가되었고 걷기 여행길 주변의 소형 민박, 모텔, 구멍가게, 식당, 택시, 버스, 상가 등의 매출이 증가되었다고 한다.[30)] 또한 올레길 길동무, 올레길 옮김이, 게스트하우스 픽업전문기사, 매니저 등과 같은 신종직업이 출현하였다. 지속가능한 관광이 일정 수준의 관광객의 경험의 질 유지와 지역사회 중심의 경제 · 사회적 편익의 증가를 추구하고 있음에 걷기여행길은 지속가능한 관광의 전형(典型)이라고 볼 수 있다.

6. 자원봉사관광(Volunteer Tourism)

자원봉사관광은 기본적으로 자원봉사활동을 하는 지역에서 재정적 지원을 받지 않으면서, 조직화된 봉사활동과 관광활동을 수행하는 것을 의미한다.[31)] 자원봉사관광은 일반적으로 어려운 상황에 처한 사람들을 돕기 위해 여행하면서 여유 있는 시간과 돈을 이용하여 봉사활동을 하는 것으로 정의된다.[32)] 자원봉사관광은 또한 목적지의 주민과 자원봉사활동에 참여하는 사람, 그리고 그 지역과 주변지역에 대한 지식을 넓히고, 나아가서는 자아를 발전시키고 지역관광을 활성화시키는 겸목적 관광으로 정의되기도 한다.[33] 결국 자원봉사관광은 자원봉사자들이 경제적으로 어려운 지경에 처한 지역을 방문하여 지역이 필요한 자원봉사활동을 하면서 여유시간에 그 지역과 주변지역을 경험하는 관광이라고 볼 수 있다. 자원봉사관광의 기원은 영국과 유럽의 그랜드투어(Grand Tour)로부터 시작되어 그 후 호주 미국으로 전파되었다.[34]

자원봉사관광은 지역주민의 삶의 질을 향상시키기 위해 또는 자연환경을 보호하기 위해 관광객들이 자원봉사활동을 수행하고 가시적인 편익을 발생시키는데 노력하지만, 반드시 좋은 점만 발생하는 것은 아니다. 표면적으로는 형편이 어려운 지역에 도움을 주기 위해 시작한, 즉, 이타적인 동기로 출발한 자원봉사관광은 자원봉사자들이 자기계발을 위한 자기본위적인 동기가 더 중요시되는 경우도 발생한다. 정의로움과 선의가 겉치레가 되는 이러한 자원봉사관광은 대중관광과의 차이를 느끼지 못하게 만든다.[35] 이러한 문제가 나타나는 원인은 자원봉사관광객들이 이러한 과업에 임하기 전에 이에 대한 충분한 이해와 훈련을 하지 않고 참여했기 때문이다. 또한 지역사회와 사전 또는 봉사활동 도중 그리고 사후에 충분히 교감하는 기회를 갖지 않고 단순히 만남과 헤어짐을 반복한다거나, 매번 자원봉사자가 교체되어 자원봉사활동을 수행한다면 지역주민들의 입장에서는 반가움보다는 오히려 무관심으로 일관하거나 극한 경우에는 반감으로 나타날 수도 있다.[36]

7. (소수)민족관광(Ethnic Tourism)

문화관광은 예술적인 작품이나 문화유산, 역사적 산물을 감상하고 고찰하기 위해 떠나는 여행을 의미한다.[37] WTO에서는 협의의 문화관광으로 “공연예술을 비롯한 각종 예술감상관광, 축제 및 기타 문화행사 참가, 명소 및 기념물 방문, 자연 · 민속 · 예술 · 언어 등의 학습여행, 순례여행 등 어떠한 형태건 문화적 동기에 의한 사람의 이동”이라고 정의하였다. 광의의 문화관광으로는 “관광은 인간의 다양한 욕구를 충족시키고 그에 따라 거의 대부분의 경우 관광객의 문화수준을 높이고 지식과 경험 및 만남의 기회를 넓히기 때문에 사실상 사람의 모든 관광 이동은 문화관광”이라고 정의하였다.

민족관광(ethnic tourism)은 일종의 문화관광의 범주에 속한다. 민족관광은 특정지역에 살고 있는 한 민족의 생활상, 즉, 독특한 풍습 · 의복 · 외모 · 언어 등과 같은 문화적인 요소들을 보고 경험하기 위한 관광을 의미한다. Wood(1984: 359-362)는 민족관광을 “독특한(unique) 문화를 영위하는 사람이나 민족의 특성(ethnicity)을 관광대상으로 하는 관광형태”라고 정의하고 있다.[38]

민족관광은 또한 한 민족 집단이 조상대대로 전수되어오고 유지하고 있는 전통과 라이프 스타일에 중점을 둔다. 도시를 포함하는 현대사회가 항상 변화를 거듭하는 과정을 겪는 반면, (소수)민족이 거주하는 사회는 그 민족의 독특한 사회구조나 고유한 문화가 변화하지 않고 옛 모습 그대로 유지되고 있다는 전제를 민족관광은 내포하고 있다. 즉, 민족관광은 근대화의 신문명(新文明)의 바람이 원주민의 생활양식에 전면적으로 침투하지 않은 토속적이고 색다른 풍경(exoticism)을 관광대상으로 한다.[39]

민족관광을 진행함에 있어서 그 민족이 갖고 있는 고유성에 대한 상품화(commoditization), 무대화된 고유성(staged authenticity)의 문제가 발생한다.[40] 대부분의 (소수)민족이 살고 있는 거주지는 그동안 공간적으로 접근이 어려워 비교적 전통문화가 잘 보존되어 있다. 그러나 그 지역사회가 관광목적지로 개방된다면, 그동안 그 지역사회가 보존하고 있는 고유성을 지키기가 쉽지 않게 된다. 관광개발이 진행될수록 관광객은 지역문화를 획득하기를 원하고 지역주민은 관광객의 요구에 기존 문화를 변용, 상품화하여 관광객에게 제공하는 경우가 발생한다. 이때 관광객의 요구에 맞추다 보면 관광동기이자 대상인 민족문화의 고유성은 변용되거나 소실될 수 있다. 아이러니(irony)하게도 그 후 지속적으로 방문하는 관광객은 있는 그대로의 지역사회 모습과 원형의 문화를 보고 싶어 한다.

모형문화(model culture)는 지역사회의 문화를 보호하면서 동시에 그 문화를 관광자원화하기 위해 채택하는 방법이기도 하다.[41] 모형문화는 Stanton(1989)이 하와이 폴리네시안 문화센터(Polynesian Culture Center: PCC)의 운영방법을 채택할 때 제시한 개념인데, 다양한 문화를 한 곳에 모아서 연출하여 관광객이 쉽게 이해할 수 있도록 설정한 방법이다.[42] 모형문화를 조성함에 있어서는 '문화의 박물관화'라는 문제가 발생한다. 즉, 모형문화는 문화적 요소를 추출하여 보기 좋게 만들어진 모조문화(fake culture)란 것이다. 박물관에 진열된 문화적 전시물들처럼 관람자에게 보여주기 위해 박제화된 죽은 문화란 것이다. 진열된 문화적 부재들은 단지 그 사회의 전체모습과 특성을 담은 것이 아니라 일부인데, 마치 전시된 문화적 부재들은 그 지역의 전부인 것처럼 오해할 여지가 있고 그 지역의 이미지를 고착시켜 버린다.[43]

그림 1-4 하와이 폴리네시안 문화센터

8. 농촌관광(Rural Tourism)

농촌관광(rural tourism)은 농촌지역을 관광목적지로 하여 이루어지고 있는 관광을 지칭한다. 농촌관광은 농경지가 있는 농촌마을에서 일어나는 관광을 의미하지만 연구기관과 목적에 따라 다양하게 정의되고 있다. OECD(1994)는 "농촌관광을 농촌성(rurality)이 농촌관광대상의 핵심인 농촌에서 발생하는 관광"이라고 정의하였다.[44] 김남조(2004)는 농촌관광을 "농업을 기반으로 하는 농산촌지역의 경제적 · 사회적 활성화를 위해 유무형의 고유한 농촌문화를 보전하고 쾌적한 생활환경을 유지 · 보전 · 조성하려는 지역주민의 통제와 노력으로 인해 파생되는 도시민과의 인적 · 물적 교류를 추구하는 관광"이라고 정의하였다.[45] 강신겸(2007)은 "농 · 산 · 어촌지역에서 이루어지는 관광활동 혹은 농 · 산 · 어촌지역의 자연적 · 사회문화적 관광자원의 중요성을 인식하고 농촌지역주민이 이를 관광매력물로 제공하는 관광활동"이라고 하였다.[46] 류선무(1998)는 "농촌의 생산환경, 생활환경, 역사문화환경, 자연환경을 유인요소로 활용하여 도시인을 농촌지역에 유치해서 생산(1차산업)+가공(2차산업)+유통(3차산업) 그리고 체험학습+교류가 생산현장에서 동시에 이루어질 수 있는 상업농 경영방식의 관광농업(6차산업)"으로 정의하고 있다.[47]

Lane(1994)는 "농촌관광의 중요한 요소로 농촌지역, 기능적으로 농촌성을 띨 것(예: 농촌지역의 특성이 반영된 소규모의 사업체, 오픈스페이스, 자연과의 접촉성, 문화유산, 전통사회와 전통기술 등), 지역사회의 활동과 전통적인 라이프 스타일에의 참여 허용, 개인적 접촉 허용, 건물과 주거지의 농촌성, 느리면서 유기적인 성장, 지역 가족들과의 유대와 같은 전통적인 특성, 농촌의 환경 · 경제 · 역사 · 위치와 같은 복잡한 패턴으로 표현되는 다양성, 지역사회에 편익을 주는 높은 비율의 관광재정" 등을 꼽고 있다.[48] 농촌관광이 성공하기 위해서는 지역에서 제공할 수 있는 다양한 활동에 대한 인식과 농촌관광요소를 관광매력물로 만드는 노력이 필요하다. 이를 위해 농촌관광을 수행하는 대부분의 농촌마을은 농촌체험프로그램을 기획하여 운영하고 있다. 농촌체험프로그램은 농촌관광의 만족도를 높이는 데 큰 기여를 하는데, 결국 농촌관광은 농촌이 갖고 있는 자연문화 · 농경문화 · 전통문화 · 농촌생활문화를 바탕으로, 농촌 주민들이 제공하는 농촌체험을 제공하는, 농촌다움(rurality)을 느낄 수 있는 관광이라 볼 수 있다. 농촌관광에서는 농촌관광지도자의 리더십이 매우 중요하다. 농촌관광지도자는 농촌관광사업의 시행 중에 나타나는 지역주민 간의 갈등을 원만하게 해소할 수 있어야 하고, 농촌의 물리적 사회적 환경을 지칭하는 농촌 어메니티(amenity)를 적극 활용하여 매력있는 농촌관광프로그램을 만들어야 한다. 농촌관광의 성공 여부는 이러한 역량을 갖춘 지도자에 달려 있다고 해도 과언은 아니다. 농촌마을은 농촌관광목적지이기 이전에 지역주민의 삶의 터전이다. 따라서 농촌관광을 운영함과 동시에 지역주민의 삶의 질을 유지하거나 향상시키는 균형적인 사고도 필요하다.

그림 1-5 인도네시아 발리의 계단식 논을 관광매력물로 하는 농촌관광

9. 친빈곤관광(빈곤퇴치관광; Pro-Poor Tourism; PPT)

친빈곤관광(PPT)은 빈곤층을 관광사업에 참여시켜 빈곤층의 삶의 형편을 조금이라도 향상시키려는 관광이라고 정의할 수 있다. 친빈곤관광은 빈곤계층을 관광사업과 연계시켜 빈곤층이 효

과적으로 경제활동에 참여할 수 있도록 하여 빈곤을 감소시킬 수 있는 일종의 전략적 정책프로그램이다.[49] 친빈곤관광은 국제적으로는 주로 제3세계국가, 빈곤국가에서 시행되는데, 관광을 통하여 그 국가의 자생력을 높이는데 활용되고 있다. 친빈곤관광은 경제적 수익 창출뿐만 아니라 생계와 관련된 비경제적 편익의 제고 측면에서도 그 효과를 기대할 수 있다.[50]

MDGs와 SDGs에서 살펴볼 수 있었듯이 빈곤은 낮은 소득, 건강 · 교육 · 깨끗한 식수에 대한 낮은 접근도, 양성불평등과 무능력함, 불안전, 사회적 · 경제적 · 환경적 취약성을 의미한다.[51] 관광은 한 국가, 한 사회에서 있는 자원을 그대로 이용하면서 비교적 저비용과 저수준의 기술로 고용을 창출할 수 있다. 이러한 특성 때문에 UNWTO에서는 빈곤을 경감시킬 수 있는 수단으로 관광을 이용하기도 한다. 빈곤층은 어느 사회에서나 소외받기가 쉽다. 그래서 세계은행(World Bank)는 빈곤 감소를 위한 전략으로 빈곤층의 요구를 잘 들어주는 정부협의체의 설립이 필요하고 빈곤층에 대한 교육훈련 기회의 제공과 이를 토대로 고용기회의 확대가 필요함을 지적하고 있다. 정책 개발자들은 경제적 성장이 빈곤층에게 자동적으로 유입될 것으로 생각해왔으나, 오늘날에는 성장의 이익을 빈곤층에게 직접 재분배하거나, 또는 빈곤계층의 고용을 통해, 또한 이들이 사업을 성공하게 함으로써 빈곤을 경감시킬 수 있는 것으로 인식하기도 한다. 친빈곤관광은 빈곤층이 물질적 이익뿐만 아니라 문화적 자부심을 갖게 하고 자기소유를 넓히며 취약성을 완화하는 방향으로 진행되어야 한다. 친빈곤관광은 빈곤층을 위해 순이익을 발생시키는 것이다. 단순히 경제적 이익이나 사회적 편익의 전체 크기를 확장시키는 것만이 아닌, 관광 내에서 빈곤층이 열려진 기회에 참여하고 그 기회를 적극 활용할 수 있고 나아가서는 자립할 수 있는 토대를 구축하는 전략에 초점을 맞출 필요가 있다.

제5절 관광과 혁신

지속가능한 관광이 자연자원의 보호와 보전, 사회 및 문화자원의 보존을 통해 지역경제를 활성화하는 과정과 목표를 담고 있지만, 지속가능한 관광을 성공적으로 진행하고 달성하기 위해서는 기존 있는 것을 그대로 답습해서는 발전을 이룩하기가 쉽지 않다. 지속가능한 관광이 담고 있는 내면적 의미를 살펴보면, 지속가능한 관광은 무엇인가 이전과 다른 새로운 시도가 작동되어야 지속성이 유지되고 향상되어 갈 수 있음을 간파할 수 있다. 그것이 바로 혁신(innovation)이다.[52] 혁신은 경쟁, 회사, 기업가에 있어서 아이디어의 핵심이며[53], 이전과 다른 새로움이며,

회사가 채택하고 환경에 반응하는 총체적 과정이다.[54] 혁신은 어떠한 새로움을 가져오는 과정, 사용을 위한 문제해결 아이디어, 새로운 재정시스템 구축, 팀에 있어서 의사소통의 향상 또는 상품의 조립 등을 말한다. 넓은 관점에서 혁신이란 "급변하는 환경에 대응하기 위한 새로운 아이디어를 개발하고 프로세스를 개선하며 신제품이나 서비스를 개선하는 과정 또는 이 같은 변화를 모두 수용하는 것"이다.[55]

관광은 다양한 이해집단으로 구성되어 있다. 관광의 주체인 관광객, 관광의 객체인 관광자원, 관광객과 관광자원 사이에서 관광객의 숙식과 쇼핑, 관광정보 등과 같은 서비스를 제공하여 편의성을 높여주는 관광의 매체, 즉, 관광산업이 이해집단이다. 이와 더불어 관광지의 지역주민, 언론사, 학교, 연구기관, 공공기관 등도 모두 이해집단에 속한다. 관광사업체는 다양한 이해집단으로 구성하여 관광상품을 구성하는데, 예를 들면, 혁신은 관광사업체 내에서도 구현될 수 있고 관광상품을 구성하는 타 사업체와의 관계 속에서도 구현될 수 있다. 중소기업이 압도적으로 많은 관광분야에서 네트워크는 혁신을 불러일으키는데 필수적이다.[56]

숙박-음식점-교통-관광매력물-쇼핑 등으로 구성되는 관광패키지상품의 경우 타 사업체와의 긴밀한 네트워크를 통해 혁신을 이룩할 수 있다. 또한 혁신은 이용자가 중심이 되어 혁신을 이끌 수 있는데, 이 경우 이용자 추동적 혁신(user-driven innovation)이라고 말한다.[57] 이용자가 관광활동을 하는 동안 경험했던 부분을 관광상품공급자에게 변화할 수 있는 아이디어를 제공하여 관광상품을 새롭게 개선할 수 있다. 이는 더 높은 이용자 가치를 얻기 위해 이용자에 의해 창조되는 혁신인 것이며, 이용자와 공급자 간에 네트워크가 형성된 경우이다. 네트워크는 혁신의 과정을 통합하는 부분(integral part)이며, 이것은 '행위자들(actors) 간의 상호연관성을 재정의(redefinition)'하는 것을 담는다.[58]

혁신적 네트워크(network for innovation)는 관광기관과 관광목적지를 지속가능하게 변화시키는데 있어서 중요한 열쇠이다. 지속가능한 관광에서의 혁신적 네트워크에 대한 관점은 '지속가능성은 성취하고자 하는 정적인 목적(static goal)이기보다 변화에 대한 역동적 과정(dynamic process of change)'이라고 볼 수 있다. 따라서 항상 발전하는 유연한 전략으로 인식하여야 한다. 지속가능한 관광을 위한 혁신은 혁신과정을 추동하는 기관들과 개인들의 네트워크에 의해 거의 항상 지원된다. 이때, 그 과정상에서 나타나는 장애물을 극복하고 그 혁신이 수행되는 네트워크를 확장해야 한다. 변함없이 좋아하는 개인들(예: 단골, 마니아) 간 또는 기관들 간의 협력은 아이디어나 기회를 실체(reality)로 변화시키기 위해 필수적이다.

지속가능한 관광을 위한 혁신네트워크는 다양한 형태로 나타난다. 동종의 비즈니스에서 조직체 간을 연결하는 수평적인 통합의 형태(a form of horizontal integration), 공급자 또는 고객 간에 볼 수 있는 수직적 통합의 형태(a form of vertical integration), 이전에는 연관되어본 적이 없었던 개인이나 조직체와 같은 행위자에 대해 새롭게 나타나는 대각선적인 네트워크(a form of diagonal network)로 구별할 수 있다.[59] 수평적인 통합의 형태는 항공사 간의 전략적 동맹(예: 코드 쉐어)이나 호텔의 체인화와 같은 사례에서 찾아볼 수 있고, 수직적 통합의 형태는 거대항공사가 호텔이나 물류회사를 인수·합병하는 사례에서 찾아볼 수 있다. 수평적 통합의 장점은 규모의 경제를 통해 기업이 가격을 통제함으로써 수익성을 향상시킬 수 있고, 시장점유율을 향상시키며, 동종의 타 기업으로부터의 진입장벽을 높이고, 금융접근을 좀 더 용이하게 할 수 있게 함으로써 시장지배력을 높일 수 있다. 즉, 독과점의 형성을 통하여 시장 통제력을 향상시킬 수 있게 됨으로써 더 높은 시장점유율을 확보할 수 있다. 또한, 첨단기술로의 접근을 좀 더 용이하게 개선시킬 수 있고, 새로운 시장을 개척하는데 더욱 수월할 수 있다.[60] 수직적 통합의 장점은 업무처리비용이 감소하고, 수송, 숙박 공급과 엔터테인먼트의 동시화(synchronization)를 개선할 수 있고, 정보수집이 촉진되고, 미래 수요에 대한 불확실성을 감소시킬 수 있고, 시장지배력을 증가시킬 수 있다.[61] 대각선적인 네트워크와 같은 형태는 ICT(Information Communication & Technology: 정보통신기술)기반의 새로운 관광사업체의 등장, 예를 들면, 에어비앤비(Airbnb)와 같이 공유경제형의 숙박시설을 들 수 있다. 에어비앤비는 기존 관광시장에서 볼 수 없었던 새로운 형태의 숙박시설이며 시스템으로 평가할 수 있다.

지속가능한 관광은 혁신을 통해 환경적·사회문화적·경제적 지속가능성을 달성할 수 있다. 특히 ICT는 과정혁신과 상품혁신을 유도하는데 큰 역할을 한다. ICT와 같은 첨단기술은 변화에 대해 자동적으로 힘을 갖지는 못한다. 그것은 오직 노동과정, 기업, 시장이라는 관계 속에서 과정혁신과 상품혁신을 통해 새로운 패러다임을 구축한다. 이때 핵심적인 역할을 하는 것은 바로 인적자원임을 잊지 말아야 한다. 우수한 인적자원이 결국 혁신의 단초를 제공하거나 혁신을 통한 새로운 패러다임을 불러일으킨다.

제6절 미래의 지속가능한 관광: 저탄소 관광

지속가능한 관광은 모든 공간과 사회에 적용시킬 수 있는 최상위의 개념이다. 전 지구 환경의 지속가능성을 위해 인류는 노력해야 하고, 국가·지역·도시·농촌·커뮤니티의 지속가능성을 위해 또한 노력해야 한다. 지속가능성은 자연환경적, 사회문화적, 경제적 영역을 모두 포함하고 세대간(inter-generation) 그리고 세대내(intra-generation)에 균등한 편익이 전수되고 제공될 수 있도록 각 공간과 사회가 갖고 있는 자원을 아껴서 사용하고 배분해야 한다는 당위론적인 의미를 내포하고 있다. 그러나 지속가능성이란 개념이 장밋빛과 같은 너무 이상적인 개념만을 담고 있고 미래 자원배분의 측면에서 너무 정치적인 주제를 담고 있다는 비판도 동시에 받고 있다. 또한 관광은 본질적으로 비지속적인 소비성이 강한 특성을 갖고 있고, 예측하기가 쉽지 않은 미래의 정치 · 경제 · 사회 · 기술적 변화에 지속가능한 관광을 위한 현재의 접근방법은 무의미하며, 아직 지속가능한 관광에 대한 객관적 실재가 부족한 상태에서 지속가능한 관광에 대해 너무 결정론적인 편견을 갖고 있지는 않은지에 대한 회의와 비판이 따른다.[62] 즉, 대중관광은 나쁜 관광이고 지속가능한 관광은 좋은 관광으로 극단화하는 것은 너무 분열적이고 결코 도움이 되지 않는다는 것이다. Wheeller(1993)는 지속가능한 관광을 이기적인 관광이라고 비판하기도 했다.[63] 그래서 지속가능한 관광의 개념이 너무 이상적인 나머지 불가능한 꿈(impossible dream) 정도로 치부(恥部)하고, 단지 우리가 바랄 수 있는 최선의 방법은 현재의 관광을 조금이라도 더 유지하는 형태로 발전시키는 것일 뿐 더 이상의 향상은 없다는 것이다.

Harrison(2014)에 의하면, 미래 세계 관광은 자본주의와 국제관광은 여전히 지속적으로 성장하고, 대규모의 관광은 기본적으로 지속되며, 대안관광은 기본적으로 대규모의 관광과 연계 또는 종속될 뿐이지 대체하지는 못하며, 관광은 점점 국제화되고 관광목적지들은 상호 연계될 것이라고 보고 있다.[64] 그는 관광개발계획은 이러한 가정에서 출발하여야 한다고 주장한다. Weaver(2006)는 어차피 대중관광이 미래에도 지속될 것이므로 대중관광의 폐단을 최소화시키는 차원에서 대안관광의 장점을 결합한 지속가능한 대중관광(sustainable mass tourism)을 추구해야 한다고 주장한다. 지속가능한 관광의 개념과 이에 대한 비판을 두고 볼 때, 분명한 것은 비록 지속가능성이라는 개념을 관광부문에서 완벽하게 실행하지 못할지라도, 지속가능성은 지구환경의 미래와 인류의 생존과 불가분의 관계를 맺고 있기 때문에 이상적인 목표로 설정하고 그러한 개념을 추구할 수 있는 하위의 실천전략을 개발하여 추진하여야 한다는 것이다.

지속가능한 지구환경의 중요성을 가장 강하게 부각하고 국내외적이면서 산업적인 현대인의 생활과 직결시킬 수 있는 영역이 바로 기후변화, 즉 온실가스 증가로 인한 지구온난화에 대한 이슈이다. 지속가능한 관광의 하부의 영역이면서 실천성이 강한 영역으로 저탄소관광(low-carbon tourism)을 들 수 있다. 저탄소관광은 저탄소화를 추구하는 모든 관광형태를 의미한다. 저탄소관광은 환경적 훼손이 적고, 가능한 있는 자원을 과도한 변형없이 활용하며, 결과적으로 탄소발생량이 적은 관광형태를 의미한다. 저탄소관광이 개념적으로 명확하게 논의되지 않았을 때에는 녹색관광을 저탄소관광의 개념을 포함하는 관광으로 규정한 적이 있다. 그때의 녹색관광은 '녹색의 자연을 바탕으로 하는 관광형태를 넘어 더 구체적으로 수요와 공급측면에서 저탄소를 추구하고, 녹색기술을 활용하여 녹색성장을 추구하는 관광'이라고 정의하였다.[65] 관광부문에서 저탄소에 대한 논의가 더욱 활발해지고 많은 연구가 도출된 현 시점에서는 저탄소화를 추구하는 모든 관광형태에 적용할 수 있는 개념임을 강조하기 위해 저탄소관광이라고 지칭하는 것이 바람직할 것으로 본다.

저탄소관광은 녹색성장(green growth)이란 개념을 근간으로 한다. 녹색성장은 저탄소화와 녹색산업화를 통해 산업발전과 사회발전을 동시에 추구하여 경제를 성장시킨다는 것이다. 기후변화에 대한 대응은 경제활동 과정에서 발생하는 이산화탄소 배출량을 감축시키는 완화(mitigation)전략[66]과 인류가 아무리 온실가스를 감축한다고 하여도 지구온난화는 지속적으로 진행되므로 이에 적응해야 한다는 적응(adaptation)전략[67]으로 구분되는데, 녹색성장은 특히 완화전략과 밀접한 관계를 맺고 있다. 녹색성장은 환경과 성장이 조화를 이루어야 한다는 요지의 '지속가능 성장(sustainable growth)'을 포함한 보다 적극적인 개념이다.[68]

UNWTO · UNEP(2008)은 관광부문도 기후변화에 어느 정도 영향을 주는 영역으로 인정하고 있다. 따라서 관광은 향후 30년 이상 세계 공동체와 함께 온실가스를 감축시켜야 한다고 규정하고 있다. 전 세계적으로 교통 · 숙박 및 편의시설 · 관광활동 등과 같은 관광부문은 2005년을 기준으로 약 5% 정도의 이산화탄소 발생량 책임이 있다. 이 중 교통에서 75% 정도를 차지하고 있고, 관광지와 관광시설의 조성과 운영과정에서 탄소가 배출되므로 관광부문도 지구온난화에 상당한 책임이 있다는 것이다.[69] 대중소비의 특성을 띠고 있는 전통적인 대중관광에서 저탄소화에 대한 노력을 하지 않는다면 관광수요부문과 공급부문에서 온실가스가 지구환경에 영향을 줄 정도로 미래에도 지속적으로 배출될 것이다.

저탄소관광은 관광공급부문과 관광수요부문 모든 영역에서 적용될 수 있다. 관광사업체는 녹색기술을 적용한 용품과 설비를 관광시설에 적용함으로써 온실가스 배출을 낮출 수 있다. 즉, 저탄소 · 저탄소발생에너지원 · 고효율설비 등을 관광시설에 설치하는 것이다. LED 조명 · 심야전력 활용 · 태양광패널 · 자연채광시설 · 화장실절수장치 · 중수조시설 · 지열시설 · 태양열온수기 등이 이러한 예에 속한다. 또한 고효율의 에너지 절감형 관광시설 개발, 환경친화적 건축양식 도입, 탄소제로 관광(지)시설을 개발하거나 조성함으로써 저탄소관광을 시도할 수 있다.[70] 관광객들도 온실가스 저감을 위해 에너지 절약형으로 생활습관을 바꾸는 노력을 해야 한다. 관광편의시설이 춥거나 더울 때 바로 에너지를 사용하지 않고 어느 정도 그 온도를 용인하면서 불편을 감내하는 태도를 가질 필요가 있다. 과대한 소비를 줄이고 재활용하는 태도를 평소에 갖도록 노력하는 것이 기후변화시대에서 현대인이 가져야 할 덕목으로 떠오르는 것이다.

2015년 12월 프랑스 파리에서 2020년 이후 적용될 신기후변화협약이 체결되었다. 소위 '파리 기후협약'이라고 지칭되는 이 협약에서는 범지구적인 온실가스 감축 노력을 통해 지구의 평균온도 상승폭을 산업화 이전과 비교해 섭씨 2℃보다 '훨씬 작게', 섭씨 1.5℃까지 제한하는 데 노력하고, 지구상의 대부분의 국가가 이 협약을 지켜야 한다고 구속력을 강조하고 있다[71]. 이에 따라 지속가능한 관광은 저탄소관광의 차원에서 관광의 모든 영역에 대해 각고의 노력을 기울여야 할 것이다. 21C의 관광은 지구환경의 지속가능성을 타 분야와 함께 공조하면서, 관광의 전 영역에 대해 저탄소를 추구하는 방향으로 전략적 모색이 이루어져야 한다.

참고문헌

1) Löschburg, W.(1997). 『여행의 역사: 오디세우스의 방랑에서 우주여행까지』(이남수 역). 효형출판.

2) Weaver, D.(2006). *Sustainable Tourism: Theory and Practice*. Burlington, MA: Elsevier Butterworth-Heinemann.

3) Poon, A.(2003). *Competitive Strategies for a 'New Tourism'*. In Cooper, Chris(ed.). Classic Reviews in Tourism. Sydney: Channel View Publications.

4) 김남조(2014). 관광과 개발: 잠재적 관광ODA 사업의 모색. 『국제개발협력』, 6(1), 83-109.

5) 한국관광공사(1997). 『환경적으로 지속가능한 관광개발』. 서울: 한국관광공사. pp.26-27; 김남조 · 조광익(1998). 『지속가능한 관광과 주민참여에 관한 연구』. 한국관광연구원; 김남조 · 김현정 · 안지현(2014). 『관광부문의 ODA사업 적용 프레임워크 개발 및 KOICA 사업 발굴』. 한국국제협력단.

6) Murphy, E.(1985). *Tourism-A Community Approach*. Metheun & CO Publisher(Ltd.).

7) WTO(1996). *What Tourism Managers Need to Know: A Practical Guide to the Development and Use of Indicators of Sustainable Tourism*. WTO.

8) WTO(1993). *Sustainable Tourism Development: Guide for Local Planners*. Madrid: WTO.

9) 김남조 · 조광익(1998). 『지속가능한 관광과 주민참여에 관한 연구』. 한국관광연구원.

10) Wallace, D. R.(1992). Ecotourism. *Landscape Architecture*, 82(8), 36; 김성일 · 강미희(2002). 『생태관광』. 서울: ㈜트래블애널리스트에서 재인용. p.12.

11) 유웅조(2015.10.8.). 유엔 지속가능발전목표(SDGs)의 주요내용과 한국의 대응과제. 『이슈와 논점』, 1069, 1-4.

12) Owen, R. E., Witt, S. F., & Gammon, S.(1993). Sustainable tourism in Wales: from theory to practice. *Tourism Management*, 14(6), 463-474.

13) Moser, CON.(1989). Community participation in urban projects in the Third World. *Progress in Planning*, 32(part 2), p.81; Joppe, M.(1996). Sustainable community tourism development revisited. *Tourism Management*, 17(7), 475-479에서 재인용.

14) 김남조 · 김현정 · 안지현(2014). 『관광부문의 ODA사업 적용 프레임워크 개발 및 KOICA 사업 발굴』. 한국국제협력단.

15) 강신겸(1998). 지역사회 관광개발의 개념체계에 관한 연구. 『관광연구논총』, 10, 99-118.

16) 문화체육관광부 · 한국문화관광연구원(2016). 『관광두레: 주민이 만드는 창업 생생스토리』; 한국문화관광연구원(2014). 『관광두레사업의 추진체계 개선방안』.

17) 윤경호 · 김남조(2015). 국가지질공원 지정으로 본 지오투어리즘(Geotourism)의 의미와 역할. 『관광연구논총』, 27(2), 53-82.

18) 이수재 · 강가령 · 김수연 · 김종호 · 신상철 · 김남조 · 오창현 · 전용문(2014). 『국가지질탐방로 도입 방안 연구』. 환경정책 · 평가연구원.

19) 전남발전연구원(2012). 『관광과 지역 활성화의 새로운 대안, 지오투어리즘(Geotourism)』.

20) 우경식(2010). 국가지질공원의 조건과 자격. 『대한지질학회 학술대회』, p.17.

21) 전영권(2010). 한국의 지오투어리즘. 『한국지형학회지』, 17(4), 1-15.

22) http://www.globalgeopark.org/homepageaux/tupai/6513.htm

23) http://www.fairtourism.org; 이영진 · 송영민 · 윤지환(2012). 관광현상에서 공정성에 관한 담론: 관광시스템의 구성요소를 중심으로. 『관광학연구』, 36(4), 35-57.

24) 김난영(2010). 책임관광에 대한 관광객 행동연구. 『관광연구논총』, 22(1), 3-24.

25) Booyens, I.(2010). Rethinking township tourism: Towards Responsible Tourism development in South African townships. *Development Southern Africa*, 27(2), 273-287.

26) Carne, A., & Matten, D.(2003). *Business Ethics: A European Perspective, Managing Corporate Citizenship and Sustainability in the Age of Globalization*. Oxford: Oxford University Press.

27) 홍연금(2009). 『우리나라 윤리적 소비자에 대한 사례연구』. 가톨릭대학교 대학원 박사학위논문; 조명환 · 정선자(2012). 관광객의 가치와 공정관광 결과지각에 관한 연구: 윤리적 소비행동의 매개효과를 중심으로. 『관광학연구』, 36(1), 91-114 재인용.

28) '윤문기(2017.2.4.). 걷기여행(길)의 가치! 한국관광산업 발전을 위한 관광인 워크숍' 자료에서 주요 내용을 인용하였음.

29) 문화체육관광부(2015). 『국민생활 참여종목 조사』. 윤문기(2017.2.4.)에서 재인용.

30) 2016년 신한카드 빅데이터센터의 분석 이용; 윤문기(2017.2.4.)에서 재인용.

31) Weaver, D.(2006). 전게서.

32) McGehee, N., & Santos, C.(2005). Social change, discourse and volunteer tourism. *Annals of Tourism Research*, 32(3), 760-779.

33) 최영희(2009). 관광학적 측면에서 자원봉사관광의 개념적 접근. 『관광연구논총』, 21(2), 21-38; 이원희(2011). 『볼런투어리즘 활성화 방안』에서 재인용.

34) Wearing, S., & McGehee, N. G.(2013). Volunteer tourism: A review. *Tourism Management*, 38, 120-130.

35) Weaver(2006). 전게서.

36) 김남조 · 김현정 · 안지현(2014). 전게서.

37) Moskin, B., & Guettler, S.(1998). *State of Missouri Cultural Tourism Development Plan*. Brainbridge Island, WA. Plans; Edgell, Sr., D. L.(2006). *Managing Sustainable Tourism: A Legacy for the Future*. New York, NY: The Haworth Hospitality Press에서 재인용.

38) Wood, R. E.(1984). Ethnic tourism, the state, and cultural change in South Asia. *Annals of Tourism Research*, 11, 353-354.

39) 임주환 · 김종은 · 양덕희. 역(2001). 『지역발전에의 접근과 지속가능한 관광』. 백산출판사. p.113.

40) Cohen, E.(1988). Authenticity and commoditization in tourism. Annals of Tourism Research, 15, 371-386; MacCannell, D.(1999). *The Tourist: A New Theory of the Leisure Class*. University of California Press.

41) Stanton, M. E.(1989). The Polynesian Culture Center: A Multi Ethnic Model of Seven Pacific Culture. in Smith(ed.) *Hosts and Guests: The Anthropology of Tourism*. University of Pennsylvania Press.
42) Stanton, M.(1994). 폴리네시아 문화센터: 7개 태평양문화의 다종족 모형, The Polynesian Culture Center: A multiethnic model of seven Pacific cultures. Host and Guest(전경수 역). 서울: 일신사(원본출판연도 1977).
43) MacCannell(1984). pp.388; 임주환 외(2001). 재인용.
44) OECD(1994). *The Contribution of Amenities in Rural Development*. Paris: OECD.
45) 김남조(2004). 농촌어메니티 개념과 관광현상 구성요소를 이용한 농촌관광정책의 방향. 『관광학연구』, 28(1), 263-281.
46) 강신겸(2007). 『농촌관광: 새로운 농촌활성화 전략』. 대왕사.
47) 류선무(1998). 『농촌관광개발론』. 백산출판사.
48) Lane, B.(1994). What is rural tourism? *Journal of Sustainable Tourism*, 2(1-2), 7-21.
49) 김철원 · 윤혜진(2007). 빈곤퇴치를 위한 개발도상국 관광협력에 관한 연구: PPT(Pro-Poor Tourism)를 중심으로. 『한국관광학회 학술대회 발표논문집』, pp.293-306.
50) Ashley, C., Boyd, C., & Goodwin, H.(2000). Pro-Poor Tourism: Putting poverty at the heart of the tourism agenda, Natural Resource Perspective 51, London Develoment Institute.
51) 김남조 · 김현정 · 안지현(2014). 전게서.
52) Liburd, J. J., Carlsen, J., & Edwards, D.(Eds.)(2013). *Networks for innovation in sustainable tourism*. Prahran, AUS: Tilde University Press.
53) Schumpeter, J. A.(1934). *The theory of economic development*. Oxford: Oxford University Press; 예지우(2013). 『관광지 혁신에 관한 연구』. 한양대학교 석사학위논문에서 재인용.
54) Kanter, R. M.(1983). *The change masters*. New York: Simon & Schuster. pp.20-21.
55) Kanter(1983); Hjalager, A. M.(1997). Innovation patterns in sustainable tourism-an analytical typology. *Tourism Management*, 18(1), 35-41; 임태종(2011). 『성과측정시스템의 이용방식이 혁신유형과 조직성과에 미치는 영향』. 서강대학교 대학원 박사학위논문; 예지우(2013)에서 재인용.
56) Lynch, P. & Morrison, A.(2007). The role of networks. In E. Michael(Ed.), *Micro-clusters and networks: The growth of tourism*(pp.43-62). Oxford: Elsevier.
57) Von Hippel, E.(2005). Democratizing innovation. Cambridge, Massachusetts: MIT Press.
58) Hjalager, A-M.(1996). Tourism and the environment: The innovation connection. *Journal of Sustainable Tourism*, 4(4), 201-218.
59) Liburd, J. J., Carlsen, J., & Edwards, D.(Eds.)(2013). 전게서.
60) Shaw, G., & Williams, A. M.(2013). 관광과 관광공간. Tourism and tourism spaces(김남조 · 유광민 · 민웅기 역). 백산출판사(원본출간연도 2004).
61) Sinclair, M. T., & Stabler, M.(1997). *The economics of tourism*. Routledge. pp.134-136.
62) Weaver(2006). 전게서.

63) Wheeller, B.(1993). Sustaining the ego. *Journal of Sustainable Tourism*, 3(1), 29–44.

64) Harrison, D.(2014). Development theory and tourism: What has theory ever done for us? International Conference on Tourism and Development: Growth and Diversity(Centara Duangtawan Hotel, Chiang Mai, Thailand, August, 30).

65) 김남조(2009). 기후변화에 대응하는 녹색관광의 연구과제 모색. 『관광학연구』, 33(4), 85-104.

66) 완화: 온실가스 근원을 줄이거나 또는 흡수(sink; 포집)를 향상시키기 위해 인위적으로 조작하여(anthropogenic) 간섭하는 방법(Antonio and Oliveira, 2009); 화석에너지 사용 감소, 에너지 이용효율 증가, 재생가능 에너지 사용 증가, 탄소 포집(침하)을 통한 탄소의 격리 등과 같이 기후변화의 근본원인인 온실가스를 저감하는 것(민승규 · 강희찬, 2007.3.21).

67) 적응: 실제 또는 기대되는 기후 자극이나 그것의 영향에 반응하는 자연적인 조정 또는 반응하는 인간시스템(Antonio and Oliveira, 2009); 기후변화에 효과적으로 적응할 수 있도록 사회 전반의 체질을 개선(기후변화의 영향분석 및 평가능력, 재해관련 제도 정비)하는 것(민승규 · 강희찬, 2007.3.21).

68) 이지훈 · 신창목 · 강희찬 · 도건우(2008). 신성장시대의 도래, 『CEO Information』. 삼성경제연구소.

69) UNWTO, & UNEP(2008). *Climate Change and Tourism: Responding to Global Challenges*. Spain, Madrid: UNWTO.

70) 김남조(2009). 전게서.

71) 헤럴드경제(2015.12.13.). '기후재앙 막자', 국제사회 대응 30년사.

제 2 장

슬로시티와 관광

장 희 정

신라대학교 국제관광학부 교수

부산여자대학(현 신라대) 및 일본 立教大學을 졸업했고, 한양대학교에서 관광학 박사학위를 받았다. 신라대학교 국제관광학부 교수로 재직 중에 있으며 한국슬로시티본부의 사무총장을 역임하고 있다. 주요 저서로는 Go Slow and Curvy(Springer, 공저), 슬로시티와 행복(조선앤북, 공저)이 있으며 국제슬로시티 회원도시인 지자체와 국제포럼, 주민교육과정 등을 운영하고 있으며 슬로시티 지역을 중심으로 한 슬로관광에 관한 연구를 하고 있다. 또한 지역자원을 활용한 도시재생 전문가 양성, 지역사회 자원을 활용한 일자리창출 관련 인력양성 사업을 통해 마을 기업, 협동조합 전문가 인력양성을 활발하게 진행하고 있다.

hjjang@silla.ac.kr

양 승 훈

신라대학교 국제관광학부 교수

고려대 사회학과 및 플로리다국제대학교(Florida Int'l University) 호텔경영대학원, 한양대학교에서 관광학 박사학위를 받았다. JW 메리어트호텔 및 로얄캐리비안크루즈를 거쳐 현재 신라대학교 국제관광학부 교수로 있다. 저서로는 「호텔서비스」, 「자연 + SLOW 관광학개론」, 「이벤트원론」 등이 있다. 〈TV 리얼버라이어티쇼 프로그램에 나타난 관광지의 이미지〉 외 77편의 학술논문과 〈국가직무능력표준: 크루즈〉 외 25편의 연구보고서 및 프로젝트를 수행하였다. 2010년부터 한국슬로시티본부의 슬로시티 운동 관련 대외협력 및 〈슬로시티연구〉 편집장을 담당하고 있다.

funship88@gmail.com

제 2 장

슬로시티와 관광

장 희 정 · 양 승 훈

제1절 슬로라이프와 슬로시티

1. 슬로라이프

(1) 슬로의 의미

우리는 종종 '천천히' 혹은 '느리다'라는 단어를 어떤 기준점에 미치지 못한다는 의미의 '뒤처진다', '늦다'는 의미로 오해하는 경우가 있다. 예를 들어 도로상의 '속도를 늦추시오'라는 의미의 교통 표지판 'slow down(슬로다운)', 'slowly(슬로우리)'를 생각해보자. 다른 차량에 비해 뒤처지게 가라는 의미가 아니며 늦게 가라는 의미는 더욱 아니다. 너무 빨리 달리면 위험한 곳이니 주위를 살피면서 찬찬히 그리고 천천히 가라는 의미일 것이다.

경쟁사회의 고효율과 속력의 관점에서 보면 슬로 혹은 느림은 뒤처짐, 후진이라는 의미를 가지고 있다. 즉 느리다면 속도를 낼 수 없고 고효율을 달성하지 못한다는 것이다. 빠르기를 나타내는 공식은 〈속력 = 거리 ÷ 시간〉이다. 따라서 멀리 가려면 속력을 높일 수밖에 없다. 문제는 멀리 가는 데 있어서 제대로 가고 있느냐를 되짚어보아야 할 것이다.

슬로는 이와 같이 원래 상대적 속도를 의미하는 것이 아닌 방향과 방법을 의미하는 것이다. 슬로는 단순한 속력으로서의 느림을 의미하는 것이다. 천천히 전체를 살펴보면서 뒤처지는 사람은 없는지, 빠뜨리고 가는 고유한 정체성은 없는지, 좋은 결과를 위해서는 자연과 인간을 기다릴 줄 아는 철학적 의미를 가지고 있다. 즉 방향의 개념이 들어가는 속도가 되어야 한다. 그리고 그 속도는 자연의 속도, 본래의 속도에 맞추어져야 할 것이다. 인간은 자연의 일부이기 때문에 자연의 법칙에 따라 움직여야 가장 자연스러울 수가 있는 것이다. 따라서 느림은 곡선으로 표현할 수 있는데 곡즉전(曲卽全) 즉 구부러진 것이 완전할 수 있다는 말이 있다. 조금은 돌아가더라도 방향이 맞다면 가장 빠르게 속도를 낼 수 있는 것이다.[1)]

슬로는 게으름과 다르다. 프랑스의 사회철학자인 삐에르 쌍소(Pierre Sansot)는 '인간의 모든 불행은 고요한 밤에 앉아 휴식을 할 줄 모르는 데서 온다'고 하였다.[2)] 느림은 게으름(lazy)과 다른데 살아가는 시간에 모든 기회를 부여하는 것이라고 했다. 즉 느리게 산다는 것은 사는 사람의 의지가 반영된 치열한 삶이다.

악곡의 빠르기로 따지면 슬로는 안단테(andante)에 해당된다. '걸음걸이 빠르기로'의 의미로 모데라토보다 조금 느린 템포를 가리킨다. 그러나 인간이 보통 빠르기인 모데라토보다 빨리 살아왔기 때문에 한 단계 낮게 속력을 줄인다면 안단테가 아니라 모데라토가 될 것이며 따라서 보통 빠르기에 해당하는 가장 자연스러운 삶이 될 것이다.

슬로를 우리의 삶 속에서 실천하는 방안이 다음과 같이 제시되고 있다.[3)]

① 좀 느리고 작게 단순함 속에 인생의 행복을 찾는다. / ② 여유로운 식사시간과 에코푸드(ECO) 먹기 / ③ 외모가 중요하니 항상 웃기 / ④ 한 호흡, 1분대 수준으로 / ⑤ 손편지 쓰기 / ⑥ 나는 걷는다. 고로 존재한다 / ⑦ 3초만 기다리기 / ⑧ 때로는 아무것도 안 하기 / ⑨ 유용한 불편함을 즐기기 / ⑩ 일은 천천히 제대로 하기 / ⑪ 인생을 여행처럼 나그네처럼 살기 / ⑫ 전통과 지혜를 사랑하기

(2) 슬로라이프의 필요성

오랫동안 인류는 빠른 성장과 고효율성을 미덕으로 여겨왔다. 인간의 끊임없는 욕망과 그 욕망을 채우기 위한 이른바 끝없는 속도전이 계속되고 있는 것이다. 농경사회에서는 배고파서 못 살겠다고 하였고 산업화 사회에서는 힘들어서 못 살겠다고 하더니 정보화 시대에는 바빠서 못 살겠다고 한다.[4)] 빠름에 대한 숭배는 빠른 것을 풍족한 것, 좋은 것으로 보고 시간을 돈으로 보는 잘못된 시각이다.

물론 이러한 결과로 인해 국가적, 인류적으로 성장과 풍요를 이룬 것도 사실이다. 그러나 경제성장이라는 측면만을 고려하면 대지진으로 인한 복구비용의 증가나 전쟁으로 인한 손실도 때로는 단순하게 경제성장으로 환원될 수 있다. 또한 거대한 외부자본이 유입되어 지역 내 고용의 창출, 지역경제의 활성화를 이룩할 수도 있다. 즉 성장의 이면에는 반드시 고려해야 할 부분이 있다는 것이다.

환경 역시 물질주의의 만연과 하드웨어 중심의 경제성장으로 훼손되고 있으며 이를 회복하기

위해 큰 경제적 대가를 치르게 되었다. 성장 일변도의 사회가 가져온 빈부격차와 분배갈등은 내부구성원 간의 반목과 갈등을 가져오고, 정신적 빈곤을 대가로 치르게 되었다. 문화적 측면에서도 각각의 정체성과 고유한 것들이 사라지게 된 것도 사실이다. 지역민의 지역에 대한 자긍심, 지역의 문화콘텐츠, 지역 소상공인의 상권, 수 세대를 걸쳐 농사를 지어온 농부는 가업을 포기해야하는 대가를 치르게 된다.

물질적, 경제적 성장이 가져온 풍요로움이 역설적으로 무엇이 진정한 행복과 삶의 질인가라는 의문을 가져왔다. 그리고 시대적 가치로서 행복을 요구하게 된다, 그렇다면 행복은 어떻게 만들어 나갈 것인가?

행복지수는 자신이 얼마나 행복한가를 측정하는 도구가 된다. 영국 신경제재단이 각국의 기대수명, 삶의 만족도, 생태발자국 등을 기초로 작성한 통계에 의하면 한국은 44.4점으로 68위에 올라 있다. 코스타리카, 도미니카, 자메이카 등 경제규모가 한국보다 열등한 국가가 각각 1, 2, 3위를 차지하고 있는 것을 볼 때 행복이란 물질적 풍요와 반드시 비례하지 않음을 알 수 있다. 바야흐로 조금은 속도를 줄이고 행복을 찾아가는 새로운 삶의 형태 즉 슬로라이프(slow life)가 필요하다.

(3) 슬로라이프의 확대

개인적 삶의 분야에서 슬로를 확대시키고 새롭게 적용시키려는 노력이 이루어지고 있다. 가장 두드러진 분야가 가장 바쁘게 돌아가는(busy) 비즈니스(business)분야라고 볼 수 있다.

산업분야에서의 슬로라이프는 새로운 사업영역의 확장이라는 측면과 기업경영 방식에의 도입이라는 두 가지 측면에서 살펴볼 필요가 있다. 먼저 소비자들의 슬로라이프의 확대로 인한 새로운 소비시장을 겨냥한 상품개발과 출시, 즉 웰빙, 수제품, 아날로그적 향수를 충족시킬 상품 등이 좋은 예가 될 수 있다. 그리고 이러한 기업경영 전반에 슬로라이프적 요소를 반영하거나 인사관리에서도 슬로라이프와 행복 요소를 적극 반영하는 사례들이 늘고 있다. 산업분야에서도 이제 표준화, 디지털, 첨단, 스피드, 고효율, 성장이 아날로그, 여유, 회귀, 맞춤형, 수제품, 분배 등으로 바뀌어 나가고 있는 것이다.

일본의 최대 중소기업인 미라이 공업은 유토피아 경영으로 유명한데 '인간은 말이 아니다'라는 철학을 가지고 있었던 고(故) 야마다 아키오 창업주의 기업관이 고스란히 담겨 있다. 주요 특징을 보면 잔업, 휴일 근무 없고 전 직원 정규직, 70세까지 종신고용, 정리해고, 업무목표가 없고 연간 개인휴가를 포함하는 140일의 휴가를 주며 3년간 육아휴직 보장하며 6년간 전 직원 해외여행을 보내준다. 기업주 입장에서는 천천히 기다리면서 스스로 해나갈 때까지(Let it do), 즉 슬로

리더십(slow leadership)을 실천하고 있는데 멀리 내다보며, 완급을 주고 마음에 여유를 준다는 것이다.

삼성경제연구소[5]에서는 슬로를 비즈니스의 새로운 트렌드로 보면서 키워드로 감속, 친환경, 감성, 그리고 건강을 부여하고 각각 성공적인 사례를 소개하고 있다.

〈표 2-1〉 슬로 비즈니스의 4대 유망분야와 대표사례

슬로 키워드	비즈니스 성격	사례	
감속	시간가치 재해석	머스크	화물선 감속운항으로 비용을 절감
		루이비통	장시간 수작업을 통해 고품질 유지
		몰스킨	아날로그적 다이어리로 느림의 미학
친환경	공간가치 재해석	신안군 증도	느리게 사는 삶을 추구하는 슬로시티
감성	마음 돌보기	움프쿠아	은행과 카페의 결합으로 편안함을 제공
		리소나	업무 처리시간의 완급조절로 투자 유치
건강	몸 돌보기	기적의 사과	100% 자연농법: 썩지 않는 사과를 재배

자료: 삼성경제연구소(2010).

슬로라이프는 지역사회 차원에서도 정책 어젠다가 되기도 한다. 일본의 가케 가와시(掛川市)는 슬로라이프를 자국의 실정에 맞게 해석하여 도시를 변화시키고 있는데 공간으로서 지역사회가 다음과 같은 8개의 슬로 키워드를 통해서 구체화하고 있다.

〈표 2-2〉 슬로라이프의 지역사회 구현

구분	내용
슬로페이스 (slow pace)	- 자동차 사회로부터 보행사회로, 걷기 가치의 재검토 - 건강증진과 교통사고를 없애기 위함
슬로 교육 (slow education)	- 학벌위주의 사회를 지양, 여유 있는 대기만성형 교육의 가치검토 - 평생 예술문화나 취미, 스포츠를 즐기며 사는 따스한 사회 만들기
슬로푸드 (slow food)	- 일식이나 다도, 일본 술 등 일본 전통의식, 생활문화와 지역의 유기농 재료를 이용한 음식을 요리
슬로 하우스 (slow house)	- 100년 이상 된 일본 주택의 가치를 재검토 - 전통방식으로 지은 목조건물, 지구온난화 방지
슬로 산업 (slow industry)	- 정성들인 농업으로부터 삼림을 소중히 하여 오랜 시간에 걸친 친순환형 농업을 하고 시민공원이나 그린투어리즘을 보급함
슬로 에이징 (slow aging)	- 아름답게 늙는 평생자립을 목표로 함

구분	내용
슬로 웨어 (slow wear)	- 전통직물, 염색, 일본 옷 유카타 등을 소중히 함
슬로 라이프 (slow life)	- 위의 7가지 생활철학(공통이념)을 통해 자원 절약, 에너지 절약으로 자연과 함께 천천히 풍부한 마음으로 살아감

2. 슬로시티

(1) 슬로시티의 개념과 철학

슬로라이프를 개인적 차원이 아닌 일정지역이나 공간에서 적극 수용하고 정책을 펼치는 대표적 사례 역시 슬로시티가 있다. 슬로시티는 느림의 마을을 뜻하는 것으로 운동의 발상지인 이탈리아에서는 치타슬로(Cittaslow)라고 명명한다. 슬로시티 운동이 일어나게 된 배경에는 슬로푸드(slow food)운동이 있다. 1986년에 유럽을 중심으로 맥도날드의 유럽진출로 상징되는 미국식 패스트푸드 문화에 대한 반대운동이 시작되었다. 포드(Ford)식 패스트 대량생산 시스템에 의한 새로운 사업의 등장과 그 뒤의 배경인 거대 글로벌 자본이 각 지역이 갖고 있는 고유 음식문화와 식자재의 토종품종의 소멸에 대한 위기의식이 행동으로 나타나기 시작한 것이다. 단순한 미국문화의 유럽침공이 아니라 식자재의 효율적 생산과 소비라는 미명 아래 대량생산 체제화되고 이는 유전자변형, 농약의 남발로 이어지는데 그 심각성이 있다.

슬로푸드운동이 확산되면서 한편에서는 먹거리만으로 해결할 수 없는 부분이 있음을 인식하게 되었다. 즉 인간 삶의 총체적인 문제에 대한 고민이 대두된 것이다. 그리고 그 문제의 핵심은 오랫동안 인간의 생활사를 지탱해온 공동체(community)의 붕괴에 있었다. 따라서 공동체로서 도시(city) 혹은 마을(town)을 복원하되 과거로의 무조건적인 회귀가 아닌 미래를 대비하는 다양한 준비가 동반될 필요성이 있는 것이다. 이렇게 해서 슬로시티 운동 즉 지역커뮤니티운동을 통한 지역발전을 도모하고자 하는 작은 운동이 시작된 것이다.

1990년대 중반부터 시작된 슬로시티의 운동은 슬로푸드운동과 더불어 이탈리아의 지방도시인 그레베 인 키안티(Greve in Chianti)에서 시작되었다. 초기의 슬로시티 운동은 슬로라이프의 철학을 바탕으로 중소도시와 농어촌 지역에 있어서의 새로운 개발모델을 도입하는 이른바 역발상적인 관점에서 시작되었다고 할 수 있다. 대도시의 발전을 따라가는 이른바 근대화의 수렴이론에 바탕을 둔 것이 아니라 지역이 원래 가지고 있던 고유성과 정체성(자연과 전통문화)을 최대한 부각시키고 활용하면서 지역민이 중심이 되어 지역발전으로 인한 혜택이 그 지역으로 흡수

될 수 있는 장치를 통해 지역의 지속가능한 발전으로 이어질 수 있도록 하는 주민주체운동이라고 할 수 있다. 슬로시티란 개발 억제나 옛것에 대한 향수로 현대문명의 거부가 아니라 적극적으로 새로운 신기술을 도입하면서도 느림과 빠름, 첨단과 전통, 자연의 조화를 이루면서도 각 지역의 고유성과 정체성을 지켜나가자는 것이 지역주민에 의한 새로운 지역 만들기 운동이다. 이러한 측면에서 볼 때 슬로시티 운동은 달콤한 인생(la dolce vita)을 추구하는 슬로라이프 스타일 운동이기도 하다.

(2) 국제슬로시티연맹과 슬로시티 브랜드

국제슬로시티연맹은 슬로시티 운동을 효과적으로 추진하기 위해 결성된 비영리 조직으로 처음에 이탈리아의 작은 도시들인 브라(Bra), 그레베 인 키안티(Greve in Chianti), 오르비에토(Orvieto) 등과 슬로푸드 연맹의 협력으로 이루어졌다. 오르비에토에 본부를 두고 있으며 회장 및 사무총장 등 행정조직과 슬로시티의 이론정립을 위해 과학위원회(scientific committee)를 두고 있다. 연간 회원 도시 간에 돌아가면서 국제총회를 개최하고 상호전략, 해외홍보 활동 등을 전개한다. 한국의 경우 2010년도에 총회, 2016년도에 조정위원회를 각각 아시아권 최초로 주최한 바 있다.

그림 2-1 국제슬로시티연맹 홈페이지 및 로고

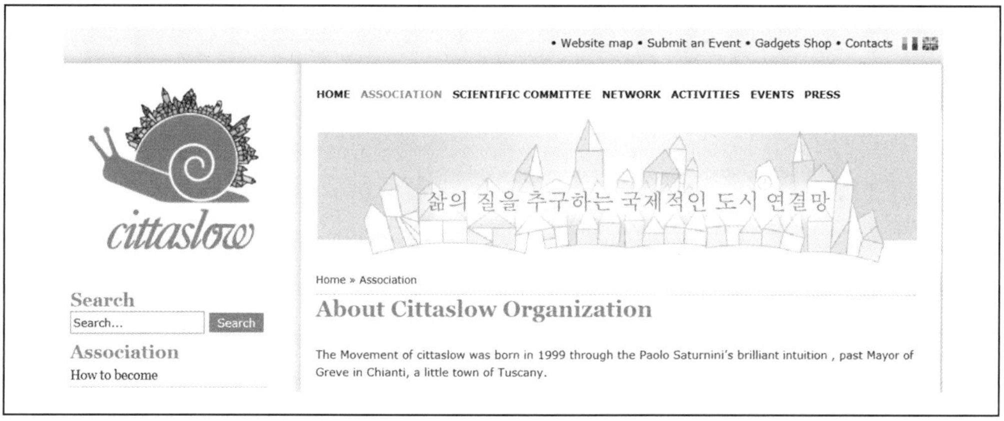

자료: 국제슬로시티연맹 홈페이지.

국제슬로시티가 추구하는 가치는 'International network of cities where living is easy(삶의 질을 추구하는 국제적인 도시들의 연결망)'로 요약된다. 여기에 'easy living'은 깨끗한 공기, 맑은 물, 비옥한 땅, 바른 먹거리, 대체 교통수단 등으로 구체화한다. 국제슬로시티연맹은 슬로시티 운동이 지속가능한 개발과 진보적인 기술을 적용해 나가면서 농업, 수공업, 경제, 사회, 문화를 통해 지역의 가치를 지각하고 지역의 정체성을 확립하여 지역 전반에 가치를 부여할 수 있는 능력을 함양해 나가는 것으로 정의하였다.[6] 그리고 성장가치로 양적인 성장이 아닌 질적인 성장, 환경을 침해하지 않는 지속가능한 성장, 지역주민이 소외되지 않는 지역주민이 주체가 되는 성장에 의지를 표명한다.

국제슬로시티연맹은 치타슬로(Cittaslow, 이탈리아어로서 Slow City)라는 자체 브랜드 네임을 가지고 있으며, 달팽이를 상징화한 자체 로고를 가지고 있다. [그림 2-1]을 보면 달팽이가 마을을 업고 있는 모양인데 달팽이는 오염되지 않은 자연 환경 속에서 살아가며 여유로움의 상징적 동물로서 인간과 달팽이가 함께 살아갈 수 있는 환경을 만들어 나가는 데 의미가 있다.[7]

(3) 슬로시티 평가척도

국제슬로시티연맹에 가입하기 위해서는 국제슬로시티 연맹이 제시한 기준에 부합되어야 한다. 엄정한 국제슬로시티연맹의 서면 및 현장 방문 실사를 통해 슬로시티로 인증되면 5년간의 자격을 유지할 수 있으며 향후 자유로운 재가입의사를 통해 재인증 평가를 거쳐 회원자격을 연장할 수 있다.

〈표 2-3〉 국제슬로시티연맹 평가척도

구분	자격요건을 충족해야 하는 7가지 활동분야
1	에너지 및 환경정책(energy and environmental policies) → 대기청정도, 수질보존, 거주민 음용수 소비, 고형폐기물 수거 등 12항목
2	기반시설 정책(infrastructure policies) → 자전거길, 자전거 주차공간, 생태교통수단, 장애인 편리시설 등 9항목
3	도시의 질 개선을 위한 정책(quality of urban life policies) → 도시 방재력, 도심회복 조치, 작물, 과수재배 공공녹지 등 17항목
4	농업, 관광업, 수공업 정책(agriculture, touristic and artisan policies) → 농업경제발전, 수제 생산품 및 장인 생산품 보호 등 10항목
5	환대 및 교육정책(policies for hospitality, awareness and training) → 환대, 지역상인의 인식제고, 느린 관광 코스 구비 등 10항목
6	사회연대(social cohesion) → 소외계층, 다문화 거주민, 장애인 차별금지, 보육지원 등 11항목
7	파트너십(partnerships) → 슬로시티 캠페인, 친환경 슬로푸드 및 전통음식 장려단체 협력 등 3항목

3. 외국과 한국의 슬로시티 현황

(1) 외국의 슬로시티 현황

국외의 슬로시티를 보면 2017년 3월 기준으로 30개국에 235개 도시가 회원으로 가입되어 있다. 전 세계적으로 슬로시티의 발상지인 이탈리아가 79개 도시를 보유하고 있고 뒤를 이어어 폴란드 25개 도시, 독일 15개 도시, 터키 14개 도시 등이 있다. 아시아권에서는 한국의 11개 도시가 가입되어 있으며 중국과 대만에서도 각각 3-4개 이상의 회원도시(2016년 기준)가 있다. 최근에는 아시아권 등 비유럽 국가 및 도시의 수가 증가하고 있는 추세인데 이는 전 세계적인 슬로시티에 대한 관심이 구체화된 것이라고 볼 수 있다.[8)]

〈표 2-4〉 국제슬로시티 가입 국가 및 도시 현황

구분	국가(가입도시 수)
유럽	오스트리아(3), 벨기에(7), 덴마크(2), 핀란드(1), 프랑스(8), 독일(15), 영국(5), 헝가리(1), 아이슬란드(1), 이탈리아(79), 네덜란드(10), 노르웨이(4), 폴란드(25), 포르투갈(6), 스페인(8), 스웨덴(1), 스위스(1)
미주	캐나다(3), 콜롬비아(1), 미국(2)
아시아	중국(5), 일본(1), 한국(11), 타이완(4), 터키(14)
대양주	호주(2), 뉴질랜드(1)
아프리카	남아프리카공화국(1)

국가의 특성을 살려 보다 효과적인 슬로시티 운동을 전개하기 위해서 몇몇 국가에서는 국가 내 도시를 대표하는 슬로시티연맹(national Cittaslow association)을 운영한다. 한국의 한국슬로시티본부(Corea Cittaslow Network)와 영국, 노르웨이, 폴란드 등이 다수 운영되고 있다.

한국슬로시티 시장단 포르투갈 베구르 방문

이탈리아 오르비에토, 성벽을 이용한 전경

〈사진 1〉 국제슬로시티 운동

(2) 한국의 슬로시티 현황

한국은 1950년 한국전쟁 이후 전 세계에서 가장 가난한 나라 중의 하나였으며 이를 극복하기 위해 1960년대부터 정부 차원에서 새마을 운동을 대대적으로 일으켰다. 생산기반과 생활기반을 현대화하는 운동을 벌인 결과 지난 60여 년간 세계에서 유래 없는 압축되고 빠른 성장을 이루었다. 이런 빠른 성장을 하면서 느린 것보다는 빠른 것이, 작은 것보다는 큰 것을 선호하게 되었고 이제 세계인들은 한국 하면 '빨리빨리'를 떠올릴 만큼 빠른 나라가 되었다. 이런 물결 속에서 한국은 많은 것을 잃었다. 수천 년 동안 이어온 각 지역의 독특한 전통문화, 전통산업과 예술, 자연유산 등을 소홀히 하게 된 것이다.

슬로시티는 〈21세기형 지역주민들의 새로운 우리 지역 만들기 운동〉이라고 할 수 있다. 생산성과 효율성보다는 작은 마을의 고유성, 가치, 독창성 등을 존중하면서 물질적 성장보다는 지역에 사는 사람들의 행복과 삶의 질을 추구하는 운동에 부합하는 것이 슬로시티 운동이 된 것이다. 관주도가 아닌 주민자치활동을 통해 소외되는 사람 없이 모두가 함께 만들어가는 마을을 만들어야 한다.

〈표 2-5〉 한국 슬로시티현황

구분	슬로시티	가입시기	특징
1	신안군 증도면	2007년 12월	천일염, 친환경 수산물
2	담양군 창평면	2007년 12월	돌담길과 고택
3	완도군 청산도	2007년 12월	어촌마을의 풍경
4	하동군 악양면	2009년 2월	차와 섬진강의 정취
5	예산군 대응, 응봉면	2009년 9월	예당저수지 등 느림과 정의 스토리
6	남양주시 조안면	2010년 11월	친환경 유기농 슬로푸드
7	전주시 한옥마을	2010년 11월	도심형 슬로시티, 한국문화의 수도
8	상주시 함창, 이안, 공검	2011년 6월	대표 자전거 도시, 삼백(三白)의 고장
9	청송군 부동, 파천면	2011년 6월	풍부한 삼림자원을 바탕으로 하는 청정지역
10	영월군 김삿갓면	2012년 10월	수려한 자연경관 및 폐광의 관광자원화
11	제천시 수산면, 백운면	2012년 10월	한방과 약초를 통한 건강도시, 휴양도시

2007년 12월 1일자로 아시아 최초로 전남의 4곳 마을(신안 증도면, 완도 청산면, 담양 창평면 등)이 가입하게 된 이래로 현재 11개 슬로시티가 회원으로 가입되어 있다. 슬로시티로 가입했다는 것은 향후 지역개발의 방향을 설정하는데 앞서 대도시의 섣부른 흉내가 아닌 지역이 원래

갖고 있는 자연, 전통산업, 슬로푸드, 그리고 삶의 여유를 누릴 수 있는 방향으로 가지고 가겠다는 약속을 세계에 천명하는 것이라고 볼 수 있다.

제2절 슬로시티와 관광: 슬로투어리즘

1. 대중 · 대량관광의 한계와 슬로시티로의 관광

(1) 대중관광의 한계

관광의 대중화와 본격적인 산업화로 인하여 대량 + 대중 관광의 형태로 바뀌고 따라서 관광개발 및 인프라 투자 역시 콘텐츠보다는 하드웨어 중심으로 바뀌어 왔다. 이에 따라 관광대상에 부정적인 영향을 미치게 되었는데 환경오염, 환경훼손, 전통 문화 및 지역 정체성 소멸, 지역주민의 일방적 희생 등이다.

곳곳에서 대중 관광으로 인한 다양한 폐해들이 발생하고 있다. 이른바 투어리스티피케이션(tourist + gentrification: touristification) 현상뿐 아니라 자연환경의 훼손, 거대기업의 진출로 인한 지역상권의 폐해 등등 현재 대중 관광의 한계를 잘 보여주고 있다.

관광대상은 관광객이 구매하고 소비하는 관광 상품 이상의 의미를 갖고 있다. 관광객 입장에서 보면 관광대상이 모여 있는 관광지이지만 지역주민의 입장에서는 삶의 터전이 된다. 따라서 관광지의 관광객은 그 지역의 문화와 환경을 존중하고 주민의 입장에서 체험하고자 하는 손님다운 모습을 보여야 하며 관광지의 지역주민은 주인다움을 보여야 한다. 보다 구체적으로 양자 간의 품격의 교환이라고 할 수 있는데 관광객은 매너와 존중으로 지역주민은 환대와 관용으로써 응대하여야 할 것이다. 그러하지 못하기에 관광의 지속가능성(sustainability)이 위협받게 된 것이다.

관광대상의 지속가능성은 세 가지 차원에서 논의할 수 있는데 경제적(economic) 지속가능성, 사회적(equity) 지속가능성 그리고 환경적(environmental) 지속가능성으로 3E로 요약된다. 관광은 지역주민과 지역의 경제에 보다 긍정적 효과를 가져다주어야 한다. 또한 지역사회의 갈등이 최소화되고 탄탄한 공동체는 물론이며 지역사회의 고유성과 정체성이 유지될 수 있도록 해야 하며 지역의 중요한 자산인 자연환경 파괴를 최소화해야 한다.

언제부턴가 대규모 패키지 관광객이 주류를 이루면서 관광지는 황폐화되는 것은 물론이며 지역의 고유성보다는 관광객의 편리성을 더 강요하게 되는 경우가 종종 있다. 결국 주민들과 관광객은 주종관계(돈을 지출하는 관광객과 그 돈으로 생계를 이어가는 경제적 주종관계) 아니면 적대관계(평온 주거지역에 돌아다니면서 주민의 생활을 불편하게 하는 존재로 주민은 관광객을 인식하는 이른바 투어리스티피케이션: touristification)로 되는 경우가 많다.

이제는 관광주체로서 관광객은 단순한 관광이라는 상품지출을 위한 지갑보다는 먼저 지역의 고유성과 정체성을 체험하고자 하는 마음을 열어야 하고, 카메라 대신 통찰력과 안목을 먼저 키워야 한다.

(2) 슬로시티와 관광의 연계 고리

대중관광의 한계를 보완할 수 있는 대안관광 중의 하나로 우선 슬로투어리즘(slow tourism)의 개념을 생각할 수 있다. 슬로투어리즘이라고 하는 것은 패스트 투어리즘(fast tourism)에 대별되는 개념이라고 할 수 있다.[9)]

대형여행기업에 의해 대량으로 기획된 유명관광지 중심의 패키지 단체관광 즉 예를 들면 7박 8일 유럽일주 여행상품 등을 패스트 투어리즘이라고 명명할 수 있다. 이에 대별되는 개념으로 지역의 정체성과 고유성을 주민의 입장에서 체험하고 지역의 자연환경, 지역기반의 문화, 소상권에 보다 긍정적 영향을 끼치기 위한 시도의 관광형태를 슬로투어리즘이라고 할 수 있다. 특히 관광객을 위한 상업용 시설물이나 물리적 기반보다는 지역민의 생활자원들을 충분히 활용한 관광콘텐츠가 주가 되며 관광객과 지역 민간의 공평한 차원에서의 교류와 교감이 주요 포인트가 되는 것이 슬로투어리즘이라고 할 수 있다.

한편 슬로시티는 지역 환경과 지역 문화 보존을 바탕으로 지역 자체를 매력물로 만들기를 추구한다. 무분별한 난개발을 막고 지역의 생산품을 이용하여 지역의 상권을 활성화시키고 이를 통한 교류 인구의 증대로 지역주민들이 자생적으로 살아갈 수 있는 자생력을 가지는 것을 목적으로 한다. 교류인구의 증가가 자연스럽게 관광이라는 활동으로 연결될 수 있는 것이다. 슬로시티의 제1목적이 주민이건 방문객이건 그 도시에 체재하는 사람의 행복과 삶의 질이라는 측면에서는 슬로시티의 철학과 슬로투어리즘의 철학이 지향하는 바가 서로 부응한다고 할 수 있다.

슬로시티가 추구하는 가치(슬로 라이프, 슬로푸드)가 최근 관광 트렌드에 적합한 형태이므로 주목을 받게 됨에 따라 슬로시티로의 방문이 대표적 슬로투어리즘으로 명명되고 있다.

2. 슬로투어리즘의 개념과 현황

(1) 슬로투어리즘의 개념

슬로투어리즘은 관광개발적인 측면에서 물질적, 양적, 환경적, 파괴적인 극대개념의 경성관광(hard tourism)이 아니라 개발을 최소화하는 조용히 보고 느끼고 느리게 자연과 조화를 하는 연성관광(soft tourism)의 한 형태라고 할 수 있다.

슬로투어리즘의 형태를 단적으로 설명하기는 어려우나 관광형태와 방식, 관광자의 행동과 사고방식의 전환이 필요하다고 볼 수 있다. 예를 들면 패키지 중심의 대량관광보다는 니라 가족관광, FIT 위주의 소규모 관광, 개인 차량보다는 기차, 기차보다는 자전거와 도보로 하는 여행의 형태라고 볼 수 있다. 물론 탄소발자국을 최소화한다는 측면에서 에코투어리즘과 연관된다. 따라서 장거리보다는 단거리, 해외여행보다는 국내여행, 장거리 해외여행보다는 인근 지역의 역내관광의 형태 또한 슬로투어리즘과 가깝다고 할 수 있다.

슬로투어리즘은 단순히 시골지역이나 중소도시를 관광하는 것을 의미하는 것은 아니다. 즉 목적지가 어디냐에 따른 구분보다는 관광자의 관광행태와 방식을 의미한다고 할 수 있다. 지역의 생활자산을 체험하고 존중하며 천천히 찬찬히 그 지역에 대한 탐색과 고찰, 지역민과의 교류를 진정한 슬로투어리즘이라고 할 수 있다. 다시 말해 도시지역에서도 유명 관광지에서조차도 슬로투어리즘이 가능하다고 할 수 있다.

먹거리 측면에서 볼 때 슬로투어리즘은 다음과 같이 접근될 수 있다. 패스트푸드와 반대되는 우리나라 고유의 발효기법을 기본으로 하는 전통건강 음식을 중심으로 한 슬로푸드를 생산, 판매하는 마을에서 도시민들이나 학생들이 체험관광을 하는 것이다. 관광객들이 슬로푸드를 직접 눈으로 보고, 손으로 만들어 보고, 먹어보고, 구입하고, 느끼고, 생각하는 모든 행위와 지역 전통산업을 중심으로 한 지역의 전통문화와 인근 지역의 전통 문화재 탐방을 비롯한 일체의 체험활동을 하는 것이다.

Yurtseven & Kaya(2011)[10]는 슬로투어리즘에는 두 가지 원칙이 있는데 충분한 시간을 가지는 것과 특정장소에 대하여 애착을 가지는 것이라고 하였다. 획일적인 세계화에 편승하지 않고 지역의 고유성(originality), 진정성(authenticity), 다양성(variety)을 간직한 곳이 슬로시티라면 거주지에서 결코 맛볼 수 없는 인간다운 느림의 삶을 되찾는 장소로의 애착을 가질 수 있기 때문이다.

(2) 슬로투어리즘의 현황

슬로투어리즘을 좁게 해석하면 슬로시티를 방문하는 관광이 되겠지만 보다 넓은 의미에서의 슬로투어리즘이 갖추어야 하는 조건에 대해 몇 가지 제시하고자 한다.

첫 번째로 슬로관광객은 누구이며 어떠해야 하는가? 본래적 관광(觀光) 즉 타 지역의 문화와 문물을 관찰하고 탐색을 실천해야 한다. 관광한다는 것은 일시적으로 지역주민이 되어보는 것, 즉 주민체험을 의미한다. 지역의 음식을 먹고 지역을 상징하고 지역주민이 좋아하는 장소와 대상을 돌아보면서 지역주민이 되어보는 것이 바로 관광인 것이다. 이런 의미에서 지역을 방문한 관광객은 엄밀한 의미에서 방문객(visitor)이자 학습자라고 할 수 있다. 슬로투어리즘 관점에서 보면 지역주민의 삶 자체가 관광자원이 된다. 또한 그들의 삶은 연출된 것이 아니라 지극히 자연스러운 본연의 모습이어야 하는 것이다. 생활인으로서 또 다른 생활지(슬로시티)를 방문하여 그들의 삶의 모습, 삶의 의지를 배우고 돌아와서 이를 실천해나가는 것이다.

그림 2-2 슬로시티를 방문하는 관광객

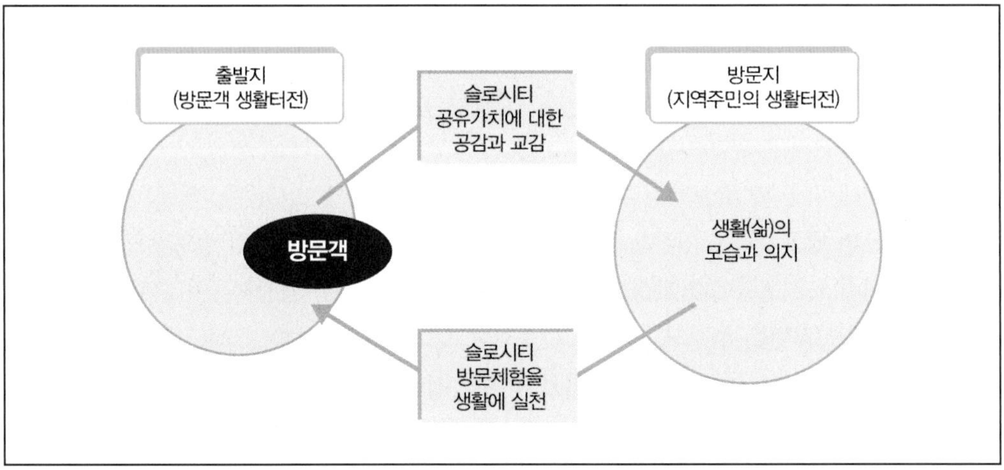

두 번째로 방문지로서 슬로 관광대상은 어떠해야 하는가? 레이 올든버그(Ray Oldenburg)는 인간이 살아가는 데에는 3가지의 공간이 필요하다고 한다. 제1의 공간, 주거의 공간(안정된 주택), 제2의 공간, 노동의 공간(안정된 직업)이 있고 소통의 공간으로서 제3의 공간이 중요함을 역설하고 있다. 서구의 경우는 전통적으로 공원이나 광장, 교회와 성당, 카페가 그 역할을 해왔으며 우리는 우물가, 사랑채, 저잣거리, 사찰 등이 있다.

관광객이 방문하는 곳이 관광지인데 제3의 공간이라고 할 수 있다. 대중관광 패러다임에서는 제3의 공간의 본질을 잊어버리고 자꾸만 관광객만을 위한 무언가를 억지로 만들려고 한다. 막대한 예산을 쏟아부어서 만들어 나중에는 수입 감소와 유지보수비용에 감당을 못하는 어리석은 경우들을 보게 된다. 슬로투어리즘에서 관광지는 소통의 공간과 자원을 만드는 것이 중요하다. 현재 보유하고 있는 좁은 골목길, 가파른 계단, 마을 중심지 등을 어떻게 활용하고 해석할 것인지에 대한 고민이 필요하다.

슬로시티 회원으로 가입하게 되면 다음과 같은 증서가 제공되는데 국제 슬로시티 운동을 통해 구현하고자 하는 마을의 이미지를 매우 적절하게 표현하고 있다. 또한 이러한 마을에서 방문객들이 느끼고 배울 수 있는 것을 나타내 주는 것이기도 하다.

그림 2-3 슬로시티 운동이 추구하는 마을의 이미지

時間의 의미를 되찾은
好奇心으로 가득 찬 사람들로
生命이 살아 숨쉬는 마을
마당과 극장과 가게와 다방과 식당
영혼이 깃든 장소들이 가득하며
溫和한 風景과 숙련된 匠人들이 사는 마을
季節의 변화가 주는 아름다움을 느끼며
맛과 營養 意識의 自發性이 존중되며
産物의 自然性에 律動rhythm을 맞춰
여전히 느림을 알며
사람들이 살아가는 마을

관광산업은 방문자경제(visitor economy)라는 관점에서 새롭게 조명되고 있다. 정주인구의 감소로 인해 지역경제 활성화에 방문자는 새로운 활로를 제공한다. 이러한 방문자경제가 이루어지기 위해서는 관광객의 방문과 소비는 반드시 그 지역 내에 일정부분 흡수될 수 있는 시스템이 만들어져야 한다. 관광객이 소비할 수 있는 작은 창구들이 여기저기 있어야 한다. 몇 가지 제3의 공간을 활용하여 관광상품을 만들어내는 방법을 소개하면 다음과 같다.

① 생산자의 가치와 지역의 가치가 높아져야 생산품의 가치 즉 브랜드가 올라간다. 따라서 우선적으로 우리 지역에서의 소비를 증대시켜야 한다(예를 들면 학교급식, 공공기관의 소비 등이다). 1차 소비자는 생산자 자신임을 잊어서는 안 된다.

② 소비자의 생활습관과 스타일을 이해하게 만들어야 한다. 예를 들면 소포장, 낱개포장 등 선물용으로, 자가 소비용으로 손쉽게 알아볼 수 있게 하고 지역의 역사와 지역을 소재로 하는 드라마 등의 이야기와 접목하는 스토리텔링(storytelling) 등이 필요하다.

③ 현장에서의 방문객으로 하여금 체험과 소비가 동시에 이루어지도록 한다. 즉 1차산업(환경) × 2차산업(가공) × 3차산업(유통과 판매) × 4차산업(브랜드와 네트워크) 등 산업 간의 연결고리를 찾아야 할 것이다. 예를 들면 지역의 특산물을 활용한 관광객 판매용 도시락이 있다. 지역에서 생산되는 식자재를 가지고 지역주민이 가공하고 지역 내에서 유통을 하며 관광객의 체류를 유도할 수 있도록 수단화한다.

④ 관광상품은 방문객의 이성과 감성을 동시에 그리고 구체적으로 자극해야 한다. 막연하게 품질이 좋다기보다는 과학적 근거를 마련하고 동시에 감성을 동하게 해야 하는 것이다. 예뻐지는 뷰티 도시락, 몸이 가벼워지는 다이어트 도시락, 일이 술술 잘 풀리는 술, 공부 잘하는 도시락 등이 있다. 다만 포장뿐만 아니라 지역내부의 규정을 엄격하게 하여 엄선된 품질관리를 해야 하며 생산자끼리의 철저한 약속과 규율관리를 통해 소비자에게 신뢰를 확보하여야 한다.

세 번째로 슬로 경제를 일으킬 수 있는 장치가 마을의 소상권에 있어야 한다. 방문자를 위한 제3의 공간과 이러한 작은 창구는 지역민에 의해 만들어지고 운영되어야 한다. 지역의 작은 식당, 작은 슈퍼, 작은 카페 등을 만드는 창업 그리고 거기에서 일하는 사람은 가능하면 지역 출신의 사람이어야 한다. 따라서 거대한 전문기업은 지역사회의 경제적 부를 환원하는 데 한계가 있고 지역성을 살리는 데 한계가 있으므로 마을 공동체 차원에서 협동조합, 마을기업 등과 같은 경제주체가 필요하다. 그리고 마을 주민들 한 사람 한 사람의 역량을 키우고 발굴하여 충분히 발휘될 수 있는 기회의 장이 곧 경제동력으로 이어지게 됨을 잊어서는 안 된다. 그림 잘 그리는 사람, 요리 잘하는 사람, 공예품을 잘 만드는 사람 등 이들을 한 사람 한 사람의 스타(장인 혹은 명인)로 만들고 이들의 작품이 지역의 명품으로 탄생하도록 하여야 한다.

(3) 외국 및 한국의 슬로투어리즘 사례: 슬로시티 지역을 사례로

슬로시티는 지역의 공동체를 회복하고 만들어 나가는 운동이지만 '느림'이라는 독특한 테마를 통해 방문객들의 관심을 불러일으키고 있다. 예를 들어 남아프리카공화국의 세지필드(Sedgefield) 슬로타운의 상징은 마을 도처에서 쉽게 볼 수 있는 거북이다. 따라서 관광객은 거북이를 괴롭히지 말고 운전 중에는 전방을 확인할 필요가 있다. 슬로타운에는 9곳의 거북이 타워를 돌아볼 수 있는 관광코스가 마련되어 있으며 해당코스 안내는 관광안내부스에 마련된 지도가 구비된다. 벨기에 슬로시티 실리(Silly)는 전통 시장 내 일반 가판대를 설치하고 일요시장 등 "시내목장 상품"을 통해 슬로푸드를 제공하며 지역민에게 지역 먹거리의 소중함과 자라나는 세대에게는 체계적인 미각교육을 방문객들에게 더 없는 미식체험을 제공한다.

노르웨이의 소큰달(Sokndal)은 평지, 야생계곡, 농토 등이 만들어내는 아름다운 경관을 자랑하고 있는 곳이다. 18세기와 19세기 목조주택이 잘 보존되어 있고 북유럽에서 가장 큰 바위인 74톤의 흔들바위, 깎아지른 듯한 피오르드 등을 볼 수 있다. 보다 독특한 것은 감옥, 시의회 사무실을 개조하여 호텔객실을 만들고 창고를 개조한 콘퍼런스를 개최한다는 것이다. 2009년 노르웨이 하랄드(Harald) 국왕은 국회의원들과 왕국 저녁 만찬에서 다음과 같은 연설을 하였다고 한다.

> "노르웨이의 첫 번째 슬로시티, 소큰달은 여러분을 관광객이 아닌 귀객(귀한 손님)으로 환영할 것입니다. 소큰달의 주민들은 친절하고 스트레스를 받는 일은 찾아볼 수 없으며 아이들은 삶의 질이 중요하다는 것을 배워나갑니다."

핀란드 슬로시티 크리스티네스타드(Kristinestad)는 슬로시티 인증으로 관광사업체가 활성화되었는데 신규 숙박시설 및 수공예품, 신선한 지역재료를 이용한 레스토랑, 로맨스 주간(Romance Week) 등의 다양한 이벤트 등이 동반되고 있다. 그들은 슬로투어리즘을 이야기하면서 다음과 같은 질문을 던진다.

> "긴 여행에 돌아와 친구에게 어떤 이야기를 들려줄까? 노천카페에 느긋하게 행인을 바라보며 즐긴 망중한처럼 멋진 이야기가 있을까? 서두를 필요 없이 즐기는 마음과 신체의 달콤한 느림, 느림은 인간의 즐거움을 누릴 권리이다."

이탈리아 슬로시티인 아비아테그라소(Abbiategrasso)는 지역 전통산업인 농업을 활용한 농업관광을 발전시키고 있는데 방문객의 유인과 식사제공, 관광과 웰빙 교육, 농장생산물 직거래 등 중요한 프로그램을 실행하고 있다.

지난 몇 년간 전 세계 슬로시티에서 만들어낸 슬로투어리즘 관련한 이슈의 일부를 소개하면 다음과 같다.

〈표 2-6〉 외국 슬로시티의 슬로투어리즘 관련 이슈

슬로시티	특징
독일 발트키르히	슬로우 M 이벤트를 통한 집객, 러닝, 조깅, 산책길 등
캐나다 코위찬베이	캐나다에서 가야 할 곳 100곳에 선정(여행사이트, vacay.ac), 농촌지역 관광으로 유명
남아프리카공화국 세지필드	해안도시 나이스나가 2014년 우수관광지로 선정, 굴축제 등을 통한 이벤트 개최, 슬로페스티벌 등
호주 굴와	지역관광사업자들이 관광네트워크 형성: 지역생산물을 최대 활용하는 행사와 체험을 강조
중국 야시	콜플라워 관광축제로 '꽃과 함께하는 슬로라이프', 사진콘테스트, 인형극, 콘서트 등 다양한 볼거리 제공, 슬로시티 박물관
미국 세바스토폴	생태관광 캠페인, discover, just for you, plan your visit 등을 슬로건으로 하여 유기농 음식, 지역주민의 창의력, 풍부한 힐링예술, 바로 곁에 있는 자연 등을 보여주고 있음
폴란드 골답	슬로시티 축제를 통한 집객, 예술공연, 장인들의 작품전시회, 슬로시티 토너먼트 대회 등 볼거리 제공
네덜란드 미덴 델프란트	역사탐방로 개발을 통한 역사고유성 소개, 살아 있는 박물관을 운영(테마관광), 네덜란드 농가 파워런치 등 먹거리 제공
프랑스 라바스티드	세계 최고의 브랜디인 아르마냑을 앞세우며 식도락 관광, 자전거 예배당 등 볼거리 제공, 프리마켓 및 각종 콘서트를 통한 집객
이탈리아 오르비에토	공기박물관, 고고학환경공원 등을 통해 인간과 자연이 통합되는 관광 유도
노르웨이 레방에르	1900년대 독특한 목조건축양식, 자전거를 이용하는 스마트 여행 캠페인, 야외조각 비엔날레, 지역 순례자 센터
스페인 베구르	중세시대 성의 유려한 모습, 식민지 시설의 주택 등 역사적 유산, 베구르 해안로 투어(방문객이 가장 우선하는 청결, 풍경, 환경 등에서 평가를 받아 카탈로니아에서 가장 아름다운 해변 수상, 1998)
스페인 베게스	모르타르 없이 돌을 쌓는 독특한 풍광, 옛날 포도농장 농부의 오두막, 돌담, 여름별장, 고고학적으로 높은 가치를 지닌 칸사두르니 동굴, 침묵의 벽
스페인 팔스	고딕 양식 건물, 팔스 해변, 아로스 드 팔스 브랜드의 쌀로 만든 음식, 팔스의 일몰이 만들어 나가는 광경

슬로시티 회원은 아니지만 일본 역시 독특한 동양적인 느림의 문화를 구현하는 슬로투어리즘을 실천하고 있는바 이를 소개하면 다음과 같다.

일본의 최초 치유의 숲, 나가노현(長野縣)의 시나노마치(信濃町)의 슬로투어리즘 상품 사례가 있다. 이 마을은 많은 눈으로 겨울 한철 스키장에만 의존하고, 가진 것이라고는 울창한 숲만 있었던지라 목재산업이 지역경제를 어느 정도 견인했으나 여의치 못하고 쇠락한 마을이었다. 우연히 지역이 가진 자원을 재발견해 보자는 공동체 운동을 시작하면서 '숲치유'라고 하는 새로운 관광 개념으로 마을 지역주민의 일자리창출은 물론 연중 장기간 방문객으로 북적이고 마침내 치유마을의 대명사가 되었다. 〈치유의 숲〉이라는 브랜드 등록하고 각종 이벤트를 개최하며, 방송프로그램에서의 배타적 사용을 시도하였다. 이 결과 일본 최초의 산림 치유기지라는 이름에 걸맞게 이곳을 찾는 사람들의 만족도가 높아 해마다 탐방객이 크게 늘고 있으며 일본의 50개 산림 치유기지 가운데 가장 인기 있고 모범적인 시설로 인정받고 있다. 프로그램을 보면 마을주민인 숲 메디컬 트레이너가 코스를 안내한다. 관광코스를 돌면서 방문객은 자연 속에서 자신을 다시 보고 자연 속에서 적절한 생활리듬을 찾으며 자연 속에서 자신만의 치유장소 찾아내는 등 다양한 효과를 누린다. 치유의 숲 수업을 마친 관광객에게 제공되는 치유도시락은 마을에서 생산되는 식자재로 마을기업에서 생산 판매되고 있다.

〈사진 2〉 치유의 숲을 방문한 관광객과 천천히 되돌아보자는 취지의 돌벤치

일본 미야자키현 소재 작은 마을인 아야초(綾町)는 유기농 먹거리를 통해 방문객의 관심을 끌고 있다. 이탈리아에서 진행되는 슬로푸드 운동을 참고하여 한국의 신토불이(身土不二)와 비슷한 지산지소(地産地消) 운동 등과 함께 제대로 된 음식을 먹어야 한다는 정식(定食), 제때 먹어야 한다는 정각(定刻), 가족끼리 다 같이 먹어야 한다는 정석(定席) 등을 실천 철학으로 제시하고 있다.

식육사업으로 피자 만들기, 수제 소시지 체험, 우동 및 메밀국수 만들기 등 유기농 라이프 스타일을 체험하도록 되어 있다. 소정의 이용료를 받고 먹거리에 관한 이야기와 세 시간 식사 코스를 제공한다. 지역의 혼모노(本物) 센터에는 지역에서 나는 유기농업의 상품들을 방문객에게 전시하고 있는데 자연과 공생하는 경제활동을 몸소 실천하는 것이다.

한국의 슬로시티는 각 지역이 가지고 있는 쾌적한 자연환경, 전통문화예술 산업, 농어촌지역만의 훈훈한 환대, 그리고 느림의 마을로 지정되었다는 주목효과로 인하여 유래 없는 방문객이 모여들고 있다.

〈표 2-7〉 한국슬로시티 관광콘텐츠

구분	슬로시티	특징
1	신안군 증도면	태양과 염전, 갯벌, 함초식품, 해양생태문화를 즐길 수 있는 다양한 체험활동
2	담양군 창평면	한옥, 돌담길, 향토기업 중심의 염장류, 바이오산업, 한과
3	완도군 청산도	슬로시티 걷기축제, 느린섬 여행학교, 슬로장터, 느림 우체통, 갯바위 낚시터 등
4	하동군 악양면	야생차밭, 넓은 평야의 최참판댁(드라마 토지 세트장), 대봉 곶감 등
5	예산군 대흥, 응봉면	슬로시티 주민협의체가 만들어내는 이색 관광 매력물, 예당저수지, 향교 동헌, 사과, 짚풀공예 체험 등
6	남양주시 조안면	그린벨트 지역, 짚풀공예, 친환경, 유기농산물, 먹골배 등
7	전주시 한옥마을	한스타일 특구로 한옥, 한지, 한식, 판소리 등 공연, 전시, 박물관 등 운영, 마당창극, 전주국제영화제 등
8	상주시 함창, 이안, 공검	장인들의 작업장 견학, 양잠 및 명주, 백두대간 힐링, 낙동강 자전거 및 수상레저 등
9	청송군 부동, 파천면	청송 국가지질공원 체험프로그램, 외씨버선길 등 슬로길, 청송백자 등 매력물, 사과축제, 아이스클라이밍 대회 등
10	영월군 김삿갓면	박물관 특구를 활용한 투어콘텐츠, 생태자원
11	제천시 수산면, 백운면	자드락길 6코스 등 슬로길, 청풍호를 중심으로 하는 수상스포츠, 산야초마을 힐링하우스 등

슬로시티 완도 청산도는 폐교를 개조하여 〈느린섬 여행학교〉를 만들어 방문객에게 숙박 및 건강밥상을 제공하고 있다. 슬로시티 영월 김삿갓면에서는 김삿갓축제에 슬로시티 홍보부스를 별도로 마련하여 방문객에게 지역의 슬로시티에 대한 관심과 이해도를 높이려는 노력을 하고 있다.

〈사진 3〉 느린섬 여행학교 지역민이 개발한 건강밥상과 지역민에 의한 슬로시티 홍보부스

제3절 슬로투어리즘의 과제와 미래

1. 슬로투어리즘에 대한 과제

슬로시티로 인증된 지역의 대부분이 단기간에 방문객의 편의도모를 위한 시설 정비 등에 예산이 투입된 바 있는데 지역의 관광활성화에 초점을 맞추고 지역주민의 삶의 질이라는 본연의 목적에서 멀어질 가능성이 있다.

중소도시나 농어촌 지역에서 관광자원개발과 관광편의시설 설치를 하면서 가장 많이 범하게 되는 오류가 관광객유치와 편의성을 지나치게 의식하여 지역의 고유성과 정체성을 잃을 가능성을 들 수 있다. 한적하고 상업화되지 않은 순수한 마을이 큰 매력이었던 곳이 어느새 대도시의 관광지를 모방하고 있다는 점이 가장 큰 문제점이기도 하다.

외국의 어느 작은 지역에서는 관광객 편의시설의 확충을 위해 격년제로 지역민 중 65세 고령자와 13세 미만의 청소년, 그리고 장애인들을 대상으로 설문조사를 실시하고 있다고 한다. 예를 들면 도로의 표지판의 크기와 색상, 식별성, 식당의 메뉴판의 가독성, 마을지도의 가독성과 접근성 등을 비롯한 각종 편의시설에의 접근성을 물어본다고 한다. 지역의 취약계층이 마을 어디라도 접근가능하고 생활하기 편해야 관광객 편의시설로서의 기본을 갖출 수 있다고 믿는 것이다.

슬로시티를 방문하는 슬로투어리즘은 다른 생태관광이나 문화관광과 다르게 지역주민이 어떻게 행복한 느림의 삶을 살고 있는지를 배우러 오는 것이라면 관광객 위주+하드웨어적인 관광개발은 아님을 명심해야 할 것이다. 같은 맥락으로 슬로시티 지역에 벽화 그리기나 예술작품 설치에 있어서도 아무리 유명한 화가가 아름다운 그림을 그려 방문객의 감탄을 불러일으킨다고 해도 지역민의 공감(共感)이 없으면 지속가능성이 담보될 수 없다. 지역민 스스로 좋아하고 즐겨 찾고 자부심을 가질 수 있는 것이 관광자원을 발굴해 나가는 것이 중요한데 지역의 마을 만들기의 일환으로 이러한 자원들을 하나하나 만들어가고 재해석하도록 하는 장치가 우선적으로 필요하다.

지역주민은 슬로시티를 방문하는 관광객에게 지역을 적극적으로 판매하는 역할을 할 필요가 있다. 지역민이 먼저 자신의 지역에 대한 이해와 애정을 가지고 지역민 중심의 공감자원발굴이 우선되어야 한다.

〈사진 4〉 지역전문가를 양성하기 위한 슬로투어리즘 전문가교육 현장

2. 슬로투어리즘의 미래

세계적인 도시는 대부분 두 얼굴을 지니고 있는데 가장 첨단적이고 현대적인 화려한 모습과 수백 년 전 혹은 수십 년 전의 도시가 겪었던 흥망성쇠의 모습을 볼 수 있는 즉 열린 역사박물관 같은 모습(재생지역의 재탄생)을 동시에 갖고 있다. 이러한 도시의 이야기는 도시의 매력을 배가시키는 핵심적 요소가 된다.

슬로투어리즘은 비단 슬로시티 지역뿐 아니라 대도시의 유명관광지, 혹은 도시 재생지역, 도농복합지역, 재난지역을 방문하는 관광이 될 수도 있다. 재생지역의 경우 새롭게 활용하거나 재해석할 수 있는 자원들이 많다. 오래된 공장 터를 활용한 문화 공연장 등, 가파른 계단과 길고 좁은 골목길을 활용한 열린 피트니스 혹은 동네 마라톤 코스 등의 활용이 대표적이라고 할 수 있다.

도농복합지역에서의 지역자원의 재해석과 재활용도 지역재생의 큰 줄기이다. 지역마다 오래된 고택, 무너져가는 오래된 돌담장, 버려진 계단식 논과 밭 등을 재활용하고 재해석해야 할 자원이 많다. 퇴락해가는 고택의 문을 열어 체험교실이나 마을식당으로 활용하거나 돌담장을 잘 정비하여 옛길로 복원하여 이름 없는 작은 마을이 연신 방문객으로 북적거려 지역민도 몰랐던 가치를 재해석하게 된 사례들이 많다. 새마을운동시절 바둑판 모양으로 논밭을 정비할 무렵, 너무 가난하여 미처 바둑판으로 만들지 못했던 산기슭의 계단식 논, 아무 쓸모없는 땅이라 여겼던 갯벌, 화학소금에 밀려 천대받은 천일염을 생산하던 염전이 관광자원으로 새롭게 각광받고 있는 것이 좋은 사례이다.

슬로투어리즘은 어디를 방문하고 관광하느냐가 아닌 어떤 관광을 하는가, 그리고 그 성과를 누구와 함께 나눌 수 있는가 하는 것이 가장 큰 쟁점이다. 슬로투어리즘은 관광을 둘러싼 이해당사자, 즉 관광자, 관광기업, 지역민들이 관광을 바라보는 철학이며 가치관이라고 할 수 있다. 천천히 그리고 찬찬히 지역을 공부하고 둘러보고 지역민과 관광자가 상호 교감하고 공감하는 자원이 곧 관광자원으로 발전되는 것이 슬로투어리즘의 궁극적 가치라고 할 수 있다.

참고문헌

1) 손대현 · 장희정(2010). 『슬로시티에 취하다』. 조선앤북.
2) 삐에르 쌍소(2000). 『느리게 산다는 것의 의미』. (김주경 역). 동문선.
3) 한국슬로시티본부(2015). 「2015 한국슬로시티백서」. 연구보고서.
4) 손대현(2016). 『한국행복에 빠지다』. 박영북스.
5) 삼성경제연구소(2010). 「비즈니스의 새로운 기회. 슬로우」. CEO 인포메이션 763호.
6) Oliveti, P.(2016). "The vision of international cittaslow member town". 국회슬로시티포럼 프로시딩.
7) 박희정 · 손대현(2010). "관광목적지 슬로시티 브랜드 연상 특성이 브랜드태도, 방문의도에 미치는 영향". 「관광학연구」. 34(8): 11-31.
8) 한국슬로시티본부 홈페이지, http://www.cittaslow.kr
9) 손대현(2013). "슬로투어리즘과 슬로라이프". 「슬로시티연구」, 9: 37-57.
10) Yurtseven, H. R. & Kaya, O.(2011). Slow tourist: A comparative research based on Cittaslow principle. *American J. of Contemporary Research*. 1(2): 91-98.

제 3 장

그린투어리즘

강 신 겸

전남대학교 문화전문대학원 교수

서울대학교 환경대학원을 졸업하고, 한양대학교에서 관광학 박사학위를 받았다. 삼성경제연구소 수석연구원을 거쳐 현재 전남대학교 문화전문대학원 교수로 있다. 농촌관광, 섬관광, 생태관광 등 커뮤니티관광(Community Tourism)에 관심을 가지고 있다. 저서로는 「현대관광론」, 「녹색관광(공역)」, 「그린투어리즘 이론과 실제(공저)」, 「농촌관광」, 「지속가능한 관광개발」 등이 있다. 〈관광지 지역주민의 지역사회 애착도 측정척도 개발〉 외 50편의 학술논문과 〈관광활성화를 위한 소프트경쟁력 강화방안〉 외 40여 편의 연구보고서, 〈농촌관광프로그램개발〉 외 100여 건의 연구프로젝트를 수행한 바 있다. 2004년부터 농촌관광분야 전문인력 양성을 위하여 〈한국농촌관광대학〉을 설립 · 운영하고 있다.

✉ tourlab@jnu.ac.kr

도 경 록

농림축산식품부 농업사무관

한양대학교 대학원 관광학과를 졸업하고, 일리노이주립대에서 Recreation, Sport, & Tourism으로 박사학위를 받았다. 농촌진흥청 국립농업과학원을 거쳐, 현재 농림축산식품부 외식산업진흥과에서 근무하며, 외식산업 육성 및 음식관광 활성화 업무를 수행 중이다. 농촌관광, 커뮤니티 비즈니스 분야에 관심을 가지고 있다. 〈Antecedents and consequences of managerial behavior in agritourism〉, 〈Can Slow-Tourism Reduce Negative Impact of Rapid Tourism Growth in Rural Area?: Case Study of 'Slowcity'〉 등 20여 편의 학술논문을 발표했으며, 〈푸드투어리즘 활성화 방안 연구〉, 〈농촌체류 관광객 증대를 위한 농촌관광사업 경영전략 개발〉, 〈경주세계문화엑스포 중장기 발전계획〉 등 20여 건의 연구프로젝트를 수행한 바 있다.

✉ roadtokr@gmail.com

제 3 장

그린투어리즘*

강 신 겸 · 도 경 록

제1절 그린투어리즘의 개념과 등장배경

1. 그린투어리즘의 개념과 의의

(1) 그린투어리즘의 개념

그린투어리즘(green tourism)이란 용어는 프랑스에서 관광활동이 일어나는 지역의 특성에 따라 녹음이 짙은 전원지역에서의 관광 즉, 농촌관광(rural tourism)을 그린투어리즘이라 부른 데서 비롯되었다. '그린투어리즘'은 국내에서 녹색관광으로 불리기도 하며, 내용적으로는 농촌관광(rural tourism)을 지칭한다.[1] 그린투어리즘은 이외에도 연구자에 따라서는 농업관광(agri-tourism), 농장관광(farm tourism) 등 다양한 명칭과 개념으로 이해되고 있다.

그린투어리즘이란 용어는 일본이 90년대 초 유럽의 농촌관광정책을 받아들이면서 보편화되었다. 일본에서 '농촌관광' 대신 '그린투어리즘'으로 부른 이유는 21세기 환경의 시대를 맞이하여 그린투어리즘이라는 용어가 공급자들에게는 친환경적인 농촌개발이라는 이미지를 줄 수 있으며, 소비자들에게는 대중관광과 달리 친환경 관광활동이란 인상을 줄 수 있기 때문이었다. 그런 점에서 그린투어리즘이라는 용어는 다소 정책 지향적이며 마케팅 지향적인 요소를 담고 있다고 할 수 있다.[2]

그린투어리즘은 기존의 명소를 탐방하거나 관광지, 유명리조트에서 체류하는 관광과는 달리 녹음이 풍부하고 자연이 아름다운 장소에서 휴양, 자연관찰, 지역전통문화와의 만남, 농촌생활 체험, 농촌사람들과의 교류를 추구하는 여행이다.[3] 그린투어리즘은 지역의 자원과 전통, 문화를

* 본 장은 한국관광학회(2009). 관광학총론, pp.967-979 부분을 보완하여 작성하였음

활용한 친환경적 관광개발의 형태를 말하며 도농교류를 통하여 지역 활성화를 추구한다는 점에서 농촌관광과 동일한 개념으로 사용된다. 물론 유럽의 농촌관광이 민간주도에 의해 농가단위의 비즈니스로 추진되어온 반면 일본의 그린투어리즘은 지방자치단체를 중심으로 한 농촌지역 활성화 전략으로 추진되었다는 점에서 약간의 차이는 있다.

한편 농촌관광은 프랑스와 영국, 독일 등 유럽을 중심으로 농촌지역을 활성화시킬 목적으로 농업이라는 전통적인 기능에 서비스적 요소 즉, 관광을 결합한 형태로 도입되었다.[4] OECD에서는 농촌관광을 '농촌에서 일어나는 관광'으로 정의하면서 농촌다움(rurality)이 농촌관광의 핵심적인 부분이라고 하였다.[5] Sharpley는 '공간적 혹은 기능적으로 농촌을 목적지로 하여 기존의 관광지에서 벗어나 농촌의 문화나 자연환경, 역사 등을 대상으로 하는 관광형태'라고 정의한 바 있다.[6] 따라서 농촌관광은 농촌의 자연경관과 전통문화, 생활과 산업을 자원으로 한 도시민과 농촌주민 간의 체류형 교류활동이며, 도시민에게는 휴식 · 휴양과 체험공간을 제공하고 농촌에는 농산물 판매(1차), 가공산업(2차), 서비스(3차)를 연계하여 새로운 소득원을 제공하는 지역 활성화 전략이다.[7]

(2) 그린투어리즘의 특징

그린투어리즘은 도시민들이 농촌다움이 보존된 농촌에 머물면서 그곳의 생활을 체험하고 여가를 즐기는 것을 의미한다. 그린투어리즘은 기존의 대중관광과는 달리 '환경친화적인 체험관광'의 의미가 강하며, 이 때문에 농촌의 문화, 자연경관과 생태, 조용함과 따뜻함을 느낄 수 있도록 시설과 상품, 서비스를 개발하는 것이 중요하다. 그린투어리즘의 주요 활동은 도시민들에게 농촌생활을 체험하고 이해를 높이는 것으로 휴양, 체험, 학습, 교류활동 등으로 이루어진다.

농촌에 관광이 도입된다는 것은 전통적인 농업생산 이외에 유통과 서비스, 문화가 부가되는 것을 의미한다. 나아가 농촌지역에 관광시설이나 여가공간을 조성하는 것으로 그치지 않고 지역 전체에 활력을 불어넣는 것을 의미한다. 시설 일변도의 개발에서 벗어나 관광 서비스와 소프트웨어를 접목하여 농업 · 농촌의 가치와 경쟁력을 높이려는 것이다.

농촌을 대상으로 한 그린투어리즘 개발은 경제 · 사회 · 환경적 측면에서 부정적 영향을 최소화하고, 긍정적 편익을 극대화하도록 개발하는 지속가능한 개발(sustainable development)을 지향한다. 경제적 측면에서는 도시와 농촌의 교류를 활발히 추진함으로써 차별화된 관광시장을 형성하고, 농촌의 소득 향상에 기여하며, 사회적 측면에서는 주민의 창의적인 능력개발과 자발적인 참여로 지속적인 농촌지역 활성화를 유도할 수 있도록 일련의 시스템을 구축하는 것이다. 환경적 측면에서는 농촌다움을 보전함으로써 도시환경과 차별화된 쾌적하고 아름다운 환경을 조성하는 것이다. 이처럼 넓은 의미에서 그린투어리즘은 환경적 지속성, 사회문화적 지속성, 경제적 지속성을 추구하는 지속가능한 관광의 목표와 원칙을 지향한다. 그린투어리즘은 환경이 잘 보전된 자연을 찾아가는 여행으로서 구체적으로 자연에 대한 이해를 높이고 지역을 풍요롭게 하는 여행패턴으로 나타난다.

따라서 기존의 관광개발방식과 비교할 때 지속가능한 그린투어리즘 개발의 특징은 다음과 같이 요약할 수 있다. 개발목표는 지역주민의 복리증진과 관광객 만족에 있으며, 관광개발을 통해 지역의 소득증대 및 생활환경을 개선하는 효과에 있다. 개발주체는 지역주민의 참여를 중요시하며, 가능한 한 지역 자본과 역량으로 개발을 주도한다. 개발대상은 지역성(locality) 또는 농촌다움(rurality)을 나타내는 모든 자원과 자연적 · 역사적 자원을 최대한 활용하는 것이다. 개발내용면에서는 생산 및 생활시설의 확충, 특산품 개발, 이벤트 개최 등 지역의 고유한 문화 · 산업 · 자연 등 다양한 요소를 연계 · 개발하게 된다. 개발의 성격은 소규모 투자를 장기간 계속하는 환경친화적 개발로서 단기적인 성과보다 지속가능한 성장을 추구한다.

(3) 그린투어리즘의 의의

그린투어리즘은 대안관광시장을 형성할 뿐만 아니라 주민참여가 강조되는 주민주도형 관광개발이자 소프트웨어 중심의 개발이라는 점에서 의의를 찾을 수 있다.

첫째, 그린투어리즘은 대안관광으로서 새로운 관광시장을 형성한다. 국내관광의 주요 형태가 명승지 · 견학 등 단체관광형태의 대중관광(mass tourism) 위주에서 자연 · 생태관찰, 전통문화체험 등 다양한 대안관광(alternative tourism)으로 변화되고 있다. 전원적인 삶에 대한 도시민의 동경과 안전한 친환경농산물에 대한 소비자의 관심 증대로 그린투어리즘에 참여하고자 하는 수요가 지속적으로 늘어나고 있다.[8)]

둘째, 그린투어리즘은 지역사회중심의 관광개발이다. 그린투어리즘의 가장 큰 특징은 마을이나 커뮤니티 자체가 관광목적지로서 시설과 서비스를 제공하게 되며, 이는 관광기능만을 제공하는 관광지 개발과는 차별화된 개발방식을 요구한다. 지역사회중심의 관광개발(community-based tourism development)은 "지역사회를 구성하고 있는 관광자원과 인적 요소를 개발하여 지역성을 높이고, 지역 활성화 및 주민복리 증진에 기여하는 동시에 관광객의 욕구를 만족시키는 관광개발 전략"이라 할 수 있다.[9)] 이것은 농촌마을 등 지역사회가 관광개발의 계획단위가 된다는 것을 의미하며, 생활공간의 관광자원화 즉, 우리가 사는 모습을 있는 그대로 관광객들에게 보여주는 생활관광을 의미한다.

셋째, 그린투어리즘에서는 개발주체로서 지역주민 참여와 주도를 강조한다. 주민들은 관광상품과 서비스 제공의 주체이기도 하고, 관광으로 인한 편익뿐만 아니라 비용까지 부담하게 된다. 그린투어리즘 개발은 주민이 주체가 되어 주도하는 종합적인 지역 가꾸기 활동으로서 자연 · 문화 · 역사 · 산업 등 지역의 모든 자원을 활용하여 관광객과의 교류를 확대하고, 이를 지역발전에 활용하는 것을 말한다. 이 때문에 주민참여형 관광개발은 주민의 자치의식을 높이고, 개발 이익을 지역사회로 파급시킴으로써 지역 활성화를 이룰 수 있다는 점에서 의미가 있다.

넷째, 그린투어리즘은 소프트웨어중심의 개발과 환경친화적인 개발이다. 관광개발이라고 할 때 일반적으로 물리적 개발과 자원 개발에 국한하는 경우가 많지만 그린투어리즘은 농촌이 가지고 있는 각종 자원에 시설과 소프트웨어를 부가시켜 관광객이 구매(체험)할 수 있는 관광상품으로 만드는 것이다. 지역특성을 활용한 체험프로그램과 양질의 서비스 등 소프트웨어를 제공하여 방문객에게 농촌과 자연에 대한 이해를 높이게 된다. 또한 그린투어리즘은 관광객과 지역주민들이 쾌적하고 활력있는 생활을 영위할 수 있도록 '생산 및 생활공간'을 조성하는 것이다. 따라서 지역의 고유한 특성과 잠재력을 살릴 수 있도록 자원과 이용객관리가 이루어지며 어메니티(amenity)를 높이는 방향으로 환경정비가 자연스럽게 이루어진다.

2. 그린투어리즘 정책의 발전

(1) 그린투어리즘 정책의 발전과정

1980년대에 들어와 정부에서는 농촌 자원을 활용하여 농가의 농외소득을 증대시키고 농촌 활성화를 도모하기 위하여 관광농원, 휴양 단지, 민박 마을을 조성하기 시작하였다. 1984년 시작된 관광농원 정책은 당시로서는 앞선 정책이었으나 사회적 수요가 충분히 성숙되지 않은 상황에서 성공을 거두기 어려웠다.[10]

2000년대 들어와서 정부는 농림부의 '녹색농촌체험마을사업'을 비롯하여 농촌진흥청의 '농촌전통테마마을', 행정안전부의 '아름다운마을가꾸기사업', '살기좋은지역만들기', 농림수산식품부의 '농촌마을종합개발사업', '어촌종합개발사업', 산림청의 '산촌생태마을조성사업' 등 그린투어리즘 정책과 사업을 본격적으로 추진하였다. 이들 정책은 대부분 주민이 중심이 된 마을가꾸기 계획서를 토대로 시범마을을 선정하고, 사업비를 교부하는 마을단위 농촌관광을 시행하였다. 도시와 농촌의 교류를 본질로 하는 '관광'은 농촌 지역개발의 소프트웨어로서 대부분의 사업에 포함되었다. 이들 사업의 정책목표는 대체로 농업인 또는 농촌주민의 상호 합의와 정부와 도시민의 지원, 농업경영의 복합 · 다각화 및 지역경영을 강조하며, 새로운 농촌의 소득기회로 연결할 수 있는 소득 증대를 목표로 하였다[11].

2008년에는 '도시와 농어촌 간의 교류 촉진에 관한 법률'이 제정되어 농촌관광 및 도농 교류의 제도적 기반을 마련하였다. '도농 교류 촉진법' 제정 이후 그린투어리즘정책의 가장 큰 특징은 마을 단위 농촌관광사업을 지원하고 사업을 담당할 인력을 양성하는 데 두었다는 점이다. 정부에서는 마을을 대표하여 이끌어갈 마을 지도자와 마을 사무장을 대상으로 한 교육 사업과 관광농업 활동을 측면 지원하기 위하여 전문 퍼실리테이터(facilitator) 양성교육도 함께 추진하고 있다. 그린투어리즘 육성정책으로는 농촌관광 활동에 필요한 시설뿐만 아니라 그 시설을 운영할 수 있는 다양한 사업을 지원하기 시작했다. 외국인이 찾을 수 있는 마을(R-20)을 지정하고 외국어 및 외국 문화 등에 대한 교육을 하거나, 농어촌의 특성을 살린 농어촌 축제를 지원하는 것 등이다. 그동안의 경험을 통해 물리적 시설 중심의 그린투어리즘 '개발'에서 '경영'을 지원하기 위한 인력 양성 및 경영시스템 구축, 마케팅 등 소프트사업에 주력해왔다.[12]

박근혜 정부에서는 농업에 2, 3차 산업을 접목하는 6차산업화를 주요 농업정책으로 추진하였다. 농업의 6차산업화 정책이란 1차인 농산물 생산과 2차인 가공, 3차인 관광, 서비스 등을 연계하는 것으로 농촌관광은 6차산업화를 실현하는 수단으로 다루어졌다.[13] 2013년부터는 전국의 체험휴양마을을 대상으로 등급제를 도입하였으며, 지역단위 농촌관광 시스템을 구축하고, 외국인 대상 홍보를 확대하고 있으나 6차산업화 전략이 그린투어리즘과 연계되어 농업 · 농촌의 복합경영과 종합적인 지역 활성화 전략으로 자리 잡기 위한 구체적인 정책성과는 미흡했다.

(2) 그린투어리즘 정책의 성과와 문제점

도농교류를 통한 농업 · 농촌 활성화를 목표로 2002년 농림부 녹색농촌체험마을을 시작으로 확대된 그린투어리즘정책은 지난 15여 년에 걸쳐 지속적으로 상품 및 서비스 공급 정책을 실행한 결과, 전국적으로 농림축산식품부에서 지정한 체험휴양마을 873개를 비롯하여 각 부처별 사업으로 약 1,900개의 마을이 농촌체험마을로 지정 · 조성되어 양적으로는 공급 기반이 크게 확충되었다.[14] 그린투어리즘정책은 농촌지역의 자연경관 등 휴양자원을 농업과 연계 개발하여 증가하는 국민의 여가수요를 농촌지역에서 흡수함으로써 도시와 농촌의 교류를 촉진하고 농업인의 소득증대와 지역개발을 촉진하는 데 목표가 있었다.[15] 그린투어리즘은 도시와 농촌이 교류를 통해 도시민의 여가욕구를 충족시키는 한편 농촌주민 스스로는 자신감을 회복하고 삶의 질을 높일 수 있는 농촌지역 활성화 전략으로 주목받았다. 또한 그린투어리즘은 농촌 기능의 다면적 활용이라는 측면과 농업정책의 다각화, 도시와 농촌교류를 확산시킬 수 있는 정책수단이며, 체험관광과 학습관광 등 대안관광(alternative tourism)의 확대라는 점에서 기대가 높았다.

이런 기대 속에 그린투어리즘정책은 개별 공간이 가진 고유성을 발굴하고, 주민 스스로의 노력에 기반한 상향식 개발방식을 추진하였다. 이전의 농촌 지역개발정책과는 다르게 소프트한 측면이 강조되었으며, 그 결과 농촌 체험에 대한 국민적 관심을 높이고 수요와 시장의 확대, 주민 역량 강화 및 지도자 양성, 농촌 자원의 재발견, 낙후된 생활환경의 개선, 도시와 교류 증진 등 다양한 성과를 거두었다. 그러나 이러한 성과에도 불구하고 정책의 효율성과 효과성 측면에서 보면 여전히 하드웨어 중심, 중앙 또는 행정 주도, 양적 지표 중심의 평가를 벗어나지 못하고 있다.[16] 정부 정책 방향은 양적 팽창을 위한 공급 측면에 초점을 두고 있어, 수요의 다변화 및 품질 제고에 대한 고객 요구에 적절히 대응하지 못하였고, 획일적인 지침에 의거하여 추진하면서 지역여건과 사업 특성을 충분히 고려하지 못하였다. 또한 전국 수준에서의 전략적 제휴나 연대를 통한 경쟁력 강화를 추구할 만한 조직 기반이나 활동은 여전히 미흡한 수준이다.

농촌의 인구 감소와 노령화로 사업을 주도할 전문 인력의 부족, 행정의 지나친 개입, 불확실한 수익구조 등으로 성과 없이 방치되는 마을도 나타났다. 사업 추진 과정에서 주민은 공동으로 참여하는 형식을 보이지만 몇몇 지도자급 주민만이 주도하고 주민참여는 형식적이거나 이해관계에 따라 좌우되는 양상도 나타났다. 주민과 행정 모두 사업에 대한 이해 부족으로 기존 농촌 개발사업과 동일하게 시설 개발에 치중하여, 이후 관리 · 운영을 통한 성과창출에는 한계가 있었다.[17]

제2절 그린투어리즘의 개발과 경영

1. 그린투어리즘의 개발

(1) 그린투어리즘 개발과정

그린투어리즘은 농가민박에서부터 펜션, 체험관, 전시관, 생태관찰로에 이르기까지 다양한 시설과 농가단위에서 농촌체험마을과 권역, 지역에 이르기까지 다양한 공간범위로 개발되고 있다. 그린투어리즘 사업을 추진할 경우 일정한 절차를 거치게 되는데 현재 추진되는 마을단위 체험마을조성사업의 경우 다음과 같이 6단계로 개발과정을 구분할 수 있다.[18]

제1단계는 사업추진을 준비하면서 협력하는 분위기를 형성하며 주민 중심의 추진위원회와 외부 전문가들로 자문단을 구성하는 단계이다. 그린투어리즘에서는 주민들의 자율적인 개발역량과 창의적인 아이디어가 성공요소이므로, 참여자들이 회의와 토론, 교육, 선진지 견학 등을 통해 사업에 대한 이해를 높이는 것이 중요하다. 이때 TV, 신문, 인터넷 등 미디어를 활용하여 주민들의 관심을 환기시키고 공감대를 넓혀가는 단계이다.

제2단계는 현황을 분석하고 목표를 설정하는 단계이다. 주민 참여를 바탕으로 마을의 현안과 제와 자원 및 환경 분석을 통하여 타 마을과는 차별화되는 독특한 매력을 찾아내고 사업화한다. 마을여건을 종합적으로 분석하여 마을의 가용자원, 잠재력을 이용할 수 있는 사업목표와 기본방향을 도출하며, 목표를 달성하기 위하여 장기적으로 마을 전체 입장에서 바람직하다고 판단되는 사업을 선정하게 된다.

제3단계는 사업 타당성을 분석하는 단계이다. 개략적인 사업계획을 세우고 이를 바탕으로 사업의 기본방향과 대상고객, 기본전략을 검토하여 마을주민들 간에 사업의 목적과 의의, 사업의 이미지, 사업주체에 따른 사업범위 및 역할분담을 명확히 하는 단계이다. 마을이 충분한 경영노하우와 기술력을 갖추고 있는지, 해당 사업의 국내외 동향, 수급상황, 소비자 니즈, 시장 규모 등을 분석하게 된다.

제4단계는 사업계획 수립 단계이다. 사업 아이템에 대한 타당성 검토 이후 타당성이 인정되는 사업에 대하여 사업의 구체적인 내용 및 절차를 결정하는 단계이다. 사업계획에서는 도입하는 기능 및 시설의 내용과 규모를 상세히 검토하고 필요하다면 토지이용이나 시설배치계획도 포함된다. 사업주체 및 사업방식의 결정, 재원의 조달, 인력의 확보, 필요한 설비에 관한 계획이 상세히 포함된다.

제5단계는 사업추진 및 관리운영 단계이다. 각 사업내용과 방식에 따라 운영주체를 설립하며, 시설과 설비를 갖추고 실질적인 경영활동이 이루어지는 단계이다. 경영 노하우는 단시일 내에 배양될 수 없으며 장기적인 비전하에 교육훈련 계획을 수립하여 전문능력을 개발하고 지속적으로 동기를 부여하는 것이 중요하다.

마지막 6단계는 경영성과 분석 및 평가 단계이다. 일을 책임 있게 할 수 있는 권한을 부여하는 대신 사업의 실적과 성과를 철저히 진단하여 객관적으로 평가하는 단계이다. 사업효과는 장기적인 안목에서 안정적인 성장이 지속 가능한지를 평가하는 것이 중요하다. 경영평가 결과 도출된 문제점에 대해 분석한 후 개선활동을 전개하거나 사업 축소 또는 확장이 필요할 경우 적절한 조치를 취하게 된다.

그림 3-1 단계별 추진 내용

1단계 가능성 탐색 및 공감대 확산
- 사업 설명회 개최, 인식제고
- 주민의견 수렴, 협정서 작성
- 추진위원회/자문단구성
- 언론매체의 활용

2단계 현황 분석과 목표 설정
- 마을과제의 파악
- 마을여건 분석, 추진역량 검토
- 사업목표의 설정
- 사업분야 및 후보아이템 선정

3단계 사업타당성 분석
- 사업 기본구상 설정
- 시장분석(경쟁자, 시장요구, 잠재력)
- 재원조달 및 경영능력
- 경제성·수익성의 검토

4단계 사업계획 수립
- 최적 사업아이템 선정
- 기본계획 수립
- 사업방식의 결정
- 사업 추진조직 및 운영계획

5단계 사업추진 및 관리운영
- 시설 및 설비 시공
- 사업운영조직의 설립
- 고객유치를 위한 홍보·마케팅
- 프로그램 운영 및 수익 창출

6단계 경영성과 분석 및 평가
- 평가시스템 구축 및 경영성과 분석
- 사업 확장 및 조정

(2) 시설 및 프로그램의 개발

그린투어리즘은 도시민들을 유치하여 '유무형의 농촌자원'을 체험하고 소비하도록 하면서, '농업의 전 과정'을 상품화하는 것으로 관광객이 자원의 가치를 이해하고 구매할 수 있도록 개발하는 상품화 전략이 필요하다. 그린투어리즘으로 수익을 창출할 수 있는 수익원을 검토하고 마을과 농가의 입지, 경영조건, 시장여건 등을 고려하여 수익성 높은 상품과 서비스를 기획하게 된다.

그린투어리즘의 주요 사업은 지역 내 자원을 이용한 탐방 및 체험프로그램의 운영, 지역사회와 연계한 민박 경영, 농특산물 연계 판매, 식사와 음료 제공, 기념품 판매 등으로 구분할 수 있으며 각각 지역 여건에 맞게 사업계획을 수립하게 된다. 다시 말하면 그린투어리즘 수요를 지속적으로 창출하고 타당성 있는 수익모델(business model)을 발굴해 나가야 한다.

주요 시설은 숙박시설, 체험시설, 식음 · 가공시설, 판매시설, 부대시설로 구분할 수 있다. 숙박시설은 농가를 활용한 민박, 민박보다 시설이 고급화된 펜션 등 개별 숙박시설과 마을체험관, 마을회관 등을 활용한 공동 숙박시설이 있다. 체험시설로는 체험관, 주말농장, 물놀이장, 캠핑장, 트레킹코스, 자전거 도로, 승마장, 체육시설 등이 있다. 그린투어리즘은 식사뿐만 아니라 농산물의 가공까지 이루어지기 때문에 식당과 농산물 가공시설, 요리체험장, 저장시설이 필요하다. 농특산물 판매장은 농특산물을 전시 판매할 수 있는 시설로 소규모에서부터 큰 규모의 로컬푸드(local food) 판매장까지 다양하게 설치할 수 있다.

체험 및 탐방프로그램은 지역특성을 최대한 활용하여 타 지역과 차별화함으로써 수익성을 높이고 지속적으로 방문할 수 있도록 한다. 참가자들의 특성과 관심분야를 파악하여 참가자의 만족도를 향상시키며 체험의 강도를 조절하고 여유시간을 확보하는 등 참가자를 배려하도록 한다. 민박은 숙박업소가 아닌 일반 가정에서 숙박하는 것을 말한다. 우선 민박경영을 계획하기 전에 적합한 공간과 입지, 기술과 능력, 재정조건 등이 민박사업에 적합한지 평가한 후에 객실, 욕실, 가구, 편의시설, 조경, 안내 · 표지판, 소화장비 등 민박경영에 필요한 각종 시설과 설비는 각 기능에 맞도록 조성한다. 민박에서 제공하는 식사와 음료, 주류도 수익성에 중요한 요소이다. 지역에서 생산되는 신선한 재료를 사용하여 토속적인 식단을 개발하여 제공하는 것 그 자체가 매력(attraction)이 될 수 있다.

2. 그린투어리즘의 경영

(1) 그린투어리즘 마케팅

일반적으로 마케팅은 방문객 만족과 경쟁 우위를 확보하기 위한 것으로 시장 세분화를 통해 세분시장의 특성을 확인하고, 표적시장을 선정하며, 적절한 마케팅 믹스에 의해 포지셔닝을 확보하는 과정을 거치게 된다.[19)]

시장 세분화(market segmentation)는 공통되거나 비슷한 욕구를 지닌 소비자끼리 나누어 집단화하는 것을 말한다. 연령이나 직업, 지역, 결혼 여부, 소득 수준, 생활 방식 등을 기준으로 시장의 성격을 뚜렷하고 유사한 그룹으로 나누는 것이다. 이를 통해 각 세분시장의 특성을 파악하여, 소비자들이 희망하는 상품과 서비스를 제공하는 것이다. 그린투어리즘 경영자는 자신의 방문객 중에는 어떤 사람이 많은지, 앞으로 어떤 유형의 사람을 늘리고 싶은지, 어떤 방문객층이 수익성이 있는지 검토하는 것이 좋다.

표적시장(target market)은 시장 세분화 결과에 따라 다양하게 나눠진 시장 가운데 가장 경쟁력 있는 시장을 선정하여 공략하는 것을 말한다. 각 세분시장은 성장률과 경쟁 우위 및 해당 관광 농업과의 적합성을 고려해 평가한다. 수익성은 물론이고 다른 경쟁 체험 마을 또는 농가와 비교하여 우위가 있는 시장과 세분시장을 어떻게 공략할 것인지 방법과 비용 등을 염두에 두고 서비스를 결정해야 한다.

마케팅 전략은 단순히 상품을 판매하는 방법이 아니라 사업 전략이며, 상품과 서비스를 만들고 소비자에게 전달하는 데 관련된 모든 경영 활동을 말한다. 여러 방문객 시장 가운데(시장세분화), 내가 유치할 고객은 누구이며(표적시장), 그들에게 어떤 이미 지와 방법(마케팅 믹스)으로 접근하여 포지셔닝(위상 정립)할 것인지를 결정하는 것이다.

포지셔닝(positioning)이란 말 그대로 방문객들의 마음속에 위치를 잡기 위해 상품의 위상을 정립하는 것이다. 예를 들어 민박의 경우 민박 시설이나 위치 및 가격, 경영 방식 등에 따라 다양한 종류가 있고, 이런 많은 민박 가운에 자신이 경영하고자 하는 민박은 어떻게 자리매김할 수 있는가를 경쟁 우위 경쟁자와 비교하여 우월한 성과를 갖도록 독특한 위치를 정하는 것이다.

민박의 마케팅 믹스(marketing mix)는 경제 · 사회 등의 외부 환경을 고려하면서 다음의 4가지 마케팅 요소를 적절히 조합하는 것을 말한다. 마케팅 관련 변수는 많지만 전통적으로 상품 · 가격 · 촉진 · 장소 등 4가지 요소를 기본으로 하고, 여기에 프로세스(전달 절차), 물리적 환경, 사람 등 추가 요소를 적절히 조합하여 최선의 전략을 만드는 것이다.

그린투어리즘 경영에서 상품(product)은 시설과 서비스, 특산물, 체험 프로그램 등으로 구성되어 있다. 경영자는 표적시장으로 설정한 방문객의 기호와 욕구에 맞는 상품을 개발하도록 한다. 농촌 민박의 경우 일 년 내내 단순히 민박의 객실만을 파는 것이 아니라 계절적으로 다양한 체험 프로그램과 농산물을 함께 상품으로 개발하여 판매할 수 있어야 한다.

가격(price)은 가격은 기본적으로 원가에 의해 결정되지만 방문객의 지불의사, 시장 규모와 경쟁 정도에 따라 결정된다. 전국적으로 가격 경쟁이 치열해질 것으로 예상되지만 체험 프로그램과 민박 서비스, 농산물 판매 등으로 부가 가치를 높이도록 하며, 성수기와 비수기, 주말과 주중, 단체와 개별 방문객을 구분하는 등 다양한 가격 정책을 실시할 수 있다.

촉진(promotion) 활동의 수단에는 인적 판매, 광고, 홍보, 판촉이 있다. 보다 많은 도시민들을 방문객으로 유치하기 위해서는 우선 표적시장을 대상으로 마을과 상품, 서비스 등을 알려야 한다. 지속적으로 방문객을 유치하기 위해서는 '기대 이상'이라는 좋은 입소문이 나도록 만드는 것이 중요하며, 홈페이지와 소셜미디어(SNS)를 이용한 마케팅도 효과적이다. 축제와 이벤트는 그린투어리즘을 홍보하여 관광객을 유치하는 효과적인 마케팅 수단이 될 수 있다.

그린투어리즘은 잘 보존되어 있는 자연환경과 농촌의 문화 등 농촌다움을 기반으로 하므로 장소(place)는 신중하게 선정해야 한다. 그린투어리즘에서는 편리한 접근성과 쾌적한 시설, 아름다운 경관, 그곳에 담긴 이야기 등 장소가 가지는 특성이 도시민을 유치하는 중요한 요소로 작용한다.

(2) 그린투어리즘과 서비스 경영

그린투어리즘은 농업인과 도시 방문객 사이에서 이루어지는 도농 교류 활동으로 사람과 사람 간의 접촉을 통해 서로에게 감동을 주는 경제 활동이라고 할 수 있다. 그린투어리즘이 성공하기 위해서는 농촌에서 심신의 피로를 풀고, 편안하고 안정된 휴식을 취하고 싶어서 방문하는 도시민에게 농업 · 농촌의 자원을 바탕으로 적절한 서비스를 제공하여 만족감을 줄 수 있어야 한다. 그린투어리즘에서의 서비스란 그린투어리즘을 운영하는 사람(농업인 또는 농촌주민)이 그린투어리즘 체험을 하려는 고객(도시민)의 의도를 이해하고, 그들의 욕구를 만족시킬 수 있도록 노력하는 모든 활동을 의미한다.[20]

• 체험 프로그램 운영 서비스

체험 프로그램은 체험객이 농업인과 함께 농업 생산 활동이나 농촌 생활을 직접 체험하는 과정으로 그린투어리즘 서비스의 가장 핵심적인 내용이라고 할 수 있다. 농촌 체험 프로그램은 도시와 차별화되는 농촌의 장점을 직접 경험하는 과정으로 농촌 생활을 최대한 재미있고 유익하게 체험하도록 운영되어야 한다. 체험 프로그램 운영 서비스의 주안점은 다음과 같다. 첫째, 체험 활동에 참여하는 체험객의 수준에 적합한 프로그램이 제공되어야 한다. 체험 내용은 같더라도 체험객의 수준이나 체험 목적의 차이에 따라 사전에 철저하게 준비해야 한다. 둘째, 체험 활동의 원활한 진행을 위해서 사전에 시설 및 장비 점검, 운영 방식, 체험 프로그램의 연결성 등을 점검해 불필요한 시간이나 노력이 낭비되지 않도록 해야 한다. 셋째, 체험 프로그램은 재미있게 운영되어야 하는 동시에 안전해야 한다. 넷째, 체험객이 농촌 마을에 도착해서 마무리를 할 때까지 체험 단계별로 적절한 운영 계획이 수립되어야 한다.

• 민박 운영 서비스

농가 민박은 도시 환경에서는 느낄 수 없는 전원적인 농촌의 분위기를 느낄 수 있으며, 실제 농업인과 함께 숙식을 하면서 농촌 문화를 직접 경험할 수 있는 가장 치밀한 서비스라고 할 수 있다. 민박은 잘 갖추어진 고급 숙박 시설에 비해 공간이 좁고 편의 시설의 수준이 떨어질 수 있지만 도시민들이 동경하던 농촌 생활을 체험할 수 있다는 점에서 의의가 있다. 농촌 생활에 대한 도시민의 기대에 부응하기 위하여 농가 민박의 예약부터 이용 후 배웅의 단계에까지 세심한 준비와 진심어린 서비스가 제공되어야 한다.

• 농특산물 판매 운영 서비스

그린투어리즘에서의 다양한 체험 활동은 방문객과 농업인과의 교류를 활발히 하여 농산물의 판매를 촉진하는데 그 목적이 있다. 친환경 농작물과 같은 안전한 먹거리를 기본으로 전통 가공식품이나 지역의 특산물 등 이 농촌을 찾는 방문객에게 제공되어야 한다. 믿을 수 있는 농작물들을 재배해야 하고, 동시에 방문객의 욕구를 파악하고 충족시킬 수 있는 판매 서비스 기술을 개발해야 한다. 농업인이 재배한 안전한 농특산물이 마을이나 농가를 방문한 방문객에게 직접 판매되는 것이 일반적이다. 직접 판매가 활발하게 이루어지기 위해서는 방문객이 필요한 농산물에 대해 신뢰할 수 있도록 해야 하며 편리하게 구매할 수 있도록 해야 한다.

• 고객 관리 및 서비스품질 관리

고객과 유대 관계를 형성하고 유지 · 발전시키는 고객 관리 활동이 필요하다. 찾아온 방문객들과 친밀성을 높임으로써 시간이 지남에 따라 관계가 돈독해지게 되고, 이렇게 친해진 고객은 다시 찾아오거나 지속적으로 그 마을의 농산물을 구매하게 된다. 그린투어리즘을 경영하는 농가나 마을 입장에서 보면 고객을 오랫동안 유지할수록 진심어린 교류가 이루어지고, 고객과 장기적인 관계를 유지함으로써 자연스럽게 수익이 발생할 수 있다. 그린투어리즘 경영자 입장에서는 방문객이 상품이나 서비스 품질에 만족하는지 불만족하는지 수시로 측정하여 만족도를 높이기 위해 노력해야 한다. 고객 만족도를 측정하는 방법은 설문 조사와 고객 제안 제도, 관찰 조사, 암행고객을 이용하는 방법이 있다. 서비스의 품질 측정 항목에는 자연환경, 숙박 시설, 편의 시설, 교통 시설, 휴양 시설, 농특산물, 운영 서비스, 체험 서비스, 먹거리, 정보 제공, 친절, 비용의 적정성 등이 포함된다.

(3) 그린투어리즘과 지역활성화 전략

그린투어리즘은 농가 또는 마을이라는 공간단위를 벗어나 종합적인 농어촌 지역발전 또는 문화를 활용한 창조적 지역 가꾸기의 맥락에서 접근할 필요가 있다. 창조적인 지역 가꾸기는 물리적 공간 정비에서 벗어나 산업, 공간, 인재, 문화를 통합적으로 고려한 창의적인 지역개발로 그 지역만의 고유한 문화와 경제를 육성하는 것을 의미한다. 이는 농촌주민들의 삶의 질을 향상하

는 동시에 농어촌의 새로운 가치를 창출한다는 점에서 의의가 있다.[21)]

그린투어리즘을 통한 지역 활성화 전략의 목표는 지역의 고유한 자연자원 및 문화역사자원의 가치를 높여 지역에 살고 있는 주민들의 창조성을 북돋우는 환경을 정비하고 나아가 관광객과 인재, 기업을 유치하여 지역을 활성화하는 데 있다. 따라서 그린투어리즘 개발은 하드웨어중심의 토목적 개발에 치중하던 지역개발 방식에서 벗어나 주민들 스스로 문화마인드를 높이고 지역의 자원과 사람, 생활을 재발견하여 새로운 기회를 찾고, 문화예술과 소프트웨어, 스토리를 접목해 차별화된 매력을 만들어 더 많은 사람들이 지역을 찾도록 만드는 문화전략이 요구된다.

구체적으로는 첫째, 문화를 접목하여 농어촌을 아름답고 쾌적한 문화공간인 동시에 충실한 삶의 공간으로 정비하는 것이다. 주민들에게 편리하고 쾌적한 생산공간 및 생활공간과 방문객을 위한 편의공간을 문화적으로 정비하는 것이다. 둘째, 특산품에 문화를 접목하여 독특한 연상과 이미지를 반영하며, 브랜드 연상을 체험할 수 있도록 마케팅하는 전략이다. 셋째, 농어촌의 생활문화를 그린투어리즘을 통해 새로운 부가가치를 창출할 필요가 있다. 전북 완주 비비정마을은 주민들이 즐겨 먹던 음식과 생활문화를 체험프로그램으로 개발해 도시민을 유치한 사례이다. 넷째, 농촌을 미술, 음악, 연극, 뮤지컬, 조각, 도예 등 문화예술의 무대로 활용하는 전략이다. 농어촌마을은 적극적으로 문화예술인들을 유치하고 문화활동 및 창작공간을 제공할 필요가 있다. 제주도 표선면의 가시리마을은 예술가 창작 레지던시를 운영하고 마을축제를 개최하는 등 문화예술마을로 거듭났다.[22)]

다른 지역과 차별화된 공간과 문화콘텐츠는 지역주민의 삶의 질을 높이고 관광객을 끌어들이는 조건이다. 그린투어리즘을 활용한 농어촌 가꾸기 전략은 단순히 물리적인 시설과 환경정비에서 벗어나 지역산업과 경관정비, 문화예술과 지역문화, 인재육성과 주민참여 등 지역발전전략 전반에 걸쳐 통합적이고 창조적인 전략을 추구하는 것이다.

제3절 그린투어리즘의 전망과 과제

1. 그린투어리즘의 지향 가치

그린투어리즘은 농촌에 도시민과 자본과 지식 · 정보를 유입시킴으로써 농촌을 활성화하는 전략이며 동시에 도시민에게는 새로운 여가기회를 제공한다. 따라서 그린투어리즘의 발전을 위해서는 농촌주민의 삶의 질 향상과 도시민의 체험가치를 높이는 방향으로 농촌의 가치를 새롭게 창조해 나가야 한다. 장기적인 안목으로 지역의 환경을 보전하면서 지역자원을 합리적으로 이용하고, 지역 내 경제순환을 중시하며, 경제적 · 사회적 · 환경적으로 통합된 지역발전을 추구할 때 새로운 가치를 창출할 수 있을 것이다.[23)]

첫째, 환경과 생명의 가치이다. 안전한 먹거리를 제공하고, 쾌적함(amenity)이 살아 있는 농촌의 본질적인 가치는 변함없이 중요하다. 자연순환형 농업과 친환경 농업을 통한 안전한 먹거리 생산, 농촌다움을 보전하고 어메니티를 유지한다는 친환경적 농촌개발이 필요하다. 농지의 전용과 시설물 설치 등 모든 개발행위는 그 지역의 환경과 경관을 훼손하지 않는 범위 내에서 이루어져야 한다. 농촌을 아름답고 쾌적하게 가꾸는 데 초점을 맞추어야 환경가치를 소득자원으로 활용할 수 있다.

둘째, 문화와 교류의 가치이다. 농촌공간은 더 이상 농가와 농업의 전유물이 아니라, 도시민의 휴양공간이자 문화공간으로 국민의 삶의 질을 높이는 역할을 수행한다. 농촌공간은 생활공간, 경제활동공간, 환경 · 경관공간인 동시에, 레저 · 휴식공간, 문화 · 교육공간으로서의 농촌의 가치가 높아지고 있다. 한편 문화와 교류가치를 강조함으로써 하드웨어개발 중심의 농촌개발의 방식에서 벗어나 소프트웨어와 콘텐츠의 개발로 전환할 수 있다. 농촌개발은 새로운 문화를 만들어 가는 수단이자 과정이며, 전통문화의 재발견과 미래를 위한 문화적 자산을 창조하는 행위이다. 문화교류를 통해 농촌주민에게 새로운 생활방식을 제안하는 것이며, 궁극적으로 농촌주민의 교육과 역량 강화, 지역사회 결속력 증대, 농촌경제의 활성화에 기여하게 된다.

셋째, 지역이 보유한 고유한의 가치이다. 농촌이 지니는 다양한 잠재력을 극대화하고, 농촌의 지속적 발전에 기여하기 위해서는 농업 · 지역 · 환경 · 문화 · 관광을 포괄하는 통합적 농촌정책(integrated rural policy)으로 전환해야 한다. 농촌공간의 개발은 차별화된 지역성(地域性, locality)을 발굴하고 창조함으로써 개성있는 지역 이미지를 제고해야 한다. 그린투어리즘 개발과정에서 자연스럽게 각 지역의 독특한 자연환경 · 문화 · 특산물 등이 개성있게 부각되어 차별화된 지역 이미지를 형성하면서 고객유치 및 브랜드의 경쟁에서 새로운 시장가치를 창출할 수 있게 된다.

2. 새로운 비즈니스모델의 창조

그린투어리즘이 소득과 연계가 안 된다는 평가가 많다. 농촌주민의 소득으로 연결되기 위해서는 농가 또는 마을의 여건에 적합한 수익 모델(business model)을 설정하고 투명한 이익분배 시스템을 도입해야 한다. 추진과정에서 불확실한 수익 모델, 수익발생 및 이익에 대한 분배, 공동사업과 개별참여주체의 이익이 배치될 경우 주민참여는 저조할 수밖에 없다.[24)] 그린투어리즘은 도시민들을 불러와 농촌 어메니티 자원을 체험하고 소비하도록 하면서 '농업의 전 과정'을 상품화하는 것이며, '유 · 무형의 농촌자원'을 상품화하는 것이다.

그린투어리즘이 지속적으로 발전하기 위해서는 산업화 기반을 갖추는 것이 중요한데 숙박, 체험, 농산물 판매 외에 다양한 형태의 그린투어리즘 수익구조가 나타날 수 있도록 예산 지원과 제도 개선을 추진해야 한다. 농촌의 가장 핵심수익원은 농산물의 생산과 판매이며, 이를 바탕으로 다양한 체험 프로그램과 농촌민박 · 식당 · 기념품판매 등을 결합하여 각 마을의 여건에 적합한 사업을 발굴해 나가야 한다. 각각 농가와 마을 여건에 적합한 독특한 시설과 체험 및 서비스를 핵심 콘텐츠로 도농교류를 통해 방문객을 확보하고 수익을 만들어가는 것이다. 단양군 한드미마을의 경우 폐교 직전의 마을분교를 살리며, 도시아이들을 위한 '농촌유학센터'를 운영하며 기존 체험마을 중심의 사업과는 다른 수익구조를 보여주고 있다. 진안군 와룡마을처럼 농가나 마을별로 독자적인 방식으로 가공하고 포장하여 그린투어리즘과 연계하여 소득을 높이는 마을도 등장하고 있다. 최근 정부의 6차 산업 육성 및 로컬푸드(local food) 정책 등과 연계하여 수익성을 제고할 필요가 있다.

그린투어리즘은 전체 관광시장에서 아직도 틈새시장을 형성하고 있는 단계로 지속적인 그린투어리즘 수요 확보가 관건이다. 시장 환경은 늘 변화하고, 변화하는 소비자 욕구에 대응하지 못하면 그린투어리즘 시장은 축소될 수밖에 없다. 교류를 통하여 양방향성 · 반복성 · 지속성을 확보함으로써 그린투어리즘을 일회성이 아닌 지속적인 경제활동으로 발전시켜야 한다. 이를 위해서는 일반관광과는 구별되는 농촌과 농업을 테마로 한 여가 · 체험 프로그램에 중점을 두고 가격대 · 이용활동 · 이용시설 등을 뚜렷하게 차별화해야 한다. 현재 학생 등 단체방문객과 가족을 대상으로 체험프로그램을 제공하는 마을단위 그린투어리즘의 일반적인 형태를 벗어나, 체험수요의 변화에 대응하여 늘 새로운 상품을 개발하고 서비스 품질을 높이는 것이 중요하다. 특히 농촌관광 품질 및 서비스 개선을 위하여 체험마을 등급평가를 확대하고 온라인 예약시스템 등재, 신용카드 포인트 사용, 외국어 홈페이지 지원 등을 확대할 필요가 있다. 경기 양평 수미마을은 캠핑과 마을 축제로, 양평 가루메마을은 '바른 먹거리 교육프로그램'으로 꾸준히 도시민을 유치하고 있다.

3. 협력과 연대를 통한 경쟁력 강화

그린투어리즘은 주민이 주도하는 것으로 농촌주민들의 자율적인 개발 역량과 창의적인 아이디어, 주체적인 변화가 성공요소이다. 일반적으로 주민들은 새로운 일에 대한 부담과 실패에 대한 두려움 및 자신감 결여로 참여율이 낮으며, 주민 간의 갈등과 반목으로 이어지는 경우도 있다. 주민 의식 전환과 참여, 공감대 형성, 인재 육성 등에 중점을 두고 점차 전문가 교육과 선진 사례 벤치마킹 등을 실시하여 우선 주민들이 새로운 변화를 촉진하고, 자신감을 회복하도록 해야 그린투어리즘은 성공할 수 있다. 주민들이 서로 역할을 분담하고, 지속적으로 토론 · 협의하는 과정에서 새로운 공동체 문화를 만들어 나갈 수 있다.

주민공동체의 참여를 유도해내기 위해서는 기업가정신과 경영능력을 갖춘 헌신적인 마을의 리더가 존재하느냐가 중요한 요소이므로 지도자와 전문인력을 육성해야 한다. 전반적인 농촌 인구 감소와 노령화의 현실 속에 지도자와 전문 인력 부족이 문제이나, 최근 귀농 · 귀촌인구가 늘어나면서 새로운 활로를 찾고 있는 사례도 있다. 주민참여는 초기에는 개별적인 참여를 중심으로 하되, 점차 조직화하여 영농조합, 마을기업 등 경영조직을 형성한 후 사업의 기획 · 상품화 · 마케팅을 주도하도록 해야 한다.

행정은 일방적인 사업집행이나 일괄 추진을 지양하고, 주민들이 추진과정을 경험함으로써 스스로 학습할 수 있는 여건을 조성해야 한다. 정부개입의 축소와 자율적인 관리시스템의 작동이라는 측면에서 그린투어리즘은 관주도가 아니라 시간이 오래 걸리더라도 공동체 정신을 바탕으로 지속적인 주민 교육 훈련, 마을리더의 육성을 추진하며 주민주도형으로 추진해야 한다.

그린투어리즘이 발전하기 위해서는 협력(協力)과 연대(連帶)를 통한 성장이 필요하다. 마을 전체 공동사업과 개별 농가단위 사업의 조화를 이루고, 나아가 지역단위 또는 전국 단위 네트워크 경영이 필요하다. 체험마을의 경우 성과를 거두기 위해서는 '따로 또 같이'의 원칙하에 마을 공동체 발전과 개별 농가의 이익 추구가 균형있게 실행되어야 한다. 최근 양평군 (사)양평나들이의 사례처럼 지역 내 체험마을과 농가들이 네트워크를 구축하고 공동마케팅을 펼치거나 마을에서 생산된 농산물을 유통하는 모델도 나타나고 있다.

사업추진 과정에서 대두되는 다양한 문제를 해결하거나 고객유치를 위하여 외부와 네트워크를 구축할 필요가 있다. 농촌의 부족한 내부 역량을 보완하기 위해서는 주민과 행정 사이에서 자원 발굴 및 기획, 정보교류, 공감대 확산, 네트워크 구축, 경영지원 및 마케팅 등 현장 중심의 지역밀착형 중간지원조직을 활성화할 필요가 있다. 문화체육관광부에서 추진 중인 '관광두레'와 같이 주민들과 파트너십을 가지고 일할 수 있는 중간지원조직의 역할이 매우 중요하다.

4. 환경친화적인 자원의 이용과 관리

그린투어리즘의 가치는 농촌다움을 보여주는 진정성(眞情性)에 있다. 지역 가꾸기와 마을 만들기에 있어서 시설과 공간 개발 즉, '만드는' 데는 '만들지 않는 것'과 '못 만들게 하는 것'도 포함시켜야 한다. 자원이 양호한 곳일수록 접근성이 개선되고 관련 인프라가 갖춰지면서 숙박, 음식, 체험 시설이 급격히 늘어나 결과적으로 지역 전체의 공간구조와 경관을 훼손하는 경우도 없지 않다.

따라서 그린투어리즘을 통해 농촌의 새로운 가치를 발굴하는 과정은 지속가능한 개발을 전제로 자원 계획, 개발, 관리 체계를 확립해야 한다. 환경생태자원과 역사문화자원, 생활문화자원처럼 오랜 시간에 걸쳐 만들어진 자원은 현명한 이용(wise use)의 원칙하에 신중하게 개발하고 이용해야 한다. 시설 및 공간 개발과 이용 시 자원의 적정수용력을 고려하여 개발 및 활동을 일정 수준으로 관리해야 하며, 친환경적 입지 선정과 개발, 사후 관리운영 계획, 주민소득 증대방안을 포함한 종합적인 영향관리체계(impact management system)를 구축해야 한다.

그린투어리즘은 지역의 고유한 특성과 잠재력을 살릴 수 있도록 농촌자원 및 공간을 개발해야 하며, 양호한 경관요소와 불량한 경관요소를 파악하여 정비하며 이때 지역의 생태적 환경에 적합한 사업 추진이 필요하다. 체험관, 방문객센터와 같이 관광객 체류시설 조성과 돌담, 수목, 경관식물 등 마을경관 정비, 안내판 · 표지판 등 공동시설 정비 시 마을의 생태환경과 지역 여건을 감안한 시설 정비가 필요하다. 그동안 정부지원에 의해 그린투어리즘마을에 많은 시설물이 설치되었으나, 시설물 유지관리가 어려운 실정으로 향후 시설물의 유휴화 및 노후화에 대한 대비가 필요하다.

그린투어리즘개발에서는 무분별한 투자와 개발을 방지하기 위하여 어느 정도의 규제가 불가피한 경우도 있다. 올바른 자원관리는 개발이익이 지역사회로 돌아가고, 나아가 개발이익이 자원 보전에 사용될 수 있도록 순환체계를 구축할 때 가능하다. 지역주민들은 향후 개발가능성과 지가상승에 대한 기대로 보호지역 지정, 건축제한 등 각종 개발규제에 반발하여 훼손을 방치하거나 조장하는 경우도 없지 않다. 따라서 관광사업에 지역주민들이 참여할 수 있는 기회를 보장하여 직간접적인 혜택을 제공함으로써 오히려 자원관리에 적극적으로 참여하도록 유도할 필요가 있다.

참고문헌

1) 강신겸 · 김정연 역(1997). 『녹색관광』. 일신사.

2) 강신겸(2002). 마을단위 녹색관광개발의 추진과 과제. 『농촌관광연구』, 9(1), 118-137.

3) 中村攻 外 3人(1999). 『地域經營型グリーンツーリスム』. 東京: 都市文化社.

4) Page & Getz(1997). *The Business of Rural Tourism: International Perspectives*, Thomson Business Press.

5) OECD(1994). *The Contribution of Amenities to Rural Development*. Paris: OECD.

6) Sharpley, R. and J. Sharpley(1997). *Rural Tourism: An Introduction*. Thomson Learning, 1st edition.

7) 강신겸(2007). 『농촌관광』. 대왕사.

8) 김용렬 · 박시현 · 최경은(2007). 농촌관광의 수요와 공급전망 및 발전과제. 『농촌관광연구』, 14(2), 85-100.

9) 강신겸(2007). 『농촌관광』. 대왕사.

10) 강신겸(2013). 농촌관광의 실태와 과제. 『국토』, 제384호, 국토연구원, 36-42.

11) 송미령(2005.6). 농촌 활성화를 위한 관광개발, 그 비전과 과제를 생각한다. 『建築』. pp.49-53.

12) 강신겸(2013). 농촌관광의 실태와 과제. 『국토』, 제384호, 국토연구원, 36-42.

13) 강신겸 · 김형미(2014). 농촌관광과 제주 농업의 6차산업화 전략. 『국제자유도시연구』, 5(1), 87-104.

14) 농림축산식품부(2015). 『농림축산식품기본통계』.

15) 김용렬 · 박시현(2013). 2012년 농촌관광 수요와 시장 규모. 『농정포커스』, 제47호, 한국농촌경제연구원, pp.1-16

16) 박시현 · 김용렬(2013). 『농촌관광의 새로운 방향과 정책과제』. 한국농촌경제연구원.

17) 강신겸(2013). 농촌관광의 실태와 과제. 『국토』, 제384호, 국토연구원, 36-42.

18) 강신겸(2007). 『농촌관광』. 대왕사.

19) 강신겸 · 김용근 · 송미령 · 오형은(2013). 『고등학교 관광농업』. 광주광역시교육청.

20) 강신겸 · 김용근 · 송미령 · 오형은(2013). 『고등학교 관광농업』. 광주광역시교육청.

21) 강신겸(2010). 문화관광을 통한 창조적 지역가꾸기 전략. 『문화경제연구』, 12(1), 85-106.

22) 강신겸(2014). 문화를 활용한 농어촌지역 발전방안. 『국토』, 제388호, 국토연구원, 30-35.

23) 강신겸(2007). 『농촌관광』. 대왕사.

24) 박시현(2013). 농촌 6차산업화를 위한 농촌관광의 발전 방향. 『농정포커스』, 제66호, 한국농촌경제연구원, pp.1-16.

문화와 함께하는

관광학 이해

05편 문화명사 담론

김홍주 회장이 미래의 관광인들에게 들려주는

관광은 '삶'이다

김홍주

- 2015.12.~(현) 한국관광협회중앙회 제26대 회장
- 한국방문위원회 부위원장
- 한국관광장학재단 이사장
- PATA 한국지부 회장
- 대한상공회의소 관광산업위원회 위원
- 전국경제인연합회 관광산업위원회 위원

김홍주 회장이 미래의 관광인들에게 들려주는

관광은 '삶'이다

문화체육관광부에서 추진하고 있는 주요 정책을 보면, '문화체육관광의 생활화를 통한 국민행복 실현'을 2017년 정책 추진방향으로 설정하고, 생생한 정책구현을 위해 저소득층, 장애인, 어르신 등 문화소외계층 및 서민을 위한 다양한 문화프로그램 제공으로 희망을 전달하고, 나눔을 실천하는 사업을 전개하고 있다.

관광학에서는 과거 부유층이나 특권계층의 전유물로 간주되던 관광이 교통수단의 발달과 여가시간의 증가, 가처분소득의 증가에 따라 대중관광(Mass Tourism)으로 발전되고, 다시 복지관광(Social Tourism)으로 발전되었다고 보고 있다. 사회복지 분야에서는 문화복지 차원의 관광을 다루고 있다. 사회복지의 한 영역으로 문화복지를 보고 있으며, 문화복지의 한 분야로 관광을 다루고 있는 것이다.

문화복지는 이미 사회복지의 영역으로 들어와 여가, 교육, 문화 등 정신적 욕구의 필요성과 타당성을 인정받고 있다. 기존의 사회복지제도가 '물질적인 조건을 마련해 주는 것'에 있었다면, 현재의 사회복지는 '국민의 행복감을 충족'시키는 것에 집중하고 있다. 정신적, 또한 문화적으로 풍요로운 삶의 추구는 궁극적으로 노동의 생산성을 높이고 삶의 안식과 의미를 갖도록 해준다(정갑영, 1996).

현택수(2006)는 복지사회에서 복지 서비스의 내용과 대상이 고정된 것이 아니며, 문화복지의 개념은 변화하는 개인들의 다양한 복지욕구에 따라 발생한 것으로 보았다. "문화복지는 국민의 미적 감수성과 문화적 창의력을 계발하고 문화소외층과 일반 국민의 인간다운 문화생활을 보장하고 전체 국민의 문화생활의 수준을 제고시키려는 정부, 민간의 활동을 말한다. 여기서 문화생활이란 문화예술활동 및 관광, 스포츠 등 여가활동까지 포함한다"고 정의하고 있다.

인간의 행복은 학자들의 오랜 관심사항이자 고민거리 중의 하나였다. 심리학자들은 개개인이 자신의 삶을 어떻게 평가하는지 또는 개개인이 자신의 삶에 얼마나 만족하는지를 측정함으로써 개개인의 행복을 연구하기 시작했다. 행복은 장기간에 걸친 내적 감정을 지칭하는 용어로 잘 살고 있다는 느낌을 의미한다. 그러므로 편익적인 측면에서 관광으로 인한 후생복지의 증진이나 심리적 욕구충족, 경제 활성화, 국제 평화 증진 등을 논의하는 데 그치지 않고 이러한 편익들이 장기적이고 지속적으로 구현되기 위한 과정이 필요하다. 즉 관광을 통한 행복에서도 지속가능성이 중요하고 참된 행복이 중요하다.

대중관광이 보편화되어 있는 상황에서는 관광유형과 관광을 통해 추구하는 편익이 획일화 되어가는지도 모른다. 특히, 특정관광지로 몰리고 휴가시기가 특정시기로 편중되는 경우에는 그러한 현상이 두드러질 수도 있다. 관광을 통해서는 다양한 편익과 다원화된 행복을 얻는 것이 중요하다. 정부에서도 편중된 지역과 시기를 분산하는 데 주력하고, 국내관광을 활성화하기 위해 다양한 지원 프로그램을 개발하는 것도 이러한 정서를 기반으로 한다.

관광은 산업의 잠재적 성장성 및 고용유발 효과 등 경제적 효과를 떠나, 이미 인간의 기복적 욕구의 하나로 자리매김하고 있다. 이러한 욕구를 충족시킬 수 없는 사람들을 사회 정책적으로 지원해 줌으로써 진정한 의미의 국민관광의 실현과 다양한 계층을 배려하는 성숙된 사회를 실현해 나아갈 수 있는 것 또한 '관광'이다. 그만큼 관광산업은 매우 중요한 산업이다. 이제는 관광을 바라보는 시선과 인식을 달리해야 한다. 보편적인 생활양식으로서 관광은 그 자체로 '인간의 삶'이기 때문이다. 또한 그러한 삶을 풍요롭게 만드는 것이 바로 '관광'이기 때문이다. 향후 관광을 이끌어나갈 미래의 관광인재들이 관광으로 삶을 아름답게 디자인한다는 마음가짐으로, 더욱 큰 자부심과 긍지를 갖고 성장해 나아가기를 바란다. ☺

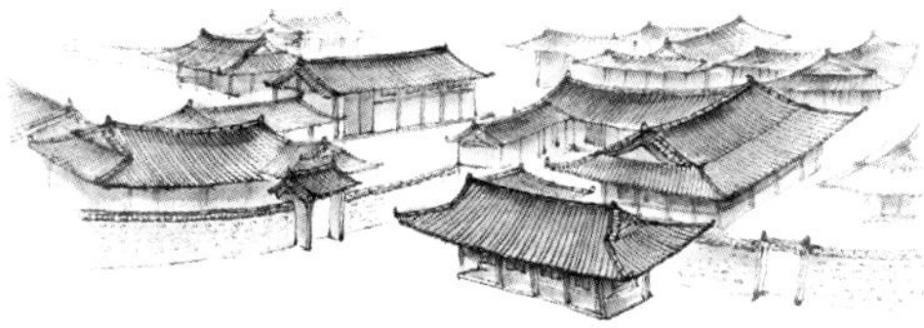

제 5 편

관광학의 새로운 접근

제 1 장

감각유산과 전략적 관광체험 연출

이태희

경희대학교 관광학과 교수

서울대학교 조경학과 학사, 서울대학교 대학원 생태조경학과 석사
미국 Texas A & M University 관광자원개발학박사 Ph. D.
미국 텍사스주 관광정보연구소 연구원
교통부 산하 교통개발연구원 관광정책연구센터 책임연구원(1993-1996)
명지대학교 교통관광대학원 문화관광학과 교수(1996-2000)
경희대학교 관광학과 교수(2000~현재)

✉ taehee@khu.ac.kr

유영준

울산발전연구원 정책연구실 전문위원

한양대학교 대학원 관광학과 졸업(관광학박사)
건국대학교 대학원 지리학과 졸업(이학박사)
현재 울산발전연구원 전문위원
『관광지리정보시스템』 등 다수의 저서와 "생태관광자원으로서의 울산 태화강 활용 방안 연구(2016)" 등 다수의 논문이 있음
울산옹기축제추진위원회 위원(2015. 8. 19~2017. 8.18.)

✉ youyj61@udi.re.kr

제 1 장

감각유산과 전략적 관광체험 연출

이 태 희 · 유 영 준

제1절 감각 중심의 관광의 새로운 정의

인간은 무의식적이든 의식적이든 창조해나가고 있는 문화적인 것을 추구하기 위해서 감각을 사용한다.[1] 그러나 인간이 추구하는 문화와 문명의 급속한 발전은 종종 자극을 양산하고 무방비 수준의 자극과다의 상황을 초래하여 현대인들은 오히려 감각의 둔화에 이르게 된다. 결과적으로 인간은 본능적으로 인간 감각 수준을 향상시키려는 노력을 하게 되는데 여행이나 관광을 떠나는 것도 이와 무관하지 않다. 이런 상황으로 인해 인간 감각에 대한 관심이 증가하고 있는 상황변화 속에[2] 관광의 재정의를 통해 감각유산을 관리하는 기초적 이해수준을 높이는 것은 매우 중요하다.

관광은 어찌 보면 사람들이 바쁜 일상에 몰입하는 시간경과 속에서 점차 잃어버리고 살던, 감각을 되찾아주는 역할을 하는 기회다.[3] 반복되는 일상의 생활은 본인의 선택과 무관하게 다가오는 강요적이거나 반강제적인 건강하지 않은 자극들로 가득찬 환경 속에 이루어진다. 도시적이거나 기계적인 스트레스로 가득한 매일의 일상은 실제 개인이 원하는 자극과는 거리가 먼 유해한 자극들로 가득 찬 환경인 것이다. 역설적으로 관광은 이렇게 인간에게 유해한 자극의 위험한 불을 잠시 꺼주는 암전과도 같은 기회라 할 수 있다. 그 암전 속에서 죽어가던 감각이 다시 살아나고 암전 후에 찾아오는 살아난 감각들은 다시 일상생활을 정상으로 버티게 하는 트랜스포메이션(transformation) 효과, 즉 좋은 변화를 가져온다.

집을 떠나옴으로써 그제야 사람들은 자신이 늘 유지하고 살았어야 할 중요한 감각을 잃거나 포기한 상태에서 살고 있었다는 것을 깨닫게 된다. 스트레스 환경 속에서 그동안 무뎌졌던 본인의 후각과 미각, 미학적인 시각, 살아 있음을 느끼게 만드는 촉감, 아름다운 소리를 듣는 감각을 되살리게 되는 기회를 관광을 통해 갖게 되는 것이다. 여행과 관광을 통해서 상실되어가던 마음 속 감성과 신체적 감각의 촉을 되살려내는 시간과 공간속의 체험을 맞이하게 되는 것은 관광의 주요 덕목이기 때문이다. 집 떠나온 관광객을 맞아들이는 지역은 역설적으로 이런 감각 되살리기에 적합한 고유의 감각유산을 지녀야 할 것이다.[4)]

결국 인간은 자신의 급변하는 주변 환경 속에서 자신의 존재를 확인하고 무의미한 자극과다나 강제적인 자극부여가 주는 스트레스환경 속에서 본인이 원하는 진정한 의미의 자극을 통해 감각적으로 반응하려 하는 것이다. 이 과정은 정신과 신체의 상태가 긍정적인 방향으로 호전되는 것, 즉 트랜스포메이션을 지향하게 되는데 이는 다양한 복수의 감각을 자극하는 환경에 본인을 투입하는 것으로 가능해진다.

제2절 감각의 개념

일반적으로 심리학적 관점의 감각은 인간이 생활하면서 겪게 되는 내부 혹은 외부 환경으로부터의 자극에 인간이 반응하는 의식내용을 말한다(아케마츠유 유지, 2001, p.138). 따라서 감각은 지각작용과 유사한 것이고, 감각기관 및 육체감각에 의한 지각작용으로 볼 수 있다.[5)] 보통 감각기관이라 칭할 때 시각, 청각, 촉각, 후각, 미각의 오감을 포함시켜 말하며 최근에는 이 오감에 대해 여러 가지 다양한 주제를 더해서 연구가 진행되고 있다.

관광의 경우에는 기본적으로 공간의 체험이기 때문에 공간 속의 감각체험을 이해할 필요가 있다. 공간의 체험을 종합적인 감각체험으로 이해하기 위해서는 루돌프 슈타이너의 감각론을 공간체험의 원리적인 내용으로 고찰할 수 있다. 감각을 언급할 때 슈타이너는 인간의 신체, 심리, 정신을 모두 포함하는 총체적인 인간 이미지 안에서 해석하였다.[6)]

슈타이너는 감각을 상위감각, 중위감각, 하위감각으로 구분했다. 상위감각은 인식감각이라고 하며 외부세계의 사물에 대해 극히 사적인 지식을 전달해 준다. 이러한 감각은 초자연적인 감각기관으로 단지 그것을 경험할 수 있다는 것만으로도 확인할 수 있는 청각, 언어감각, 사고감각, 자아감각을 말한다. 중위감각은 느낌감각이라고 하며 자연적인 주변세계를 자연적으로 느끼는 감각으로 시각, 후각, 미각, 온도감각을 말한다. 하위감각은 의지감각이라고 하며 감각기능이 의지적 행위와 강하게 연결되어 있는 생명감각, 균형감각, 방향감각, 촉각, 운동감각을 포함한다(박수경, 2004, p.16-17).

슈타이너의 구분은 인간의 의지, 느낌, 인식과 관련된 분류인데 여기서 인간의 정신적인 측면과 신체 심리를 동시에 고려하여 감각을 다룬다는 점이 관광분야에서 감각유산을 다룰 때 의미있는 내용이다. 관광은 새로운 자극환경으로의 자발적 이동이며 새로운 자극을 감각적으로 접하려는 경험적 시도이기 때문이다. 슈타이너의 세 가지 감각구분 중 상위 감각 중에는 청각, 중위감각에 해당하는 시각, 후각, 미각, 하위감각 중에는 촉각, 그리고 이 전체적인 자극들이 이루어 내는 정취 등이 적극적으로 관광의 대상이 되는 감각유산과 관련된 반응적 체험에 개입하는 감각이라 할 수 있다.

감각유산을 접하는 인간의 의지적인 관광 체험은 인간의 감각(input)적 반응을 통해 정신적으로나 신체적으로 인간에게 어떤 결과물(output)을 가져오고 그 결과물이 긍정적인 것일 때 관광을 하는 인간에게 좋은 변화인 트랜스포메이션의 상태로 접어든다는 중요한 의미를 지닌다.

슈타이너의 개념에서 좁혀진 이 감각론은 어떤 지역이나 도시, 장소 등의 공간이 신체의 감각을 통해 체험된다는 사실과 체험의 과정을 통해 신체뿐만 아니라 정신의 변화까지 유발한다는 점을 강조하는 근거가 된다. 감각유산을 통한 공간체험이 정신적으로나 신체적으로 호전되는 바람직한 결과를 가져온다는 의미를 갖기 때문이다.

제3절 감각유산의 정의

감각유산은 특정시간대와 공간 속에 존재하는 지극히 소멸적인 고유의 정취, 시각적인 분위기, 향, 빛깔, 맛과 질감을 의미한다.[7] 관광객이 그곳을 적정 시간대에 방문하면 경험하게 되는 시각적인 매력, 5일장에서만 만날 수 있었던 맛, 어느 산자락 길에 있던 주막 터의 정취, 어느 집성촌의 보호수 그늘, 베짜기하는 베틀 돌아가는 소리, 그 베틀에서 짜여 나온 베의 촉감, 어느 청명한 가을 날 종택 대청마루에 앉아볼 수 있는 처마와 감나무에 걸린 감, 하나같이 작고 세세한 경험들이다.[8]

감각유산이 갖는 취약성은 요즘같이 이기적인 문명과 도시화의 새 옷으로 갈아입는 속도가 빠른 세상 속에서 누군가가 의무감을 갖고 지켜주지 않으면 하나같이 쥐도 새도 모르게 사라져 버린다는 점이다. 이렇게 마이크로(micro)한 체험의 소재들은 주민밀착형인 경우가 대부분이어서 관광객들이 지역주민들에게 더 가까이 다가가게 만드는 묘한 힘이 있다.

인간은 관광이라는 기회를 통해 기본적인 오감에서 공감각, 정신적인 감각까지를 포함한 복합적 감각을 통해서 공간을 체험한다. 관광이라는 과정을 통해 몸의 감각과 움직임을 만들어내 공간과의 상호작용을 하고 공간 속의 감각들을 지각함은 물론 그에 반응함에 따라 스스로가 개별적 감각에 대한 관계를 형성하고 다양한 감각유산이 있는 공간에 자기 자신을 대입하여 의미를 찾게 된다.[9)]

다시 말해 '공간'과 '인간'을 매개하는 경계에 '감각'이 있으며 감각유산에 대한 반응은 인간의 몸에서 비롯된 것이고 그 반응을 통해 인간은 공간에서부터 분리될 수 없다. 따라서 우리들은 '감각유산' 없이 어떠한 '공간체험'도 할 수 없다.[10)]

감각유산을 중요하게 다루어야 하는 이유 중 하나는 제조업분야의 브랜드와 비교할 때 관광의 경우는 손에 잡히는 실체가 매우 희미할 수 있다는 점이다. 스마트 폰이나 아이스 아메리카노처럼 그 외형적 실체와 기능이 한눈에 보이고 상품 유인력 품평이 쉽지 않고 통일된 기준에 의해 이루어지기 힘든 것이 관광이기 때문이다.

관광은 일단 그 대상이 모호하다. 대부분의 경우 관광의 출발은 파리나 방콕 같은 도시이름으로 시작된다. 해당 도시 안에는 무수히 많은 자극과 매력이 포함되어 노출되거나 숨어 있을 수 있는데 그 무수히 많은 매력과 자극들을 모두 경험할 수 없으며 관광객들은 종종 몇몇 주요 감각적 자극을 놓치고 지나치기 쉽다.

관광객들은 다녀온 도시를 평가해 달라고 할 때 그 도시 안에서 경험한 많은 수의 경험의 조각들을 하나로 합쳐 포괄적인 평가를 내리게 된다. 이런 경우 스마트 폰이나 아이스 아메리카노를 평가하는 것과는 전혀 다른 주관적 평가 과정을 거치게 된다. 왜냐면 평가하는 관광객 개개인들은 도시의 광범위한 성격으로 결과된 너무나도 다른 경험을 바탕으로 평가를 내리기 때문이다.

마주쳤던 사람들의 미소나 친절, 매력도 등 덕목이 천차만별인 것은 물론 해당 도시에서 선택해서 먹었던 음식의 수준이나 등급도 다양하다. 동선에 따라 누구는 열 개의 재미를 보았는데 누구는 한두 개 정도의 재미를 보기도 한다. 그래도 만족이 관광품평의 배경이 되는 이유는 떠나온 것 자체, 낯선 도시에 와 떠돌아다니는 것 자체가 힐링이 되기 때문이다.

제조업분야의 상품과 관광상품이 극명히 구분되는 대목이다. 이렇기 때문에 더 감각유산의 중요성은 강조되어야 한다. 집을 떠나온 자들이 도착한 도시나 지역에서 어떻게 그 매력을 접해야 하는지 친절하고 구체적으로 그 방법을 알려주어야 하기 때문이다. 음식으로 치면 그 음식을 맛있게 먹는 순서와 방법에 대해 자세하게 알려주어야 하는 것이다.

관광의 경우에 어느 계절, 하루 중 어떤 시간대에 그곳을 방문하는 것이 최적인지 알려주는 것이 필요하다. 시간적으로 소멸되는 성격이 강한 것이 관광이기 때문이다. 국제적으로 그 수요가 높아지고 있는 미얀마의 사원도시 바간, 그곳의 일몰시간대 석양만을 즐기고 가는 관광객이 대부분이라면 태양이 떠오르는 이른 새벽의 아름다운 사원을 배경으로 일출 풍경을 보도록 정보를 제공하는 것도 방문했던 사람들의 만족도를 높이는 방법일 것이다.

그것이 수박이든 복숭아이든 관계없이 과일은 적정수준의 당도를 보유하고 있어야 한다. 달지 않은 과일은 맛없는 과일로 평가될 수밖에 없다. 그저 그런 관광매력만 보유한 도시나 지역은 달지도 않고 맛도 없는 과일이나 마찬가지다. 관광에서 용어의 사용은 중요한 것이 관광이 막연하고 경계가 모호한 만큼 사용되는 단어도 모호한 것이 많다. 예를 들면 콘텐츠라는 단어가 그렇다. 관광체험과 관련하여 가장 손쉽게 사용할 수 있는 단어이기 때문이다. 손쉽게 사용할 수 있는 만큼 책임이나 의무가 약하다. 여기서 책임과 의무라 함은 과일로 치면 당도와 맛을 유지해야 하는 것이다. 과연 그 콘텐츠가 어렵게 집 떠나온 사람들의 감각을 되살리는 놀라운 치유능력을 가질지에 대한 고민이 없어도 된다. 콘텐츠 대신에 감각유산을 사용하는 경우는 이런 책임과 의무를 동반하게 된다. '구체적으로 어떻게'라는 방식에 대한 정보가 뒷받침되어야 하며 감각을 되살린다는 치유라는 결과를 염두에 두고 있기 때문에 보다 명확한 '사용설명서'가 제공되는 것을 기대하게 만든다.

제4절 감각유산의 구분

환경의 변화를 자극이라 하며 이러한 자극을 감지하여 생물체가 외부의 자극에 대해서 적절하게 대처하는 능력을 감각이라 한다. 이러한 감각을 통해 체험되는 감각유산은 다음과 같이 6개의 종류로 구분될 수 있다.

1. 정취유산

정취란 '상쾌함 또는 우울함과 같은 감정을 느끼게 하는 직접적인 자극으로서 분명하지 않으며, 미약하고 지속적인 감정'이라 정의하고 있다. 미학(美學)에서 정취(情趣) · 정조(情調)라고도 한다(네이버지식대백과).

정취유산은 한국의 관광지는 한국에서만 느낄 수 있는 고유의 정취가 있는 유 · 무형유산이다.

2. 미각유산

맛은 감각적 · 감상적 관념을 표현하는 언어였으나 점차 분화하여 감상적인 정서는 멋으로 표현되었다. 그리고 맛은 감각적인 경험 특히 식품의 감각을 표현하는 말로 정착하게 되었다. 식품의 질적 요인에 있어 맛의 구실은 대단히 크다. 그러나 음식의 맛은 여러 가지가 복합된 것이므로 과학적으로 정확히 분류하기는 매우 곤란하다. 다만 일반적으로 맛이란 어떠한 물질을 입에 넣었을 때에 미각과 후각을 자극하고(향미, 씹히는 물리적 성질, 점성 등), 입안의 통각 · 촉감 · 온도 감수를 자극함으로써 일어나는 감각으로 정의할 수 있다.13)

미각유산은 한국의 관광지에서만 맛볼 수 있는 고유의 미각을 알 수 있는 유 · 무형유산이다. 음식관광은 특별 흥미 관광 또는 특수 목적 관광(SIT, Special interest tourism)의 일종으로 음식과 관련된 여러 가지 요소들이 여행의 동기를 자극하는 중요한 요소로 작용하는 관광이라고 정의한다. 음식관광의 주된 관광활동을 살펴보면 음식과 관련된 주요 생산지를 방문하며, 음식축제에 참가하고, 음식점에서 음식과 음료를 시식/시음하거나, 특산물 생산지역의 특성을 체험하는 것 등이다. 예전에는 관광함에 있어서 '음식'이라는 것은 단순히 관광객이 1차적인 관광매력물(Tourism attractions)을 선정하고 난 이후 2차적인 관광요소로 구분되어 왔지만, 최근에 이르러서는 음식 자체가 관광활동의 1차적이고 직접적인 동기가 되고 있는 추세이다(이수진, 2010).

3. 촉각유산

촉각(觸覺)은 외부 자극의 대해 반응하는 감각의 한 가지 종류로서 접촉에 의한 자극들을 인지한다. 사람의 몸에는 눈으로 자극을 인지하는 시각 또한 소리를 인지하는 청각, 맛을 인지하는 미각, 냄새를 인지하는 후각, 접촉을 인지하는 촉각이 있다(두산백과). 촉각은 좁은 의미로 보면 체성 감각 중 피부감각의 하나로 분류될 수 있으나, 일반적으로 오감의 하나로 촉각을 지칭할 때에는 넓은 의미에서는 피부를 통하여 느끼는 피부감각을 의미한다. 촉감은 오감 중에서 가장 원시적이며, 중요성이 부각되지 않으며, 인간의 기본적인 욕구에 가장 많이 공헌하는 감각이다. 그러나 촉각은 제품의 질을 추정하는 굉장히 중요한 역할을 한다. 막연한 개인적인 감각, 그러나 무의식상태에서 제품의 질을 추정하는 것이 촉각이다.14)

촉각정보는 촉각(觸覺, cutaneous perception)과 촉감(觸感, haptic)으로 나눌 수 있고, 촉각이란 생리적으로 느낄 수 있는 정보이며, 촉감이란 촉각의 정보처리를 통해 알 수 있는 인지적 정보이다.

(1) 촉각정보의 종류

생리학적으로 넓은 의미에서 촉각은 신체를 감싸고 있는 체표면과 피하조직에 기원을 가지는 촉압각(觸壓感), 온각(溫覺), 냉각(冷覺), 통각(痛感)을 포함하는 감각이다.

(2) 촉감정보의 분류

일반적으로 촉감정보를 크게는 감각(感覺)정보와 감성(感性)정보로 구분하고 있다. 감각이란 일차적인 정보처리 과정으로 외부의 자극정보가 내부 신경계의 신호로 일차적으로 변환하여 입력되는 과정으로 볼 수 있으며, 감성이란 이런 일차적 변환을 토대로 정보 처리자의 주관적 해석의 결과로 나타나는 심리적인 상태라고 정의한다(손진훈, 1998).

4. 소멸적 시각유산

시각은 빛의 감각 및 그에 따르는 공간의 감각으로 눈을 통하여 이루어진다. 시각을 통해 외부 물체의 크기 · 형태 · 빛 · 밝기 등을 비롯하여, 공간의 위치와 운동을 알 수 있다. 시각기관은 눈이지만 시세포가 있어서 빛을 느끼는 곳은 눈 안의 망막뿐이며, 그 밖의 구조는 빛을 바르게 망막으로 도달시키는 역할을 한다(두산백과).

인간의 오감 중에서 정보 인지력이 가장 우수한 것은 바로 시각이다. 고객은 상품이나 서비스의 품질, 가격, 기능 못지않게 디자인, 컬러, 디스플레이 등의 시각적 요소를 중시한다. 기업이 참신한 스타일과 감각적 디자인, 그리고 고객이 좋아하는 컬러의 제품으로 구매 욕구를 자극하는 것이 시각을 활용한 감성마케팅의 수단이 되기 때문이다. 사람들은 보고, 듣고, 냄새 맡고, 만지고, 맛보는 오감을 통해 세상을 받아들이는데 그중에서 영향력이 가장 큰 것은 바로 시각, 보는 것이다. 시각에 대한 제일 중요한 요소는 색상이다. 색상은 심리적 현상으로 빛 에너지에 의한 눈의 생리적 반응과 더불어 여러 가지 사고판단 작용과 감정, 심리상의 반응을 일으키게 한다.

'시각문화'라는 용어에서 '시각'은 현대사회의 소통의 중심경로이다. 시각은 오감(시각, 청각, 후각, 촉각, 미각) 중 우리가 처리하는 정보의 약 70% 이상을 1차적으로 담당한다고 하는 견해가 있을 정도로 매우 중요한 감각이다. 그런데 시각은 시각 자체뿐만 아니라 청각, 후각, 촉각, 미각의 총체적인 감각으로부터 입력한 정보를 바탕으로 능동적이고 복합적으로 정보를 처리하여 인식하게 된다. 이처럼 '시각'은 다른 감각기관에 비해 시각을 통하여 파악할 수 있는 인식이나 경

험이 중요하기 때문에 문화와의 관계에서도 제일 중요한 요소인 것이다.[15)]

소멸적 시각유산은 한국의 관광지는 특정시간 대에만 볼 수 있는 한국 고유의 시각적 경험을 하게 하는 유 · 무형유산이다.

5. 소리유산

소리는 물체의 진동에 의해 생겨난 음파가 귀에 들릴 수 있는 것이다(네이버, 두산백과). 청각은 소리를 느끼는 감각이다(네이버, 국어사전). 청각은 공간을 지각하는 과정에서 시각과 함께 중요한 수단의 하나로 여겨진다. '소리'로 인식되는 청각적 경관(aural landscape)은 '조망(sight)'으로 인식되는 시각적 경관(visual landscape)과 함께 지각에 대한 인위적인 제한이 가해지지 않는 한 공간 체험 시 자연스럽게 인지되는 요소이다. 소리는 일상 속 다양한 물질들 간의 충돌, 마찰 등 여러 가지 접촉을 통한 공간의 진동에 의하여 생성되고, 그것이 대기를 통하여 이동하면서 우리의 귀를 자극하여 비로소 하나의 소리로써 지각된다.

소리는 사물이 살아 있음을 증명해주는 존재의 확인이다. 우주의 생성과 생명체의 '탄생-변화-발전-소멸'과정 속에서도 소리는 보이지 않는 에너지로 존재하고 있다. 인간은 자연현상에서 발생되는 소리와 인공적으로 만들어지는 수많은 소리 속에서 살고 있다. 인간이 만들어내는 건축공간에 있어서도 소리는 역사 이전부터 문명의 건설에 극히 중요한 역할을 행하여 왔다. 음성에 의한 의사소통이 가장 두드러지지만 인간이 스스로 만드는 소리뿐만 아니라 자연계의 모든 소리가 무엇인가의 형으로 인류의 문화에 기여하고 있다.

공간 구성 요소로서 소리가 등장하게 된 배경은 필연적이면서도 지극히 자연스러운 현상이라 할 수 있다. 소리는 그 자체로 이미 인류와 문명에서 중요한 위치와 역할에 있었으며, 형체는 없으나 인간의 지각 능력에 중요한 역할을 해왔다. 인간의 문명 발전에 있어서 언어는 커뮤니케이션의 가장 중요한 수단으로서 이 언어에 음성이라는 청각적 요소가 없으면 존재 자체가 불가능하다. 또한 소리는 음악이라는 형태로 예부터 지금까지 인간의 감성을 울리고 자극하는 중요한 문화 유형으로 존재해왔다. 따라서 소리가 인간 생활의 공간에 배치되는 시도로 연결된 것은 당연한 결과라고 할 수 있다.[16)]

6. 향기유산

향기는 직접 비강으로 맡은 향기를 영어로는 'odor'라고 하는데, 구강에서 느끼는 향기를 총칭하여 'flavor'라고 하여 구별되고, 'flavor' 중에는 향기와 맛의 양쪽 자극이 포함되는 경우가 많다(농업용어사전). 후각은 특정 물질에서 나온 분자가 코 안에 있는 후세포(嗅細胞)를 자극하여 감지되는 감각이다.

인간의 감각기관 중에서 향기와 밀접한 관련이 있는 후각기관, 코, 뇌의 작용 그리고 심리상태 등을 연구하고 소비자의 구매 행태를 자극할 판매촉진 마케팅의 한 분야이다. 향기가 인간의 피로를 풀어주는 효과를 가지고 있다는 아로마테라피(향기치료)라는 것이 알려지면서 시작되었고, 아로마테라피의 용도가 넓어졌으며, 향기 상품 또한 대중화가 되었다(네이버, 2012).

백과사전의 의미에서는 후각이란 냄새를 맡는 감각이라는 뜻을 가지고 있으며, 기체 상태의 분자 자극물이 코에 있는 말초 신경을 자극할 때 생기는 감각을 말한다. 비슷한 말로 냄새 감각, 취각, 후각이 있다. 이와 같이 후각은 두뇌의 가장 노련한 부분에서 감지되기 때문에 생존하는데 없어서 안 될 중요한 역할을 하며, 위험에 대한 경계심을 불러일으킨다. 그리고 냄새는 사람의 기분과 행동에 영향을 주기에 우리의 정서와 감정을 변화시킬 수 있다. 사람의 오각 가운데에는 시각, 청각, 촉각을 물리감각(sense of physical)이라고 하며, 미각과 후각은 화학물질이 사람의 혀와 위 혹은 코 안에 이르러 처음 감각이 발생한다는 특성이 있기 때문에 화학감각(sense of chemical)이라고 한다.

코를 통하여 들어온 향기의 분자는 후각의 수용체와 만난다. 이때 발생하는 전기신호(impulse)는 후각의 정보로 곧바로 뇌에 입력되어 우리들의 기분과 감정을 좌우하게 된다. 그리하여 좋은 향기는 사람들의 감정 그리고 행동에 직접적인 영향을 미치게 되는 것이다. 이와 같이 냄새감각의 신호들은 사람의 두뇌로 전달되며 해석이 이루어지는데, 해석이 이루어지는 장소가 감정반응 또는 기억, 아이디어를 창출하는 곳이다. 따라서 사람의 후각에 의한 감각들은 아주 유용한 것이며 무엇보다 사람에게 있어 제일 강력한 탐지 장치이기도 한다. 많은 기업들이 감성적인 자극을 통하여 브랜드와 유대관계를 강화하는 것에 많은 관심을 두고 있다. 오감 중에서 특히 후각은 다른 감각보다도 사람의 감정을 더욱 강하게 자극할 수 있는 잠재력을 가지고 있다. 후각의 이런 특성은 감성디자인에 있어서도 유용한 도구로 사용될 수 있다.

후각은 사람의 느낌과 기억을 직접적으로 불러일으킬 수 있는 대표적인 감각요소로 보편화된 감성마케팅에 활용된다. 향기로 후각을 자극하고 구매를 유도하기에 '향기마케팅'이라고 한다.[17]

제5절 전략적 감각체험 연출

체험이란 개개의 주관 속에서 직접적으로 볼 수 있는 의식내용이나 의식과정을 뜻하는 말로 경험이라는 말이 대상과 얼마간의 거리를 예상한 것임에 대하여 체험은 대상과의 직접적이고 전체적인 접촉을 의미한다(두산 세계대백과사전). 즉 체험이라는 단어에는 직접적, 상호작용, 자기 자신의 심리적 변화, 자신을 풍요롭게 함 등의 요소가 포함되어 있는 것이다. 이는 사고에 의해서가 아니라 직접적인 느낌으로써 얻어진 지식 또는 기술이라는 매우 광범위한 의미를 가짐과 동시에 직접적으로 느끼거나 아는 것 외에 자신과 외부 세계와의 상호작용이라는 점을 의미한다. 체험은 자기 자신에게 변화를 주며 결과적으로 자신을 풍요롭게 한다는 의미로 볼 수 있는 것이다. 체험과 경험은 의미상 차이가 있지만 체험마케팅(experiential marketing)이란 용어는 국내에서 경험 마케팅으로도 혼용되어 사용되고 있다.

Daugherty and Biocca(2001)는 모든 경험은 개인과 대상 혹은 환경 사이의 상호작용에서 발생하며, 선택대안의 범주에서 상호작용 정도, 자극 양상의 수를 중심으로 직접경험과 간접경험, 가상적인 경험으로 구분하였다. 여기에서 직접경험(direct experience)은 시각, 청각, 미각 및 후각, 촉각, 방향감각을 포함하는 사람의 충분한 감각능력이다. 이는 소비자와 제품 간의 중간 개입이 없는 상호작용으로부터 일어나며, 간접 경험은 전통적인 광고에서 얻는 경험으로 매체로부터 존재하므로, 하나의 매개적 경험이다.

1. 전략적 체험모듈의 구성요소

(1) 감각(sense)

감각유산을 체험화하는 가장 직접적인 접근방식은 감각유산과 고객의 감각적인 교류(sensory interaction)에 도움이 되는 요소를 추가하는 방법이다. 예로 맛과 향기와 관련된 정서적인 자극을 활용하여 감각적 체험의 창출이 감각을 강조함으로써 자연스레 체험브랜드를 감각화할 수 있다.[18]

감각마케팅(sense marketing)은 시각, 청각, 촉각, 미각, 후각 등 오감을 자극하는 감각에 중점을 두는 차별화를 통해 고객에게 가치를 제공한다. 감각마케팅의 목적은 소비자가 아름다움과 흥분을 느끼도록 감각적 기본요소, 스타일, 테마 등을 감각전략인 인지적 일관성과 감각의 다양성의 일부분으로 통합시키는 데 있다.[19]

감각적 체험마케팅은 기업 아이덴티티나 브랜드 아이덴티티와 같은 시각적 아이덴티티를 차별화시킴으로써 마케팅 효과를 높이는 '미학적 마케팅'과도 관련이 깊다. 기업이나 브랜드에 대한 인상은 브랜드 스타일에 의해 영향을 받는데, 브랜드 스타일은 브랜드 제품의 고유한 특질을 표현하는 방식을 말한다. 이러한 브랜드 스타일은 시각적 요소(색상, 모양, 서체 등), 청각적 요소(음의 고저, 박자 등), 촉각적 요소(재료나 재질) 등의 감각적 요소의 결합에 의해 창출된다. 브랜드 스타일은 복잡성, 표현방식, 움직임, 강렬함 등의 몇 가지 차원들로 분석된다(안광호・한상만・전성률, 2008).

감각적 마케팅 분야에서 가장 중요한 요소 중 하나는 시각으로 사람들은 외부로부터의 정보를 시각 60%, 청각 20%, 촉각 15%, 미각 3%, 후각 2%로 받아들인다고 한다. 이는 시각 기관의 비중이 매우 높다는 것을 말해주는데, 사람들은 시각적으로 기억한 것을 더 오랫동안 지속한다고 밝히고 있다. 또한, 청각에 의한 자극은 매우 강력하여 상품의 아이덴티티를 향상시키는 수단으로 음향이나 음악은 소비자들을 끌어들일 수 있는 적극적 수단으로 상품의 이미지를 창출하는 요소이다. 촉각은 피부 감각인데, 피부가 닿는 영역 내에서만 감각 인지가 가능한 제한적 감각이며, 후각은 우리의 환경 어디에나 존재하는 것으로 아주 오래전부터 활용되어 온 감각적 요소라 할 수 있다(문은아, 2004).

Schmitt(1999)는 감각마케팅의 효과를 얻기 위해 S-P-C모델의 적용이 필요하다고 주장하였는데, S-P-C모델은 자극(stimuli), 과정(processes), 결과(consequence)로 구성되며, 감각적 자극을 이용한 제품의 차별화는 어떠한 자극이 적합한지에 대한 지속적인 고려가 필요하다. S-P-C모델에서의 자극은 외부에서 전달되는 감각적 표현으로써 '생생하고', '뚜렷한' 자극이 소비자의 흥미를 유도할 수 있다. 과정은 자극이 처리되는 과정으로 감각의 종류에 따른 원칙과 체험제공수단에 대한 지침, 인지적 일관성, 감각적 다양성과 같은 3가지의 단계가 포함된다. 결과는 감각적 자극에 대한 반응으로 즐거움과 흥분을 일으키는 것이다.

그림 1-1 S-P-C모델

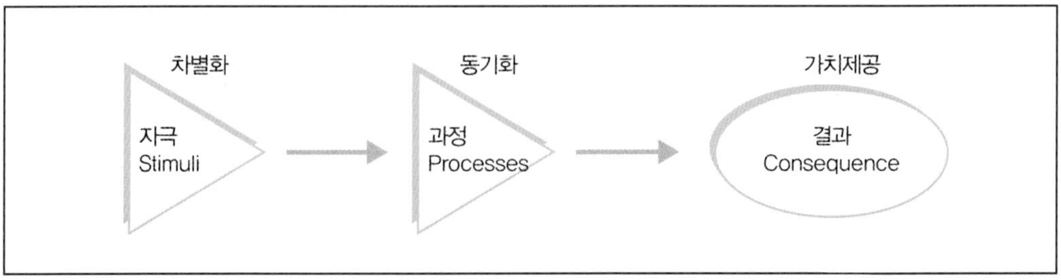

자료: Schmitt, B. H.(1999). Experiential Marketing. 박성연 외 2인(역), 2002.

소비상황에 대한 물리적 환경은 Schmitt(1999)가 제시하고 있는 S-P-C모델에서 자극과 관련된 요소로 이해할 수 있다.[20] 조영훈(2002)의 연구에서 감각적체험이 브랜드자산인 브랜드 인지도, 브랜드 연상 이미지, 지각된 품질, 브랜드 로열티와의 관계를 검증하였으며, 양년화(2005)의 연구에서는 감각적 체험이 브랜드에 대한 감정을 유발하고, 유발된 감정이 브랜드 로열티에 영향을 미쳤다.

(2) 감성(feel)

감성마케팅(feel marketing)은 브랜드와 관련된 다소 긍정적인 감정에서부터 즐거움과 자부심과 같은 강한 감정에 이르기까지 감성적 체험을 창출하기 위해 사람들의 느낌과 감정에 소구하는 것이다. 감성 마케팅을 수행하기 위해서는 어떤 자극이 어떠한 특정 감정을 유발할 수 있는지 이해해야 한다. 감정의 수용과 이입에 참여하려는 소비자의 자발성에 대한 이해도 필요하다.[21]

브랜드제품에 대한 감정은 소비과정에서 주로 발생한다. 따라서 소비상황에서 다른 사람들과의 대면접촉과 상호작용은 강한 감정을 유발하는 중요한 원천이 된다. 감성마케팅은 직접적인 대면접촉을 통해 감정이나 느낌을 강화시킬 기회가 많은 복잡하고 관여도가 높은 제품과 서비스의 브랜드자산 강화에 보다 적합하다. 기업과 고객 간의 직접적 접촉이 별로 없는 저관여 제품에 대한 감성마케팅적 접근은 정서유발광고를 통해 실현될 수 있다.

정서유발광고는 광고 속에서 광고모델이 특정의 브랜드제품을 사용하면서 갖게 되는 어떤 감정을 보여줌으로써 그 광고를 본 소비자가 간접적으로 체험한 정서를 광고된 브랜드로 전이시키려는 목적의 광고유형이다(안광호 · 한상만 · 전성률, 2008).

Schmitt(1999)는 감성마케팅을 체험제공수단을 통해 고객들에게 기업이나 브랜드에 대한 특별한 느낌을 유발시키기 위한 전략으로 이해하고, 인간의 정서적 체험을 중심으로 구성되는 것으로서 그 강도에 따라 약한 정도의 기분(mood)에서부터 강한 느낌(feeling)과 감정(emotion)에 이르기까지 다양한 부분을 포함하고 있는 것으로 이해하고 있다.[22] 김유경(2003)은 감성 체험은 고객의 내적 느낌이나 감정에 어필하여, 브랜드 혹은 제품에 대한 주변적인 입장에서 그 브랜드에 대한 강한 자부심과 즐거운 감정을 갖도록 변화시키는데 영향을 주는 경험이라고 말하였다.

(3) 인지(think)

인지마케팅(think marketing)은 소비자들에게 창조적인 인지력과 문제해결의 체험을 만들어주려는 목적으로 지성에 호소하는 것이다. 인지는 놀라움, 호기심, 흥미를 통해서 고객이 수렴적 사고(convergent thinking) 또는 확산적 사고(divergent thinking)를 갖도록 한다. 인지마케팅은 보편적으로 신기술 제품에 적용되고 있지만 제품 디자인, 소매업, 커뮤니케이션 분야에도 사용된다.[23)]

Schmitt(1999)가 제시한 인지마케팅의 목적이 '정교하고 창조적인 사고를 하도록 유도함으로써 기업과 브랜드에 대한 인식을 긍정적으로 만드는 것'으로 설정하고 있음은 소비자들에게 인지적 체험을 제공하고, 그에 따르는 관여수준을 높임으로써 특정 기업이나 브랜드에 대한 긍정적인 태도를 형성하려는 것으로 이해할 수 있다.[24)]

인지마케팅을 성공적으로 수립하기 위해서는 첫째, 소비자들에게 놀라움을 줄 수 있도록 브랜드를 시 · 청 · 각 및 언어적으로, 또는 개념적으로 만들어야 할 것이다. 둘째, 소비자들에게 흥미를 유발하여 기존의 신념과 가치관에 도전할 수 있도록 해야 한다. 셋째, 일반적 한계를 넘어서 발상을 통해, 즉 강렬하고 파격적으로 끝을 맺음으로써 가치관 사이의 충돌을 유도한다. 결국 인지 마케팅은 놀라움, 호기심, 흥미를 통해서 고객의 지성에 호소하는 것이다(고경순, 2004).

(4) 행동(act)

행동마케팅(act marketing)은 소비자의 신체에 관련되었거나 다른 사람과 상호작용의 결과로 발생하는 체험으로서 소비자의 장기적 행동 패턴, 라이프스타일(life style)에 관련된 체험을 창조해내기 위해 수립된다. 즉, 행동적인 마케팅은 육체적인 체험을 강화하는 프로그램의 개발을 통해 장기적인 행동 패턴과 라이프스타일과 같은 일상에 대한 적용에 많은 관심을 갖고 있는 것으로 이해할 수 있다.

행위 마케팅은 크게 3가지로 구분되는데, 첫째, 신체와 직접적으로 관련이 있는 행위 마케팅으로, 미용실에서 머리를 감겨줄 때의 느낌 같은 사소한 것, 종업원들이 고객과의 대화 중 고개를 끄덕이면서 바라보는 것도 일종의 마케팅이 된다.

둘째, 라이프스타일과 관련된 행위 마케팅으로 어떤 행동을 취하도록 고객을 자극하는 것이 이에 속한다. 여기서의 라이프스타일이란 마케팅 문헌에서 행동, 관심사, 의견(AIO: Activity, Interest, Opinion)으로 표현되는 사람들의 삶의 방식으로 정의된다. 자신의 라이프스타일을 표현하고, 다른 사람들에게 나타내기 위해서 소비자들은 어떠한 상징물을 필요로 하는데 이것을 인식하고 그러한 추세를 이끌어 갈 수 있는 체험을 창조하는 것이 행위 마케팅이다.

셋째, 다른 사람들과의 상호작용과 관련되는 행위 마케팅이 있다. 상호작용은 그들 자신의 성과, 신념, 태도 그리고 의도뿐만 아니라 준거집단의 믿음이나 사회적 규범 등에 의해서 유발되며, 개인뿐만 아니라, 모든 상호관계에 있는 사람들의 관점을 함께 바꿈으로써 그 효과를 더욱 강력하게 한다.[25]

(5) 관계(relate)

관계는 다른 사람, 다른 사회적 집단, 국가, 사회, 문화와 같은 추상적인 집단과의 연결을 의미한다. 관계마케팅은 소비자가 다른 소비자와 연결되어 있다는 느낌을 갖게 되는 준거집단을 발견하는 것에서부터 시작한다. 이에 이어서 소비자가 실제로 브랜드를 사회조직의 중심으로 생각하고 마케팅 역할까지 담당하게 되는 복잡한 브랜드 커뮤니티에 이르기까지 넓은 범위를 갖는다.[26] 브랜드커뮤니티는 동일한 브랜드를 사용하는 고객들 간에 형성되는 사회적인 관계이다. 브랜드커뮤니티의 특징은 커뮤니티 구성원들 간에 서로를 의식, 인지, 인정하며, 구성원 간 서로를 도와야 한다는 도덕적인 책임감을 느낀 다는 것이다. 또한 구성원들이 공유하는 행사, 상징 또는 전통이 존재하며, 때문에 브랜드 제품사용을 지속하여 관계를 유지한다. 바로 이러한 브랜드커뮤니티는 강력한 마케팅수단이 될 수 있다(허무원, 2000).

제6절 감각체험 감성브랜딩

브랜드를 관리하는 것이 중요해지고, 소비자들의 머릿속에서 자신들의 브랜드를 오래 유지시키는 것이 중요한 일로 간주되면서 감성의 중요성이 증대되고 있다. 소비자들에게 상품의 품질이나 기능은 더 이상 중요한 기준이 아니기 때문이다. 자신들이 기업에 대해 어떠한 느낌을 가지고 있는지, 그리고 브랜드와 자신들의 감성적 상호작용이 어느 정도 일어나는지가 브랜드 충성도의 중요한 기준이 되었다(유재하, 2004). 따라서 소비자의 기분과 감정에 영향을 미치는 감성적인 자극을 통해 브랜드와 유대관계를 강화할 수 있는 감성적 영역은 매우 중요하다. 이때 감성적(emotional)이란 의미는 소비자를 감각과 감성의 차원으로 끌어들이는 방법, 즉 브랜드가 그들과 더욱 친밀하고 지속적인 연결을 형성해 나가는 방법에 관한 것이다.[27]

감성브랜딩이란 소비자의 감성을 자극시킬 수 있는 다양한 요소를 통해 풍요롭고 상상력 넘치는 브랜드를 소비자에게 제공할 수 있는 차별화된 브랜드를 구축하는 것을 말한다. 감성브랜딩은 소비자들을 개인적이고 총체적 차원에서 브랜드와 강력하게 연결시킴으로써 브랜드에 신뢰감과 개성을 부여해 주며, 관계형성을 통해 브랜드를 갈망하고 구매하도록 만든다. 즉 사람들은 자신의 삶의 경험에 감성적으로 반응하며, 자연스럽게 주위의 사물에 대하여 감성적 가치를 부여하기 때문에 최근 브랜드 관리에 있어 감성적 브랜드전략이 효과가 있다.[28)]

최근 화두가 되고 있는 감성마케팅, 문화마케팅, 체험마케팅 등이 바로 이 감성브랜딩을 실현하기 위한 전략이라 할 수 있다. 인간의 심리와 감성을 중시하여 소비자의 감성과 취향을 브랜드에 담아냄으로써, 소비자가 궁극적으로 브랜드이미지에 호감을 갖게 되고, 소비 경험을 즐길 수 있게 함으로써 장기적인 소비자의 브랜드 충성심을 증가시키는데 그 목적이 있다. 즉 소비자에게 기업의 메시지, 상징 등의 요소를 궁극적으로 감성을 통해 인식시키는데 그 목적이 있는 것이다(고은별, 2010).

Gobe(2002)는 감성적 브랜딩의 기본 개념은 관계 형성, 감각적 경험, 상상력, 비전이라는 4가지 중심축을 기초로 한다고 하였는데, 이를 살펴보면 〈표 1-1〉과 같다.

〈표 1-1〉 감성적 브랜딩의 4가지 중심 축

관계형성	소비자와 친밀한 접촉을 유지하면서 존중을 표시하고, 그들이 진정으로 원하는 감성적 경험을 제공하는 것
감각적 경험	충성도를 형성하는 잊지 못할 감성 브랜드 경험을 제공하는 효과적인 브랜딩 도구
상상력	감성적 브랜딩 프로세스를 실현하고 현실화하는 요소
비전	브랜드가 장기적으로 성공하기 위한 가장 중요한 요소

자료: Gobe, M.(2002). 『감성디자인, 감성브랜딩』, 서울: 김앤김북스, p.65.

제7절 감각유산 연출의 사례

1. 향기 감각유산의 사례

우리나라의 지방을 여행하다 보면 상당히 많은 박물관을 만나게 된다. 그 박물관들의 공통점은 상당한 규모의 예산을 들여 조성했다는 것과 투입된 예산대비 재미가 없는 밋밋한 박물관이라는 점이다. 전시의 내용이나 연출이 박물관의 주제에 대해 사람들로 하여금 흥미나 호기심, 교육효과를 불러일으키지 못하는 것이다. 이유는 간단하다. 감각유산의 연출이 제대로 이루어지지 않고 있기 때문이다.

전시하고자 하는 취지와 의미를 다양한 감각으로 전달하는 좋은 사례는 얼마든지 있다. 그

중에 향기라는 감각유산을 가지고 방문객들에게 생각하는 시간을 갖게 만들고 있는 워싱턴DC의 홀로코스트 박물관을 예로 들 수 있다. 방문객들은 이 박물관을 보기 위해 진입부로 들어서게 되는데 그 진입부에는 충격적인 향기 자극이 전시되어 있다. 대량 학살용 가스실에 들어가기 직전에 벗어놓은 유태인 신발 수천 켤레가 전시관 입구에 쌓여 있고 그 한가운데를 방문객들이 지나가게 동선이 잡혀 있다. 그곳을 지나가는 방문객들은 학살 당시의 상황으로 들어가고 있는 듯한 착각을 갖게 된다. 산더미처럼 쌓여 있는 신발들이 주는 시각적 효과 때문은 아니다. 70년 이상 지난 그 신발들에서 나는 퀴퀴함의 강한 향은 당시 학살당한 원혼들의 육성을 듣는 듯한 고통을 동반한다. 그 후에 나타나는 전시물과 전시공간은 이 사실적인 강한 향으로 인해 그 전달력이 더 강해진다.

일본에서 초기 향 문화는 왕과 귀족 등 상류계급의 전유물이었다. 고대 일본의 향 문화는 향기를 옷에 배게 하는 훈의(薰衣)에서 비롯된다. 옷을 펴서 걸친 다음 그 아래 향을 피워 향기를 배도록 한 뒤 입는 방식이다. 특히 화려한 귀족문화가 꽃을 피운 10세기 이후 헤이안 왕조는 종교적 의미로 향을 공향(恭香)하는 유행과 함께 접목시켰다. 이것을 '다키모노아와세(薰物合せ)'라고 하는데 이러한 향 문화는 동아시아 3국 중에서도 일본의 유일하고 독특한 전통이다. 이러한 향 문화는 헤이안시대 궁정 소설이며 세계 최초의 장편소설인 겐지이야기(源氏物語)나 최초의 수필집인 마쿠라노소시(枕草子)에 잘 나타난다. 고대 일본 여성들이 훈의(薰衣)를 즐겨 입는 패션을 묘사하고 있을 뿐만 아니라 향을 통해 자신의 존재를 표현하는 매개로 삼았음을 알 수 있다.[29)]

미국의 어떤 연구 결과에 따르면 고객은 좋은 향기가 나는 매장을 더 선호한다고 한다. 또 동일 상품이라도 향기가 있는 상품을 더욱 선호하고, 향기가 있는 상품의 품질이 더욱 좋다고 생각한다. 업종의 특성 또는 타깃 대상에 맞춰 향기를 다르게 활용하고 있다. 기존의 오감마케팅은 주로 시각과 청각을 중점적으로 마케팅이 이루어져 왔었는데, 실제로 고객에게 큰 영향력을 행사하는 것은 미각, 후각의 순으로 나타났다.

2. 미각연출의 사례

미각을 단순히 먹는 체험으로만 단순화시켜 보는 것은 감각유산 관리와 거리가 있다. 입체적인 감각유산과 관련된 미각관리의 중요성을 강조한 사례로 삿포로의 라멘공화국을 들 수 있다. 일본 삿포로역 앞에는 일본 라멘을 만들어 파는 식당들을 한곳에 모아놓은 건물이 있다. 삿포로 에스타 백화점에 위치한 라멘 테마파크다. 이 건물은 10층에 라멘거리로 만들어 라멘공화국이라

이름 붙였다. 삿포로 시내의 유명한 라멘식당 2호점은 물론 일본 전역의 라멘 집을 라멘거리에 배치시켜 놓은 라멘 테마파크인 것이다. 시내 여기저기에 분산되어 있는 라멘 맛집을 하나하나 찾아다닐 필요 없이 한곳에 모아놓으니 관광객이나 삿포로 시민이나 편하고 쉽게 라멘을 즐길 수 있다. 미각을 주제로 일본의 옛 거리를 재현한 인테리어의 감각타운이 형성되어 시내에 명소 하나를 만든 결과도 가져왔다. 이곳에 입점하기 위해서는 경쟁지원을 통해야만 한다. 맛에서 뛰어난 자극만을 선별하는 구도이다.

라멘공화국의 사례는 단순히 먹는다는 데 우선을 둔 체험이 아니라 마치 새로운 공간이나 마을에 들어와 있다는 느낌을 주는 경우라 더 의미가 있다. 맛에 정취가 더해져서 먹는 즐거움에 여행의 즐거움을 추가해 준다.

3. 소멸성 회화적 장면 – 감각유산 정취의 사례

이집트 카이로의 피라미드는 전 세계로부터 오는 관광객들의 발길이 끊이지 않는 세계적인 대표 관광 매력물임에 이의를 제기하는 사람들은 없을 것이다. 이집트의 물가수준에 비하면 입장료도 상당히 높은 수준으로 책정되어 있지만 멀리 이집트에 찾아온 이유인 피라미드를 거부할 관광객은 없을 것이다. 실제로 보는 피라미드는 세상에 존재하는 손꼽히는 불가사의답게 그 앞에 서 있는 방문객들을 휘어잡는 포스를 내뿜는다. 그 앞에 멍하게 몇 시간이라도 서 있을 수 있도록 만드는 힘을 전달하는 신비로운 대상인 것이다.

이런 피라미드를 방문할 때는 이른 시간에 방문하지 말고 늦은 오후 시간대에 방문하기를 권한다. 석양이 아름다운 이유도 있다. 하지만 그보다 더 중요한 이유는 곧 밤이 되는 늦은 오후시간에 방문하면 밤 시간에 피라미드를 다시 찾지 않아도 되기 때문이다. 낮에 찾은 피라미드를 밤에 다시 찾아야 하는 이유는 소리와 빛의 쇼(sound and light show)를 보기 위해서다. 피라미드와 스핑크스를 배경으로 피라미드의 탄생과 관련된 역사와 유래를 레이저 쇼와 아름다운 음성의 성우의 해설로 보는 이에게 감동을 주는 것이다. 낮에 피라미드가 보는 이를 압도시키는 존재라면 밤의 피라미드는 어둠이 내린 사막에 우뚝 솟은 피라미드를 배경으로 조명과 레이저가 만들어내는 형형색색의 회화적인 장면들은 보는 이에게 치유의 감성적인 자극을 준다.

이는 감각유산 관리를 통한 동일상품의 별개브랜드화(one product two brands)의 사례이다. 이집트 입장에선 피라미드라는 하나의 상품을 가지고 방문객들이 두 번 지갑을 열게 만드는 성공적인 전략이다. 방문객들도 낮의 피라미드의 체험보다 더 마음속에 각인되는 감성적인 감각체험을 할 수 있는 기회를 제공받는 성공적인 윈윈(win-win)의 사례라 할 수 있다.

4. 질감과 촉감유산의 사례

(1) 일탈을 부르는 마성의 촉감 - 보령 머드축제

머드축제는 일탈의 축제로 국내뿐만 아니라 외국인 참가가 급속도로 늘어나고 있는 글로벌 축제다. 주한 외국인들에게 가장 인기 있는 국내 축제는 물론이고 축제 개최시기에 한국을 방문한 외국인들이 직접 찾아가는 명실상부한 글로벌 축제로 발돋움했다. 이런 인지도와 인기를 바탕으로 보령 머드축제는 뉴질랜드로 수출되는 축제로 성장했다. 2017년 뉴질랜드 로트루아시에서 처음 개최되는 머드축제를 시작으로 5년 동안 해당축제에 필요한 머드원료와 머드 상품을 보령에서 수출하게 된 것이다.

보령 머드축제의 근간을 보면 머드가 있고 그 머드는 얌전하게 얼굴이나 몸에 바르는 화장품의 형태가 아니라 몸 전체에 진흙이 묻게 되어 평상시의 복장상태와는 판이하게 다른 상태로 진입하게 되는 일탈의 수단이다. 그 일탈의 근간에는 역시 감각적인 체험이 있다. 얼굴과 머리와 손과 신체의 모든 곳에 머드가 개입되어 시각적으로나 촉각적으로 강한 자극의 경험이 되는 것이다. 보령 머드축제가 빠른 속도로 성장할 수 있었던 것은 이러한 일탈적 감각유산 체험에 큰 수요와 흥미를 이미 알고 있었던 외국인방문객의 증가에서 원인을 찾을 수 있다.

머드축제 초기에 내국인 방문객들의 머드체험에 대한 욕구는 강하지 않았다. 머드가 머드축제의 가장 핵심체험자극이었음에도 불구하고 무속인들의 작두 타기나 머드미인선발대회, 방송사와 연계된 아이돌 그룹의 공연 등 부수적인 행사들이 주가 되는 축제였었다. 몸과 옷이 진흙탕물로 엉망이 되는 머드축제 본연의 체험은 극소수 내국인 참가들이 용기 내어 참여하는 정도에 그쳤다.

(2) 화천 산천어축제

화천 산천어축제의 경우도 축제의 본질은 감각유산의 체험이다. 두꺼운 얼음을 깨거나 얼음에 구멍을 내는 과정에서 강얼음이 튀거나 강물이 뚫린 얼음구멍 위로 솟아오르는 소리, 얼음 밑의 산천어를 낚시로 잡아내는 손맛이 시작이며 아빠가 혹은 자기 자신이 잡아 올린 꿈틀대는 산천어를 손으로 잡았을 때 손으로 전달되는 감각, 그 산천어를 구워먹기 위해 불에 구울 때의 향기, 어두워진 축제행사장에 조명이 들어오고 해가 떠 있을 때 낚시하던 얼음 위로 썰매를 타며 차가운 겨울공기를 호흡할 때의 상쾌함, 차가운 물속을 헤집고 다니는 산천어를 맨손으로 잡아낼 때의 촉감과 흥분, 자매축제인 하얼빈 빙등축제의 빙등과 삿포로 눈축제의 눈 조각이 만들어내는 산천어축제장의 배경적 정취, 감각유산 차원에서 축제 방문객들이 이처럼 몸으로 느끼며 본능적으로 뇌가 반응하여 갖게 되는 신선하고 청량한 감각적 경우의 수는 이루 말할 수 없을 정도로 많은 것이 산천어축제의 본질이다. 산천어축제는 축제라는 말 대신에 '산천어 제공 본능적 감각 유발의 장'으로 불릴 수 있다.

5. 감각유산의 조합

전남 해남의 대흥사 가까이 있는 우리나라 최초의 여관인 유선관은 이미 흥행에 성공한 여러 영화의 촬영장소로 쓰인 만큼 그 정취는 유인력 있는 감각유산이기에 부족함이 없다. 고즈넉한 한옥과 주변을 흐르는 개울이 만들어내는 정취는 흉내 내기 힘든 분위기를 연출해낸다. 이 유선관에서의 하룻밤은 분위기 좋은 전통 한옥여관에서의 숙박이란 것 외에도 큰 의미로 다가오는 것이 저녁과 새벽에 대흥사의 타종소리가 은은히 들려온다는 점이다. 유선과의 정취유산과 대흥사 타종소리의 청각적 감각유산이 합해지면서 그 매력은 증폭된다. 대흥사의 타종소리를 전통 한옥여관에서 듣는다는 점이 강조되어야 할 감각유산의 조합의 사례인 것이다.

안동소재 종택 한옥에서 헛제사 밥을 먹고 해 질 녘 병산서원 만대루에 앉아 앞에 흐르는 강 바라보기가 미각과 시각의 감각유산으로 조합되어 정신건강과 신체건강을 호전시키는 쪽으로 기여한다면 트랜스포메이션 재화로서 감각유산이 갖는 치유의 적극성 수준 역시 조합의 내용과 감각유산의 강도에 차이를 보이는 것의 사례가 될 수 있다. 결국 조합되는 감각유산의 조화와 균형, 특화성 등에 따라 감각유산이 트랜스포메이션의 재화가 아닌 여타 체험재화와 차별화되는 방향성을 내포하는 것을 알 수 있다.

제8절 감각유산의 DNA

지역은 그 고유의 감각적 정취를 바탕으로 안정화되어 있어야 지역의 관광이 활성화된다. 경제수준이 높아지면서 도시화가 가속화되면서 국내의 지방은 어느 곳을 가나 그곳이 그곳인 곳이 되어버렸다. 지역의 어느 구석이나 획일적인 도시화가 빠른 속도로 진행된 결과다. 과거의 정취가 묻어나야 할 마을이 신도시 수준의 개성 없는 거리로 변해버렸다. 이런 경우 지역의 감각유산은 획일화된 물리적인 외모변화와 함께 묻혀 버린다. 감각유산들은 관광객들 체험의 소스(source)가 되고 관광객의 기억에 남거나 관광객에게 만족을 주거나 하는 원천이 된다. 꾸미지도 않았으며 원래 있던 그대로의 모습을 간직한 것만으로도 아름다운 마을과 고장의 모습, 그 고장 속, 사람들의 삶의 방식은 그 자체로도 고장 난 우리들의 감각을 되찾아주기에 충분하다. 감각유산이 지역관광 활성화와 관련하여 큰 의미가 있는 이유는 이렇게 지역밀착형, 주민밀착형 관광을 유발하기 때문에 큰소리 내지는 않지만 안정되고 지속적으로 지역에 관광객들의 발길을 끌어 모은다는 데 있다.

따라서 단순 관광이나 휴양의 개념을 벗어나서 몸과 영혼의 휴식을 감각유산의 조건하에서 진행할 수 있는 자원이나 브랜드가 엮어져야 한다. 또 그 속의 다양한 프로그램이 증가해서 결국 단순관광이나 단순휴양시설을 넘어선, 관광객에게 의미 있는 감각유산으로 인정받아 트랜스포메이션 재화와 같은 방향성의 줄기를 잡아 소비되는 트렌드를 보여줘야 하는 것이다. 트랜스포메이션 재화를 고려할 때 심신이 변화하는 속도나 강도를 어떻게 가져가느냐 또한 지역밀착형 관광활성화를 위해 지역의 감각유산이 활용되는 방향을 결정하는 내용이 된다.

모든 지역에는 지역 고유의 감각유산과 관련된 DNA가 있다.[30] 그 지역이 갖는 지역 고유의 감각유산은 한번 그 유전자적 특질이 파괴되면 원래 모습을 되찾기가 힘들어진다. 지역 감각유산의 DNA를 방문객들이 공유하기 원하는 지역의 아름다움, 지역다움으로 풀어나가면 관광을 통해 지역은 지속적으로 발전해 나갈 수 있을 것이다. 누군가는 지역관광 발전의 초석이 되는 지역감각의 DNA를 분석하여 지역의 감각유산 DNA지도를 작성하여야 할 것이다. 이 지역의 감각 DNA지도는 지역의 감각유산을 인정, 유지, 조합하여 다루게 되는 기초자료가 될 것이다. 지역의 맛, 향, 색깔, 소리, 분위기, 촉감, 고유 정서 등이 기록되고 미래에까지 이어지도록 보존하며 활용되도록 해야 한다.[31]

제9절 감각유산의 방향성

지역의 감각유산은 미각과 시각이 조합되고 후각과 촉각이 조합될 수 있다. 예를 들어 영월에서 별을 관찰하는 것과 영월의 전통주 향기나 미각체험이 조합 가능한 감각유산이 된다. 감각유산이 매우 세밀한 체험 디테일을 바탕으로 하기 때문에 체험 시의 자극연출이 세련되게 진행되어야 함이 기존의 체험과 다른 내용이 된다. 감각적인 내용의 조합에 해설을 곁들이게 되면 금상첨화가 되며 관광객의 기억에 각인되게 될 것이다.

트랜스포메이션의 방향성을 감각유산 스펙트럼의 패키징에 적용해 본다면 심신을 원래 자연의 상태로 돌려보내는 과정, 원래 심신이 건강하던 상태로 되돌려 놓는 과정이 될 수 있도록 감각유산이 배치 조합되어야 할 것이다. 트랜스포메이션 재화가 갖는 특성을 그대로 반영하여 치유의 기능이 특화된 감각유산 서비스나 시설 혹은 프로그램 등의 면모나 기능을 결정하도록 하는 것이 중요하다.

지역주민이 관광을 통해 혜택을 받는 수혜자가 되는 길은 관광객들이 지역주민의 삶 속에 현재보다 더 깊이 들어올 때 가능해진다. 지역밀착형 관광은 현재 주민들의 삶의 방식에서 결과가 되는 체험이나 재화를 관광객에게 선보이고 관광객들이 신선한 느낌으로 그 체험과 재화들을 받아들일 때 긴 시간 경과 후에도 살아남게 된다.

이미 언급한 감각유산 활용의 방향성으로 트랜스포메이션 재화와 다시 연결하여보면, 종종 지역 주변에 자연발생적으로 형성되어왔던 지역고유의 산업이나 해당 산업의 재료가 되는 자원과의 연계를 모색할 수 있다. 이를 지역특화자원 활용형 감각유산 활성화라 칭할 수 있을 것이다. 해당 지역에 소금을 생산하는 염전이 산재하여 그 지역적 특성을 살려 만든 트랜스포메이션 기지가 있다면 이런 경우에 해당된다. 그 사례로서 전라남도 신안에 위치한 태평염전의 소금테마파크를 들 수 있다. 이는 단순히 테마파크적 체험수준을 벗어나 소금을 통한 트랜스포메이션 재화로서의 감각유산의 성격을 보유하는 경우에 해당된다. 이는 해당 지역의 산업적 자원을 트랜스포메이션 재화로 연결해낸 감각유산 활용의 사례다.

제10절 감각유산과 좋은 변화(Transformation)

과거에 소비자들이 의 · 식 · 주 위주의 육체적 욕구인 원초적 욕망을 원했다면 향후에는 마음의 안정, 정신적 치유, 영혼의 기쁨이 원초적 욕망을 대신하는 시대를 맞고 있다. 이러한 현상은 인간의 중요한 삶의 행위들이 구체적인 물질의 세계보다는 추상적인 사고와 이미지, 그리고 아이디어의 세계에서 이루어지기 때문이다. 제조중심 경제로부터 무형의 아이디어 중심 경제로 이행하는 과정에서 사람들은 과거보다 정신적, 정서적인 문제에 더욱더 직면하게 될 것이고 이러한 문제들을 해결하는 데 더 많은 관심을 가진다.

지역감각유산 되살리기의 한 가지 방향성 사례로 이와 같은 트랜스포메이션(transformation) 재화의 방향성을 들 수 있다. 트랜스포메이션 재화는 사회구성원의 심신이 개인적으로나 사회적으로 긍정적인 방향으로 개선되는 변화를 새롭게 재조명한 경우라 하겠다. 대중들이 개인적인 차원이나 사회적으로 심신이 긍정적으로 좋게 바뀌는 호전의 필요성을 인식하는 것은 트랜스포메이션 경제시대로 진입하게 되는 데 있어서 중요한 계기가 되었다. 트랜스포메이션 경제시대에 다다르면서 인간은 그동안 의미를 두었던 단순한 체험 그 자체에 만족하지 않고 체험을 통하여 심신의 긍정적 변화를 통해 자신이, 성장하고, 발전하며, 개선되고, 개혁되는 결과에 관심이 높아진다는 것이다.

지역 감각유산 되살리기의 한 가지 방향성으로서 트랜스포메이션 시대에 감각유산을 활용하여 관광객의 몸과 영혼을 호전시키는 목표나 목적을 달성할 수 있도록 유도하는 것을 들 수 있을 것이다. 감각유산을 보유하고 있는 지역은 결국 치유의 기능을 갖는 감각재화들을 지역주민들을 통해 선보여서 지역 고유의 특화재료나 감각자원 등의 형태로 지역의 감각유산을 소비자에게 제공할 수 있다. 단순한 감상이나 체험의 수준을 벗어나서 지속적으로 관리된 감각유산이나 감각재화의 상태를 유지하여 대중들이 특별한 목표를 갖고 의도했던 영혼과 육체의 호전 효과를 끌어내도록 돕는 것이다.

이렇듯 트랜스포메이션을 염두에 둔 감각유산 재화의 수요와 공급에는 관광객을 위한 감각되살리기 서비스의 주요 부분으로 체험되는 시설적 특성과 재료가 무엇인지가 중요한 변수 역할을 하게 된다. 체험의 내용이 손에 잡히는 구체적인 재료가 인지되어야 하는 것이다.

감각유산이 재화로서 위치하는 지역의 물리적 · 환경적 특성이나 해당 시설에서 사용하는 특화 재료는 트랜스포메이션이라는 구체적인 방향성을 띤 채로 체험의 주체인 소비자들에게 중요하게 인식되어야 하는 부분이 된다. 따라서 트랜스포메이션 재화 시대에 심신의 호전과 관련하여 지역 감각유산의 존재와 잠재력, 그 특성을 구분하고 그 다양화에 의미 있는 방향성을 제공하는 시도가 이루어진다면 지역밀착형 관광 활성화와 그 안정적 성장유지에 기여할 수 있을 것이다. 지역의 관광은 지극히 지역이 지역다움을 유지할 때 지속가능해진다. 지역이 지역의 맛을 잃지 않고 있으며 감각유산을 통해 지역의 향을 계속 뿜어낼 때 그곳을 찾은 방문객들은 다음 방문을 기약하게 될 것이다.

참고문헌

1) 문정민 · 김미영(2010). 감각체험을 통한 전시디자인의 공간 연출 특성 분석. 한국디자인포럼 vol. 29, 255-264.

2) 문정민 · 김미영(2010). 전게논문.

3) 이태희(2013). 지역관광을 살리는 새로운 시각: 지역 감각유산의 관리. 한국관광정책, 제54호, 31-38.

4) 이태희(2013). 전게논문.

5) 문정민 · 김미영(2010). 전게논문.

6) 문정민 · 김미영(2010). 전게논문.

7) 이태희(2013). 전게논문.

8) 이태희(2013). 전게논문.

9) 문정민 · 김미영(2010). 전게논문.

10) 문정민 · 김미영(2010). 전게논문.

13) 한국학중앙연구원. 한국민족문화대백과.

14) 백승화 · 김명석(2001). 시/청각적 촉감 인터페이스 디자인에 관한 연구. 『디자인학연구』, 15-25.

15) 박영원(2012). 시각 문화콘텐츠 분석에 관한 연구. 『한국콘텐츠학회논문지』, 12(6), 170-181.

16) 이상윤(2010). 영화에서의 음악과 음향의 청취조건 이론에 의한 영화 '베로니카의 이중생활'의 분석적 고찰. 『음악교육공학』, 12(11), 209-223.

17) 윤혜영 · 정강화(2013). 브랜드 스토어의 후각 아이덴티티 디자인 프로세스에 관한 연구. 『디지털디자인학연구』, 13(1), 603-614.

18) Pine II B. J. & Gilmore, J. H.(1998). *Welcome to the Experience Economy*. Havard Review, July-August: 97-105.

19) Schmitt, B. H. (1999). Experiential Marketing. New York: Simon & Schuster.

20) Schmitt, B. H.(1999). 전게서.

21) Schmitt, B. H.(1999). 전게서.

22) Schmitt, B. H.(1999). 전게서.

23) Schmitt, B. H.(1999). 전게서.

24) Schmitt, B. H.(1999). 전게서.

25) Schmitt, B. H.(1999). 전게서.

26) Schmitt, B. H.(1999). 전게서.

27) Gobe, M.(2002). Emotional Branding. 이상민 역, 감성디자인 감성브랜딩, 서울: 김앤김북스.

28) Gobe, M.(2002). 전게서.

29) 김영(2015). 일본의 후각문화와 향(香). 『동아인문학』, 32(8), 267-288.

30) 이태희(2013). 전게논문.

31) 이태희(2013). 전게논문.

32) 박성연 · 배현경 (2006). 매장 내 감각적 체험이 매장태도와 애호도에 미치는 영향: 소비감정과 만족의 매개적 영향을 중심으로. 『마케팅관리연구』, 11(3). 1-13.

33) 박성연 · 황정은 (2005). 매장내 체험적 경험이 브랜드 태도 및 구매의도에 미치는 영향: 디지털 체험관을 중심으로. 『경영논총』, 23(2), 69-93.

34) 오수희(2005). 감각, 감성, 인지 체험간 관계가 경험적 가치와 브랜드태도에 미치는 영향에 관한 연구. 이화여자대학교대학원 석사학위논문.

35) 한숙영(2005). 문화관광 체험영역에 관한 연구. 경기대학교 대학원 박사학위논문, 17-18.
[네이버 지식백과] 문화유산 [Cultural legacy, 文化遺産](철학사전, 2009, 중원문화).
철학사전편찬위원회(2009). 철학사전, 중원문화.

36) Gilmore, J., & B. Pine Ⅱ(1999). *The Experience Economy: Work is Theatre & Every Business A Stage*. Harvard Business School Press.

37) Gobe, M.(2001). *Emotional Branding: The new paradigm for connecting brands to people*. New York: Allworth Press.

38) Smith, S., & Wheeler, J.(2002). M*anaging the customer experience - turning customers into advocates*. 정우찬 역(2003). 브랜드 가치를 높이는 고객경험, 다리미디어.

제 2 장

관광지리학

이승곤

경희대학교 관광학부 교수

경희대학교에서 박사학위를 취득했다. 저자 이승곤은 한국관광연구학회에서 학회장을 맡고 있으며, 저서 「관광학개론」, 「관광세계지리」, 「테마가 있는 리조트 개발 및 경영」 등과 논문주제로서 관광지리, 관광학의 패러다임 변화, 장소마케팅 등을 통해 활발한 학술적 성과를 발표하고 있으며 후진양성과 학회의 발전에 힘쓰고 있다.

skolee@khu.ac.kr

임근욱

경희사이버대학교 관광레저항공경영학과 교수

경희대학교에서 박사학위를 취득했다. 저자 임근욱은 한국관광연구학회에서 편집이사를 맡고 있으며, 저서 「관광과 세계문화유산」 등과 논문주제로서 세계유산, 지질유산 및 농업유산을 통한 관광자원 연구와 관광기후 등을 통해 40여 편의 활발한 학술적 성과를 발표하였다.

limku@khcu.ac.kr

제 2 장

관광지리학

이 승 곤 · 임 근 욱

제1절 관광지리학의 개념과 역할

1. 관광지리학의 발전과정과 개념

(1) 관광지리학의 발전과정

관광학은 서구사회에서 학문적 연구분야로 발전하여 그 연구결과가 상당기간 누적되어왔다. 그리고 관광학의 개념과 정의, 연구 범주(Category)의 확대, 인접 학문과의 통섭적 연구 등도 활발하게 진행되고 있다. 그중에서도 지리학은 관광학의 연구 및 발전에 중요한 역할을 해오고 있으며 독립적인 학문으로 정립되어 많은 연구 결과들이 세계적 저널 등에 발표되고 있다. 그러나 관광지리학의 사회적 역할에 대한 이의를 제기함으로써 관광학의 학문적 가치를 폄하하여,[1] 한국에서도 초기 지리학자들이 관광학연구와 관광학과 개설을 주도하였음에도 불구하고 현재 관광지리학은 관광학 분야에서 분과학문(disciplinary)으로 전락하고 있는 실정이다.

초창기 관광학연구와 대학의 관광학과 태동*에 절대적 역할을 한 지리학은 개별학문인 응용지리학적 측면에서 관광지리학으로 시작하였지만 학문의 패러다임이 종합사회과학적 접근방법으로 전환하는 흐름 속에서 두각을 나타내지 못하였다. 관광사업의 활성화로 전국의 관광관련학과가 급격히 개설되고 관광학연구가 활성화되었지만 관광지리학의 경우 현대과학의 실용성에 부응하지 못함으로써, 학문적 기조는 자본과 경영의 효율성과 경제적 역할에 중심을 두는 경영

---

* 서울에만 초점을 맞춘다면 각 대학의 관광학 연구에 절대적 기여를 한 경기대학교의 관광학과(1964년 학과설립) 이장춘 교수, 한양대 관광학과 김홍운 교수, 경희호텔전문대학(1974년 학과설립)의 김상훈, 김종은 교수는 관광학 연구의 1세대라고도 할 수 있지만 관광학과 태동에 기여하면서 한국의 관광지리학을 자리 잡게 한 시조라고 할 수 있다.

학이나 경제학 등의 방향으로 발전하게 되었다. 다행히도 일부 지리학과에서 응용적 측면*의 관광지리학 또는 여가지리학에 대한 석사 및 박사학위논문이 배출되고 있어서 다시금 개별과학의 응용적 측면으로서 관광지리학의 부흥이 기대된다.

(2) 관광지리학의 개념

관광학이 '인간의 즐거움에 대한 연구'를 주요 주제로 할 때, 지리학은 '지표상에 나타나는 공간적 상호관계에 대한 연구'가 주요 관심사이다. 따라서 관광지리학이 추구하는 학문적 방향은 현대관광의 현상 속에서 '인간이 즐거움을 느끼는 장소와 공간에 대한 연구를 집중한다는 것'이다. 즉, 인간에 대한 활동에 따른 목적지의 특성과 공간적 특성에 대하여 연구하는 학문이며, 이것이 경영학이나 경제학과 같은 다른 학문과 차별화되는 개념이며 연구방법이다.

관광지리학 연구는 관광객들의 관광활동과 관련된 여러 현상의 파악은 기본이며, 관광활동의 대상(무대)이 되는 관광지의 인문 · 자연 · 사회 · 문화 · 산업 등의 관광자원에 따른 특성과 관광객과의 관련성을 지리학적 연구방법을 적용하여 분석하는 지리학의 한 연구 분야로 개념 지을 수 있다. 관광지리학이 다른 학문과 가장 차별화된 요소는 그 연구의 핵심에 지역(관광지)이 있으며, 지역 내 또는 지역 간의 상호작용, 지역의 관광자원, 관광사업과 관광공간의 조성 · 기능 · 구조분석 등을 통하여 관광지의 지역성과 그 상호 간의 관계성을 규명하는 것이다.

2. 관광의 구조 속에서 관광지리학의 위상과 역할

(1) 관광지리학의 위상

경영학이 현대사회의 비용과 수익의 최적 결합을 통한 효율성을 찾는 학문이고, 관광학이 환대(Hospitality)라는 마음가짐으로 관광객 서비스에 핵심이 있다면 관광지리학은 관광활동의 무대에서 나타나는 지리적 분포와 공간적 현상에 대해 연구하는 학문이다. 이러한 역할을 가지고 있는 관광지리의 위상에 대해 지리학계뿐만 아니라 관광지리학계에서 조차 그 진정한 가치를 간과하고 있는 것이 현실이다.

지리학은 땅에 대한 기초 학문이며 인문현상과 자연현상을 아우르며 지역에 대한 종합적인 통찰력을 제공할 수 있는 유일한 종합학문이다. 관광학 내에서도 관광지리는 지리학적 기초소양

---

* 지리학분야에서 관광학 또는 관광지리학에 대한 연구는 본 논문에서는 포함시키지 않았으며 다음 연구주제로 남기고자 한다.

을 가지고 있지 않는 한 아무나 가르칠 수 없을 만큼 타 학문에서 지리학의 중요성을 더 인정하고 있다. 따라서 관광지리학이 산 이름이나 강 길이를 외우고 지명이나 찾는 학문으로 치부되지 않도록 학계 및 전공자들이 자신이 속한 영역의 울타리를 구축하기 위한 재도약의 소명을 다하기 위해 최선의 노력을 해야 할 것이다. 최근에 신진학자들을 중심으로 외국의 관광지리학의 연구동향과 방법론에 대한 도입과 논의에 대한 활발한 연구를 진행하고 있어 그 발전 가능성은 충분하다고 할 수 있다.

(2) 관광의 구조 속에서 관광지리학의 역할

현대사회에서 관광이 주목받는 사회현상으로 자리매김하였고 이 현상을 유지하고 존재시키는 구성요인은 크게 관광주체(관광객), 관광객체(관광자원), 관광매체(관광사업자) 등 3부문으로 구분된다. 그리고 공공부문의 역할과 기능에 대한 중요성이 더해가고 있으며 새로운 관광구조로 성장하고 있다.

이러한 구조 속에서 주체와 객체에 대한 연구도 중요하지만 관광지리학의 역할은 첫째, 관광학과의 조화를 통해 그 진정한 학문적 역할을 정립하는 것이고 둘째, 객체인 관광지와 관광자원에 초점을 두고 관광지나 관광자원의 개발과 입지결정에서 고유한 방법론을 찾을 때 그 최적

그림 2-1 관광의 기본구조

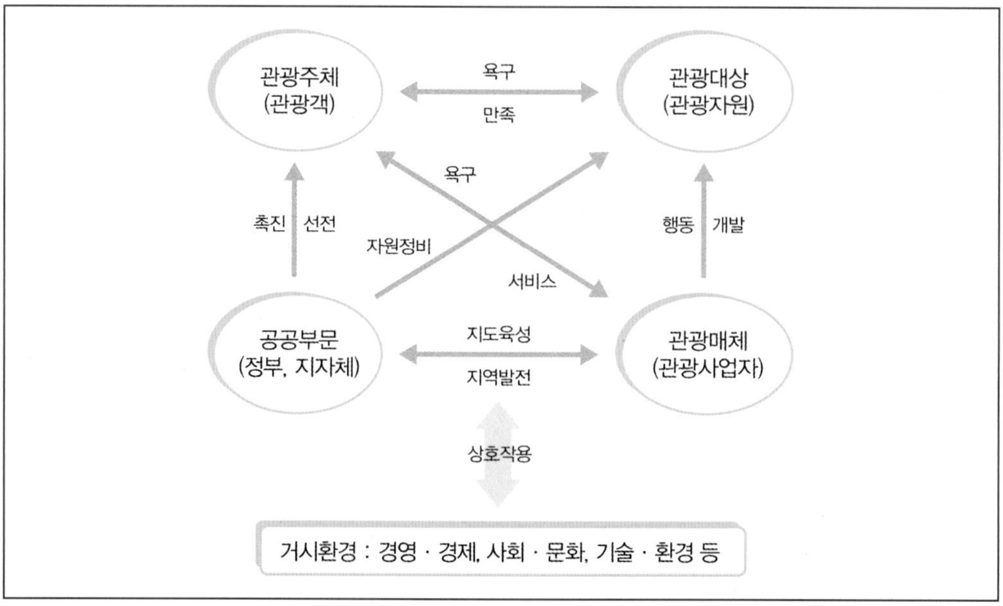

역할을 찾을 수 있다.

① 관광학 연구에 있어서 지리학의 역할

지리학과 관광학이 갖고 있는 공통적인 속성이 있다. 지리학은 지표면위에서 자연환경과 인문환경과의 상호작용으로 펼쳐지는 인간의 활동과 그에 따른 공간의 변화, 그 결과로 형성되는 지역적 특성(지역성) 파악에 그 연구의 목적을 두고 있다. 그 궁극적인 결과는 무엇이 그 공간과 장소를 구성하는지, 그 공간과 장소는 어떻게 변화하는지와 같은 Process(과정, 형성원인)의 규명을 추구한다. 그런데 관광이야말로 이러한 변화의 프로세스를 일으키며 사람들의 이동을 유발하는 가장 큰 동인(動因, Agent of change)의 하나이다. 따라서 지리학과 관광은 그 연구의 대상과 그 추구하는 목적이 같은 근본적으로 상호 밀접한 관련성을 가지고 있다.[2)]

이러한 공통점과 학문 간의 통섭에도 불구하고도 관광학 연구에 있어서 간과하기 쉬운 영역은 지역을 기반으로 한 종합적인 접근방법을 소홀하게 할 수 있다는 것이다. 관광학이 인접분야와 학제 간의 접근을 시도해서 다양한 접근방법을 모색하고 있지만 한두 개 학문 간의 통섭으로는 연구의 한계점이 있다. 지리학은 지역에 대한 종합적인 연구가 기본적인 접근방법이다. 그러므로 관광학 연구에 있어서 지리학의 역할을 정립하기 위해서는 관광지에 대한 지역적 분석을 토대로 각 정보 간의 네트워크를 구축하고 이를 기반으로 각 지역이 가지고 있는 관광지의 특성을 규명하고 지역의 인문환경과 자연환경과의 상호연계성과 조화를 통해 지역특성에 맞는 관광자원을 부각시켜 관광지를 개발하는 데 있다. 이렇게 함으로써 관광지리학의 연구결과가 지역을 기반으로 하는 관광산업을 발전시킬 수 있는 초석적 역할을 할 수 있을 것이다.

② 관광개발에서 관광지리학의 역할[3)]

관광지리적 입장에서 접근하는 관광개발은 길이 보전해야 할 경관을 훼손하면서 개발하는 파괴적 개발이 아니고 지속가능한 개발(Sustainable development)을 전제로 하는 것이다. 그러나 개발자들(Developer)은 개발입지를 결정하는 데 있어서 매력적인 경관을 가진 지역 또는 워터프론트(Waterfront)의 접근성을 증대시켜 건축물과의 조화를 통해 그 대상 건축물과 토지의 부가가치를 높이려는 것이 일반적인 사고방식이다.

지리학적 마인드를 가지고 접근하는 개발방식은 그러한 훌륭한 경관은 그대로 보존하면서 그 경관을 멀리서 조망하는 곳에다 관광지개발을 추진하는 것이다. 즉, 버려지고 쓸모없는 땅에 적절한 용도를 부여하고 부가가치를 높여 자연과 인간과의 조화를 꿈꾸는 것이 지리학적 개발방식이다. 부가적인 효과로는 관광개발을 지역개발의 도구로서 활용하고, 한편으로는 지역을 관광객에게 마케팅하여 지역주민의 일자리 창출과 소득증대를 도모하는 것이다. 이렇게 관광지조성이 조화롭게 진행되면 그 지역의 토지이용은 고도화되고 관광가치를 형성하여 관광흡인력을 높일 수 있다. 그러나 관광지조성을 위한 자연개조가 무질서하게 이루어질 경우 자연환경파괴는 물론 홍수, 산사태, 각종 공해를 유발시킬 가능성이 높기 때문에 관광개발에 있어서 첫 번째 스텝은 지역이 갖고 있는 잠재력에 알맞은 개발을 위하여 그 지역에 대한 현황을 분석하고 지역성을 밝혀 관광개발의 기초 자료를 제공하는 역할을 하는 지리학적 접근이 필요하다.

③ 관광시설 입지 결정에 있어서 관광지리학의 역할

관광시설 개발은 거대한 자본이 투입되고 한번 건설되면 원형으로 돌이킬 수 없는 상태가 되므로 심사숙고해야 하는 것은 당연한 것이다. 특히 우리나라와 같이 한정된 국토자원을 효율적으로 사용해야 하는 기본적 제약이 있기에 대상 시설물에 적합한 최적 입지를 결정해야 하지만 현실적으로는 쉽지 않다.

관광시설의 입지결정에 가장 큰 영향을 미치는 것은 관광시장과 관광자원과의 접근성, 지역의 역사성과 진정성(Authenticity), 지역성 등이다. 이러한 입지조건은 지역과 국가에 따라 분포하는 자연환경과 인문환경이 다양하기 때문에 최적입지를 찾기 위해 끊임없이 노력해야 한다. 우리나라의 경우 국토면적에 비해 경관변화가 다양하고 각 지역이 지니고 있는 지형, 기후, 식생, 생활양식과 함께 섬, 산악, 계곡 개발 등으로 이국적인 정취를 연출할 수 있기에 개발 방향에 따라 얼마든지 다양한 형태의 개발이 가능할 수 있다는 것이다.

이상과 같이 관광지의 입지조건으로 중요시되는 지형, 기후, 식생, 교통, 접근성에 대한 분석은 지리학의 연구방법으로 가장 적절하게 규명할 수 있어 관광지리학이 관광입지와 관광산업발전에 많은 역할을 할 수 있다.

제2절 관광연구의 지리학적 접근과 과제

1. 관광현상의 관광지리학적 접근

(1) 지역의 개념

지역(region)이란 '지표면 위에서 다양한 영력에 의해서 형성된 실체적인 인간 삶의 공간'이라고 간단하게 개념적으로 정리할 수 있으며, 지역 내에는 일정한 질서와 공간 조직이 있으며, 각종 사상(事象)이 충진된 공간으로 그 개념을 확대할 수 있다.

지표상에 표출된 실제의 지리적 공간(지역)은 주어진 자연, 문화, 경제적 환경과 공간요소(위치, 거리, 형상, 크기 같은 개념)를 기초로 하여 인간의 부단한 의사결정과정을 통해 지표상에 표현된 의사결정의 결과이다. 그러므로 특정한 지역의 연구(관광지 연구, 관광개발, 지역개발)는 지역의 구성요소에 대한 냉철하고 합리적인 판단이 포함되지 않고서는 제대로 된 연구결과를 기대할 수 없다.

한 지역에는 다른 지역과 공통점을 가지고 있으면서 다른 지역과 구분되는 그 지역만이 가지고 있는 독특한 특성이 나타나는데 이것이 지리학의 연구대상인 '지역성'이 되며, 이 지역성에 의해 다른 지역과의 차별성을 가지게 되며, 관광의 관점에서는 관광지와 관광자원의 진정성(Authenticity)이 되는 것이다.

(2) 관광지리학의 연구대상

관광지리학은 관광활동의 대상(무대)이 되는 관광지의 특성과 관광객과의 관련성을 지리학적 연구방법을 적용하여 분석하는 복합 학문으로 개념 지을 수 있다. 관광의 3대 구성요소는 주체로서 관광객, 객체로서 관광지(관광자원) 그리고 이들을 매개하는 매체로서 관광시설(관광사업)을 들 수 있는데 이들을 지리학적 관점에서 연구한다.

① 관광객

관광객은 관광지를 변화시키는 동인으로서 관광객의 이동경로, 관광객유입에 의한 지역 변화, 및 관광객의 지출에 의한 지역경제 파급효과 등이 연구대상이 된다.

② 관광지(관광자원)

관광지는 관광객이 일상생활권을 벗어나 관광욕구를 충족시키면서 일정기간 동안 체재하는 지역으로서 관광자원과 관광시설을 갖추고 있으며, 정보제공 서비스가 이루어지는 일정한 공간을 의미한다. 관광자원은 관광지 내에서 관광객에게 즐거움과 신기성을 제공하는 특정 대상물이라 할 수 있다. 관광지와 관광자원의 개념적 차이는, 관광지는 지역 전체가 관광욕구를 충족시킬 수 있다는 점에서 관광자원과 같은 의미이지만 모든 유형의 관광자원이 특정한 '지역'이라는 공간적 개념을 갖고 있는 것은 아니라는 점에서, 관광지는 관광자원과 구분되는 개념이다. 즉, 관광자원은 공간상 점(點)의 개념이지만 관광지는 면(面)의 개념이라고 할 수 있다.

관광자원은 범위의 무한정성과 관광행위의 다양성으로 인해 그 범위가 지속적으로 확대되어

가고 있으며, 관광자원으로서 갖추어야 할 조건은 첫째, 관광객의 욕구나 동기를 일으키는 매력성을 지니고 있어야 하고 둘째, 관광객을 끌어들일 수 있는 흡인력이 있어야 하고 셋째, 관광객의 접근이 가능하고 관광개발을 통해서 보다 나은 관광자원으로 발전될 수 있어야 한다. 즉, '관광지는 관광자원의 매력성이 있는 곳이나 그 주변 지역에 공공자금이나 민간자본을 투입하여 관광객의 관광활동을 증진하기 위한 기반시설과 편익시설을 갖춘 곳'이라고 정의한다.

지표상에 표출된 지리적 현상 중 인간에게 특별한 관심거리가 관광자원이 되며 '관광자원'을 담고 있는 실제의 지리적 공간은 '관광지'라 개념 지을 수 있으며, 이러한 관광지는 주어진 자연, 문화, 경제적 환경과 공간요소를 기초로 부단한 의사결정과정을 통해 지표상에 누적된 의사결정의 결과이다.

관광지리학의 연구대상은 관광지의 형성과정에 따른 자연적, 문화적, 사회적, 산업적 관광자원과 이들을 담고 있는 관광지의 형성과 변화 그리고 관광지의 특성을 분석하고 연구한다. 특히 관광가이드나 관광자원 해설가들이 그 지역을 설명하고 관광자원을 안내할 때 전설과 설화로만 관광객들에게 전달하여 흥미를 유발하고 있는데 이는 그 관광지역과 관광자원이 가지고 있는 진정성(Authenticity)을 제대로 전달하지 못하는 관광해설인 것이다.

③ 관광시설(관광사업)

관광시설에 대한 연구는 관광지의 특성에 맞는 관광시설의 입지, 형태, 규모, 기능이 설정될 수 있도록 기초적인 조사와 자료를 수집하여 종합적인 검토를 수행한다. 특히 관광시설의 입지선정에 연구의 중심을 둔다.

관광지리학적 연구와 일반 관광학연구의 가장 근본적인 차이점은 지역과 공간에 연구의 중심이 있는가 아닌가에 있다. 어떤 연구 대상을 선정하였더라도 귀결점이 지역 자체를 떠난 연구는 관광지리학적 연구라 할 수 없다.

(3) 관광지리학의 연구방법

학문이란 어떤 현상이 오랜 기간 반복 · 누적되어 발생하게 되면 그 현상의 인과관계에 대한 연구의 결과로 원리나 이론, 법칙이 규명되면서 형성된 것이 일반적인 경우이지만 다음과 같은 Case에 의해 형성되기도 한다.

첫 번째 Case는 새로운 이론의 발견으로 인한 경우이다.

두 번째 Case는 기존의 학문이 보다 복잡, 다양화되어 연구노력의 분화로 인해 발생되는 경우로 전문화 과정을 거치는 경우가 있다.

세 번째 Case는 새로운 주제에 대한 개안(開眼)의 경우이다. 인간의 현실적 삶의 문제와 연관되어 그 해결방안으로 강구하는 실질적 접근이 배경이 되어 등장하게 된 학문으로 관광학 등이 여기에 해당한다.

관광지리학이란 학문은 자생적으로 또는 타 학문에서 변형되어 형성된 학문이 아니고 사회구조 속에서 관광현상이 급속히 확산되면서 이를 학문적 영역으로 선택한 관광학이 관광지와 관광자원을 분석하고 연구하기 위해 지리학에서 연구되어온 주제와 방법론을 도입하고 차용한 것이다.

그렇기 때문에 관광지리학의 연구방법은 지리학의 연구방법을 활용하여 현대사회의 관광현상을 분석하기 위한 방법으로 그대로 적용할 수 있다. 물론 시대적 조류에 따라 다양한 접근방법이 나타났다 사라지는 패러다임의 혼재* 현상이 존재하지만 기본적으로 다음과 같은 전통적인 지리적 방법론이 기본을 형성하고 있다.

지역을 인식하는 연구방법에는 그 태동배경에 따라 우리 조상들이 자생적(일부 학자들은 중국에서 받아들였다고도 함)으로 자연을 인식하는 체계로 구축해온 전통적인 연구방법인 풍수지리와 서구의 과학적 합리주의에 기인한 접근방법으로 대별할 수 있다.

① 전통적 연구방법

풍수지리는 기(氣)의 존재 여부를 어떻게 논리적이고 실증적으로 표현하느냐에 따라 '풍수지리학', '풍수지리설', '풍수지리사상' 등으로 나눌 수 있다. 어떤 용어를 사용하더라도 풍수지리는 우리 조상들이 우리 국토에 적응하면서 형성된 지모(地母)사상을 바탕으로 바람과 물의 흐름, 산의 형세에 의해 형성된 지기(地氣)가 인간의 길흉화복에 영향을 미친다는 한국인의 자연관이다.

② 서구의 연구방법

전통적 지리관에 의해서는 자연현상이 인간에 미치는 영향에 대하여 논리적 · 실증적으로 증명할 수 없다는 한계에 부딪히면서, 근대교육을 받고 돌아온 지식인들에 의해 도입된 서구의 연구방법으로 우리 땅에 대한 실용적이고 과학적인 인식체계이다.

서구적 연구방법은 계통적 방법과 지역적 방법으로 대별할 수 있는데 계통적 연구방법(Systematic Approach)은 지역의 인문 및 자연적 구성요소를 개별적으로 비교 · 분석하여 일반 원리를 규명하는 방법으로 그 대상에 따라 자연지리학과 인문지리학으로 분류할 수 있다.

---

* 1960년 하버드 물리학과에서 과학사를 강의한 Thomas Kuhn에 의해 개념 지어진 용어로 "하나의 이론(생각)이 생성, 발표, 소멸될 때까지의 한 시대를 풍미하는 과학정신"을 패러다임이라고 하는데 시대적 상황에 따라 끊임없이 생성, 소멸을 반복하기도 하며 혼재되기도 한다.

지역적 연구방법(Regional Approach)은 지역을 구성하는 자연 및 인문 현상을 종합적으로 분석하여 그 지역만이 가지고 있는 독특한 지역성을 밝히는 방법으로 지역학(地域學) 또는 지지학(地誌學)이라고도 한다.

2. 관광연구에 있어서 관광지리학의 과제

관광의 범주에서 관광지리학의 과제에 대한 논의를 정리하면 다음의 세 가지로 나누어 볼 수 있다. 첫째는 관광지에 대한 지역적 연구로 관광지에 대한 개념적, 구조적, 체계적 연구 그리고 관광주체인 관광객, 관광객체인 관광지와 관광자원, 관광매체인 관광사업에 대한 종합적 고찰을 통하고 지리학적 지역연구방법을 접목하여 상호연관성을 분석해 내는데 있다.[4] 둘째는 관광자원에 대한 계통적 연구이다.* 이 분야는 인접학문분야와 학제 간의 접근이 많이 진행되고 있으며, 관광자원에 대한 인문적, 자연적 그리고 경제적 분석을 시도하고 있다. 하나 더 추가한다면 셋째, 관광지 변형의 원인으로 관광객의 행태에 대한 연구가 활발히 수행되고 있다.

이러한 연구는 모두 관광지리학 연구의 폭을 넓히기 위한 것으로 연구대상지역의 지리적 환경과 관광세력권의 지리적 특성, 그리고 관광권과 관광루트의 분석, 관광산업의 최적입지 분석, 국토종합개발 등을 고려하여 이들 간의 상호작용과 연관성을 도출하여 지역성과 그 자연의 특성을 찾아내는 데 있다.

이후 관광지리학의 과제는 서구와 같이 관광지리학의 역할이 무엇이고 그 방향성을 어떻게 설정해야 하는가에 대한 꾸준한 연구와 논의가 진행되어야 할 것이다.

제3절 관광지리학의 뉴 패러다임

1. 관광과 장소마케팅(Tourism and Place Marketing)[5]

(1) 장소마케팅의 등장 배경과 개념

최근에 지역과 마케팅기법 간의 접목을 통한 새로운 개념인 장소마케팅이 등장하였다. 이에

* 관광지와 관광자원에 대한 개념을 혼재하여 사용하고 있으며 일부 대학의 커리큘럼에서는 관광지리자원으로 통합하여 사용하고 있지만 이 두 개념 간의 명확한 학문적 구분이 필요하다.

관광학과 장소마케팅과의 학문적 연계를 통하여 관광학 분야에서 또 다른 새로운 연구영역을 개척해 나가는 데 도움이 될 수 있을 것이다.

① 장소마케팅의 등장 배경[6)]

포스트 모던 사회에 접어들면서 지역 간의 물리적 거리 개념의 감소, 그리고 공간적 경쟁에 있어서의 독점적 요소는 사라졌으며, 입지에 대해 광범위한 선택을 할 수 있는 특정 장소의 고유한 생산 조건과 이미지의 중요성은 강조되고 있다. 이제 도시에는 그 국가의 기업만이 입지하는 것이 아니고 초국적 기업이 입지하는 '도시 정부의 세계화'가 진행되고 있다. 또한 기업환경이 좋은 곳으로 자유롭게 이동하는 '생산자본의 세계화'가 나타나고 있다. 더불어 쇠퇴하는 도시의 구 산업은 제3세계 도시로 이동해 가고, 부흥 산업인 첨단산업, 과학지식산업, 금융서비스 및 기타 서비스산업, 여가 · 레저 산업으로 대체되면서 부흥 산업을 유치하는 노력으로 '산업의 재구조화'가 진행되고 있다.

1990년대 이후 세계화와 더불어 지방화가 공존하는 국면 속에서 각 지역의 상대적인 역학관계가 새롭게 변화하고 있고 이러한 상황 속에서 살아남기 위하여 지역 간의 경쟁은 날로 치열해지고 있다. 이러한 배경으로 도시재생을 위한 일련의 도시개발전략들이 구사되기 시작하였고, 각 지역의 독특한 역사와 문화는 도시개발 전략의 핵심적인 수단으로 인식되고 있다. 특히 도시 및 장소가 기존에 가지고 있던 퇴락한 이미지를 재구축함으로써 지역경제의 활성화와 지역주민의 사회적 통합을 이루려는 도시문화전략이 중요한 지역정책으로 부각되었고, 이러한 일련의 과정에서 등장한 것이 '장소의 마케팅(Place Marketing)'이라는 장소의 상품화 · 차별화 전략이다.

이제 장소는 단순한 생활의 터전이 아니라, 자유경쟁 시장에서 자본의 유입을 위해 서로 경쟁하는 사회 · 경제적인 터전으로 여겨지고 있으며, 장소는 상품화되고 소비되며 광고될 뿐만 아니라 판매가 되는 대상으로 간주되고 있다.

② 장소마케팅의 개념

장소마케팅은 다양한 학문분야에서 연구되어 왔다. 그러나 경영학 · 경제학이나 심리학과 같은 비공간적인 학문분야에서는 장소의 공간적인 성격을 연구에 통합시키지 못했기 때문에 도시가 장소라는 기본적인 속성을 간과한 경우가 많았다.

지역은 그 지역을 구성하고 있는 자연 환경, 경제 환경 및 문화 환경에 따라 특성이 다르며, 그 특성에 따라 지역발전의 형태, 성장과정, 성장속도와 지역문제의 성격 등이 다양하게 나타나고 있다.

따라서 장소마케팅은 '각각 다른 성격으로 성장 · 발전해온 지역이, 내부 혹은 외부의 여건변화로 인해 성장이 멈추거나 다른 발전방향을 향해 나아갈 때, 지역성장을 활성화하고 발전을 촉진시키기 위해 수행하는 일련의 노력 및 과정'이라고 정의할 수 있다.

이와 같이 다양한 학문분야에서 장소와 마케팅을 접목하여 새로운 개념으로 자리매김하려 노력하고 있고 관광학 분야에서도 이를 접목하는 단계에까지 왔다. 관광학 측면에서의 장소마케팅은 '장소 속에 내재되어 있는 문화, 역사적 현상, 지리적 특성을 관광객에게 마케팅함으로써 많은 관광객들이 그 장소를 방문하도록 유도하거나 이미지에 남게 하여 추후 관광지를 선택할 시점에 선호될 수 있도록 하는 일련의 마케팅 개념'이라고 할 수 있다.

이는 일반적인 관광마케팅보다 폭넓게 응용될 수 있는 개념으로 '각종 사상(事象)이 충진되어 있는 지역'인 장소를 마케팅하는 데 있어 관광 측면에서뿐만 아니라 호텔, 광고, 영화 등 다양한 분야와 접목하여 활용할 수 있는 포괄적인 마케팅이라 할 수 있다.

(2) 장소마케팅의 적용 모델[7)]

일반적으로 장소마케팅을 펼치는 목적은 크게 세 가지로 나눌 수 있는데 먼저, 지역경제 활성화, 지역 이미지 제고 및 지역민의 자긍심 고취라고 할 수 있다.

이상의 목적을 달성하기 위해 그리피스(Griffiths)는 다음과 같이 장소마케팅의 유형을 구분하여 지역에 적용할 수 있는 모델을 개발하였는데 이 모든 것이 경제 활성화를 목표로 관광객을 끌어들이는 모델이라 할 수 있다.

① 통합모델(Integration model)

통합모델은 지역의 주민들에게 자신이 살고 있는 지역에 대한 정체성과 애착심, 정주의식 등을 높이는 것을 상위목표로 삼아 도시의 수요자 중 지역주민에게 관심을 두는 모델이다. 그럼으로써 지역의 정체성을 확립하고 주민들의 소속감을 높이며, 생활에 대한 기대수준을 높이는 것을 가장 중요한 목표로 삼는다. 이 모델은 주로 도심재개발이나 도심에서 지역축제를 개최하는 데 사용되는데 우리나라 서울의 청계천 개발 등이 그 사례라 할 수 있다.

② 문화산업모델(Cultural industries model)

문화산업모델은 기존에 도시의 경제를 유지시켰던 기반산업이 쇠퇴하여 더 이상 제 기능을 수행하지 못하는 경우에, 이전의 산업을 대체할 수 있는 새로운 문화산업을 개발하여 도시의 재활성화를 도모하는 방법으로 사용된다. 이는 경제적으로 수익을 가져다 줄 수 있는 문화상품을 생산하고 널리 보급하는 것이기 때문에 문화는 도시를 성장시키는 중요한 원천이 된다. 이 모델에서 문화는 상업적 문화산업의 형태로 나타나며 도시의 수요자 중 관광객을 유치하기 위해서 노력한다. 대표적인 사례로는 한국적 가락을 비언어극으로 승화하여 무대로 올린 '난타'와 국제회의의 유치 등을 들 수 있다.

③ 판촉모델(Promotion or Consumer model)

판촉 또는 소비자 중심 모델은 도시의 좋은 이미지를 부각시키는 데 중심을 두는 모델로, 도시의 수요자 중 관광객과 기업에 관심을 둔다. 도시가 과거에 가지고 있던 부정적인 이미지를 없애고 활기차고 깨끗하다는 등의 새로운 이미지를 선전하여 수요자(고객)를 끌어들이려고 할 때 적용하는 모델이다. 이 모델은 예술을 도시판촉의 수단으로 사용하였던 미국의 '도시선전주의(City Boosterism)'에서 처음 출현한 유형으로, 이후 유럽의 많은 도시들이 고급스럽고 품격 높은 문화도시의 이미지를 강조하는 고급예술을 지향하여 도시관광의 활성화를 도모하였다. 구체적으로 도시개발을 진행함에 있어서 혼합용도개발이나 문화지구의 조성을 통해 도시에서 업무를 보면서 동시에 상점이나 레스토랑, 그리고 문화시설물 등을 이용하게 하는 상승작용을 일으킬 수 있으므로 도시재개발계획에까지 이익을 가져다 줄 수 있다. 사례로써 도시를 배경으로 영화촬영지로 활용하는 것 등이 있다.

이상의 세 가지 모델뿐만 아니라 다양한 모델들이 연구되고 있는데, 이 모델들은 관광지나 관광자원에 적용하여 응용하는 데 있어서 어떤 요소가 가장 크게 부가되느냐에 따라 분류한 것이지 서로 배타적인 것이 아니고 최상위 목표에 따라 마케팅믹스 전략처럼 서로 결합하여 적용하고 있다.

(3) 관광을 수단으로 한 장소마케팅

장소마케팅을 구사하는 주체와 그 대상자 그리고 수단을 다시 정리해보면, 지역의 공공 또는 민간이 주체가 되며, 기업이나 관광객, 주민들이 그 적용대상이 되고, 적용수단으로서 장소마케팅의 다양한 모델들을 활용하는데, 지리적인 특정장소의 이미지가 매력적이 되도록 하는 다양한 방식들을 의미한다.

우리나라에서 장소의 고유성을 홍보하고 상품화시키는 움직임이 활발해지는데 가장 큰 역할을 한 것은 지방자치제의 실시였다. 지방자치단체는 지역의 상징물을 만들거나 지역축제를 개최함으로써 지역주민이 지역에 대해 일체감을 느끼고 지역사회의 생활을 만족스럽게 생각하도록 하는, 다시 말해 지역정체성 제고를 위한 다양한 행사와 사업의 필요성이 증대된 것이다.

현대사회에서 관광의 한 유형으로 분류되는 문화관광은 그 의미가 다양하다. 사전적 의미로 문화관광은 '유적, 유물, 전통공예, 예술 등이 보존되거나 스며 있는 지역 또는 사람의 풍요로웠던 과거에 초점을 두고 관광하는 행위'라 정의되어 있으며, 계획적인 전략으로서 문화관광은 '지방과 국가의 복지, 기업체, 환경요건과 관광객의 욕구와 균형을 맞추면서 그 지역주민과 방문객을 위해 풍요로운 환경을 창출하기 위한 행위라고 정의'된다.

문화관광은 개인적 차원에서 문화적 욕구를 충족시키면서 일상의 탈출이라는 관광의 의미를 훌륭히 수행할 뿐만 아니라 지역성장정책의 입장에서도 지역 고유의 역사와 문화를 기본으로 하기 때문에 많은 자본을 투입하지 않고도 지역경제를 활성화하는 수단으로서 장점을 지니고 있다. 따라서 많은 지역들이 지역성장정책의 하나로 장소마케팅 전략을 채택하는 추세에 있다.

전술한 바처럼 우리나라에서도 지방자치제의 실시로 장소마케팅이 본격적으로 실시되고 있음을 확인할 수 있으며, 대부분의 형태는 '이벤트'라는 형식으로 표출되고 있다. 물론 '인사동'이라든지 '부산', '강화도 갯벌' 등처럼 특정장소가 장소마케팅의 대표적 사례로 제시되기도 하지만 전국적으로 이러한 '장소'를 강조하는 마케팅보다는 '이미지'를 강조한 이벤트마케팅이 대부분인 것이 현실이다.

우리나라에서 장소마케팅은 이벤트라는 형태로 활발하게 진행되고 있기는 하지만 진정한 의미의 장소마케팅이라고 하기에는 어려움이 많다. 장소마케팅의 주체가 대부분 지방자치단체이기 때문에 자치단체장의 선거마케팅으로 변질되고 있는 것이 현실인 상황에서 '인사동의 정체성 운동'과 강화도 갯벌체험어장인 '주씨 집성촌'에 관한 연구는 많은 점을 시사해 준다. 하지만 이러한 주민들의 자발성은 극소수에 불과하며 대부분의 지역 축제에서 주민들은 수동적 역할에 그치고 있는 것이 현실이다. 지역주민이 주체로 활동하는 진정한 의미에서의 장소마케팅이 활성화되기 위해서는 해당지역에 대한 지역주민들의 인식전환이 필요하다. 단순히 지역에 거주하고 있다는 식의 '장소감(Sense of Place)'만으로는 주체가 될 수 없으며 이러한 장소감을 지역충성심으로 승화시킬 수 있는 노력이 절대적으로 필요하다. 또한 지방자치단체는 주민들이 지역 정체성(Local Identity)을 유발할 수 있도록 도와주는 역할을 수행해야 할 것이다.

2. 관광과 GIS[8)]

(1) 관광정보시스템의 등장

21C는 정보화 · 디지털에 기반을 두고 있고, 이 새로운 시대에 동참하지 못한 조직이나 개인은 현대사회에 적응하기 어려운 상황이 되었다. 현대 관광학은 관광현상과 관련된 제 학문 간의 학제적 접근에 의해서만 완전한 이해가 가능하고 이를 뒷받침하기 위한 연구의 도구도 다채롭게

나타나고 있다. 그중 가장 두드러지게 나타나고 있는 분야가 관광과 컴퓨터가 접목된 관광정보화로의 진행이라 할 수 있다.

여행업과 호텔업에서 단순사무작업과 예약에서 시작된 전산화가 이제 모든 관광분야에서 컴퓨터를 통하지 않고서는 업무가 진행되지 않을 정도로 발전하였다. 특히 인터넷의 등장으로 모든 관광상품은 컴퓨터를 통하지 않고서는 그 마케팅기능을 다하지 못할 정도로 전 부문에 걸쳐 네트워크를 형성하면서 연결되어 있다.

관광정보란 관광의 구조 내에서 관광의 주체인 관광객이 관광활동을 보다 원활하게 할 수 있도록 관광객체(관광지, 관광자원)와 관광매체(관광시설)에 대한 선택과 결정을 하는 데 필요한 일체의 자료와 지식축적에 관련된 사항이라고 정리할 수 있다. 관광정보의 질과 양에 따라 관광객이 관광지에서 누릴 수 있는 관광활동의 경험과 추억의 깊이가 달라질 수 있다.

이와 같이 관광정보를 요구하는 사회적 요구에 부응하기 위해 등장하여 급속히 발전하고 있는 관광정보시스템은 컴퓨터와 인터넷 그리고 여러 주변기기들을 이용하여 관광객에게 여러 가지 여행편의를 제공하는 체계(System)*라고 할 수 있다. 이를 통해 관광객은 언제 어디서든지 필요한 정보를 얻고 이동할 수 있지만 그 한계는 사회가 고도로 복잡해지면서 다양한 정보의 범람화에 따라 지역을 기반으로 한 모든 정보의 종합화와 최적의 입지 선정 등을 위한 지표현상의 시각화(Visualization)를 충족시키지 못한다는 점이다.

(2) 관광에서 GIS의 활용

① 관광학에서의 GIS의 등장배경

전술한 바와 같이 관광은 지리학과 마찬가지로 종합학문으로써, 다양한 관광지의 현상들에 대해 관심을 가져왔다. 21세기 관광산업이 나아가야 할 목표는 지금까지의 관광사업자와 의사결정자 중심의 관광개발에서 관광지의 지역사회와 주민을 우선시하고, 환경, 사회문화, 경제적으로 지속가능한 관광을 추구하는 방향으로 전환하는 것이다.[9] 이러한 관광지역을 중심으로 한 지속가능한 관광의 패러다임은 기존의 관광 마케팅, 소비자 행동론 등 소비 중심의 관광객을 중심으로 한 접근과는 다른 분명한 차이점을 지니고 있다. 관광지중심의 지속가능한 관광학적 패러다임은 관광지에 분포하고 있는 다양한 가치 있는 관광자원의 현황과 이슈에 1차적 관심을 가질 뿐 아니라, 이들과 관련을 맺고 있는 관광객들과의 공간적 상호관계 그리고 이에 따른 사회 · 경

* 여기서 의미하는 시스템은 체계, 체제, 구조 등으로 번역되는 용어로 아주 광범위하게 사용되지만, 일반적으로 '하나의 전체를 구성하면서 서로 관련되는 구성요소의 집합'으로 정의할 수 있다. 이러한 시스템과 관련하여 접할 수 있는 용어는 MIS(경영정보시스템), GIS(지리정보시스템), TIS(관광정보시스템) 등이 있다.

제적 효과에 대해 많은 관심을 가지고 있으며, 이를 위해서는 효과적인 관광지역에 대한 심층적인 연구가 선행되어야 한다.[10)]

효과적인 관광지역에 대한 심층적인 연구는 공간적, 지리적 관점에서 접근되어야 하며, 일반 관광학적인 접근방법으로는 한계를 지닌다. 이러한 접근들은 우선적으로 다양한 관광자원과 관광객들과의 공간적인 상호작용을 분석하기 위한 체계적이고 통합적인 관리시스템과 정보시스템이 요구되어지며, 이러한 통합적인 관리, 정보시스템은 다양한 관광현상에 대한 특성별, 데이터별, 주제별 자료들을 기반으로 한다. 하지만 기존의 관광학 연구에서는 관광객을 중심으로 한 사회심리학적인 양적 연구는 활발히 전개되었지만, 이러한 활동들의 배경이 되는 관광지역에 대한 공간적 연구는 거의 진행되지 못하였으며, 이러한 결과는 관광학 연구의 심각한 학문적 불균형을 가져왔다.

효과적인 관광현상을 연구하기 위해서는 관광활동의 대상이 되는 관광지역에 대한 다양한 주제별, 특성별 데이터들의 구축이 선행되어야 한다. 관광지 정보는 본래부터 공간적인 특성을 지니고 있으며, 어디에(Where), 얼마나(How), 어떤(What) 관광자원들이 분포하고, 이용되는가에 대한 정보들이 구축되어야 한다. 이러한 사실은 관광분야에서 지리정보시스템(Geographic Information System, GIS)이 지역을 기반으로 한 지속가능한 관광 연구에 효과적인 도구로 활용될 수 있음을 시사한다.

GIS와 관광은 다양한 연구영역에 대한 포괄적인 접근과 응용이라는 공통된 특성을 지닌다. GIS는 지리학, 산림자원학, 도시계획 등 다양한 분야에서 포괄적으로 응용되어왔다. 이와 마찬가지로, 관광학 역시 일찍부터 지리학자, 경제학자, 환경계획가, 인류학자, 건축가, 그리고 비즈니스에 종사하는 사업가들에게 흥미 있는 관심분야였다. 따라서 관광분야에서의 GIS 적용에 대한 잠재성은 무궁무진하다.

GIS는 현재 다양한 관광지역과 지역에 기반한 계획 활동들에 대한 데이터의 관리, 분석, 표현을 위해 널리 적용되고 있는 강력한 도구로 간주되어 왔다. 특히 환경계획에서의 GIS의 활용은 두드러진다. 관광학 역시 환경자원들에 대해 긴밀한 의존성을 지니고 있으며, 특히 관광계획 분야에서 GIS적용에 따른 강점은 확연히 나타난다. GIS는 지속가능한 관광개발을 위해 널리 적용되어질 수 있는 기술들을 제공하는 도구상자로써 간주되어질 수 있다.

〈표 2-1〉 현재 관광학 연구의 관련 이슈와 GIS의 적용

관광학 연구의 한계	GIS의 적용
공간 자료의 데이터베이스	관광자원들의 주제별, 특성별, 계층별 체계적인 저장
지속가능한 관광개발을 위한 적정 수준 결정 및 효과 측정	다양한 관광, 환경, 사회문화적, 경제적 데이터의 통합과 연동을 통한 지속적인 모니터링과 조작, 시각화를 통한 영향 분석
관광현상의 갈등관리	지도화를 통한 갈등 해소: 시각적인 지역구분(여가지역, 상업지역)
관광 마케팅 전략의 세분화	공간분석, 네트워크 분석을 통한 보다 세분화된 관광마케팅 전략의 수립
관광자원의 관리	원격탐사(Remote Sensing), 초고밀도항공영상(Lidar) 그리고 GPS 기술과의 연동을 통한 관광자원의 시계열 분석
예측	제안되어진 관광개발 결과에 대한 시뮬레이션과 공간 모델링
데이터 관리, 통합	공간적 관점에서의 사회·경제적 그리고 환경적 데이터 구축의 통합
관광개발	중첩분석, 3차원 모델링 등 관광개발을 위한 공간결정지원시스템(SDSS)

② GIS의 개념과 발전

GIS라는 용어가 처음 사용된 것은 1963년 캐나다 국가자원국의 관장이었던 Roger Tomlinson에 의해 주장되었지만, 1980년대까지 모든 부분에서 잘 활용되었던 것은 아니었다.[11]

그림 2-2 GIS의 개념

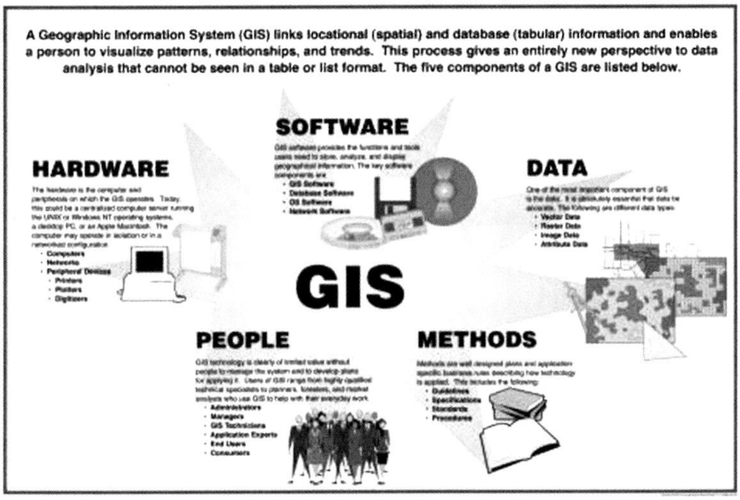

자료: http://www.city-sheridan-wy.com/info/assets/pwd-pd-gis/5_gis_s.jpg

초기의 지리정보시스템(GIS)은 컴퓨터 기술을 이용하여 지리정보(공간 데이터)를 통합적인 환경에서의 입력 및 처리, 저장, 분석, 출력하는 종합적인 물적/인적 시스템을 의미하였다. 이러한 개념은 기능이 더 발전하여 지형에 관련된 공간 데이터를 사용자의 의도대로 수집하고 저장하며, 갱신 등의 변환과 관리함으로써 의사결정지원을 가능하게 하는 도구의 일체로 진화하였다. 이러한 GIS의 발달은 시각화에 대한 다양한 기능을 가져왔으며 3차원의 공간정보시스템으로써 비즈니스, 공간계획, 관광 및 도시 계획과 개발부분에서 다양하게 적용되고 있다.[12)]

그림 2-3 GIS에서 다양한 공간자료의 구축과 통합

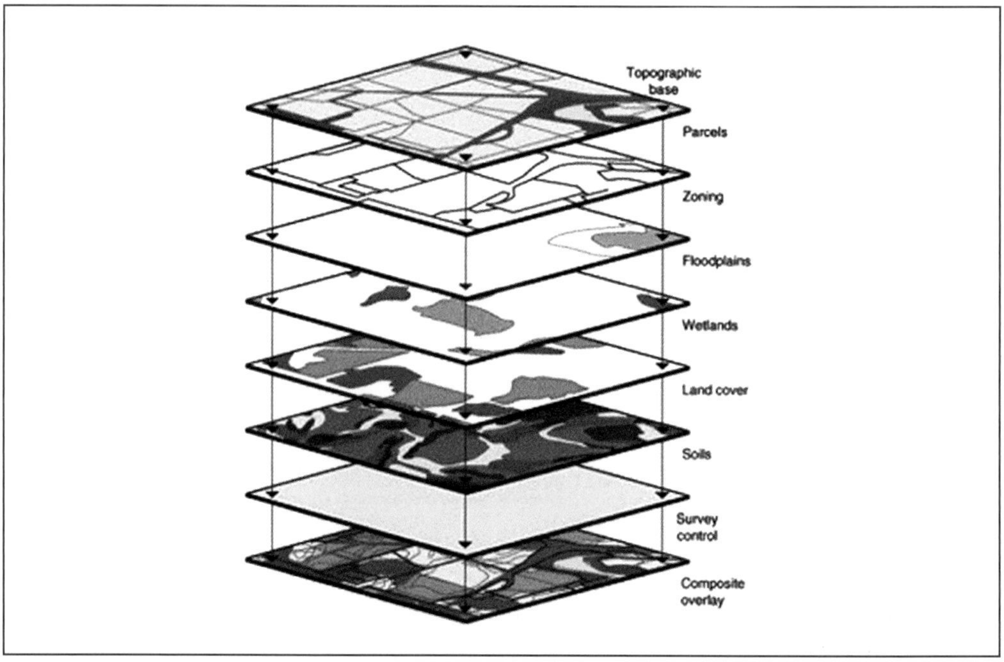

자료: http://ssnds.uwo.ca/sscnetworkupdate/2006winter/images/gis.jpg

③ 관광에서 GIS 적용

관광분야에서 GIS 적용은 주로 데이터의 입력과 편집을 통하여 도로 및 교통 그리고 관광안내 정보를 제공하는 수준에 머물러 있었다. 그러나 GIS의 주요 기능이 개발되고 확산되면서 관광에서 관광지 개발, 관리, 영향 평가 등과 같은 의사결정지원 시스템으로써 적용할 수 있는 범위는 다양하다. 예를 들면 첫째, 관광개발과 관련하여 이해 관계자들이 자신의 관점을 주장하는데 필요한 유형의 정보가 없더라도 GIS를 사용하여 관광자원의 체계적인 목록을 작성하고 동향을 분석함으로써 관광개발의 중요성과 성격을 제공할 수 있다. 둘째, 지속가능한 관광 수준을 결정하고자 할 때, 관광지와 관련된 환경, 사회문화 및 경제 등의 다양한 자료를 통합하여 관광활동을 모니터링하고 통제함으로써 지속가능한 개발의 지표를 확인하고 감시하는 것을 용이하게 해준다.

〈표 2-2〉 관광에 적용 가능한 GIS의 기능

GIS의 주요 기능	GIS의 기본적인 질의		관광에서의 적용
데이터의 입력・저장・편집	Location	What is at?	관광자원의 데이터베이스
지도 생성	Condition	Where is it?	관광개발을 위한 최적입지 선정
데이터의 통합・관리	Trend	What has changed?	관광영향의 측정
데이터 질의・검색	Routing	Which is the best route?	관광객 관리
공간 분석	Pattern	What is the pattern?	자원 활용에 관련된 관계 분석
공간 모델링	Modeling	What if?	관광개발의 잠재적 영향 평가

자료: Tim Bahaire & Martin Elliott-White(1999).

④ 관광에서의 GIS 활용 사례와 전망[13)]

GIS는 다양한 지도를 기반으로 의사결정을 하는 시스템으로 수치지도의 제작과 지표상의 사상을 입력해야 하는 과정 때문에 초기에 많은 비용과 인력이 요구된다. 따라서 국가의 기본이 되는 지도(기본도)는 국가나 공공기관에서 제작된다. 지도제작 시 포함되는 공간 데이터가 존재하게 되면 이를 근거로 다양한 시설, 산업, 서비스, 마케팅 등에 활용이 용이하며, 관광부분에서도 계획, 개발, 관리, 정책입안 등에 활용할 수 있는 시스템 중의 하나가 된다. 그러나 국내에서는 서비스나 마케팅에 대한 적용보다는 관광지 및 관광자원 안내시스템에 이용되고 있으며, 선진국에서는 광범위한 지역을 개발하는 데 있어서 발생 가능한 개발예정지역 내의 토지문제, 자연환경, 문화자원 목록화 및 관광지 내의 관광시설의 입지와 관련하여 이용되고 있다.

GIS를 통하여 관광개발에 적용가능한 내용은 다음과 같다.

첫째, 관광지를 찾아가기 위한 도로지도 및 관광자원 안내지도를 제공한다.

둘째, 데이터의 통합과 관리를 통하여 시설물(숙박시설, 음식시설 등)에 대한 위치와 관리계획을 제공하고, 관광객의 방문에 따른 관광시설의 수요와 공급을 조절할 수 있다.

셋째, 목록화된 관광자원에 대하여 조망지점, 갓길, 탐방로, 관광센터 그리고 편의시설들의 최적 장소 등을 선정할 수 있다. 또한 쉽게 무시하고 넘어갈 만한 문제점(산사태, 위험지역 등)들을 개선시키고 효율적으로 사용할 수 있게 해준다.

넷째, 토지개발에 따른 적합성 분석에 사용 가능하다. 예를 들면 모터보트들로 인한 호수 인접 지역이 겪는 소음, 특정 거리 내의 서식지 구분, 그리고 증가하는 관광활동이 자연 환경에 미치는 잠재적인 영향을 평가하는데 사용할 수 있다.

다섯째, 3차원 시각적 효과 분석을 통하여 원근감이 있는 계획을 평가하고 그 대안을 마련하기 쉽게 해준다. 잠재적 관광개발을 조사하는데 유용할 뿐만 아니라 관광개발에 유해할 수 있는 다른 토지이용자들이 행하는 개발을 조사할 수 있다.

여섯째, 지역 개발에 있어서 다양한 유형의 지도를 중첩할 수 있기 때문에 개발, 보호, 또는 연구 등과 같은 특정목적에 따라 지역을 세분할 수 있다. 따라서 의사결정자가 관광지의 관리와 전략을 수립하는데 있어서 보다 많은 요인을 고려대상으로 포함하여 세부적으로 분석할 수 있다.

일곱째, 개발과 관련된 지역주민과의 마찰을 최소화할 수 있다. 개발의 문제점을 완화시키거나 논쟁점을 알리는 기능을 하여 공공의 자문을 얻거나 지역주민의 참여에 있어서 대화를 용이하게 할 수 있고 다양하고 세부적인 소축척 지도로도 표현할 수 있다.

그림 2-4 원격탐사를 활용한 관광개발(두바이)

자료: Satellite Image Corporation.

그림 2-5 관광마케팅에서의 3D GIS의 활용

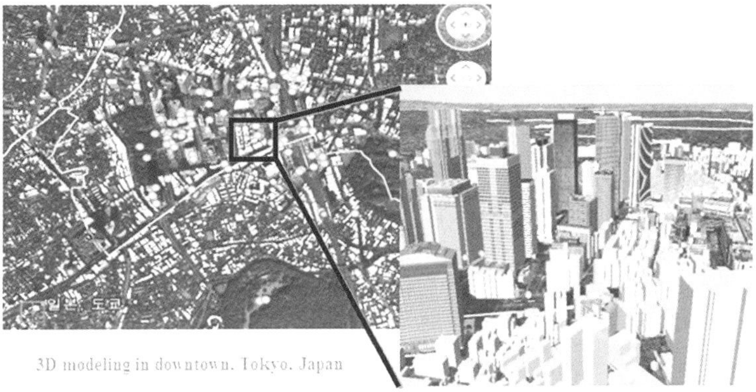

자료: 김진원, 윤병국, 송학준, 진현식(2008).

그림 2-6 공간의사결정시스템으로서의 GIS

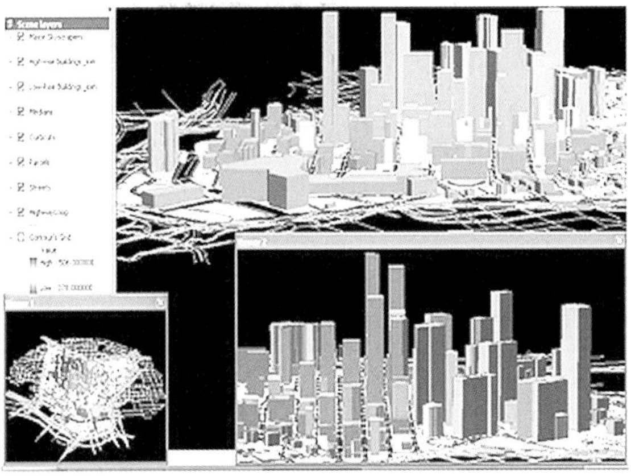

자료: 김진원, 윤병국, 송학준, 진현식(2008).

3. Geotourism[14)]

(1) Geotourism의 등장 배경과 개념

① 지질공원(Geopark)과 Geotourism의 등장 배경

지질공원은 1972년 세계유산을 다루던 중 지질유산(geoheritage)에서 그 개념이 발전하였다.

1989년 국제지질연맹(IUGS)이 지질명소(Geosite)를 도입하여 지질유산목록을 작성한 이래, 1992년 리우 유엔 환경회의에서 지질유산의 보호를 천명함으로써 1997년 유네스코의 지구과학분과에서 처음 도입하였으며, 2000년에 4개의 지질공원이 유럽지질공원 네트워크를 결성하였다. 이후 2001년 유네스코 과학분과와 유럽지질공원 네트워크가 협정을 맺으면서 유네스코의 공식활동이 시작되었는데, 2004년 2월 프랑스 파리에서 유네스코와 유럽지질공원 네트워크가 세계지질공원네트워크를 추진하는 것을 결의하면서 세계적인 활동으로 진전되었다.

유네스코(UNESCO)*는 인류의 문화 및 자연 유산을 보전하고 지속가능한 발전을 추구하는 방안으로 다양한 보호제도(세계유산, 생물권보전지역 등)를 지정하여 왔으며, 지질공원을 포함하여 3대 보호제도를 주관하게 되었다. 이후 각 국가들은 지질공원은 국민이 자연환경을 바라보는 시각을 풍부하게 할 뿐만 아니라 이를 통하여 지역주민의 건전하고 지속가능한 경제 발전에도 일조를 한다는 측면에서 기존의 공원제도 혹은 보호제도가 갖고 있는 과도한 행위제한 등의 약점을 극복할 수 있기 때문에 관심을 갖게 되어 발전하고 있다.

Geotourism이란 협의의 개념에서 볼 때, 지질공원(Geopark) 내의 지질명소(Geosite)들을 통하여 학습과 보전을 기반으로 하는 관광활동을 의미한다. Geotourism의 등장은 1995년 Hose가 전문저널에 처음으로 'Geotourism'이라는 패러다임을 제시하면서 지질 및 지형과 같은 무생물에 해당하는 자연경관을 관광과 관련하여 발표[15]하고, National geographic의 주편집장인 J. B. Toutellot와 그의 아내 S. Bensusen에 의해 ecotourism이나 sustainable tourism이라는 기존의 관광학의 용어들보다 더욱 넓은 의미의 관광자원들과 지속성을 포함하는 것은 물론, 그 본질적인 형성 영력(process)을 탐색할 필요성에 대한 욕구로 1997년에 주창되었으며, 2002년에 저명한 미국의 관광잡지인 "the Travel Industry Association of America and National Geographic Traveler" 에 의해 널리 소개되었다.

② 지질공원과 Geotourism의 개념

가. 지질공원의 개념

우리나라의 지질공원의 정의는 자연공원법 제2조4항에 "지구과학적으로 중요하고 경관이 우수한 지역으로서 이를 보전하고 교육 관광 사업 등에 활용하기 위하여 제36조의 3에 따라 환경부장관이 인증한 공원"으로 정의된다. 즉, 지구과학적인 특징을 보여주는 지역을 보호하거나 교육 및 관광 대상으로 활용하는 것으로 지질학적 특성 이외에 생물, 역사, 문화, 고고 등의 요소를 모두 포함하는 공원제도다.[16] 지질공원은 국가 및 국제적 지질유산의 보호제도의 필요성과 더

* 교육・과학・문화의 보급 및 교류를 통해 국가 간의 협력증진을 목적으로 설립된 국제연합(UN) 전문기구.

불어 세계자연유산 제도의 한계점을 극복하기 위하여 필요성이 제기되었으며(〈표 2-3〉 참조), 지질유산의 보존, 교육과 관광을 통한 친환경적 활용 및 지역발전에 따른 경제적 효과 등의 인식 제고로부터 가치를 증대시키는 것이 목적이다. 즉, 기존의 공원 혹은 보호제도는 해당 대상만을 매우 강하게 강조하는 단독형이지만 지질공원은 다양한 주제를 복합적으로 엮어주는 복합형 공원제도이기 때문에 다른 보호대상을 그 경계 안에 포함할 수 있다.

〈표 2-3〉 유네스코 3대 보호제도의 비교

구분	세계지질공원	세계자연유산	생물권보전지역
지정사유	지질유산보호 및 지역경제 발전도모	현저한 보편적 가치 대상	중요 생태지역 보호
주요 대상	지질 및 지형	문화와 자연 유산	생물
유효기간	4면(2회 경고 퇴출)	6년(등재 취소가능)	10년
상호관계	세계유산, 생물권 보전지역 포함 가능	단독 신청	세계유산 포함 가능
행위제한	매우 약함	매우 강함	핵심・완충・전이 지대
주민선호도	반대 가능성 낮음	반대 우려 높음	반대우려

나. 우리나라의 지질공원 현황

우리나라는 지질시대(38억~만 년 전) 동안 지각활동이 매우 활발하게 발생하여 다양한 지질자원을 보유하고 있다. 특히 국토 면적은 작을지라도 지각의 3대 구성 암석인 화성암, 퇴적암, 변성암 등과 여러 시대상(선캄브리아대~신생대)을 제시하는 표준화석 등이 골고루 분포하고 훌륭한 지질과학의 학습 및 탐구대상이 되고 있다. 국내 지질유산 목록은 2,000여 개이며 이 중 약 1,000개가 지리정보체계(GIS)에 수록되었다.[17)]

우리나라의 지질공원은 현재(2016년 11월 기준) 1개의 세계지질공원(제주도)과 7개의 국가지질공원(제주도, 울릉도・독도, 부산, 청송, 강원평화지역, 무등산권, 한탄・임진강)이 지정되어 있으며, 스페인 및 중국과 더불어 지질공원에 대한 인증기준을 법제화한 국가이며, 세계적으로 유일하게 전담기구(국립공원관리공단 국가지질공원사무국)를 설치하여 관리하고 있다(지질공원사무국).

다. Geotourism의 개념

Geotourism은 지질현상과 지형현상을 통하여 지구의 생성과정과 변화과정을 학습하면서 자연경관을 보전하고자 하는 지속가능한 관광활동의 한 유형으로 지구과학적 관광자원과 더불어 문화나 환경, 유물 그리고 그 지역주민들의 특성 등과 같은 지역의 지리적 특징들을 유지하고, 혹은 증진시키기 위한 최고의 실용적인 관광의 형태로 정의될 수 있다. 이 정의는 다양한 의미를 내포하고 있는데, 단지 지역의 자연관광자원과 문화관광자원들을 관광학적으로 활용하고 보전하는 것뿐만이 아니라 "왜(Why)" 이러한 것들이 이곳에 위치하고 있으며, "어떠한(How)" 과정을 걸쳐 형성되어 왔는가에 관해 탐색함으로써 단지 현재의 상황만을 연구대상으로 하는 관광학의 접근방법과는 차별성을 가지고 있다.

생태관광(Ecotourism)과 같이 Geotourism 역시 관광객들의 방문을 위한 관광자원들을 보호하고 어떻게 지역에 지역적 이익을 제공하는가?와 같은 문제에 대해 관심을 갖지만, 지역과 관광자원에 대한 역사적인 구조, 현재 그리고 전통적인 문화, 경관, 음식과 예술 그리고 식생들과 같은 "Sense of Place(장소감)" 즉 지역의 독특한 지역성에 공헌하고 있는 특징들을 통합하고, 관리하는 것은 물론, 지질과 지형에 대한 원리를 파악하는 것이 가장 큰 차이라 할 수 있다. Geotourism은 지속가능성의 원리를 통합하는 것과 더불어 관광목적지를 인식하는 윤리적이고, 교육적이며, 친환경적인 인식을 강조한다. 이는 곧 장소에 대한 이해, 그리고 지질 및 지형현상에 대한 형태(form)와 형성과정(process)에 대한 본질적인 가치를 이해하는 것으로 최근 이슈가 되고 있는 관광자원해석과도 그 맥을 같이한다고 볼 수 있다. 이러한 Geotourism의 아이디어는 최근 세계적으로 큰 이슈가 되고 있는 전 지구적인 Globalization(음식, 국제적 브랜딩, 문화의 동일화)의 단점을 보완할 수 있다는 점에서 관광목적지의 지역성을 최대한 살릴 수 있는 새로운 형태의 관광개발을 위한 방법론을 제시한다고 할 수 있다.

(2) Geotourism의 본질과 특성

Geotourism은 자연환경의 감상 및 보존을 장려하고 문화를 이해한다는 점에서 지구의 지질 · 지형 특성을 경험시키는 지속가능한 관광이며 지역경제를 활성화할 수 있는 혜택이 있다. Geotourism은 [그림 2-7]에서 보는 바와 같이 생태관광, 문화관광 및 모험관광과 관련성은 있지만 본질은 다르다. 즉 Geotourism은 지질유산을 보호하고, 지역사회공동체 구성에 일조하고, 지질유산에 대한 상호교류와 홍보 및 다양한 분야 사람들과의 협업 등과 같은 지오투어리즘 상품을 창조한다는 것이다.

그림 2-7 Geotourism과 여러 유형의 관광과의 관계

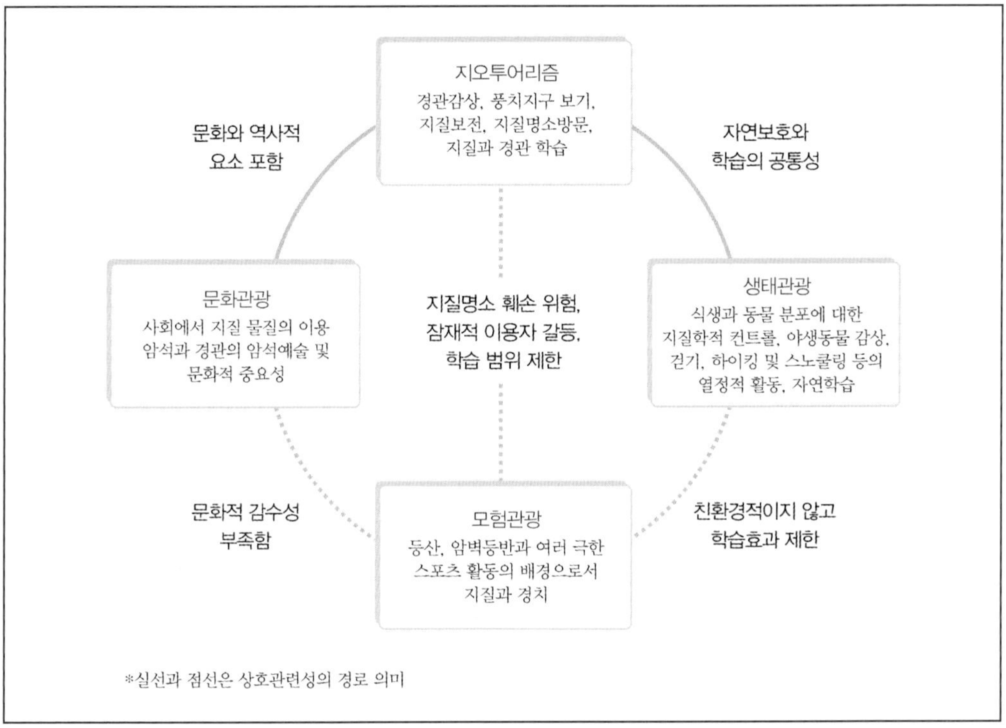

지질학은 지구를 연구하며, 지형학은 지표형태를 연구한다. 지질학과 지형학에서 말하는 자연자원이란 지질구조(습곡, 단층, 부정합, 절리 등), 지형(하천, 해안, 지하수, 바람, 빙하 등에 의한 침식지형과 퇴적지형), 경관, 암석 노두, 암석유형(화성암, 퇴적암, 변성암), 퇴적구조(층리, 건열, 부정합), 토양, 광물결정 및 화석 등을 말한다. '관광'측면에서는 이와 같이 지질학과 지형학에서 말하는 지질명소(Geosite)가 분포하는 관광목적지를 방문하고, 목적지 내의 지질명소로부터 학습하고, 감상하고 매력을 느끼는 것이다. 종합하면, 지오투어리즘의 특성이란 관광매력물, 숙박, 투어, 활동, 해설, 계획과 관리 등의 관광 구성요소들에 '형태와 형성과정'의 지질요소를 포함하는 것을 의미한다.

〈표 2-4〉 Geotourism의 본질과 범위(자료: Dowling and Newsome, 2006)

지오투어리즘의 본질과 범위

유형(Form)	형성과정(Process)	관광(Tourism)
•경관(Landscapes) •지형(Landforms) •퇴적물(Sediments) •암석(Rocks) •화석(Fossils)	•지각변동 •화성활동 •풍화작용 •침식작용 •퇴적작용	•매력물 •숙박시설 •관광 •활동 •해석 •계획 · 관리
↓	↓	↓
화산 지형(Volcanic landforms) 빙하 지형(Glacial feature) 충적 경관(Fluvial landscapes) 바람 지형(Aeolian landforms) 카르스트 지형(Karst features) 퇴적 환경(Sedimentary environment) 해안 지형(Coastal landforms) 암석 노두(Rock outcrops) 토양 단면(Regolith sections) 광물(Minerals)	산맥(Mountain ranges) 화산활동(Volcanism) 용암류(Lava flows) 풍화단면(Weathered profiles) 산사태(Landslides) 빙상(Icesheet) 폭포(Waterfalls) 해안절벽(Coastal cliffs) 하천계곡(Ricer valleys) 삼각주(Deltas) 개펄(Mudflats)	**매력물** : 대규모(미국 그랜드캐년), 중규모(호주 Wave Rock) 소규모(영국 화석층) **숙박시설** : Geolodge, Georesort **관광** : 경관 비행 투어, 차량 가이드 투어, Self guided 투어(드라이브/도보여행) **활동** : 지역방문센터, 가상투어 **해설** : 방문센터, 탐방로 팸플릿 **계획 · 관리** : 지오보전, 관광 위한 Site 계획, 방문객 관리

Geotourism을 위한 기본적인 5가지 주요 원리는 다음과 같다. 즉, 지질학적 기반, 지속가능성(즉, 경제적 가치, 지역사회 강화 및 지질보전 인식증대), 교육(지질해설을 통하여 성취), 지역의 경제적 혜택 그리고 관광객의 만족 제고 등이다. 앞의 세 가지 원리는 'Geotourism'과 직접 관련된 필수적인 원리이며, 나머지는 관광의 모든 유형에서 요구되는 원리이다.

(3) Geotourism 활성화 사례

Geotourism의 매력은 많은 국가들이 지역개발의 발전도구로 활용한다는 점이다. 이를 위하여 지질지형자원을 보전하고, 교육하며, 지속가능한 관광발전을 도모하고자 지질공원을 지정하고, 이러한 지질공원의 목적 성취를 통해, 지역경제 활성화와 고용창출의 기회를 강화시키고 있다.

지질공원에서의 Geotourism은 보호하고 해설된 지질명소, 박물관, 정보센터, 탐방로, 가이드동반 투어, 수학여행, 문헌자료, 지도, 교육 자료 및 전시물 그리고 세미나 등을 통하여 이루어진다. 이러한 Geotourism 활동은 목적지를 방문하는 관광객들에 의해 경제활동과 지속가능한 발전을 촉진시킨다. 즉, 많은 방문객을 유인함으로써 자연유산과 관련된 관광목적지의 고품질 관광상품을 통하여 관광목적지의 사회-경제적 발전을 도모한다. 이는 지오투어리즘과 지질상품 등과 관련된 관광목적지의 업체나 소규모 숙박산업의 생성 및 활성화를 도모한다.

① 중국의 Hong Kong 지질공원 사례

홍콩 지질공원은 인구밀도가 높은 대도시에 등재된 지오파크로 도시지역에도 설정될 수 있다는 것을 논증하는 사례이다. 이곳은 지리적 보존과 교육을 촉진하는 자원개발을 우선시하고, 지질공원을 통한 Geotourism의 활성화를 위하여 일반 대중이 보다 쉽게 지질학을 이해할 수 있도록 초급부터~전문가까지 5단계의 통합해설시스템을 제공하고 있다.

② 그리스의 레스보스 나무화석숲 지질공원 사례

석화되어 노출된 나무줄기(Zouros, 2010)[18]와 4개의 육지 및 해양 화석 사이트로 구성된 곳으로 대중관심유도를 위하여 박물관, 투어 및 가이드 동반 주제별 걷기 등의 Geotourism 활동환경과 다양한 과학적 · 문화적인 이벤트 또는 특별주제이벤트를 개최하고 있다. 이를 통하여 직간접적인 관광객의 증가로 지역 관광관련업체들의 혜택과 지역주민의 고용창출에 상당하게 공헌하고 있다.

③ 아일랜드의 Copper 해안 지질공원 사례

광산유산을 보호하는 차원에서 지정된 곳으로 공원에 'Time Path'를 개발하여 방문객이 탐방로를 따라 걸으면서 이 지역에 분포하는 28개 암석을 석판으로 사용한 석판을 통하여 지구역사와 생물진화의 주요단계를 지질시간을 이해하도록 제공하고 있다. Maher(2010)[19]는 지오투어리즘이 오늘날 아일랜드 경제에 중요한 기여자이며, 지속가능한 관광개발을 수행하는데 효과적인 브랜드를 제공했다고 하였다.

④ 포르투갈의 Naturtejo 지질공원 사례

포르투갈의 중부 카스텔루브랑쿠(Castelo Branco)주에 위치하는 지질공원으로 탐방산책로(439km의 산책로와 103km의 오솔길), 보트 및 카약 투어, 산악자전거 등을 통하여 지질다양성을 체험하도록 제공한 곳이다. 16개의 지질명소를 통하여 지역의 산지, 계곡, 평야, 산림과 농장 등을 경유하면서 해설판을 통하여 화석, 광물, 암석 및 경관 등을 감상하고 학습하면서 주변의 생물다양성과 역사적이고 문화적인 다양성을 함께 제공하면서 지질상품 소비를 촉진시키고 있다(Rodrigues and De Carvalho, 2009).[20]

(4) Geotourism의 관광학 연구에서의 역할

앞에서 언급한 것과 같이 기존 관광학의 연구영역이었던 생태관광과 지속가능한 관광의 패러다임들은 대상자원 자체를 보존에 중점을 두고 있기 때문에 관광개발에 제한적이며, 관광자원화 또는 관광상품화를 통한 관광지로의 개발에 대한 한계성이 있다. 그러나 대안관광의 유형 중에서 Geotourism은 지질명소에 해당하는 특정 장소만을 보존함으로써 목적지 이해관계자들의 불이익을 최소화하기 때문에 자연환경 및 지구과학 유산에 대한 교육을 통한 보전인식을 제고시키면서 지역개발에 따른 관광효과로 경제적 혜택과 고용창출을 유도하는 패러다임이다.

관광측면에서 볼 때, 지질공원을 통한 Geotourism은 관광객에게 자연경관자원과 더불어 즐거움을 제공하는 데 충분한 매력을 가진 장소들로서 방문객의 증가를 유도하여 자원브랜드의 확산을 통해 지역의 사회-경제적 발전을 도모하고자 하는 것이다. 그러나 국내외 지질공원에 대한 웹사이트에서는 잘 알려진 명소들에 대한 지질학적 설명에 국한되어 있으며, 관광활동과의 연계성에 대한 설명이나 안내는 대부분 미흡한 편이다. 따라서 비생물적 자원인 지질명소에 대하여 Geotourism을 통한 보전과 교육을 실현하기 위해서는 다음과 같은 많은 노력이 요구된다.

첫째, 지질공원에 대한 지질다양성 및 관광자원의 개발을 위한 많은 연구 활동이다. 즉, 다양한 지질명소 발굴함으로써 목록화하고(Flavia, José & Eduardo, 2010)[21], 교육 자료의 제공과 관광상품화에 대한 연구가 필요하다. 특히 대중들의 선호를 반영하여 지질공원의 경관자원을 상세히 분석하여 관광적 가치를 제고하는 것이다. 서지원(2016)[22]은 부산지질공원의 12개 지질명소 중 7개의 지질명소에서 41개의 경관자원(지질경관 4개, 지형경관 8개, 생태경관 25개, 문화 및 역사경관 4개 지역)을 새로운 경관자원으로 활용할 것을 제시하였다.

둘째, 지오투어리즘의 교육을 위한 다양한 정보제공과 프로그램개발 연구이다. 인터넷은 지오관광객들이 가지는 주된 정보출처이지만(Wojciech & Bogusława, 2013)[23] 이외에도 다양한 안내책자 등의 인쇄물, 박물관, 전시관 등과 더불어 지질명소에 대하여 방문객의 지적 수준에 맞도록 수준별 해설이나 설명이 가능한 해설안내판(Kevin & Róisín, 2012[24]; Jasmine, 2012[25])이나 수준별 해설이 가능한 해설사의 양성도 중요하다(임근욱, 2014)[26]. 지오투어리즘을 위한 다양한 관광활동 프로그램과 교육프로그램에 대한 연구 또한 중요하다.

셋째, 지질공원의 지질명소의 목록화 및 지도정보화 연구이다. Faccinia, Coelho & Costa(2012)[27]와 Wrede & Mügge-Bartolović(2012)[28] 등은 탐방로 지도제작의 필요성 연구와 Fuertes-Gutiérrez

& Fernández-Martínez(2012)[29]의 토지이용관리와 지질명소에 대한 해설정보제공, 위험장소 등을 관광객에게 제공하도록 지도화하는 연구, 그리고 지질유산을 효과적으로 선정 · 관리하기 위한 방안으로 GIS로의 구축방안을 제시한 이수재 · 이명진(2015)[30] 등의 연구결과를 실용화하여 IT 기술과 연계함으로써 안내센터 및 지질명소에서 스마트폰 등과 같은 기기를 이용하여 지질명소 정보를 제공받을 수 있도록 정보화되어야 한다.

넷째, Geotourism과 관련한 상품의 개발에 관한 연구이다. 이는 지역사회 및 주민에게 직접적인 경제혜택이 되는 Geotourism을 통한 중요한 효과 중 하나이다. 다양한 지질상품의 개발(지질 관련 기념품, 제과, 제빵, 레스토랑 등)은 지역경제 활성화와 더불어 문화에 대한 지속가능성의 간접적 효과가 있다.

다섯째, 지질공원에 대한 지속적인 홍보마케팅이다. 지속가능한 관광인 생태관광의 활성화가 부진한 것도 캠페인이나 홍보활동의 부족에서 기인한 것처럼(신현규, 2013)[31], 대부분의 지질공원에 있어서 Geotourism은 아직까지 전문가나 학생 및 선생님들의 탐방활동 등의 특수목적 관광의 한 유형으로밖에 성장하지 못했다. 따라서 Geotourism에 대한 인식을 증대시키고, 지질명소에 대한 독특성을 통한 지구과학적 지식을 함양시키고, 지역경제 활성화를 위해서는 홍보 및 마케팅 관리가 필요하다.

따라서 Geotourism의 관광학적 연구는 보다 포괄적인 의미의 관광자원에 관한 지속가능성은 물론 본질을 탐색함으로써, 궁극적으로 각 지역의 Sense of Place(장소감)를 이해하고, 가치를 발견하는 데 그 목적이 있다. 즉, Geotourism의 목적과 방향은 지역(관광목적지)과 관광자원들의 본질을 파악함으로써, 지속가능성의 효과를 더욱 증대시킬 수 있으며, Globalization 등과 같은 전 지구적인 표준화를 극복할 수 있는 새로운 관광개발의 아이디어를 제공한다.

참고문헌

1) Richard Butler(2004). Geographical Research on Tourism, Recreation and Leisure: Origins, Eras and Directions, *Tourism Geographies*, 6(2), 143-162.

2) 신용석(2005). 영미지리학의 변천에 대한 통시적 고찰. 『대한지리학회지』, 40(4), 367-401.

3) 김종은 · 이승곤(2000). 관광학에서의 지리학의 역할과 접근방법 모색. 『대한지리학회지』, 35(2), 365-372.

4) 김종은 · 이승곤(2000). 관광학에서의 지리학의 역할과 접근방법 모색. 『대한지리학회지』, 35(2), 365-372.
김사영(1998). 지리학적 패러다임에 준거한 관광지리학 연구영역의 고찰. 『관광지리학』, 9, 153-163.

5) 윤병국 · 이승곤(2007). 『관광학개론』. 새로미.

6) 공자원(2000). 서울시 문화거리의 장소마케팅에 관한 연구: 대학로를 사례지역으로, 경희대학교 대학원 석사학위논문.

7) 이무용(2006a). 『지역발전의 새로운 패러다임 장소마케팅전략』, 논형.
이무용(2006b). 장소마케팅 전략의 문화적 개념과 방법론에 관한 고찰, 『대한지리학회지』, 41(1), 39-57.

8) 이은영 · 서원석 · 이승곤(2008). GIS 분석을 통한 효과적인 Brand Chain 입지선정 방안. 『관광연구저널』, 22(2).
윤병국(2006). GIS를 이용한 한국의 자연이용형 관광정보시스템 구축에 관한 연구. 『관광연구저널』, 20(2).
김진원 · 윤병국 · 송학준 · 진현식(2008). Applications of GIS-based Three-dimensional Modeling(3D) in Tourism (관광분야에서의 GIS 기반의 3차원 모델링의 적용). 『호텔경영학연구』, 17(6).

9) 김동렬(2000). 지속가능한 관광의 지표 개발에 관한 연구. 서울대학교 대학원 석사학위논문.

10) 김진원(2006). 해안관광의 지속가능성에 관한 연구. 경희대학교 대학원 석사학위논문.

11) Dye, A., & Shaw, S.(2007). A GIS based spatial decision support system for tourists of Great Smoky Mountains National Park. *Journal of retailing and consumer services*, 14, 269-278.

12) Longley, P. A., Goodchild, M. F., Maguire, D. J., & Rhind, D. W.(2001). Geographic Information Systems and Science. John Wiley & Sons, Inc.

13) Tim Bahaire & Martin Elliott-White(1999). The Application of Geographical Information Systems (GIS) in Sustainable Tourism Planning: A Review. *Journal of Sustainable Tourism*, 7, 159-175.

14) Dowling, Ross K.(EDT)/ Newsome, David(EDT)(2005). Geotourism(Sustainability, Impacts And Management): Butterworth-Heinemann.

15) Dowling, R. and D. Newsome(2006). *Geotourism*. Oxford, UK: Elsevier Butterworth-Heinemann.

16) 유네스코 세계지질공원(http://www.globalgeopark.org/publish/portal1/tab59/)

17) 이수재 외(2008). 한국의 지질유산 정보구축 및 관리방안. 한국환경정책 · 평가연구원 연구보고서.

18) Zouros, N.(2010). Geotourism in Greece: A case of the Lesvos Petrified Geopark. In: Dowling RK, Newsome D.(eds.). *Global geotourism perspectives*. Oxford: Goodfellow Publishers, 215-229.

19) Maher, P.(2010). The geology of Ireland providing a catalyst for sustainable tourism development. In: Dowling R.K., Newsome D.(eds.). *Global geotourism perspectives*. Oxford: Goodfellow Publishers, pp. 153-166.

20) Rodrigues, J. & De Carvalho, C. N.(2009). Geoproducts in the Naturtejo Geopark. In: De Carvalho, C. N. and Rodrigues, J.(eds.). New challenges with geotourism. New challenges with geotourism. *Proceedings of the VIII European Geoparks Conference*. Idanha-a-Nova, Portugal, 14-16 September, 82-86.

21) Flavia, F. de Lima & José B. Brilha & Eduardo Salamuni(2010). Inventorying Geological Heritage in Large Territories: A Methodological Proposal Applied to Brazil. *Geoheritage*, 2, 91–99.

22) 서지원(2016). GIS를 활용한 부산 국가지질공원(National Geopark)의 경관자원 분석. 이화여자대학교 대학원 석사학위논문.

23) Wojciech Zgłobicki & Bogusława Baran-Zgłobicka(2013). Geomorphological Heritage as a Tourist Attraction. A Case Study in Lubelskie Province, SE Poland, *Geoheritage*, 5, 137–149.

24) Kevin R. Crawford & Róisín Black(2012). Visitor Understanding of the Geodiversity and the Geoconservation Value of the Giant's Causeway World Heritage Site, Northern Ireland. *Geoheritage*, 4, 115-126.

25) Jasmine Cardozo Moreira(2012). Interpretative Panels About the Geological Heritage - a Case Study at the Iguassu Falls National Park(Brazil). *Geoheritage*, 4, 127-137.

26) 임근욱(2014). 지질유산의 지오교육 및 지오보전 인식을 통한 지오투어리즘 발전에 대한 연구. 『관광레저연구』, 26(6), 43-59.

27) Farsani, N. T., C. Coelho & C. Costa(2011). Geotourism and Geoparks as Novel Strategies for Socio-economic Development in Rural Areas. *International Journal of Tourism Reseach*, 13, 68-81.

28) Wrede, V. & V. Mügge-Bartolović(2012). GeoRoute Ruhr- a Network of Geotrails in the Ruhr Area National GeoPark, Germany. *Geoheritage*, 4, 109-114.

29) Fuertes-Gutiérrez, I. & E. Fernández-Martínez(2012). Mapping Geosites for Geoheritage Management: A Methodological Proposal for the Regional Park of Picos de Europa(León, Spain). *Environ. Management*, 50(5), 789-806.

30) 이수재 · 이명진(2015). 지리정보를 활용한 한국의 지질유산 정보화 구축 및 관리방안 제시. 『환경정책연구』, 14(4), 103-123.

31) 신현규 (2013). 자기결정성이론과 계획된 행동이론의 적용을 통한 생태관광의도에 관한 연구. 『관광·레저연구』, 25(1), 231-250.

문화와 함께하는
관광학 이해

06편 문화명사 담론

김사헌 명예교수가 미래의 관광인들에게 들려주는

관광학은 통섭융합 학문이다

김사헌

- 한국개발연구원(KDI) 주임연구원, 초청연구원 역임
- 경기대학교 학술진흥원장, 초대 연구교류처장 역임
- 경기대학교 관광대학 학장, 관광산업대학원 초대 원장 역임
- 사단법인 한국관광학회 수석부회장, 『관광학 연구』誌 편집위원장 역임
- 사단법인 한국관광학회 회장(14대) 역임
- 아시아-태평양 관광학회(APTA) 회장 역임
- 문화관광부 관광정책심의위원회 위원, 정책평가위원 역임
- 경기대학교 관광개발학과 대학원 주임교수(현)
- 두뇌 한국21 핵심분야(관광개발) 사업팀장(현)
- 사단법인 한국관광학회 편집고문(현)
- 한국관광학회 영문학술지 *International Journal of Tourism Sciences* 편집위원장
- *Journal of Tourism Studies*(호주), *Tourism and Recreation Research*(인도) 및 *Asia Pacific Journal of Tourism Research* 副편집인(Associate Editor)

- 고려대학교 농업경제학과 졸업
- 서울대 환경대학원 도시 및 지역계획학과 수료(도시계획학 석사)
- 필리핀 국립대 경제학부 대학원 수료(경제학 석사)
- 필리핀 聖토마스대학교 대학원 수료(경제학 박사)

- 한국경제론(1986), 관광경제학(1985), 관광경제학신론(1999), 관광학연구의 현황과 과제(2000), 관광학연구방법론(2000) 등 저서 다수
- A Critical Review of Tourism Researches and Education in Korea: A Content Analysis of JTS and JLRS, 1972~1995(1996), Impact of Tourism on Local Economies: An Income Multiplier Analysis(1998) 등 논문 다수

김사헌 명예교수가 미래의 관광인들에게 들려주는

관광학은 통섭융합 학문이다

1960년대 초반(1964년)에 (아마 세계 최초로) 우리나라 4년제 대학에 관광학과가 설립되고 이어서 사단법인 형식의 한국관광학회가 설립되고(1972년) 그 5년 뒤인 1977년에 최초의 정기 관광학술지가 창간된(1977년) 것을 기준으로 하면 우리나라에서 관광학이란 학문은 적어도 반세기를 훌쩍 뛰어넘는 역사를 누려왔다. 그동안 한국의 국내외 관광시장도 지난 해(2016년) 방한 외래객 1700만 명, 내국인 해외여행객 2200만 명 이상이라는 미증유의 기록을 세웠다.

그런 배경을 살피고 앞으로의 전망과 우리 관광산업의 과제를 가늠하기 위해서는 이제 우리가 어디에 와 있는지 또 어디로 향하고 있는지를 냉정히 파악해보아야 한다. 세계는 한마디로 4차 산업 혁명기에 접어들었다고 대부분의 전문가들은 진단한다. 3차 혁명이 컴퓨터의 등장으로 인한 지식정보의 혁명이었다면 4차 혁명(혹은 4차 산업혁명)의 내용은 '인공지능 시대의 도래'라고 할 수 있다. 인공지능 바둑 알파고가 바둑 세계를 호령하고 사람이 아니라 인공지능이 자동차를 운전해주며 3차원 프린터로 모든 것을 설계 제작할 수 있는 그런 지능 네트워크 사회가 시작되고 있다. 이제 거의 대부분의 업무는 로봇이나 사물인터넷(IoT)에 의해 대체되어 사람이 할 일은 급속도로 줄어들어 가고 있다. 아마 다음 세기가 오기 훨씬 전에 우리 자신들의 자기관리 행위와 중요의사 결정권 외에는 거의 모든 것을 인공지능체가 다 처리해주는, 그런 고용구조의 대변혁 시대가 다가왔다.

여기에서 관광산업도 예외가 될 수는 없다. 다만 관광이 인적인 요소를 바탕으로 삼는 서비스 산업이라는 특성상, 그 정도는 타 산업에 비해 '인공지능 대체율'이 비교적 낮지 않을까 여겨진다. 예컨대 아무리 과학이 발달하더라도, 보고 듣고 즐기는 체험행위 자체를 기계나 인공지능이 대신 수행하여 당사여행자에게 '대리만족'시켜 줄 수는 없기 때문이다.

관광은 '파는 사람(사업자)' 입장에서 보면 일종의 사업(business)이라 할 수 있지만, 그것을 소비하는 소비자(consumer) 입장에서 보면 곧 '문화의 체험'을 사는 행위이다. 그러므로 이 '문화행위'를 대상으로 관찰하고 연구하는 학문이 곧 관광학이라 정의할 수 있는 것이다.

그런 점에서 우리가 가르치고 배우고 연구해야 할 관광학의 대상은 무척 광범위하다. 정치학, 법학, 경제학, 사회학, 심리학, 문화인류학 등 거의 모든 사회과학과 조금이라도 연결되지 않는 것은 없다. 예컨대 한국 입국관광객의 대다수를 차지하는 중국인 '유커(遊客)'들의 수요를 예측 분석하고 이들의 행태를 파악하기 위해서는 소위 '사드'(THAAD: Terminal High Altitude Area Defense missile) 사건의 전망을 분석해보아야 하는데, 여기에는 상기 학문 지식들이 동원되어야만 그 인과성을 파악할 수 있을 듯하다.*

또 관광은 이미 졸저 『관광경제학』에서 밝혔듯이, 여행자들의 관광이란 현상은 여덟 가지 속성, 즉 공간이동적(mobile), 자발적(voluntary), 즐거움(pleasurable), 일시적(temporal), 비영리적(non-commercial), 불규칙적(irregular), 탈일상적(unusual and extraordinary), 그리고 끝으로 자기계발적(self-enlightening) 요소가 함께 혼합된 인간 이동현상이지만, 관광은 또한 '사회문화적 현상'이기도 하다. 관광은 여행중개인은 물론 현지주민이나 지역사회와의 사회문화적 접촉(sociocultural encounter)을 수반하는 행위이기 때문이다.

필자가 늘 주장해왔지만, 관광학은 '사업(business)'만으로 구성된 학문은 아니다. 소위 '경영학'의 亞流로서의 학문영역으로 봐서만은 안 된다는 것이다. 그것은 경제현상이고 사회문화현상이기도 하지만 지리학, 심리학, 정치학 등 제 사회과학적 지식도 섞여진 '융합 사회과학 현상'이다. 다른 용어로 표현하면 관광학은 '통섭학문(統攝學問; consilient discipline)'의 성격을 지닌 사회과학이다. 관광학은 애초 학문으로 태어나면서부터 '지식들을 모두 통합시켜 분석해보아야 하는', 그런 '통섭융합 과학적' 성격을 지닌 학문이다.

요사이 '지식의 통섭화'는 '4차 산업혁명'에 던져진 화두(話頭)이다. 어떤 현대사회 현상의 인과관계가 워낙 서로 뒤얽혀 복잡성을 띠므로 한두 가지 고식적 지식으로는 그 대책 내지 처방전을 제시할 수 없기 때문이다.

통섭융합이라는 말은 말로서는 쉽지만 실제로 관광학을 그렇게 통섭융합하여 접근하기는 너무나 높은 산맥을 오르는 행위와 같이 힘들다. 쉬운 지름길은 없다. 앞서서 갈 길을 선도하는 학자나 뒤따라 산을 오르는 학도나 타 분야 전공자들보다 묵묵히 그리고 열심히 남다른 노력을 기울이며 궁구(窮究)하고 천착(穿鑿)하는 수밖에 없다. ☻

---

* 예컨대, '사드' 배치 시비로 인한 중국인 '유커'의 입국 중단사태를 파악해보려면 그들을 지배하고 있는 정치학을 읽어야 한다. 중국은 공산당이라는 일당 중심 사회주의 국가이며, 대내외 이해관계가 발생할 시에는 약 8500만 명의 공산당 당원(2013년 전국대표자 대회 기준) 조직이 일사불란하게 중앙조직의 지시에 따라 움직이는 나라이다.

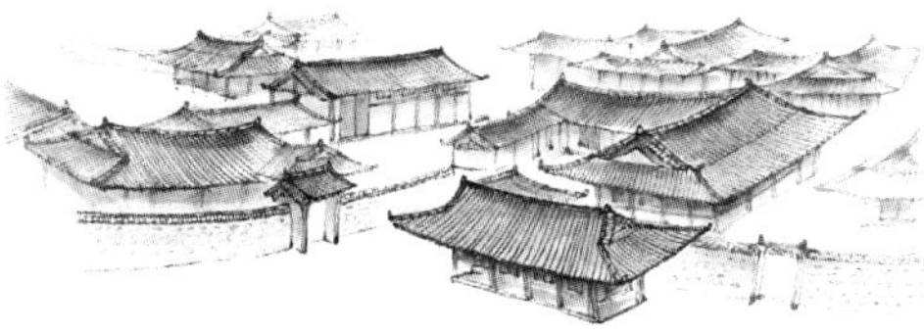

제 6 편

관광자원경제론의 이해

제 1 장

관광경제학

김 사 헌

경기대학교 관광문화대학 관광개발학과 명예교수

필리핀 聖토마스대학에서 경제학 박사학위를 취득했다. 저자는 현재 경기대학교 관광개발학과 명예교수직과 한국관광학회 편집고문직을 맡고 있다. 저서로는, 『관광경제학』, 『국제관광론: 국제관광 현상의 사회문화론적 해석』, 『관광학연구방법론』과, 논문 '관광학 연구에 있어서 질적 연구방법론의 상황과 도전', '관광학의 새로운 정체성을 찾아서: 회고와 과제' 등 다수가 있다.

✉ sahu@hanmail.net (sahu@kyonggi.ac.kr)

박 세 종

경기대학교 관광문화대학 관광개발학과 교수

경기대학교 관광개발학과와 동 대학원 여가관광개발학과를 졸업(관광학 석사 및 박사)하고, 호주 University of Technology, Sydney(UTS) 대학원 여가·스포츠·관광학과(School of Leisure, Sport & Tourism Studies 연구석사·박사 수료)에서 국제관광 분야를 연구하였다. 주요 저술로는 방한 중국관광객의 문화관광행태 결정요인, 文化觀光의 정체성 확립에 관한 一試論, 문화관광 연구의 이론체계 구축을 위한 방향 모색, 지역정체성을 통한 수원천 보존가치 평가: CVM기법의 활용을 중심으로, Choice attributes of accommodation facilities for rural tourism, Constraints of urban agricultural participation as a leisure activity, Research prospects for the role of tourist police in Korea 등이 있다.

✉ sejong-park@kgu.ac.kr

제 1 장

관광경제학

김사헌 · 박세종

제1절 관광경제학의 개요

1. 관광경제학의 개념과 연구대상

인간이 살아가기 위해서는 여러 가지 물질과 서비스가 필요하다. 기본적으로는 먹을 것, 입을 것, 잠잘 곳이 있어야 하며, 이웃과의 소통을 위해서는 전화, 핸드폰, 컴퓨터 등이 필요하다. 출퇴근하고 이동하기 위해서는 자동차, 버스, 지하철 등이, 아플 때는 병원에 가서 의사의 진료를 받아야 하고, 주말에는 기분전환을 위하여 가까운 곳에 바람을 쐬러 가는 등 여러 가지 재화와 서비스를 필요로 한다.

인간이 살아가는 데 필요한 이러한 재화와 서비스를 생산하기 위해서는 토지, 공장, 기계, 노동 등의 자원이 필요하다. 그러나 이런 자원은 무한한 것이 아니라 그 수량이 한정되어 있다. 반면에 식료품, 주택, 자동차 등의 재화와 서비스에 대한 인간의 욕구는 무한하므로 우리는 어떻게 그 한정된 자원으로 무한한 인간의 욕구를 충족시킬 수 있는가 하는 문제에 봉착하게 된다. 제한된 자원을 무한한 인간의 욕구(수요)를 위해 어떻게 배분할 것인가가 현안문제인 것이다. 경제학은 이런 현안문제, 즉 희소한 자원을 어떻게 배분하여 소비자 모두의 만족을 최대화할 것인가를 연구하는 학문이다. 그러므로 경제학은 인간의 물질적 복지에 관한 학문인 것이다.

경제학에 대한 정의는 학자마다 상이하지만 다음의 인용문에 잘 나타나 있다.

경제학이란 사회가 희소한 자원을 어떻게 관리하는가를 연구하는 학문이다. 대부분의 사회에서는 자원의 배분이 계획자 한 사람에 의해 이루어지는 것이 아니라 무수한 가계와 기업 간의 행위에 의해 이루어진다. 따라서 경제학은 사람들이 어떻게 결정을 내리는가를 연구하는 학문이라 할 수 있다. 즉 얼마나 일하고 무엇을 구입하고, 얼마나 저축하고 그 저축을 어떻게 투자하는가 등과 같은 사람들의 의사결정 과정을 연구하는 학문인 것이다.[1)]

만약 갑이라는 사람이 월급을 200만원을 받는다면 그는 이 월급을 가지고 저축을 얼마 하고 음식, 의복, 자동차, 여행 등의 소비활동에 어떻게 지출할 때 최대의 만족을 얻을 것인가를 생각하게 될 것이다. 이 점에는 그는 이미 경제학자이며, 최대의 만족을 얻기 위해서는 항상 저축을 얼마하고, 외식은 한 달에 몇 번하고, 여름 휴가철에 국내 여행을 갈 것인가, 해외여행을 갈 것인가를 고민하면서 선택할 것이다. 학자들이 경제학을 '선택의 학문'이라고 하는 이유도 바로 여기에 있다.

경제학이란 인간의 물질적 복지에 관한 과학으로서 토지, 자본, 노동 등 자원은 유한한데 아파트, 노트북, 쌀, 자동차 등 물질에 대한 인간의 욕구는 무한하므로 한정된 자원을 가지고 무엇을 생산하고, 어떻게 생산하고, 누구에게 분배할 때 개인이나 사회 전체적으로 최대의 만족을 얻을 수 있는가를 연구하는 학문이다.

경제학은 인간의 모든 물질적 행동에 대한 연구이므로 연구범위가 넓다. 크게는 미시경제학(micro economics), 거시경제학(macro economics), 그리고 연구대상에 따라서는 화폐금융론, 경영경제학, 재정학, 후생경제학, 국제경제학, 경제발전론, 자원경제학, 환경경제학, 지역경제학, 관광경제학 등 여러 가지로 분류된다. 미시경제학은 "미시(微視)"라는 말 그대로 시장기구(市場機構: market mechanism)를 중심으로 개인이나 기업의 시장 활동 즉, 수요와 공급 그리고 가격이라는 협의의 경제 활동 원리를 대상으로 하며, 거시경제학은 "거시(巨視)"라는 말 그대로 국가, 세계 등 사회전체의 소비, 저축, 투자, 성장과 발전 등 큰 경제적 활동을 대상으로 한다. 관광경제학도 이 각론 체계에 따라 다음과 같이 그 연구대상을 나누어볼 수 있다.

- **미시 관광경제학(micro tourism economics)**
  - 경제주체로서 관광자의 행태 : 효용 및 수요, 이용편익 및 비용, 소비함수
  - 관광생산자의 행태와 관광자원의 이용 · 관리 : 자원의 공급 · 관리, 자원가치와 추정
  - 관광시장분석 : 시장의 수급 조절, 가격결정, 이용밀도와 만족도 변화

- **거시 관광경제학(macro tourism economics)**
  - 지역경제와 관광산업 간의 관계 : 지역발전, 지역격차, 지역문화, 자연 · 인문환경 파괴 문제(환경오염, 범죄, 매춘, 문화 붕괴 등)
  - 국가경제와 관광산업 간의 관계 : 소비, 저축, 소득, 투자, 고용, 국제수지, 경기변동, 경제구조의 변화, 산업연관분석

- 국제경제와 관광산업 간의 관계 : 국제수지, 남북(격차)문제, 개발도상국(제3세계) 발전 문제, 수용국 사회와 관광자 · 송출국 간의 갈등 · 종속문제

관광경제학은 일명 '위락 경제학(recreational economics)'이라고도 하는데, 일상 업무를 떠나 여가생활을 활용하고자 하는 인간의 경제활동에 관한 연구이며, 그 인간이 소비하고자 하는 관광과 위락 서비스(tourist goods and services)가 한정되어 있으므로 이를 어떻게 생산하고 분배할 때 최대의 만족을 줄 수 있는가, 그리고 국가 혹은 세계 경제 차원에서 관광산업의 역할과 위치를 연구하는 학문이다.

오늘날 이동을 수반으로 하여 즐거움을 얻기 위한 단순한 사회현상으로 출발한 관광은 영리적 소비행위를 전제로 한 경제적인 효과를 중심으로 국가정책의 중요한 과제로 부상되었으며, 국가 간의 상호교류라는 평화산업으로 크게 성장하여 왔다. 이는 그 동안의 산업사회 발전과 더불어 이른바 '레저 시대'의 개막과 함께 관광을 인간활동의 새로운 국면에서 관찰하는 계기를 만들었다.

관광(위락)경제학은 일상업무를 떠나 여가생활을 활용코자 하는 특정 인간에 관한 연구이며, 그 인간의 관광 · 위락적 욕구를 충족시켜주기 위해서 희소한 관광재(觀光財)를 효율적으로 생산 · 분배시키는 개인 및 사회적 행위에 관한 연구이다.

또한, 양적인 성장을 내용으로 한 대중화와 서비스를 중심으로 한 사업의 다양성을 특징으로 발전하여 온 현대관광은 새로운 시대의 흐름 속에 개인의 자유의지를 바탕으로 한 자기실현 문화욕구를 충족시킬 수 있는 종합현상 · 총체현상으로 인식되어 그 지역, 그 나라의 문화수준과 주민의 성숙도를 가름하는 새로운 사회현상으로 자리 잡게 되었다. 그러나 현대사회에서 관광은 지역적 특성 등에 따라 많은 국내외 학자들에게 매우 다양하게 정의되면서 발전하여 왔다.

그렇다면 관광경제학의 주요 연구대상은 무엇인가? 그것은 관광과 관련된, 일반재화와는 다소 다른 특수한 재화(goods)와 서비스(services)이다. 인간은 살아가기 위해서 의 · 식 · 주, 그리고 여가 · 문화 활동 등 수많은 재화와 서비스를 연속적으로 소비해야 한다.* 또한 재화는 여러 가지로 분류할 수 있는데, 공기와 태양열과 같이 무한히 존재하여 노력이나 비용을 들이지 않고도 얻을 수 있는 자유재(free goods)와 부존량이 희소하기 때문에 적잖은 노력과 비용을 들여야 얻을 수 있는 경제재(economic goods)로 구분할 수 있다. 여기서 자유재는 희소가치가 없고 원하는 사람은 누구나 손쉽게 얻을 수 있기 때문에 경제학자들의 관심 대상이 되지 않는다. 그러나

* 여기서 재화란 인간생활의 영위에 필요한 의식주 등 유형의 자원을 뜻하고 서비스는 여가 · 문화 · 경관 · 교통 · 음악 등 무형의 자원을 뜻하며, 서비스는 유형적 재화 이외의 생산과 소비에 관련된 모든 활동, 이를테면 교육, 운송, 이발, 목욕, 여행사의 관광안내 등이 그것이다.

경제재는 그 부존량이 한정되어 있기 때문에 생산, 소비, 분배 모두가 문제된다. 생산량보다는 항상 소비하고자 하는 양이 많은 재화(초과수요 재화)가 바로 이 경제재이다. 관광경제학에 있어서의 분석대상은 손쉽게 얻을 수 있는 자유재가 아니라 최소한의 노력과 비용을 들여야만 얻을 수 있는, 그리하여 소비자끼리 획득을 위해 경쟁해야 하는 경제재이다.

경제재는 다시 소비재, 생산재, 자본재 등 경제주체나 생산요소별로 나누어 볼 수도 있다. 또 생산주체별로 민간이 생산하는가, 공공기관이 생산하는가, 혹은 재산권(property rights) 행사가 가능한가에 따라 사유재(private goods)와 공공재(public goods)로 나누어볼 수 있다. 여기에서는 관광을 하는 소비자들이 욕구하는 특수한 성격의 경제재를 '관광재 및 서비스(tourist goods and services)'라 정의하고 이를 분석대상으로 삼아보고자 한다.*

본 절에서는 먼저 관광재의 특성을 밝히고, 왜 대부분의 관광재는 일반 경제재와는 달리 시장기구(market mechanism)**를 이용해서는 분석할 수 없는가를 살펴보고자 한다. 이어서 공공재로서의 관광재의 구체적 성격과 유형분류를 살펴보고 관광재를 소비하는 주체, 즉 관광자의 유형에 대하여 간략히 살펴보기로 하자.

(1) 관광재는 복합재이다

관광은 여러 가지 재화의 '묶음'인 꾸러미 재화(a bundle of goods)이다. '패키지 투어'에서 보듯이 관광여행은 복합적인 재화로 구성되어 있다. 교통수단, 숙박시설, 관광대상지의 관광자원, 위락자원 등이 합쳐져서 관광여행이라는 복합적 재화를 만들어내는 것이다.[2)]

(2) 관광재의 상당부분은 공공성이 높은 공공재(public goods)에 속한다

재화는 '공동으로 함께 무료로 소비할 수 있는가'의 기준에 따라 공공재와 사유재(private goods)로 나눌 수 있다. 경제학에서는 순수 공공재를 "일단 생산되면 그 소비가 공동으로(집합적으로) 이루어지며, 불특정 다수에게 똑같이 편익이 돌아가는 재화"라고 정의한다. 순수한 공공재인가 아닌가의 기준은 '배제가능성(exclusiveness)' 여부와 '경합성(rivalness)' 여부이다. 즉, 사용료를 지불하지 않아도 그 이용권을 배제할 수 없고, 특정 소비자의 이용이 타인의 이익을 침해하지 않는다면(즉, 경합하지 않는다면) 그것은 공공재이고, 그렇지 않다면 사유재이다. 바닷가의

* 이하에서는 편의상 '觀光財(tourist goods)'로 통칭하여 부르기로 한다.

** 생산과 소비의 교환과 가격이 이루어지는 무형의 장소를 시장(market)이라 하며, 이 시장에서 정부나 감독자의 개입 없이도 생산, 소비 그리고 분배가 능률적 효율적으로 저절로 잘 이루어지는 자동조절작용을 뜻한다. 애덤 스미스는 이를 (神의) "보이지 않는 손"(invisible hand)이라고 불렀다.

등대, 일기예보, 국방 등은 순수 공공재이고, 국립공원, 아름다운 시골풍경 등도 공공재에 가깝다고 할 수 있지만 붐비는 해수욕장이나 인파가 많은 근린공원은 경합성이 크므로 공공재에 미치지 못하는 준공공재(semi-public goods)라고 할 수 있다.

(3) 관광재는 우등재(superior goods)이다

관광재는 타 경제재와 비교할 때 경제적으로 여유가 있을수록 더욱더 구매욕구를 보이는 우등재에 속한다. '우등재'란 관광재 수요의 증가율이 소득수준의 증가율보다 빠르게 증가하는 재화로서, 소득이 높아질수록 수요 증가폭이 더욱더 커지는 재화를 말한다. 이런 현상은 보석 · 고급의류 등 이른바 사치품 수요에서 많이 나타나는데, 이러한 이유로 관광재도 '사치품(luxuries)'으로 불리기도 한다.[3)]

(4) 관광은 대부분이 공간적 이동, 즉 상당 정도의 '장소 이동'을 특징으로 하는 소비재이다

때문에 공간, 즉 장소(거주지)와 장소(목적지)간의 수요에 대한 거리마찰력(거리억제력)이 타 재화보다 크게 작용한다. 가보고 싶어도 거리가 멀면 멀수록 그만큼 더 수요가 억제되는 것이다. 그래서 관광학은 공간을 다루는 학문들(spatial sciences), 이를테면 지리학 · 지역과학(regional sciences) 등과도 밀접한 관계를 맺고 있다.

(5) 관광재는 공간 이전이 불가하므로 소비자가 직접 찾아가서 소비해야 한다

대부분의 관광자원은 냉장고 · 쌀 등의 일반재와 같이 우리 생활주변에 있지 않으며, 또한 그것을 우리가 원한다고 해서 소비지로 이전시킬 수도 없다. 때문에 소비자가 현지로 직접 찾아가서 소비하지 않으면 안 된다. 예를 들어 보령 머드축제나 하와이 민속춤을 구경하기 위해서는 그곳 현지로 직접 찾아가보는 도리밖에는 없다.

(6) 관광재는 상당수가 그 공급이 비탄력적이다

관광재 중에는 쌀, 쇠고기 등 일반재화와 달리 수요변화에 따라 공급자가 공급량을 신축적으로 조절할 수 없는 성격을 지닌 재화가 많다. 특히 위락자원보다 인문자원이나 자연자원의 경우 그 정도가 더 심하다. 자연공원이나 경관, 폭포, 산, 해안 등은 우리가 원한다고 해서 그 공급량을 마음대로 늘릴 수가 없으며, 하물며 유물 · 유적, 산업시설 등도 공급을 마음대로 조절할 수가 없다. 단지 가능한 것은 관리능력의 제고를 통해 수용력을 어느 수준까지 확장할 수 있을 뿐이다. 이와 같이 정태적 성격의 관광재, 특히 자연물 중심의 관광재는 증감하는 수요에 대해 그 공급여력이 극히 비탄력적이다.

관광재를 소비하는 관광자의 유형은 연구자의 학문적 배경과 관심에 따라 다양한 관점에서 논의되고 있다. 대개의 경우 재화 공급자들은 자신들의 제품을 보다 효과적으로 소비자들에게 전달하기 위해 소비자들의 욕구(needs)를 파악하고자 노력한다. 그러나 현실에서 소비자들은 특정 재화를 여러 가지 방법으로 구매하여 자신의 만족을 충족한다. 이런 점에서 관광재는 관광자인 소비자에게 제공하는 일련의 상품이라고 할 수 있다. 이러한 관점은 관광을 경제활동의 맥락에서 이해하는데 도움이 된다. 학자들에게 많이 회자되는 관광의 유형(typology)은 그 성격에 따라 여러 가지로 나누어지고 있는데, 이 유형을 결정하는 요소들을 나열해보면 대체로 다음과 같은 것들이다.

① 관광자의 형태: 소비 형태별, 연령대별
② 관광목적지의 원근과 형태: 국내와 국제
③ 관광의 목적: 사업, 보양, 유흥 등
④ 관광 집단의 크기: 개별, 집단별
⑤ 여행계획자(organizer)의 형태: 개인 · 패키지별
⑥ 이용 숙박시설의 형태: 민박 · 캠핑 · 리조트 등
⑦ 이용 운송수단의 형태: 도보 · 승용차 · 열차 · 항공 · 크루즈 등

관광의 유형은 이러한 성격이나 형태에 따라 다시 여러 가지 유형으로 분류할 수 있는데, 여기에서는 경제적 관점에서 접근한 첫 번째 분류를 기준(Bull, 1995)으로 살펴보도록 한다. 이렇게 관광자의 유형별 시장세분화(segmentation)를 연구하는 두 가지 이유는 차별화된 마케팅을 위한 이론적 근거(rationale)를 수립하고, 다양한 경제적 제약(constraints)과 기여(contributions)를 검토하여 행동경제학 또는 심리경제학에 근거한 정책을 수립하기 위함이다. 특히 경제적 관점에서 볼 때, 관광자 계층(class)은 상당히 동질적이며 그런 점에서 다른 계층과의 차별화에 상당한 의미가 있다. 세 가지 세분화 방법은 다음과 같다.

① 여행목적에 의한 세분화
② 사이코그래픽 또는 인지 · 규범적(cognitive-normative) 세분화
③ 상호작용에 의한 세분화

먼저 여행목적에 의한 관광자 유형 세분화는 수요측면의 경제학에서 볼 때, 레크리에이션 여행과 친지방문은 최종수요 즉 여행 자체를 목적으로 그 자체를 충족하기 위한 여행으로 간주하는 경우가 대부분이다. 다음으로, 상용여행은 파생수요로 이는 여타 재화와 서비스를 생산하는 과정에서 필요로 하는 투입서비스에의 수요가 대부분이다. 상용여행은 서비스업에 있어서 자본재와 동일한 것으로 레크리에이션 여행은 소비재와 같은 것이다. 레크리에이션 여행은 여행자 자신이 구입하고 결정해서 개인적으로 경제적 제약을 받으나, 상용여행 결정은 각 경제지역에 있어 세금공제를 하는 등 기업경제학에 의해 제도화되고 제약되는 경우가 대부분이다.

그림 1-1 여행목적별 관광자 유형

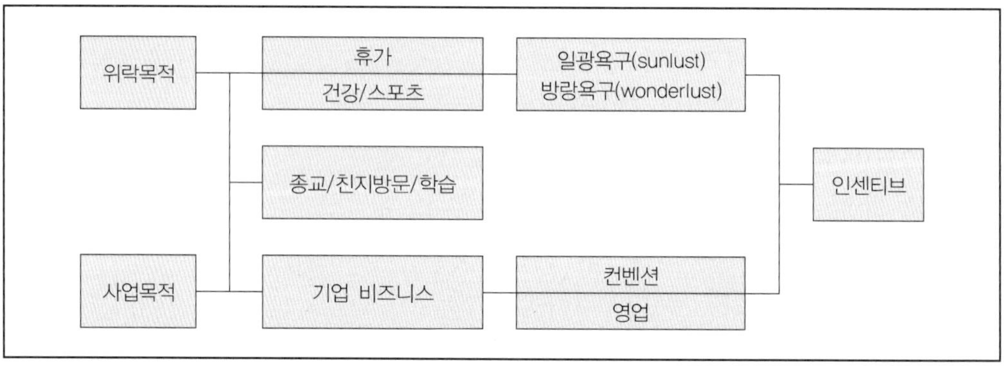

자료: Bull(1995: 12)의 [그림 2-1]을 필자 재구성.

두 번째로 사이코그래픽에 의한 관광자 유형 세분화는 기본적으로 심리적 변수를 척도로 하여 사람들을 차별화하는데, 최근에는 생활양식(AIO: activity, interest, opinion)과 동기를 고려하는 방식으로 변화하고 있다. 행동 특성을 밝히고 중요하게 여겨지는 제 특성에 따라 관광자의 유형을 분류하기 위한 관광자의 특성은 다음과 같다.

- 모험성(venturesomeness): 관광자가 추구하는 '위험(risk)' 수준
- 쾌락주의(hedonism): 여행에 필요한 편안함(comfort)의 정도

- 가변성(changeability): 관광자가 충동적이거나 어떤 새로운 것을 추구하는 정도
- 독단주의(dogmatism): 관광자가 자신의 사고를 바꾸지 않는 정도
- 주지주의(intellectualism): 관광자가 요구하는 '문화(culture)'의 수준

관광자의 활동이나 구매특성에 영향을 미치는 특성은 관광업체가 특정 표적 집단에게 다양한 가격으로 특정한 관광상품을 구매할 수 있도록 한다. 예를 들어, 관광자의 모험성 정도에 따라 유형을 분류한 플록(Plog, 1972)의 인지 · 규범모델(cognitive-normative model)은 관광자를 다음과 같이 분류하고, 각 유형별 구매특성을 설명하고 있다.

> • **외향형(allocentric)**: 매우 모험 지향적
> 스스로 여행을 조율하고, 외딴 관광지를 방문하며, 지역 주민들과 함께 숙박하고, 현지문화를 학습하거나 식생을 연구하며, 재방문은 거의 하지 않는다.

> • **중간형(mid-centric)**: 탐험을 좋아하지만 집에서의 편안함 추구
> 여행사를 이용하지만 자신들만의 '단체(package)'를 형성하며, 상당히 멀리 여행하지만 잘 알려진 관광지를 방문하고, 신기성(novelty) 추구와 집에서의 편안함에 대한 균형을 추구한다.

> • **내면형(psychocentric)**: 낯설거나 위험한 것을 싫어함
> 여행사가 기획한 단체여행을 이용하고, 자신이 거주하는 장소와 문화적으로 유사한 관광지를 추구하며, 단체숙박시설이나 취사도구가 설비된 시설에서 숙박하고, 종종 재방문한다.

마지막으로 상호작용에 의한 관광자 유형 세분화는 생활양식(AIO) 요인과 개인특성의 검토가 관광자 행동 유형의 배경을 이해하는데 중요하며, 관광자 행동의 영향별로 관광자를 분류하거나 세분화하기 위한 경제분석에 적합하다. 이는 관광지에 미치는 영향의 관점에서 상호작용에 의한 세분화라고 할 수 있다. 관광지와 상호작용에 의한 관광자 유형은 다음과 같은 다섯 가지 유형으로 분류된다.

〈표 1-1〉 관광지와 상호작용에 의한 관광자의 유형

유형	관광지와 관광산업에 미치는 영향
탐험가	소수; 관광상품 소비가 없고, 경제적 영향도 무시할 만한 수준
엘리트	상대적으로 소수; 높은 수준의 여행관광상품에 대한 가격수요가 비탄력적이라 관광지에 투자를 초래할 수도 있음
현지인/ 별장소유자	여행수요는 일정하나 현지인이나 자신의 숙박시설에 머무르기 때문에 관광지에서 관광상품의 소비는 낮으나 일반적으로 현지소비를 증가시킴
개인/ 초기 대량관광자	다수; 광범위한 여행; 수요는 가격 탄력적; 관광지에서 생산된 관광상품에 대한 수요
대량관광자/ 전세관광자	특정 관광출발지와 목적지 간에 매우 다수; 여행산업의 제 부문이 전반적으로 의존(예: 전세항공); 관광지에 큰 영향을 미치며, 출발지 소유의 기업들이 관광지에 큰 투자를 할 수 있음

자료: Bull(1995: 15).

하나의 관광지가 위의 모든 유형의 관광자에게 매력적일 수도 있지만 경제정책의 관점에서 정부는 하나의 집단만을 적극적으로 모색할 수도 있다. 그러나 상호작용에 의한 세분화는 전반적으로 마케팅 활동을 위한 좋은 기준이 아니다. 왜냐하면 관광지와의 상호작용은 집단별로 현저하게 다른데, 각 집단 유형은 주요 마케팅활동 분야의 독립된 분야가 아니기 때문에 마케팅 프로그램에 쉽게 표적화될 수 없다.

관광자의 유형을 검토하는 상기의 각 방법들은 관광경제학을 통해 세분된 '관광자'의 역할을 평가하는 도구로 이용되고 있다.

2. 관광경제학의 역사

세계적으로 관광경제에 관한 최초의 연구는 유럽 특히 이탈리아에서 시발되었다고 밝혀지고 있다. 보디오(Bodio, 1899)의 논문 "이탈리아에 있어서 외래객 이동 및 그 소비액에 대해서"와, 니체훼로(Nicefero, 1923)의 논문 "이탈리아에서 외국인 이동", 그리고 마리오티(Mariotti, 1929)의 저서 『관광경제학강의』가 그런 부류의 연구물들이다(鹽田正志, 1962에서 재인용). 그 외 유럽에서의 선구적 연구로는 독일의 보르만(Bormann, 1931)의 『관광학개론』, 글뤽스만(Glücksmann, 1935)의 『일반 관광론』, 그리고 영국의 오길비(Ogilvie, 1933)의 연구, 오스트리아의 베르넥커(Bernecker) 등이다.

그러나 이들 유럽국가 학자들의 저술이 관광의 경제적 측면을 최초로 기술했다는 점에서는 분명히 그 의의가 크지만, 관광학 내지 관광경제학의 학문체계 형성에는 크게 도움을 주지는 못했다. 비록 독일계통의 일부 연구들이 관광연구를 경제학의 한 분과로 보며 경제적 측면을 많이 다룬 것은 사실이지만 이를 관광경제학 연구의 시초로 볼 수 있는가는 의문이다. 그 이유는 개념체계나 체계적인 방법론(methodology) 혹은 이렇다 할 관련 이론이 만들어지지 않았기 때문이다. 유럽 대륙계통의 초기 관광연구가 접근방법이나 이론구성 면에서 사회과학으로서의 관광경제학이란 학문적 요건을 별로 충족시켜 주지 못했다고 평가한다면, 그 약점을 다소 극복시켜준 것이 바로 북미계통의 연구라고 할 수 있다.

북미계통의 접근은 우선 광대한 영토와 풍부한 경제력 및 관광자원을 지니고 있고 지정학적으로도 대서양을 경계로 타 국가 특히 유럽과 격리되어 있다는 특수성으로 인해 국제관광보다는 국내관광—구체적으로 내국인의 사회후생 차원에서의 국내관광—에 대한 관심이 앞섰다. 이들 북미 학자들은 관광을 외화획득의 수단이 아니라 내국인의 복지실현의 수단으로 인식하였기 때문이다. 또 하나의 부분적 이유는 이들이 국제적인 뉘앙스가 강한 'tourism'보다는 국내적 또는 사회후생의 뉘앙스가 강한 'outdoor recreation'이나 'leisure'라는 용어를 초기는 물론 현재까지도 더 즐겨 사용하고 있는 경향에서도 찾아볼 수 있다. 북미학자들이 관광경제학을 지칭하는데 'tourism economics'란 용어 대신에 'recreational economics'란 용어를 많이 사용하고 있는 것도 같은 맥락이다. 그 주된 관심도 외화획득 방안 등 처방적 연구나 관광통계 체제의 개선이 아니라 이용자편익(user benefits)이나 관광잉여(recreational surplus) 또는 관광지의 수용력(carrying capacity) · 혼잡도(crowdness) · 자연환경 파괴와의 관계 등 이용자 후생분석에 이른다는 점을 통해서도 또한 그 증거를 찾을 수 있다.

또 한 가지 북미연구의 특징은 접근방식상 교차학문적(cross-disciplinary) 내지 다학문적(multi-disciplinary)인 방식(이른바, 개별과학적인 접근방식)을 견지해왔다는 점이다.* 중요한 것은 관광경제적 연구를 당시의 관광학과 소속 교수들이(당시 북미에는 관광학과란 명칭을 가진 학과도, 전공 교수도 거의 없었지만) 주도했다는 것은 아니다. 오히려 관광이 아닌 타 분야 학자, 이를테면 자원경제학자나 환경경제학자, 농업경제학자들이 연구의 중심을 이루었다. 이들의 논문들은 주로 경제관련 전문학술지, 특히 Land Economics, American Journal of Agricultural Economics, Water Resources Research, Journal of Environmental Economics and Management 등을 통해 자주 발표되어 왔다.

관광(위락)경제학에 크게 기여한 북미 경제학자들을 들어 본다면, 광산 경제학자 호텔링(Hotelling, 1947)[4], 자원경제학자 마리온 클로슨(Marion Clawson, 1959)**, 클로슨의 뒤를 이어서

* 이 접근방식의 장점은 방법론이 튼실하고 이론적 바탕이 튼튼한 사회과학들(예컨대, 경제학, 사회학, 심리학, 지리학, 문화인류학)에 기초하고 있기 때문에 관광경제 분야에 관한 한 이론의 깊이가 있다는 장점이 있다.

시체티(Cicchetti, 1972)[5], 스미스(Smith, 1975)[6] 그 이후에는 크루틸라 · 피셔(Krutilla and Fisher, 1975)[7], 왈쉬(Walsh, 1986)[8] 등도 이 분야의 연구를 발전시키는 데 공헌하였다. 특히 1959년에 발표된 클로슨의 논문은 그 뒤 네취(J. Knetsch)와 공저한 저서 『야외위락경제학』(Economics of Outdoor Recreation)에서 더욱 구체화되어 관광수요와 편익측정연구의 시금석이 되었으며, 이 연구를 시발로 많은 후속연구와 끊임없는 상호비판을 통하여 북미류의 관광위락경제학 연구체계가 확립되었다. 그 외에도 승수분석 기법을 관광에 도입한 영국의 브라이든(Bryden, 1973), 아처(Archer, 1977)[9] 같은 경제학자들은 관광현상의 접근방법의 계량화에 크게 이바지하였다는 점에서 높이 사줄 만하다. 영국학자들의 이 분야 연구경향 역시 한마디로 미국 학자들의 그것과 같이 경제학에 바탕을 둔 개별과학적 접근으로 일관하였다.

1990년대 이후에 들어서는 관광현상 연구의 유행과 더불어 '관광경제학'이라는 이름의 단행본 저서류가 특히 많이 등장하였는데, 룬드버그 등(Lundberg et al., 1995)[10]의 '관광경제학(Tourism Economics)', 싱클레어와 스테블러(Sinclair and Stabler, 1998)[11]가 공저한 '관광경제학(The Economics of Tourism)', 트라이브(Tribe, 1995)[12]의 '여가관광경제학(The Economics of Leisure and Tourism)', 그리고 불(Bull, 1995)[13]의 '여행관광경제학(Economics of Travel and Tourism)', 루미스와 왈쉬(Loomis and Walsh, 1997)[14]의 '위락경제의사결정론(Recreation Economic Decisions)' 등이 그것이다.

영미 사상보다는 주로 유럽대륙 사상을 일찍부터 받아들인 일본의 관광학연구는 20세기 후반기부터 시작되었는데, 시오다 세이지(鹽田正志)의 저서 '觀光經濟學(1962)', '觀光學硏究(1974)'가 높이 평가할 만하다.[15] 그의 연구도 독일식의 관광연구 방식—이를테면 관광연구를 하나의 학문적 체계를 갖춘 개별과학으로 보려는 방식—을 추종한 흔적이 곳곳에서 보이고 있다. 일본에 유럽 대륙계통의 관광학적 틀이나 사고방식을 도입한 장본인도 바로 그이다. 그가 보는 관광연구의 성격도, 관광을 대내적이 아닌 대외적인 현상으로 보았다는 점에서 20세기 초의 유럽학풍을 그대로 닮았다고 할 수 있다.

한편 우리나라의 경우, 경제적으로 어렵던 시절이었던 1950-60년대에는 경제개발과 외화획득의 한 수단으로 정부가 외래 관광산업을 기반산업으로 간주한 바는 있지만, 학계 측에서의 연구는 전혀 없었다 해도 과언이 아니다. 1970-80년대가 다 지나도록 과거에 흔히 주장하던 대로, 관광산업이 경제성장을 위해 매우 중요하다는 식의 주장만 구태의연하게 되풀이하며, 학문적 기반이 결여된 실무적 · 처방적 교육(특히 영어 등 어학 교육, 업장에서의 실무훈련)에만 급급하고

** 특히 그는 1966년에 잭 네취(Jack Knetsch)와 공저하여 연구서 『야외위락경제학』(Economics of Outdoor Recreation)을 저술하여 관광수요와 편익측정 연구의 시금석을 마련하였다.

있었기 때문이다. 그나마 관광현상을 교차학문적 시각에서 경제학적 접근방법으로 규명코자 하는 노력의 기미가 보이기 시작한 것은 일부 학자들을 중심으로 1980년대 후반부터, 특히 1990년대에 들어서부터라고 할 수 있을 것 같다.

제2절 관광수요와 그 결정요인

1. 관광수요와 관광수요 측정의 척도

경제학에서 수요란 일정 기간 동안 소비자가 구매하고자하는 재화나 서비스에 대한 욕구를 의미한다. 여기에서 수요는 원래 소비자가 실제로 구매한 수량이 아니라 마음속으로 구매하고 싶어 하는 수량을 의미한다. 마음속으로는 사고 싶어도 값이 비싸거나 시간이 없어서 못 사는 경우가 있으므로 구매하고자 하는 의도와 실제로 구매한 결과는 차이가 있을 수 있다. 소비자가 구매하고자 하는 의도를 측정하기란 매우 어려우므로 경제학에서 수요는 주로 판매된 양, 즉 수요량으로 측정한다. 예를 들어 2009년 노트북에 대한 수요는 2009년 1월 1일부터 12월 31일까지 팔린 노트북 수량을 의미한다.

관광경제학에서 관광수요란 관광위락을 하고자 하는 소비자의 욕구 내지 욕망을 의미한다. 관광은 기본적으로 장소에 대한 수요라고 할 수 있다. 유럽 관광을 하고자 하는 욕구, 함평 나비축제를 보고자 하는 욕구 등이 관광 수요이다. 관광에 대한 수요는 일반 경제재에 대한 수요행위와 다소 차이가 있다. 관광의 경우에는 대부분 자연자원, 언어, 민족, 유물, 유적, 축제 등 가격으로 가치를 환산하기 어려운 공공성의 재화를 구매대상으로 한다. 또 유럽을 관광하기 위해서는 유럽까지 비행기를 타고 이동하여야 하고, 숙박을 하고, 음식물을 소비하여야 하는 등 복합재를 수요하는 복합 수요이기도 하기 때문이다.

그렇다면 관광의 구체적 수요는 어떻게 알 수 있나? 일반 시장재의 경우에는 수요량의 측정을 수량 혹은 금액으로 표현한다. 예를 들어 라면에 대한 수요는 라면의 판매량, 사과에 대한 수요는 사과 판매량, 기념품에 대한 수요는 기념품 판매량, 호텔 객실에 대한 수요는 판매 객실 수 등으로 측정될 수 있으나 관광에 대한 수요는 특정 관광지라는 '장소 수요(site-specific demand)'이므로 이를 얼마나 이용할 것인가에 대한 측정이 쉽지 않다는 점이다. 미국 연방정부는 다음과 같은 척도를 도입하여 이 문제를 해결한다. 학자들도 대개 이하의 측정방법(지표)을 사용하여 연구한다.

(1) 방문자수(number of visitors)

방문자수는 조사대상 관광지를 방문한 사람 수를 의미한다. 현재 한국관광공사에서 발표하고 있는 우리나라 외래 관광통계는 이 기준을 따르고 있는데, 단순하므로 파악하기 쉽다는 장점이 있다. 그러나 1박을 하고 출국하는 외래객과 4박 5일을 체류하는 외래객의 경우 각각이 관광수입에 미치는 효과가 다름에도 불구하고 이에 대한 정보는 제공해주지 못한다는 단점이 있다.

(2) 총방문횟수(number of total visits)

총방문횟수는 일정기간 동안 한 사람이 한 지역을 1회 방문한 것을 기본단위로 하여 전체 방문한 횟수를 파악하는 것이다. 이 측정단위는 관광지에서의 관광활동이 유사하고 따라서 활동 소요시간도 동일할 때는 측정단위로 적합하지만 목적지가 복수로 구성된 경우에는 측정단위로 부적합하다는 단점이 있다.

(3) 관광일수(visitor day)와 위락방문일수(recreation visitor days)

이 척도는 방문자수에 체재일수를 곱한 수치(방문자수×체재일수)로서 앞에서 지적한 방문자수 척도가 단순히 인원수만을 형식적으로 표시한 것이라면 이것은 개개 관광자 수요의 크기까지 고려한다는 점에서 한 단계 더 발전된 척도라고 할 수 있다. 10명의 단체가 2박을 여행했다면 그 수요량은 20일이라고 할 수 있고, 2명이 5박을 여행했다면 10일이라고 할 수 있다.

체재일수는 체재기간의 환산방법에 따라 다시 방문 일수(日數)와 방문박수(泊數)로 나눌 수 있다. 10명이 1박 2일을 했다면 방문 일수는 20일, 방문박수는 10박으로 측정할 수 있다. 호텔과 같은 숙박시설의 경우에는 방문 박수가, 스키장 또는 주제공원이나 국립공원과 같이 주간활동이 주가 되는 관광시설의 경우에는 방문일수가 유용한 지표가 될 수 있다.

미국 산림청(U.S. Forest Service)은 이와 유사하게 위락방문일수(recreation visitor days: RVD)라는 측정단위를 사용한다. 이 기관은 1인의 12시간 이용을 기본 한 단위로 이용한다. 따라서 4명이 함께 캠핑장을 12시간 이용하였다면 4RVD단위를 수요한 것이고 4명이 24시간을 이용하였다면 8RVD단위이다. 12시간을 기본 단위로 하는 관계로 자원이용량 대부분을 만족스럽게 측정할 수 있다는 장점이 있지만, 이 측정단위의 문제점은 1명이 12시간 이용하는 것이나 12명이 1시간 이용하는 것이나 동일하게 1RVD단위이지만 1명이 12시간 머무를 때보다 12명이 1시간 머무르는 것이 자원의 훼손을 더 가져올 수 있다는 점에서 불합리한 척도라고 볼 수 있다.

(4) 관광자 방문율(visit rate)

이는 방문자수를 이들을 배출한 거주지의 실제 인구수로 나눈 것(방문자수/거주지 인구수)으로서, 수요의 상대적 크기를 나타내 준다. 예를 들어 국제 관광의 경우에는 방한 일본인 방문율은 방한 일본인수를 일본인구수로 나눈 것이다. 국내 관광의 경우에는 함평 나비축제의 서울 관광자 방문율은 서울에서 방문한 사람 수를 서울인구 수로 나눈 것이다.

(5) 여행이동거리(distance traveled)

각 관광지까지 이동한 거리를 가지고 관광수요를 측정할 수도 있다. 한 관광자가 1km 이동한 기본단위 거리를 '1인km'라고 할 때 일행 전체의 수요는 '일행의 수× 일행이 여행한 거리'가 된다. 예를 들어 10명이 30km를 이동하였다면 300인km가 된다. 이 척도는 철도, 항공 등 교통수요 분야에서 많이 이용된다.

2. 관광수요의 결정요인

관광수요는 경제적 · 정치적 · 사회문화적 · 기술적 환경의 변화 등에 영향을 받으므로 수요예측의 정확도는 이들 환경의 변화를 얼마나 정확하게 분석하느냐에 달려 있다. 경제적 환경의 분석은 경기순환과정(회복기, 호황기, 후퇴기, 불황기), 경제성장률, 환율, 실업률, 소득, 가격, 마케팅 비용 등과 같이 수요에 직접적인 영향을 미치는 경제변수들을 분석하는 것과 관련되며, 사회문화적 환경의 분석은 인구의 규모, 연령구조, 성별, 가족규모, 교육수준, 종교, 여가시간, 언어와 문화적 유사성의 정도, 기후, 도시화, 범죄율, 관광객의 취향과 태도, 관광대상지의 이미지와 인지도 등과 같은 요인들과 관련된다. 기술적 환경의 분석은 산업구조, 경쟁방식, 신제품, 제품혁신, 제품 수명주기 등이 수요에 미치는 영향을 분석하는 것과 관련된다. 또한 특정 관광대상국이나 외화소지한도액 등과 같은 정부규제, 테러 등과 같은 정치적 환경의 변화에 대한 분석도 중요하며, 마지막으로 소멸성, 계절성 등도 관광수요분석에서 중요하게 고려되어야 할 요인들이다.

관광수요에 영향을 미치는 독립변수들은 다양하다. 첫째는 총관광객 수를 결정하는 요인들을 의미하는 시장 요소(market factors), 둘째는 관광객을 유인하거나 억제하는 요인들을 포함하는 관광대상지 요소(destination factors), 셋째는 관광대상지와의 지리적 관계를 의미하는 장소 요소(location factors), 마지막으로 비즈니스 · 문화적 · 국가 간의 연결요소를 의미하는 결속요소(ties factors)로 분류할 수 있다.

관광수요의 결정요인은 우선 그 수요의 유형 특히 국내관광인가 해외관광(혹은 국제관광)인가에 따라 대체로 다르다. 대개 이문화 지역을 여행하는 국제관광의 경우에는 종교나 언어 등의 문화, 안전성(질병감염, 테러 가능성 여부 등), 자국 대비 통화의 환율 등이 중요한 변수가 되지만 자국민의 국내관광에서는 이런 변수들보다는 연령구조, 성별, 가족규모, 교육수준, 잠자리, 볼거리, 교통 여건 등이 오히려 주요 고려대상이 된다. 여기서는 관광 수요에 여향을 미치는 일반적 요인들만 몇 가지 살펴보도록 하자.

(1) 소득

소득의 크기는 관광수요의 결정요인들 중 가장 높은 설명력을 지닌 결정인자로서 직접적으로 그리고 간접적으로 여가 및 관광 수요에 크게 기여한다. 소득은 여가 · 관광수요에 대해 대부분 陽(+)의 방향으로 작용한다. 즉 소득수준이 높아지면 높아질수록 관광이나 여가수요는 점점 더 급격한 비율로 증가한다.

(2) 자체가격 및 상대가격

경제이론에 의하면, 다른 조건이 일정할 때 수요와 가격은 반비례관계에 있으므로 수요를 파악하는데 있어서 가격은 중요한 변수 중의 하나이다. 관광수요연구에서도 다른 조건이 일정하다면 관광대상국에서의 관광상품과 서비스의 가격이 높으면 높을수록, 관광수요는 감소할 것이다. 그러나 관광수요를 분석하는데 있어서 가격은 다양한 방식으로 표현되어 왔기 때문에 가격에 대한 적절한 측정수단을 결정하는 것이 어렵다. 그럼에도 불구하고 일반적으로 관광수요연구에서 가격은 첫째로 관광대상국에서의 관광상품과 서비스의 가격(관광생활비용, 관광가격), 둘째로 환율, 마지막으로 관광발생국과 관광대상국 간의 교통비용의 형태로 측정되었다.

관광발생국과 관광대상국의 상대가격의 변동을 측정함에 있어서 이상적으로는 관광객에 의해 구매된 상품들을 구성하는 지수 즉, 관광물가지수(tourist price indices: TPI)를 사용하는 것이 바람직하지만 현실적인 측면에서 모든 관광객의 비용을 추적하여 측정하는 것은 불가능하기 때문에, 대부분의 연구들은 '소비자물가지수'를 관광가격의 대리변수로 사용한다.

(3) 여가시간

관광이란 자유시간을 전제로 한다. 여가시간의 유무나 많고 적음은 곧 여타 관광수요인자 이상으로 중요한 영향변수이다. 역사적으로 볼 때, 유급휴가기간의 증가, 노동시간의 단축이 관광량의 증가로 나타난 사실이 바로 이를 증명하고 있다. 특히 오늘날 우리나라를 포함하여 선진국 간에 주휴 2일제가 보편화함에 따라 여행수요는 급격히 늘어가고 있다.

(4) 자국화폐의 가치: 환율

국제관광에 있어서는 자국통화의 상대적 가치 즉, 환율의 영향력도 중요하다. 특히 오늘날 같이 국제 간의 이동과 교류가 빈번한 '전 지구적 시대(globalized era)'에는 여행객들이 환율변화에 민감하다. 일본 엔화대비 한국 원화의 환율이 높아지면(즉, 한국 원화의 평가절하) 일본인들이 한국 쇼핑을 위해 몰려들고 그 반대로 우리나라 통화가 강세일 때는 한국인들의 일본 여행이 잦아진다.

(5) 여행비용(교통비용)

여행비용이라 함은 여행자가 대상관광지까지 왕복하는 데 소요된 비용을 말한다. 일반 소비재의 획득 비용이 그 소비재의 가격이라 한다면, 이 여행비용은 여행이라는 서비스를 획득 · 이용하는 데 대해 지불하게 되는 가격(또는 대가)이라 할 수 있다. 그러나 여기서 주의할 점은 여행비용이라 해서 그것은 우리가 통속적으로 생각하고 있는 왕복 여행에 소요된 화폐적 경비만을 의미하지는 않는다. 일반적으로 여행비용에는 교통비용뿐만 아니라 상실한 시간비용, 즉 여행시간의 '기회비용(opportunity cost)'까지 포함되기 때문이다.* 더 나아가 여행비용은 교통비 등의 화폐적 비용, 기회비용으로서의 시간비용뿐만 아니라 심리적 부담(psychic cost)까지 포함한다. 흔히 학자들 간에 여행비용의 대리변수(proxy variable)로서 물리적 거리(physical distance)를 많이 사용하는데, 이는 이 거리변수가 금전 · 시간 · 심리의 3가지 비용과 높은 상관성을 갖고 있기 때문이다.

(6) 선택대상 자원의 경쟁성(다양성) 여부

현재 잠재수요자의 수요는, 그 자원 외에 그 자원과 경쟁하는 경합적 자원이 그 주변에 얼마나 많은가라는 외적 요인에 의해서도 크게 영향을 받는다. 우리나라에는 주로 5월에 지역 축제의 대부분이 몰려 있는데, 이런 경합성은 특정 지역축제에 대한 수요를 그만큼 분산시키기 때문에 수요를 축소시킬 수 있다. 그러나 특정 관광대상이 한곳에 몰려 있으면 집적효과(集積效果:

* 어떤 재화의 여러 가지 종류의 용도 중 어느 한 가지만을 선택한 경우, 나머지 포기한 용도에서 얻을 수 있는 이익의 평가액을 말한다. 예컨대, 어느 사업가가 특정한 선택 즉 특정 기업에 투자한 돈을 회수하여 은행에 예금했다면 이자를 받게 된다. 그 이자가 이 사업가에게는 곧 기회비용이다.

agglomeration effect)를 가져와 오히려 수요의 상승작용을 일으킬 수도 있다.* 서울의 이대 앞에 양장점들이 몰려 입지하고, 청계천 일부지역에 공구상들이 밀집하는 이유는 바로 이 집적효과 때문이다.

(7) 사회문화적 요인: 제도와 가치관의 차이

관광 · 위락수요의 외적 영향변수로서 빼놓을 수 없는 것은 그 사회의 문화적 특이성 혹은 그 사회가 지녀온 제도 · 가치관이라 할 수 있다. 소비나 여가생활이 미덕시되어 온 문화권에서는 여가의 잠재수요가 별 제약성이 없이 발현될 수 있으나 대부분의 이슬람권 국가들은 국민들이 자유롭게 여가를 즐기는 것을 그들의 종교 율법에 반한다고 여긴다. 또 비록 가난하지만 신앙심이 깊은 티베트인들은 오히려 순례여행(pilgrimage)을 자주 하는 편이다.

그 외에도 수요자의 교육수준이나, 나이, 생애주기, 건강, 개인의 기호, 국가의 제도적 장치, 자연재해, 정치적 갈등과 분쟁 등에 따라 관광수요는 다양하게 변화된다. 이런 촉진 혹은 억제 요인들을 독자들이 함께 토론해보기 바란다.

제3절 관광위락의 자원경제적 가치

관광자원의 가치는 이용하는 개인의 입장이나 혹은 비이용자를 포함한 사회전체의 입장에서 나름대로의 가치를 지닌다. 또 경제적 측면에서 일정의 가치를 지님은 물론, 측정하기 어렵지만 사회적 측면에서도 다양한 가치도 지닌다. 대개 특정 관광자원을 개발할 때는 주로 그 경제적 가치만을 따지곤 한다. 여기서는 관광재 내지 관광자원의 경제적 가치문제에 대해 이용가치와 비이용 가치 그리고 이의 측정문제만을 중점 검토해보기로 한다.

1. 이용가치와 소비자 잉여

관광위락자원이 생산하는 가치는 크게 이용가치(use value)와 비이용가치(non-use value)로 나눌 수 있다. 자원의 전체 가치는 실제 그 자원을 이용한 사람이 향유한 가치와 제3의 비이용자에

* 동종의 기업이나 산업들이 한곳에 모여 있음으로 인해 얻는 경제적 이익 효과. 기업이 한곳에 집적함으로써, 상호 경쟁으로 인해 상실할 수 있는 매출감소효과보다는 집단적 선전광고 효과로 상호간에 이익을 더 볼 수 있기 때문이다.

게 주어지는 가치(향후의 이용가능성 혹은 후손에 대대로 물려주고 싶은 잠재가치 등)로 구성된다는 것이 이제까지의 연구결과이다. 즉, 크루틸라(Krutilla) 등 여러 자원경제학자들은 일찍이 자원의 경제적 가치를 이용 가치와 비이용 가치로 나누고, 비이용 가치는 다시 잠재이용자의 장래의 이용에 대한 선택권 가치(選擇權 價値: option value), 존재가치(存在價値: existence value), 그리고 유산가치(遺産價値: bequest value)로 구분될 수 있다는 사실을 경험적으로 확인하였다.

여기서 이용가치란 실제 어떤 소비자가 그 재화를 구매할 때 지불한 화폐적 시장가치와 더불어 그가 가격을 지불하지 않고도 무료로 얻은(시장가치로 환산되지 않은) 소비자잉여(consumer surplus)로 구성된다.* 예를 들어 미국에 있는 아들에게 급한 소식을 전해야 하는 부모가 전자메일을 통해 급보를 전했다고 하자. 만약 전자메일이 없었다면 비싼 국제전화나 특급우편으로라도 그 소식을 전했어야 하는데, 부모님은 그 비용 3만원을 기꺼이 지불할 용의가 있었다고 하자. 그러나 실제로 부모님이 보낸 전자메일의 값은 전기사용료 · 인터넷 접속료를 포함해 도합 50원이었다면 그 부모님의 '소비자 잉여(기꺼이 지불하고자 하는 비용 — 실제 지불한 비용)', 즉 무료로 혜택을 누린 가치는 29,950원이다. 보통 정보통신, 교통수단 등 이로운 수단(利器)일수록 그 소비자 잉여는 더 높아진다. 이런 관계를 다시 간단히 정리해보면, 다음과 같다.

자원가치 = 이용가치 + 비이용가치
이용가치 = 이미 지불한 시장가치 + 소비자잉여 가치
비이용가치 = 선택권가치 + 존재가치 + 유산가치

이용가치와 소비자잉여가치의 개념을 다음 표와 그림의 설명을 통해 이해해 보기로 하자. 예를 들어 어떤 개인이 금년에 지리산으로 여러 번 여행을 떠날 수 있는 가능성을 검토해 본다고 하자. 그의 지리산 여행횟수에 따른 총편익(총만족도)과 한계편익이 〈표 1-2〉(혹은 이를 그림으로 나타낸 [그림 2-2])와 같이 이미 알려져 있다고 하자. 그렇다면 그는 지리산으로 연간 몇 번을 여행하는 것이 가장 현명한 처사인가? 그가 다른 여러 요인에 영향을 받지 않고 오로지 현실적인 편익(만족도)에만 좌우되는 이른바 '합리적인' 소비자라고 가정한다면, 결론은 다섯 번만 여행하는 것이 최선의 방법이라고 할 수 있다. 왜 그런지 살펴보기로 하자.

* 다시 말하면, 소비자 잉여란 어떤 상품에 대해 소비자가 기꺼이 최대한 지불해도 좋다고 생각하는 가격(수요가격)에서 실제로 지불하는 가격(시장가격)을 뺀 차액이다.

〈표 1-2〉 어느 지리산 관광여행자의 총편익과 한계편익 (단위: 회, 만원)

여행 횟수	총편익	한계편익
0	0	–
1	6	6
2	11	5
3	15	4
4	18	3
5	20	2
6	21	1
7	21	0
8	20	–1

자료: 김사헌・김규호・박세종(2016: 193)[16]의 『관광경제학』의 〈표 5-1〉을 재인용.

이를 이해하기 위해서, 우리는 먼저 총편익과 한계편익, 한계비용의 개념 그리고 이들 양자의 관계에 대해 보다 정확히 이해할 필요가 있다. 총편익(TC: total benefits)은 한번, 두 번 … 여러 번 여행 갔을 때 그 여행자가 갔을 때마다 누린 편익의 누적 합계를 말한다. 표에서는 본다면 처음 갔을 때 얻은 편익은 6만원, 두 번째 갔을 때 얻은 편익은 5만원, 세 번째 갔을 때 얻은 편익은 4만원이다.

이들을 누적하여 모두 합계한 것이 총편익이다. 그리하여 여덟 번 갔을 때까지의 누계 총편익은 20만원이다. 여기서 각 횟수(Q)마다 발생된 추가편익, 즉 6만원, 5만원, 4만원…을 각각 한계편익(marginal benefit: MB)이라고 한다. 다시 말해 한계편익이란 어떤 재화 한 단위를 더 추가 소비함으로써 발생되는 추가편익(수학적 표현으로는, $\Delta TB/\Delta Q$)을 말한다. 표에서 한계편익은 이들 추가되는 횟수에 따라 변화되는 '총편익 간의 차이'를 뜻하는데, 여행횟수가 처음 한 단위 증가할 때의 한계편익은 6만원, 두 번째 단위에서는 한계편익은 5만원, 그리고 세 번째 단위에서의 한계편익은 4만원인 것으로 표시되고 있다.

여기서 여행횟수가 한 단위씩 증가될수록 이에 반비례하여 한계편익은 점점 더 감소하고 있음을 알 수 있다. 이런 현상을 우리는 '한계효용체감의 법칙(The diminishing law of marginal utility)'이라고 부른다. 이 법칙은 특정재화의 소비가 거듭될수록 이로부터 얻는 추가적인 효용(incremental utility), 즉 한계효용(한계편익)은 점차 줄어든다는 경험적 사실을 뜻한다. 그리하여 7번째 여행을 하면 한계편익은 드디어 영이 된다. 한계편익이 영이 된다는 것(MB=0)은 추가여행으로 인해 얻는 만족(효용)이 아무것도 없다는 뜻이다. 그 뒤 여덟 번째 여행부터는 만족을 얻기는커녕 드디어 여행이 짜증과 불만의 요인이 된다(즉 MB<0). 그러므로 현명한 여행자라면 7회를 초과하는 여행은 하지 않아야 한다.

만약 그 여행자가 '합리적 소비자'라면 몇 번을 여행해야 하는가? 5회 여행이 최선의 선택이다. 그 이유를 밝혀보자. 여행에는 항상 비용이 수반되기 마련이므로 그는 총편익과 총비용의 차이(이를 총 순편익이라고도 함)가 극대화되는 점, 다시 말해, [그림 1-2]의 5회 여행지점, 혹은 한계편익(MB)이 그 재화의 가격(P=한계비용)을 초과하는 경우(즉, MB 〉 P) 지점(우측 그림의 5회)까지만 그 재화 소비를 계속해야 한다. 어느 누구도 얻는 것(MB)보다 잃는 것(P)이 많은 상황 즉, MB 〈 P인 상황에서는 그 재화를 더 이상 소비하려 들지 않을 것이다. 궁극적으로 그는 순편익을 극대화할 수 있는 MB=P인 점까지만 소비를 해야 하는 것이다.*

이러한 관계를 연속적인 그림으로 설명한 것이 [그림 1-2]이다. 여기서 좌측 그림은 앞에 제시한 〈표 1-2〉의 여행횟수와 총편익 그리고 총비용과의 관계를 나타낸 것이다. 여행횟수가 늘어남에 따라 총편익은 점차 증가하지만, 그 증가율은 줄어들어 7회째 방문을 임계점으로 하여 총편익 자체가 줄어든다. 이때 순편익(즉 총편익 - 총비용)이 최대화되는 시점은 여행횟수 5회째이다. 한계편익 개념을 도입하여 여행횟수와 한계편익과의 관계를 표시한 것이 그 우측 그림이다. 이 그림은 한계편익곡선(이것이 곧 수요곡선임)이 우하향할수록 한계편익은 감소하는 경향을 나타내고 있다. 총편익이 극대화되는 만곡점, 즉 총편익곡선이 피크를 이루는 점에서 한계편익은 영(MB = 0)이 되는데, 이곳은 한계편익곡선에서 여행횟수가 7회째 되는 지점이다. 또한 순편익이 극대화되는 점은 연간 방문횟수 5회째 되는 곳이다.

이 그림의 수요곡선에서 만약 1회 방문당 가격이 P=2만원이라고 가정하자. 이 경우 가격선은 PA이다. 7회 방문의 총편익은 수요곡선의 내부면적, 즉 삼각형 BOC의 면적(21만원)과 같다. 다시 말해 여행자가 어떤 관광지를 첫 번째부터 일곱 번째까지 방문하여 얻은 모든 추가효용의 합(총편익)은 수요곡선의 내부면적의 값, 즉 21만원과 같다. 그러나 현명한 여행자는 순편익을 극대화하기 위해 P =MB인 5회 방문까지만 수요하고자 한다. 이 5회 방문까지의 총편익은 사다리꼴면적 BAQ*O(즉 20만원)이다. 그런데 이때 그가 비용으로 실제 지불한 시장가격은 1회 방문당 2만원씩으로서 4각형 PAQ*O(즉 2만원×5회)에 불과하다. 그렇다면 남은 부분, 즉 총편익에서 비용을 제외한 부분인 삼각형 면적 BAP(20만원−10만원=10만원)가 비용을 지불하지 않고 공짜로 획득한 잉여편익이 된다. 이 잉여편익을 경제학에서는 '소비자잉여(consumer surplus)'라고 통칭하는데, 총편익에 대응하여 이것을 '순편익(net benefits)'이라고 지칭하기도 한다.

이를 보다 전문적으로 설명하면, 5회 방문까지의 수요곡선인 사다리꼴의 면적(20만원)은 애덤

---

* 경제학 시장법칙에 의하면, 한계편익(혹은 한계효용)이 시장가격(P)과 같아지는, 즉 MB=P인 지점이 시장의 균형점이다. 왜냐하면, 완전경쟁시장에 있어서 시장가격 P는 소비자입장에서 보면 한계비용(MC)이므로, 소비자는 재화를 추가적으로 한 단위 더 소비함으로써 얻는 편익(MB)이 재화 한 단위 더 소비하는 데 드는 비용(MC)과 같아지는 지점, 즉 MB=MC=P인 수준까지만 소비하기 때문이다.

스미스(Adam Smith)가 주장한 이용가치(사용가치)이며 시장가격에 의해 실제 지불한 면적(10만원)은 교환가치(시장가격)이다. 따라서 그 이용가치에서 교환가치를 뺀 부분이 알프레드 마샬(Alfred Marshall)이 밝힌 소비자 잉여분이 된다.

그림 1-2 총편익 곡선, 한계편익 곡선 및 소비자 잉여

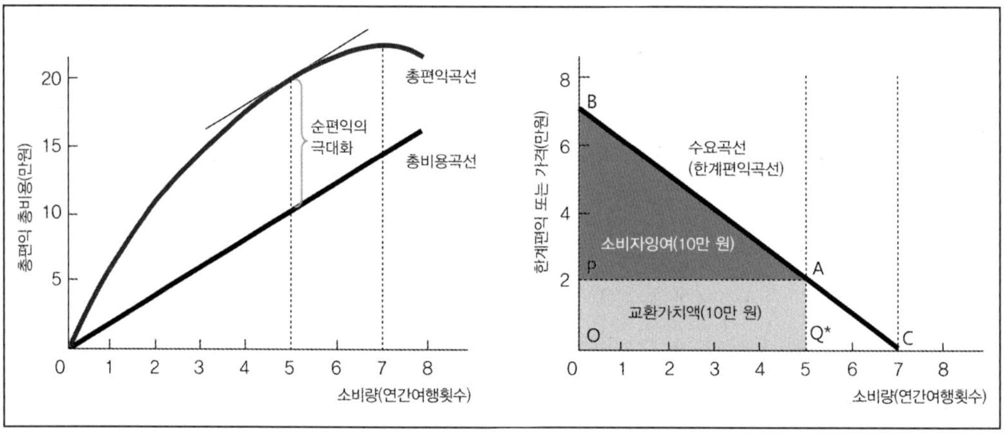

자료: 상게서의 [그림 5-1]을 재인용.

즉,

이용가치 = BAQ*O = 20만원

교환가치 = PAQ*O = 10만원

소비자잉여 = 이용가치 − 교환가치 = BAP = 10만원

원래 소비자잉여 개념은 프랑스의 공학도 뒤퓌(J. Dupuit)가 제시한 개념으로서, 후일 마샬이 보다 이론화시켜 이를 '소비자잉여'라고 명명하였기 때문에 우리는 이 곡선상의 잉여편익을 통칭 '마샬의 소비자잉여'라고 부른다. 마샬의 소비자잉여가 지니는 이론상의 약점을 보완하여 그 후 힉스(J. R. Hicks)가 무차별곡선(indifference curve)을 이용하여 새로운 소비자잉여 개념을 도입하였지만, 그의 소비자잉여는 마샬의 그것처럼 면적 등으로 가시화시킬 수 없는 약점 때문에 최근에 들어서도 마샬의 소비자잉여 개념이 주로 사용되고 있다.

요컨대 관광재를 소비함으로써 얻은 이용가치는 교환가치인 시장가치와 공짜로 누리게 되는 소비자 잉여가치의 합계라고 할 수 있다. 그러나 자연자원 등 공공성이 강한 관광재의 경우 이용하지 않는 사람도 얻을 수 있는 '보이지 않는 가치'가 존재한다고 근래 주장되고 있다. 만약

이런 보이지 않는 가치가 실제로 존재한다면, 우리는 이제껏 자원가치를 이용가치만으로 평가한 결과, 자원 전체 가치를 과소평가하는 잘못을 범해왔다고 할 수 있다. 그렇다면 그 가치는 무엇인가? 그것은 비이용가치(non-use value) 또는 일명 보전가치(preservation value)라는 이름으로 불리어지는 새로운 가치개념이다. 이들 개념을 설명해보기로 하자.

2. 비이용가치의 개념과 분류

시장기구가 없는 공공재적 자원가치의 추정문제와 관련하여 자원경제학자들은 1960년대부터 자원이용의 가치(편익)를 추정하고자 가치 추정방법론을 탐구하면서 이론적 정립을 위한 노력을 기울여 왔다.

국립공원과 같이 시장기구가 존재하지 않는 공공재의 가치는 크게 실제 이용가치(use value)와 비이용가치(non-use value)로 나누어 볼 수 있다. 실제 이용가치(혹은 현지 이용가치)는 현지의 자원을 소비자가 '실제'로 이용함으로써 얻는 가치로서 앞에서 논의한 수요곡선(즉, [그림 1-2]의 우측 그림)의 내부면적(즉 실제 소비에 따른 지불가액과 소비자잉여의 합계)이 실제 이용가치이다. 그렇다면 자원을 이용하지 않는 비이용자에게 발생되는 가치는 무엇인가? 관련학자들은 이를 '보전가치(preservation value)'라고 명명한다.[17]

보전가치란 아름다운 자연자원이나 수질 · 동식물 · 환경 등이 보존되고 있다는 사실 자체를 앎으로써 비이용자들이 잠재적으로 받게 되는 편익 또는 효용을 말한다. 즉, 향후 이용하거나 접할 가능성이 있는 잠재적 자원에 대한 '지식의 축적(stock)' 혹은 '심리적 자산'을 뜻한다. 이 보전가치는 크게 ① 선택권 가치(option value), ② 존재가치(existence value), ③ 유산가치(bequest value)의 세 가지로 구성될 수 있다는 것이 최근 학자들의 주장이다. 즉,

$$\text{보전가치} = \text{선택권가치} + \text{존재가치} + \text{유산가치}$$

여기서 선택권가치란, 어떤 자원을 미래에도 이용할 수 있는 옵션(선택권)을 미리 확보해 두는 대가로 잠재소비자가 지불코자 하는 일종의 '위험 프리미엄(insurance premium)'이다. 존재가치란 그 자원이 — 비록 그 소비자 자신은 현재 또는 장래에 이용치 않더라도 — 파괴되지 않은 채 상존하고 있다는 사실 그 자체에 대해 부여하고자 하는 가치이다. 또 유산가치란 그 자연자원을 자신의 후손들에게 유산으로 물려줄 수 있을 가능성에 대해 비이용자가 기꺼이 부여하고자 하는 지불용의액을 말한다.

이 보전가치가 과연 존재하는가의 여부에 대한 논란은 꽤 오래전부터 제기되어 왔지만, 최근 들

어 연이은 실증연구 결과에 근거해 소비자들에게 실제로 그 가치가 존재한다는 쪽이 지배적인 이론이 되고 있다. 예컨대 미국 애리조나주의 그랜드 캐니언(Grand Canyon)과 같은 빼어난 자원 혹은 원시지역(wilderness area)에 이런 가치가 존재한다는 연구가 경험적으로 밝혀졌다[18]. 또 이런 자원가치는 잠재이용자의 소득수준과는 양(+)의 함수관계가 있고 거리(자원 소재지역과 잠재이용자의 거주지 간 거리)나 대체재(substitutes)의 이용가능성과는 역관계에 있다는 사실도 밝혀지고 있다.[19]

관광자원의 가치를 잘 측정 · 파악하는 것은 관광경제학의 주요 과제 중의 하나이다. 이제까지의 연구성과로서, 국립공원 등 시장 가격정보가 없는 관광재의 가치를 측정하는 방법에는 대리시장 정보를 이용하는 '여행비용방법(travel cost method)', 수혜자에게 직접 설문조사로 그 가치를 묻는 '가상적 가치 평가법(contingent valuation method)', 아파트 등 재산권의 시장가격 속에 잠재해 있는 가치를 통해 추정하는 '헤도닉 방법(hedonic price method)' 등이 유행하고 있다. 이에 대해서는 관광경제학의 각론을 참조하기 바란다.

제4절 관광의 경제적 효과와 영향

관광개발의 효과 내지 영향은 동전의 양면과도 같다. 긍정적 측면이 있는가 하면 부정적 측면도 있다. 대체로 경제적 시각에서는 지역 고용이나 소득의 향상 등 긍정적 측면을 높게 평가하고, 사회문화적 시각에서는 문화의 파괴나 신식민지화 촉진 등 부정적 측면을 우세하게 이야기한다. 그러나 전체적으로 어떤 쪽의 순편익(net benefits)이 더 높은가 하는 점은 단정적으로 판정할 수 없어 보인다. 그 나라, 그 사회가 처한 사회 · 경제 · 정치적 여건에 따라 전혀 달라질 수 있기 때문이다.

본 절에서는 경제적 영향을 핵심 논의로 하되, 사회문화적 영향도 간략히 언급하도록 한다. 그래야만 '관광 전체의 영향 파악'이라는 과제를 공정하고 객관적으로 행할 수 있기 때문이다. 또 본 절에서는 여건, 즉 각종 영향을 미치는 주변의 상황적 요소에 주목하는 것도 잊지 않고자 한다.

1. 경제적 효과: 긍정적 효과와 부정적 효과

대개 제3세계 개발도상국들은 높은 인구 증가율과 실업률, 농업 등 1차 산업부문 생산에의 지나친 의존, 국제수지의 역조 및 높은 외채, 낮은 생활수준과 저보건 · 저교육 · 고문맹률, 저발전을 극복하기에 부적절한 사회정치 제도 등으로 특징지어진다.[20)]

이런 이유 때문에 이들 제3세계 개발도상국들에게 관광은 더없이 매력적인 산업에 해당된다. 첫째, 관광은 타 산업에 비해 성장률이 극히 높아서 개발도상국 정책결정자들을 만족시키기에 충분하기 때문이다. 그 규모는 대개 관광교역은 세계교역 중에서 단일 항목으로는 거의 가장 높은 위치를 점해 왔다. 전 세계무역에서 관광교역량을 능가하는 것은 단지 자동차, 화학 및 유류밖에 없을 정도이기 때문이다. 1960년대 이래 관광은 연평균 성장률 10퍼센트를 상회하면서 농업성장률의 2배 혹은 3배의 높은 고도 성장률을 보여 왔다.

둘째, 관광업은 많은 투자재원이 필요치 않은 아주 손쉬운 사업이기 때문이다. 제3세계 개발도상 국가들은 자기들 나라에 천혜의 관광자원, 즉 태양, 바다 그리고 해수욕장이 도처에 널려 있음을 너무나 잘 알고 있다. 이들 가난에 찌든 제3세계 국가들은 단지 관광객용 호텔과 공항만 건설하면 귀중한 외화가 굴러들어온다고 생각한다. 사실 이보다 더 쉬우면서도 수지맞는 사업은 그리 흔치 않다.

셋째, 관광은 여러 가지 긍정적 효과를 유발하는 산업이며, 관광은 국제수지 개선의 주요 정책 수단이기 때문이다. 개발도상국에 있어서 외환은 주요 경제난관을 극복할 수 있는 원자재 등의 재화를 구입토록 해주는 이점이 있지만, 막상 개도국에는 이 외화가 특히 귀하다. 그런데 관광은 이 귀중한 외화를 벌게 해주고 그 나라 국제수지에 기여하고 직 · 간접 고용을 창조한다. 관광은 도시에서 멀리 떨어진 비인기 지역에 대한 투자를 가능하게 해주기 때문에 심지어 지역 불균형을 시정하는 기능을 한다고 주장되기도 한다.

이와 같이 관광이야말로 개발도상국에게는 터너 · 애쉬(Turner and Ash)[21)]가 이야기하듯, "다음 날 눈을 떠보면 세계 산업계에서 열강이 될 수 있는" 그런 손쉬운 수단으로 여겨지고 있는 것이다.*

이와 같이 관광개발 옹호론자들이 내세우는 가장 큰 명분은 관광의 경제적 효과, 특히 긍정적 효과가 높다는 점이다. 관광은 중간 원료가 많이 들어가는 일반 제조업들에 비해 '부가가치'가 높고, 타 산업에 비해 비교적 적은 자본의 투입에도 불구하고 보다 높은 소득창출이 가능하다는 것이다.** 또 갖고 있는 자연자원을 잘 개발하여 외국 관광객을 끌어들임으로써 손쉽게 외화를 벌어들일 수 있고, 특히 관광산업은 고용기회 창출효과가 크다는 것이다.

---

* 그러나 터너와 애쉬는 이런 신화창조의 꿈은 환상에 불과하고 위험한 발상이라고 경고한다(Turner & Ash, 1976: 117).

** 생산자가 생산과정에서 새로이 창조한(부가한) 가치를 부가가치(value-added)라고 하며 최종 생산액에서 원재료구입에 소요된 금액과 기계설비 감가상각비를 제한 액수를 말한다. 부가가치율은 최종생산액에서 투입된 원재료 구입비와 기계설비감가상각비를 뺀 부가가치를 투입된 원재료 구입비와 기계설비의 감가상각비로 나눈 값을 말한다.

그러나 반론자들의 주장도 만만치 않다. 관광은(외부 수요 때문에) 역내의 물가인상을 부채질하고 국민(주민)의 소비성향만을 조장한다. 또 관광은 산업구조가 발달된 선진국의 경우에는 소득창출 효과가 어느 정도 인정되지만, 가난한 소규모 국가일수록 소득의 누출효과가 높아 실제로는 소득창출력이 기대 이하이다. 고용도 고급경영자나 관리자가 아닌 단순 노동력만을 필요로 하고 더구나 계절성이 강한 취업 행태를 띠므로 기대할 바가 못 된다는 것이다. 또 부가가치율이 높다는 것만으로 관광산업은 정당화될 수 없다고 주장한다. 만약 부가가치율로만 따지자면 동네 앞뒷산에 흔히 자생하는, 그리고 채취하는 데 원재료비가 거의 들지 않고 감가상각비도 거의 없는 떡갈나무 잎을 채취하여 수출하는 것이 오히려 관광의 부가가치율보다 훨씬 높은데, 왜 국가는 이들 채취산업(extractive industries)을 전략산업으로 삼지 않는 것인가라는* 의문을 던지게 만드는 것이다. 이상에서의 관광산업 개발의 찬반론 이유를 종합하여 요약해보면 다음과 같다.

(1) 관광산업 도입 찬성론의 이유

① 소득 창출(국가 내지 지역부민의 소득원)
② 외화 획득원(국제수지에 기여)
③ 고용유발(실업난의 해소)
④ 높은 부가가치율(투입원료 대비 高부가가치)
⑤ 경제기반 강화(1차 산업 중심의 취약성 극복)
⑥ 경제편익 증대(교통통신 · 쇼핑기회 및 기타 사회간접투자 이익 수혜)

(2) 관광산업 도입 반대론의 이유

① 전시효과 유발(무분별한 낭비욕, 사치심 조장)**
② 물가상승 부채질(지가 및 생필품 등 가격상승에 의한 인플레 유발)
③ 외부의존성 증대(수입성향 증대, 외부자본비율 증가)
④ 산업 간 낮은 전후방 연쇄효과
⑤ 역내 경제구조 불안정화(생산의 계절성, 경기변동에 대한 취약성)
⑥ 고용의 질적 불안정성(계절성, 시간제) 및 고급노동력의 수입의존

---

* 그 이유는 간단하다. 보다 중요한 선택기준은 산업간 연쇄효과(interindustry linkage effect)의 크기에 달려 있다. 타 산업에 비해 관광은 주변 산업에 미치는 파급효과가 극히 낮다.

** 전시효과란 현지주민이 관광객의 영향을 받아 모방행위(사치 · 낭비행위 등)를 하는 것을 말한다. 일명 樂隊車 효과(bandwagon effect)라고도 한다.

2. 사회문화적 효과: 긍정적 효과와 부정적 효과

관광산업이 도입 · 진흥되었을 때 해당 국가 내지 지역사회에 미치는 사회문화적 · 환경적 효과 역시 긍정적인 측면과 부정적인 측면으로 대별해 볼 수 있다. 찬성론자들(주로 관광행정실무자, 관광사업 종사자, 경제학자 등)은 주로 경제효과의 긍정적 측면을 내세우고 반대론자들(주로 문화인류학자, 민속학자, 환경 · 생태학자, 이해관계가 없는 제3자 등)은 대체로 사회문화적 효과의 부정적 측면을 강조하는 경향을 보인다. 이들 양측의 주장을 간단히 요약해 보면 다음과 같다.

(1) 관광산업 도입 찬성론의 이유

① 자신의 사회 · 문화에 대한 중요성 인지 및 애향심 고취
② 원주민 문화를 외부사회에 소개(원주민사회의 사회적 위치 격상)
③ 새로운 외부문물 · 제도의 접촉 증대(외부세계에 대한 지식, 이해증가)
④ 지속적 외부수요에 의한 원주민 문화(예술, 음악, 공예 등)의 발전
⑤ 무공해 산업(white industry)

(2) 관광산업 도입 반대론의 이유

① 전통문화의 붕괴(고유문화 상실, 문화의 상품화, 주민의 비인간화 등)
② 지역유대감 상실(전통가족관 파괴, 이혼 · 범죄율 증가, 세대갈등 심화 등)
③ 문화재 손상, 자연환경 파괴(문화재의 파괴 · 반출, 자연생태계의 파괴)
④ 불건전한 주민의식 및 행동 조장(도박 · 절도 등 한탕주의, 풍기문란, 매춘, 열등의식 · 비굴성 · 갈등 조장 등)
⑤ 주민의 자주권 상실(외부경제나 외부문화에 예속)

특정 관광지 개발에서 이와 같은 긍부정적 효과들은 어느 것 하나만 배타적으로 나타나는 것도 아니고, 그렇다고 모두 동시에 나타나는 것도 아니다. 또 몇 가지가 같이 어울려 나타난다 하더라도 그 강도가 다 같지도 않다. 효과의 종류나 강도는 관광산업의 업종성격에 따라, 그 관광지와 지역 사회 간 지리적 연계성에 따라, 또는 관광개발의 단계에 따라 각각 다른 형태를 띤다.

일반적으로 말한다면 스키 리조트나 비치 리조트 등 편계절형 업종보다는 다계절형 업종이, 현지 지역사회와 지리적 격리도가 큰 관광지보다는 근접한 관광지가 그리고 관광개발이 초기단

계인 곳보다는 대대적 또는 집중적 개발이 이루어진 곳이 영향의 강도가 더 크다. 특히 긍정적·부정적 영향의 강도에서 볼 때, 오랜 기간 동안 대규모로 개발된 기존관광지일수록 긍정적 경제효과가 커지는 반면에 부정적 사회문화 효과도 역시 커지므로 경제적 편익과 사회문화적 비용이 서로 상쇄되는 방향으로 작용한다.

예를 들어, 독시(Doxey)란 학자는 관광지가 목적지로 점차 발전·활성화해감에 따라 현지민의 관광객에 대한 태도 또한 ① 환영 단계(euphoria stage), ② 냉담 단계(apathy stage), ③ 의심 단계(annoyance stage), ④ 적대적 단계(antagonist stage)의 순으로 악화되어 간다는 이른바 분노지수(irridex: an index of the level of irritation)를 제시한 바 있다.[22] 따라서 지역사회는 관광이 주는 편익과 주민 피해라는 부작용을 비교·가늠하여 어느 단계에서 더 이상의 관광지의 성장을 억제해야 할지, 아니면 계속 성장시켜야 할지를 신중히 결정해야 할 것이다.

3. 관광의 경제적 효과 발생의 결정요인

관광의 효과(여기서는 경제적 효과 논의에 한정함)를 좌우하는 요인은 무엇인가? 외부 관광자가 어떤 지역 혹은 국가에 외화를 떨어뜨리고 가더라도 그 효과가 나타나는 정도는 지역마다 혹은 국가마다 다르다. 여기서는 그 임팩트가 다르게 나타나는 원인으로서의 각종 요인들을 라이언(Ryan, 1991)[23]의 연구를 참조하여 살펴보도록 하겠다.

(1) 관광목적지의 경제발전 정도(경제적 자립도)

관광목적지의 산업구조가 얼마나 확충되고 다양화되어 있고 경제가 어느 정도 자립되어 있는가의 여부에 따라서 관광지출의 파급효과는 달라진다. 관광지출 중 관광 현지에서 지출되는 비율이나 현지지출이 지역주민에 의해 현지에서 소비되는 비율, 그리고 이 현지에서 소비된 관광지출이 그 지역의 진짜 소득이 되는 비율이 얼마인가에 따라 관광의 파급효과는 결정된다. 그런 점에서 도시형 관광목적지보다는 농촌형 또는 산간오지형 관광목적지일수록 관광의 경제적 효과는 더 낮아진다.

(2) 방문관광자의 유형

관광이 지역경제(또는 국가경제)에 미치는 영향의 정도는 관광자의 숫자보다는 오히려 관광자의 유형에 더 영향을 받는다(Ryan, 1991: 70). 코헨(Cohen, 1972)[24]이 분류하는 관광자의 제도화

여부(방랑자, 탐구자, 개별 대량관광자, 조직화된 대량관광자) 또는 스미스(Smith, 1987)[25]가 분류하는 관광자 유형(탐구자, 엘리트 관광자, 별난 관광자, 이례적 관광자, 초기 대량관광자, 대량관광자, 전세편 관광자)에 따라 관광이 주는 경제적 영향은 크게 다를 수 있다. 방랑자(drifters), 탐구자(explorers), 배낭여행자 등 개별단위의 관광자들은 지출성향이 낮은 반면, 대량 관광자는 대체적으로 씀씀이가 높다는 것이 일반론이다.

또한 받아들이는 지역사회 입장에서 볼 때에는 경비를 많이 지출하는 고급 관광객(예: 신혼여행객) 100명이 저급 관광객(예: 초 · 중 · 고 수학여행단) 200명보다도 지역경제에 더 많이 기여한다.* 관광자의 유형이나 목적지의 상태(즉 현지주민의 소득수준, 현지 인구규모, 현지 영토의 크기 등)는 경제적 측면뿐만 아니라 사회적 비용의 크기를 결정하는 중요 요인이기도 하지만, 여기서는 논외로 삼기로 한다.

(3) 관광시설의 소유주

방문자들이 이용하는 숙박시설, 놀이시설 등의 소유주가 그 지역 거주자인가, 아니면 외지인인가에 따라 관광지출이 그 지역에 미치는 영향은 전혀 다르게 나타난다. 만약 외지인이 현지 호텔의 소유주라면 관광객이 현지에서 지출한 금액은 호텔 소유주가 이익금을 외부로 반출하는 정도에 비례하여 외부누출은 커진다.

지방 유명 관광지, 예컨대 설악산 국립공원 내 설악동 숙박단지(여관 촌)의 소유주들이 대부분 서울 등 외지인 소유라는 사실은 이미 오래전부터 알려져 왔는데, 이는 그만큼 이 지역 관광수입의 외지 누출률이 높다는 것을 의미한다.

(4) 토착 노동력의 여부

현지 관광사업체에 종사하는 노동력이 현지인인가 외지인인가에 따라 관광수입이 지역경제에 미치는 영향은 크게 달라진다. 대개 대도시 관광지일수록 전문인력이 풍부하여 역내 노동력만으로 수요 충당에 충분하지만, 경제적으로 낙후된 오지의 관광사업체들은 현지에 뛰어난 전문노동력이 없으므로 외부로부터 노동력을 수입하지 않을 수 없다. 외지노동력을 수입하는 만큼 그리고 외지노동력이 받는 임금이 외지로 반출 송금되는 정도만큼 현지 관광사업체가 그 지역에 주는 경제적 효과는 작아진다. 외부의존도가 높은 제주도의 관광노동력이 그 좋은 예라 할 수 있다.

---

* 물론, 반대로 고급관광객은 외부에서 輸入할 수밖에 없는 재화 및 서비스에 대한 수요가 높아 누출효과가 저급관광객의 그것보다 상대적으로 높다. 문제는 떨어뜨리는 지출의 규모와 이의 외부누출 정도라는 양자의 상대적 크기에 따라 지역경제효과의 과소가 결정된다.

(5) 현지주민의 소비성향

관광승수 크기의 주된 결정인자는 주민들 자체의 소비성향(또는 저축성향)이다. 관광객이 지출한 화폐가 그 지역주민에 의해 반복적으로 역내에서 소비된다면 이는 그 지역경제를 확대 성장시키는 역할을 한다. 반대로 收入 금액이 장롱 속에 퇴장되거나 현지 금융기관에 저축된다면(이어서 현지 금융기관은 이 저축을 외지 기업에 대출한다면) 이는 그 지역경제를 축소시키게 되는 결과를 낳는다. 케인스(J. M. Keynes)의 유효수요 원리(the principle of effective demand)는* 국가경제뿐만 아니라 지역경제에도 마찬가지로 적용되는 것이다.

* 유효수요 원리란 "공급은 스스로 수요를 창조한다"는 고전파 이론을 배격하고 "오히려 수요가 공급을 창조한다"는 케인스의 이론을 말한다. 여기서 유효수요란 가계의 소비수요, 기업의 투자수요 및 정부지출수요를 합계한 수요를 말하며, 이 합계 유효수요의 크기에 따라 국민소득수준이 결정된다는 것이다.

참고문헌

1) Mankiw, N. G. (2007). 『멘큐의 경제학』 (Principles of Economics. 2007, 4th edition, Dryden Press) p.4.

2) Wall, G. and Mathieson, A.(2006). *Tourism: Change, Impacts and Opportunities*. England: Pearson Education Limited, p.19.

3) Wall and Mathieson(2006). p.1; Scheyvens, R.(2002). Backpacker tourism and Third World development, *Annals of Tourism Research*, 29(1), p.144 등.

4) Hotelling, H.(1947). *The Economics of Public Recreation*. The Prewitt Report. Washington: National Park Service.

5) Clawson, M.(1959). *Methods of Measuring the Demand for and the Value of Outdoor Recreation* (10th ed.). Washington D.C.: Resources for the Future; Cicchetti, C. J. et al.(1972). Recreation Benefit Estimation and Forecasting: Implications of the Identification Problem. *Water Resources Research*, 8, August.

6) Smith, K.(1975). The Travel Cost Demand Model for Wilderness Recreation: A Problems of Non-nested Hypothesis. *Land Economics*, 51(2: May).

7) Krutilla, J. and Fisher, A. C.(1975). *The Economics of Natural Environments*. The Johns Hopkins.

8) Walsh, R. G.(1986). *Recreation Economics Decisions: Comparing Costs and Benefits*. Venture Publishing, Inc.

9) Bryden, J. M.(1973). *Tourism and Development*. Cambridge University Press; Archer, B. H.(1977). Tourism Multipliers: The State of Art. *Bangor Occasional Papers in Economics*, 11. University of Wales Press.

10) Lundberg, D. E., Krishnamoorthy, M. and Stavenga, M. H.(1995). *Tourism Economics*. John Wiley & Son.

11) Sinclair, M. T. and Stabler, M.(1998). 『관광경제학』. [The Economics of Tourism. London: Loutledge, 1997], (이종호 역). 일신사.

12) Tribe, J.(1995). *The Economics of Leisure and Tourism*. Oxford: Butterworth-Heinemann Ltd.

13) Bull, A.(2005). 『여행과 관광의 경제학』. [*The Economics of Travel and Tourism*. (2nd ed.). Australia: Longman, 1995]. (이응진 · 최현숙 역). 일신사.

14) Loomis, J. B. and Walsh, R. G.(1997). *Recreation Economics Decisions: Comparing Costs and Benefits*(2nd ed.). Venture Publishing, Inc.

15) 鹽田正志(1962). 『觀光經濟學』. 日本: アサヒ社; 鹽田正志(1974). 『觀光學硏究』. 日本: 學術選書.

16) 김사헌 · 김규호 · 박세종(2016). 『관광경제학』. 백산출판사.

17) Walsh(1997). 전게서; Sutherland, R. J. and Walsh, R. G.(1985). Effect of Distance on the Preservation Value of Water Quality. *Land Economics*, 61(August) 참조.

18) Walsh, R. G., Sanders, L. D. and Loomis, J. B.(1985). *Wild and Scenic River Economics: Recreation Use and Preservation Values*. American Wilderness Alliance.

19) Walsh(1986). p.87; Sutherland and Walsh(1985). 전게서.

20) Sharpley, R. and Telfer, D. J.(eds.)(2002). *Tourism and Development: Concepts and Issues*. Sydney: Channel View Publications, pp.27-32 참조.

21) Turner, L. and Ash, J.(1975). *The Golden Hordes: International Tourism and Pleasure Periphery*. London: Constable, p.113.

22) Cleverdon, R.(1982). The Economic and Social Impact of International Tourism in Developing Countries. In Robert Cleverdon and Anthony Edwards(eds.), *International Tourism to 1990*. EIU Special series 4, Abt Books, p.188을 재인용.

23) Ryan, C.(1991). *Recreational Tourism: A Social Science Perspective*. London: Routledge.

24) Cohen, E.(1972). Towards a Sociology of International Tourism. *Social Research*, 39(1), pp.167-168.

25) Smith, V. L.(ed.)(1987). *Hosts and Guests: The Anthropology of Tourism*. Philadelphia: Univ. of Pennsylvania Press, p.12.

제 2 장

관광자원의 관광상품화

오순환

용인대학교 문화관광학과 조교수

고려대학교에서 임학을 전공하고 경원대학교 및 경기대학교에서 관광학으로 석·박사학위를 취득하였으며 한국관광학회 이사 및 한국농어촌관광학회 부회장 등을 맡고 있다.
남해 다랭이마을을 비롯하여 수십 개의 농산어촌 관광마을을 만들었고 20여 년간 문화관광축제 평가(선정)위원, 관광축제 개발 등 지역 고유의 문화콘텐츠를 기반으로 하는 지역관광개발에 앞장서왔다.

soon@yongin.ac.kr

배만규

안동대학교 유럽문화관광학과 부교수

경기대학교 관광개발학과에서 박사학위(PhD)를 취득했으며 현재 한국관광학회, 한국관광레저학회, 동북아관광학회 등에서 이사 및 편집위원을 맡고 있다. 한국문화관광연구원, 대구경북연구원, 울산발전연구원 및 다수 지자체에서 관광관련 자문활동을 하였으며, 부산광역시, 경상남도, 울산광역시 등의 관광개발용역에 참여하였다. 그동안 축제 및 농촌관광과 관련된 논문을 발표하고 있으며, 관광자원개발 및 문화관광콘텐츠 개발 분야에 관심이 많다.

baemk@anu.ac.kr

제 2 장

관광자원의 관광상품화

오 순 환 · 배 만 규

제1절 관광자원의 의의

1. 자원의 개념

우리는 무수히 많은 자원에 둘러싸여 있으며, 이들 자원을 활용하면서 살고 있다. 자원이란 '인간생활에 도움이 되는 자연계의 일부', '인간의 생활 및 경제 생산에 이용되는 물적 자료 및 노동력, 기술 등'[1]을 의미하며, 물자, 물재, 물품 등과 유사한 뜻으로 사용된다. 자연에서 얻어지는 것으로서 인간 생활 및 경제 생산에 이용되는 온갖 물질이나 노동력, 기술 따위로서 생태계 내에서 물리적 세계와 인간적 세계의 상호작용의 결과로서 시간 · 공간 · 기술에 의한 경제행위의 성과이다.

박석희(2012)는 자원이란 "인간을 육성시키는 재료의 일체이며, 자연이 소여한 것으로서, 기술의 발달, 시간의 흐름, 소득의 증가 등에 따라 변화하며, 양적 · 질적 · 기술적 측면에서 경제성을 지니고 있으면서, 인간의 요구 · 욕구를 충족시킬 수 있는 것으로서, 환경과 생태계를 파괴하지 않는 범위에서 이용되어야 하는 것"[2]이라고 했다.

또한 자원은 산출되는 것, 인간과 자연의 상호작용에 의한 결과물, 생산을 위해 투입되는 요소 등으로 이해되는데, 주로 '자연자원'으로 받아들여지는 경우가 많다. 그러나 최근에는 각종 정보 및 디지털 기술의 발달로 무형의 인문적 가치에 의한 인문자원에 대한 관심도가 높아지고 있다. 그런데 단순히 존재하는 자원은 의미가 없으며, 우리에게 유용한 형태로 창출할 수 있어야 한다. 해, 달, 별처럼 무한불변의 자원 그 자체로도 자원으로서의 의미를 가질 수 있으나, 지속적으로 재이용할 수 있는 형태로 자원화할 수 있는 방안을 찾는 노력이 필요하다.

이장춘(2008)은 자원의 정의에 경제성을 포함해야 하며, 현재에 있어서의 인간의 욕망과 미래에 있어서의 인간의 욕망 및 이를 해결하기 위한 기술수준 및 생산형태의 변화를 시간과 공간적 차원에서 분석 내지는 관찰해야 한다고 했다. 단, 자원의 개발은 현재의 생산을 결정짓고 있는 경제 및 기술조건의 결합, 상이한 경제조건하에서 제기되곤 했던 생산수준, 상이한 기술조건하에서 일어날 수 있는 생산수준, 천연자원 중 재생 가능자원과 재생 불능자원의 총 매장량의 관점에서 평가되어야 한다[3]고 했다.

2. 관광자원의 개념

식재료에 따라 음식의 맛이 무한대로 표현할 수 있듯이 우리가 자원을 여하히 이해하고 활용하느냐에 따라 무한대의 관광자원화가 가능하다. 관광자원이란 관광객이 모일 수 있을 만한 대상물, 자연이나 고적, 문화 시설 등 관광객이 관광욕구를 가지고 일부러 찾아올 만큼의 목적물[4], 관광객이 흥미를 가지고 구경할 만한 자연이나 문화적 관광 대상물이다.

관광자원은 관광활동을 원활하게 하는 데 필요한 제반요소로서 매력성과 유인성, 개발 요구성, 범위의 다양성, 가치의 변화 및 보존 · 보호 · 보전이 필요한 것[5], 관광자의 관광욕구와 동기를 충족시켜 줄 수 있는 유형 · 무형의 자연적 · 인문적 관광대상으로써 매력성 · 유인성을 지난 관광적 자원이며, 그 주요한 특징으로는 서비스성 상품, 주체와 내용의 복합성, 강한 입지의존성, 영리성과 공익성의 동시 추구, 외부환경변화에의 민감, 경합과 공존[6]이다.

관광자원은 관광의 주체인 관광객으로 하여금 관광동기를 유발시켜 관광행동으로 나아가게 하는 목적물로서의 관광대상[7] 즉, 관광객의 관광욕구를 유발시키거나 충족시켜줄 수 있는 자원으로서 관광대상화된 것이다. 넓게는 관광자의 활동근원이 되는 제반 현상, 인간을 중심으로 둘러싸고 있는 삼라만상의 총체, 좁게는 관광객에게 관광동기나 관광행위를 유발할 수 있는 매력과 유인성을 지닌 유 · 무형의 모든 대상물[8]이다.

관광자원은 장소, 지역, 공간을 바탕으로 관광경관을 대상으로 관광객의 관광동기를 충족시키고 관광활동을 편리하게 할 수 있는 제반요소를 구비하여야 한다. 관광자원의 가치는 고정불변의 것이 아니라 시간과 장소에 따라 달라지며, 시대와 시간의 변화, 지역의 변화, 공간의 변화, 기술의 변화에 따라 달라진다. 물론 관광자원이 관광자원으로서의 가치를 발휘하기 위해서는 그 가치를 인지하는 관광객이 존재하여야 하고, 그 관광객이 관광자원을 방문하여 느끼는 가치와 방문관광객이 거주지에서 관광자원을 느낄 수 있는 심상가치를 가져야 한다.[9]

지금까지 관광자원은 주로 관광객의 관광대상, 개발이 필요한 것(개발을 통해 관광대상이 되는 것), 관광여행의 유인이 되는 관광대상물, 관광동기를 충족시켜주는 것, 관광객의 관광행동을 유발시키는 것, 관광활동에 수반되는 제반 요소, 관광서비스의 생산요소 등으로 이해되고 있다.

제2절 관광자원의 활용

관광자원은 매력성, 개발을 통한 관광대상성, 보호와 보존 필요성, 유연성, 다양성, 변화성, 비절대성, 조화성[10])을 특징으로 하며, 관광자원의 가치는 관광객 특성, 매력성, 이미지, 접근성, 관광인프라, 관광마케팅 활동 등에 의해 결정된다. 관광자원은 관광객의 동기를 유발시켜 찾도록 하는 유인성, 관광자원의 특성 또는 유형에 따른 시장세분화와 표적마케팅, 관광자원을 매개로 관광객과 관광지 지역주민을 연계하는 상호작용, 관광객의 요구·욕구에 부합하거나 창출해야 하는 개발성 등을 필요로 한다.

관광자원을 관광객이 이용 가능한 형태로 활용하기 위해서는 보다 구체적으로 관광자원을 이해할 필요가 있는데, 이때 박석희의 견해가 도움이 된다. 박석희는 관광자원을 협의의 관광자원과 광의의 관광자원으로 분류한 뒤, 협의의 관광자원은 자연적 매력, 인문적 매력 및 관광시설매력으로 구성되는 것으로 보고, 광의의 관광자원은 협의의 관광자원과 공급처리시설 및 편의시설, 인력, 시간 및 여행까지 포함[11])시킴으로써 관광자원의 활용 가능성을 넓혀놓았다.

현재, 우리나라에서 활용되고 있는 관광자원 콘텐츠를 살펴보면, 자연공원법에 의한 국·도·군립공원, 관광진흥법에 의한 관광지·관광단지·관광특구·관광객이용시설업, 문화재보호법에 의한 국보·보물·사적·명승·사적 및 명승·천연기념물·중요무형문화재·중요민속문화재 등이 있으며, 보다 구체적으로는 아래 표와 같다.

〈표 2-1〉 관광자원 이용 현황

주요 관광자원	관련 법률 및 부처
국립공원·도립공원·군립공원	자연공원법
관광지·관광단지·관광특구·관광객이용시설업·종합유원시설업(테마파크)	관광진흥법
국보·보물·사적·명승·사적 및 명승·천연기념물·중요무형문화재·중요민속문화재	문화재보호법
전승공예품·인간문화재	무형문화재 보전 및 진흥에 관한 법률
공예품	공예문화산업진흥법
매장문화재	매장문화재 보호 및 조사에 관한 법률
유원지	국토의 계획 및 이용에 관한 법률
온천	온천법
자연휴양림·산림욕장·치유의 숲·숲속야영장·숲길·산림레포츠시설	산림문화·휴양에 관한 법률

주요 관광자원	관련 법률 및 부처
농어촌 관광휴양사업(농어촌관광휴양단지, 관광농원, 주말농원, 농어촌민박)	농어촌정비법
농촌체험휴양마을	도시와 농어촌간의 교류촉진에 관한 법률
어촌체험마을	해양수산부
어항·어촌 어항관광모델	어촌·어항법
해수욕장	해수욕장의 이용 및 관리에 관한 법률
마리나	마리나항만의 조성 및 관리 등에 관한 법률
유어장	유어장의 지정 및 관리에 관한 규칙
수상·내수면·해수면	수상레저안전법
어촌·어장	수산업·어촌발전기본법
산촌	임업 및 산촌 진흥촉진에 관한 법률
산림생태·문화체험단지	산림청
관광레저형기업도시	기업도시개발특별법
전통사찰	전통사찰의 보존 및 지원에 관한 법률
문화관광축제·상설문화관광프로그램·템플스테이·문화생태탐방로·슬로시티	문화체육관광부
문화유산스토리텔링축제·궁궐·궁중문화 상설 재현·무형문화재 공연 및 전시·거석문화유적	문화재청
국가지질공원	환경부
안보관광지	국방부
골프장·썰매장·스키장·카누장 등	체육시설의 설치·이용에 관한 법률

제3절 관광자원과 관광상품

1. 상품의 개념

상품은 인간생활에 필요하거나 도움이 되고, 나아가 인간욕망의 대상이 되어 생활에 만족을 추구해 주는 하나의 생활수단[12]이며, 교환의 대상이 되는 물품, 상업매매의 목적대상이 되는 모든 상품으로서 자신의 사용·소비를 위해 생산된 재화와 달리 타인의 사용·소비를 위한 매매의 목적하에 생산·제조된 재화 또는 각종 산업의 생산품이 인간에게 욕망을 충족시켜 줄 수 있는 가치를 지니고 시장에서 교환매개체로 유상으로 이동되어 최종 소비자의 손에 들어갈 때까지의 과정에 있는 모든 재화[13)]이다.

상품이란 사고파는 물건이나 재화, 장사로 파는 물건, 매매를 목적으로 한 재화[14)], 시장의 교환을 목적으로 생산하고 그 생산된 재화가 배급기구를 통하여 최종 소비자의 손에 들어갈 때까지의 과정상에 놓여 있는 모든 재화[15)] 즉, 팔 목적으로 생산된 유형 또는 무형의 재화(財貨)이다. 상품이 생산과정에 있는 것은 제품(product)이며, 그것이 분배과정에 있고, 판매의 대상물이 되는 것을 상품(merchandise)이라 한다. 상품과 관련하여 재화는 인간에게 경제적 가치가 있는 모든 것이며, 용역 또는 서비스는 판매를 위해 제공되거나 혹은 제품, 판매와 관련하여 제공되는 제 활동, 편익 또는 만족, 제품은 욕구나 요구를 충족할 수 있는 것 또는 인간이 천연자원에 대하여 여러 가지 변환, 조합, 연결하여 만들어낸 것[16)]을 의미한다.

그림 2-1 상품의 범위

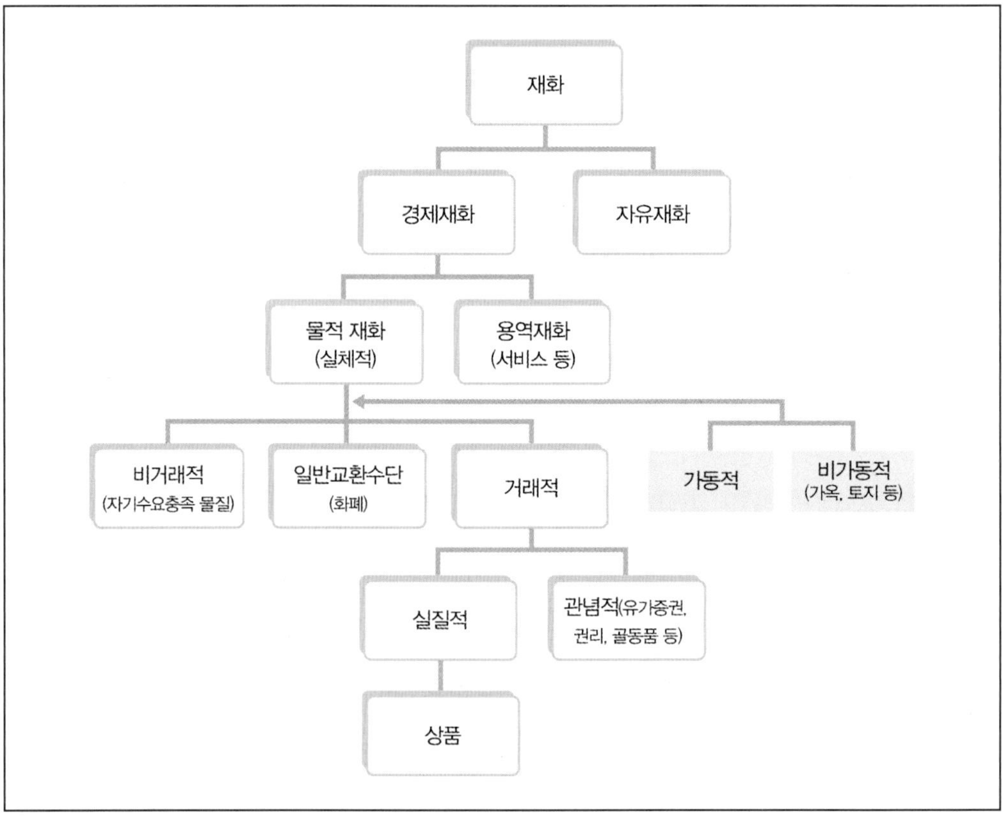

자료: 한의영(1984), 『상품학개론』, 서울: 법문사, p.182.

상품에서 중요한 것은 상품의 효용인데, 상품은 상품 자체의 물리적 성질이 인간의 욕망을 충족시킬 수 있는 실질가치를 가져야 하며, 쉽게 유상으로 시장에서 타인에게 제공이 가능하도록 자유로운 이동성을 가져야 한다.

상품학에서는 상품을 좀 더 구체적으로 보고 있는데, 즉 상품이란 자연 생산물과 기술 생산품을 포괄한 상업의 객체로서 실체적 · 가동적 · 거래적 · 실질적인 경제재화로 보며, 이는 어떤 실질적인 가치를 가지는 물체가 유통과정상에 있는 것만을 말하며, 생산된 그대로의 제품은 상품이라 할 수 없으며, 그것이 시장에 출시되어 교환의 대상이 될 수 있는 환경에 놓였을 때 비로소 상품[17]이라 한다.

2. 관광상품의 개념

(1) 관광상품의 개념

세계관광기구(UNWTO)에서는 관광상품을 "관광지, 숙박시설, 교통수단, 서비스와 매력의 결합 공급물"로 정의하였으며, 한국관광공사는 관광상품의 개념을 광의로 정의하여 "관광업계가 생산하는 일체의 재화와 서비스로 보고, 협의의 관광상품은 여행상품 및 관광과 유관되는 일체의 서비스, 관광사업자가 관광자원을 바탕으로 판매할 것을 전제로 상품화한 것"으로 정의하고 있다.

관광상품은 관광객을 만족시킬 수 있는 유형 · 무형의 상품으로 관광객이 구입하는 기념품, 각종 식당, 특산물 등과 같은 구체적이고 유형적인 상품과 서비스(관광안내, 여객운송, 게임 등)와 같은 추상적이고 무형적인 상품[18]이다. 또한 관광상품은 관광업자가 관광자원을 바탕으로 판매할 것을 전제로 이를 상품화한 것이며, 관광업계가 생산하는 일체의 재화와 서비스[19]로서 관광객 욕구를 충족시켜 주기 위한 것이다. 아울러 관광상품은 유형의 실체성과 무형의 비실체성을 지니고 있지만, 특히 무형적 성격이 강하고, 관광활동과 관련된 경제적 재화와 서비스의 결합물[20]이다.

관광상품은 관광객에게는 인간욕구충족의 대상이 되는 관광활동수단이자 관광객 생활문화의 한 구성요소인 반면, 관광기업에게는 경제적 이익 증대의 수단이 되는 사용가치와 교환가치 그리고 지각적 가치 등의 상징적 의미를 가지고 있다.[21]

관광상품은 고유성, 상징성, 진귀성, 차별성 등의 특성을 가지고 있는 관광객의 욕구를 충족시켜줄 수 있는 유 · 무형의 관광대상 결합물로서 판매를 목적으로 하는 재화와 서비스이다.[22] 또한 관광상품은 관광객의 욕구를 만족시키는 편익의 덩어리 내지 가치의 패키지, 관광행동을 만족시킬 수 있는 유형 · 무형의 모든 시설 및 대상과 각종 서비스 등이 복합적으로 결합되고, 시간적 · 공간적 · 기능적으로 적절히 구성되어 판매 가능한 일체의 재화 및 서비스로서, 관광산업과 관련되는 모든 경제적 활동[23]이다.

(2) 관광상품화의 개념

상품화란 어떤 물건이 상품이 되거나 상품으로 되게 만드는 것이므로 관광상품화란 자원을 관광객의 욕구대상으로 하는 관광자원화한 후, 여기에 적정한 가격, 관광객에게 알리는 촉진, 관광객에게 쉽게 전달될 수 있도록 하는 유통 등 마케팅믹스를 통하여 판매대상으로 만드는 것을 말한다.

관광상품은 관광사업체의 경제적 수익창출과 더불어 관광객의 관광욕구를 충족시켜 줌으로써 생활의 질을 향상시킬 수 있도록 제공되어야 한다. 관광상품화의 과정은 자원 → 관광자원 → 관광상품이라고 할 수 있다. 관광상품은 사용가치와 교환가치의 결합체이며, 관광상품의 사용가치는 상품 그 자체가 아니라 상품의 효용 내지 유용성, 곧 인간의 욕구 충족력에 의해 표현된다.[24] 이태희(2000)[25]는 지금까지 우리의 관광상품개발은 마케팅 부족, 협의의 관광상품만의 고정관념, 여행사에 의한 상품가치 좌우, 관광상품 다양화를 위한 혁신적 사고의 부족, 관광상품 해설 미흡, 핵심상품과 보조상품의 미구분 등과 같은 문제점을 노정하고 있다고 했다. 그러면서 그는 우리에게 적합한 관광상품 개발을 위해서는 표적시장에 방문동기를 부여하고, 표적시장과의 연결고리를 찾아 활용하고, 발굴 안 된 자원을 활용하며, 부정적인 역사도 재해석하고, 시대적 상황에 적합한 관광소재를 활용하며, 관광객의 호기심을 유도하고 재미를 줄 수 있는 체험프로그램을 발굴하고, 계절성을 극복할 수 있어야 하며, 우리의 고유 민속 및 향토자원을 연계하는 노력이 필요하다고 했다.

관광자원은 관광상품의 촉매제 역할을 하며, 관광지는 관광객에게 경험을 제공하는 상품으로서 지역이 보유한 자원들을 통해 관광객에게 소구한다. 지역의 문화자원은 축제나 관광기념품 등과 같은 상품화를 통해 관광객의 관광체험소비화된다.[26]

관광자원은 자원이 갖고 있는 가치를 높여 관광객에게 구매가치를 창출할 수 있어야 하며, 방문 매력을 소구할 수 있어야 하며, 관광객의 체류시간을 늘릴 수 있도록 상품화되어야 한다. 관광상품은 관광객의 요구와 욕망을 만족시키도록 구체화되어야 하며, 관광객의 경험을 유인할 수 있을 정도로 매력이 있어야 한다. 자원에 관광객의 요구와 욕망을 자극시키는 꿈과 경험을 입혀 관광객들에게 관광상품으로 제공되어야 한다. 관광경험과 체험의 상품화는 지속적 관광소비와 관광편익을 가능하게 해준다.

관광상품은 무형성, 비분리성(생산과 소비의 동시성), 이질성(표준화의 어려움), 소멸 가능성,

계절성, 비용산출의 난이성, 일시적 소유, 불가분성[27] 또는 계수측정의 곤란성, 소비자의 관광지로의 이동필요성, 불가시성 상품, 재고 없는 상품, 배달의 불필요, 공간과 거리 필요성, 사전시험의 곤란성, 자연적 환경에의 의존성, 상품의 장소적 이동 불가분성[28]의 특성을 가진다.

또한 관광상품은 유형성과 무형성의 공존, 복합성, 생산과 소비의 동시성, 비저장성, 유사성과 모방성, 인적 서비스의 주요성, 계절성, 가격체계의 불안정성, 상품의 비이동성[29]을 특징으로 한다.

관광자원의 상품화, 특히 문화를 핵심으로 한 문화관광상품화에는 스토리, 생동감, 참가성, 체험성, 고유성의 체현이 필요하며, 보다 구체적으로는 자원의 신화화, 자원을 중심으로 한 이야기 구성, 다른 자원과의 차별성 강조, 과거에서부터 현재까지 직접적 연결 제시, 자원의 창출, 볼거리화, 환상성, 오락성과 같은 노력이 필요하다.[30]

관광자원이 관광상품화가 되지 못한다면, 관광객이 구매하는 구매대상으로서의 역할을 발휘하지는 못할 것이다. 관광상품화는 관광사업자가 관광시장에서 관광자가 요구하는 관광 효용과 편익을 적시 · 개발하여 관광객들에게 구매 가능한 형태로 제공해 주는 것이다. 즉, 관광상품화는 관광객들의 다양한 관광욕구의 다양화 · 개성화에 부응하기 위하여, 관광자원의 고유한 특성을 활용하여 차별화하기 위하여 하는 것으로 이해할 수 있다.

(3) 관광상품으로서의 관광기념품

관광기념품(souvenir)은 라틴어 특별한 시간과 경험에 대한 마음을 일으키다, 생각해 내다의 'subnir'에서 유래하였다. 마음에 떠오르는 추억과 추억의 물건을 의미하는 프랑스어에서 유래했다. 관광기념품은 특정한 장소와 사람, 사건 등과 관련하여 추억할 수 있는 기념품, 여행지에서 구해와 사람에게 증정하는 명산품, 원격지의 산물 등을 입수하여 가까운 이웃사람에게 나누어주는 물건이다. 관광기념품은 지역의 문화를 상품가치로 전환시킴으로써 지속적인 관광수요를 창출할 수 있으며, 에델바이스, 돌하르방 등과 같이 지역의 특성을 간직한 관광기념품은 관광지의 상징으로서 작용하기도 한다.

한국관광공사(1983)[31]에서는 종래의 기념품이란 관광목적지에서 관광여행의 추억을 오래도록 간직하기 위하여 또는 친지의 선물로서 구매하는 그 지방의 특산품을 말하였으나 최근에는 관광지에서 관광객에게 직접 판매하는 그 지방 특유의 산업생산물 또는 공업제품으로 정의하고 있다.

한국관광협회(1986)[32]에서는 종래의 관광기념품은 관광객이 방문국 또는 방문지의 고유한 전통성과 지역적 특성이 표출되는 민예품, 공예품 등의 토산품으로서 관광객이 취득한 상품이었으나 현재는 일국의 고유한 전통성을 지닌 민예 · 공예품 등의 토산품과 일상용품 등 관광객이 방문지에서 구입 · 취득할 수 있는 모든 상품으로 관광기념품을 정의하고 있다.

관광기념품은 관광지의 문화와 전통을 상징하고 관광지에서의 추억을 상기시켜줄 수 있는 기념품으로서 관광객이 취득 가능한 상품[33]으로서, 관광객은 관광경험의 추억을 간직하기 위하여 관광기념품을 구매하고, 일상생활로 돌아와서 소장한 관광기념품을 보면서 회상하며 주변사람들에게 구전하는 것이 일반적이라고 할 수 있다. 이에 관광기념품은 관광 기념성, 전시효과, 추억의 회상, 선물로서의 가치를 지녀야 한다.[34]

즉, 관광기념품은 여행경험을 상기하게끔 하는 대상으로서 효용성 자체는 중요한 고려 대상이 아니다.[35] 또한 관광기념품은 특정지역에서만 (생산되는) 원료나 소재로 만든 공산품이나 민속공예품과 그 지역에서 많이 생산되는 농수산물[36]을 주로 의미한다. 관광기념품의 의미는 근래에 이르러 축소되어 관광기념품이 오직 민예품이나 토산품과 같은 한정된 느낌으로 인식되어지고 있으나 이와 같은 상업용 관광기념품 외에도 관광을 기념할 수 있는 관광에서의 추억, 경험, 체험 등이 관련된 모든 물품이 관광기념품이 될 수 있다.

관광기념품은 관광객이 관광지에서 구매할 수 있는 모든 상품으로서 지역의 전통성 또는 향토성을 반영하고 있으면서 관광지에서의 추억을 회상해 줄 수 있어야 한다. 관광객은 관광기념품을 일상 생활용품처럼 필요에 의해서 구매하는 것이 아니라 단지 즐거움을 위하여 혹은 다른 사람에게 기꺼이 선물로서 베풀고자 구입[37]하며, 또는 관광지에서 추억의 상징물이며 지인에 대한 감사의 표시로서, 관광의 재미를 더해주는 회상매체로서 관광기념품을 구입하게 된다.[38]

관광기념품은 그 기념품만이 갖는 독특함을 의미하는 독특성과 독창성(uniqueness and originality), 제작의 기술과 노력, 시간 투여 등을 의미하는 장인정신(craftsmanship), 지역의 문화와 역사성을 내포하는 의미의 역사성 및 문화성(culture and historic integrity), 그 기념품이 갖는 디자인이나 색채 등의 아름다움을 포현하는 심미성(aesthetics), 그리고 이동과 보관의 편리성 등을 의미하는 기능성과 실용성(function and use)의 속성을 갖추고 있어야 한다.[39] 또한 관광기념품은 창의성, 장인정신, 실용성, 가격 적정성, 운반 용이성[40]도 갖추어야 한다.

Swnason과 Horridge(2007)[41]는 관광기념품은 보관이나 이용의 편리함, 실용적인 측면, 그리고 선물로서의 적합성, 가격 등을 포함하는 편리성과 상품성(care and travel selection), 색깔, 디자인, 그리고 장식했을 때의 모양 등을 의미하는 심미성(aesthetic selection), 유명한 장인이 제작한 상품, 새롭고 혁신적인 제품, 유일성과 진귀함을 포함하는 독특성(uniqueness)을 가지고 있어야 한다고 했다.

관광기념품은 관광경험의 기념물로서 사용하기 위한 사용가치, 가격과 투자 목적을 고려한 교환가치, 위엄 과시와 사회적 신분을 얻기 위한 상징적 가치, 종교적 신념 강화나 초능력(치유,

수호)이 부여된 종교기념품으로서의 구매가치[42]가 있어야 한다.

3. 관광상품화 방안

(1) 문화체육관광부 주요 관광상품 사례

첫째, 문화관광축제

외국인 관광객 유치 확대를 통한 세계적인 축제 육성 및 지역 관광 활성화를 기본방향으로 두고, 전국의 전통문화와 독특한 주제를 배경으로 한 지역축제 중 관광상품성이 큰 축제를 대상으로 1995년부터 해마다 지속적으로 확대 지원 · 육성하고 있는 사업이다.

2014년에는 화천 산천어축제와 김제 지평선축제 등 40개 축제에 내국인 관광객 16,734,505명, 외국인 관광객 553,471명 합계 17,287,976명 경제효과 1,059,608백만원을 올린 것으로 나타났다.

둘째, 상설문화관광프로그램

전국 각 지역의 관광과 연계한 공연예술을 상설 관광상품으로 개발하여 국내외 관광객에게 다양한 볼거리 및 즐길거리를 제공하고, 이를 관광상품화하여 외국인 관광객 유치 확대 및 관광 목적지 다변화를 위해 추진하고 있다. 문화관광축제가 일주일 내외의 단기간 동안 관광객을 집중적으로 유치하기 위한 것이라면 상설프로그램은 언제든지 관광객이 그 장소에 가면 동일한 공연을 볼 수 있도록 한다는 점에서 문화관광축제와 상호보완적인 관광상품이다.

2014년에는 서울특별시의 전통무예시범공연 및 체험행사 등 12개 광역시 · 도에 15개의 상설 문화관광프로그램이 선정되어 운영되었으며, 프로그램당 4,400만원이 지원된 바 있다.

셋째, 템플스테이

2002년 한 · 일월드컵 당시 외래관광객 숙박문제를 해결하기 위하여 시작된 템플스테이는 한국의 전통문화와 불교문화가 결합된 숙박시설로, 정부의 재정지원과 민간(한국불교문화사업단, 개별 사찰 등)의 노력이 상호 결합된 관광상품으로서 양적 · 질적으로 좋은 평가를 받고 있다.

2014년 현재 110개 사찰에서 운영되고 있으며, 192,962명이 참여한 것으로 나타났다.

넷째, 글로컬(glocal) 관광상품

문화체육관광부의 글로컬 관광상품 육성사업은 지역의 숨은 문화자원을 끌어내 관광상품으로 만들어 해외관광객을 전국으로 고루 분산시켜보겠다는 취지의 사업으로서 전통분야에는 광주 월봉서원, 강릉 신사임당 · 허난설헌, 전주 인근 유네스코 유산, 경주 신라문화유적, 산청 한방테마파크가, 현대분야에는 부산 메디 · 뷰티 힐링여행, 강원 '헬로 2018 평창' 올림픽 관광상품, 전남 남도에서의 힐링 '여수 밤바다', 경남 통영 · 거제 '한류웨딩/커플여행', 대구 진짜 즐기는, 진짜 대구여행이 선정되었다.[43)]

(2) 유형별 관광상품화 방안

① 기존 관광자원 + 새로운 가치

이는 기존에 있던 관광자원에 관광객의 새로운 욕구를 발견하고 이를 충족시켜줄 수 있는 가치를 덧붙인 관광상품화 방법이다. 기존 관광자원에 새로운 가치를 붙여 관광상품화를 함에 있어서 중요한 것은 관광객이 미처 인지하지 못한 채 잠재되어 있거나, 알고는 있었지만 관광욕구로 유효화되지 못한 새로운 관광욕구를 유도해낼 수 있는 매력적인 가치를 부여하는 것이다.

사례

- 문화관광해설사와 함께하는 경북순환관광테마열차 시티투어
- 경기도 의왕시 중국 관광객을 위한 레일바이크 관광상품
- 야시장 관광상품(서울 동대문 DDP플라자의 청춘 런웨이 & 댄싱 나이트, 여의도 월드나이트 마켓, 전주 남부야시장, 광주 대인예술야시장, 부산 부평깡통야시장, 대구 서문야시장, 목포 남진야시장 등)
- 기존 관광자원에 이야기를 덧붙인 관광상품 개발
- 문화체육관광부의 이야기가 있는 문화생태탐방로
- 전라북도 익산 서동요축제(서동요 이야기 + 서동요 드라마)
- 서울특별시 강남스타일 패키지 상품
- 소설 「태백산맥」의 고장, 전라남도 보성군 벌교읍
- 전라남도 장성군 홍길동테마파크 · 홍길동축제
- 경상북도 청송군 진보읍 문학테마관광파크, 객주문학테마촌
- 실경뮤지컬(경주시 만파식적, 영주시 정도전, 안동시 부용지애 · 왕의 나라 · 450년 사랑 · 락 나라를 아느냐, 고령군 대가야의 혼, 가얏고, 상주시 무인 정기룡, 청송군 꽃밭등 영웅들, 영주시 선비가 등)

② 관 · 산 협력 관광상품 개발

이는 지자체와 관광사업체가 서로 협력하여 관광상품을 개발하는 것이다. 주로 지역에 소재한

관광자원을 관광사업체가 관광객들에게 소구하여 관광수요를 창출하는 형태이다.

사례

- 코레일 KTX-여객선-섬 연계관광상품(철도연계 인천관광)
- 울산광역시 · 울산대학교 · 현대중공업 · 현대호텔 공동, 아산 정주영 현대 창업자와 산업 현장의 관광상품화 추진
- 경기도와 경기관광공사, 중국 및 동남아시아 관광객을 타깃으로 한 겨울 슈퍼스키 맞춤형관광상품
- 서울관광마케팅과 한국관광공사 공동, 한류스타 상설 팬미팅을 중심으로 한 고급형 한류체험관광상품

③ 지자체 관광자원 간 연계상품화

이는 지자체별 특화된 관광자원을 상승적으로 연계 · 관광코스화하여 관광객들의 관광활동을 이끌어내는 형태이다.

사례

- 울산광역시 울주군 · 경상남도 밀양시 · 양산시 · 경주시, 영남알프스 통합관광상품 개발
- 대구관광 서포터즈에 의한 대구-경주-안동 모노레일 통합 관광코스
- 청송-제천-목포-강진-청도-고령-합천-대구 중구 8개 지자체간 공동 관광자원 활용
- 부산-김해-양산 낙동강 뱃길복원 관광자원화
- 평택-아산 창조관광 연계
- 광주대구고속도로를 이용한 광주-대구 달빛투어(2015)
- 경북 포항-경주-영덕-울진-울릉 동해안 등대관광벨트
- 태백-정선-삼척-영월 폐광지역 관광벨트화 등
- 경기도 광명시 · 고양시, 광명동굴과 고양국제꽃박람회 연계한 공동관광상품
- 강원도 · 한국관광공사 · 일본여행사 공동, 2018 동계올림픽 개최지 연계 한류 팬미팅 관광상품
- 강원도 춘천시 · 화천군 · 양구군 · 홍천군 · 인제군, 호수문화관광권 체류형 시티투어상품
- 강원도 · 국립공원관리공단 · 코레일, 태백산국립공원 슬로탐방 관광열차상품
- 전라북도 · 문화재청, 전통산사 고품격 문화관광상품
- 부산광역시 · 부산문화관광축제조직위원회 공동, 부산 불꽃축제 관광상품화
- 부산광역시 · 부산관광공사, 서부산권 자전거투어 여행상품

- 대구광역시 · 경상북도, 배우 이상윤과 함께하는 대구 · 경북 특별관광상품
- 충청남도 홍성군 · 예산군, 내포 창조관광상품
- 전라남도 목포시 · 영광군 · 신안군 · 한국관광협동조합 공동, 남도성지순례 등 종교별 특화 관광상품 개발
- 제주도특별자치도 · 제주도관광협회, 팜팜(Farm & Family) 버스 등 1 · 2 · 3차 융복합 관광상품
- 제주도특별자치도 · 제주도관광협회, 일본 관광객을 타깃으로 한 골프관광상품
- 제주특별자치도 · 제주관광공사 · 중국 여행사 공동, 제주 특화 아웃도어 · 레저 · 테마상품 개발
- 제주특별자치도 · 제주관광공사 공동, 5개 분야 7대 제주명품 고품격 관광상품
- 7대 제주비경(감귤밭에서 바라보는 한라산, 거문오름에서 바라보는 분화구, 섭지코지 촛대바위 일출, 협재해변에서의 저녁노을, 지삿개 주상절리와 중문해변 절경, 서귀포 칠십리공원에서 보는 천지연폭포, 푸른바다 위의 일출봉과 우도)
- 7대 제주특산물: 감귤, 고사리, 자리돔, 갈치, 돼지고기, 말고기, 옥돔
- 7대 제주향토음식: 자리돔물회, 갈치국, 성게국, 한치(오징어)물회, 옥돔구이, 빙떡, 고기국수
- 아름다운 도로 7선: 5.6로, 애월~하귀 해안도로, 사계 해안도로, 세화녹산장선 도로, 비자림로, 1100로, 월정리 해안도로
- 아름다운 건축 7선: 포도호텔, 제주월드컵경기장, 제주현대미술관, 성읍민속마을, 해심헌, 제주목관아저, 다음커뮤니케이션 본사

④ 지자체 관광자원 특화 관광상품화

이는 지자체의 역사성, 전통성 및 향토성을 반영한 관광자원을 특화상품으로 개발하여 관광객들에게 제공하는 형태이다.

사례

- 울산광역시, 큰애기야시장 관광상품
- 강원도 · 경기도 DMZ안보관광상품
- 먹거리 관광자원을 특화한 부산광역시 어묵 · 돼지국밥, 경상남도 창원시 단감빵 · 오리빵, 울산광역시 태화강 푸드트럭존
- 경기도 고양시, 고양 신한류 페스티벌 관광상품
- 경기도 연천군 · DMZ관광(주) 공동, 연강 나룻길 걷기여행 관광상품
- 충청남도 부여군, 백제역사유적지구 관광상품화
- 서울특별시 강남구, 유커를 타깃으로 한 강남관광상품

- 서울특별시 한강 수상관광 콜택시
- 대전광역시, 유커 맞춤형 의료관광상품
- 강원도 강릉시, 2018 평창동계올림픽을 대비한 강릉특선음식 10선(삼계옹심이, 째복옹심이, 크림감자옹심이, 초당두부밥상, 초당두부탕수, 두부삼합, 두부샐러드, 바다해물밥상, 삼선비빔밥, 해물뚝배기) 관광상품화, G-2년 강릉 겨울문화페스티벌, 맛있는 강릉 Cook 콘서트, 2018 해산물 삼선비빔밥 나눔 & 강릉특선 10선 100미 콘서트 개최
- 강원도 춘천시, 승마 · 카누 · 요트 글램핑 관광상품
- 경상남도 통영시 케이블카 · 루지 관광상품
- 경상남도 사천시 · (사)한국외식업중앙회 사천시지부, 사천 · 삼천포 실비 브랜드 관광상품
- 경상남도, 고대 6가야연맹 테마별 관광코스상품
- 경상남도 산청군, 동의보감촌 러시아한방치료휴양 관광상품 개발
- 부산광역시 동구, 부산여행특공대와 함께하는 문화누리카드 연계 맞춤형 관광상품(문화누리카드로 떠나는 이바구 버스여행, 차이나타운문화축제 문화여행)
- 경상북도 문경시 휴양 영상 테마파크를 활용한 4계절 체험관광상품
- 경상북도, 중화권 관광객을 대상으로 한 특수목적 관광상품
- 경상북도 울진군 갯바위닦기 관광볼거리상품
- 경상북도 야간관광상품(영주시 풀내음 가득한 선비고을 야간여행, 영천시 별빛나이트투어, 김천시 직지나이트투어, 문경시 문경새재달빛사랑여행, 안동시 달그樂(발빛+그리움+즐거움), 성주군 한 개마을 별빛동행, 영양군 밤하늘 별빛투어)
- 충청남도 홍성군, 농어촌 체험관광상품
- 충청남도 청양군 황금복 거북이 캐릭터 관광상품화
- 전라남도 곡성군(곡성관광두레, 섬진강 두꺼비 공동), 곡성 한바퀴 관광상품, 말 체험 관광상품 추진
- 전라남도, 남도에서의 힐링 여수와 순천 글로컬 관광상품
- 전라남도 목포시, 원도심 도보관광상품

⑤ 새로운 관광자원 발굴과 관광상품화

이는 지금까지 주목받지 못했던 새로운 관광자원을 발굴하여 관광상품화하는 형태이다.

사례

- 울산광역시, 태화강에서 매년 겨울에 찾아오는 까마귀 떼를 활용한 아시아버드페어 생태관

광상품 개발
- 우주관광 AR VR 관광상품
- dark tourism
- volunteer tourism
- 한국관광의 별
- 울산광역시 기획관광상품, 미래도시로 떠나는 실크로드 울산여행, 영남알프스-별 헤는 밤
- 포스코 포항제철소 친환경고효율 LED 야간경관 조명 산업관광상품
- 미활용자원 및 쓰레기의 관광상품화: recycling/upcycling 관광상품
- 강원도 춘천시 남이섬 서울특별시 송파구에서 버려지는 은행나무잎을 재활용한 송파은행길
- junk art 페스티벌

⑥ 체험관광상품

관광은 체험경제시대에 가장 적합한 체험상품이다. 장은영(2005)은 관광의 체험성에 주목하고, 체험관광상품을 개발하기 위해서는 체험관광에 대한 이해가 선행되어야 한다고 했다. 즉, 그는 체험관광은 마케팅의 최종 단계이며, 문화적 특수성을 이해해야 하며, 체험을 통한 소통이 되어야 하며, 관광의 가치를 표현해야 한다고 했다. 최근 각 지자체의 농촌체험마을에서 운영되고 있는 농촌체험관광상품은 그 대표적인 사례이다.

⑦ 관, 관 · 산 관광상품 개발

이는 정부 산하기관, 지자체 등의 관이 중심이 되거나 또는 관이 중심이 되고 관광사업체 등 유관단체가 보완하여 관광상품을 개발하는 형태이다.

사례

- 농림축산식품부, 팜파티, 팜핑, 팜웨딩, 팜스쿨, 팜크닉, 팜세미나 등 특수목적 맞춤형 농촌관광상품
- 한국보건산업진흥원과 정동극장, 의료관광 연계 융복합 관광상품
- 한국관광공사, 서울-부산 537㎞ 종주 자전거 투어상품
- 한국관광공사 대전 · 충남지사, 중국관광객을 타깃으로 한 웰니스의료관광상품
- 코레일 · 13개 지자체, 레일그린-농촌을 품은 철도여행
- 인천관광공사, 한국관광공사, 인천국제공항청사, 아시아나항공 공동, 인천국제공항 환승의료관광상품

(3) 관광상품화의 문제점

이상과 같이 정부, 지자체 자체적으로는 물론 지자체 간, 관과 관광사업체 간 연계 등을 통하여 관광상품 개발에 힘쓰고 있는 사례를 유형별로 살펴보았는데, 관광상품화와 더불어 중요한 것이 관광상품의 전략적 마케팅이라고 할 수 있다. 그렇지만 대다수 관광상품의 마케팅 방식은 천편일률적으로 전개되고 있어 차별화된 상품의 의의를 살리지 못하고 있다.

현재, 각 지자체에서 가장 보편적으로 활용되고 있는 관광상품 마케팅은 팸투어이다. 또한 이들 관광상품은 온라인 관광상품마케팅, 인터넷 포털 사이트 등을 통해 소구되고 있으며, 이 밖에도 온라인 관광마케팅 축제, e-마케팅 Fair, 서울특별시 · 서울관광마케팅 공동, 외국인 관광객을 위한 온라인 관광플랫폼 'onemoretrip' 구축, 서울의 이색체험형 관광상품 사고파는 온라인 장터, 강원도 속초시 · 고성군 · 양양군 · 인제군, ITX 청춘 설악 1박 2일 투어 상품 공동 출시 및 설악권 관광상품 공동마케팅 등이 이루어지고 있다. 또한 국민관광상품권(www.TourMap.co.kr)이 2001년부터 발행되어 여행, 쇼핑, 숙박, 레저, 외식 등 15,000여 개 가맹점에서 사용 가능, 국민관광상품권 홈페이지 내에 입점해 있는 하나투어, 대명투어몰 등의 여행상품 예약 시 최소 3%, 최대 12% 할인 제공 등의 노력이 이루어지고 있다.

그러나 이와 같은 관광상품화와 관광상품 마케팅 노력에도 불구하고 관광상품화에는 여러 가지 문제점이 도사리고 있다.

먼저, 관광상품의 가장 큰 문제점은 쉽게 모방이 가능하다는 것이다. 예컨대, 강원도 정선군 관광의 성공신화 모델이었던 레일바이크가 각 지자체에서 벤치마킹하여 도입함으로써 관광상품으로서의 경쟁이 포화상태에 달하고 있다.

이어서 지역 간 차별성이 없는 관광상품의 유사성과 중복성은 계속 지적되고 있는 문제이기도 하다.

또한 관광상품화를 둘러싼 지역 간 갈등의 우려가 상존한다는 것이다. 예컨대, 인천광역시의 남동구와 연수구는 소서노 활용방안을 두고 갈등을 빚고 있다. 연간 천 만 명이 넘는 관광객이 찾고 있는 갓바위는 대구 동구청의 갓방구 캐릭터와 경산시의 갓바위 명칭을 둘러싸고 갈등을 보이고 있다. 밀양시와 울산시는 동남권 관광객들이 많이 찾는 영남알프스의 여러 봉우리 중 하나인 재약산(밀양시 측)과 천황산(울산광역시 측)으로 명칭 갈등을 보였으며, 고흥군(팔영대교)과 여수시(적금대교)의 다리 명칭 논란이 일기도 했다. 이와 같은 지자체 간 갈등은 각 지자체가 지역에 소재한 관광자원의 새로운 가치를 발굴하여 관광상품으로 승화시키려는 노력을 집중하기보다는 기존 자원의 인지도에 기대어 숟가락 얹기 수준에 그치고 있는 아쉬움이 있다.

관광객들은 호기심을 가지고 새로운 곳을 찾아 나선다. 그들은 관광욕구를 자극하는 새로운 것이라면 구입하고자 하는 잠재소비자이다. 그리하여 인기 없는 관광상품의 소멸과 새로운 호기심을 자극하는 관광상품의 개발이 계속 생겨나는 것이다. 지금은 앞서 보았던 여러 형태의 관광상품화 사례에서도 알 수 있듯이 무엇이든 관광상품으로 개발할 수 있는 시점이다. 이제는 자원의 관광자원화 나아가 관광자원이 가지고 있는 가치를 재발견하여 시대가 요구하는 관광상품화를 위한 지혜를 발휘할 때이다.

참고문헌

1) 다음한국어사전, http://dic.daum.net/word/.
2) 박석희(2012). 『신관광자원론』. 대왕사.
3) 이장춘(2008). 『최신 관광자원학』. 대왕사.
4) 다음한국어사전. http://dic.daum.net/word/.
5) 이순구 · 박미선(2014). 『관광자원의 이해』. 대왕사.
6) 황창윤 · 박명희(2013). 『신 관광자원의 이해』. 대왕사.
7) 이상춘(2015). 『관광자원론』. 백산출판사.
8) 이후석(2011). 『관광자원의 이해』. 백산출판사.
9) 이장춘(2008). 『최신 관광자원학』. 대왕사.
10) 채예병(2014). 『관광자원론』. 대왕사.
11) 박석희(2012). 『신관광자원론』. 대왕사.
12) 최승이 · 이미혜(1999). 『관광상품론: 신관광상품의 개발과정을 중심으로 한 마케팅전략적 접근』. 대왕사.
13) 김양명(1999). 『상품학의 이해』. 학문사.
14) 다음한국어사전. http://dic.daum.net/word/.
15) 유봉노(1988). 『신상품학』. 서울: 박영사.
16) 김천중 · 임화순(1999). 『관광상품론: 관광상품의 기획과 마케팅사례』. 학문사.
17) 김양명(1999). 『상품학의 이해』. 학문사.
18) 박종덕 · 전인순 · 임형택(2015). 『국제의료관광상품론』. 대왕사.
19) 이선희(1994). 『관광마아케팅개론』. 대왕사.
20) 최승이 · 이미혜(1999). 『관광상품론: 신관광상품의 개발과정을 중심으로 한 마케팅전략적 접근』. 대왕사.
21) 원융희(2003). 『관광이미지』. 서울: 백산출판사.
22) 유영준 · 송재일 · 임진홍(2012). 『관광상품기획론』. 대왕사.
23) 김천중 · 임화순(1999). 『관광상품론: 관광상품의 기획과 마케팅사례』. 학문사.
24) 최승이 · 이미혜(1999). 『관광상품론: 신관광상품의 개발과정을 중심으로 한 마케팅전략적 접근』. 대왕사.
25) 이태희(2000). 『관광상품기획론』. 백산출판사.
26) Bob Mckercher · Hilary du Cros 저, 조명환 역(2008). 『문화유산 관광자원관리론』. 백산출판사.
27) 김천중 · 임화순(1999). 『관광상품론: 관광상품의 기획과 마케팅사례』. 학문사.
28) 채예병(2014). 『관광자원론』. 대왕사.
29) 박종덕 · 전인순 · 임형택(2015). 『국제의료관광상품론』. 대왕사.
30) Bob Mckercher · Hilary du Cros 저, 조명환 역(2008). 『문화유산 관광자원관리론』. 백산출판사.
31) 한국관광공사(1983). 『국민관광 장기종합개발계획』.

32) 한국관광협회(1986). 『외국인의 한국기념품 기호도 조사』.
33) 곽행구 · 이덕림(2008). 『관광기념품 경쟁력 강화방안』. 전남발전연구원.
34) Littrell, M. A.(1994). Souvenirs and tourism styles. *Journal of Travel Research*, 33(1): 3-11.
35) Charles J. Matelka(1981). *The Dictionary of Tourism*. Illinois: Merton House Publishing Co.
36) 박정준(2011). 문화관광축제 기념품 구매행동에 관한 연구. 『여행학연구』, 32:25-42.
37) 박석희(1999). 국립공원 탐방자의 신기성 추구 정도 특정에 관한 연구. 『한국공원휴양학회지』, 1(2): 30-45.
38) Jansen-Verbeke, M.(1991). Leisure shopping a magic concept for the tourism industry. *Tourism Management*, 12(2): 9-14.
39) Littrell, M. A., Anderson, L. F. & Brown, P. J.(1993). What Makes a Craft Souvenir Authentic? *Annals of Tourism Research*. 20: 197-215.
40) 이덕상 · 남수현(2008). 지역문화의 정체성을 바탕으로 한 관광기념품 개발 연구: 경남지역 상징관광기념품을 중심으로. 『디자인연구』, 13: 1-26.
41) Swanson, K. K. & Horridge, P. E.(2007). Travel motivations as souvenir purchase indicators. *Tourism Management*. 27: 671-683.
42) Paraskevaidis, P. and Adnriotis K.(2015. Values of souvenirs as commodities. *Tourism Management*, 48: 1-10.
43) 문화체육관광부(2015). 『2014년 기준 관광동향에 관한 연차보고서』.

제 3 장

관광 회계와 재무

김재석

동명대학교 호텔경영학과 교수

저자 김재석은 경북대학교 경영학 학사, 경주대학교 관광학 석사, 경기대학교 관광학 박사학위를 취득하였다. "호텔기업의 경영활동이 경영성과에 미치는 영향" "공공부문 관광개발사업의 경제적 가치추정" "거시 경제변수가 여가소비지출에 미치는 영향" "공공부문 관광개발사업의 경제적 가치추정" "호텔 특성별 자본구조차이와 자본구조결정요인" 등 관광자원개발 및 관광투자분야에서 활발한 학술적 성과를 발표하고 있다. 현재 한국관광학회 선임이사로 학회 발전과 후진 양성에 힘쓰고 있다.

✉ adamkj@empas.com

한승훈

호남대학교 관광경영학과 교수

저자 한승훈은 경기대학교 관광학 학사, 한양대학교 국제관광학 석사 및 관광학 박사학위를 취득하였다. 관광학원론, 관광마케팅, 관광재무 등을 강의하고 연구한다. 주요 경력으로는 Hotel Ritz Carlton Seoul 재무기획, CJ엔시티 사업기획, Crowe Horwath 충정회계법인 관광사업 팀장, 충청남도청 관광 투자사업 전문관을 역임하였다. 현재 한국관광학회 선임이사 및 한국관광연구학회 이사 등을 역임하며 학회 발전과 후진 양성에 힘쓰고 있다.

✉ shhan@honam.ac.kr

제 3 장

관광 회계와 재무

김재석 · 한승훈

제1절 관광기업 회계와 재무제표

1. 관광기업 회계와 재무의사결정

관광기업에 있어 회계(accounting)란 정보이용자가 사정을 잘 알고서 판단이나 의사결정을 할 수 있도록 경제적 정보를 식별하고 측정하여 전달하는 과정이다. 관광기업 회계는 관광기업을 둘러싼 다양한 이해관계자들의 의사결정에 유용한 정보를 제공할 수 있어야 한다. 특히, 관광기업의 외부이해관계자는 현재 또는 잠재 투자자로서, 주로 투자에 따른 현금 흐름의 크기, 현금흐름의 시점과 위험에 관심을 갖게 된다.[1] 이들 현금 흐름에 대한 정보는 재무제표를 통해 이해관계자에게 전달된다. 반면, 관광기업재무(finance)는 관광기업의 재무제표를 토대로 관광기업의 투자(investment), 자본조달(financing), 운전자본관리(working capital management) 등 '돈'과 관련된 미래 경영의사결정을 효과적, 효율적으로 시행하기 위한 방법론을 다룬다는 측면에서 차이가 있다. 또한 관광기업재무는 관광기업재무예측 및 재무전략을 수립하는 일련의 과정을 포괄한다.[2] 21세기 들어 경영환경이 글로벌화되어 위험요인이 양적 · 질적으로 증가하고 선물(futures), 옵션(option), 스왑(swap) 등 부외금융(off-balance-sheet financing)을 활용한 위험관리(risk management)도 관광기업재무의사결정에서 중요한 요소로 부각되고 있다.[3] 특히 여행사, 항공사 등 환율, 유가 등의 변화에 따라 경영성과가 민감하게 반응하는 관광기업에서는 위험관리 또는 위험헤지(hedge)팀을 별도로 운영하고 있는 실정이며, 이러한 경향은 점차 확대되고 있는 추세이다.

2. 관광기업 재무제표

관광기업 재무제표는 재무상태와 재무성과를 일반적으로 인정된 회계원칙에 따라 체계적으로 표현한 재무보고서로 외부이해관계자에게 회계정보를 전달하는 주된 수단이다. 현재, 한국채택 국제회계기준에서는 재무제표를 재무상태표, 포괄손익계산서, 현금흐름표, 자본변동표, 그리고 주석으로 규정하고 있다. 재무제표의 목적은 광범위한 정보이용자의 경제적 위사결정에 유용한 기업의 재무상태, 경영성과와 재무상태변동에 관한 정보를 제공하는 것이다. 또한 재무제표는 위탁받은 자원에 대한 경영진의 수탁책임 결과도 보여준다. 아울러, 재무제표의 목적으로서 그 유용성은 다음과 같은 관점에서 파악할 수 있다. 첫째, 위탁받은 자원에 대한 경영진의 수탁책임이나 회계책임의 결과를 보여준다. 둘째, 재무제표이용자의 경제적 의사결정을 위한 현금 창출 능력과 그 시기 및 확실성에 대한 평가를 제시하여 준다. 셋째, 경영성과로서 수익성에 관한 정보는 그 기업이 장래 통제하게 될 가능성이 높은 경제적 자원의 잠재적 변동가능성을 평가할 수 있다. 넷째, 재무변동에 관한 정보는 일정 회계기간 동안의 투자, 재무 및 영업활동을 평가하는데 이용되어진다.[4)]

(1) 재무상태표

① 재무상태표의 의의

재무상태표(statement of financial position)는 일정시점 현재 기업의 자산 · 부채 및 자본의 금액과 구성을 표시하는 재무보고서로 대차대조표(balance sheet)라고도 한다. 관광기업의 재무상태표는 경제적 자원 · 재무구조 · 유동성과 재무건전성을 및 환경변화에 적응할 수 있는 능력 등 재무상태를 파악하는데 유용한 정보를 제공한다.[5)] 즉, 재무상태표는 일정시점 현재 기업실체가 보유하고 있는 경제적 자원인 자산과 경제적 의무인 부채 그리고 자본에 대한 정보를 제공하는 재무보고서이다. 재무상태표의 차변과 대변, 즉 자산과 부채와 자본 사이에는 다음의 관계가 성립하며, 이를 재무상태표등식 또는 회계등식이라고 한다.

자산 = 부채 + 자본

이 식에 의하면 기업이 소유한 경제적 자원인 자산은 그 자원에 대한 청구권자인 채권자와 주주의 청구권의 합으로 나타난다. 이와 같이 재무상태표는 경영자의 투자결정 결과, 기업이 소유하고 있는 자산형태(예를 들어, 유동자산, 비유동자산)와 자산취득에 필요한 경영자의 자본조달결정 결과, 자산에 대한 청구권을 갖는 주체(예를 들어, 채권자, 정부, 주주 등)에 대해 보여주고 있다. 재무상태표는 재무상태표등식에 기초하여 작성되며 기본적인 구조는 다음과 같다.[6)]

〈표 3-1〉 재무상태표

재무상태표(요약계정식)

200×년 12월 31일
200×년 12월 31일

(주)한국관광 (단위: 원)

과목	당기	전기	과목	당기	전기
자 산			부 채		
유동자산		×××	유동부채		×××
비유동자산		×××	비유동부채		×××
			부 채 총 계		×××
			자 본		
			자본금		×××
			자본잉여금		×××
			기타 자본구성요소		×××
			이익잉여금		×××
			자 본 총 계		×××
자 산 총 계		×××	부 채 와 자 본 총 계		×××

재무상태표의 구성요소는 자산, 부채, 자본이며 이를 간략히 설명하면 다음과 같다.

자산(assets)은 과거 거래나 사건의 결과로 기업이 통제하고 있고 미래의 경제적 효익을 창출할 것으로 기대되는 경제적 자원이다. 자산이 가지는 미래 경제적 효익이란 직·간접적으로 미래 현금 및 현금성자산의 유입에 기여하게 될 잠재력을 말한다. 관광기업의 자산은 유동성(liquidity)의 정도에 따라 유동자산과 비유동자산으로 구분된다. 여기서, 유동성이란 자산의 현금전환 용이성을 나타내는 지표로, 유동성이 높은 자산은 큰 가치손실 없이도 현금으로 쉽게 전환할 수 있지만, 유동성이 낮은 자산은 가치손실 없이는 현금으로 쉽게 전환할 수 없다. 자산은 미래 경제적 효익이 기업에 유입될 가능성이 높고 해당 항목의 원가 또는 가치를 신뢰성 있게 측정할 수 있을 때 인식한다.

부채(liabilities)는 과거 사건의 결과로 현재 기업이 부담하고 미래에 자원의 유출 또는 사용이 예상되는 의무이다. 부채의 본질적 특성은 기업이 현재의 의무를 갖고 있다는 것이다. 의무는 구속력 있는 계약이나 법규에 따라 법률적 강제력이 있을 수 있다. 부채는 현재 의무의 이행에 따라 경제적 효익이 내재된 자원의 유출 가능성이 높고 결제될 금액에 대해 신뢰성 있게 측정할 수 있을 때 인식한다.

자본(owners' equity)은 특정 기업실체의 자산에서 부채를 차감한 후의 잔액 또는 순자산으로서, 자산에 대한 소유주의 잔여청구권을 말한다. 여기서 순자산(net assets)은 기업이 부유하고 있는 총자산에서 총부채를 모두 상환함으로써 소유주에 최종적으로 귀속되는 자산을 의미한다. 또한 자본을 잔여지분(residual equity)이라고도 부르는데 이는 자본이 자산에 대한 우선청구권을 가진 채권자지분을 차감한 후에 남는 잔여금액이기 때문이다.

② 관광기업경영에 있어 재무상태표 고려사항

재무상태표는 결산일에 관광기업의 재무상태를 파악하는데 유용한 자료이며, 관광기업의 투자 및 자본조달결정 결과에 대해 보여주고 있다. 그러나 재무상태표는 보고되는 항목의 인식과 측정방법에 따라 차이가 발생하므로, 관광기업의 재무관리자가 필요한 재무정보를 얻기 위해서는 다음과 같은 점에 유의해야 한다.

첫째, 유동성의 확보이다. 유동성에 따라 재무상태표 구성항목이 배열될 정도로 기업의 유동성 확보문제는 중요한데, 관광기업의 일상적인 영업활동에 필요한 유동자산을 충분히 확보한 기업일수록 재무적 곤경에 처하게 될 가능성은 작아진다. 그러나 기업의 유동성 확보차원에서 유동자산을 무한정 많이 보유하는 것도 기업입장에서는 바람직하지 않다. 왜냐하면 유동성이 높은 자산일수록 수익은 대체로 낮기 때문이다. 예를 들어, 유동성이 가장 큰 현금의 경우 수익은 거의 발생하지 않는다. 따라서 관광기업의 재무관리자는 유동성과 수익의 상충관계를 고려한 재무의사결정을 통해, 기업의 일상적인 영업활동에 필요한 유동성을 충분히 확보하는 동시에 수익도 적절히 창출할 수 있어야 한다.

둘째, 장부가치 대 시장가치의 고려이다. 재무상태표상의 자산과 부채는 과거에 발생한 역사적 원가로 기재되기 때문에 현재의 시장가치를 충분히 반영해 주지는 못한다. 특히, 자산과 부채의 장부가치와 시장가치 사이에 차이가 클 경우, 재무상태표는 더 이상 기업의 경제적 실체를 나타내는 적절한 정보로 이용될 수 없다. 예를 들어, 어떤 관광기업이 3년 전에 1억 원을 지급하고 기계를 구입했을 경우, 이 거래로 인해 기업의 재무상태표상에는 자산의 취득원가로 1억 원이 계상되었다. 그러나 이는 어디까지나 3년 전의 자산가치일 뿐 현재의 자산가치라고는 할 수 없다. 또한 회계실무에서는 시간이 경과함에 따라 발생하는 자산가치의 감소분을 감가상각비로 계상하여 자산의 취득원가에서 차감한 것을 현재의 자산가치로 인식한다. 이러한 회계관행은 일반적으로 타당한 것으로 받아들여지지만 자산 사용에 따른 실질적 가치감소분을 정확하게 나타내지는 못한다. 이와 같이 자산과 부채의 장부가치와 시장가치의 차이로 인해 자본의 장부가치와 시장가치 사이에도 차이가 나는데, 이 경우 관광기업의 재무관리자는 역사적 원가인 자본의 장부가치보다는 경제적 실체를 보다 잘 반영해 주는 자본의 시장가치, 즉 주식의 시장가치를 기준으로 재무의사결정을 행해야 한다. 또한 투자자도 기업의 과거 자산가치보다는 미래의 경제적 이익을 기준으로 기업에 투자를 하며, 기업의 경영자도 미래의 경제적 이익을 창출하기 위해 자산에 투자하기 때문에, 관광기업 재무관리자는 의사결정기준으로 장부가치보다는 시장가치를 채택하는 것이 바람직하다. 따라서 재무관리에서 기업의 가치 또는 자산의 가치라고 할 때, 가치는 장부가치가 아닌 시장가치를 말하며, 이러한 시장가치는 궁극적으로 경제적 이익인 현금흐름으로 실현된다.[7)]

(2) 포괄손익계산서

① 포괄손익계산서의 의의

포괄손익계산서(statement of comprehensive income)는 일정기간 기업실체의 경영성과를 나타낸 재무보고서이다. 여기서, 경영성과(management performance)란 기업실체가 일정기간 영업활동을 통해 얻은 성과로서 수익과 비용을 고려하여 이익과 손실을 측정한 것을 말한다. 즉, 포괄손익계산서는 한 회계기간에 속하는 수익과 이에 대응하는 비용을 적정하게 표시하기 위한 재무보고서로 당해 회계기간의 재무성과는 물론 미래현금흐름과 수익창출 능력 등의 예측에 유용한 정보를 제공해 준다.

포괄손익계산서는 포괄손익계산서등식에 기초하여 작성되는데 포괄손익계산서 등식은 경영성과를 비용, 수익, 순이익(손실)을 사용하여 나타낸 등식으로 다음과 같다.[8)]

비용 + 순이익 = 수익
비용 = 수익 + 순손실

포괄손익계산서는 단일 포괄손익계산서(당기손익 부분을 먼저 표시하고 바로 이어서 기타 포괄손익 부분 표시)와 두 개의 보고서(당기 손익부분을 표시하는 별개의 손익계산서와 포괄손익을 표시하는 보고서) 중 한 가지 방법으로 표시한다.

〈표 3-2〉 포괄손익계산서

〈단일 포괄손익계산서〉

포괄손익계산서

200×년 1월 1일부터 200×년 12월 31일까지
200×년 1월 1일부터 200×년 12월 31일까지

㈜한국관광 (단위: 원)

과 목	당 기	전 기
수익	×××	×××
비용	(×××)	(×××)
당기순손익	×××	×××
기타 포괄손익	×××	×××
기타 포괄손익과 관련된 법인세	(×××)	(×××)
세후기타포괄손익	×××	×××
총포괄손익	×××	×××
주당손익	×××	×××

〈두 개의 보고서〉

별개의 손익계산서
(당기손익 부분)

200×년 1월 1일부터 200×년 12월 31일까지
200×년 1월 1일부터 200×년 12월 31일까지

㈜한국관광 (단위: 원)

과 목	당 기	전 기
수익	×××	×××
비용	(×××)	(×××)
당기순손익	×××	×××

포괄손익계산서
(기타 포괄손익 부분)

200×년 1월 1일부터 200×년 12월 31일까지
200×년 1월 1일부터 200×년 12월 31일까지

㈜한국관광 (단위: 원)

과 목	당 기	전 기
당기순손익	×××	×××
기타 포괄손익	×××	×××
기타 포괄손익과 관련된 법인세	(×××)	(×××)
세후기타포괄손익	×××	×××
총포괄손익	×××	×××
주당손익	×××	×××

포괄손익계산서의 기본요소는 수익과 비용으로 이를 간략히 설명하면 다음과 같다.

수익(revenues)은 기업의 주된 경영활동으로서 재화의 판매나 용역을 제공하고 대가로 발생한 자산의 유입 또는 부채의 감소를 화폐가치로 측정한 것으로 매출액, 수수료수익, 이자수익 등 다양한 명칭으로 구분된다. 비용이란(expenses) 기업의 주된 경영활동으로서 재화의 판매나 용역의 제공에 따라 발생하는 자산의 유출(사용) 또는 부채의 증가를 화폐가치로 평가한 것으로 매출원가, 종업원급여 및 감가상각비 등이다.

② 관광기업경영에 있어 포괄손익계산서 고려사항

포괄손익계산서는 특정 회계기간 동안에 발생한 관광기업의 경영활동성과를 파악하는데 유용한 자료이며, 관광기업의 영업의사결정 결과 발생한 손익발생과정에 대해 보여준다. 그러나 재무상태표와 마찬가지로 포괄손익계산서도 수익과 비용의 인식과 측정방법에 따라 차이가 발생하므로, 기업의 재무관리자가 필요한 재무정보를 얻기 위해서는 다음과 같은 점에 유의해야 한다.

첫째, 회계적 이익 대 현금흐름의 차이이다. 포괄손익계산서의 회계적 이익과 현금흐름이 일치하지 않는 이유로는 다음의 세 가지를 들 수 있다. 먼저, 포괄손익계산서의 회계적 이익은 실현주의에 의해 인식되는 수익과 수익비용대응원칙에 의해 인식되는 비용에 따라 측정되기 때문에 현금흐름과 일치하지 않는다. 예를 들어, 수익으로 인식되어 당기순이익을 구성하는 항목일지라도, 매출채권처럼 실제현금유입으로 이어지지 않는 경우가 있고, 비용으로 인식되어 당기순이익을 차감하는 항목일지라도, 미지급비용처럼 실제현금유출로 이어지지 않는 경우가 있기 때문에 회계적 이익과 현금흐름은 일치하지 않는다. 다음으로, 포괄손익계산서 항목에는 비현금성 비용(non-cash expenses)이 존재하기 때문에 회계적 이익과 현금흐름은 일치하지 않는다. 예를 들어, 감가상각비의 경우처럼 실질적인 현금유출이 없는데도 비용으로 차감되는 항목이 있기 때문에 회계적 이익과 현금흐름은 일치하지 않는다. 마지막으로, 포괄손익계산서는 회계처리방법의 선택 여하에 따라 비용이 과대 또는 과소평가되어 결과적으로 이익이 과소 또는 과대평가될 가능성이 있기 때문에 회계적 이익은 현금흐름과 일치하지 않는다. 예를 들어, 재고자산평가방법에 따라서도 회계적 이익은 달라질 수 있기 때문에 회계적 이익과 현금흐름은 일치하지 않는다. 관광기업의 재무관리자는 포괄손익계산서상의 당기순이익이 많다고 해서 자금사정까지 좋다는 것을 의미하지는 않는다는 사실을 명심해야 한다. 왜냐하면 기업의 회계장부상에는 엄청난 흑자를 기록했음에도 불구하고 심각한 자금난에 빠져 있는 기업이나 심지어는 흑자도산에 이르는 기업의 경우도 종종 있기 때문이다. 따라서 관광기업의 재무관리자는 회계적 이익과 현금흐름 중 보다 객관적 가치평가기준인 현금흐름추정에 주력해야 하는데, 포괄손익계산서를 통해 미래현금흐름을 추정할 경우에는, 일반적으로 특별손익항목이 포함되어 있지 않은 영업이익이나 경상이익을 통해 미래현금흐름을 추정한다.

둘째, 기회비용의 인식이다. 포괄손익계산서의 회계적 이익에는 자기자본의 기회비용에 대해 고려해 주지 못하고 있다. 관광기업의 채권자들이 이자수익을 기대하는 것과 마찬가지로 주주들도 자신이 투자한 자금에 대해 배당수익을 기대하는데, 포괄손익계산서에서는 채권자에게 지급된 타인자본비용(이자비용)만 계상할 뿐, 주주에게 지급된 자기자본비용에 대해서는 계상하지 않는다. 왜냐하면, 보수주의에 입각한 회계원칙에서는 추정을 필요로 하는 항목에 대해서는 인식하지 않기 때문에, 추정이 불가피한 자기자본비용에 대해서는 계상하지 않는다. 그러나 주주 자신이 투자한 자금에 대해 적절한 수익을 기대하는 권리는 채권자가 이자를 지급받을 권리만큼이나 정당한 것임을 감안해 볼 때, 타인자본비용과 마찬가지로 자기자본비용도 기업의 경제적 성과측정에 고려되어야 한다.* 따라서 관광기업의 재무관리자는 회계적 이익이 자기자본의 기회비용을 고려하고 있지 않기 때문에 진정한 의미의 성과측정치로는 적합하지 않으며, 합리적인 재무의사결정을 행하기 위해서는 자기자본비용 추정에도 각별한 관심을 기울여야 한다.[9)]

(3) 현금흐름표

① 현금흐름표의 의의

관광기업의 현금흐름과 관련된 재무정보는 관광기업의 이해관계자들에게 중요한 정보가 된다. 특히, 관광기업의 경영자, 채권자, 주주 입장에서는 회계적 이익보다도 현금흐름에 대한 정보가 더욱 중요하다. 따라서 포괄손익계산서의 내용이 기업의 이해관계자들에게 유용한 정보가 되기 위해서는 기업의 현금흐름 특성과 변동원인에 대한 분석이 추가적으로 필요하다.

현금흐름표(statement of cash flows)는 일정기간 동안 현금유입과 현금유출에 관한 정보를 제공해주는 재무보고서로서 재무제표이용자에게 현금 및 현금성자산의 창출능력과 현금흐름의 사용용도를 평가하는데 유용한 자료를 제공한다. 현금흐름표에서는 현금흐름을 영업활동으로 인한 현금흐름, 투자활동으로 인한 현금흐름, 재무활동으로 인한 현금흐름으로 구분하여 현금유출입에 대한 내용을 제시하고 있다. 먼저, 영업활동은 투자활동 또는 재무활동에 속하지 아니하는 모든 거래와 사건을 포함하며, 신규투자 등에 필요한 현금을 외부로부터 조달하지 않고 자체적인 영업활동으로부터 얼마나 창출하였는지에 대한 정보를 제공해 준다. 투자활동은 현금의 대여와 회수활동, 유가증권, 대출채권, 투자자산, 유형자산 및 무형자산의 취득과 처분활동을 포함한다. 그리고 재무활동은 현금의 차입과 상환, 신주발행과 배당금의 지급 등을 포함한다. 주주, 채권자 등이 미래 현금흐름에 대한 청구권을 예측하는데 유용한 정보를 제공해준다.[10)]

현금흐름표는 회계기간 동안의 현금흐름의 증감을 계산한 후, 기초의 현금을 가산하여 기말의 현금을 산출하는 형식으로 표시한다. 또한 현금흐름표는 영업활동으로 인한 현금흐름의 표시방

* 이러한 맥락에서 볼 때, 최근 기업의 경영성과측정기법으로 각광받고 있는 경제적 부가가치(economic value added; EVA) 개념이 바로 주주지분의 기회비용을 고려한 이익개념이라고 할 수 있다.

법에 따라 직접법 또는 간접법으로 작성할 수 있는데, 실무에서 많이 이용하고 있는 현금흐름표는 간접법에 의해 작성된 현금흐름표로, 기본적인 구조는 〈표 3-3〉과 같다.

〈표 3-3〉 현금흐름표(간접법)

현금흐름표

200×년 1월 1일부터 200×년 12월 31일까지
200×년 1월 1일부터 200×년 12월 31일까지

㈜한국관광 (단위: 원)

과 목	당 기	전 기
영업활동 현금흐름	×××	×××
투자활동 현금흐름	×××	×××
재무활동 현금흐름	×××	×××
외화표시 현금 및 현금성자산의 환율변동효과	×××	×××
현금 및 현금성자산의 증가(감소)	×××	×××
기초의 현금 및 현금성자산	×××	×××
기말의 현금 및 현금성자산	×××	×××

② 관광기업경영에 있어 현금흐름표 고려사항

현금흐름표는 특정 회계기간 동안에 기업의 현금흐름을 파악하는데 유용한 자료이며, 관광기업의 영업, 투자, 자본조달결정과 관련된 현금흐름에 대해 보여준다. 그러나 기업의 재무관리자는 회계실무에서 작성하는 현금흐름표와는 달리 현금흐름등식에 입각한 현금흐름을 파악함으로써, 가치평가에 적합한 재무정보를 얻을 수 있다. 재무상태표등식으로부터 기업의 자산가치는 채권자의 타인자본가치와 주주의 주식가치의 합이라는 것을 알 수 있다. 이와 같이 기업의 자산으로부터 발생하는 현금흐름도 자산에 대한 청구권자의 현금흐름인 채권자 현금흐름과 주주 현금흐름의 합과 일치해야 한다.

자산으로부터 발생하는 현금흐름 = 채권자 현금흐름 + 주주 현금흐름

이를 현금흐름등식이라고 하는데, 이 식에서 자산으로부터 발생하는 현금흐름, 채권자 현금흐름, 주주 현금흐름은 각각 순현금흐름을 의미한다. 또한 이를 통해 관광기업의 다양한 경영활동으로부터 현금흐름이 창출되고, 이렇게 창출된 현금흐름은 자본제공자인 채권자나 주주에게 지급된다는 것을 알 수 있다.

제2절 관광기업 재무

1. 관광기업 재무의사결정

관광기업은 경영활동을 수행함에 있어, 재화나 용역을 생산하기 위해 토지나 건물 등과 같은 유형고정자산이 필요할 뿐만 아니라 관광기업의 브랜드나 특허권 등과 같은 무형고정자산도 필요한데, 금융자산을 제외한 이러한 유 · 무형자산을 실물자산(real assets)이라 한다. 또한 관광기업의 경영활동에는 실물자산을 뒷받침해 줄 수 있는 주식이나 채권 등과 같은 금융자산(financial assets)도 필요한데, 이러한 금융자산은 실물자산 투자에 필요한 자본조달원천이 된다. 관광기업에 있어서 재무의 본질은 기업의 목표를 효율적으로 달성하기 위해 실물자산의 투자결정을 행하고, 투자에 필요한 자본을 금융자산을 통해 조달하고, 투자결정결과에 따라 발생한 이익을 분배하고, 일상적인 영업활동에 필요한 자금을 지급하거나 회수하는 일련의 의사결정과정이다. 따라서 관광기업의 재무활동은 다음과 같이 투자의사결정(investment decision), 자본조달결정(financing decision), 운전자본관리(working capital management) 등으로 나눌 수 있다.

첫째, 투자의사결정과 관련하여 투자는 미래의 경제적 자원을 획득하기 위해 현재의 경제적 자원을 희생하는 행위로 기업활동에 필요한 실물자산과 관련된 의사결정이다. 따라서 기업에서는 실물자산투자로 발생하는 미래현금흐름의 규모, 시기, 위험 등을 고려하여 최적자산믹스(optimal asset mix)를 구성하여야 한다. 이러한 투자의사결정은 주로 기업의 장기적인 투자안을 계획하고 평가한다는 점에서 자본예산편성(capital budgeting)이라고 한다. 구체적으로 자본예산편성에는 관광기업에 필요한 토지, 건물 등에 대한 투자 혹은 사업 확장 등과 같이 투자의 영향이 장기적으로 나타나는 것들이 해당된다.

둘째, 자본조달결정과 관련하여 실물자산투자에 필요한 자본은 금융시장을 통해 조달할 수 있으므로, 기업에서는 자본조달결정에 따른 주식이나 채권의 발행비용, 규모, 형태 등을 고려하여 최적자본믹스(optimal financing mix)를 구성하여야 한다. 이러한 자본조달결정은 주로 기업의 장기적인 자본조달을 계획하고 평가한다는 점에서 자본구조(capital structure)라고 한다.[11] 자본구조는 자본조달의 원천이 되는 자기자본과 부채의 구성비율에 대한 조합을 의미한다. 또한 투자와 자본조달결정으로 발생하는 기업의 이익에 대한 배당결정은 기업의 내부자본조달결정문제로 광의의 자본조달결정에 포함시킬 수 있다.

셋째, 운전자본관리와 관련하여 관광기업의 운전자본관리는 유동자산과 유동부채로부터 발생하는 단기현금흐름과 관련된 일상적인 의사결정을 말한다. 따라서 운전자본은 단기적이고 유동적이라는 특징을 갖는다.[12] 기업에서는 단기현금흐름의 규모, 시기, 위험 등을 고려하여 최적운전자본을 구성하여야 하며 운전자본의 효율적 관리를 위해서는 유동자산 관리가 중요하다는 점을 유념해야 한다. 지금까지 살펴본 관광기업의 재무의사결정을 재무상태표상에 나타내면 다음과 같다.

그림 3-1 재무상태표상에 나타난 관광기업의 재무의사결정

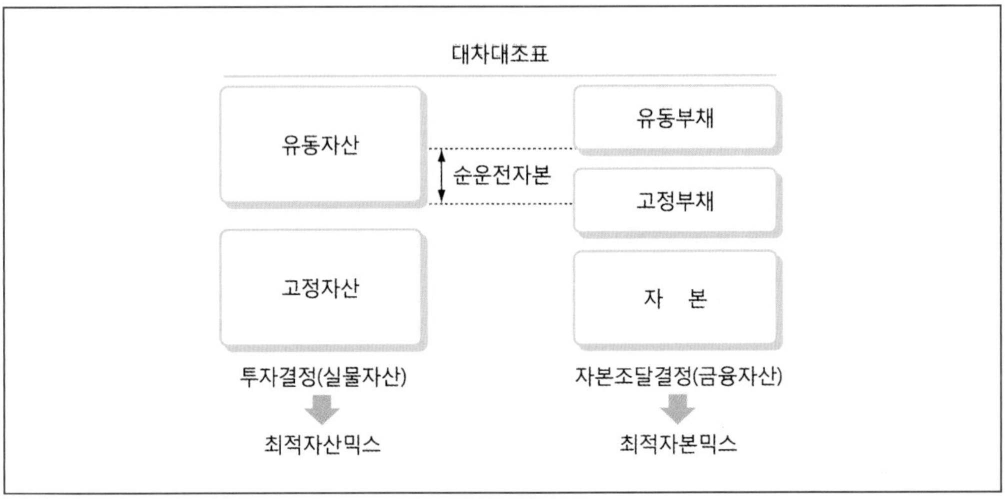

[그림 3-1]에서 실물자산과 관련된 투자의사결정은 재무상태표 차변에, 금융자산과 관련된 자본조달결정은 재무상태표 대변에 나타낼 수 있다. 또한 유동자산과 유동부채와 관련된 운전자본 관리는 재무상태표 차변과 대변 양쪽에 걸쳐 나타낼 수 있다.

그림 3-2 관광기업 재무의 목표

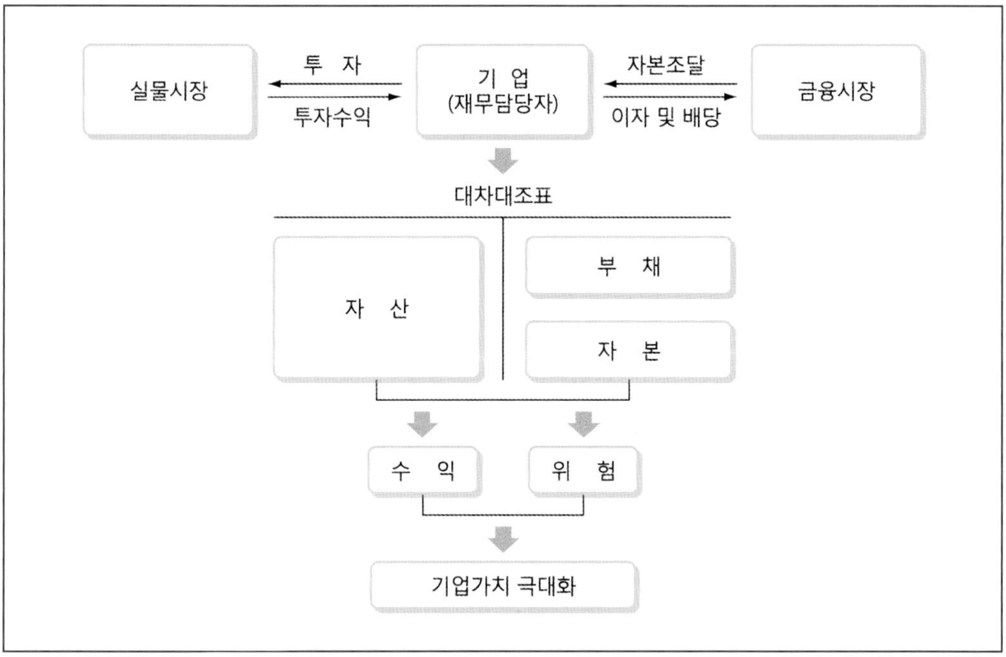

2. 관광기업 투자의사결정

관광기업에서 행하는 투자의사결정은 미래에 보다 큰 경제적 이익을 실현하기 위해 관광기업 활동에 필요한 다양한 자산에 자금을 투입하는 것으로서, 오늘날과 같이 급변하는 경영환경 속에서 수익성 있는 자산에 대한 투자의사결정문제는 관광기업의 중요한 재무의사결정이라 할 수 있다. 특히, 거액의 자금이 소요되고 그 효과가 1년 이상 지속되는 고정자산 취득과 관련된 기업의 투자의 경우 더욱 신중할 필요가 있는데, 이러한 투자결정과정을 자본예산편성(capital budgeting)이라고 한다.

자본예산편성은 투자효과가 1년 이상인 장기투자와 관련된 총괄적인 계획수립과정으로, 투자기회를 개발한 후 각 투자안에 해당되는 현금흐름을 추정하고, 경제성을 비교 · 분석하여 최적의 투자안을 선택하는 과정이다. 물론, 자본예산편성도 기업의 목표인 기업가치 극대화에 부합되어야 하므로, 관광기업의 재무관리자는 투자로부터 발생하는 기대현금흐름과 위험을 적절히 고려하여 관광기업의 가치를 극대화시킬 수 있는 최적투자수준을 결정할 수 있어야 한다.[13]

(1) 관광기업의 자본예산편성

현실적으로 자본예산편성 절차는 복잡할 뿐만 아니라 상당히 많은 시간과 노력이 요구된다. 자본예산편성은 그 기업이 처한 상황에 따라 조금씩 다를 수 있으나, 일반적으로 [그림 3-3]과 같은 절차를 거친다.

그림 3-3 자본예산편성 절차

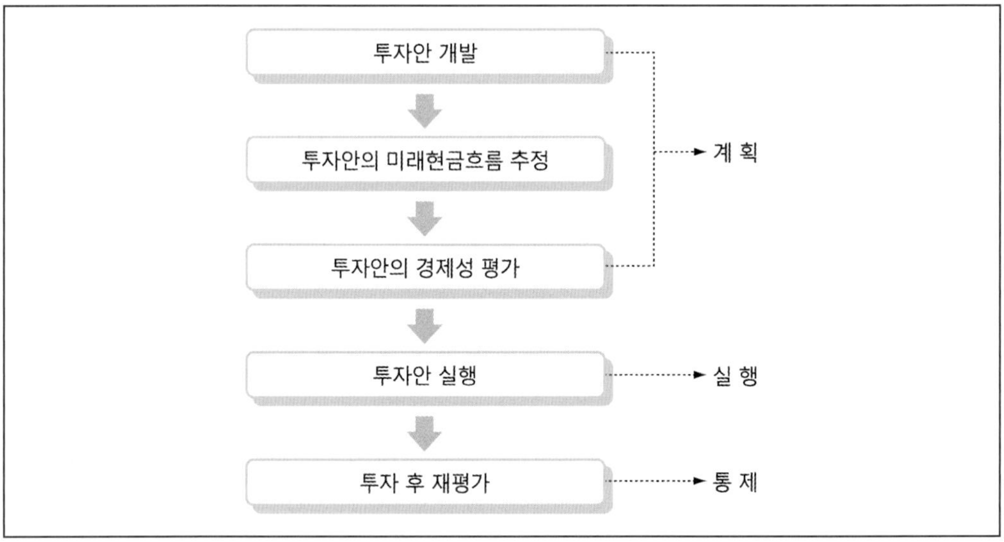

첫째, 기업의 비전 및 경영전략이나 투자방침에 부합되는 투자안을 개발해야 한다. 따라서 투자안 개발단계에서는 재무관리자뿐만 아니라 연구개발, 생산, 마케팅관리자 등도 새로운 투자안 개발에 참여해야 한다. 둘째, 선택가능한 각 투자안에 대한 정보수집을 통해 미래현금흐름을 추정한다. 셋째, 추정된 미래현금흐름에 대해 기간과 위험을 고려하여 투자안의 경제성을 분석한 다음, 이를 근거로 기업가치를 극대화시킬 수 있는 최적투자안을 선택한다. 재무관리자는 자본예산편성 절차 중 주로 투자안의 현금흐름추정이나 경제성 평가단계에 관여한다. 넷째, 최적투자안으로 선택된 투자안을 계획대로 집행해 나가야 한다. 이 단계에서는 주로 투자의 진행상황을 감독 · 지휘하는 일선관리자(line manager)나 예산집행과 관련된 회계관리자 등이 관여한다. 다섯째, 투자안의 실행결과가 기업목표 달성에 어느 정도 기여했는가를 평가하여 적절한 후속조치를 취해야 한다.[14]

(2) 관광투자안의 현금흐름추정

① 투자시점의 현금흐름

투자시점에서는 아직 영업활동을 시작하지 않았기 때문에 영업활동으로 인한 현금흐름은 발생되지 않는다. 한편 대체투자안의 경우, 구자산 대체에 필요한 신자산의 구입가격과 이와 관련된 부대경비는 신자산의 취득원가이므로, 투자안의 현금유출로 처리한다. 만약 투자세액공제혜택이 주어진다면, 관광기업에서는 납부해야 할 법인세에서 투자금액의 일정비율만큼의 법인세를 공제받을 수 있기 때문에, 투자세액공제액만큼을 투자안의 현금유입으로 처리한다. 또한 투자안에 있어, 신자산 구입과 동시에 구자산을 처분할 수 있을 경우에는 구자산 처분과 이에 관련된 세금효과를 감안하여 투자안의 현금흐름에 반영해 주어야 한다. 마지막으로, 투자안과 관련된 순운전자본 투자액이 있을 경우에는 순운전자본 투자액을 투자안의 현금유출로 처리한다. 따라서 투자시점의 현금흐름은 다음과 같다.

$$CF_0 = -I + ITC + DV_0 - (DV_0 - SV_0)t - NWC$$

위에서 CF_0는 투자시점의 현금흐름, I는 신자산의 취득원가, ITC는 투자세액공제, DV_0는 구자산의 처분가치, SV_0는 구자산의 잔존가치, t는 법인세율, NWC는 순운전자본 투자액을 나타낸다.

② 투자기간 동안의 현금흐름

관광기업에서는 투자안 실행에 따라 투자기간 동안에 영업현금흐름이 발생하는데, 이러한 영업현금흐름은 세후증분영업현금흐름에 관한 식을 이용하여 추정할 수 있다. 또한 투자기간 동안의 추가적인 순운전자본 증감도 투자안의 현금흐름에 반영해 주어야 한다. 따라서 투자기간 동안의 현금흐름은 다음과 같이 추정해 볼 수 있다.

$$\Delta CF_{1\sim(n-1)} = (\Delta R - \Delta C)(1-t) + \Delta Dt \pm \Delta NWC$$

위에서 $\Delta CF_{1\sim(n-1)}$는 투자기간 동안의 증분현금흐름, ΔR은 증분매출액, ΔC는 현금지출이 수반된 증분영업비용, ΔD는 증분감가상각비에 대한 절세효과, ΔNWC는 증분순운전자본을 나타낸다.

③ 투자종료시점의 현금흐름

관광기업에서는 투자종료시점인 마지막 투자연도에도 영업활동을 수행하므로, 이로부터 발생하는 현금흐름인 세후증분영업현금흐름은 투자안의 현금유입으로 처리한다. 또한 잔존가치는 증분개념이 적용되므로 신자산의 잔존가치에서 구자산의 잔존가치를 차감해 준 값을 투자안의 현금유입으로 처리한다. 물론, 잔존가치와 처분가치가 다를 경우에는 이에 대한 세금효과도 투자안의 현금흐름에 반영해 주어야 한다. 그리고 투자에 따른 순운전자본은 투자종료시점에 전액 현금유입되는 것으로 처리한다. 따라서 투자종료시점의 현금흐름은 다음과 같이 추정해 볼 수 있다.

$$\Delta CF_n = (\Delta R - \Delta C)(1-t) + \Delta Dt + \Delta DV_n - (\Delta DV_n - \Delta SV_n)t + \Delta NWC$$

위에서 ΔCF_n 는 투자종료시점의 증분현금흐름, ΔDV_n 는 투자종료시점의 자산처분가치의 증분(신자산의 처분가치－구자산의 처분가치), ΔSV_n : 투자종료시점의 자산잔존가치의 증분(신자산의 잔존가치－구자산의 잔존가치)을 나타낸다.

(3) 관광투자안의 경제성 평가

관광투자안의 경제성 평가는 위와 같이 추정된 현금흐름을 토대로 회수기간법(payback period method), 할인회수기간법(discounted payback period method), 순현가법(net present value method; NPV), 수익성지수법(profitability index method; PI), 내부수익률법(internal rate of return method; IRR) 등을 활용하여 의사결정할 수 있으나, 이 중 순현가법을 활용하는 방법이 대표적이다. 순현가법은 관광투자로부터 기대되는 미래 현금유입액을 자본비용으로 할인한 현금유입액의 현가에서 현금유출액의 현가를 차감한 순현가를 기준으로 관광투자안의 경제성을 평가하는 방법으로 다음과 같이 계산한다.[15)]

$$NPV = \sum_{t=1}^{n} \frac{\widetilde{CI_t}}{(1+k)^t} - CO_0$$

위에서 NPV는 관광투자안의 순현가, $\widetilde{CI_t}$는 관광투자로부터 발생하는 t시점의 기대현금유입액, CO_0는 관광투자안의 현금유출액, k는 관광투자안의 자본비용. n은 관광투자안의 기대내용연수를 나타낸다. 순현가법을 이용한 관광투자결정에서는 고려 중인 관광투자안의 순현가를 계산하여 그 값이 0보다 크거나 같으면 채택하고, 0보다 작으면 기각한다. 이 경우, 고려 중인 투자안이 상호독립적이라면 순현가가 0 이상인 투자안은 모두 채택하고 그렇지 않은 투자안은 모두 기각한다.

투자안의 $NPV \geq 0$ ⇨ 관광투자안 채택
투자안의 $NPV < 0$ ⇨ 관광투자안 기각

한편 관광기업에서 고려 중인 투자안들이 상호배타적이라면 다음과 같이 순현가가 0 이상인 투자안들 중 가장 큰 순현가를 갖는 관광투자안을 채택한다.

투자안의 $NPV \geq 0$ ⇨ 투자안들 중 순현가가 가장 큰 투자안 채택

3. 관광기업 자본조달결정 및 운전자본관리

(1) 관광기업의 자본조달결정 및 자본구조이론

관광기업에서 행하는 자본조달결정의 결과는 자본구조의 형태로 나타난다. M&M(M. H. Miller & F. Modigliani)은 1958년의 자본구조 무관련이론(Capital Structure Irrelevancy Principle)을 수정하여 1963년에 법인세를 고려한 자본구조이론을 발표하였다. 그들에 의하면 완전자본시장 가정에서 법인세를 고려할 경우, 기업에서는 부채사용에 따른 법인세 절세효과가 발생한다. 따라서 기업에서 부채를 많이 사용할수록 기업가치도 증가한다고 주장하였는데, 이를 M&M의 수정이론이라고 한다. 여기서는 법인세를 고려할 경우, 기업의 레버리지 변경에 따른 기업가치 변화를 살펴본다. 완전자본시장에서 법인세를 고려할 경우, 수정된 M&M의 제1명제와 제2명제는 다음과 같으며, 재무적 곤경비용을 고려할 경우, 자본조달결정에 따른 기업가치는 [그림 3-4]와 같다.

M&M의 제1명제: 부채기업의 가치는 무부채기업의 가치와 법인세 절세액의 현가를 합한 것이다.

M&M의 제2명제: 부채기업의 자기자본비용은 무부채기업의 자기자본비용과 부채사용에 따른 세후위험프리미엄의 합이다.

그림 3-4 재무적 곤경비용과 기업가치

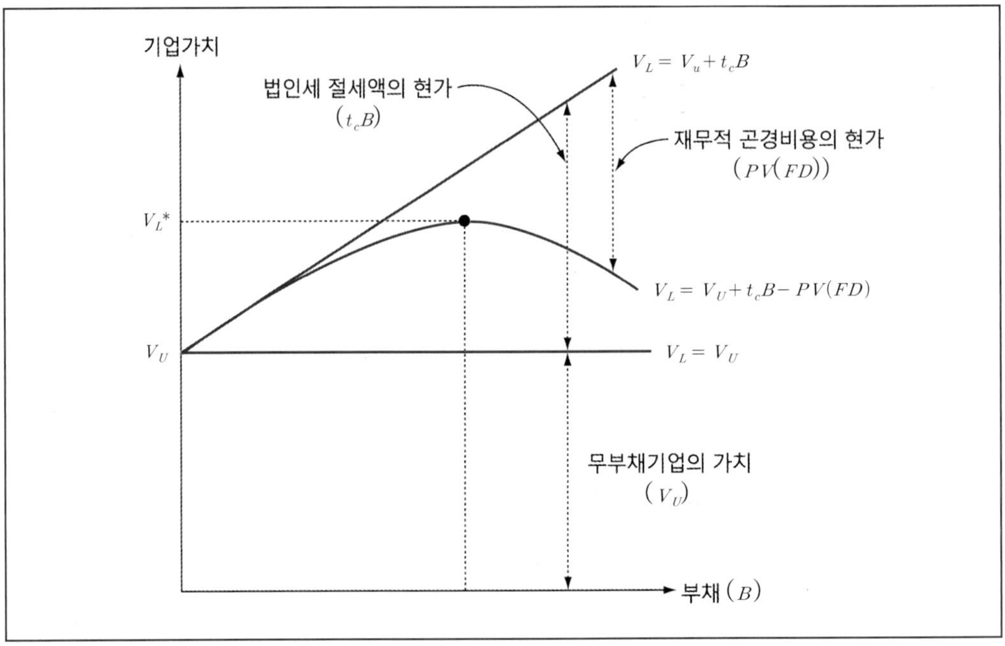

(2) 관광기업의 운전자본관리

관광기업의 투자의사결정, 자본조달결정이 1년 이상의 장기재무의사결정인 반면 1년 이내의 투자와 자본조달에 관련된 단기재무의사결정을 운전자본관리라고 한다. 장기 재무의사결정은 현금 및 시장성유가증권, 재고자산, 매출채권 등과 같이 1년 이내에 현금으로의 전환이 용이한 유동자산의 투자와 관련된 의사결정인 동시에 매입채무, 단기차입금 등과 같이 상환기간이 1년 이내에 도래하는 유동부채의 조달과 관련된 의사결정을 의미한다.[16] 관광기업의 재무관리자가 수행하는 대부분의 일상업무가 유동자산과 유동부채에 관련된 단기재무의사결정이라는 점을 고려할 때, 단기재무의사결정은 장기재무의사결정 못지않게 중요하다는 것을 알 수 있다. 그리고 이러한 단기재무의사결정의 중요성은 최근에 기업의 수익성뿐만 아니라 유동성 측면이 부각되면서 더욱 강조되고 있으며, 이러한 현상은 중소 관광기업으로 갈수록 더욱 현저하게 나타난다. 왜냐하면 중소 관광기업의 경우, 일정기간 동안 임차료를 지급하는 리스계약을 통해 고정자산의 투자문제는 해결할 수 있으나 일상적인 영업활동에 수반되는 유동자산의 투자문제는 해결할 수 없기 때문이다. 따라서 상대적으로 규모가 열악한 중소 규모가 대다수인 관광기업의 경우 유동자산 투자와 관련된 단기재무의사결정이 상대적으로 중요하다. 또한 장기부채를 통한 자금조달이 용이하지 않은 중소 관광기업으로서는 유동부채에 대한 의존도가 높을 수밖에 없으므로 유동부채 조달과 관련된 단기재무의사결정도 대규모 관광기업에 비해 상대적으로 중요하다. 한편 기업의 매출액이 증가하면 현금, 매출채권, 재고자산 등이 증가할 뿐만 아니라 이에 따른 매입채무, 단기차입금 등도 증가하기 때문에 단기재무의사결정의 중요성은 더욱 부각된다.

이 중 현금관리는 20세기 후반부터 이자율 상승으로 인해 현금보유에 따른 기회비용이 증가하고 컴퓨터 정보통신의 발전으로 인해 효율적인 현금관리가 가능해지면서 재무관리자의 주요 업무 중 하나가 되었다. 현금은 기업의 영업활동 수행에 반드시 필요한 자산임에도 불구하고 현금 자체는 수익이 없는 무수익성 자산이다. 따라서 현금관리의 목표는 현금이 필요할 때 즉각적으로 대처할 수 있으면서도 현금보유에 따른 기회비용을 최소화시키는 최적보유수준을 결정하는 것과 현금흐름주기를 단축시킴으로써 유동자산 투자에 필요한 자금조달액을 감소시키는 방법을 모색하는 것으로 요약할 수 있으며, 관광기업의 현금유입과 유출과정을 살펴보면 [그림 3-5]와 같다. [그림 3-5]에서 현금유입은 재무상태표의 차변항목이 감소하는 경우와 대변항목이 증가하는 경우로 나누어 볼 수 있다. 재무상태표의 차변항목이 감소하는 경우는 시장성유가증권 처분, 고정자산 처분, 제품 판매, 매출채권 회수 등을 들 수 있고, 대변항목이 증가하는 경우는 채권이나 주식의 발행, 금융기관으로부터 차입 등을 들 수 있다. 한편 [그림 3-5]에서 현금유출은 재무상태표의 차변항목이 증가하는 경우와 대변항목이 감소하는 경우로 나누어 볼 수 있다. 재무상태표의 차변항목이 증가하는 경우는 고정자산 투자, 재고자산 투자, 시장성유가증권 매입 등을 들 수 있고, 대변항목이 감소하는 경우는 원리금 지급, 배당금 지급 등을 들 수 있다.

그림 3-5 현금유입과 유출과정

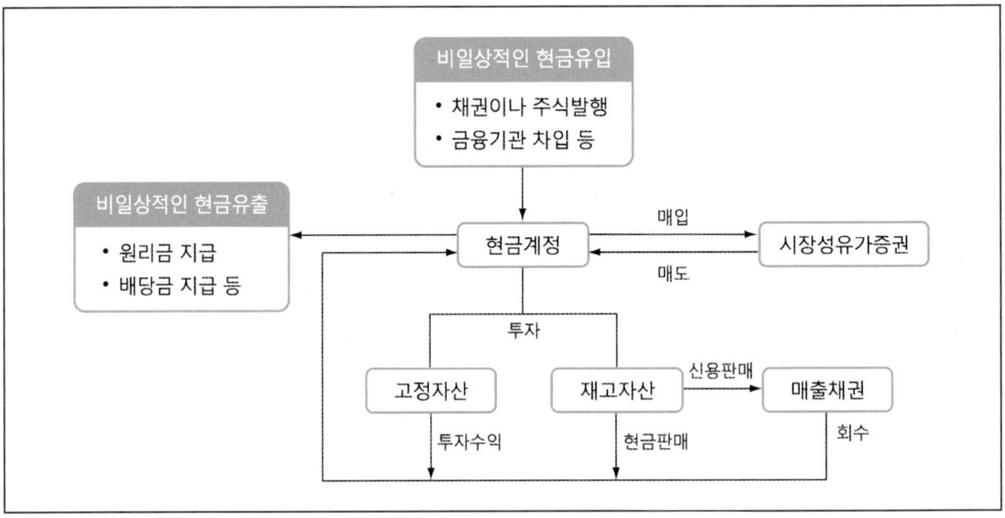

관광기업의 재무관리자는 기업의 영업활동에 지장을 초래하지 않는 범위 내에서 현금보유수준을 낮춤으로써 효율적인 현금관리를 행할 수 있다. 이와 같이 기업의 현금보유수준이 낮을수록 효율적인 현금관리가 가능한 이유는 무수익성 자산인 현금의 보유수준이 낮을수록 기업에서는 현금보유에 따른 기회비용을 감소시킬 수 있기 때문이다. 이를 위해 첫째, 관광기업 재무관리자는 현금지급주기와 현금회수주기를 일치시킴으로써 현금관리를 효율적으로 행할 수 있다. 예를 들어, 어떤 기업에서 원재료 구입대금을 1주일 단위로 현금지급하고 제품의 신용판매에 의한 현금회수도 1주일 단위로 이루어진다면 이 기업의 현금회수주기와 현금지급주기는 일치하므로 현금흐름을 동시화시킬 수 있다. 이와 같이 현금흐름을 동시화시킨다는 것은 현금흐름주기가 0이 된다는 의미이다. 이를 통해 기업에서는 현금보유수준을 낮출 수 있으므로 현금보유에 따른 기회비용을 감소시킬 수 있다. 둘째, 관광기업의 상품판매는 모두 현금결제되지 않고 수표나 카드 등 신용을 통해서도 결제된다. 따라서 재무관리자가 효율적인 현금관리방법을 마련하기 위해서는 이와 관련된 현금회수 촉진방법과 현금지급 통제방법에 대해서도 고려해야 한다. 관광기업의 수표결제과정(check clearing process)은 대체로 다음과 같이 이루어진다.[17)]

그림 3-6 수표결제과정

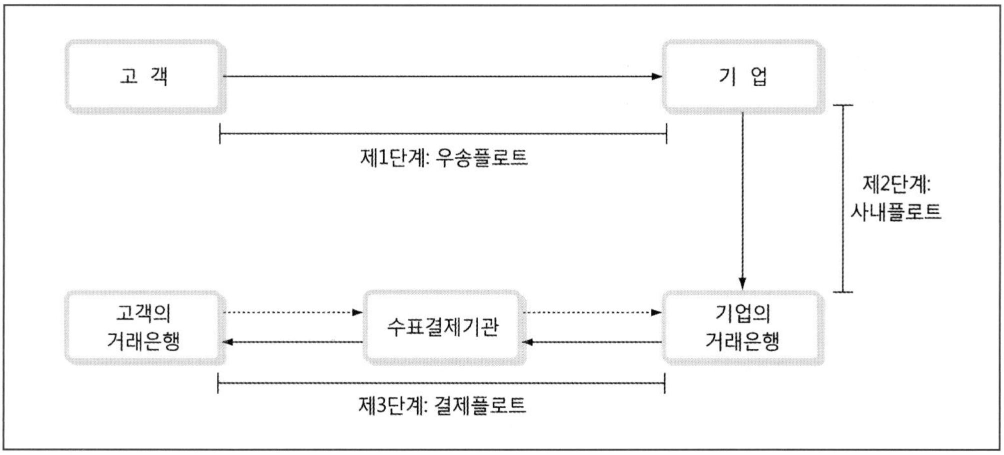

4. 관광기업 자본조달 원천

관광기업에서 자본을 조달할 수 있는 원천으로서 문화체육관광부에서 운용하는 관광진흥개발기금(觀光振興開發基金)이 가장 대표적이다. 관광진흥개발기금은 관광사업의 발전을 위해 관광진흥개발기금법 제1조에 의거하여 설치되었으며, 동법 제2조에 따르면 기금의 재원은 정부로부터 받은 출연금, 카지노사업 총 매출액 대비 10% 이내 일정 비율의 금액, 국내 공항과 항만을 통해 출국하는 자에게 받는 1만 원 내에서 정해진 금액, 기금 운용으로 발생되는 수익금 등으로 마련된다. 전체 기금 운영 규모는 2017년도 기준 총 5,500억 원이다. 이 중 시설자금은 4,800억 원이며, 운영자금은 700억 원 규모이다. 관광진흥법에 따른 관광사업체 또는 사업예정자는 신청 가능하다. 다만 관광진흥개발기금의 경우 대여 용도가 일정 대상에 한정되어 있다.

〈표 3-4〉 관광진흥개발기금 규모 및 집행률 (단위: 억 원)

연도	예산액(A)	집행액(B)	집행률(B/A)
2013	3,120	3,120	100.0
2014	5,720	4,851	84.8
2015	6,800	6,132	90.2
2016	6,200	6,200	100.0

시설자금은 호텔 등 각종 관광시설, 관광교통 수단, 관광기반시설, 관광편의시설 등 29개 업종으로 한정한다. 신축 및 증축의 경우 상 · 하반기 각 150억 원 이내에서 지원하며, 다만 대기업 · 중견기업 · 특급호텔은 100억 원 이내에서 지원한다. 또한 관광지 · 관광단지 · 관광특구 내 시설은 200억 원 이내에서 지원한다. 운영자금은 일반 여행업, 관광교육 및 정보의 제공사업, 관광홍보사업, 종사자 교육훈련사업, 국민관광 관광진흥 및 외래관광객 유치 지원사업, 관광상품 개발 및 지원사업, 관광 공공 편익시설 설치사업, 국제회의 개최사업, 국민관광 복지사업 등 34개 업종으로 한정한다. 업종에 따라 1억 원 이내에서 최고 10억 원 이내로 지원한다. 지원조건은 기준금리와 우대금리로 구분하여 다르게 적용하고 있다. 기준금리의 경우 공공자금관리기금 융자계정 변동금리를 적용하며, 중소기업 · 공공법인 · 개인 · 중저가 숙박시설에 대해 우대금리를 적용한다. 기금의 보조가 필요한 관광기업은 융자공고에 따라 공지된 기한 내에 신청서를 제출해야 심사를 받을 수 있게 된다.[18)]

〈표 3-5〉 관광진흥개발기금 지원 업종 현황 (단위: 억 원, %)

구분		2013	2014	2015	2016
합계		3,120	4,851	6,132	6,200
시설자금	호텔업	2,557	3,677	4,152	4,667
	기타 숙박시설	261	256	185	328
	휴양업	3	69	62	35
	기타 업종	68	152	117	96
	소계	2,890	4,154	4,516	5,126
운영자금	여행업	135	327	538	225
	호텔업	45	116	761	659
	기타 업종	49	254	317	190
	소계	230	697	1,616	1,074

제3절 관광기업 재무전략과 재무예측

1. 관광기업 재무전략

관광기업의 가치 극대화라는 목표를 달성하기 위해서는 관광기업에 적합한 재무전략을 수립한 후, 이에 따라 투자, 자본조달, 영업계획 등의 전략적 재무계획을 마련하여 이를 실행하여야 한다. 기업의 전략적 재무계획은 투자정책과 자본조달정책을 통합하여 관리하는 활동이다. 재무관리자는 기업의 새로운 투자기회, 부채조달능력, 현금보유수준 등을 고려하여 기업의 목표를 효과적으로 달성할 수 있는 투자결정, 자본조달결정, 운전자본결정 등의 전략적 재무계획을 수립해야 한다.[19] 이와 같이 관광기업의 투자정책과 자본조달정책에 근거하여 수립하는 전략적 재무계획은 투자결정과 관련된 자본예산편성, 자본조달결정과 관련된 자본구조예산편성, 운전자본결정과 관련된 영업예산편성 등으로 구성된다.

첫째, 전략적 재무계획 중 자본예산편성을 통해서는 관광기업의 투자정책에 따른 투자기회의 경제성을 평가함으로써 기업의 목표를 효과적으로 달성할 수 있다. 둘째, 전략적 재무계획 중 자본구조예산편성을 통해서는 관광기업의 자본조달정책에 따른 자본조달의 원천, 규모, 시기 등을 평가함으로써 기업의 목표달성에 기여할 수 있다. 한편 기업의 전략적 재무계획 중 자본예산편성이나 자본구조예산편성은 기업의 장기재무예측에서 살펴본다. 이러한 장기재무예측은 고정자산에 대한 투자정책과 자본조달정책의 결과를 통합하는 기능을 수행하며 추정재무제표(pro-forma financial statements)를 통해 나타낼 수 있다. 셋째, 전략적 재무계획 중 영업예산편성을 통해서는 관광기업의 투자정책과 자본조달정책에 따라 일상적으로 발생하는 자금의 운영과 조달에 관한 것으로 관광기업의 유동성을 효과적으로 관리하기 위함이다. 이러한 관광기업의 전략적 재무계획은 관광기업의 목표를 전략적으로 달성하기 위해 최적의 투자정책과 자본조달정책을 수립한 후, 그 결과로 나타나는 미래의 재무상태나 경영성과를 추정하는 일련의 과정으로, [그림 3-7]은 전략적 재무계획을 수립하는 체계를 나타낸 것이다.

그림 3-7 전략적 재무계획의 수립

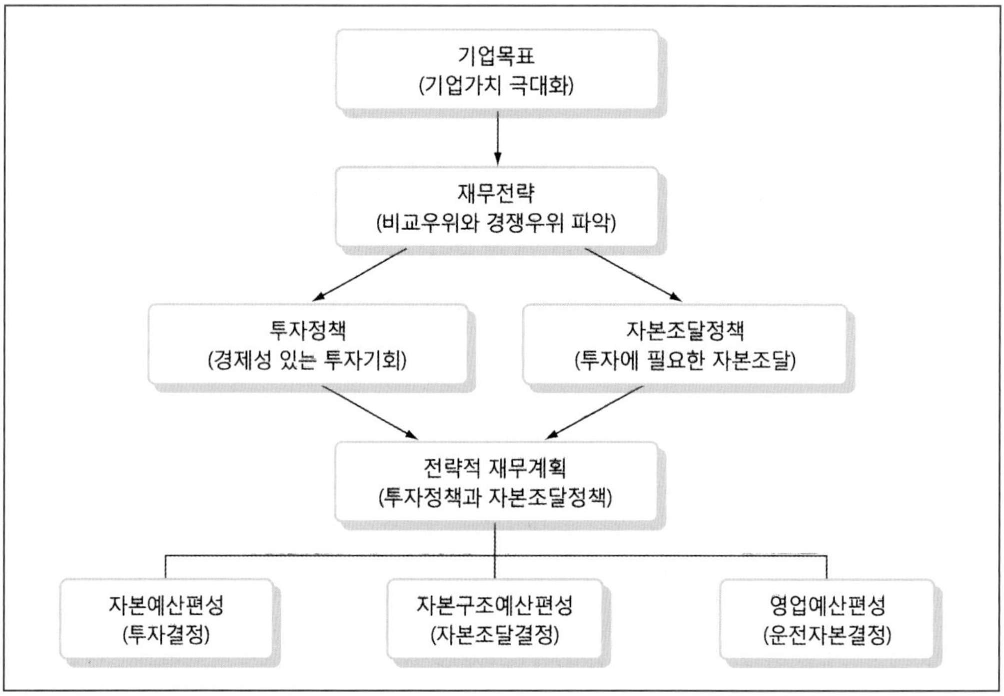

관광기업의 전략적 재무계획은 기본적으로 미래의 경제여건에 대한 예측에 근거하여 수립한다. 따라서 경제여건이 예상과 다를 경우에 대비하여 재무계획을 탄력적으로 수립할 필요가 있다. 예를 들어, 경제여건이 호황일 경우, 현재 수준으로 유지될 경우, 불황일 경우 등으로 세분화하여 각각의 경우에 적합한 재무계획을 수립하는 것이 바람직하다. 또한 관광기업의 장기 재무전략은 매출액 백분율법(the percentage of sales method)에 토대한 추정재무제표(pro-forma financial statement)를 활용하는 방법이 널리 활용되고 있으며, 매출액 백분율법의 제1단계는 추정재무제표 작성에서 가장 중요한 매출액을 추정하는 것이다. 또한 제2단계는 과거의 재무자료를 이용하여 계정과목 중 매출액 변화와 관계가 있는 계정과목과 그렇지 않은 계정과목으로 구분하는 것이며, 제3단계는 추정된 매출액을 기준으로 재무제표의 계정과목 중 매출액 변화와 관계가 있는 계정과목을 추정하는 것이다. 그리고 마지막으로 제4단계는 투자에 필요한 자금조달액을 추정하고 자금조달방법을 결정하여 추정재무제표를 작성하는 것이다. 일반적으로 관광기업에서는 매출액이 증가함에 따라 자산에 대한 투자액도 증가한다. 그리고 자산에 대한 투자액이 증가함에 따라 부채나 자본도 증가해야 하므로, 이에 상응하는 자금을 추가적으로 조달해야 한다. 그리고 자금을 단기차입금으로 조달하거나 사채 또는 보통주를 발행하여 조달할 수 있을 뿐만 아니라 단기차입금, 사채, 보통주를 적절히 결합하여 조달할 수도 있다. 한편 이러한 자금조달방법은 관광기업의 위험과 수익에 영향을 미치기 때문에 재무관리자는 관광기업의 경영환경과 특성에 적합한 자금조달방법을 결정해야 한다.[20]

2. 관광기업의 장기재무예측

관광기업 재무관리자는 기업의 미래 매출액성장률을 추정한 후, 이를 바탕으로 적합한 재무정책을 수립해야 한다. 이러한 관광기업의 재무정책수립에 기초가 되는 미래 매출액성장률 추정과 관련하여 내부성장률(internal growth rate; g_I)은 기업에서 외부자금을 전혀 이용하지 않고 달성할 수 있는 최대한도의 매출액성장률이다. 즉, 내부성장률은 기업에서 유보이익(내부금융)으로만 자금조달했을 경우에 달성할 있는 최대한도의 매출액성장률을 의미하는 것으로 다음과 같이 나타낼 수 있다. 아래에서 ROA는 총자산수익률, b는 배당성향을 나타낸다.

$$g_I = \frac{ROA \times b}{1 - ROA \times b}$$

또한 지속가능성장률(sustainable growth rate; g_S)은 기업에서 부채비율을 증가시키지 않고 달성할 수 있는 최대한도의 매출액성장률이다.[21] 즉, 지속가능성장률은 기업에서 부채비율(=부채총계/자본총계)을 일정하게 유지하면서 달성할 수 있는 최대한도의 매출액성장률을 의미하며, 다음과 같이 나타낼 수 있다. 아래에서 ROE는 자기자본수익률을 의미한다.[22]

$$g_S = \frac{ROE \times b}{1 - ROE \times b}$$

※ ROE : 자기자본수익률

3. 관광기업의 단기재무예측

관광기업 재무관리자는 장기재무예측 시 추정재무제표를 통해 관광기업의 투자와 자본조달정책을 수립함으로써 매출액성장률 달성에 필요한 재무정보를 얻을 수 있었다. 그러나 장기재무예측을 통해서는 관광기업의 투자와 자본조달정책에 따라 발생하는 일상적인 자금소요액이나 자금조달방법과 관련된 재무정보는 얻을 수 없다. 단기재무예측은 1년 이내의 일정기간 동안 관광기업의 현금 유·출입이 어느 정도 발생할 것인가를 예측하고, 이를 근거로 유동자산 투자정책과 유동부채 조달정책을 수립하는 일련의 과정이다. 재무관리자는 단기재무예측을 통해 일상적인 자금소요액을 예측함으로써 잉여자금의 투자규모나 시기뿐만 아니라 부족한 자금의 조달규모나 시기를 결정할 수 있다. 나아가 단기재무예측을 통해 유동성 부족으로 인한 재무적 곤경의 가능성도 추정할 수 있기 때문에 단기재무예측은 운전자본관리와 밀접한 관계가 있다. 이와 같이 관광기업 재무관리자는 장기재무예측을 통해 매출액성장률을 지속적으로 유지함과 동시에 단기재무예측을 통해 매출액성장률을 유지하는데 필요한 유동자산의 규모를 추정하여 자금소요액이나 자금조달방법을 결정함으로써 관광기업의 가치를 극대화시켜야 한다.

이를 위해 관광기업에서 활용할 수 있는 방법이 현금예산(cash budgeting)으로, 이를 이용하여 기업의 기간별 현금유입액과 현금유출액을 예측하여 현금잔고와 자금부족액을 분석하는 단기재무예측을 행한다. 현금예산(cash budget)은 미래 일정기간 동안 발생하는 현금유입액과 현금유출액을 예측하는 것으로, 재무관리자의 의도에 따라 1년, 반기별, 분기별, 월별, 주별, 일별 등의 단위로 작성할 수 있다. 이를 통해 재무관리자는 관광기업의 일상적인 영업활동에 필요한 자금의 크기를 파악함으로써 잉여자금이나 부족한 자금을 효율적으로 관리할 수 있다.[23)]

참고문헌

1) 손병기 · 김윤태(2010). 『IFRS 알기쉬운 회계원리』. 경문사.

2) Arthur J. Keown, John D. Martin, & J. William Pretty(2016). Foundations of Finance: Ninth edition. Pearson Higher Education.

3) Ardalan, & Kavous(2008). On the Role of Paradigms in Finance. Ashgate.

4) 최경수(2008). 『한국채택 국제회계기준해설』. 삼일인포마인.

5) 손병기 · 김윤태(2010). 『IFRS 알기쉬운 회계원리』. 경문사.

6) 김준 · 김동필 · 조동수(2016). 『K-IFRS 회계원리』. 나눔에이엔티.

7) Griffin(2009). Kaplan MBA: Accounting and Finance. Kaplan.

8) 손병기 · 김윤태(2010). 『IFRS 알기쉬운 회계원리』. 경문사.

9) Griffin(2009). Kaplan MBA: Accounting and Finance. Kaplan.

10) 최경수(2008). 『한국채택 국제회계기준해설』. 삼일인포마인.

11) Jegers, Marc(2003). The Sustainable Growth Rate of Non-Profit Organizations: The Effect of Efficiency, Profitability and Capital Structure. *Financial Accountability & Management*, 19, 309-313.

12) Eckbo, B. Espen(2008). Handbook of Corporate Finance, Empirical Corporate Finance. Elsevier.

13) Griffin(2009). Kaplan MBA: Accounting and Finance. Kaplan.

14) Griffin(2009). Kaplan MBA: Accounting and Finance. Kaplan.

15) Liaquat. A.(2009). *Lords of Finance*. Penguin USA.

16) Eckbo, B. Espen(2008). Handbook of Corporate Finance, Empirical Corporate Finance. Elsevier.

17) Arthur J. Keown, John D. Martin, & J. William Pretty(2016). Foundations of Finance: Ninth edition. Pearson Higher Education.

18) 문화체육관광부(2016). 관광기금 융자지원 주요정책. http://www.mcst.go.kr/web/s_policy/tourLoan/intro.jsp

19) Liaquat. A.(2009). *Lords of Finance*. Penguin USA.

20) Eckbo, B. Espen(2008). Handbook of Corporate Finance, Empirical Corporate Finance. Elsevier.

21) Olson, Gerard T., & Michael S. Pagano(2005). A New Application of Sustainable Growth: A Multi-Dimensional Framework for Evaluating the Long Run Performance of Bank Mergers. *Journal of Business Finance & Accounting*, 32, 1995-2036.

22) Vasiliou, Dimitrios, & John, Karkazis(2002). The Sustainable Growth Model in Banking: An Application to the National Bank of Greece. *Managerial Finance*, 28, 20-26.

23) Liaquat, A.(2009). *Lords of Finance*. Penguin USA.

문화와 함께하는

관광학 이해

07편 문화명사 담론

이현세 화백이 미래의 관광인들에게 들려주는

관광은 이야기다

이현세

직업

만화가

소속

세종대 교수

대표작

〈공포의 외인구단〉
〈천국의 신화〉
〈지옥의 링〉
〈남벌〉
〈아마게돈〉
〈폴리스〉
〈버디〉

이현세 화백이 미래의 관광인들에게 들려주는

관광은 이야기다

예전에는 누구나 해외에 나가지는 못했다.

다시 말하면 특별한 사람들만 특별한 용무를 가지고 해외에 나갔다.

그래서 동네마다 박사학위 따러 유학 가는 사람이 있으면 플래카드를 동네 어귀에 크게 붙여 놓고 자랑했다.

우리 마을에도 비행기 타고 해외 간 사람이 있다고.

미국 갔다 온 사람은 택호가 미국양반, 영국 갔다 오면 영국양반이 되었다.

그때 그 시절에 비행기 타는 건 전생에 나라를 구한 사람들이나 가능했다.

1989년 노태우 정권이 들어서면서 해외여행이 자유화되었다.

당연히 방송마다 해외여행 가이드 프로가 만들어졌다.

그때 만화가로 슈퍼스타가 된 내게 해외여행 리포터 출연 제의가 있었는데 여행에 굶주렸던 나는 KBS와 함께 태국을 15일이나 훌쩍 다녀왔다.

코끼리를 타고 큰 뱀을 목에 두르고 정글을 누볐으며 치앙마이에서 미스 치앙마이 심사까지 하는 행운을 누렸다. 그때 방송출연이 계기가 되어 OB수퍼드라이 맥주CF까지 찍게 되었다.

그것은 이렇게 추억이 되었다. 우리는 추억을 먹고 산다.

그랬던 우리가 2016년에 가깝든 멀든 해외에 나갔다 온 여행객 수가 2,000만 명을 넘었다.

대다수 사람들은 여행에 열광한다.

나그네새처럼 여기저기 온 세상을 떠돌아다니고 배가본드처럼 바람과 흙먼지 속을 헤매고 다닌다.

사람들은 여러 가지 목적으로 여행을 한다.

신이 만든 자연경관을 보기 위해서도 가고 위대한 문화유산을 만나기 위해, 또는 낯선 사람과 낯선 풍물을 보기 위해서도 가고 트레킹이나 온천욕을 위해서도 간다.

이유야 여러 가지지만 그 여행 속에는 항상 이야기가 있다.

관광은 이야기다.

만리장성에는 진시황의 이야기가 있고 마추픽추에는 잉카의 황금이야기가 있으며 로마 원형경기장에는 검투사들의 이야기가 있고 그리스 신전에는 신들의 이야기가 있다.

음식여행도 마찬가지다.

파스타에는 마르코 폴로의 이야기가, 만두에는 제갈공명의 이야기, 스테이크에는 후추 전쟁의 이야기에서 신대륙 발견의 콜럼버스의 이야기가 있고, 나바호 호떡에나바호 원주민의 슬픈 이야기, 도토리묵에는 흉년을 견디게 해준 조선민중의 지난한 이야기가 있다.

별을 보고 걷는 히말라야 트레킹에도 이야기가 있고 그 이야기는 또 추억이 된다.

이야기가 없는 단순한 관광은 상품이 아니다.

그런 이야기의 중심에 만화가 있다.

세계 선진국들은 자국의 현대 문화를 만화로 이야기한다.

일본 문화의 이미지는 사무라이와 닌자, 게이샤다.

매년 이 아이콘들은 이야기로 다시 만들어지고 갖가지 관광상품으로 만들어지며 사람들은 그 아이콘을 만나기 위해 일본에 온다.

미국문화의 이미지는 히어로다.

이 히어로는 할리우드와 결탁해서 매년 새로운 이야기를 쏟아내서 관광상품을 만들고 관광명소를 만들어낸다.

영국은 중세 기사와 마법이 상품이 되고 유럽은 북구신화가 전설이 된다.

루마니아는 그렇게 드라큘라 하나로 전 세계 뱀파이어 마니아들에게 성지가 되었다. 전 세계는 만화를 통해 문화아이콘을 만든다.

하지만 한국문화의 이미지는 아직 이야기로써 아이콘이 된 건 없는 듯하다.

한국 만화의 소재가 주로 멜로드라마라는 데도 이유가 있겠지만 무엇보다 지금까지는 홍보와 배급에서 후진성을 면치 못했다. 보여줄 수 없으니 세상이 알 수 없는 게 당연했다.

최근 한국에서는 웹툰이라는 한국특유의 만화시장을 만들었다.

인터넷이 만들어낸 시장이고 인터넷의 장점을 이용해서 세계시장을 구축 중이다.

조만간 한국 웹툰의 많은 이야기들이 아이콘을 만들어낼 것이고 그 아이콘들이 관광상품으로 이어질 때가 온다면 한국 관광의 새로운 시대가 올 것이라 예견한다.

좀 더 빨리 이야기가 있는 관광상품을 기대한다면 관광업계와 만화업계가 적극적으로 브랜드 웹툰을 활성화시키는 것도 한 방법이겠다. 물론 정부의 지원이 있어야 하는 건 당연하고.

이야기가 없는 문화유산은 상품이 되지 않는다.

더구나 우리처럼 모두가 불타 없어진, 조각조각 남아 있는 초라한 건축물을 가지고는 더욱 어렵다. 노블리스 오블리주를 실천한 수많은 화랑의 이야기가 아니면 신라의 문화유산을 어떻게 아이콘화시키겠는가.

만화는 이야기의 중심이고 관광은 이야기다.

여행은 이야기를 만나기 위해 가고 이야기를 만들기 위해 가는 것이며

추억을 만들고 또 추억하기 위해 가는 것이다.☺

제 7 편

관광환경론의 이해

제 1 장

문화유산관광

고 승 익

제주특별자치도관광협회 마케팅국장

제주대학교 관광학과 졸업
경기대학교 대학원 관광경영학과 석 · 박사
제주관광대학교 교수
제주시 관광축제추진협의회 회장
제17대 대통령직인수위원회 자문위원
국회 기후변화 및 에너지대책연구회 자문위원
제주은행 감사위원장
사단법인 제주관광학회 이사장 겸 회장
현) 제주특별자치도관광협회 마케팅국장
사단법인 한국관광학회 부회장
제주도 크루즈산업발전위원회 위원
제주도 공영관광지평가위원회 위원

✉ ksi5845@daum.net

김 의 근

제주국제대학교 관광경영학과 교수

제주국제크루즈포럼 조직위원장

✉ kek0539@hanmail.net

제 1 장

문화유산관광

고승익 · 김의근

제1절 문화유산의 개념과 세계유산

1. 문화유산의 개념

문화라는 용어는 한마디로 정의하기가 불가능하기 때문에 그것이 속한 담론의 맥락에 따라서 매우 다양한 의미를 갖고 있는 다담론적인 개념이다. 서양에서는 문화(culture)라는 말이 경작이나 재배 등을 뜻하는 라틴어(colore)에서 유래하였다. 즉, 자연 상태의 사물에 인간의 작용을 가하여 그것을 변화시키거나 새롭게 창조해낸 것을 문화로 보고 있다. 따라서 자연 사물에는 문화라는 말을 쓰지 않으나, 인위적인 사물이나 현상에는 어떠한 것이든 문화라는 말을 붙여서 사용할 수 있다.

문화는 우리 인간이 유인원의 단계를 벗어나서 인간으로 진화하면서부터 이루어낸 모든 역사를 담고 있는 말이라고 할 수 있다. 여기에는 정치나 경제, 법과 제도, 문학과 예술, 도덕, 종교, 풍속 등 인간의 모든 산물이 포함되며, 인간이 속한 집단에 의해 공유된다. 문화를 한 인간 집단의 생활양식의 총체라고 정의하는 문화인류학의 관점이 이런 문화의 본래 의미를 가장 폭넓게 설명하는 개념이라고 볼 수 있다.

그러나 문화라는 말은 그렇게 넓은 의미로만 사용되지는 않으며 다양한 방식으로 정의되고 있다. 문화에 대한 정의가 다양할 수밖에 없는 것은 엄청나게 광범위한 인간이 만든 산물들의 관계를 이해하는 방식이 매우 다양하기 때문이다. 문화는 역사적 시대, 사회집단, 이데올로기적 입장에 따라 다양하게 정의되어 왔다. 이는 인간이 창조한 사회적, 역사적 산물을 두고 벌이는 권력 다툼과 밀접한 관련이 있기 때문이다. 권력 다툼이란 결국 모든 인간이 만든 산물들에 대한 소유와 배분을 둘러싼 싸움이고, 궁극적으로는 문화를 둘러싼 싸움이라고 할 수 있다. 이러한 문화에 대한 다양한 정의 방식 가운데 대표적인 것을 보면 아래와 같다.

첫째는 교양으로서의 문화이다. 이 개념은 19세기 매슈 아놀드(Mathew Arnold)와 같은 사람들로 대표되는 서구의 문화비평에서 문화를 흔히 인간사고와 표현의 뛰어난 정수라고 정의하는 개념으로 인간이 만든 위대한 문학, 미술, 음악 등에 의한 지식과 실천을 통한 정신적 완성의 추구라는 열망을 담고 있다.

둘째는 진보로서의 문화로 문화를 한 사회의 정신적, 물질적 발전상태를 의미하는 개념으로 보기 때문에 문명이란 개념과 혼용되는 개념이다.

셋째는 예술 및 정신적인 산물로서의 문화로 현대사회에서 문화를 인간의 정신적이거나 지적이고 예술적인 산물을 지칭하는 의미로 사용하는 개념으로 문학, 예술, 종교, 학문, 교육, 패션, 방송, 영화 등의 영역을 말한다.

마지막으로는 상징체계, 생활양식으로서의 문화로서 문화를 단순히 정신적 작용의 산물이 아니라 한 사회의 관습, 가치, 규범, 제도, 전통 등을 아우르는 총체적인 생활양식을 포괄하는 의미로 보는 개념이다. 이처럼 문화를 집단, 종족의 총체적인 생활양식으로 정의하면 집단 간의 문화적인 차이는 위계의 문제가 아닌 '차이'의 문제로 인식하게 된다.[1)]

유산은 우리 인간의 선조가 후세에 남긴 가치 있는 물질적, 정신적인 전통을 의미하는 개념이다. 문화가 과거, 현재, 미래를 모두 아우르는 개념이라면 유산은 과거 지향적인 경향이 매우 짙다.

문화유산은 우리 조상들의 문화 중에서 후손들에게 물려줄 만한 가치가 있는 것을 말하는 개념으로 생활 도구, 유물과 유적, 성터와 궁터, 전통 음악, 춤, 놀이, 굿이나 마을 축제 등 유·무형의 것을 모두 포괄한다.

우리들은 문화유산을 통해 조상들의 의식주 생활 모습, 조상들이 사용한 생활 도구, 옛날 사람들의 생각, 조상들이 즐기던 여가생활과 종교 등에 대해 파악할 수 있다. 조상들의 삶의 모습을 생활도구를 통해 알 수도 있고, 절, 궁궐, 성곽과 같은 문화 유적지를 답사하여 알 수도 있고, 민속자료나 보물과 국보가 전시되고 있는 박물관을 견학하여 알 수도 있다. 또는 책이나 백과사전이나 문화재들의 사진과 동영상이 나오는 인터넷을 통해서도 알 수 있다.

이러한 문화유산은 자연유산과 함께 관광을 불러일으키는 동인이 되고 있으나 21세기는 문화관광의 시대로 일컬어지고 있는 만큼 문화유산의 관광자원으로서의 가치가 더욱 높아지고 있어서 우리나라는 민족문화의 유산으로서 역사상, 예술상 가치가 큰 것을 문화재로 지정하여 체계적으로 보호하면서 관광자원으로 활용하고 있다.

문화재보호법에 따르면 문화재를 유형문화재 · 무형문화재 · 기념물 · 민속자료로 분류하여 관리하고 있다. 유형문화재는 건조물 · 전적(典籍) · 서적(書蹟) · 고문서 · 회화 · 조각 · 공예품 등 유형의 문화적 소산으로서 역사상 또는 예술상 가치가 큰 것과 이에 준하는 고고자료를 말하며, 무형문화재는 연극 · 음악 · 무용 · 공예기술 등 무형의 문화적 소산으로서 역사상 또는 예술상 가치가 큰 것을 말한다.

기념물은 조개더미 · 고분 · 성지 · 궁지 · 요지(窯址) · 유물포함층 등의 사적지로서 역사상 · 학술상 가치가 큰 것과, 명승지로서 예술상 · 관상상(觀賞上) 가치가 큰 것, 그리고 동물 · 식물 · 광물 · 동굴로서 학술상 가치가 큰 것을 말하고, 민속자료는 의식주 · 생업 · 신앙 · 연중행사 등에 관한 풍속 및 습관과 이에 사용되는 의복 · 구가옥(舊家屋) 등 우리 민족의 생활상을 이해하는 데 필요한 것이다.

우리나라의 문화유산으로서의 문화재는 종류와 가치에 따라 국보 · 보물 · 사적 · 명승 · 천연기념물 · 중요무형문화재 · 중요민속자료 · 보호물 · 보호구역으로 지정하여 보호하고 있다. 이러한 문화재는 조사와 발굴뿐만 아니라 복원과 복구, 올바른 관리와 보호, 그리고 전시 등을 통하여 홍보와 국민교육, 관광자원 등으로 두루 활용되고 있다.

2. 세계유산

유네스코는 1972년 1월 16일에 열린 제17차 정기총회에서 '세계문화 및 자연유산보호협약(Convention Concerning the Protection of the World Cultural and Natural Heritage)'을 채택하여 전 세계 인류가 공동으로 보존해야 할 중요한 역사적 · 문화적 가치가 있는 유산을 세계유산으로 지정하여 체계적으로 관리하기로 하였다.

이 회의는 세계유산을 문화유산(文化遺産) · 자연유산(自然遺産), 그리고 문화와 자연의 요소가 서로 합쳐진 혼합유산(混合遺産) 등 세 가지 종류로 등재시키기로 하고, 유산의 지정을 위하여 국제적인 전문학술기관들을 참여시키기로 하였다.

세계유산의 등재과정은 이 협약의 선정기준에 의거하여 각 국가가 희망하는 유산을 신청하면 서류심사를 거쳐 유산의 문화적 · 학술적 · 역사적 가치를 검토하고, 이를 통과한 후보지에 대해 국제기념물유적이사회(ICOMOS)와 국제자연보전연맹(IUCN)에서 위촉한 조사단이 현지에 파견되어 실사를 하게 된다. 이 실사를 통과한 유산에 대해 21개국으로 구성된 세계유산위원회(世界遺産委員會)가 등재 여부를 최종적으로 결정하게 된다.

세계유산은 대부분 인류문명의 주요 발상지나 유럽 지역의 유산이 다른 지역에 비해 상대적으로 많이 등재되어 있다. 이는 세계유산협약에 의거 '움직일 수 없는 유산'인 부동산 유산을 대상으로 하고 있는데, 유럽 지역에 대표적인 유적지나 건조물들이 많이 있기 때문이다.

세계유산협약 가입국가들은 자국의 문화재와 자연유산을 세계유산으로 등재시킴으로써 문화의 차별성을 외국에 홍보할 수 있는 좋은 기회가 되고, 아울러 문화적 환경을 개선함으로써 보다 많은 외국인 관광객을 유치할 수 있는 이점이 있기 때문에 다수의 문화재와 자연유산을 유네스코 세계유산으로 등재시키기 위하여 경쟁하고 있다.

세계유산협약에 따라 작성되는 유산목록에는 아래와 같이 세 가지가 있다. 첫째는 '세계유산목록'으로 전 세계 인류의 공동재산으로 지정된 유산으로 국제적 차원에서 보존 · 복구 등 특별 관리되고 있는 문화 및 자연유산의 목록을 의미한다.

둘째는 '잠정목록'으로 세계유산협약 가입 국가들이 세계유산으로 등재시키기를 희망하는 문화 및 자연유산 목록을 가리킨다. 유네스코 세계유산 등재를 희망하는 국가들은 반드시 잠정목록을 사전에 제출하여야 하고, 매년 7월 1일까지 이들 후보지 중 세계유산으로의 등재를 희망하는 유산에 대해 정식 신청서를 제출하도록 하고 있다.

우리나라는 현재 강진 도요지, 공주부여 역사유적지구, 중부내륙산성군(삼년산성 · 상당산성 · 미륵산성 · 충주산성 · 장미산성 · 덕주산성 · 온달산성), 익산 역사유적지구, 염전(전라남도 신안군 · 영광군), 대곡천 암각화군, 낙안읍성, 서원(남계서원 · 옥산서원 · 도산서원 · 필암서원 · 병산서원 · 돈암서원 · 무성서원), 서울 한양도성, 김해 · 함안 가야고분군 등을 세계문화유산 잠정목록으로 올려놓고 있다.

셋째는 '위험에 처한 유산목록'으로 이미 세계유산에 등재된 유산 중 자연재해나 전쟁, 지역개발 등 여러 요인에 의하여 원형이 훼손될 위험에 처한 유산목록을 의미하는데, 매년 정기총회에서 이들 유산에 대한 복구, 보존에 대하여 특별보고를 청취하고 있다.

현재 전 세계에 걸쳐 46점의 유산이 위험에 처한 유산으로 특별히 관리되고 있다. 이 중에는 전쟁으로 많은 피해를 입은 옛 유고의 역사도시, 캄보디아의 앙코르 와트(Angkor Wat) 유적, 미국의 옐로스톤(Yellowstone) 국립공원, 그리고 다윈의 진화론 발상지였던 갈라파고스(Galapagos) 섬 등이 포함되어 있는데, 해당국가가 이들 유산에 대한 적절한 보존정책을 취하지 않거나 국제적인 지원이 있었음에도 불구하고 원형의 상당 부분이 파손되어 등재 당시의 가치가 크게 손상되었을 경우, 세계유산으로서의 자격을 박탈하도록 하고 있다.

우리나라는 1995년 12월 독일 베를린에서 개최된 유네스코 제19차 세계유산위원회 총회에서 경주의 석굴암과 불국사, 합천 해인사의 경판전 · 팔만대장경 · 해인사 일원, 서울의 종묘를 세계유산으로 등재시켰고, 1997년 12월 이탈리아 나폴리에서 개최된 제21차 총회에서 수원 화성과 서울 창덕궁을 세계유산에 등재시켰다.

이후 2000년 12월 호주 케언스에서 개최된 제24차 총회에서 경주 역사유적지구, 고창 · 화순 · 강화 고인돌을 등재시켰고, 2009년 프랑스 파리 유네스코 본부에서 개최된 제33차 총회에서 조선 왕릉 40기를 등재시켰다. 2010년 8월 브라질 브라질리아에서 개최된 제34차 총회에서 안동 하회마을과 경주 양동마을을 등재시켰고, 2014년 6월 카타르 도하에서 개최된 유네스코 제38차 총회에서 남한산성을 등재시켰다. 최근 2015년 7월 독일 본에서 개최된 제39차 총회에서 백제 역사유적지구를 세계문화유산으로 등재시켰다.

북한은 2004년 7월 제28차 세계유산위원회 총회에서 '고구려고분군'을 세계문화유산으로 등재시켰고, 2013년 6월 제37차 총회에서 '개성역사유적지구'를 등재시켜서 현재 2곳의 세계문화유산을 보유하고 있다.

한편, 자연유산으로 신청한 설악산은 보존정책 및 동식물 서식에 대한 종합적인 연구가 미비하여 세계유산 등재가 보류된 상태이다. 그러나 2007년 6월 27일 뉴질랜드 크라이스트처치에서 열린 제31차 세계유산위원회에서 '제주화산섬과 용암동굴(Jeju Volcanic Island and Lava Tubes)'이라는 이름으로 제주도의 한라산, 성산일출봉, 거문오름용암동굴계 등 3개 지역을 우리나라 최초의 세계자연유산으로 등재시켰다.

현재 세계유산협약에는 155개국이 가입하고 있는데, 우리나라는 1988년에 세계유산협약에 가입하였고, 북한은 1998년에 가입하였다. 북한의 세계유산협약 가입은 우리 한민족이 세계유산 분야에서 남북한이 서로 공동협력사업을 수행할 수 있는 여건이 조성됐음을 의미한다.

세계유산위원회는 매년 전체회의를 열어 여러 국가들이 신청한 문화유산과 자연유산 중에서 세계유산을 선정하고 있다. 세계유산협약에 따른 세계유산은 유네스코에서 선정하고 있는 세계무형유산(인류 구전 및 무형유산 걸작)이나 세계기록유산과는 개념상 구별되어 별도로 관리되고 있다.

각국이 보유한 문화유산과 자연유산이 유네스코 세계유산으로 선정되면 세계유산기금(World Heritage Fund)으로부터 기술적 · 재정적 원조를 받을 수 있다. 2015년 12월 현재 전 세계적으로 문화유산 779건, 자연유산 197건, 복합유산 31건 등 1,007건이 세계유산으로 등재되어 있다.

제2절 문화유산관광의 유형과 개발

1. 문화유산관광의 유형

문화유산관광은 관광지의 문화유산을 대상으로 하는 관광여행을 의미하고 있다. 이때 관광대상으로서의 문화자원은 옛 고분, 고궁, 성곽, 역사 유적지, 박물관, 미술관, 과학관, 마을, 광산, 영화 촬영지 등의 역사적인 장소나 과거 산업이 번창하였던 곳은 물론 우리보다 앞서간 사람들이 저질렀던 참사의 현장이나 암울했던 비극의 현장을 몸소 체험함으로써 평화의 마음을 되새기게 되는 다크투어리즘을 포함한다.

따라서 관광객들로 하여금 과거에 대한 감사의 마음을 느끼게 하거나 과거의 아픔을 되돌아보고 반성하는 마음을 느끼도록 하는 것이 그 목적이 된다. 고향을 떠나서 타향에서 오랫동안 생활하거나 타국에서 생활하는 교포들에게는 오랫동안 가보지 못한 고향이나 고국의 옛 모습이 그리워지게 되고 이것이 문화유산관광의 모티브가 되는 경우가 많다.

종교적 목적의 순례여행도 문화유산관광의 대표적인 하나의 사례라고 할 수 있다. 문화적 암흑기라고 할 수 있는 중세 유럽에서 관광이 부활하게 된 배경을 보면, 1096년부터 1270년까지 계속된 십자군 전쟁이었다. 약 200여 년에 걸쳐 편성되었던 십자군원정은 이슬람교도로 하여금 기독교도의 예루살렘 순례를 인정하게 하였으므로 중세를 통해 예루살렘은 종교관광의 제1 목적지가 되었다.[2)]

이렇듯 우리 인류가 종교문화를 추구하고자 하는 관광욕구는 오래전부터 관광의 중요한 요소가 되어왔다. 우리나라는 고대국가인 고구려, 신라, 백제가 모두 불교문화권의 나라인 관계로 산중의 사찰을 찾아가는 종교적 목적의 순례관광이 있었고, 서양에서는 이미 그리스시대에 델포이에 있는 아폴로신전과 아테네에 있는 제우스신전을 방문하는 종교관광이 성행했었다. 불교신자들이 불교의 발상지로 잘 알려진 인도를 방문하고 천주교 신자들이 예루살렘이나 로마의 바티칸과 오래된 성당을 방문하고, 이슬람교도들이 종교적인 성지인 메카를 방문하고자 하는 것 모두가 종교적인 동기의 문화유산관광의 하나라고 할 수 있다.

전쟁이나 대량학살과 관련된 현장도 문화유산관광의 대상이 되고 있다. 전 세계인들이 캄보디아의 킬링필드 학살현장이나 폴란드의 유태인 학살터를 방문하고 있으며, 우리나라 사람들이 제주도의 아픈 역사인 4 · 3의 현장이나 제주도 대정읍에 소재한 일본 제국주의 만행의 현장인 땅굴과 알뜨르비행장 등의 현장을 돌아보는 것 모두가 문화유산관광의 하나라고 할 수 있다.

근세 영국에서 유행하던 교양관광(The Grand Tour)도 문화유산관광의 한 예이다. 17세기 영국에서는 부유한 상류 계층의 자녀들이 견문을 넓히기 위하여 서유럽의 선진 문화를 탐방하는 교양관광이 크게 성행했었다. 이 때 영국의 젊은이들의 교양관광 대상은 프랑스 파리와 베르사유 궁전, 북 이탈리아의 론계곡에 있는 고적지 방문, 베니스, 투린, 로마, 나폴리 등을 정점으로 하였고 돌아오는 여정에는 독일의 라인강을 따라서 주변의 국가들을 여행하였다.

문화유산관광은 지역의 문화적인 전통을 포괄하게 된다. 종교의식이나 지역을 대표하는 독특한 음식문화 등도 여기에 포함된다. 지역의 문화유산은 과거로부터 현재까지 전해져서 계승되는 민속, 미술, 공예기술, 지역의 생활양식, 지역의 독특한 관습 등을 모두 포함하는데, 가족생활, 연회행사, 결혼식과 장례식 문화도 여기에 속한다.

이들 문화유산관광의 대상은 관광지의 전통가옥에서부터 국가나 지방차원의 문화재는 물론 세계유산에 이르기까지 모두가 나름의 독특한 정체성을 갖고 있어서 관광객의 호기심을 자극하게 된다. 그리고 오늘날의 관광객들은 이러한 문화유산의 단순한 감상을 넘어서서 특정의 분야에서 전문성을 높이고자 하는 경향을 보이면서 역사, 고고학, 농촌체험, 모험 등에서의 문화적인 목적의 특수관광(Special Interest Tourism)을 선호하는 경향이 높아지고 있다.

이러한 문화유산관광의 진흥은 관광객뿐만 아니라 관광지 측면에서도 매우 중요하다. 그 이유는 해당 지역에 사회·경제적으로 긍정적인 효과를 가져다주기 때문이다. 즉, 지역의 정체성을 확립하거나 허물어져가는 문화유산의 재건을 도와줘서 문화유산의 재건에 큰 도움을 주고 지역경제 활성화에 도움을 주기 때문이다. 또한 관광은 서로 이질적인 문화를 가진 관광객과 지역주민들이 만나서 서로를 이해하고 조화를 이루는 도구로서 역할하기도 한다.

그러나 이러한 문화유산관광은 지속가능한 관광 측면에서 볼 때, 달성해야 할 몇 가지 사명을 가지고 있다. 즉, 문화자원의 보호, 정확한 자원해설, 정통성 있는 문화경험, 문화자원을 통한 수입 증진 등이 그것이다. 그리고 문화유산관광은 유산의 가치를 발견하거나 유산관리와 보호에만 관심을 두어서는 안 되며, 문화유산의 홍보뿐만 아니라 지역사회에 미치는 영향을 이해하고 문화유산 보호에 필요한 재원을 확보해야 하는 책무도 가지고 있다.

오늘날 문화유산은 국내외 관광객을 유치하는 가장 매력적인 요소가 되고 있다. 영국의 경우, 가장 오래된 역사를 자랑하는 교회를 방문하는 관광객 수가 매년 1,000만여 명에 달하는데 이 중 외국인이 30%에 달한다고 한다. 특히 박물관과 미술관에는 연간 7,000만여 명이 방문하는데, 박물관 관람객의 45%가 관광객일 정도로 박물관은 가장 인기 있는 관광자원이 되고 있다고 한다.

역사가 매우 오래된 호텔들도 문화유산관광의 대표적인 관광자원이 되고 있다. 외국의 경우를 보면, 캐나다 앨버타주 캘거리에 소재하고 있는 설립된 지 100년 이상 된 샤또레이크루이즈

(Chateau Lake Louise)호텔은 깊은 역사성이 반영됨으로써 객실 요금이 매우 비싼데도 불구하고 꼭 한번 방문하고자 하는 관광객들이 많아서 투숙객들이 항상 만원을 이루고 있다고 한다.

이러한 문화유산관광의 목표는 원형과 정통성을 잘 보호하는 데 있다. 우리나라의 문화재보호법은 “문화재의 보존 · 관리 및 활용은 원형 유지를 기본원칙으로 한다”라고 명시하고 있다. 따라서 문화유산을 관광자원화할 때는 관광객이 많아지면 문화자원의 훼손도 그만큼 높아지기 때문에 방문객 숫자만 따져서는 안 되고, 적정 숫자의 입장객을 받아들임으로써 관광체험의 질을 높이고, 환경과 문화자원의 훼손을 최소화시키면서 관광수익을 올려야 한다. 이러한 이유로 관광객이 많은 관광지에서는 관광총량제에 대한 담론이 한창이다. 정통성은 진품의 전시를 의미하는데, 관광객의 진정한 문화체험은 문화자원의 정통성과 깊은 관련이 있기 때문이다.

문화유산관광은 관광기념품에서도 차별성을 요구하고 있다. 관광객이 문화유산 탐방지에서 구입한 관광기념품이 상업용으로 대량 생산되어 어디에서나 살 수 있는 것일 경우 관광객의 경험도 가짜라는 느낌을 받게 된다. 모든 관광객들은 방문지의 이질적인 문화체험을 하면서 정통성이라는 고유문화를 반영한 해당 지역에서만 판매되는 기념품을 구입하고자 하는 욕구를 가지고 있기 때문이다.

미국의 포커스라이트(PhoCusWright)에 따르면, 미국에서만 문화유산 관광객이 연간 8,000만여 명에 달하고, 연간 700억 달러를 지출한다고 한다. 2003년에 실시된 미국의 관광청(TIA: Travel Industry Association of America)과 스미소니언 잡지의 연구[3]에 의하면 문화유산을 탐방하는 관광객들은 나이가 많은 편이며, 40%가 1956년에서 1964년 사이의 베이비붐 시대에 탄생한 사람들이고, 60% 정도가 대학교육을 받았으며, 다른 부류의 관광객들보다 자주 여행을 하는 편이라고 하였다.

우리나라에서는 문화유산인 고궁이 국가를 대표하는 문화유산 관광자원으로서 외래 관광객들이 가장 많이 방문하고 있다. 서울을 방문하는 외래 관광객의 절반 정도가 고궁을 방문하고 있으며, 우리나라 방문객의 20% 정도가 고궁을 한국의 가장 인상 깊은 관광지로 꼽고 있다.[4]

세계 각국은 자국의 문화유산을 인류공동의 유산으로 보존하기 위하여 유네스코의 세계문화유산 목록에 등재시켜서 문화유산의 훼손 방지 및 영구보존에 힘을 쏟으면서 관광자원화에 힘을 기울이고 있다. 문화유산을 보호하는 것만으로 관광자원화가 되는 것은 아니다. 또한 문화유산 자체 하나만을 가지고 관광객을 끌어들일 수 있는 것도 아니다. 관광객의 지속적인 유치를 위해서는 문화유산을 보호하면서 해당 자원에 대한 접근이 용이하도록 접근성을 개선하고, 숙박과 식음료 시설을 비롯한 편의시설을 잘 갖추고, 홍보마케팅에도 최선을 다해야 한다.

2. 문화유산관광의 개발

관광개발은 관광의 진흥과 관광산업의 번영을 목적으로 하여 관광개발의 대상이 되는 공간에 개발을 가하는 것으로 관광객으로 하여금 관광동기와 관광행동을 불러일으키게 하는 작업이다. 즉 유·무형의 관광대상에 인간의 지혜와 노력 및 자본을 투입하여 관광자원이 가지고 있는 효과를 높여주면서 동시에 관광의 가치를 고양시켜서 관광객의 유치를 증대시키는 일련의 과정을 말한다.

이러한 관광자원의 개발은 관광지에 다양한 긍정적인 효과를 가져다주게 되는데, 가장 주목하게 되는 것은 관광개발이 지역경제의 활성화에 큰 기여를 한다는 것이다. 그러나 관광개발은 지역경제의 활성화 이외에도 사회, 문화적으로도 지역에 많은 기여를 하는 것으로 알려지고 있다. 관광개발은 지역주민의 향토애를 높이며, 지역문화의 보호 및 발전에 도움을 주고, 지역주민의 여가생활을 도와주게 된다. 또한 관광객들이 관광 목적지를 왕래함으로써 지역주민들과 관광객들이 자연스럽게 새로운 사상과 사회적 관심사를 서로 공유하게 되어 타 지역과의 유대와 타문화의 재인식 등 긍정적인 효과를 가져다주게 된다.

그러나 오늘날에는 관광의 대중화, 다양화와 함께 지역발전에서 관광개발이 차지하는 비중이 크게 증대되면서 지역주민들로부터 특화된 관광개발에 대한 요구와 함께 관광자원의 체계적인 보호와 환경훼손에 대한 문제 제기가 점증되고 있다.

문화유산의 관광개발은 21세기 문화의 세기를 맞이하여 관광개발의 새로운 관심분야로 등장하여 치열한 시장경쟁이 이뤄질 것으로 전망되고 있다. 국내에서는 모든 시·도가 문화유산을 관광대상으로 한 관광개발을 시도하고 있으며, 국제적으로도 세계 각국이 문화유산의 원형을 보호하면서 이들 자원에 대한 접근성의 확보와 편의시설의 확충으로 관광자원화를 시도하고 있다. 우리나라의 경우 경주, 안동, 부여, 전주, 서울 등이 우리의 문화유산을 관광자원으로 개발하여 관광객 유치에 매진하고 있으며, 외국의 경우 전통적으로 문화유산의 매력이 강한 영국, 프랑스, 독일, 이탈리아, 체코, 헝가리, 폴란드, 오스트리아는 물론 중국, 인도, 캄보디아, 일본, 태국 등 동양권 국가들도 오래된 궁전과 박물관, 불교유적, 고분, 성곽 등을 중심으로 하는 문화유산관광 개발에 박차를 가하고 있다.

특히 유네스코 등재 세계유산이 전 세계적으로 1,000여 건이 넘으면서 세계문화유산을 전문으로 하여 관광상품을 구성하여 판매하는 여행사들이 많이 생겨나고 있다. 세계문화유산을 관광자원화하기 위해서는 문화유산을 중심으로 하여 접근성의 확보와 관람동선의 개발, 숙박과 음식, 휴게시설에 대한 확충이 선결되어야 한다. 이 밖에도 관광객들에게 해당 자원에 대한 전문지식을 이해시켜 주기 위한 자원해설도 필수적인 사항이 되고 있다.

따라서 세계문화유산을 보유하고 있는 국가들은 시장성, 접근성, 연계성을 고려한 관광개발로 자국민은 물론 외국인 관광객을 유치함으로써 해당 자원의 보호는 물론 지역경제를 활성화시키기 위한 노력들을 기울이고 있다.

이러한 문화유산을 관광자원으로 개발하는 데는 아래와 같이 갖추어야 할 일반적인 원칙들이 있다.[5] 첫째는 문화자원에 대한 지나친 상업화를 경계하여야 한다. 관광객 유치에만 몰두하여 해당 문화유산의 가치를 저하시키게 되면 문화를 체험하러 오는 관광객들로부터 외면을 받게 된다. 이렇게 되면 문화유산의 관광자원으로서의 생명력도 오래 갈 수 없게 된다. 따라서 관광객이 꾸준하게 찾아올 수 있도록 지속 가능한 관광개발 개념이 정해져야 한다.

둘째는 관광객이 단순히 보고 느끼는 대상으로서의 문화유산이 아니라 적극적인 체험관광의 실시로 관광객들에게 문화지식을 전수시켜 주어야 한다. 관광객들이 문화유산 지역의 전통을 존중하게 만들고 문화를 깊이 있게 체험하도록 함으로써 관광객들의 문화지식기반을 확충시켜 주어야 한다. 문화유산의 관광개발은 대표적인 문화자원 중에서도 평가와 선정기준을 만들어서 상품화 가능성이 높은 소재를 선정하는 작업이 필요하다. 선정 작업은 특이성과 상품화 가능성을 기준으로 하지만 관광마케팅 관점에서의 차별성, 경쟁 우위성, 관광객의 구매의도 등도 고려하여야 한다.

셋째는 정통성이 필수적이다. 이를 테면, 우리나라의 안동 하회마을, 용인 민속촌, 제주 성읍마을, 경주 양동마을 등은 모두가 민속마을로 지정되었지만 안동 하회마을과 경주 양동마을은 다른 두 마을과 비교하여 뚜렷한 차별성을 가지고 있어서 세계유산으로 지정이 됐다. 전시를 위한 가옥이 아니라 실제 그 안에서 일상적인 주민들의 삶이 영위되고 있는 마을이라는 점이 크게 다르다. 이와 같이 그곳에 가지 않으면 볼 수 없는 차별적인 가치인 문화의 정통성을 가지고 있을 때 관광객을 계속하여 유치할 수 있게 된다.

문화유산은 인류의 조상들이 우리에게 남긴 발자취로서 역사적, 학술적, 예술적으로 그 가치가 매우 큰 유산들을 의미하고 있다. 따라서 이러한 문화유산의 관광개발은 자원의 정통성이 훼손되지 않도록 최대한 원형을 보존하면서 여기에 접근성과 편의성을 추가시키는 측면에서 관광개발을 시도하여야 한다.

제3절 문화유산관광의 해설과 사례

1. 문화유산관광의 해설[6)]

관광객의 문화와 관련된 지식의 습득은 바로 자원해설과 깊은 관련이 있다. 문화유산의 관광자원해설은 해당 자원의 문화적 가치와 역사적 가치를 관광객들에게 상세하게 알려주는 활동을 말한다. 해마다 수많은 관광객들이 관광자원을 찾아서 낯선 지역을 방문하게 되는데, 관광객들은 이곳에서 관광자원 해설가를 만나게 됨으로써 우리 인류의 조상들이 남긴 작품들에 대한 공부를 하게 된다.

즉, 우리가 관광지를 방문할 경우 책에서는 배울 수 없는 직접체험을 하게 되는데 이 체험을 도와주는 것이 해설이다. 이러한 해설의 정의는 "문화, 자연유산의 의미와 관계를 알려주기 위해 특정 대상물, 인공물, 경관 또는 지역을 대상으로 하여 고안된 하나의 의사전달과정"이라고 할 수 있다. 해설의 전달과정은 단순히 정보를 제공하는 것이 아니라, 관광객들이 일상적으로 사용하는 알기 쉬운 용어를 사용하여 방문객들에게 관광정보를 알려주는 특별한 커뮤니케이션 활동이라고 보면 된다.

문화관광자원의 해설은 단순하게 해당 자원에 대한 설명만으로 끝나는 것이 아니고 해설과정상의 기본 요소들의 상호작용으로 그 기능이 정상적이고 효과적으로 수행될 때 그 해설이 체계적으로 이루어졌다고 할 수 있다.

이러한 해설에 따르는 기본적인 요소는 관여, 짜임새, 감동적인 해설, 전달 등 크게 4가지로 요약해 볼 수 있다.

(1) 관여

관광객들은 과거와 현재를 관련시켜 보면서 어떠한 역할을 해보면서 역사의 일부분이 되어보기도 하고 궁금한 것을 물어보기도 하는 등 관광을 하는 동안에 여러 가지를 경험하고자 한다. 따라서 자원해설에서 관광객을 관여시킨다는 것은 매우 중요하기 때문에 여러 가지 방법을 총동원하여 관광객들을 관여시키게 된다.

이 때 해설의 시작은 첫 대면이 된다. 해설가는 지정된 장소에 도착하게 되면 기다리고 있는 관광객들에게 친밀한 관계를 만들어 가면서 자신을 소개하고 해설가가 특별하게 해줄 수 있는 것에 대하여 알려줌으로써 문화유산의 해설 작업이 잘 이루어지도록 분위기를 조성하여야 한다.

둘째는 관광객들의 지식과 관심을 이용하는 것이다. 해설가는 해설을 받고자 하는 관광객들의 관심 사항과 그들의 직업을 사전에 파악하여 해설 작업이 관광객들에게 의미있는 것이 되도록 관광객들의 지식과 관심을 잘 이용하여야 한다.

셋째는 질문이다. 관광객들로 하여금 궁금한 사항을 물어보도록 함으로써 관광객들이 알고자 하는 점이 무엇인가를 사전에 파악하여 해설 작업의 점검이 이루어져야 한다. 이렇게 함으로써 매번의 해설 작업이 서로 달라지게 되어 자원해설이 신선해질 수 있다.

넷째는 감각기관의 활용이다. 관광객들이 해설되고 있는 관광자원 소재들을 그냥 바라보게만 하지 말고 감각기관을 통하여 체험해 보도록 하여야 한다.

마지막으로는 소그룹을 만드는 작업이 필요하다. 큰 단체의 경우 전체 해설작업을 자원해설가 혼자서 계속적으로 설교를 하듯이 설명할 것이 아니라, 4-6명의 작은 소그룹으로 나누어서 작은 과제를 풀어보도록 하여야 한다. 이렇게 할 때 관광객 각자의 해설에 대한 참여기회가 높아지게 된다.

(2) 짜임새

어떠한 종류의 자원해설을 하든지 간에 짜임새가 있어야 한다. 해설의 짜임새가 모자라면 해설 작업이 산만해지고 목적성이 없어지기 때문에 자원해설가는 이것저것 관련성이 없는 사실을 열거하게 되는데, 이러한 해설은 바람직하지 않다. 따라서 짜임새 있는 해설이 되기 위해서는 아래와 같은 과정이 이루어져야 한다.

첫째는 이야깃거리의 선택이다. 이야깃거리는 청중이 해당 장소에서 흥미를 느낄 수 있는 소재(동식물, 역사적 관련성, 지리적 사실, 생태계, 삶, 과학기술, 위락활동 등)를 잘 선택하여야 한다.

둘째는 테마의 선택 및 개발이다. 이야깃거리가 다양해지면 그것을 하나로 묶어주는 테마가 필요하다. 문화자원의 해설 작업에서 가장 중요한 작업 중의 하나가 테마의 개발이라고 할 수 있다. 이러한 테마는 관광객들에게 한 개의 문장으로 분명하게 설명해 줄 수 있어야 한다.

셋째는 서두 부분의 결정이다. 서두 부분은 해설작업 전체에 큰 영향을 미치므로 효과적인 해설의 시작을 위해서는 호의적인 분위기를 만들고 테마에 대한 관심을 환기시키고 해설의 목적을 분명하게 해주어야 한다.

넷째는 호의적인 분위기의 형성이다. 해설가는 호의적인 분위기를 조성하기 위하여 각종의 화재, 유머 등을 총동원하여 가벼운 분위기가 조성되도록 하거나 특별한 관심거리를 이야기해 주어야 한다.

다섯째는 테마에 대한 관심이다. 테마에 대한 관심을 고취시키기 위하여 한두 개의 자극적인 질문을 던져본다. 그리고 테마에 대해 관련된 인물의 이야기를 해주거나 문제점에 대하여 언급해 주어야 한다.

마지막으로는 마무리를 잘 하여야 한다. 마무리는 테마를 다시 한 번 이야기하거나, 해설내용을 요약하거나, 향후의 전망에 대한 의문의 재기 등을 통하여 마무리한다. 마무리는 호소력이 있고 인상적인 멘트 등을 통하여 관광객의 감동을 유발시켜야 한다.

(3) 감동적인 해설

자원해설을 위한 골격이 짜임새를 갖춘 이후에 이것이 관광객들로 하여금 감동을 불러일으키게 하기 위해서는 아래와 같은 방법을 동원하여야 한다.

첫째는 테마를 살려야 한다. 테마를 살리기 위해서는 실제로 있었던 이야기를 테마와 관련시켜서 설명하는 것이 좋다.

둘째는 일화나 사례를 이용한다. 예를 들어 선인들이 지명을 붙일 때 그곳의 특징을 살려서 붙였음을 상기시키는 것이다. 이를테면, "'가마솥 부'자와 '계곡 곡'자가 지명인 '부곡'에서는 온천수가 솟아나올 것으로 많은 사람들이 믿고 있었다" 등이 그 예이다.

셋째는 증언이다. 증언에서는 각종의 사료 및 전문가들의 의견을 이용하면 된다.

넷째는 비교기법의 활용이다. 해설자원을 유사한 다른 자원들과의 비교를 통하여 해설을 효과적으로 수행하여야 한다.

마지막으로는 시각자료의 활용이다. 사진, 두개골, 공예품, 지도, 새의 깃털, 나뭇잎, 바위, 사진, 그림 등의 시각자료의 활용은 테마를 생동감 있게 표현하는 데 도움을 준다.

(4) 전달

전달은 메시지가 전해지는 물리적인 과정으로 사람이 걷고, 일어서고, 앉고, 움직이는 방법, 음성, 시선 등을 모두 포함한다. 전달에 도움을 주는 원칙을 살펴보면 아래와 같다.

첫째는 열정이 있어야 한다. 자원해설가는 자신이 선택한 테마를 좋아하기 때문에 관광객들에게 자신이 알고 있는 정보를 공유시키고자 하는 열정을 가지고 있다. 청중 또한 이러한 정보에 대하여 관심을 가지고 있기 때문에 열정적인 분위기는 쉽게 조성될 수 있다.

둘째는 다양한 시도를 하는 것이다. 생동감, 강렬함, 몰아붙이기 방식의 해설을 하다가 조용하게, 부드럽게, 단순하게, 따뜻하게, 푹푹하게 분위기를 전환시키는 등 해설 작업의 다양한 시도가 있어야 한다.

셋째는 확신이다. 자원해설가는 자신이 전문가라는 확신을 가져서 테마에 대하여 완벽하게 구사할 수 있어야 한다. 이러한 확신은 해설 스토리를 의미 있게 구성하는 등 해설에서 자신감 있는 태도를 가지게 만든다.

넷째는 눈빛, 몸짓, 자세가 중요하다. 자원해설가는 청중들과 눈빛을 마주침으로써 청중들에게 관심을 가지고 있다는 느낌을 주어야 한다. 계획된 몸짓보다는 해설가 자신이 상황에 따라서 구사하는 자연스런 몸짓이 전달을 강화시켜 주게 된다. 자세는 자연스러우면서도 관광객들로 하여금 친절하다는 느낌을 주어야 하며, 해설가 자신이 즐겁게 해설할 수 있어야 한다.

마지막으로는 상황에 따른 판단이 필요하다. 자원해설가는 상황에 맞추어서 그 빠르기에 있어서도 다양한 변화를 주어야 한다.

문화유산자원의 해설은 관광객들에게 단순하게 문화유산에 대한 정보를 제공하는 활동만이 아니라 관광객들로 하여금 적극적인 참여를 이끌어내고, 이러한 과정을 통하여 현재 방문한 곳의 역사·문화적 특성을 알 수 있도록 도와주고, 해당 문화자원의 존재가치를 인식시켜주는 매우 중요한 활동이다. 따라서 문화유산 해설사는 지역의 전통문화와 해당 자원에 대한 폭넓은 이해와 관심을 가지고 해설에 임해야 한다.

2. 문화유산관광의 사례

(1) 전주한옥마을[7)]

전라북도 전주(全州)는 신라 경덕왕 16년(757년)에 완산주를 전주로 개칭하면서 현재까지 그 지명이 전해오고 있다. 따라서 1,260여 년의 역사를 간직한 천년(千年)의 도시로 서기 900년에 견훤이 세운 후백제의 마지막 수도이고, 조선왕조 500년을 꽃피운 조선왕조의 발상지로서 조선시대에는 전라도 전 지역과 제주도를 관할했던 행정중심지였다.

이러한 전주는 유네스코가 인류무형유산으로 지정한 판소리의 본고장으로, 전통생활양식의 근간인 한옥·한식·한지 등 가장 한국적인 전통문화를 보유하고 있는 도시라고 할 수 있다.

전주한옥마을의 시작은 1930년대 초 시구개정(市區改正)에 의하여 전주의 거리가 격자화가 되고 상권이 형성되면서, 서문일대에서 번성하던 일본 상인들이 전주 최대의 상권을 차지하게 되자 우리나라 사람들이 일본인들의 세력 확장에 대한 반발로 교동과 풍남동 일원에 한옥촌을 지으면서 시작되었다. 이때 형성된 교동과 풍남동의 한옥들은 일본식 건축물과 대조를 이루고, 화산동의 서양풍 선교사촌과 학교, 교회당 등과 어울리면서 팔작지붕의 늘어진 곡선의 용마루가 즐비한 독특한 도시경관을 연출하게 되었다.

한옥마을의 주요 시설로는 한옥생활체험관, 공예공방촌, 공예명인관, 전통술박물관, 최명희문학관, 공예품전시관 등의 문화시설과 강암서예관, 고전번역교육원, 공예공방촌단지, 목우헌, 승광재, 완판본문화관 등의 전통문화시설과 지역주민이 실재로 거주하고 있는 공간과 잘 정비된 골목길 등이 있다.

이 마을에서는 매주 차 없는 거리를 운영하며, 공예품 전시판매, 문화행사의 개최, 한국전통문화아카데미 및 체험학교를 운영하고 있다. 외국인들을 위한 외국인 대학생 학점 이수제, 원어민교사 한국문화체험, 주한미군 한국전통체험, 다문화가정 한국문화 이해, 재외동포 한국문화체험 등의 프로그램도 운영하고 있다.

이 밖에 전통혼례, 다도 및 국악체험, 비빔밥행사, 한옥짓기체험, 한지제작, 한지공예 등의 프로그램이 운영되고 있고, 전통 한복을 빌려 입고 마을 거닐기 체험의 경우 젊은 여성들에게 매우 인기가 높다. 마을을 둘러볼 수 있는 대표적인 관광코스를 소개하면 아래와 같다.

- 한옥마을 단숨에 보는 코스: 전동성당 → 경기전 → 교동아트센터 → 최명희문학관 → 토담길 → 은행로 → 한방문화센터 → 공예품전시관 → 전통한지원 → 전통술박물관 → 전주공예명인관 → 공예공방촌지담 → 한옥생활체험관

- 골목과 체험이 있는 코스: 오목대 → 공예품전시관 → 태조로 → 전동성당 → 목판서화체험관 → 경기전 → 교동아트센터 → 최명희문학관 → 토담길 → 은행로 → 전통한방문화센터 → 태조로 → 민속길 → 전통한지원 → 승광재 → 전통술박물관 → 전주공예명인관 → 공예공방촌지담 → 한옥생활체험관

- 산책과 사색이 있는 코스: 풍남문 → 전동성당 → 경기전 → 공예품전시관 → 오목대 → 전주향교 → 전통문화센터 → 학인당 → 강암서예관

(2) 피셔맨스워프[8)]

미국 샌프란시스코에 있는 '어부들의 선창가'라는 뜻의 피셔맨스워프는 동쪽 끝 피어 39 근처에서 서쪽 끝 기라델리 스퀘어까지의 지역을 통칭하는 선창가 지역이다. 이곳은 19세기에 이탈리아에서 미국으로 이주해 온 어부들의 고기잡이 선착장으로 이용되던 곳이다. 피어 39에서 기라델리 스퀘어까지는 걸어서 약 10분 정도 걸리며, 이곳에서 베이 크루즈투어에 참여할 수 있다. 이 거리는 항상 호객 행위를 하는 레스토랑 직원들과 거리 연주가 그리고 관광객들로 늘 북적거

린다.

이 거리는 샌프란시스코가 자랑하는 가장 대표적인 관광명소로서 해안을 따라 길게 형성된 부두에는 항구와 해산물 레스토랑 등이 자리해 있으며 산책로가 매우 인기가 있고, 알카트라즈 섬으로 향하는 여객선 선착장과 크루즈 선착장이 있어서 항상 많은 사람들로 붐빈다. 피셔맨스 워프에서 가장 유명한 곳은 1978년에 문을 연 피어 39(Pier 39)로 100여 개가 넘는 쇼핑 상점과 가족 단위 여행객을 위한 위락시설, 레스토랑들이 즐비하게 들어서 있는 2층 목조건물이다. 이 건물에는 작지만 개성 있는 상점들이 많고 휴일에는 쇼핑가 앞에서 거리 예술가들의 공연을 즐길 수 있다.

위락시설로는 3D, 4D를 이용한 터보라이드(Turbo Ride)라는 어트랙션과 회전목마, 수족관 등이 있다. 부두 위에서는 바다사자 무리들이 선착장 위로 올라와서 휴식을 취하는 색다른 모습을 즐길 수 있다. 예전에 초콜릿 공장이었던 기라델리 스퀘어(Ghirardelli Square)도 볼거리다. 1860년에 지어진 벽돌 건물 안에 70여 개의 독특한 상점들이 입점하여 기라델리 초콜릿을 판매하고 있는데 선물로 인기가 매우 높다.

1907년에 지어진 캐너리(The Cannery) 공장은 건설될 당시 세계 최대 규모의 델몬트 회사의 복숭아 통조림 공장이었지만 지금은 쇼핑센터로 탈바꿈하여 아트갤러리, 레스토랑, 기념품 상점 등이 입점해 있다. 1층에는 꽃으로 가득한 광장이 있어서 휴일에는 많은 인파로 북적인다.

기라델리 스퀘어 맞은편에 있는 배 모양의 해양박물관을 찾아가면 선박의 역사 등을 공부할 수 있으며, 피셔맨스워프와 아쿠어틱공원을 연결하는 샌프란시스코의 명물인 파월-하이드 케이블카에서 내려다 보는 경관이 장관이다.

(3) 비알리츠카 소금광산[9)]

1978년에 유네스코가 최초로 세계문화유산으로 등재시킨 비알리츠카 소금광산은 500여 년간 폴란드 문화의 중심지였던 크라코프 동남쪽 15km 지점에 위치하고 있다. 180만 년에서 200만 년 전에 형성된 것으로 보이는 비알리츠카 소금층은 자연이 만든 경이로움 때문에 세계 12대 관광지의 하나로 부르고 있다. 그 옛날 오랫동안 바다였던 이곳은 물이 증발한 후 소금만 남아서 암염이 되기까지 약 1만 5천 년이 걸렸다고 한다.

그 뒤에 발생한 지구의 지각변동은 이 소금층이 복잡하게 만들어진 이유가 되었다. 진흙과 점토로 둘러싸인 소금층은 지하의 흐르는 물에도 씻겨 나가지 않고 그대로 남아 서에서 동으로 약 10km 정도 뻗어 있다. 두께는 500m에서 1.5km에 이르고, 가장 깊은 소금층은 지하 340m에 묻혀 있다.

이 소금광산은 5,000년이 넘게 존재해 왔다는 사실이 11세기에 알려지게 되고, 그 후 적극적인 광산 개발이 시작되어 1996년까지 소금을 채취하였으나, 지금은 소금 채취를 중단하고 관광자원으로만 활용하고 있다.

폴란드의 야기엘로 왕조 때에는 국가 재정의 1/3을 소금무역에서 얻을 정도로 이 광산은 최고의 활황을 누렸다고 한다. 소금을 캐고 난 뒤 남은 공간에 나무를 세워 버티게 하였는데 소금을 먹은 나무는 더욱 단단해져서 돌처럼 변하여 광산을 지탱하는 버팀목이 되고 있다. 광산 안으로 흘러 들어온 짠물은 끓여서 소금을 얻었는데, 700년이 넘게 광산을 운영하는 동안 소금 7,500만t을 캐내었는데 화차에 싣고 열을 세우면 그 길이가 적도의 1/5 길이에 해당한다고 한다.

이곳을 관광하기 위해서는 소금광산에 혼자 들어갈 수가 없고, 반드시 광부 출신이거나 광부 교육을 받은 제복차림의 현장 가이드의 안내를 받고 관광을 해야 한다. 처음 378개의 나무 계단을 내려가면 지하 64m에 위치한 1단계에 도착하고, 여기서부터 약 3km를 걸어서 28개의 공간을 이동하게 된다. 현재 이 소금광산에는 소금을 캐낸 후 생긴 2,040개의 공간이 남아 있다. 지하 64m의 1단계에서 327m의 9단계까지 다양한 크기와 층의 모든 공간을 연결하는 복도의 길이는 약 200km에 달한다고 한다.

관광객들이 탐방할 수 있는 공간은 1단계인 지하 64m에서 3단계인 지하 135m 구간으로 관광을 모두 마친 관광객들은 엘리베이터를 이용하여 지상으로 올라오게 되어 있다.

광산의 내부 온도는 항상 14℃를 유지하고 있으며, 공기 순환을 위하여 6단계 지점인 지하 243m에서 콤프레셔를 작동시켜 지하에 공기를 뿌리기 때문에 지하공간임에도 불구하고 상당히 쾌적한 편이다. 통로는 공기 순환 때문에 매우 센 바람이 부는 관계로 중간중간에 자동으로 문이 닫히게끔 설계되어 있다.

여름에는 동굴 안의 공기가 외부보다 차갑기 때문에 습기가 생기게 되고, 겨울에는 외부 온도보다 동굴 안의 온도가 높아서 내부가 건조하게 되어 모든 습기를 증발시키므로 광산의 내부 온도는 일정하지만 습한 여름과 건조한 겨울 등 두 계절만이 존재하게 된다.

광산 내부의 공기는 항상 소금기를 가지고 있기 때문에 1964년부터 5단계 지하 211m 지점에 천식 환자들을 위한 온천 건강센터를 운영하고 있다. 이 센터를 이용하는 사람들은 매일 6시간씩 지하에 내려가서 소금 수증기를 마시면서 천식을 치료하게 된다. 따라서 소금광산을 탐방하는 모든 관광객들은 건강치료 효과를 보고 있는 셈이다.

이 광산의 주요 공간을 소개하면 아래와 같다. 3번 방은 1973년에 위대한 천문학자인 코페르니쿠스의 탄생 500주년을 기념하여 4.5m의 소금기둥으로 둥근 지구를 손에 든 코페르니쿠스 조각을 세운 후 니콜라스 코페르니쿠스의 방으로 부르고 있다. 4번 방은 성 안토니의 예배실로

17세기에 조성된 후 지금까지 잘 보존되고 있다. 5번 방은 전설의 방으로 13세기 헝가리왕 베라 4세의 딸인 킹카공주에 대한 이야기를 조각으로 만들어 놓았다. 8번 방은 14세기에 소금 무역법과 소금 캐는 방법을 제정한 카시미르 대왕을 기념하여 18세기에 조성한 방이다. 11번 방은 고대 전설상의 소금 보석을 지키는 요정들의 방이다. 12번 방은 소금 샹들리에와 통나무 십자가가 있는 성 십자 예배당이다. 13번 방은 2만 2천 톤의 소금을 캐낸 후 생긴 길이 54m, 폭 17m, 높이 10-12m의 넓은 공간으로 성녀 킹카의 성당으로 조성하여 결혼식장과 음악 연주회 장소로 활용하고 있다. 16번 방은 거대한 소금 기둥이 호수 바닥에 버티고 있는 깊이 9m의 에라즘 바라체즈 호수이다. 17번 방은 높이 20m, 면적 12,800㎡의 드로즈도비체 방으로 역사적인 소금광산이 지금까지 남아 있게 된 것에 대한 경의를 표하기 위하여 만들어졌다. 18번 방은 오스트리아 치하에서 독립운동을 펼쳤던 '요셉 필와수두스키' 장군을 기리는 방이다. 이 밖에 21번 방은 보석을 지키는 자의 방, 22번부터 24번 방은 화장실과 휴게실로 되어 있다.

(4) 미야기쿄 증류소[10)]

미야기쿄 증류소는 일본 위스키의 아버지로 부르는 다케쓰루 마사타카가 창업하였다. 1918년에 일본의 한 청년인 마사타카는 "일본에서 스코틀랜드 본 고장의 위스키를 만들겠다"는 꿈을 안고 혼자 스코틀랜드로 건너가서 위스키 제조법을 배웠다. 실습생으로 공장에 들어가서 스카치 위스키 증류소에서 몰트 위스키와 그레인 위스키의 제조법과 블렌딩 기술을 배웠다. 일본에 귀국한 후에는 산토리에 입사하여 일본 최초의 위스키 증류소 건설을 지도하며 본격적인 일본 위스키 제조를 시작하게 된다.

1934년에 본인의 힘으로 이상적인 위스키를 만들기 위하여 산토리를 퇴사한 후 독립하여 홋카이도 요이치에 '대일본과즙주식회사'를 설립하여 사과로 주스 등의 제품을 만들어 판매하면서 몰트 원액의 숙성을 기다렸다. 그리하여 1940년에 제1호 위스키인 '니카위스키'가 탄생하게 되고, 이후 진화를 거듭하여 오늘날 세계적으로 애주가들로부터 높은 평가를 받는 일본 위스키가 탄생하게 되었다.

마사타카의 목표는 여러 곳의 증류소에서 만들어진 개성이 서로 다른 원액을 블렌딩하여 보다 복잡한 맛의 위스키를 만드는 것이었다. 제2 증류소에 적합한 장소를 찾기 위하여 일본 혼슈의 북부지역 구석구석을 물색한 끝에 주위가 산으로 둘러싸이고 두 줄기의 맑은 시냇물이 합류하는 안개 짙은 계곡을 발견하게 되어 이곳에 제2 증류소를 세우게 된다. 이러한 과정 끝에 탄생한 미야기쿄 증류소에서는 달콤하고 부드러운 맛의 몰트 위스키와 세계에서도 가장 희귀한 전통적인 코피(Coffey) 연속식 증류기 2대를 사용하여 깊은 맛의 그레인 위스키를 만들어내고 있다.

이곳은 항상 관광객들로 붐비는데, 투어 소요시간은 약 1시간으로 오전은 9시에서 11시 30분까지, 오후는 12시 30분에서 15시 30분 사이에 입장하여야 한다. 가이드 투어는 30분 단위로 행해지고, 10명 이상의 단체는 사전 예약을 받고 있다. 탐방코스는 접수 · 견학자 대기실 → 건조동(킬린타워) → 담금 · 세척동 → 증류동(단식증류기) → 증류동(코피 연속식 증류기) → 게스트홀 → 기프트숍 순서로 이어진다.

게스트홀에서는 숙성 기간에 따라 향기가 서로 다른 위스키의 향기를 직접 맡아볼 수 있으며, 여러 종류의 위스키와 사과주스의 무료 시음을 할 수 있다. 기프트숍에서는 이곳 증류소에서만 만날 수 있는 다양한 종류의 위스키 한정 상품들이 판매되고 있어서 관광객들의 호기심을 자극하고 있다.

참고문헌

1) 한국학중앙연구원(1991). 「한국민족문화대백과」.
2) 고승익 외 1인(2008). 「현대관광학」.
3) National Trust for Historic Preservation(2008). Heritage tourism facts and figures. *Heritage Travel*, December 8.
4) 이훈(2008). 고궁에 대한 관광학적 접근: 실존적 진정성과 문화유산관광. 한국문화유산정책연구소.
5) 오익근(2000). 향토지적재산의 관광마케팅전략, 안동대 안동지역사회개발연구소.
6) 고승익 외 3인(2011). 「현대관광자원론」.
7) 전주한옥마을홈페이지(2016).
8) Naver 지식백과(2016).
9) 비알리츠카소금광산 안내서(2015).
10) 미야기쿄증류소 안내서(2016).

제 2 장

공정관광

이재성

한국관광공사 국내관광산업본부장
(현 한국관광학회 이사)

경희대학교에서 박사학위를 취득했다. 저자 이재성은 한국관광공사에서 부사장(경영본부장), 국제관광마케팅본부장, 정책사업본부장 등을 역임하면서 컨벤션, 해외마케팅, 국내마케팅 및 사업 분야 등을 경험하고 시드니지사 · 런던지사 등 해외지사에서 다년간 근무하였다. 현재 한국관광학회 이사를 맡고 있으며 문화체육관광부, 강원도 등 다수의 정부 및 지자체에서 자문위원, 평가위원, 심사위원 등으로 활동하고 있다. 한국관광공사 표창, 문화관광부장관 표창, 중앙공무원교육원장 표창, 국민포장을 수상하였다.

✉ rheejaes@naver.com

김재호

인하공업전문대학 관광경영과 교수
(현 한국관광학회 이사)

경기대학교에서 박사학위를 취득했다. 저자 김재호는 한국문화관광연구원, (주)디이파트너스, 한국관광공사에서 근무하였으며 한국관광학회 산학협력이사를 맡고 있다. 현재 문화체육관광부, 기획재정부, 농림축산식품부, 해양수산부, 한국관광공사 등 다수의 정부 및 지자체에서 자문 및 심사위원으로 활동하고 있다. 저서로는 『관광지리자원론』(공저), 『서양문화와 관광』 등이 있고, 논문으로는 "재난사고에 따른 크루즈관광 위험지각과 태도의 차이분석"(2015) 등을 발표하였다. 현재 해양수산부, 현대자동차그룹 등에서 여행칼럼니스트로 활동하고 있다.

✉ kimjh@inhatc.ac.kr

제 2 장

공정관광

이 재 성 · 김 재 호

제1절 공정관광의 개념과 중요성

1. 공정관광의 개념

최근 전 세계적으로 '공정'에 대한 관심이 높아지면서 그동안 사회문화 · 경제적 측면에서 다루어지던 개념이 관광분야에도 점차 확산되고 있다. 여기서 일컬어지는 공정(公正, fairness)은 일반적으로 "공평하고 올바르다"라고 의미되고 있는데, 좀 더 구체적으로 살펴보면, 공평하고 올바름으로 치우침이 없고 옳고 바름을 의미하며, 공정성에 대한 판단은 사정과 맥락 속에서 종합적으로 이루어지는 성격을 지닌다.[1] 공정을 기반으로 한 공정무역은 개발도상국의 생산자와 노동자에게 정당한 가격과 더 나은 거래조건을 보장함으로써 개발도상국의 생산자와 노동자의 자립을 지원하는 무역형태로 정의된다.[2] 공정무역은 '공정(fair)'에 기반하여 관행 국제무역을 비판하는 논의이며, 남반구의 생산자와 북반구의 소비자 간 착취적 관계를 호혜적 관계로 개선하는 것을 목적으로 하는 대안무역의 형태라 할 수 있다.[3]

공정관광은 공정무역 개념이 관광분야에 적용된 개념으로, 대량관광에 대한 비판과 고유한 관광경험을 추구하는 욕구가 결합되면서 도입된 개념이다. 1960년대 관광개발의 경제적 편익이 모든 이해관계자에게 공평하게 분배되지 않는다는 문제의식으로, 관광분야의 윤리적 거래와 개발도상국 내 생산자에 대한 정당한 거래조건을 지원하자는 움직임이 형성되었다. 또한, 관광은 복합성을 지니는 관광시스템의 특성상 관광매력물뿐만 아니라, 관광목적지에 대한 사회문화적 침범을 수반한다는 인식으로, 공정관광에 대한 국제적 접근은 지역적 차원을 포괄한다.[4]

공정관광은 지역사회 이해관계자들의 관광 이득을 최대화하는 것을 목적으로 하는 것이 핵심 개념으로[5], 관광에서 공정한 거래는 관광발생국과 지역공동체 간의 공정한 세계적인 거래 조건과 상태를 촉진한다. 또한 지역사회의 관광산업 이해관계자들 간의 공평한 의사결정과 대등한 거래를 추구하고[6], 지역 공동체를 존중하고 관광개발과정에 그들의 참여를 지지한다[7]. 요컨대, 공정관광에서는 여행자가 쓰는 돈이 지역경제에 직접적인 도움이 되고, 그 지역 원주민의 권리가 보장되며, 관광발생국과 여행상품의 개발과정과 이익의 분배과정에서 협의와 조정을 통해 공정성을 추구한다.[8] 이러한 맥락에서 INFTT(International Network on Fair Trade in Tourism)는 관광에서 공정무역의 주요 표준을 관광 투자자와 지역사회 간의 공정무역 파트너십, 지역 이해관계자들에 대한 이득의 공정한 분배, 관광객과 지역주민 간의 공정한 무역, 자연자원의 공정하고 지속적인 사용, 공정한 임금과 작업환경 등 다섯 가지를 제시하고 있다.[9] 임영신 · 이혜영(2009)은 공정여행을 '소비가 아닌 만남과 관계로 보고, 여행자와 지역주민이 서로 존중하고 같이 성장하며, 여행자가 여행에서 쓰는 돈이 그 지역과 공동체의 사람들에게 돌아가고, 여행을 통해 숲이 지켜지고, 사라져가는 동물들이 살아나는 여행'으로 정의하였다.[10]

한편, 국내 여행사들이 제시하고 있는 공정관광의 개념을 살펴보면, '트래블러스맵'은 지역주민의 삶과 문화를 존중하며, 여행에서 쓴 돈이 그들의 삶에 보탬이 되고 그곳의 자연을 지켜주는 여행으로 정의하고 있다.[11] '착한여행'은 방문지역의 사람들과 그들의 역사, 환경, 경제, 문화에 대한 존중과 배려가 있는 여행이라 하였으며[12], '리스판서블트래블닷컴'은 관광의 부정적인 영향은 최소화하고 관광의 장점을 극대화하고자 하여 지역에는 관광의 혜택과 존중을, 여행자에게는 진정한(authentic) 경험을 제공하는 새로운 방식의 여행이라고 정의하고 있다.[13] '공감만세'는 공정여행을 바르고 올바름을 고민하는 여행, 환경, 원주민, 박물관 등을 이용하는 것이 아닌 함께하는 여행, 우리가 보고, 듣고, 느끼는 만큼 정당한 대가를 치르고 공정함을 고민하는 여러 사람들과 관계를 맺는 여행, 그리고 참가하는 모두가 설레고 신나는 여행이라고 하였다[14].

이상의 개념들을 종합해 보면, 첫째, 공정관광은 여행객과 지역주민 간의 공정한 거래를 통해 지역주민의 경제적 혜택을 최대화하고 부정적인 경제적, 사회적, 문화적, 환경적 영향을 최소화하는 데 목적이 있다. 둘째, 공정관광에서 여행자는 진정한 경험을 제공받은 만큼 지역사회에 도움이 되는 정당한 대가를 지불해야 한다. 셋째, 지역의 역사, 환경, 사회, 문화에 대한 이해와 존중을 통해 지역주민과 관광자원을 공유하며, 관광객과 지역주민, 관광객들 사이의 의미 있는 관계 형성 등을 위한 규범적 행동양식을 권유하는 여행이라고 할 수 있다.[15]

공정관광과 관련된 개념으로는 지속가능한 관광, 책임관광, 생태관광, 녹색관광, 그리고 복지관광 등이 있다. 여기서 '지속가능한 관광'은 환경적 · 사회문화적 · 경제적 지속가능성 등 3개 차원을 포함하고 있고, '책임관광'은 현지의 자연과 문화자원을 비롯해 관광과 관련된 모든 분야에 대한 이익을 존중하는 관광의 형태로 정의된다. '녹색관광'은 농촌관광, 전원관광의 확장적 개념이며 '생태관광'은 자연지역에서 책임 있는 관광객의 태도와 행동을 통하여 이루어지는 관광행위이며, 지역주민의 참여 및 이익 창출이 동반되어 관광에 의한 환경 및 사회문화적 영향을 관리하는 관광으로 정의된다. '복지관광'은 모든 사회구성원에 대한 평등한 관광기회 보장을 통한 사회적 형평성 실현을 중심으로 하여 사회적 형평성 제고를 목적으로 한다.[16)]

2. 공정관광의 등장배경

관광이 지역주민에게 보상을 가져다준다고 하더라도 빈곤한 지역 커뮤니티에 경제적 혜택이 균등하게 배분되는 데에는 한계가 있다. 관광으로 인한 현지 국가의 개발 부담이 증가되고 지역주민의 생계와 종교, 문화적 전통 및 자연환경이 훼손되는 경우를 종종 볼 수 있다[17)]. 관광의 대가는 오랫동안 그 땅을 지켜 온 현지인들에게 돌아가야 한다는 생각에서 시작된 새로운 관광 패러다임이 공정관광이다. 사회 전반에서 공정사회 구현을 지향하는 추세에 따라 관광분야에서도 공정, 책임 등이 부각되고 윤리적 관광소비와 공정한 관광거래를 통해 공정한 분배를 실현하려는 노력이 요구되었다.[18)]

공정관광이 사회적으로 이슈화되기 시작한 것은 1999년 칠레산티아고 제13차 UTWTO 총회에서 '세계관광 윤리강령'[19)]이 채택되면서부터라 할 수 있다. 여행자가 책임의식을 가지고 윤리적인 관광소비와 공정한 관광 거래를 통하여 공정한 분배를 실현한다는 의미에서 선진국 관광객이 개발도상국을 방문할 때 주민의 생활양식과 환경을 존중할 것을 강조하는데 초점을 두는 착한 여행, 또는 책임여행이 주요 이슈가 되었다.[20)]

- **UNWTO(유엔세계관광기구)의 '세계관광 윤리강령' 주요 내용**
  제1조 민족 간 및 사회 간 상호이해와 존중에 공헌하는 관광
  제2조 개인 및 집단적인 자아 성취를 위한 수단으로서의 관광
  제3조 지속가능한 개발의 요소로서의 관광
  제4조 인류 문화유산의 이용자이자 문화유산 향상에 공헌하는 관광
  제5조 관광객 유치국가와 지역사회에 유익한 활동으로서의 관광
  제6조 관광개발 관련 이해 관계자들의 의무
  제7조 관광에 대한 권리
  제8조 관광객 이동의 자유
  제9조 관광산업 근로자와 기업가의 권리
  제10조 세계관광윤리강령 원칙의 이행

3. 공정관광 가이드라인

국내 여행사들은 여행자들을 대상으로 한 공정여행의 가이드라인을 일부 제시하고 있다.[21)]

• 트래블러스맵

- 현지민이 운영하는 식당이나 숙소, 체험프로그램을 적극 이용하기
- 지역 생산물을 우선 구매하고 지역농산물로 만들어진 먹거리 이용하기
- 지역민과 거래할 때는 공정하게, 재래시장이나 공정무역 판매처 이용하기
- 지역의 전통음식이나 전통문화를 적극적으로 만나기
- 사진을 찍을 때는 허락을 구하고, 서비스에는 정당한 임금 지불하기
- 아동착취나 성매매는 절대하지 않기
- 동물 학대 쇼를 관람하지 않고, 야생동물로 만들어진 상품을 구매하지 않기
- 여행지의 문화유산이나 농작물을 절대로 훼손하지 않기
- 대중교통을 이용하고, 도보 및 자전거 등 친환경적인 여행하기
- 물컵, 수저, 손수건, 도시락통, 친환경 비누를 이용하기
- 물과 연료를 아껴 쓰고 음식을 남기지 않기

• 국제민주연대

- 현지인을 만날 때 항상 웃는 행동 권장하기
- 겸손한 마음과 조심스러운 행동 권장하기
- 보디랭귀지 적극 권장하기
- 100% 현지식의 식사를 하고 팁 문화 권장하기
- 차를 오래 탄다고 불평하지 않기
- 군것질을 적극 권장하기
- 시시때때로 쇼핑을 많이 하기 권장하기
- 최대한 1회용 세면도구의 사용을 줄이고자 세면도구는 준비해 가길 권하기
- 내복 등 충분한 속옷을 준비해 가기

• 착한여행

- 지역사회에 도움이 되는 소비하기
- 현지인이 운영하는 식당, 숙소, 여행사 및 현지 재래시장 이용하기

- 항공기를 이용한 여행에 대한 탄소상쇄기금 기부하기
- 현지의 대중교통 이용 또는 자전거나 도보여행하기
- 친환경적인 숙박시설 이용하기
- 호텔로 하여금 물품 재활용하도록 요청하기
- 가이드북에 나와 있지 않은 여행지 찾아가기
- 현지의 정치, 사회, 경제, 문화 공부하기
- 현지의 공익단체 방문하기

제2절 국내 공정관광 동향 및 사례

1. 국내 공정관광 동향

국내 공정관광 상품은 지역 생활자원 · 자연생태자원 · 문화자원 · 환경 인프라 등을 활용하여 직접 체험하는 프로그램으로 구성된다. 예를 들어, 지역 현지음식 체험하기, 지역생태 교육하기, 둘레길/올레길 등 지역 길 탐방하기, 농가민박 체험하기 등이다. 이러한 상품들은 프로그램의 특성상 수학여행과 같은 학생 및 청소년 대상으로 맞춤형 상품으로 판매되는 것이 일반적이며 가족관광 상품으로도 판매되고 있다. 공정여행 상품의 대상지는 지역 공동체 활동이나 커뮤니티 체계가 잘 갖추어진 지역을 중심으로 한다. 이는 공정관광 상품이 단순히 여행사의 능력과 상품의 우수성도 중요하지만 무엇보다도 지역주민 간의 협력과 참여를 바탕이 되어야 하기 때문이다.

이처럼 공정관광 상품은 지역주민 공동체, 지역 내 사회적 기업, 시민단체 등과 연계하여 운영하며, 지역 내 연계 가능한 단체가 부재할 경우 지역주민이 운영하는 숙박시설 · 음식점 이용을 원칙으로 한다. 관광객과 지역사회 간 관계 형성, 경제적 혜택 부여를 목적으로 지역주민 해설프로그램, 지역주민 체험프로그램, 그리고 홈스테이 등을 운영한다. 지역 전통음식 체험, 지역문화 체험활동 참여, 지역 내 사회이슈에 대한 관심, 그리고 지역주민의 인권 존중 등의 여행 원칙을 제시하였다. 또한, 기존 생태관광 프로그램과 비교하여 볼 때, 방문지역의 수용력을 고려한 프로그램 운영, 환경교육 실시 등의 차별성을 지닌다. 방문지역의 수용력은 해당 지역 내 관련단체가 있을 경우, 관련단체에서 사전에 설정하는 형태이며, 이를 토대로 1일 관광객 수를 일정 수준으로 제한하여 소규모로 운영한다. 이외에 공정여행에 대한 관광객의 관심 및 기업의 사회적 책임에 대한 인식으로 대형여행사에서 제한적인 형태의 공정여행 상품을 한시적으로 운영한 바 있다[22].

국내 공정관광 움직임은 2007년 12월 시민단체 '이매진피스'가 공정여행 축제와 공정여행 가이드라인을 개발하면서 도입되었으며, 국제활동을 수행하는 NGO 단체를 중심으로 시작되었다. 공정여행 축제는 자발적 참여와 정보 공유를 원칙으로 여행인문학, 여행자 평화행동, 공정여행 가이드북 등 다양한 활동을 수행하였다. 이러한 가운데, 2007년 '사회적기업육성법'이 제정되면서 관광분야에서는 공정여행사의 사회적 기업 지정이 이루어졌으며, 시민단체 중심의 공정여행 움직임이 정책적 · 산업적 분야로 확장되었다. 공정여행사의 사회적 기업 지정은 건전한 여행문화 조성 외에도 청년층, 경력단절 여성, 다문화가정 여성 등 사회취약계층의 일자리 창출 효과를 지니고 있다.[23] 현재 사회적 기업으로 지정되어 있는 공정여행사는 ㈜우리가 만드는 미래, 트래블러스맵, 제주생태관광, 착한여행 등이 있다.

이외에 시민사회단체 등의 형태로 운영되고 있는 공정여행사는 이매진피스, ㈔동북아평화연대, ㈔지속가능한 관광 사회적 기업 네트워크, 국제민주연대, 공정여행카페 등이 있다.

〈표 2-1〉 국내 공정여행 관련 단체

단체명	형태	성격과 활동
이매진 피스	시민사회단체	• 시민단체, 2007년 공정여행 축제개최, 공정여행 가이드라인 개발
(사)동북아평화연대	시민사회단체	• 시민단체, 자체 공정여행 프로그램 운영
(사)지속가능한 관광 사회적기업 네트워크	문화체육관광부 산하 여행사회적기업, 단체개인의 네트워크	• 캠페인, 공정여행포털 사이트 운영(tour4us.net)
국제민주연대	시민사회단체	• 자체 공정여행 프로그램 운영
로드스꼴라	여행학교	• 여행학교, 공정여행기획자 양성
공정여행카페	공정여행들의 모임	• 공정여행방식 공유

자료: 장은경 · 이진형(2010), 공정여행의 국내 사례: 북촌한옥마을 공정여행. 재구성.

국내 공정여행사들은 대부분 아웃바운드, 인트라바운드 상품을 중심으로 운영 중에 있다. 아웃바운드 상품은 주로 라오스 · 캄보디아 · 베트남 등 동남아 지역을 대상으로, 트래블러스맵, 착한여행, 국제민주연대 등에서 판매하고 있으며 인트라바운드 상품은 맞춤형 여행상품, 청소년 대상 여행상품 등을 중심으로 트래블러스맵, 제주생태관광, 착한여행, 공감만세 등에서 판매하고 있다. 대표적인 국내 공정여행 상품은 신안군 증도의 길벗여행사, 전북 진안군 풍덩 여행사에서 지역 관광상품이 있으며 제주 생태체험관광, 북촌 공정여행, 충남연가 등이 있다.

〈표 2-2〉 국내 주요 공정여행사 상품 현황

여행사명	형태	주요 상품
우리가 만드는 미래	역사체험, 문화체험	• 청소년대상 역사문화교육기행 프로그램 운영
트래블러스맵	패키지	• 캄보디아, 지중해, 중국, 일본, 인도네시아, 네팔 상품과 국내 지리산 둘레길, 증도, 청산도 등의 상품
착한여행	패키지	• 라오스, 중국 위안, 미얀마, 베트남, 태국, 캄보디아 등의 메콩강 시리즈 상품, 말레이시아, 일본, 대만 등
제주생태관광	제주지역 생태관광	• 제주테마여행, 생태여행
공감만세	패키지	• 대학생 대상, 서울 북촌여행상품, 필리핀
풍덩	문화탐방	• 지역커뮤니티 중심의 전북 진안군 제1호 마을여행사
길벗	해설프로그램	• 슬로시티 증도지역 마을주민 중심의 해설형 공정여행사

2. 관련 정책 · 제도

(1) 정부 정책

문화체육관광부는 관광산업 분야의 공정거래를 중심으로 공정여행 관련 업무를 수행 중에 있다. 2011년 개최된 '제6회 한 · 중 · 일 관광장관회의'에서는 저가 덤핑상품, 관광사업체 간 불공정 거래관행 개선 등의 내용을 포함하는 '한 · 중 · 일 공정관광 이니셔티브'를 체결하였다. 세부 내용으로는 3국 공동 윤리강령 체결, 우수업체 인센티브 제공 등의 제도적 장치 마련 등이 제시되었다. 또한, 충남 부여에서 개최한 '제2차 T20 관광장관회의'에 참가한 주요 20개국은 각국의 합의를 통해 채택한 '부여선언문'을 발표하였는데, 그 내용으로는 관광산업의 중요성을 강조하고, 관광객들의 여행 장벽 해소, 양질의 일자리 개발, 그리고 공정관광을 통한 최빈국 지원 등의 공동 과제를 포함하며, 관광의 사회적 역할에 대한 내용을 중심으로 하고 있다.[24)]

한국관광공사는 2010년 공정여행 움직임을 확산시키기 위하여 공정여행과 관련한 공식 블로그 개설(신관광 공정여행, http://blog.naver.com/fair_travel), 공정여행 공익광고 배포 등 공정여행 캠페인을 시작하였다. 공정여행을 '현지인에게 도움이 되는 여행, 환경과 자연을 지키는 여행, 지역문화를 이해하는 여행, 그리고 소비가 아닌 관계를 맺는 여행'으로 간주하고, 기존 여행의 문제점 및 공정여행의 필요성, 공정여행 원칙 및 가이드라인 등을 제시하였다. 또한, 문화체육관광부, 지속가능한 관광 네트워크와 함께 공정여행 캠페인 활동을 추진하였다[25)].

문화체육관광부는 2012년 2월 외국인 관광객의 불만을 야기하고 한국관광의 이미지를 실추시키는 바가지요금, 엉터리가이드, 쇼핑강요 저가관광 등의 현안별 종합대책과 함께 공정하고 품격 있는 관광서비스를 위해 불법적 영업 행위에 대한 강력 대처와 함께 관광수용태세의 질적 개선 방안을 발표하였다. 또한 2012년 12월 한 · 중 공정관광 협력을 체결하였는데, 한 · 중 간 건전한 관광 교류 진흥을 위해 불공정 여행시장을 바로잡도록 하자는 취지의 '한 · 중 관광 양해각서 개정'으로 방한 중국관광객 여행 질서를 강화하고자 하였다.[26)]

이외에 공정여행 관련 정책으로는 사회적기업육성법, 마을기업육성사업 등이 있다. 사회적 기업은 사회적 가치를 실현하는 수익모델을 통하여 기업의 지속가능성을 모색하기 위한 사업으로, 2007년 정부의 '사회적기업육성법'이 제정되면서 본격 추진되었다. 관광 분야의 사회적 기업은 2009년 문화체육관광부와 노동부 간 문화 · 관광 · 체육분야 사회적기업 육성을 위한 MOU 체결로 활발히 추진 중에 있으며 (주)착한여행, (주)노리단, (주)이장 등이 대표적이다. 서울은 (주)착한여행, (주)노리단, 시민문화네트워크 티팟(주), (사)한옥문화원, (사)문화우리, (주)도서출판 점자, 성공회푸드뱅크 이바지 사업단 등이 있다. 이외 지자체에서는 사회적 기업 인증요건에 미치지는 못하나, 사회적 서비스를 제공하는 기업에 대하여 예비사회적 기업을 지정하여 사회적 기업 지정을 지원하고 있다. 마을기업은 지역의 자원을 활용하여 마을주민주도의 사업을 통한 안정적 소득 및 일자리를 창출하는 마을단위 기업형태를 의미한다. 2010년에 시범 도입된 「자립형 지역공동체사업」을 안정적 일자리 창출에 중점을 둔 마을기업으로 변경하였다. 2011년부터 본격적으로 정부에서 마을기업 육성을 추진하였다. 관광분야 마을기업 사업은 CBT(커뮤니티 기반 관광)사업과 유사한 형태로 추진되었다. CBT사업은 지역주민이 주도적으로 지역 관광사업을 기획 · 실행하여 그 수익이 지역 내에 환원되는 관광형태를 의미한다.[27)] 대표적인 CBT사업 사례로는 안성 지역사회의 네트워크를 통하여 예술 · 문화 체험 및 농촌 체험, 그리고 브랜드 체험 등의 관광 상품을 운영하는 안성시 '안성맞춤'이 있다.[28)]

(2) 관련 법 · 제도

국내 관광사업체의 등록 · 허가 · 지정 등뿐만 아니라 공정관광상품을 주로 취급하는 여행업에 대해서는 관광진흥법에 기준을 명시하고 있다.

〈표 2-3〉 관광진흥법상 등록 · 허가 · 지정 및 등록취소 기준

구분		주요 내용
관광사업체	제4조(등록)	• 여행업, 관광숙박업, 관광객 이용시설업 및 국제회의업의 등록 절차 · 기준 제시
	제5조(허가와 신고)	• 카지노업의 허가 절차 · 기준 제시
	제6조(지정)	• 관광편의시설업의 지정 방법 제시
	제7조(결격사유)	• 사업계획 승인 불가에 대한 기준 제시 – 금치산자한정치산자, 파산신고, 등록승인 취소, 해당 법의 위반 등
여행업	제12조(기획여행의 실시)	• 기획여행 실시에 대한 여행사의 요건 제시
	제13조(국외여행 인솔자)	• 인솔자의 자격 요건
	제14조(여행계약 등)	• 여행상품 계약 요건(안전정보, 여행일정표, 약관 제공) 제시
영업에 대한 지도와 감독	제35조(등록취소 등)	• 관광사업체에 대한 등록취소 기준 명시 – 해당 조항을 위반한 기획여행 실시, 안전정보 · 여행계약서 미제시 · 여행일정 변경(선택관광 일정 포함), 여행계약 위반, 국외여행 미등록 인솔자 고용 등

자료: 한국관광공사(2012), 모두가 행복한 서울관광 만들기: 공정관광. 재구성.

(3) 국내 공정관광 사례

• 트래블러스맵(Travelers' MAP: Travelers Make an Amazing Planet)

트래블러스맵은 인트라바운드 · 아웃바운드 공정여행을 중심으로 하는 공정여행사로, 노동부 인증 여행부문 1호 사회적 기업이다. 비전 및 목표는 '여행자에게는 최고의 기회, 지역에게는 최선의 기여, 환경에 최소의 영향'으로, 지속가능한 관광의 원칙을 중심으로 관광객, 지역사회, 그리고 환경을 고려하는 상품을 기획 · 운영하고 있다. 주요 여행상품으로는 아시아, 유럽, 아프리카 지역 아웃바운드 상품을 중심으로 국외 공정여행 상품, 남미 지역 아웃바운드 상품과 한국 인바운드 상품(일본시장 대상)이 있다. 트래블러스맵의 국외 공정여행 상품의 특징은 지역주민이 거주하는 가옥에 대한 홈스테이 프로그램 운영, 마을 지원기금 조성 및 기부 등이다.[29)]

국내 공정여행 상품은 도보, 트레킹, 에코 · 생태관광의 형태로 구성되며, 농 · 어촌 지역 중심으로 주로 맞춤형 상품, 청소년 대상 상품을 중심으로 운영된다. 지리산 둘레길 상품의 경우 지리산 숲길, 둘레길 트레킹 중심으로 운영되며 이동수단은 대중교통을 중심으로 하여 탄소배출을 최소화하고 농가를 활용한 민박상품으로 구성된다. 현지 교류 및 지역 특산물을 활용한 프로그램 등을 포함한다. 트래블러스맵의 국내여행 상품은 현지 먹거리 · 숙박시설 이용을 중심으로 하

여 해당 지역에 대한 직접적 이윤을 전달하고 있다.

〈표 2-4〉 트래블러스맵 지리산 둘레길 상품

특징	시사점
• 2박 3일 일정, 지리산 숲길, 둘레길 트레킹 중심으로 운영 • 마을 농가를 활용한 민박 상품으로 구성 • 현지 교류 · 지역 특산물을 활용한 프로그램 구성	• 지리산 둘레길 조성 · 관리단체인 사단법인 숲길과 제휴하여 운영 • 최근 관광객 급증으로 지역의 통제력 상실 • 현재 관광객 행동 관리를 위하여 지리산 둘레길 여권 발행 등 구상 중

자료: 한국관광공사(2012), 모두가 행복한 서울관광 만들기: 공정관광. 재구성.

• **착한여행**

착한여행은 인트라바운드 · 아웃바운드 여행 중심의 공정여행사로, 2010년 사회적 기업으로 지정되었다. 착한여행의 공정여행 원칙은 방문지역에 대한 존중 · 배려, 체험 · 경험 등을 중심으로 하여 책임여행의 특징과 유사하다. 착한여행은 'People', 'Place', 'Practice' 등 3개 가치를 지향하는데 이는 지역주민의 인권 및 지역사회의 발전 등 관광을 통한 호스트커뮤니티의 삶의 질 개선에 주안점을 두며, 이를 기반으로 하는 관광객의 배움 · 즐거움을 강조하고 있다. 한편, 착한여행에서는 아시아 '아름다운 동행'을 위한 3개 캠페인(탄소상쇄 캠페인, 소수민족과 원주민 이야기 속으로, 세상을 바꾸는 여행)을 시행하였다.[30)]

착한여행의 국외 공정여행은 베트남, 라오스, 일본, 메콩강 시리즈 등을 중심으로 운영하고 있다. 이 중 라오스 상품은 나눔의 책파티, 천연염색체험, 탓박체험 등이 있으며 태국 상품은 코끼리 보호센터 방문, 유기농 태국 요리 배우기, 고산족 마을 공동체 홈스테이 등이다. 베트남 상품은 사회적 기업 이용, 반호마을 나무심기 통한 탄소상쇄 운동 등을 프로그램으로 운영하고 있다.

국내 상품으로는 증도 공정여행 상품, 경주 · 공주 · 부여지역 소규모 수학여행 상품 등이 있다. 증도 공정여행 상품은 태평염전 갯벌체험, 해송숲 걷기 등으로 구성되며 증도 지역 사회적 기업인 '길벗'과 연계하여 지역에 대한 해설서비스를 제공한다. 맞춤여행 상품은 소규모 수학여행 중심이며, 국립공원과 연계하여 자연생태체험 프로그램, 화랑방랑기 경주 상품 등을 운영 중에 있다.

〈표 2-5〉 착한여행의 신안군 증도 공정여행상품

특징	시사점
• 태평염전 갯벌체험, 해송숲 걷기 등으로 구성 • 공정여행상품은 증도 지역 사회적 기업인 '길벗'과 연계하여 지역에 대한 해설서비스 제공 • 현지 교류 · 지역 특산물을 활용한 프로그램 구성	• 지역커뮤니티는 관광에 대한 지역의 통제력 · 잠재력을 지녀 가장 중요한 요소 • 공정여행상품의 성공적 운영을 위해서는 지역이 지니는 독특성을 발굴하고, 스토리를 개발하는 것이 선행 필요

자료: 한국관광공사(2012), 모두가 행복한 서울관광 만들기: 공정관광. 재구성.

• 유디투어

장애인 전문 여행사인 유디투어는 투어웰과 휠체어투어가 합병하여 2011년 5월 설립되었다. 주요 시장은 장애인 및 장애인 동반 가족이며, 장애인의 여행편의 · 접근성 등을 고려하여 상품을 기획 · 운영하고 있다. 유디투어는 장애인의 관광기회 보장을 위하여 '비록 몸은 불편해도 여행은 세상에서 가장 편하게'라는 슬로건으로, 장애 유형별 특성에 맞추어 상품을 기획 · 운영함으로써 신체적 장애 유형별 여행편의 · 요구를 고려하고 상품 기획 시, 현지를 직접 방문하여 기획 · 조정 · 운영하는 것을 원칙으로 하고 있다.

국외 여행상품은 사이판, 일본, 중국, 동남아, 그리고 호주 지역을 중심으로 가족여행, 신혼여행, 장애학생 체험학습, 그리고 해외복지시설 탐방 등의 형태로 기획 · 운영되고 있다. 사이판 신혼여행 상품의 경우 3박 5일 일정으로 운영되는데, 객실은 장애인 룸을 이용하며, 시각장애인은 체험, 지체 장애인은 경치 구경 등을 중심으로 일정을 구성하고 있다. 국내 여행상품은 울릉도 · 독도 지역, 강원도 지역, 제주도 지역, 충남 안면도 등을 중심으로 운영되며 일정 및 프로그램은 일반 여행상품과 유사하나, 상품 운영 시, 장애 유형을 고려하여 프로그램 및 일정을 변경하여 진행한다.[31)]

〈표 2-6〉 유디투어의 국내 상품

특징	시사점
• 일정 및 프로그램: 일반 여행상품과 유사 • 장애유형을 고려하여 일정 및 프로그램화 – 시각장애인 유형: 음식관광 등 체험 중심 – 지체장애인 유형: 경치관람 등 구경 위주	• 장애 유형별 특성을 고려한 프로그램 기획 · 운영 • 대부분의 국내 관광지가 장애인 시설을 확보하고 있지 못하는 실정으로, 시설 개선 선행 필요

자료: 한국관광공사(2012), 모두가 행복한 서울관광 만들기: 공정관광. 재구성.

- **제주생태관광**

제주지역 대중관광에 대한 문제의식으로 바탕으로 2010년 사회적기업으로 인증된 공정여행사이다. 제주생태관광의 비전은 '사람과 자연, 그리고 생명이 소통하는 공정한 여행'으로, 제주지역의 환경, 관광객, 제주도민을 고려하는 상품을 기획 · 운영하고 있다. 주요 공정여행 상품은 단체/기관연수 프로그램, 청소년 수학여행, 바닷가마을 체험여행, 제주의 역사문화여행, 곶자왈 습지생태여행, 삶의 여백 휴여행 등이 있다. 동백동산 습지생태관광 선흘곶자왈 상품은 동백동산 생태관광을 중심으로 하는 상품으로, 생태자원의 지속가능한 활용과 보전을 위하여 기획되었다. 선흘2리 부녀회와 연계하여 관광객에 지역 농산물을 활용한 식사를 제공하고, 지역 특산물을 판매하는 등 관광이 지역에 실질적 소득으로 작용할 수 있도록 한다. 그리고 생태해설과 함께 동백동산 습지 산책을 통하여 생태자원을 체험할 수 있도록 하고 일회용품 사용을 금지하여 환경에 대한 부정적 영향을 최소화하였다. 이외에 제주지역의 역사 및 현안을 중심으로 하는 평화여행 프로그램 등이 운영 중에 있다.[32)]

〈표 2-7〉 트래블러스맵의 지리산 둘레길 상품

특징	시사점
• 생태자원의 지속가능한 활용과 보전 목적 • 선흘2리 부녀회와 연계하여 지역 농산물을 활용한 식사 제공, 지역특산물 판매 등 실질적 소득 제공 • 프로그램 운영 시, 10여 명 내외로 인원수 제한, 일회용품 사용 금지	• 생태, 문화뿐만 아니라 사회적 이슈를 연계하여 관광의 사회적 역할 고민 • 생태 보전을 고려하는 프로그램 운영 및 지역주민에 실질적인 도움 전달

자료: 한국관광공사(2012), 모두가 행복한 서울관광 만들기: 공정관광. 재구성.

제3절 해외 공정관광 동향 및 사례

1. 해외 공정관광 동향

영국에서는 1988년 비공식적인 네트워크를 중심으로 투어리즘 컨선(Tourism Concern)의 공정관광 활동이 시작되었다. 투어리즘 컨선은 여행자의 책임과 윤리적 행동을 중심으로 교육프로그램 운영, 캠페인 활동 등을 실시하여 국제관광이 지니는 사회적 문제에 대한 인식 확산을 위한 활동을 전개하였다(한국관광공사, 2012). 1989년에는 미국의 반세계화운동 단체인 Global Exchange가 새로운 여행형태를 위한 운동을 시작하였는데, Global Exchange는 여행지에서의 인권 유린, 환경 파괴 문제 등을 중심으로 활동을 전개하였다.[33]

공정관광에 대한 관심이 확산되면서 스위스 ATKE(Arbeitskreis Tourismus, Entwicklung), 남아프리카 FTTSA(Fair Trade in Tourism South Africa), 투어리즘 컨선(Tourism Concern)이 중심이 된 INFT(International Network on Fair Trade in Tourism), 그리고 responsibletravel 등이 윤리적 관광에 대한 인식 공유, 지역주민의 편익, 관광목적지의 자연자원 및 사회문화자원에 대한 보호를 목적으로 활동을 전개하였다.[34]

호주는 「ADS Code of Business Standards and Ethnics」을 만들어 여행산업 전반을 관리하는 한편, 교육 및 정보교류를 강화하여 여행업계와 관련 종사자의 질적 제고를 도모하고 있다. 교육 기능은 호주 내 인바운드 여행사(전담여행사)와 송출국가의 여행산업 관계자 모두를 대상으로 한 프로그램을 운영한다. 인바운드 여행사의 경우 RET, DIAC, TA 등 정부협력그룹(Government Cooperation Group)이 공동으로 매년 주최하는 ADS Development Forum에 의무적으로 참여해야 한다. 이 포럼에서는 ITO를 대상으로 ADS 코드, 이행의무 사항 및 준수에 관해 설명하고 업계의 정보를 공유한다. 타국 아웃바운드 여행사를 위해 Tourism Australia는 「Aussie Specialist Program」을 운영하는데 호주의 역사, 주요 지역 내용 등에 대해 온라인 교육을 받고 인증서를 부여한다. ADS에 관한 정책추진 및 업계 동향을 제공하고자 뉴스레터 'ADS Focus'를 매년 네 차례 발간하였다. ADS Focus에는 중국 인바운드 모객활동에 있어 주의 사항, TA의 마케팅 활동 및 제재 조치를 받은 업계 정보 등을 수록하고 있다.[35]

홍콩은 강요쇼핑에 의한 피해 사례가 가장 빈번히 발생하는 지역으로, 쇼핑 상점에 대한 관리를 엄격하게 함으로써, 가이드와 쇼핑상점 간의 결탁과 이로 인한 강요쇼핑, 바가지쇼핑을 막고 있다. TIC에서는 「입국 단체 쇼핑상점 가맹제도」를 만들고, 우수 쇼핑상점을 중심으로 가맹점을 지정하고 정보를 일반인에게 공개한다. 만약 가맹점이 위법행위를 범했을 때는 벌점이 부여되며, 일정 점수 이상이 되면 임시 영업정지 또는 관련 점포의 등가를 취소할 수 있다. 소비자가 환불을 요청했을 시 마모·손상이 없을 경우 6개월 내 모두 환불 조치하도록 한다.[36]

대만은 여행사의 위법 행위 적발을 위해 일종의 파파라치 제도인 신고포상제를 도입했다. 또한 우수여행사에 대해서는 포상장려금을 지급하는 것이다. 신고포상제의 경우, 여행객이나 그 외 일반인이 여행사의 비윤리적 행위 혹은 덤핑 관광상품 판매를 신고하면, 정부차원에서 조사하고 행정처분을 실시하는 것이다. 우수여행사 포상은 신고포상제와는 반대로 평판이 좋은 여행사에 대해 상금을 지급하는 제도이다.[37]

〈표 2-8〉 Zero Fee 관광 근절을 위한 국가별 정책추진 현황 정리

구분	호주	홍콩	대만	태국
여행일정, 가격 등 계약체결	◎	◎	◎	◎
전담여행사 선정 및 관리	◎	△	◎	△
가이드 인증제 및 질적 관리	◎	◎	○	◎
쇼핑센터 관리	○	◎	△	○
가격규제	△	△	◎	○
여행사 및 가이드 교육	◎	△	△	△
여행서비스 관리(숙박, 음식, 교통 등)	◎	○	◎	△
소비자 보호 및 정보제공	◎	◎	◎	○
단속 및 패널티 부여	◎	◎	◎	◎

자료: 노영순(2011), 공정관광 실현을 위한 해외정책 사례 연구: 중국관광객 유치를 중심으로.

2. 해외 공정관광의 사례

• 투어리즘 컨선(Tourism Concern)

투어리즘 컨선은 관광의 문제점을 개선하기 위해 대량관광의 폐해, 책임 여행의 중요성, 그리고 인권 존중 캠페인을 지속적으로 추진하고 있다. 현재 20개국 900여 명 이상의 관광사업체, 관광객 등이 가입되어 있어 공정여행의 확산을 위한 노력을 추진 중에 있다. 투어리즘 컨선은 관광과 관련된 모든 이해주체 간 신뢰와 존중에 기반하여 모든 이해주체에 대한 동등한 혜택 부여를 원칙으로 한다. 투어리즘 컨선은 관광종사원 처우 개선, 공정관광 원칙 전달 등을 추진하고 있다. 관광종사원 처우 개선과 관련해서는 산악 트레킹 포터들의 권리 향상 캠페인을 실시하여 영국 투어오퍼레이터의 절반 이상이 캠페인에 동참하고 있다. 투어리즘 컨선은 The Good Alternative Traveller's Guide를 제작하여 관광객에 공정관광 원칙을 제시하고 있으며 6개월간 6천 부 이상 판매되었다.[38)]

• 리스펀서블트래블(Responsible Travel)

2001년에 설립된 세계 최초의 공정여행사로, 현재 173개국 978개의 여행사가 가입되어 있으며, 3,800개 이상의 여행 상품을 보유하고 있다. 세계 최대의 책임관광 온라인 투어 에이전트로, 월평균 약 300,000명의 관광객이 이용하고 있다. 또한, Responsible Travel Awards 제도를 운영

중인데, 이는 전 세계 공정여행 상품을 13개 카테고리로 구분하여 시상 및 인증을 실시하고 있다. 카테고리는 관광지, 지역커뮤니티를 위한 숙박, 해저환경, 환경을 고려한 숙박, 산림 환경, 크루즈나 페리 오퍼레이터, 빈곤 해결 등이며 리스펀서블트래블은 캠페인 중심의 공정여행에 대하여 대중적 실천으로 발전시키는 데 기여하고 있다. 리스펀서블트래블의 특징은 NGO 단체 등과 연계하여 생태 · 지역주민 소외 등 관광분야 이슈의 지속적인 정보 제공으로 관광객 · 투어오퍼레이터의 행동 변화를 유도하고 있다는 것이다. 또한, 관광객 피드백을 토대로 하는 모니터링 · 수상제도를 운영하여 공정여행사의 지속적인 개선 노력을 유도하고 있다.[39]

제4절 공정관광의 과제

관광산업의 특성으로 인하여 공정관광을 유도하기 위해서는 공정거래를 지향하는 거래관계와 공정관광을 장려하는 방안이 함께 추진되어야 한다.

1. 공정거래 관계개선 과제

• 여행사와 관광객 간 거래관계 개선

여행상품의 공정한 거래를 위해서 상품을 취급하는 여행사의 경영상의 여행사 난립으로 인한 과다 경쟁의 경제적 어려움 때문에 많은 불공정한 거래를 낳고 있는 것으로 조사되었다. 따라서 불공정한 거래를 방지하는 차원에서 인적자원관리를 위한 제도 개선의 한 방법으로 자격증제도를 도입하여 이를 독려할 필요가 있다. 교육제도를 통한 여행사의 경영 마인드를 높이고 이를 통한 불공정 거래에 대한 윤리적 의식을 강화할 필요가 있다. 개선방안으로는 여행경영사를 위한 교육 제도 도입, 중요표시광고사항 고시, 여행사 및 여행상품의 계층화, 저가덤핑여행상품 인증제, 소비자보호원의 관광전담 부서 설치 등을 검토할 수 있다.[40]

• 관광 중소기업과 대기업 간 거래관계 개선

관광부문 불공정 거래의 사례가 관광 중소기업과 대기업 간에 여행상품을 판매하는 거래과정에서 불공정한 거래가 많이 발생하므로 이를 제도적으로 개선할 필요가 있다. 관광부문의 기업 간의 불공정 거래의 피해가 여행소비자에게 전달되므로 거래의 과정에서 불공정한 원인을 개선할 필요가 있다.

대형여행사의 상품을 소형여행사가 대리 판매하는 경우, 해외사고의 경우, 소비자 불만이 발생했을 때 책임소재의 문제를 계약서에 명시토록 제도화하고 대형여행사가 자사의 대리점인 소형여행사가 모객한 단체를 대상으로 보다 저렴한 금액으로 직판하는 행위 금지를 제도화할 필요가 있다. 또한, 항공사와 여행사 간 거래, 여행사와 호텔업 간 거래, 호텔과 부대업종 간 거래, 콘도업체와 회원 간 거래 등에서 발생하는 불공정 제도를 금지해야 할 필요가 있다. 이를 통해, 관광부문의 거래가 기업 간에 공정해짐으로써 여행상품을 제공받는 소비자의 피해를 줄이고 이로 인한 사회의 불건전한 여행문화를 개선할 수 있다. 또한, 제도의 정착화로 서비스의 수준을 높이고 여행소비자로 하여금 제공받는 서비스에 대한 댓가를 지불함으로써 그 가치와 신뢰성을 높일 수 있다.[41]

- **불공정 여행상품 광고 개선**

여행상품을 구매하는 소비자에게 알권리를 알게 해주는 의무사항을 강조할 필요가 있으며 중요한 사항을 미리 알려줌으로써 소비자들이 여행상품을 구매할 때 상품의 서비스 제공수준을 미리 지각할 수 있도록 해줘야 한다. 여행상품을 광고할 때 중요표시광고사항을 고시하고 추가경비 표기는 '최고, 최저' 표현 없이 '추가경비 ○○원'으로 하되 구성내역 등 상세한 정보를 제공하는 방식을 권장해야 한다. 예를 들어 추가경비의 최대범위는 여행요금의 50% 이내로 제한해야 한다. 이를 통해, 광고를 통해 여행 소비자들이 관광지에서 당할 수 있는 불이익을 미리 방지할 수 있다.[42]

2. 공정관광 진흥 과제

- **공정관광 거래 가이드라인 구축**

주체별 공정관광행동의 원칙을 제시하여 공정관광에 대한 관광객 및 관광사업체의 이해를 제고하고, 책임감 있는 행동을 유도하기 위해 공정관광 거래 가이드라인의 구축이 필요하다. 관광객 공정관광 가이드라인의 내용으로는 관광이 지역사회 · 생태에 미치는 부정적 영향에 대한 정보 제공, 국내외 공정관광 동향, 공정관광 상품에 대한 정보 제공, 지역주민 삶의 질 · 생태 등을 존중하는 공정관광행동에 대한 원칙 제시, 관광사업체 및 관광상품 선택 시 고려하여야 할 사항과 선택 기준에 대한 원칙 제시 등이 있다. 관광사업체 공정관광 가이드라인의 내용으로는 관광사업체 인식 개선을 위하여 관광이 지역사회 · 생태에 미치는 부정적 영향에 대한 정보 제공, 공정여행 상품 개발에 대한 가이드라인, 공정여행 상품의 사업성 정보 제공, 지역주민 삶의 질 · 생태 등에 대한 존중, 지역사회에 대한 경제적 혜택, 부여 등을 포함하여 관광사업체의 공정관광 원칙 제시, 공정한 거래의 기준 및 고려사항에 대한 원칙 제시 등이 있다.[43)]

- **공정관광 상품 발굴 · 인증제 추진**

기존 생태 · 전통문화 중심의 공정관광 상품에 대하여 현대문화, 지역의 산업과 연계할 수 있는 사업영역으로 확대 발굴하여 여행사의 공정관광 상품의 기획 · 운영을 유도하기 위하여 공정관광 상품 인증 추진이 필요하다. 유형별 공정관광 상품 개발과 관련해서는 공정여행 상품 소재 다양화, 공정여행사 및 일반여행사를 대상으로 지역주민 · 생태 · 관광객 그리고 관광산업 등 공정관광 유형별 공정성을 강조한 공정관광 상품 개발에 대한 공모사업을 추진할 수 있다. 공정관광 상품 인증과 관련해서는 우수 여행상품에 대하여 공정관광 상품으로 인증하여 여행사의 공정여행 상품 개발을 유도하고 기존 우수여행상품 인증제를 변형 · 확대하여 공정관광 상품 인증제를 추진한다. 이를 이해 업체들로부터 신청을 받아 심사하여 우수 여행상품을 인증한다. 소비자가 고품격의 상품을 구매할 수 있는 기회를 제공하고 소비자 보호 차원을 넘어서 관광업의 활성화를 위해서도 필요하다. 인증된 상품에 대해 구체적인 지원책을 펴서 고품격 여행시장의 리더 역할을 하게 하는 정책이 필요하다.[44)]

- **공정관광 정보센터 · 네트워크 구성**

공정관광 정보센터 및 네트워크를 구성하여 국내 공정관광 활성화를 위한 추진기반을 마련할 수 있다. 공정관광 정보센터 운영과 관련해서는 관광객 행동관리 전달 · 교육 등에 대한 기능 수행, 내국인 · 외국인관광객을 대상으로 서울 공정관광 정보센터를 운영하여 공정관광 정보 전달 및 안내 공간으로 활용, 서울지역 공정관광 수행을 위한 네트워크로 활용하고, 구별 · 동별 이해주체 간 협의체에 대한 관리역할 수행 등이 요구된다. 여기서 이해주체 간 협의체를 구성하는데 있어, 현재 운영 중인 지역 협의체와 연계하여 구성하는 것이 바람직하다. 협의체는 지역주민, 관광관련업체, 시민단체, 담당공무원 등이 포함되어야 한다. 중앙 차원의 자문 및 심의체계 구축도 필요하다. 공정관광위원회를 구성하여 국내 공정관광 추진의 자문 및 관련사업 심의 등의 역할을 수행하도록 해야 하며 유형별 관련 전문가를 중심으로 자문 및 심의체계를 구축하여 공정관광의 실행력을 제고해야 한다.[45)]

- **관광사업체 패널티 부과 제도 운영**

관광사업체의 관광사업으로 인한 지역주민의 삶의 질 침해에 대하여 관리할 수 있는 장치를 마련하여 지역주민의 주거권 피해에 대한 보상 · 관리 체계 추진이 필요하다. 지역주민 민원을 중심으로 운영되는 관광사업체 패널티 부과 제도를 운영할 수 있다. 관광사업체 패널티 부과 제도 도입에 대한 지역 차원의 검토로, 패널티 부과 제도 운영의 세부내용을 결정해야 한다. 관광사업체의 관광사업으로 인한 지역주민 민원 발생 시 패널티 제공, 일정 횟수 이상의 패널티 제공 시 관광사업체에 벌금을 부과하여 지역발전기금으로 활용 등을 검토해야 한다. 또한, 지역주민을 대상으로 관광사업체에 의한 피해조사를 반기별로 실시하여 관광사업체의 사업추진에 대하여 지속적으로 감시 · 관리해야 한다.[46)]

참고문헌

1) 오정진(2010). 법의 공정성; 허구적 당위에서 실천으로. 『법학연구』. 51(2). pp.131-155.
2) 박건영(2011). 비교우위 원리와 공정무역의 조화에 관한 연구. 『關稅學會誌』. 12(1). pp.303-324.
3) 엄은희(2010). 공정무역 생산자의 조직화와 국제적 관계망: 필리핀 마스코바도 생산자 조직을 사례로. 『공간과사회』. 33. pp.142-180.
4) Mahony, K.(2007). Certification in the South African Tourism Industry; the Case of Fair Trade in Tourism. Development Southern Africa. 24(3). pp.393-408.
5) Kalisch, A.(2001). Tourism as Fair Trade: NGO perspectives. Tourism Concern. London.
6) Tourism Concern(2000). Bulletin 1 Fair Trade in Tourism. Spring 2000(URL: http://www.tourismconcern.org.uk/pdfs/introduction.pdf).
7) Tourism Concern(1999). The International Network on Fair Trade in Tourism(URL: http://www.tourismconcern.org.uk/pdfs/fairtrade20in20tourism.pdf).
8) 임영신(2010). 공정한 삶으로 떠나는 여행. 『복음과 상황』. 224(특집호).
9) Tourism Concern(1999). The International Network on Fair Trade in Tourism(URL: http://www.tourismconcern.org.uk/pdfs/fairtrade20in20tourism.pdf).
10) 임영신 · 이혜영(2009). 희망을 여행하라. 소나무.
11) 트래블러스맵(2016). 홈페이지(http://www.travelersmap.co.kr).
12) 착한여행(2016). 홈페이지(http://www.goodtravel.kr).
13) 리스판서블트래블닷컴(2016). 홈페이지(www.responsibletravel.com).
14) 공감만세(2016). 카페(http://cafe.naver.com/riceterrace).
15) 장은경 · 이진형(2010). 공정여행의 국내 사례: 북촌한옥마을 공정여행. 『관광연구논총』. 22(2). pp.27-47.
16) 한국관광공사(2012). 모두가 행복한 서울관광 만들기: 공정관광.
17) 황희정 · 이훈(2011). 공정관광의 개념 분석-이론화를 위한 고찰, 『관광학연구』. 35(7). pp.77-101.
18) 한국문화관광연구원(2010). 최근 관광트렌드 변화와 향후 정책방향.
19) UNWTO(2016). 홈페이지(http://unwto.org).
20) 오익근(2011). 공정관광으로 가는 정책. 한국관광정책(43).
21) 장은경 · 이진형(2010). 공정여행의 국내 사례: 북촌한옥마을 공정여행.
22) 한국관광공사(2012). 모두가 행복한 서울관광 만들기: 공정관광.
23) 한국관광공사(2012). 모두가 행복한 서울관광 만들기: 공정관광.
24) 한국관광공사(2012). 모두가 행복한 서울관광 만들기: 공정관광.
25) 한국관광공사(2012). 모두가 행복한 서울관광 만들기: 공정관광.
26) 문화체육관광부(2012). 보도자료.
27) 송영민(2010). 커뮤니티 기반 관광의 지속가능성에 대한 고찰. 『관광학연구』. 34(4). pp.249-272.
28) 한국관광공사(2012). 모두가 행복한 서울관광 만들기: 공정관광.
29) 한국관광공사(2012). 모두가 행복한 서울관광 만들기: 공정관광.

30) 한국관광공사(2012). 모두가 행복한 서울관광 만들기: 공정관광.
31) 한국관광공사(2012). 모두가 행복한 서울관광 만들기: 공정관광.
32) 한국관광공사(2012). 모두가 행복한 서울관광 만들기: 공정관광.
33) 임영신(2009). 대안의 여행, 공정여행을 찾아서. 『초점과 대안』. pp.124-143.
34) Mahony, K.(2007). Certification in the South African Tourism Industry; the Case of Fair Trade in Tourism. Development Southern Africa. 24(3). pp.393-408.
35) 임영신(2009). 대안의 여행, 공정여행을 찾아서. 『초점과 대안』. pp.124-143.
36) 임영신(2009). 대안의 여행, 공정여행을 찾아서. 『초점과 대안』. pp.124-143.
37) 임영신(2009). 대안의 여행, 공정여행을 찾아서. 『초점과 대안』. pp.124-143.
38) 한국관광공사(2012). 모두가 행복한 서울관광 만들기: 공정관광.
39) 한국관광공사(2012). 모두가 행복한 서울관광 만들기: 공정관광.
40) 한국문화관광연구원(2010). 관광부문 불공정 사례 및 개선방안.
41) 한국문화관광연구원(2010). 관광부문 불공정 사례 및 개선방안.
42) 한국문화관광연구원(2010). 관광부문 불공정 사례 및 개선방안.
43) 한국관광공사(2012). 모두가 행복한 서울관광 만들기: 공정관광.
44) 한국관광공사(2012). 모두가 행복한 서울관광 만들기: 공정관광.
45) 한국관광공사(2012). 모두가 행복한 서울관광 만들기: 공정관광.
46) 한국관광공사(2012). 모두가 행복한 서울관광 만들기: 공정관광.

제 3 장

노인복지관광

이봉구

동의대학교 국제관광경영학과 교수

강원대학교 관광경영학과 졸업
University of Utah 졸업 (Recreation and Leisure 전공)
Texas A&M University 졸업 (Recreation, Park, and Tourism Sciences 전공)

현) 동의대학교 상경대학 국제관광경영학과 교수
현) 지역발전위원회(한국산업기술평가관리원) 지역발전 사업 평가위원
현) 한국관광학회 편집위원장
현) (사)노인생활과학연구소 이사

bongkoo1@deu.ac.kr

허중욱

강원대학교 관광학과 교수

경기대학교 대학원 여가관광개발학과 졸업(관광학박사)
Visiting scholar, University of Nebraska-Lincoln
Secretary & Co-Editor, CLARINET(The Coastal Linkage of Academic and Research Institutions' Network in Northeast Asia)
문화유산해설사 (언어: 영어), UNESCO 인류무형유산 강릉단오제
한국농어촌관광학회 편집위원장

hcuk@kangwon.ac.kr

제 3 장

노인복지관광

이 봉 구 · 허 중 욱

제1절 복지관광의 태동 및 발전

제2차 세계대전 이후 가처분소득과 여가시간의 증가로 일반 대중의 관광 참여기회는 획기적으로 확대되었다. 관광은 인간으로서의 존엄과 가치 그리고 삶의 질을 향상시킬 뿐 아니라 사회적 통합 달성에 기여한다.[1] 이를 고려할 때 모든 국가의 중앙 및 지방정부 그리고 공공기관은 사회 구성원들의 관광활동 참여를 촉진하는 환경을 적극적으로 조성하여야 할 것이다. 그러나 사회의 일각에는 경제적 · 신체적 · 시간적 여건으로 인해 관광활동에 참여하지 못하는 관광소외계층이 항상 존재하여 왔을 뿐 아니라 이들에 대한 관심 또한 미흡하였음은 부인할 수 없다. 복지관광(social tourism 또는 welfare tourism)은 이들에 대한 관광 참여 기회 확대와 관련된 노력들의 총체라 할 것이다. 즉, 복지관광은 관광소외계층인 사회적 약자의 관광기회 확충을 통한 복지국가실현을 위한 사회복지정책의 일환이라 할 것이다.

복지관광은 1936년 프랑스 프롱(Front) 정부의 노동자 휴가권을 인정한 복지법(Lois Sociales) 채택과 국제노동기구(ILO)에 의한 유급휴가 원칙에 대한 국제적 협약체결로부터 시작되었다.[2] 1948년 선포된 UN 권리장전(Universal Declaration of Human Rights)은 ILO의 원칙을 반영하여 '모든 사람은 근로시간의 합리적 단축과 정기적 유급휴가를 통해 여가를 즐길 수 있는 권리를 가지고 있다'라고 명시함으로써 노동자의 유급휴가(paid holiday)에 대한 기반을 마련하였다. 스위스정부는 1939년 여행금고협동조합 창설, 특별입법조치 제정, 스위스관광협회를 통한 여행경비 보조 등과 같은 정책을 통하여 관광의사가 있음에도 관광활동에 참여 못 한 계층의 관광 참여기회를 확대하였다.[3]

제2차 세계대전 이후 많은 나라에서 복지관광과 직간접적으로 관련된 건축물에 대한 정책(예:

각종 건축물과 기간시설 신 · 개축 등을 위한 보조금 지급) 및 사람에 대한 정책(예: 휴가 지원 정책)을 마련함에 따라 복지관광의 기반이 점차 확충되기 시작하였다. 또한 이 시기에 복지관광의 장려 · 확산을 주요 목표로 삼은 많은 단체들(예: 국제캠핑 · 캐러배닝연맹, 국제유스호스텔연맹 등)이 산업협회 및 노동조합 주도로 창설되었다. 이후 1956년 스위스에서 개최된 제1회 국제복지관광대회에서는 ① 휴가제도, ② 여행 및 휴가자금의 지원, ③ 수송수단, ④ 숙박 · 식사 및 사회적 요양시설, ⑤ 여행 및 휴가기간에 관한 조언, ⑥ 홍보 등과 같은 영역에서 복지관광이 지향해야 할 정책방향을 제시하였다. 1959년 오스트리아에서 열린 제2회 국제복지관광대회에서는 복지관광에 대한 국제적 정의를 도출하였다. 이러한 노력은 1963년 A. Haoulot의 주도로 복지관광의 국제적 확산을 목적으로 국제 소셜투어리즘기구(International Bureau of Social Tourism, BITS)가 설립되는 것으로 이어졌다. 1996년 캐나다 몬트리올에서 채택된 BITS선언은 복지관광을 인본주의적 및 사회적 관점을 반영한 현상임을 강조하면서 복지관광의 가치를 ① 사회 형삭반(形削盤), ② 경제적 성장 조력자, ③ 지역의 개발과 발전에 기여, ④ 세계 개발 프로그램의 파트너 등과 같은 역할에 있음을 제시하면서 그 필요성을 주창하였다.[4)]

세계관광기구(WTO, World Tourism Organization) 역시 복지관광의 확산을 위해 적극적인 노력을 기울여 왔다. 1978년 세계관광기구(WTO)는 복지관광을 휴양권 행사가 극히 어려운 사람들을 위해 국제사회가 추구해야 할 목표로 제시하였다.[5)] 1980년 국제관광에 관한 마닐라선언에서는 관광을 인간생활의 기본적이고 필수적인 생활현상임을 천명하면서 휴가 · 여가 · 여행에 대한 개인의 권리와 자유는 인간의 기본권이므로 각국은 법률에 의거 보장함과 동시에 "만인을 위한 관광(Tourism for All)"을 관광정책의 우선순위에 둘 것을 권고하였다.[2)] 1982년 세계관광대회에서는 여가, 휴가 및 유급휴가의 권리와 함께 사회 모든 계층의 휴가 참여를 촉진하는 사회적 환경조성 및 법률제정을 촉구하였다. 1999년 9월 칠레 산티아고에서 개최된 제13차 세계관광기구(WTO) 총회에서는 관광소외계층인 가족, 청소년, 학생, 노인, 그리고 장애인을 위한 관광을 장려하고 촉진할 것을 세계관광 윤리강령 제7조 '관광에 대한 권리'에 명시함으로써 복지관광이 공공기관의 책임임을 강조하였다.[6)]

우리나라 복지관광정책은 관광소외계층에 대한 관광기회 부여 · 확충을 통해 국민복지증진을 목적으로 한 관광기본법 제정(1975년)으로 시작되었으나, 1982년 국제관광공사가 한국관광공사로의 명칭 변경과 함께 국제관광과 국민관광을 동시에 육성하는 다양한 정책의 마련 이전까지는 두드러진 성과가 없었다. 특히 한국관광공사가 계층 · 지역 간 이해증진과 화합도모를 목적으로 장애인, 고아원생 및 소년소녀가장 등 관광소외계층에 대한 초청관광행사를 1980년대 중반 이후부터 실시함으로써 전 국민에게 관광의 중요성을 고취시키는 한편 취약계층에 대한 사회적 관심

을 제고하는 등 복지관광의 틀을 갖추게 되었다.[7]

2000년 문화관광부는 관광부문 10대 중점추진과제 중 하나로 복지관광 확대를 선정하고, 국내관광 신규 수요창출을 통한 국내관광 및 지역경제 활성화와 관광소외계층을 위한 복지관광 행사의 재원 마련을 목적으로 국민관광상품권을 발행하였다. 이는 2001년 6월부터 한국관광협회중앙회 주관하에 (주)코리아트래블즈가 발행 및 운영하고 하나은행이 판매한 것으로, 숙박 · 교통 · 쇼핑 · 레저 · 식당 · 여행사 등 한국관광협회중앙회 산하 회원사(관광사업체) 및 가맹점에서 관광과 관련된 상품 및 서비스 구입에 사용가능한 상품권을 의미한다. 국민관광상품권의 수익을 통한 복지관광 행사는 한국관광협회중앙회 주관으로 2001년도부터 진행되어 왔으나, 2004년까지 연간 프로그램별 참여 인원이 35~100명 내외로써 그 규모나 내용면에서 제한적이었다.

이후 노무현 정부는 관광정책 18대 과제 중 하나로 소외계층에 대한 관광기회확대사업을 추진하였다. 주요 내용은 ① 고령자 · 장애인 · 저소득층 · 외국인 근로자 대상 복지관광 프로그램 확충(연간 5천만 원→10억 원), ② 소년소녀가장 · 기초생활수급대상자 등에 대한 관광지 · 역사유적지 입장 요금 할인제도 확대, ③ 고령층 관광 모델지구 조성 및 자원봉사자 프로그램 운영, ④ 기업의 근로자 휴양시설 건설시 인센티브 부여(세제, 자금 지원 등), ⑤ 박물관 · 전시관 · 미술관 등 문화관광 시설 이용 촉진 유도, ⑥ 국공립 시설의 연간회원권 또는 종합이용권 지원 검토 등이다.[8]

문화관광부는 2004년 수립한 관광진흥 5개년 계획(2004~2008)에서 ① 기업의 노동자 휴양시설 건설 지원 및 기업 인센티브 개발, ② 청소년 여가관광 체험프로그램 개발 지원, ③ 실버계층을 위한 관광휴양시설 확충 지원, ④ 소외계층 문화관광 시설 이용 지원, ⑤ 소외계층 초청관광프로그램 확대, ⑥ 노약자 관광서비스 지원체계 구축, ⑦ 문화관광 시설 내 장애인 편의시설 설치 확대 등을 주요 과제로 제시함으로써 관광소외계층의 관광기회확대에 필요한 기반을 구축하고자 하였다.[9]

2005년 이후 우리나라 복지관광의 주요 정책은 ① 관광진흥개발기금법에 복지관광 활성화 근거 명시 및 여행경비 일부를 지원(여행경비의 40%, 15만원 이내)하는 '여행바우처' 제도 도입, ② 복지관광 참여 대상 및 인원 확대, ③ 전국 관광지 장애인 편의시설에 대한 매뉴얼 작성 및 배포, ④ 관계부처 · 기관과의 협력강화를 통한 최적 지원 대상 선정 및 대상별 특성화 프로그램 개발, ⑤ 관련기관(지자체 및 민간기업 등)의 참여 독려, 사회적 지원분위기 유도 등을 들 수 있다. 이러한 정책들은 2012년 문화체육관광부가 발표한 제3차 관광개발기본계획(2012~2021)에서 "국민이 행복한 생활 관광환경 조성"을 위한 사업으로 이어졌다.[10]

〈표 3-1〉 제3차 관광개발기본계획(2012-2021)상의 복지관광 관련 계획

사업	구체적 내용
국민 생활관광 활성화	• 국민 가족 휴양촌 조성 • 도시공원 생활관광 자원화 • 국민 생활관광 참여 촉진을 위한 제도개선(예: 근로자 휴양시설 제공 기업에 금융·세제상 인센티브 제공, 직장인 연차휴가 사용 촉진 등) 환경 조성
고품격 실버관광 추진 확대	• 종합리조트형 실버타운 건설 • 실버관광 활성화 제도 개선(예: 시설 및 프로그램에 대한 융자 및 세제혜택 인센티브) • 고품격 실버관광 상품개발
청소년 관광	• 청소년수련시설 확충 • 전문화된 수학여행 프로그램 개발 • 유스호스텔 선진 시스템 개발 • 청소년 우수 관광시설 인증제 시행
취약계층의 관광향유를 위한 여건 조성	• 여행바우처[a] 사업의 확대 실시 • 취약계층 활동 우수 관광지 인증제도 도입(예: 취약 계층 관광 모니터 투어) • 관광 볼런티어 제도 도입 • 취약계층 맞춤형 관광콘텐츠 개발(예: 치유프로그램, 가족화합 프로그램, 자연소리 체험 등)
장애인관광 여건 개선	• 관광시설의 무장애화 추진 • 장애인 시설 설치를 위한 제도 마련(예; 민간의 장애인 관련 시설 설치에 대한 일정 비용 지원, 세제혜택 등) • 관광 관련법에 노약자 관광권리와 시설 설치에 대한 조항 삽입 • 장애인 관광 편의시설 확충 및 인력 양성

주: 문화체육관광부(2011.12.). 제3차 관광개발기본계획(2012-2021).
a) 여행바우처는 2014년부터 문화바우처, 스포츠바우처와 함께 문화누리카드로 통합됨.

역사적으로 복지관광에 대한 초기 논의는 노동자에 집중되었으나 오늘날에는 여가 및 관광은 인간의 기본권이라는 인식 및 경제적 발전은 사회적 정의와 균형을 이룰 때 진정한 가치가 있다는 인식이 확산됨에 따라 노인, 장애인, 경제적 취약 계층, 아동 및 청소년, 다문화가정 등 다양한 관광취약계층을 중심으로 논의가 이루어지고 있다.

제2절 복지관광의 개념 및 이념

복지관광에 대한 다양한 정의(〈표 3-2〉 참조)를 종합하면 가처분소득 및 여가시간의 증대로 인해 자연발생적으로 등장한 대중관광과는 달리 복지관광이란 청소년·가족·노인·신체적 장애인·저소득층 등 관광취약계층의 여가 및 관광권 실현을 목적으로 국가나 사회가 인위적·정

책적 · 제도적으로 추진하는 프로그램, 성과물, 그리고 활동들의 총체라 하겠다.[2)11)12)13)14)15)16)] 결국 복지관광을 통해 개인의 자아실현, 행복권 향상, 삶의 질 향상, 사회적 형평성을 실현하고자 하는 데 그 목표가 있다. 복지관광에 대한 관심과 요구는 물질성장위주의 효율성이 강조되는 현대에서 사회적 취약계층과 타 계층 간 격차가 심화됨에 따라 균형 잡힌 경제적 성장과 사회적 정의에 대한 사회적 공감대가 형성되었기 때문이라 하겠다.

〈표 3-2〉 복지관광의 정의

학자	정의
유럽경제사회위원회 (European Economic and Social Committee)	① 경제적 여건, 신체적 · 정신적 장애, 개인 · 가족 소외, 이동곤란, 지리적 오지, 기타 등과 같은 원인으로 관광권 행사가 전체 혹은 일부 불가능할 것, ② 관광권 행사를 저해하는 원인을 제거 또는 감소하기 위한 일련의 노력을 취하는 주체(공공부문, 민간부문, 노동자단체, 혹은 개인들의 집합)가 존재할 것, ③ 그 행동은 지속가능성, 접근성, 그리고 화합 등과 같은 가치를 존중하면서 취약 계층의 관광활동 참여기회 확대에 효과적이고 실질적인 도움을 제공할 것 등과 같은 조건을 충족시키는 경우
Hunziker(1959)	저소득층에 의해 행해지는 관광의 한 유형으로 가능한 모든 도움과 서비스를 완전히 제공받는 관광의 유형
국제소셜투어리즘기구 (BITS)(1971)	국민의 기본권인 여가 · 관광권 행사에 필요한 실질적인 기회제공을 위해 국가, 지방자치단체, 각종 사회단체 등이 신체적, 정신적, 금전적, 기타 등의 이유로 여행에 제한을 받는 취약계층에게 여행경비 또는 여행정보를 직접 제공하거나 그들을 수용하는 비영리 여가 · 관광시설에 자금을 지원함으로써, 개인의 개성과 취미를 발전시키고 다른 사람을 보다 잘 이해할 수 있도록 공공의식과 책임감을 습득할 수 있는 장을 마련해 주는 사회 · 정책적 조치
Lundberg(1980)	정부 또는 기타 조직들이 다양한 방법으로 휴가를 지원하거나 또는 노동계층을 위하여 휴가시설에 대해 보조하는 것
Metalka(1981)	경제적 혹은 신체적 이유로 관광활동에 참여하지 못하는 사람들이 비상업적 경험을 갖도록 정부가 보조금을 지급하여 관광활동에 참여케 하는 것
한국관광공사(1992)	자비로 여행을 할 수 없는 저소득층이 외부의 행정적 · 경제적 도움으로 여행을 하거나 휴가를 보내도록 하는 것 또는 국가나 기업이 시민 또는 종업원들에게 장소 · 시설 · 재정보조 등의 수단을 통해 관광 참여기회를 확대시켜 주는 것
김철원(2001)	자기능력으로 자활할 수 없는 사회적 취약계층에게 여가 · 관광 기회를 확대하기 위하여 즉 "Tourism for All(모두를 위한 관광)" 사회를 달성하기 위하여 행해지는 정책적 조치

이러한 관점에서 복지관광은 형평성, 민주성, 공익성, 문화성을 그 이념으로 하고 있다.[17)] 형평성은 복지관광의 핵심 개념으로 개개인의 여가 및 관광권의 양과 질이 어떠한 이유로든 침해받지 않도록 노력해야 함을 의미한다. 민주성은 일방적 강요가 아닌 참가자의 참가의지 및 선택에 있어서의 자율성을 의미한다. 공익성은 복지관광이 공공이익을 목표로 비영리적으로 운용되어야 함을 의미한다. 문화성은 복지관광으로부터 얻을 수 있는 교육적, 문화적 가치를 고려하여야 함을 의미한다.

복지관광은 다양한 주체들의 상호작용을 통해 구현된다.[2] 정부는 복지관광에 필요한 법적·행정·제도적 기반 조성, 복지관광 시설 및 대상자들에 대한 재정적 지원, 국가 간 네트워크 구축 등과 같은 역할을 담당한다. 기업은 복지관광 관련 상품 및 서비스를 제공하는 유형과 종업원의 복지관광에 대한 지원을 제공하는 유형으로 구분할 수 있다. 노동조합은 복지관광 대상자인 노동자들의 권익을 보호할 뿐 아니라 기업을 대리하여 복지관광 관련 시설 또는 프로그램을 운영하기도 한다. 복지관광 대상자는 복지관광 관련 상품/서비스의 소비자이며 각 나라마다 상이하긴 하지만 노동자 및 가족, 노인, 청소년, 장애인 등을 포함한다. 단체는 복지관광의 활성화에 직·간접적으로 영향을 미치는 모든 조직을 의미하며, 복지관광에 대한 후원, 조정, 홍보 역할을 담당하는 국제 혹은 국가의 복지관광 기구에 소속 혹은 독립적인 형태(예: 청소년 단체, 환경 단체, 소비자 단체 등)로 존재한다.

〈표 3-3〉 복지관광의 주체와 역할

주체		역할
정부		• 법적·행정·제도적 기반 구축 • 청소년·노인·장애인·저소득층에 대한 재정적 지원 • 국가 간 다양한 형태의 호혜 프로그램 마련
기업		• 유급휴가 및 "휴가 바우처"제도를 통한 재정적 지원 • 노동자들을 위한 휴양소 운영 • 복지관광 상품·서비스 제공
노동조합		• 노동자의 복지 증진 수단으로서 복지관광에 관심 가짐 • 물리적인 시설들, 휴양촌, 게스트 하우스 건립 • 특화된 서비스 적극 권장
단체		• 다양한 형태(예: 청소년단체, 환경단체, 소비자단체 등) 포함 • 독립적인 형태와 복지관광에 대한 후원, 조정, 홍보 역할을 담당하는 복지관광기구에 소속된 형태 존재
대상자	가족	• 가족중심 휴가형태는 핵가족화, 양친 가족 붕괴의 심화, 직장 관련 별거의 증가 등과 같은 가족구조의 변화로 인해 변화되었으나 가족 간의 결속을 재확인·강화하는 특별한 기회를 제공하기 때문에 중요함 • 다양한 연령대의 아이들에게 적합한 활동과 가족의 욕구를 충족시킬 수 있는 휴가촌(holiday resorts), 캠핑장 등 필요
	청소년	• 제2차 세계대전 이후 세계평화를 도모하기 위한 청소년운동에 의해 강한 영향을 받은 현상 • UNWTO의 통계에 의하면 오늘날 국제여행객 중 청소년 여행객의 비율은 20% 이상 차지 • 교육수준의 향상, 다른 문화에 대한 지적 욕구 및 다른 언어 습득 욕구, 청소년층에 적합하게 개발된 제품·서비스의 증가 및 홍보 등과 같은 요인으로 청소년층 관광 활성화됨 • 청소년의 관심을 끌 수 있는 어학연수, 문화교류, 인턴십, 봉사활동 등을 다양한 교통수단 및 보험 제도를 통해 저렴하게 제공 필요

<table>
<tr><th colspan="2">주체</th><th>역할</th></tr>
<tr><td rowspan="2">대상자</td><td>노인</td><td>• 노령화사회는 점차 심화될 것으로 예상
• 노인층은 연령, 건강상태, 경제적 능력, 사회적 능력 등의 차이로 인해 이질적인 특성을 가지고 있는 거대한 시장임
• 노인층을 대상으로 한 여행은 민간부문과 협력하여 사회경제정책 틀 속에서 장려되어야 함</td></tr>
<tr><td>장애인</td><td>• 물리적인 시설뿐 아니라 부정적 태도 혹은 행동과 관련된 각종 장애물(obstacles)에 의거 관광분야에서는 비가시적(invisible)임
• 비장애인과 동일한 관광욕구 가짐
• 장애인의 규모(전 세계 인구의 약 10%), 여행 동반자 수반, 비수기 여행 가능, 사전 예약 성향 등과 같은 특성으로 인해 새로운 틈새 관광시장으로 부각됨
• 장애인들의 욕구와 관심에 적합한 다양한 상품 및 서비스 개발 필요
• 관광산업 종사자들에게 장애 유형별로 나타나는 특수한 욕구 인식 방법, 장애인의 접근성 향상 방법, 장애인에게 적절한 서비스를 제공하는 방법 등에 대한 교육 실시 필요
• 접근가능한 관광(accessible tourism) 환경은 개선되었으나 국가별로 상이한 장애인 관련 법령과 접근성 관련 규범 · 표준의 통일 필요</td></tr>
</table>

제3절 고령화 사회와 노인의 삶

1. 인구구조의 변화

오늘날 우리 사회를 지배하는 뜨거운 화두 중 하나는 "고령화" 현상이라는 데 많은 사람들이 동의하고 있다. 우리나라의 경우 2015년 11월 1일 현재 14세 이하에 해당하는 유소년인구는 2010년 대비 97만 명이 감소한 691만 명(전체인구의 13.9%)인데 반해 65세 이상의 인구 비율은 2010년 대비 121만 명이 증가한 657만 명(전체 인구의 13.2%)으로 집계되어, 유소년인구에 대한 고령인구의 비율은 95.1(2010년 68.0)인 것으로 나타났다.[18] 한편 베이비붐 세대가 노인으로 편입됨에 따라 2030년 65세 이상의 인구 비율은 전체 인구의 24.3%로 달해 우리나라는 초고령사회로 자리 잡을 것으로 예상되고 있다.[19][20] 노인 인구가 증가하면서 이전 사회에서는 경험하지 못했던 많은 과제(예: 독거노인문제, 노인빈곤문제, 사회적 비용 등)가 사회적 문제로 부상하였고 이의 해결을 위한 모든 구성원들의 관심과 노력이 요구된다.

그림 3-1 인구구조 추이 변화

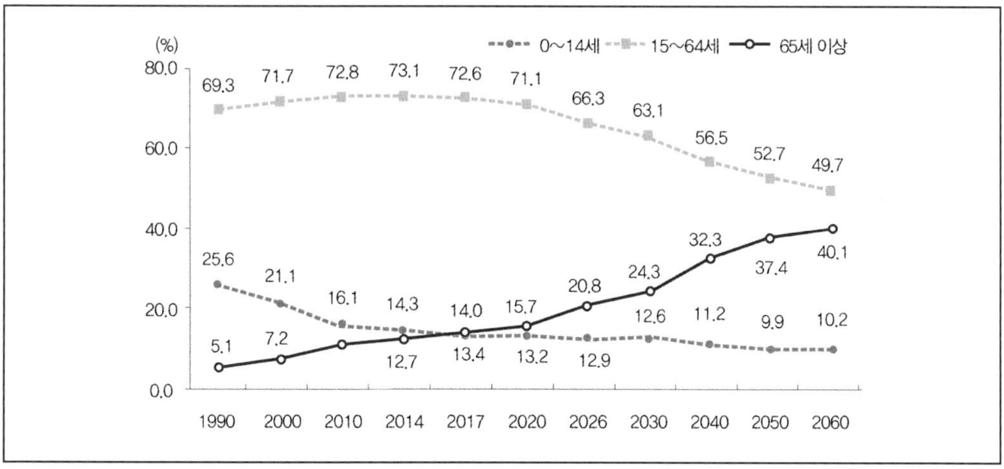

자료: 통계청(2014. 9. 29.). 2014 고령자 통계 보도자료.

〈표 3-4〉 우리나라 인구 추이 (단위: 천 명, %)

구분	2004		2014		2024		2034	
	인구	구성비	인구	구성비	인구	구성비	인구	구성비
준고령자	6,806	14.2	10,507	20.8	12,636	24.4	11,910	22.9
베이비부머	7,257	15.1	7,112	14.1	6,881	13.3	6,206	11.9
고령자	4,166	8.7	6,386	12.7	9,834	19.0	14,325	27.6
66-79세	3,530	7.3	5,070	10.1	7,570	14.6	11,022	21.2
80세 이상	636	1.3	1,316	2.6	2,264	4.4	3,303	6.4

자료: 통계청(2011). 장래인구추계.
주: 베이비부머: 1955년-1963년 사이에 출생한 사람들로 각 조사의 작성 연도별 해당 연령계층에 대한 결과임.

2. 노인의 정의

국제노년학회(International Association of Gerontology)에 따르면 노인은 '인간의 노화과정에서 나타나는 생리적, 심리적, 환경적 변화 및 행동의 변화가 상호작용을 하는 복합 형태의 과정에 있는 사람'이라고 정의되고 있다.[21] 그러나 노인에 대한 개념은 국가나 그 사회의 정치, 경제, 사회, 문화 등의 배경과 관습뿐만 아니라 현재 또는 미래에 주어지는 여건에 따라 다르다. 해외에서는 고령층에 대해 시니어(senior), 그레이(Grey), 뉴 시니어(new senior), 시니어 시티즌(senior citizen) 또는 황금연령기(golden ages), 슈퍼 에이지(super age), 액티브 시니어(active senior), 엘

더(elder), 실버(silver), 웹버(web+silver), 통크(two only not kids) 등과 같은 용어를 통해 비슷한 세대, 비슷한 대상을 나타내고는 있으나, 명칭의 기준과 지칭하는 범위를 통일하거나 정확하게 구분하는 것은 어렵다.

국내에서도 노인, 노년층, 실버세대, 고령자, 시니어 등 다양한 용어가 사용되고 있으며 법률에서도 노인에 대한 연령 기준은 다양하다. 예를 들어 〈노인복지법〉, 〈생활보호법〉 및 〈기초연금법〉 등에서는 65세 이상을 노인으로 규정하고 있으나, 〈국민연금법〉에서 정한 경로연금 수급자 및 노인복지회관, 노인교실, 노인휴양소의 이용대상자, 대한노인회 가입연령은 60세 이상으로 규정하고 있다. 한편 〈고령자고용촉진법시행령〉에서는 55세 이상을 고령자로 규정하고 있다. 그러나 노인들은 개인적 상황에 따라 동질적인 특성을 가지고 있지 않으므로 다음과 같이 pre-노인, active 노인, silver 노인, social 노인으로 구분할 수 있다.[22)]

그림 3-2 노인의 분류

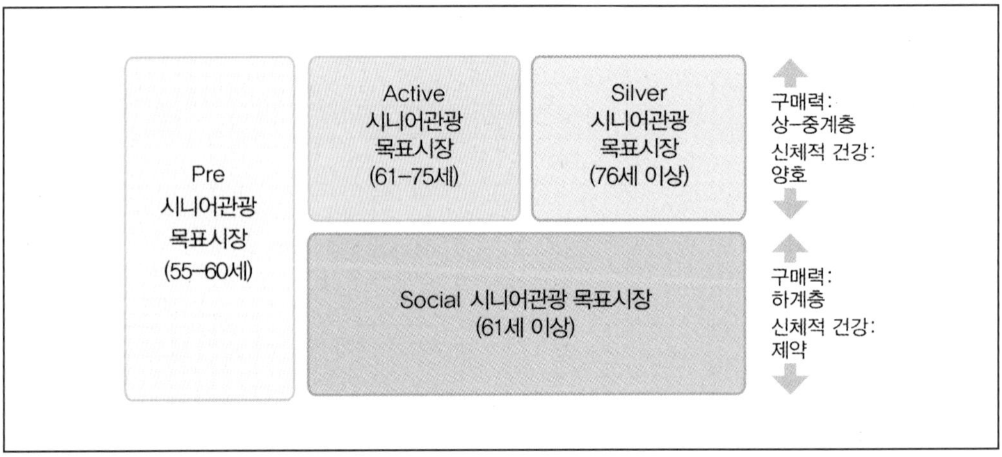

자료: 한국관광공사(2015a). 시니어 관광 활성화 실행 전략(p.20).

한편 노인들의 삶은 개인의 건강상태와 매우 밀접한 관련성을 가지며, 개인의 건강상태와 성향(내향적 또는 외향적)을 기준으로 하여 노인층을 "허약한 은둔자", "건강한 은둔자", "허약한 외향자", "건강한 탐닉자" 등으로 분류할 수 있다.[23)] 각 집단의 특징은 〈표 3-5〉와 같다.

〈표 3-5〉 노인층 집단별 특징

	건강하지 않은	건강한
집안에 "틀어박힌"	**허약한 은둔자** • 인생 변동사건을 많이 가졌다 • 그들의 "노년"상태를 수용한다 • 신체적 쇠퇴에 대응하기 위하여 자신의 생활유형을 적합시킨다. 앞서 다른 분할집단에 속했었다 • 정신적으로 보다 강하게 됨으로써 변화에 대응한다	**건강한 은둔자** • 자기 자존감이 낮다 • 고독과 "노년"을 불평한다
외향적인	**허약한 외향자** • 인생 사건에도 불구하고 긍정적 자존감을 유지한다 • 자신의 노년 상태와 한계점을 받아들이고 인생을 최대한 활용하기를 원한다	**건강한 탐닉자** • 긍정적 자존감, 자신의 "노년"상태를 받아들인다 • 최소의 인생 사건을 경험하였다. • 비록 그들이 재정적으로 풍족하지만 다른 분할집단에 속하기보다는 베이비부머에 가장 흡사하다

자료: Purinton-Johnson(2013), p.582.

3. 현대사회에서의 노인의 삶과 여가 · 관광

현대사회를 설명하는 대표적인 단어들로는 4차 산업혁명, 세계화, 탈 영토화, 반(反) 세계화 운동 확산, 자민족 중심주의, 다원화사회, 정보기술사회, 사물인터넷(IoT)시대, 도시화, 탈산업화, 서비스 산업화, 불균형과 불평등사회, 사회연결망확대, 글로벌 테러리즘, 환경재해, 자원고갈, 기후변화, 소비주의, 쾌락주의, 문화제국주의, 미국화, 상품물신주의, 초국가적 사회운동, 환경운동, 평화운동, 자유민주주의, 문명의 충돌, 근본주의자들의 증가, 아시아적 가치, 전문화, well-being 추구사회, 조직화와 거대화, 경쟁사회 등 무수히 많다. 이러한 사회에서 우리의 삶을 둘러싼 환경과 여건은 하루가 다르게 급변하고, 따라서 다양한 이해관계의 날카로운 대립이 불가피해짐에 따라 현대인들은 결국 개인의 존재가치와 존재의미를 상실한 채 복잡한 일상 속에서 많은 병리현상(예: 각종 범죄, 가족해체, 극단적 이기심, 무기력감 등)과 더불어 힘든 생활을 하고 있다. 특히 오늘날 우리 사회는 조선해양산업을 중심으로 불고 있는 구조조정과 지진 등으로 인해 사회적 불안감이 만연해 있다.

이러한 상황을 헤쳐 나가는 것은 누구에게나 힘든 일이지만 그 힘듦의 강도는 특히 노인들에게 더 크게 다가온다. 통계청의 2014년 고령자 통계에 의하면 2013년 65세 이상 고령자들이 겪고 있는 어려운 점은 '건강문제(65.2%)'와 '경제적인 어려움(53.0%)'이 가장 큰 것으로 나타났으며, 여성 노인의 경우 남성 노인보다 '경제적 어려움', '외로움 및 소외감', '일상생활 도움 서비스 부족'을 더 크게 느끼고 있는 것으로 나타났다.[19)]

그림 3-3 노인들이 겪는 어려움

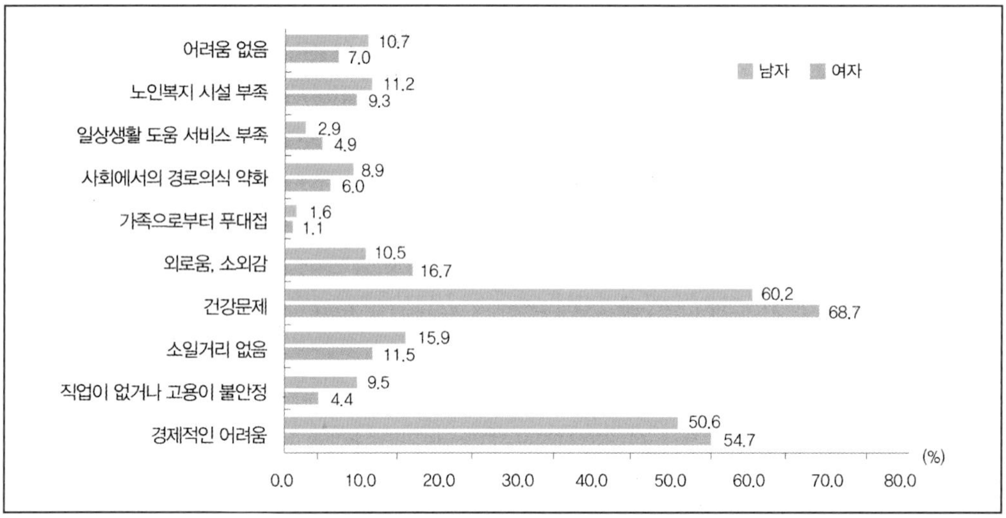

주: 통계청(2014. 9. 29). 2014 고령자 통계 보도자료.

우리나라 정부는 헌법 제34조에 "모든 국민은 인간다운 생활을 할 권리를 가진다."고 규정하고 국가는 노인의 복지향상을 위한 정책을 실시할 의무를 가진다고 세분화하여 국가의 의무를 명시하고 있다.[24)] 뿐만 아니라 노인들이 겪는 사회적, 경제적, 건강상의 어려움을 경감시키기 위해 사회보장, 보건복지, 가족지원, 고용 등과 같은 측면에서 필요한 사항을 다양한 법률로 제정하고 있는데 대표적인 것들은 다음과 같다. 이러한 법률들의 구체적 시행 기준 혹은 지침으로 안내되고 있는 주요 내용은 '노인보건복지 사업안내 지침', '노인돌봄서비스 사업안내', '독거노인 중증장애인 응급안전알림서비스 사업안내', '노인복지시설 인권보호 및 안전관리 지침' 등이 있다.

- 사회복지사업법 [1970.1.1. 제정][25)]
- 노인복지법 [1981.6.5. 제정][26)]
- 고용상 연령차별금지 및 고령자고용촉진에 관한 법률 [1991.12.31. 제정][27)]
- 사회보장기본법 [1995.12.30. 제정][28)]
- 장애인 · 노인 · 임산부 등의 편의증진 보장에 관한 법률 [1997.4.10. 제정][29)]

- 저출산 · 고령사회기본법 [2005.5.18. 제정][30)]
- 고령친화산업 진흥법 [2006.12.28. 제정][31)]
- 노인장기요양보험법 [2007.4.27. 제정][32)]
- 가족친화 사회환경의 조성 촉진에 관한 법률 [2007.12.14. 제정][33)]
- 대한노인회 지원에 관한 법률 [2011.3.30. 제정][34)]
- 자살예방 및 생명존중문화 조성을 위한 법률 [2011.3.30. 제정][35)]
- 기초연금법[2014.5.20. 제정][36)]
- 사회보장급여의 이용 · 제공 및 수급권자 발굴에 관한 법률 [2014.12.30. 제정][37)]
- 장애인 · 노인 등을 위한 보조기기 지원 및 활용촉진에 관한 법률 [2015.12.29. 제정][38)]
- 호스피스 · 완화의료 및 임종과정에 있는 환자의 연명의료결정에 관한 법률 [시행 2017.8.4. 2016.2.3. 제정][39)]

한편 고령화는 육체적인 노화와 함께 사회적, 정서적으로 큰 변화를 수반하는 시기이다. 일부 노인들은 퇴직 후 시간적으로 여유를 많이 가지고 있으며 가족 부양에 대한 부담도 줄어들어 여가활동 참여기회가 증가한다. 현대사회에서의 여가의 역할은 개인적으로 건강유지와 체력 향상, 스트레스 해소, 노동의 재창조, 사회생활의 적응력 배양 등을 통해 자아실현의 욕구를 충족시켜 준다. 그리고 사회적으로도 사회 통합의 유지와 응집력을 강화시키고 건전한 여가활동은 일탈 행위 예방효과도 크다. 여가를 통해 개인 및 사회가 얻을 수 있는 이러한 편익을 고려할 때 현대인들이 여가생활을 풍요롭게 향유할 수 있도록 환경을 조성하는 것은 매우 중요하다.

전체적으로 보았을 때 우리나라 국민들은 여가 시간에 주로 'TV시청(69.9%),' '휴식(50.8%)', '컴퓨터게임, 인터넷 검색(19.0%)' 등의 순으로 주로 참여하는 것으로 나타났다. 60세 이상의 경우 'TV시청(81.2%)'이 매우 높으며, '휴식활동(51.1%)'과 '사회 및 기타활동(15.5%)' 참여율도 상대적으로 높은 것으로 나타났다. 한편 60세 이상의 경우 관광활동에의 참여율은 전체 평균인 11.1%보다 낮은 4.6%에 불과하지만 앞으로 참여하고 싶은 여가활동으로서 '관광활동'을 선택한 비율은 54.0%에 달하는 것으로 나타났다.[40)]

〈표 3-6〉 우리나라 국민의 여가 활용 현황 (단위: %)

	TV시청	문화예술 관람	문화예술 참여	스포츠관람	스포츠활동	관광활동
전체	69.9 (15.8)	16.5 (34.2)	2.8 (9.2)	4.3 (9.4)	13.4 (24.1)	11.1 (59.4)
60세 이상	81.2 (28.4)	3.8 (15.0)	1.1 (4.4)	1.5 (4.5)	8.2 (9.4)	4.6 (54.0)

	컴퓨터게임, 인터넷검색 등	취미자기개발활동	휴식활동	사회 및 기타 활동	기타
전체	19.0 (5.6)	14.7 (34.2)	50.8 (20.4)	11.3 (16.1)	2.1 (.2)
60세 이상	2.8 (1.3)	8.2 (19.5)	51.1 (27.8)	15.5 (24.0)	2.3 (.4)

자료: 통계청(2015. 11. 26.). 2015년 사회조사 결과 보도자료.
주: ( ) 안의 수치는 '앞으로 하고 싶은 여가활동'임.

지난 1년 동안 우리나라 국민 66.7%가 관광을 목적으로 국내여행을 하였으며, 관광인구 1인당 여행횟수는 5.1회인 것으로 나타났다. 반면 60세 이상의 경우 51.8%가 국내여행을 다녀왔으며, 1인당 여행횟수는 3.9회인 것으로 나타나 노인층의 여행 참여는 전체 평균보다 낮은 것으로 나타났다.40)

〈표 3-7〉 국내 관광여행 비율 및 횟수 (단위: %, 회)

구분	국내관광 여행	관광인구 1인당 여행 횟수	숙박여행	관광인구 1인당 여행 횟수	당일여행	관광인구 1인당 여행 횟수
전체	66.7	5.1	47.9	2.6	45.0	4.7
60세 이상	51.8	3.9	27.5	2.2	38.7	3.6

자료: 통계청 보도자료(2015. 11. 26.). 2015년 사회조사 결과.

한편 지난 1년 동안 우리나라 국민 19.7%가 해외여행을 하였는데 관광목적인 경우가 가장 많은 비중을 차지하고 있는 것으로 나타났다. 반면 60세 이상의 경우 13.6%가 해외여행을 다녀왔는데 여행목적의 대부분은 '관광'인 것으로 나타나, 국내 여행과 마찬가지로 노인층의 해외여행 참여 역시 전체 평균보다 낮은 것으로 나타났다.40) 이와 같은 통계를 중심으로 살펴볼 때 노인층을 중심으로 한 복지관광정책마련이 필요함을 알 수 있다.

〈표 3-8〉 국내 관광여행 비율 및 횟수 (단위: %, 회)

구분	해외 여행자	여행 목적							
		관광	1인당 여행 횟수	가사 (가족, 친지 방문)	1인당 여행 횟수	업무	1인당 여행 횟수	교육	1인당 여행 횟수
전체	19.7	79.8	1.5	9.8	1.8	16.1	2.7	4.2	1.5
60세 이상	13.6	85.4	1.5	15.0	1.5	4.6	2.1	.7	2.9

자료: 통계청 보도자료(2015. 11. 26.). 2015년 사회조사 결과.

제4절 국내 노인복지관광의 사례 및 접근 틀

1. 전통사회의 노인복지관광 사례

우리나라의 경우 조선시대에 70세 이상의 노인을 모셔 명승지에서 경로회를 실시하였다는 기록이 남아 있다.[41)]

青春敬老會 邑俗敬老 每值良辰 請年七十以上 會于勝地 以慰之 判府事 趙蓄 義之 捐公餘米布立泉寶 擇子弟勤謹者 幹其斂散 以為會寶 名曰 青春敬老會 至今不廢 雖僕隷之賤 登七旬者皆許赴會

이행・윤은보・홍언필(1530). 新增東國輿地勝覽 券之四十四 江陵大都護府 風俗(원문: 151).[45)]

청춘경로회: 강릉(광역시)의 미풍양속으로 매년 좋은 절후를 만나면 나이 70세 이상 된 어른을 초청하여 명승지에서 모임으로써 노인 어른을 공경하고 위로한다. (부총리급 관료인) 판부사 조치(趙蓄)가 이것을 의롭다고 여기고 공용에서 남은 쌀과 포목을 덜어서 재원을 만들고, 자제 중에서 근면하고 조심성 있는 사람을 선택하여 그 재물의 출납을 관리하도록 하였으며, 이 모임의 명칭을 청춘경로회라고 명하였다. 지금까지 폐지되지 않았고, 비록 종이나 노예와 같은 천인이더라도 나이 70에 이른 사람은 모두 모임에 나오는 것이 허락된다.

이행・윤은보・홍언필(1530). 신증동국여지승람. 민족문화추진회 역(1985: 480을 참조하여 번역).

이러한 내용은 조선시대의 백과사전 또는 지리지 성격을 가진 서적에 같은 내용으로 기록되어 있다.[42)43)44)] 전통적 기록물에 근거해 볼 때 우리나라의 노인복지관광은 그 연원이 오래되었다고 할 수 있다. 전통사회에서 노인복지관광은 미풍양속으로 민간에서 시행되고 있었으며, 이의 실천적 시행을 위하여 부총리급 중앙관료가 지역 미풍양속의 가치를 공감하여 공공 재원 확보를 지시하고, 이를 위하여 재무회계 책임자를 별도로 두어 관리하고 신분에 상관없이 노인복지관광을 시행했다는 사실을 확인할 수 있다. 이로써 우리나라 전통사회의 노인복지관광은 자발성, 공공성, 평등성, 공동체성에 기초하여 실시되었다고 볼 수 있다.

2. 국내 노인복지관광 사례

(1) 문화누리카드(통합문화이용권) 사업

문화누리카드는 '문화예술진흥법'에 근거하여, 경제적, 사회적, 지리적 어려움으로 인해 생활 속에서 문화향유권을 행사하기 힘든 기초생활수급자와 법정 차상위계층에 속하는 노인들을 대상으로 공연, 전시, 영화 등 다양한 문화예술프로그램의 관람 및 음반, 도서구입 지원과 더불어 국내 여행과 프로스포츠관람을 지원하는 사업이다.[45] 문화누리카드 사업은 문화체육관광부, 한국문화예술위원회, 17개 광역시 · 도가 주관하며, 한국문화예술위원회의 문예진흥기금으로 운영되고 있다. '여행'과 관련하여 사용할 수 있는 부문은 숙박, 철도, 항공/여객/고속버스/렌터카, 여행사, 관광지, 테마파크/레저활동 등이다.

〈표 3-9〉 문화누리카드 사업 현황

구분	내용		비고
대상	기초생활수급자, 법정 차상위계층		
주관	문화체육관광부, 한국문화예술위원회, 17개 광역시 • 도		
기금	한국문화예술위원회의 '문예진흥기금'		
지원금액	• 개인카드: 연간 6만 원 • 지원복지시설 거주자 개인카드: 연간 6만 원 지원		
사용처	문화	도서, 음반, 영화, 공연, 전시, 문화일반, 문화체험	
	여행	숙박, 철도, 항공/여객/고속버스/렌터카, 여행사, 관광지, 테마파크/레저	
	스포츠	프로 4대 스포츠(야구, 농구, 축구, 배구)	

자료: 한국문화예술위원회(2017). 문화누리카드.

(2) 노인 돌봄여행 서비스

우리나라에서는 현재 노인복지관광의 한 유형으로 '사회서비스이용권'을 활용한 '장애인 · 노인을 위한 돌봄 여행서비스'가 제공되고 있다. 이 사업은 '사회서비스 이용 및 이용권 관리에 관한 법률(2011.8.4. 제정)'에 의하여 시행되고 있으며, '지역사회서비스 투자사업'으로 지역의 특성과 노인이 욕구에 맞는 서비스를 만들어 대상자에게 바우처(이용권)를 주고 이를 이용할 수 있도록 하는 사업이다. 이 사업의 서비스 대상과 내용은 다음과 같다.

- 목적: 신체적 특성으로 여행 욕구 충족이 어려운 노인 · 장애인에게 전문 돌봄 인력 동반 여행 서비스 제공
- 서비스 대상: 기준 중위소득 140% 이하 가정의 신체활동이 가능한 장애 등록자, 국가유공자 예우에 관한 법률에 의해 상이등급 판정을 받은 자 및 만 65세 이상 노인
  ※ 여행자 보험을 가입할 수 없는 경우 대상에서 제외(고령자 연령별 보험가입 필수)
- 서비스 내용
  - 장애 · 노인질환 등 신체적 특성을 고려한 다양한 관광 상품을 구성하고 관광일정에 치료 레크리에이션 등 사회통합 프로그램을 포함하여 제공
  - 간호사 · 사회복지사 · 요양보호사 등 사회서비스 전문 인력이 동반하는 여행서비스 제공
  - 이용자 욕구해소 및 가족관계 개선 등을 위한 프로그램 운영

〈표 3-10〉 노인 돌봄여행 서비스 내용

구분	서비스 내용	서비스 횟수
기본서비스	1. 전문 돌봄 인력이 동반하는 1박 2일 국내여행 프로그램 • 이용자별 맞춤 프로그램(고령/지체/시각/청각 등 장애유형별) • 전문 차량 및 전문 도우미 및 간호(조무사) 등 전문 인력 확보 운영 • 이용자를 위한 이동 보조구, 담요, 마스크, 손난로 등 구매 지급 ※ 서비스 제공 기준 • 이용자 중 1등급은 1년간 총 사업량의 5% 이상, 2등급은 1년간 총 사업량의 25% 이상으로 필히 구성 • 숙박시설은 특급 리조트 5인(이하) 1실 기준 • 차량은 이용자의 승하차 편의를 위한 저상기능을 포함한 45인승 차량 2. 특화서비스 제공 • 통합프로그램: 이용자의 스트레스 해소를 위한 댄스, 타악 퍼포먼스, 마술, 노래, 연주 등 • 건강관리 서비스: 혈압 및 혈당 관리 등 건강 체크, 방한용품 제공 등 • 안심전화 서비스: 화상 기능이 있는 휴대폰 운영, 보호자와 안심통화 등	연 1회 (1박 2일)
부가 서비스 (대체서비스)	1. 당일 또는 2박 3일 돌봄여행서비스: 1박 2일이 아닌 당일/2박 3일의 프로그램이 필요한 경우 실시 가능	연 1회 (당일 또는 2박 3일)

자료: 보건복지부(2017). 지역사회서비스 투자사업.

2017년 기준 노인 돌봄여행 서비스는 대구광역시 8개, 대전광역시 3개, 광주광역시 4개, 울산광역시 3개, 충청북도 4개, 충청남도 2개, 경상북도 10개, 경상남도 6개, 서울특별시 3개 등 43개의 기초지방자치단체에서 시행 중에 있다.46)

(3) 노인 산림복지 서비스

산림복지는 국민복지 증진을 위하여 산림을 활용하는 서비스의 한 형태로 전 생애주기에 걸쳐 산림문화, 휴양, 산림치유 및 교육 등의 서비스를 제공하며 산림에 대한 지속가능한 경영을 생성하는 서비스이다.47) 산림복지 서비스의 체계는 [그림 3-4]와 같으며, 서비스 대상은 일정 수준 보행과 거동이 가능한 모든 사람에 해당한다. 이 서비스에 대한 사회적 약자들의 이용을 위해 '산림복지 진흥에 관한 법률'에서 명시한 '산림복지서비스이용권'이 제공된다.

특히 인간의 생애주기 가운데 노년기 단계에 있는 사람들에게 제공되는 산림복지는 〈표 3-11〉과 같다.48) 노년기 산림복지 서비스는 전국에 분포되어 있는 치유의 숲에서 이루어지며, 이 서비스의 주요 프로그램으로는 아로마 마사지, 호흡 등을 이용한 질병 및 건강관리 프로그램, 스트레스 예방 프로그램, 오감 지각 및 명상 등이 포함된다.

그림 3-4 산림복지 서비스 체계

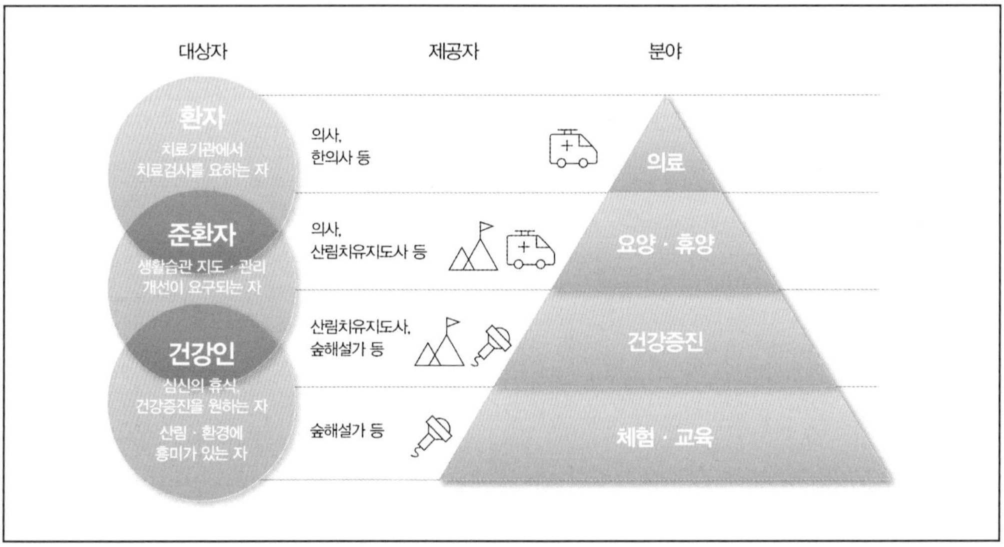

자료: 한국산림복지진흥원(2017a). 산림복지 서비스 체계.

〈표 3-11〉 노년기에 제공되는 산림복지 서비스

구분	내용	비고
대상	산림치유가 필요한 국민 누구나 특별히 스트레스, 만성질환 완화를 원하는 장년기 이상의 국민	
장소	전국 치유의 숲	
서비스 절차	해당 치유의 숲에서 운영 중인 산림치유 프로그램 예약 후 이용	
프로그램	노년기 질병관리 및 건강관리 프로그램(편백 아로마 마사지, 호흡법 등) 청소년 대상 아토피관리 프로그램 성인대상 스트레스 예방 프로그램 오감깨우기 및 명상(향기 맡기, 촉감 느끼기, 맛보기, 풍경감상, 소리듣기, 명상)	

자료: 한국산림복지진흥원(2017b). 생애주기별 산림복지.

(4) 국내 노인복지관광 진흥 사례

한국관광공사는 코레일 및 원주시와 공동으로 원주시에 거주하는 65세 이상 저소득 노인들을 대상으로 '시니어 관광열차' 행사를 실시하였다. 이 프로그램은 열차 탑승, 교양강좌, 차량 내 이벤트, 온천욕, 전통민요 배우기, 삶과 문학세계 체험 등으로 이루어졌다. 이 행사는 한국형 노인관광상품의 개발 · 홍보 및 저소득 노인에 대한 복지관광 지원 목적을 위해 시도되었다.[49] 한국관광공사는 장애인, 노인, 영유아 동반가족 등이 가지고 있는 접근성 장벽 해소와 접근가능한 관광환경조성을 위해 대한민국 구석구석 '무장애 여행'코스를 선별하여 이에 대한 정보를 제공하는 '무장애여행' 서비스를 제공하고 있다.[50] 경기관광공사는 경기도 및 CJ문화재단과 공동으로 문화관광 향유기회가 상대적으로 적은 노인층에게 문화관광기회를 제공함으로써 노인관광을 활성화하기 위하여 문화투어를 운영하였다. 이 행사의 주요 내용은 창작뮤지컬 관람, 도 관광홍보영상 시청, 도내 관광지에 대한 담화, 그리고 맞춤형 관광정보제공 등으로 구성되었다.[51]

(5) 민간기관의 노인복지관광 사례

우리나라 노인복지관광 특징 중 하나는 교회, 성당, 사찰 등 종교 단체에 의하여 주기적으로 실시되고 있다는 점이다. 많은 교회의 경우 장수대학(노인대학)의 커리큘럼의 일환 또는 연중행사로 65세 이상의 어른을 대상으로 교회 자체 재원과 봉사자를 활용해 벚꽃여행, 단풍여행, 성지순례 등을 기획하여 당일 또는 1박 2일 단위로 실시하고 있다. 이러한 모습은 성당이나 사찰의 경우에도 어렵지 않게 찾아볼 수 있다. 이러한 형태는 고령자 대상 관광정책이 정부 주도가 아닌 YMCA, YWCA, 보우스카우트와 같은 민간단체 중심형으로 이루어지고 있는 미국의 사례와

유사하다 할 것이다.[52)]

3. 노인복지관광 접근의 틀

노인은 신체적, 정서적, 사회적, 경제적 변화 과정을 거치면서 여가 · 관광 레퍼토리는 점차 감소하게 된다. 이러한 변화 과정 속에서도 노인은 가장 참여하고 싶은 여가활동으로서 '여행'을 선택하고 있다. 그러나 노인의 관광 관련 잠재수요는 접근성, 시설, 프로그램, 건강, 경제, 시간, 의욕, 동반자 등과 같은 측면에 존재하는 다양한 제약으로 인하여 실질적인 수요로 발전하지 못하는 부분이 많다. 이러한 제약은 정부의 정책에 따라 다소 완화될 수 있다. 이러한 차원에서 노인관광시장이 확대되기 위해서는 노인관광과 노인복지를 연계하는 방향으로 노인관광의 중심축을 설정하여야 한다. 이를 위하여 노인의 연령, 경제적 여건, 경험에 따라 각각 적합하게 제공되어야 하는 것이 필요하다. 이를 도식화하면 다음과 같다.

〈표 3-12〉 노인복지관광 접근의 틀

범주	구분	자산	
	세부 항목	저	고
연령	55-65세 미만	일자리 Ⅰ	사회참여 Ⅱ (여가 · 관광활동, 자원봉사활동)
	65-80세 미만		
	80세 이상	요양 Ⅲ	

우리나라 경제활동 인구의 평균 은퇴연령은 55세 전후로 결정되는 특성을 가지고 있다. 이러한 특성을 노인복지관광 틀에 포함할 때 노인복지관광 인구 범위는 55세 이상으로 설정하는 것이 현실적인 대안이 될 것이다. 그리고 노인복지관광에서 중요한 점은 노인 개인별로 보유 및 활용할 수 있는 경제적 자산이 상이하므로 노인복지관광 접근 틀 설정에 이를 반영하여야만 한다. 실천적 측면에서 연령별로 건강상태가 유사하다고 가정하고, 연령과 자산에 따라 구분하였을 때 노인복지관광 대상 집단은 Ⅰ형, Ⅱ형, Ⅲ형 등으로 유형화될 수 있다.

노인복지관광 대상 집단 유형 Ⅰ은 55-65세 미만 및 65-80세 미만의 연령대에 속하며 경제적 자산을 적게 보유한 노인으로 pre-senior와 social senior층이라 불리는 노인들이 속한다. 이들은 경제적 생계활동이 우선시되어야 하는 집단으로 정규직 또는 비정규직 일자리 등 일자리가 우선적으로 필요한 집단이다. 이 유형에 속하는 pre-senior집단인 55-65세 미만 연령층에게는 경제적 생산활동에 보다 적극적으로 참여할 수 있는 기회를 정부가 제공하는 것이 개인적 삶의 의미와 공동체를 이룰 수 있게 하는 전제 조건이 된다. 따라서 이 유형에 속하는 노인에 대한 노인복지관광은 주로 사회서비스 바우처를 통하여 접근하여야 할 것이다.

노인복지관광 대상 집단 유형 Ⅱ는 55-65세 미만, 65-80세 미만대의 연령의 노인으로 경제적 자산을 많이 보유한 pre-senior, active senior, silver senior층이라 불리는 노인층을 포함한다. 이 유형에 속하는 노인들은 경제적 여유가 있으나 시간적 여유가 없는 혹은 경제적 여유와 시간적 여유가 모두 있는 노인이라는 집단 특성을 가진다. 이 유형에 속하는 노인들을 대상으로 한 복지관광정책은 여유로운 자신의 시간 혹은 부(富)를 활용하여 여가 · 관광활동에 참여하도록 유도하는 다양한 프로그램을 개발하여 제공하여야 할 것이다. 예를 들어 이들은 시간적, 경제적, 재능적 측면에서 자원을 가지고 있으므로 자신들의 자원을 활용하여 자신의 도덕적 만족감을 제고시킬 수 있는 자원봉사활동 프로그램 개발과 참여 유도가 좋은 대안이 될 것이다.

노인복지관광 대상 집단 유형 Ⅲ은 80세 이상인 silver senior층이 속하는 노인층이다. 이들을 대상으로 하는 노인복지관광은 활동적인 여가 · 관광활동보다는 요양활동에 참여하는 것에 주안점을 두어야 할 것이다. 따라서 이 유형에 속하는 노인들을 위해서는 접근성, 요양시설 및 프로그램 등을 고려한 패키지 개발이 중요한 과제가 된다. 또한 이들은 생애주기상 사별이나 건강상의 이유로 인하여 가족의 해체를 경험하는 비율이 높다. 따라서 이들은 고독과 신체적 장애로 인한 거동 제한이라는 어려움을 맞이하게 되므로 담화, 그림그리기, 전담요양사 또는 간호사를 동반한 1:1 서비스 등을 포함한 관광 프로그램을 개발하여 제공해야 할 것이다.

인간은 나이가 들어 노인이 되고 삶을 마무리하는 단계에 가까워짐에 따라 인간의 본질이 소유성보다는 관계성에 있음을 깨닫게 된다. 자신의 한 생애를 소유성으로 충족시킬 것인가? 아니면 관계성을 회복하여 자신이 경험하고 보유한 자산으로 나눌 것인가? 하는 문제는 자신의 삶에 대한 관점에 따라 다를 것이다. 그러나 시간이 지나면 소유의 의미는 약화되고 노인이 되어 자연으로 되돌아간다는 명제 앞에 우리는 소유성 인간보다는 관계성 인간을 지향해야 할 것이다. 따라서 노인복지관광의 궁극적인 지향점도 가족, 친구, 이웃 등과 함께 관광활동에의 참여를 통하여 대상과 사람과의 관계성을 정립하는 데에 두어야 할 것이다.

참고문헌

1) Uysal, M., Sirgy, M. J., Woo, E., & Kim, K.(2016). Quality of life(QOL) and well-being research in tourism. Tourism Management, 53, pp.244-261.

2) http;//bits_int.org

3) 국제관광공사(1981). 『국민숙사설립요강』.

4) 장병권(2005). 『국민관광론』, 기문사.

5) McIntosh, R. W.(1972). Tourism: Principles, Practices, Philosophies. Michigan: Grid, Inc.

6) http://world-tourism.org/code_ethics/eng/

7) 문화관광부(2003). 『2002년 관광동향에 관한 연차보고서』.

8) 문화관광부(2003). 참여정부의 관광정책 18대 과제. 문화관광부 내부 자료.

9) 문화관광부(2004). 『관광진흥 5개년 계획』.

10) 문화체육관광부(2011.12). 『제3차관광개발기본계획(2012-2021)』.

11) http://eesc.europa.eu

12) Hunziker, W.(1959). Betriebswirtschaftslehre des Fremdenverkehrs: Der Fremdenverkehrsbetrieb und seine Organisation [Business Administration of Tourism: The tourist industry and its organization]. Schriftenreihe des Seminars für Fremdenverkehr und Verkehrspolitik an der Hochschule St. Gallen (in German). 18. Bern: Gurtenverlag.

13) Lundberg, D. E.(1980). The tourist business. New York: CBI Publishing.

14) Metalka, C.(1981). The dictionary of tourism. Wheaton: Merton House Pub. Co.

15) 한국관광공사(1992). 『국민복지관광 활성화 방안: 소시얼 투어리즘의 현황과 과제』.

16) 김철원(2001). 『복지관광 활성화』. 한국관광연구원.

17) 이장춘(2001). 『관광정책학(3판)』. 대왕사.

18) 통계청(2016). 2015 인구주택총조사 전수부문.

19) 통계청(2014. 9. 29.). 2014 고령자 통계 보도자료.

20) 통계청(2011). 장래인구추계.

21) 윤소영 · 이현지(2009). 『고령시대를 대비한 문화정책 개발 연구』. 한국문화관광연구원.

22) 한국관광공사(2015a). 『시니어 관광 활성화 실행 전략』.

23) Purinton-Johnson, E. F.(2013). Segementing the mature market: Have marketers matured along with their market? Proceedings of ASBBS, Vol. 20(1): 579-588.

24) 대한민국헌법. http://www.law.go.kr/

25) 사회복지사업법. http://www.law.go.kr/

26) 노인복지법. http://www.law.go.kr/

27) 고용상 연령차별금지 및 고령자고용촉진에 관한 법률. http://www.law.go.kr/

28) 사회보장기본법. http://www.law.go.kr/
29) 장애인 · 노인 · 임산부 등의 편의증진 보장에 관한 법률. http://www.law.go.kr/
30) 저출산 · 고령사회기본법. http://www.law.go.kr/
31) 고령친화산업 진흥법. http://www.law.go.kr/
32) 노인장기요양보험법. http://www.law.go.kr/
33) 가족친화 사회환경의 조성 촉진에 관한 법률. http://www.law.go.kr/
34) 대한노인회 지원에 관한 법률. http://www.law.go.kr/
35) 자살예방 및 생명존중문화 조성을 위한 법률. http://www.law.go.kr/
36) 기초연금법. http://www.law.go.kr/
37) 사회보장급여의 이용 · 제공 및 수급권자 발굴에 관한 법률. http://www.law.go.kr/
38) 장애인 · 노인 등을 위한 보조기기 지원 및 활용촉진에 관한 법률. http://www.law.go.kr/
39) 호스피스 · 완화의료 및 임종과정에 있는 환자의 연명의료결정에 관한 법률. http://www.law.go.kr/
40) 통계청(2015.11.26.). 2015년 사회조사 결과 보도자료.
41) 이행 · 윤은보 · 홍언필(1530). 신증동국여지승람. 민족문화추진회 역(1985). 민족문화문고간행회.
42) 이수광(1614). 지봉유설. 남만성 역(2016). 올재.
43) 이익(1740). 성호사설. 이식 역(1978). 한국고전종합DB. http://db.itkc.or.kr/.
44) 홍석모(1840). 동국세시기. 조선대세시기 편. 정승모 역(2007). 국립민속박물관.
45) 한국문화예술위원회(2017). 문화누리카드. http://www.arko.or.kr/business/ page0501.jsp
46) 보건복지부(2017). 사회서비스 전자바우처. http://www.socialservice.or.kr/user/htmlEditor/view.do?p_sn=2
47) 한국산림복지진흥원(2017a). 산림복지 서비스 체계. http://www.fowi.or.kr/user/main/main.do
48) 한국산림복지진흥원(2017b). 생애주기별 산림복지.
49) 한국관광공사(2015b). 노년층의 기차여행을 선도합니다: 관광公, 코레일, 원주시 공동 '시니어 관광열차' 행사. http://kto.visitkorea.or.kr/kor/notice/news/press/board/view.kto?id= 424269&instanceId=42
50) 한국관광공사(2016). 무장애 여행. http://korean.visitkorea.or.kr/kor/bz15IngEventMain.kto?func_name=freeRead&eventId=22144
51) 뉴스큌(2017. 4.10). 경기관광공사, 시니어 관광 활성화 위한 문화투어 운영. http://www.newsquick.net/news/articleView.html?idxno=100176
52) 박근수(2013). 실버시장과 고령친화산업서비스. 뉴턴관광레저연구소.

문화와 함께하는

관광학 이해

08편 문화명사 담론

안영혁 대표가 미래의 관광인들에게 들려주는

레저 경영의 본질은 무엇일까?

안영혁

학력

- 1979년 단국대학교 졸업
- 1995년 Fairleigh Dickinson University NJ, MBA

현직

- 대명레저산업㈜ 대표이사(2014.12.15~)

경력

- 대명레저산업㈜, 전무이사(2009.2~)
- 대명레저산업㈜, 상무이사(2008.7~)

기타

- 한림대학교 경영대학 겸임교수(2013.9~)
- 춘천지방법원 민사조정위원(2011.12~)
- 고용노동부 강원지청 노사조정위원(2009.11~)
- 춘천MBC, SBS G1강원방송 시청자 위원(2009.8~2013.6)

안영혁 대표가 미래의 관광인들에게 들려주는

레저 경영의 본질은 무엇일까?

우리는 여가 시간을 이용해 평소 하고 싶었던 여행을 하기도 하고, 레저 스포츠를 즐기기도 한다. 이러한 모든 활동을 레저 활동이라고 지칭할 수 있는데 레저의 본질은 개인에게 주어지는 여가의 시간을 효율적으로 활용하여 휴식을 즐기고, 즐거움과 추억을 만들어가는 동시에, 궁극적으로는 자기의 삶의 가치를 높이는 것이라 할 수 있다. 이러한 관점에서 레저 경영은 '여가의 경영' 혹은 '시간의 경영'이 아닌가 생각한다.

따라서 레저 경영은 우리에게 주어진 여가시간을 가장 효과적으로 분배해 사용함으로써 주어진 시간에 가장 합리적인 방법으로 자기만족을 성취할 수 있도록 설계하는 것을 목적으로 한다. 이를 위해 레저 경영자는 스스로 제반 환경을 조성하고 먼저 경험하여, 필요한 지식을 습득하고 자기 것으로 만드는 것이 중요하다. 이러한 경험을 바탕으로 Leisure 관광객들이 이를 소상히 체험할 수 있도록 전달하여야 한다. 그 사례를 하나 들어보고자 한다.

경주 리조트 General Manager로 발령받은 한 직원의 이야기이다. 그 직원은 본인이 알고 있는 경주가 아닌 진짜 '경주'란 어떤 곳인지 다시 생각해 보았다. 많은 이들이 수학여행지로서, 문화유적도시로만 알고 있는 경주의 새로운 점은 없는지 자세히 살피기 시작했고 사진을 찍으며 유심히 바라보았다. 계절에 따라, 시간에 따라 매력을 가진 공간이 많아 관광지로서 많은 매력을 지니고 있었다. 이러한 자료를 토대로 권역별 경주 투어 지도를 만들기 시작했고, 연휴나 주말 교통체증이 심한 곳을 피해 테마별 여행을 즐길 수 있게 특별한 지도를 구성했다. 또한 경주 유명 지역 100선을 뽑아 사진과 함께 설명을 곁들였다. 이것으로도 충분한 자료였지만 이에 그치지 않고 경주를 온전히 관광지로서 즐기고 느낄 수 있는 책을 발간하게 되었다. 책 제목은 경주 休(휴). 제목에서 느낄 수 있듯이 경주를 온전히 즐기며, 휴식을 취할 수 있게 도와주는 책자이다. 본인이 경험한 바를 진솔한 글로 엮어서 편하게 사진과 함께 볼 수 있도록 구성했고 리조트 객실에 책자를 모두 비치하여 경주를 찾은 관광객들이 즐길 수 있도록 만들어주었다. 바로 이것이 레저를 경영하고 만들어가는 사람의 자세이지 않을까 싶다. 본인이 직접 다녀보고 느껴본 바를 자기 것으로 먼저 만들어 사람들에게 줄 수 있는 힘. 좋은 것을 함께 나누고자 하는 아름다운 마음. 이것이 바로 레저 경영학도들에게 요구되는 바이다.

이뿐만 아니라 레저 경영은 Leisure 관광객들에게 최상의 서비스를 제공하는데도 중점을 두어야 한다. 레저를 즐기러 오는 관광객들은 즐거움과 추억을 만들기 위해 귀한 시간을 내서 방문을 한다. 관광객에게 최상의 서비스를 제공하는 것은 레저 종사자가 가져야 할 최고의 목표이자, 최우선 과제인 것이다. 강원도 홍천에 위치한 스키장에서 있었던 직원의 사례를 통해 최상의 서비스란 무엇인지에 대해 생각해보고자 한다.

이 사례는 고객의 말씀(Voice of Customer)에 등록된 글로, 서비스에 감동한 한 여성 고객의 자제분이 사연을 접수해서 알게 된 사항이다. 스키를 좋아하고 즐겨 타시는 한 여성 고객은 항상 강원도 홍천에 위치한 스키장을 다녀오시면 표정이 좋았다고 했다. 고객의 자녀들이 좋아하는 이유를 물으니 먼저 본인이 좋아하는 스키를 타서 기분이 좋고 더더욱 기분이 좋은 것은 어느 한 직원 때문이라고 말했다고 한다. 그 이야기가 궁금해서 자세한 사항을 들어보니, 그 직원의 말과 행동이었다. 스키를 즐기는 고객들에게 슬로프 상태를 정확하게 얘기해주고, 재미있게 즐기시라며 언제나 파이팅 넘치게 응대를 해주었다. 또한 자주 오는 그 여성 고객을 항상 알아보고 인사를 전하며 딸과 같이 살갑게 대해주는 모습에 여성 고객이 너무 감동을 한 것이다. 그러다가 며칠 후 어머니가 너무 상심한 표정으로 스키장에서 돌아오셔서 그 이유를 파악해보니, 살갑게 서비스를 행하던 직원이 어느 순간부터 보이지 않는다는 것이다. 그 직원이 그만둔 것 같다며 너무 낙담한 어머니는 스키장 가는 것이 즐겁지 않다며 실망하셨다. 자녀들이 수소문을 하여 직원의 행방을 알아보니, 집안에 사정이 생겨서 잠시 휴가를 다녀온 것이었고 그 직원이 다시 복귀하였다는 소식을 어머니에게 전해드리자 너무 즐거운 마음으로 스키장을 다시 가셨다는 것이다. 그 직원을 다시 만난 어머니는 너무 즐겁게 스키를 즐기고 돌아오시게 되었고, 어머니의 기쁨을 다시 만들어준 직원에게 너무 고맙다며 감사의 글을 고객의 말씀에 남기게 된 사연이었다. 이 사연의 고객은 동일한 스키장을 방문하였지만 즐거움과 실망감을 느끼게 되었다. 왜 동일한 장소에서 만족스런 스포츠를 즐겼음에도 불구하고 이러한 차이가 발생했을까? 레저 경영을 할 때 공간의 중요성, 외형적인 환경도 물론 챙겨야 하지만 더 중요한 것은 바로 고객만족을 이끌어내는 최상의 서비스인 것이다.

고객을 인지하고 내 가족을 대하듯이 정성을 다하는 인사, 기계적인 응대가 아닌 그 고객만을 위한 맞춤형 응대, 사람이 많고 바쁘다고 하여 건성으로 응대하고 넘기는 것이 아닌 진정성을 가지고 친절히 대하는 마음은 레저를 경영하고 이끌어나갈 리더들이 반드시 갖추어야 할 기본이라고 생각한다. 고객의 입장에서 한번 생각해보자. 평상시 서비스를 받을 때 나를 알아봐주고 친절히 응대해주는 직원과 건성으로 불친절하게 응대하는 직원을 바라볼 때 우리가 어떠한 생각을 갖는지? 서비스란 기본에서 시작하는 것이며, 기본이 충실하고 진정성이 더해질 때 최상의 만족을 창출할 수 있다.

레저 경영자에게 필요한 두 가지를 든다면, 첫 번째는 주어진 여가시간을 잘 즐길 수 있게 자신이 먼저 체험하고 즐겨본 후 잘 전달할 수 있는 능력이며, 두 번째는 최상의 서비스를 제공하여 고객 감동을 이끌어낼 수 있는 힘을 만들어내는 것이다.

사람들은 '일'을 하면서 살아간다. 각자의 자리에서 가치를 창출하며 여러 생산물을 만들어낸다. 또한 사람들은 '쉬어가며' 살아간다. 일을 하다 지친 심신을 휴식과 여가를 통해 재충전 하며, 에너지를 만들어낸다. 이렇게 살아가면서 사람들은 '즐거움'을 추구해 간다. 스트레스도 받고 화가 나는 순간도 있지만 우리는 각자의 공간에서 즐거움을 만들어가며 발전해 나간다. 인생에 있어서 행복한 삶이란 '일'과 '쉼' 그리고 '즐거움'이 어우러져 이루어진 것 같다.

레저를 이끌어나가는 우리에게 시사하는 바는 무엇일까? 일을 하면서 살아가는 현대인들에게 줄 수 있는 최고의 가치인 쉼과 즐거움을 담당하고 있다는 "책임감"이 느껴지지 않는가? 레저를 이끌어 나갈 여러분들에게 이 이야기를 전해주고 싶다.

레저 경영은 Life Value Creator라고 말할 수 있다. 삶의 가치를 높여주고 행복과 즐거움을 만들어서 우리들의 밝은 미래와 삶의 활력을 재충전해준다고 말할 수 있다.☻

제 8 편

관광경영론의 이해

제 1 장

관광마케팅

김홍범

세종대학교 호텔관광대학 교수

연세대학교 상경대학 응용통계학과를 졸업하고, KAIST에서 경영과학/마케팅으로 각각 석사/박사학위를 취득하였다. 세종대학교 호텔관광대학장, 관광대학원장을 역임하였고, Journal of Hospitality & Tourism, International Journal of Tourism Cities 등 국제학술지 편집위원으로 활동하고 있다.
Journal of Marketing, International Journal of Marketing Research, Technovation, Cornell Hotel and Restaurant Administration Quarterly, Annals of Tourism Research, International Journal of Hospitality Management, Tourism Management, Journal of Consumer Marketing 등 국제학술지에 논문을 게재하였다.

kimhb@sejong.ac.kr

김석출

배재대학교 글로벌관광호텔학부 교수

영국 서리대학교(University of Surrey)에서 국제호텔경영학 석사와 관광경영학 박사를 취득하였다.
현재 세종특별자치구 관광자문과 한국관광학회 이사를 맡고 있다.
관광수요예측과 관광이벤트마케팅이 관심있는 연구 분야이다.

sckim@pcu.ac.kr

제 1 장

관광마케팅

김홍범·김석출

제1절 관광마케팅의 이해

관광마케팅은 관광분야에서 관광 상품 및 서비스의 제공자와 이를 구매하고 이용하는 고객 간에 이루어지는 교환을 창출하기 위해서 행해지는 상품 및 서비스의 개발과 제공, 가격 결정, 촉진 및 커뮤니케이션 활동, 그리고, 고객들이 관광서비스와 상품을 구매하기까지의 과정을 담당하는 예약 및 유통망에 대한 관리까지 광범위한 내용을 포함하고 있다. 최근에는 이러한 관광마케팅의 영역이 기존의 오프라인(Off-Line) 활동의 범위에서 더 나아가 온라인(On-Line)상에서 이루어지는 전자상거래나 인터넷을 활용한 마케팅 활동으로까지 넓어짐으로써 보다 광범위한 내용을 포함하게 되었다.

이러한 관광마케팅을 정의하고 이해함에 있어, 관광이 포함하는 분야가 워낙 폭 넓고 다양해서 어려움을 더하고 있다. 관광분야는 호텔이나 외식, 테마공원, 카지노, 축제 및 이벤트, 전시, 컨벤션, 그리고 항공 및 크루즈를 포함하는 관광교통, 관광목적지, 관광자원, 관광개발 및 계획에서부터 여가활동과 레저, 레크리에이션 활동에서 더 나아가 쇼핑이나 관광기념품, 여행업에 이르기까지 실로 광범위한 영역을 포함하고 있기에, 이러한 각 부분에 해당하는 관광마케팅적 요소와 내용을 모두 포함하는 이론과 내용을 정리하는 것에는 어려움이 따를 수밖에 없다. 본 내용에서는 이러한 점을 감안하여 가능한 일반적으로 관광의 영역에 포함되어 통용되고 적용될 수 있는 내용들을 중심으로 유형의 상품적 속성과 무형의 서비스적 속성, 그리고 오프라인이나 온라인상에서 이루어지는 마케팅활동들을 모두 포함할 수 있는 내용으로 정리, 제시하고자 노력하였다.

관광분야에서의 마케팅 활동에 있어서 가장 기본적이고 핵심적인 부분은 관광 상품과 서비스

그림 1-1 내용 구성

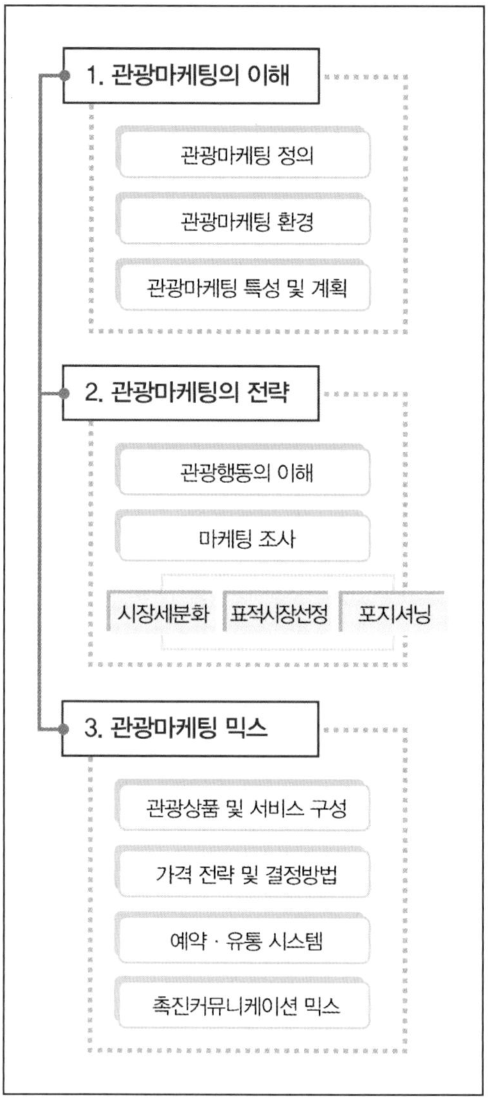

를 제공하는 측과 이를 구매하고 이용하는 고객들 사이에서 일어날 수 있는 교환관계이며, 여기서 교환이란 쌍방 간의 교환을 통하여 가치를 증대시키고자 하는 활동이라 할 수 있다.

1. 관광마케팅의 정의

(1) 마케팅의 정의

마케팅은 고객의 욕구를 파악하고 수요를 결정하고자 하는 모든 활동을 의미하며, 이러한 수요를 만족시킬 수 있는 제품이나 서비스를 개발하고, 촉진, 전달하는 과정을 포함한다. 마케팅활동은 고객에게 모든 초점을 맞추어서 목표가 설정되고 실행되는 것이며, 이러한 마케팅의 주 목적은 고객을 창출하고 유지하는 것이다. 정보통신과 컴퓨터 등 기술의 발달은 제품과 서비스가 제공되는 시장에 새로운 기회를 더하며, 이에 따른 고객들의 선택을 다양하게 바꾸고, 이러한 고객들의 선택은 결국 고객으로 구성되는 마켓시장을 더욱 역동적으로 만든다.

(2) 마케팅의 핵심원칙[1]

마케팅의 핵심원칙으로, 첫째, 마케팅 개념(marketing concept)을 들 수 있는데, 마케팅 개념에 입각하여 사고한다는 것은 끊임없이 고객의 입장에서 생각하고, 고객의 욕구와 필요를 충족시키기 위해 노력을 아끼지 않는다는 것을 의미한다. 관광 산업의 경영자들이 마케팅 개념을 그들의 행동원리로 받아들일 때, 그들은 고객의 욕구와 필요를 충족시키는 것이 최우선이라는 믿음에 따라 행동하고 모든 경영활동의 초점을 여기에 맞추게 된다.

둘째로, 마케팅 지향성이란 경영자나 조직이 마케팅 개념을 받아들이고 그것을 최우선으로 사고하고 행동하는 것을 의미한다. 일례로, J. Willard Marriott 회장은 Marriott 호텔에서 머문 고객들이 작성한 고객의견카드를 항상 경청하여 이를 호텔경영에 반영하고자 노력했는데 이는 전형적인 마케팅 지향성의 예로 볼 수 있다. 기업이 마케팅 지향성을 가지게 되면, 조직목표의 달성을 표적시장의 현재 또는 잠재욕구를 만족시키는 데 두고, 이러한 활동이 모든 경영활동에까지 영향을 미치는 것을 의미한다.

셋째로, 마케팅 활동을 수행하기 위해서는 고객의 욕구와 필요에 대한 고려가 필요하며, 관광산업에 종사하는 모든 기업이나 경영자들이 오늘날과 같은 격심한 경쟁 체제에서 살아남기 위해서는 고객의 욕구와 필요를 지속적으로 충족시키는 것을 마케팅 활동의 최우선 과제로 삼아야 한다. 기업은 마케팅 활동을 수행하면서 고객의 욕구와 필요를 구체적인 판매로 전환시킬 수 있는 새로운 기회를 놓치지 않도록 항상 조심하고 경계해야 할 것이다.

넷째로, 마케팅 활동에 필요한 시장 세분화는 시장을 구성하는 고객들이 그들의 욕구와 특징에 있어서 똑같지 않을 수 있다는 가정하에 제시된 용어이다. 특정 집단의 고객들 혹은 목표시장(target market)을 정하고 그들을 대상으로 집중적으로 마케팅활동을 실시할 수도 있고, 여러 세분시장을 대상으로 차별적인 마케팅활동을 실시할 수도 있다. 관광 산업의 마케팅 담당자들은 마케팅활동의 비용과 자원이 제한되어 있기 때문에 가능한 그들이 목표로 해야 하는 하나 이상의 고객세분시장을 신중히 결정해서 이러한 세분시장에 모든 마케팅 노력을 집중하고 이를 통해 마케팅 목표를 달성하여야 할 것이다.

다섯째로, 가치(value) 또는 화폐의 가치(value for money)는 일반적으로 고객들이 어떤 제품이나 서비스를 통해 얻을 수 있는 모든 것을 총칭하는 것으로 볼 수 있다. 일례로, McDonald라는 기업을 성공으로 이끈 "QSCV" 전략에서도 이 가치(value)가 품질(Quality), 서비스(Service), 청결(Cleanliness) 등과 함께 기업의 핵심적인 전략요소로 간주된 바 있다.

여섯째로, 수명주기를 들 수 있는데, 관광기업은 그들이 제공하는 제품이나 서비스가 도입기, 성장기, 성숙기, 쇠퇴기의 단계를 거치면서 시장에서 진화하게 된다는 가정하에 경영전략을 수립하고 수행할 수 있다. 이 경우, 수명주기의 각 단계별로 차별적인 마케팅활동을 수행하는 것이 일반적이며, 기업이 장기적으로 시장에서 생존하기 위해서는 가능한 수명주기의 마지막 단계인 쇠퇴기를 피해갈 수 있는 방안을 강구해야 할 것이다.

마지막으로, 마케팅활동은 마케팅 믹스의 개념을 필요로 한다. 특정 고객 집단의 욕구를 충족시키는데 적용되는 마케팅 전략요인으로 제품(Product), 유통(Place), 촉진(Promotion), 가격(Price)의 4P 요소와 관광 마케팅에서 중요하게 취급되는 인적요소(People), 패키징(Packaging), 프로그래밍(Programming), 파트너십(Partnership) 등 4P를 추가적으로 고려할 수 있다. 이러한 요소들은 상호 보완성과 일치성을 유지하는 차원에서 일관성 있게 적용될 필요가 있으며, 이를 위해 명확한 마케팅목표가 설정되는 것이 바람직하다.

2. 관광마케팅 환경

(1) 관광마케팅 환경의 구성요소

마케팅활동을 효과적으로 수행하기 위해서는 마케팅 환경을 이해하고 이러한 환경적 요소들이 마케팅활동에 미칠 수 있는 영향과 상호작용을 중요하게 고려하는 것이 바람직하다. 급변하는 마케팅 환경을 올바르게 인식하고, 이러한 마케팅 환경에 맞추어 기업도 새로이 나타나는 다양한 시장의 특성을 예측하고 분석하여 이에 맞는 제품과 서비스를 개발하고 마케팅 믹스활동을 적절히 수행해야 한다. 기업의 마케팅 환경이란 기업 외부에 존재하면서 기업의 활동에 영향을 미치는 모든 요인들이 포함될 수 있으며, 이러한 요인들은 표적시장이나 고객과의 거래를 창출하고, 개발 · 유지하는데 있어 중요한 역할을 하게 된다.

이러한 마케팅 환경은 미시적 환경과 거시적 환경으로 나뉠 수 있으며, 여기서 미시적 환경이란 기업이 고객에게 제품과 서비스를 제공하는 내용과 능력을 결정하는 환경에 속하는 요인들로 기업의 내부 환경, 공급업자, 마케팅 중간업자, 고객, 경쟁자 등이 포함된다. 이에 반하여 거시적 환경은 기업의 외적 요인들을 포함하는 광범위한 부분을 의미하며, 기업의 미시적 환경에 영향을 미치는 고객 및 공중(public)의 특성과 경제적, 자연적, 기술적, 정치적, 법률적, 사회적, 문화적 환경요인들을 포함한다. 이러한 요인들은 관광마케팅의 환경을 구성하고, 관광마케팅과 관련한 의사결정 시 중요한 고려 대상이 된다.

(2) 관광마케팅의 중요성

관광 산업은 최근 들어 여러 가지 측면에서 급속한 변화를 경험하고 있으며, 이러한 변화는 어찌 보면 불가피한 것이라 할 수 있다. 마케팅활동은 기업이 이러한 변화에 대처하는데 핵심적인 역할을 수행할 수 있다. 갈수록 경쟁은 심화되고, 시장은 세분화되며, 고객들은 보다 많은 경험을 통해 다양한 욕구를 보여주고 있기 때문에 이러한 욕구를 충족시켜야 하는 마케팅의 중요성은 더욱 커지고 있다. 이에 따라 마케팅은 보다 전문적인 기법과 이론을 동원하여 공격적으로 시장과 고객에 대응하는 방향으로 변화하고 있으며, 이를 통해 마케팅 도구들을 효과적으로 수행하여 고객의 욕구를 충족시켰을 때 마케팅 활동을 통해 얻고자 하는 목표를 이룰 수 있다.

3. 관광마케팅 특성 및 계획

(1) 관광마케팅의 특성

서비스 상품의 중요한 특징은 무형성이지만, 서비스 산업에 속하는 관광 산업은 무형성과 함께 유형적인 특징을 포함하고 있다. 일례로, 항공 산업은 서비스산업의 한 부분으로 고려될 수 있는데, 항공기내에서 받는 대부분의 서비스는 무형의 속성을 가지고 있지만, 항공기내 좌석의 특징이나 편리성, 크기 등은 매우 유형적인 것이다. 관광산업이 제공하는 상품은 유·무형의 요소를 모두 포함하면서 다양한 상품 및 서비스적 요인을 포함하고 있기에 관광 상품의 마케팅을 더 특별하게 만든다.

관광서비스의 특징으로는, 첫째, 무형의 서비스이기에 구매하고 실제 경험하기 전에는 이를 느끼거나 알 수 없는 것이며, 이 때문에 서비스의 무형성에서 나오는 불확실성을 줄이기 위해 구매자는 해당 서비스에 관한 정보나 어떤 확신을 보장받을 수 있는 유형의 증거를 찾게 된다. 둘째, 고객이 제품의 일부라는 서비스의 불가분성으로, 관광서비스에서는 서비스 제공자와 고객 양자가 서비스의 구매와 사용을 위해서는 그 장소에 함께 있어야 한다. 셋째, 서비스의 무형적 속성은 서비스를 제공하는 측에서 이를 변동하는데 있어 매우 큰 융통성을 가질 수 있고, 실제로 이러한 서비스의 제공이 매우 빠르고 다양하게 변화하기 때문에 서비스의 질은 궁극적으로 그것을 누가, 언제, 어떻게 제공하는가에 달려 있다고 해도 과언이 아니다. 넷째, 무형의 재고 개념으로 저장할 수 없으며 항공사의 좌석이나 호텔 객실, 테마파크 놀이기구, 크루즈 상품, 렌터카 등은 특정시점을 지나면 판매할 수 없는 소멸성을 지닌다. 다섯째, 관광 산업에서는 물리적 운송수단이나 창고, 도·소매상과 같은 유통, 물류체계, 재고시스템을 생각할 수 없으며, 이러한 물질적인 분배시스템이 없는 대신, 여행업체, 여행 매니저, 컨벤션 매니저, 웹사이트, 앱 등과 같은 중개업자들을 통해 사전에 예약 구매되어질 수 있다. 마지막으로, 가격결정 시에도 서비스는 변동가능하고 무형이기 때문에 사전에 어떠한 가격으로 고정해 놓는 것이 어려울 수 있다. 관광서비스 상품은 계절, 위치, 날씨 등에 따라 다르게 나타나는 수요의 특징을 잘 파악하여 수요에 맞게 가격을 책정하며, 이는 수요와 공급의 두 가지 특성을 모두 고려하여 가격을 결정하는 일반 제조업의 경우와는 다른 점이라 할 수 있다.

이외에도 관광산업의 마케팅은 내부 마케팅, 관계(상호작용)마케팅, 외부 마케팅의 세 가지 측면을 고려할 수 있다. 외부마케팅이 기업과 고객 사이에 나타나는 일반적인 마케팅 활동을 의미하는데 반해서, 내부 마케팅은 기업과 내부 직원들 사이에 존재하는 관계를 통해 고려되는 마케팅활동을 의미하며, 관광 기업의 경우 이러한 마케팅활동의 일환으로 직원들을 교육시키고 동기부여 시키며, 그들에게 필요한 욕구를 파악하는 활동을 하게 된다. 관계(상호작용)마케팅은 서비스를 제공하는 직원과 이를 구매 · 이용하는 고객 사이에 발생하는 관계성에 기인하여 기업측면에서 이러한 관계를 기업의 마케팅 목표로 설정하고 달성하고자 하는 마케팅 활동을 의미한다. 고객은 직원에 의해 제공된 서비스의 질을 판단하는데 있어 직원들이 어떤 모습과 언행, 행동으로 대하며, 그들 사이에 어떤 관계성이 설정되는가를 서비스 평가의 중요한 기준으로 삼을 수 있다.

(2) 관광마케팅 전략계획

마케팅 계획이란 특정 기간 동안 기업의 마케팅 활동을 수행하고 관리하는데 활용되는 기준을 의미하며, 이러한 마케팅 계획은 매우 세부적이고 구체적이어야 하고, 기업은 이를 통해 마케팅 활동의 여러 단계와 이러한 역할을 담당하고 있는 직원들을 관리하게 된다. 모든 건물의 기초가 견고해야 하듯이 마케팅 계획도 세밀한 조사와 분석이 먼저 뒷받침되어야 한다. 기본적으로 마케팅 계획은 상황분석, 마케팅 조사, 시장세분화, 마케팅 전략수립, 포지셔닝 등 마케팅 활동에 대한 구체적인 청사진(blueprint)을 제공해야 하며, 이러한 활동들이 마케팅 목표를 통한 일관성과 상호 보완성을 가지도록 수립되어야 한다.

관광산업은 급속한 변화를 경험하고 있으며, 이러한 변화는 불가피한 것이다. 마케팅은 기업이 이러한 변화에 대처하는데 핵심적인 역할을 수행한다. 성공적인 마케팅 계획을 위해서는 많은 세부적인 준비과정과 단계를 거쳐야 한다. 실행계획의 기능은 이러한 필요한 모든 활동과 책임사항, 비용, 시간계획, 통제 그리고 평가절차를 구체화하는 것이다.

제2절 관광마케팅 전략

1. 관광행동의 이해

고객은 관광 상품 및 서비스를 구매하고 소비하고자 할 때 일련의 과정을 거치게 되며, 마케터들은 이러한 고객의 의사결정 과정을 잘 이해하고 고객의 행동과 서비스 전 · 후의 반응을 정확히 파악하는 것이 중요하다. 관광산업에서는 개인 소비자의 행동뿐 아니라 단체고객의 행동특성도 중요한 의미를 가지고 있는데, 이는 단체 구매고객의 특성상 비용, 서비스 편의시설 등과 같은 객관적인 요인들이 감성적인 요인들보다 더 중요한 역할을 할 수 있기 때문이다.

(1) 고객행동 요인

고객행동은 넓게는 문화, 하위문화, 사회계층 등 문화적 요인과 준거집단, 가족, 사회적 역할과 지위 등 사회적 요인, 그리고, 연령, 가족생애주기상 단계, 직업, 라이프스타일, 개성, 자아개념 등 개인적 요인을 비롯하여 동기, 지각, 학습, 기억 등 고객의 심리적 과정을 통해서도 영향을 받을 수 있다. 이러한 세 가지 요인은 개인의 심리적 특성과 관련된 개인적(personal) 요인과 개인에 영향을 미치는 외부적 영향인 개인 간(interpersonal) 요인으로도 나눌 수 있는데, 이러한 영향요인들에 대한 이해는 기업이 고객에게 효과적으로 상품과 서비스를 제공하는 데 도움을 줄 수 있다.

① 개인적(personal) 요인

개인적 요인은 고객이 부족함을 느끼는 경우 욕구(needs)가 발생하고, 이러한 욕구를 충족시켜 줄 수 있는 구체적인 것에 대한 필요(wants)를 느낄 때 나타나게 된다. 마케터들은 고객이 느끼는 필요를 충족하도록 동기를 부여하기 위해 노력해야 한다. 관광기업이 제공하는 메시지를 고객은 오감을 사용하여 지각하게 되는데, 이렇듯 개인이 정보를 수집, 정리하고 해석하는 과정을 인지(perception)라고 하며, 인지과정은 인지/지각창을 통해 선택된 정보를 개인의 인지적 편견에 따라 받아들이고, 이를 선택적으로 보유 · 종결하는 단계를 거치게 된다. 마케터는 이러한 각 단계에 맞는 적절한 방법과 기술을 활용하여 기업이 원하는 방향으로 고객의 마음속에 자사의 포지션이 구축될 수 있도록 노력해야 한다. 개인적 요인으로는 학습, 개성, 라이프스타일, 자아개념 등의 요인이 포함된다.

② 개인 간(interpersonal) 요인

개인 간 요인은 다른 사람으로부터의 외부적 영향으로 문화와 고객이 속한 준거집단, 사회적 계층, 오피니언 리더, 가족 등이 포함된다. 관광 산업에서 제공하는 사회적 · 상업적 정보도 중요하며, 무형성, 비저장성과 같은 관광 상품 및 서비스의 특성을 고려할 때 이러한 정보의 효과는 매우 크다고 할 수 있다.

(2) 구매의사결정 과정

고객의 구매과정은 문제(욕구)인식, 정보탐색, 대안평가, 구매결정, 구매 후 행동의 5단계를 거치면서 나타날 수 있는데, 이러한 고객의 행동을 이해하고 영향관계를 파악하는 것은 기업이 올바른 마케팅활동을 수행해 나가는데 있어 매우 중요한 역할을 한다. 무형의 서비스를 제공하는 관광산업은 여타의 산업보다 학습과 경험을 통해 형성된 태도와 신념에 기초한 상품에 대한 평가가 고객의 구매결정에 결정적인 영향을 미칠 수 있다. 또한, 타인으로부터의 구전이나 정보전달은 고객에게 영향을 주는 또 다른 중요한 요인이다. 고객의 구매의사결정과정은 관광산업에 속하는 다양한 상품이나 서비스의 특성에 따라서도 달리 나타날 수 있으므로, 상품이나 서비스별 특징에 대해서도 세심한 조사가 필요하다.

2. 마케팅 조사의 의의 및 과정

(1) 마케팅 조사의 중요성

교환이 이루어지는 시장이 판매자 중심에서 구매자 중심의 시장으로 변하면서 기업의 성패는 고객의 욕구와 환경 변화를 파악하기 위한 정보 수집 및 활용이 무엇보다 중요하게 되었다. 시장과 고객에 대한 정보를 체계적으로 수집, 분석, 활용하는 총체적인 과정이 마케팅 조사이며, 기업은 이러한 마케팅 조사를 통해 합리적인 의사결정을 하고 목표에 효율적으로 도달할 수 있게 된다.

고객의 욕구를 이해하는 것은 마케팅의 출발점이며, 고객이 원하는 것이 무엇인지 알아내고 그것을 제공하는 것이 곧 기업의 사명이고 마케팅 조사의 목표이다. 고객의 구매의사결정에 있어 기능적인 속성과 함께 감성적, 상징적 속성을 중요시하는 경향이 커짐에 따라 고객의 욕구를 이해하는 것이 한층 더 어려워지고 있다. 또한, 정보기술의 발전에 따른 고객 정보의 양적 팽창은 질적으로 우수한 정보의 획득을 어렵게 하는 요인이 되기도 한다. 이러한 추세는 마케터로 하여금 정성적, 정량적 마케팅 조사를 통하여 고객의 욕구와 마음을 읽어내는 효과적인 방법을 개발하고 적용하도록 하고 있다.

(2) 마케팅 조사과정

마케팅 조사는 기존고객과 잠재고객에 대한 상세하고 정확한 정보를 얻는데 도움을 주며, 주요 경쟁자를 파악하고 경쟁기업의 장·단점을 분석할 수 있게 해주고, 국내외 시장 및 고객의 변화를 마케팅 계획과 활동에 잘 반영할 수 있도록 해준다. 마케팅 조사과정은 조사문제의 규정, 조사계획과 자료수집방법, 표본설계와 추출, 자료수집, 자료의 분석과 해석, 조사결과의 정리와 제시의 단계로 나타낼 수 있고, 이러한 일련의 과정은 조사를 체계적이고 효과적으로 수행할 수 있도록 해주고 유용한 정보를 획득할 수 있게 한다.

각 단계를 구체적으로 살펴보면, 먼저, 조사문제의 규정 및 공식화 단계에서는 문제를 정의하고 조사 목표와 연관된 문제들을 파악한다. 둘째, 조사계획과 자료수집방법은 1차, 2차 자료 수집 여부를 결정하고 조사계획과 분석 방법을 결정한다. 셋째, 표본설계와 추출단계에서는 조사대상을 결정하고 표본추출에 있어 확률적 혹은 비확률적인 과정을 적용할지를 정하고 표본의 크기를 결정한다. 넷째, 자료수집 단계에서는 추출된 표본을 대상으로 자료를 수집하는 활동을 수행하게 된다. 다섯째, 자료의 분석과 해석 단계에서는 조사목적에 맞는 통계분석을 통해 자료의 기본적 특성을 파악하고, 조사과제에 포함된 변수 간 관계를 분석한 후 결과를 도출한다. 그 후 조사 결과를 정리하여 의사결정자와 관계자에게 전달하면 마케팅 조사과정의 전체적인 과정이 수행된 것으로 볼 수 있다.

3. 시장세분화

차별화란 기업의 상품 및 서비스를 경쟁사들과는 다르고 특별하게 만드는 것을 뜻한다. 이는 고객이 자사의 상품 및 서비스가 타사의 그것에 비해서 더 큰 편익이나 가치를 지녔다고 믿게 만드는 것이다. 차별화가 상품을 기준으로 특정 상품을 타사의 그것과는 다른 특색 있는 것으로 만드는 것을 의미한다면, 시장세분화는 고객의 특성을 고찰하여 기업의 마케팅 활동에 대한 반응이 비슷한 고객집단으로 전체 고객시장을 나누는 것을 뜻한다. 시장은 다양한 욕구와 필요를 지닌 고객들로 형성되어 있는데, 대개 이러한 시장은 동질의 특성을 가지는 고객들끼리 뭉쳐놓은 작은 하위 시장으로 형성되어 있다. 상품 및 서비스는 이러한 여러 하위 시장의 특성을 반영하여 이를 토대로 만들어지게 된다. 그러므로 마케팅 전략을 수립하는 데 있어서 첫 단계는 전체 시장을 유사한 성향을 가지는 고객 세분시장으로 나누고 이를 분석하는 것이다. 시장을 세분화하는 근본적인 이유는 기업의 노력과 마케팅 비용을 한곳에 집중시켜 더 큰 효과를 실현하기 위해서이다.

시장세분화의 기준은 실제 기업이 시장을 나눌 때 활용하는 어떤 특성이나 근거를 의미하며, 이는 최근 관광 기업이 직면하고 있는 가장 어려운 과제 중 하나이다. 시장세분화 방법은 시장세분화에 적용되는 세분화기준에 따라 구분될 수도 있다. 첫째, 인구통계적 시장세분화(Demographic

Segmentation)란 인종, 나이, 국적, 종교, 성별, 직업, 교육 및 소득수준 등을 기준으로 시장을 구분하는 방법이다. 인구통계적 세분화는 일률적으로 정의되고 손쉽게 이용할 수 있다는 점에서 보편적으로 사용되는 세분화 방법이다. 그러나 나이 및 국적, 직업 등이 고객의 심리적 상태나 고객의 욕구와 어떠한 관계를 갖고 있는지 파악하기가 쉽지 않기에 마케터들은 인구통계적 세분화 기준과 함께 다른 근거 요소들을 추가로 고려하여 세분화를 하기도 한다. 둘째, 사이코그래픽 세분화(Psycho-graphic Segmentation)란 고객의 심리적인 특성에 초점을 맞추는 것으로, 특히 고객의 라이프스타일을 측정하는 AIOs를 기반으로 한다. 이는 사람들이 시간을 소비하는 방법(Activity)과 그들이 평소 무엇을 중요시여기는지(Interest), 그리고 그들 자신과 그들이 살고 있는 세상에 대해 어떻게 느끼는지(Opinion)를 기준으로 특징 지워지는 생활방식을 의미한다. 셋째, 추구편익 세분화(Benefit Segmentation)는 고객이 상품 및 서비스에서 찾고자 하는 혜택의 유사성에 의해 고객을 그룹화하는 방법이다. 추구편익 세분화는 고객의 욕구와 필요를 이해함으로써 세분화를 통해 소비자행동에 영향을 미치는 마케팅 활동을 도출할 수 있다. 마지막으로, 행동에 의한 세분화(Behavior Segmentation)는 고객들이 상품 및 서비스를 구매하거나 이용하는 행동에 기반하여 고객시장을 구분하는 방법으로 고객의 구매패턴이나 이용률, 충성도 등 구매와 관련된 상황에 의해 집단을 나누게 된다.

4. 표적시장의 선정

(1) 표적시장 전략

고객 시장을 세분화하면, 다음으로 각 세분시장의 잠재성을 조사하고 이들 중 가장 잠재력이 있고, 해당 기업의 자원과 경쟁력을 발휘하는데 적합하다고 판단되는 시장을 선별하여 해당 시장에 적절한 상품이나 서비스를 제공해야 한다. 즉, 이미 세분된 시장에 대하여 각 시장별로 규모, 경쟁자, 자사의 목표나 자원과의 적합성 등을 고려하여 세분시장을 분석하고, 이들 중에서 기업이 목표로 하는 표적시장(target market)을 선정하여야 하는 것이다.

표적시장을 선정하는 전략으로는, 첫째, 비차별화 전략으로 전체 시장을 하나의 표적시장으로 정하고 여기에 기업의 모든 마케팅 믹스활동을 집중하는 방법이다. 이 방법은 각 세분시장의 차이를 무시하고 전체 시장을 목표로 하는 하나의 통일된 상품이나 서비스로 마케팅 활동을 추구하는 것이다. 비차별화 마케팅은 표준화와 대규모 판매에 따르는 이익 등 주로 규모의 경제로 인한 마케팅 비용의 절감을 장점으로 하고 있다. 코카콜라社는 그들의 제품을 모든 고객시장에 비차별적으로 제공하는 마케팅 전략을 수행한 바 있고 이러한 전략은 지금까지도 유용하게 수행되고 있다.

둘째, 집중화 전략으로, 세분시장 중에서 가장 잠재력이 있다고 판단되는 하나의 표적시장만을 선정하고 이를 대상으로 집중적이고도 공격적인 마케팅 활동을 수행하는 것을 의미한다. 기업의 자원이 제한되어 있는 경우, 하나의 세분시장을 목표시장으로 정하고, 고객의 욕구를 만족시켜 특정 세분시장에서 높은 시장점유율을 확보하고자 하는 마케팅 전략이다.

셋째, 차별화 전략으로, 잠재력이 있다고 판단되는 두 개 이상의 세분시장을 목표로 정하고, 이들 표적시장의 특성에 맞도록 각각 서로 다른 마케팅활동을 전개하는 전략이다. 둘 이상의 표적시장을 정하고 각각 차별화된 마케팅 활동을 적용하게 되므로 보다 다양한 고객의 욕구를 만족시킬 수 있다. 대표적 예로, 서비스 형태, 숙박기간, 위치 등 다양한 기준에 따라 서로 다른 유형의 숙박시설 브랜드를 운영함으로써 다양한 고객층을 확보하고 있는 메리어트 호텔체인을 들 수 있다. 이러한 차별화 마케팅은 비차별적 마케팅보다 효율적으로 다양한 고객층에게 다가갈 수 있다는 장점이 있으나, 개발비용이나 관리비, 촉진커뮤니케이션 비용 등 제반 비용 증가를 가져올 수 있기 때문에 매출과 비용의 관계를 신중히 고려하는 것이 바람직하다.

(2) 표적시장 결정 시 고려요소

기업이 마케팅 전략 수립을 위한 표적시장을 선정하기 위해서 고려해야 할 요소로는, 첫째, 각 세분시장의 규모와 성장률을 들 수 있는데, 이를 측정하기 위해서는 해당 산업을 구성하고 있는 기업과 고객들에 대한 체계적이고도 광범위한 분석이 필요하며, 현재를 포함한 미래 추세에 대한 예측이 필요하다. 둘째, 세분시장의 구조적 매력성을 들 수 있는데, 이는 경쟁의 형태나 수 등 시장의 구조적 특징을 분석하는 것이다. 셋째, 기업의 목표와 자원요소를 들 수 있는데, 이 기준은 특정 세분시장이 기업이 가지고 있는 목표와 자원에 적합한지를 고려해서 세분시장을 선택하여야 한다는 것이다. 이외에도, 표적시장 선정 시 시장에 제공되는 제품이나 서비스의 동질성 정도, 제품의 수명주기, 경쟁업체의 마케팅 전략 등을 고려할 수 있다.

5. 포지셔닝 전략

포지셔닝은 기업이 자사 브랜드를 표적시장 내 고객들의 마음속에 타 기업과는 다른 독특한 위치로 자리 잡도록 하기 위해, 그들의 상품 및 서비스에 대한 마케팅활동을 집중하는 노력을 의미한다. 고객들은 특정 관광목적지를 인지(perceive)할 때, 일정한 속성을 기준으로 경쟁 목적지와 비교하여 상대적으로 해당 관광목적지를 인지하게 된다. 효과적인 포지셔닝은 고객이 제공받을 수 있는 혜택에 대하여 약속할 수 있어야 하며, 그러한 혜택은 경쟁 기업이나 상품 또는 목적지와 차별화되면서 고객의 기대를 창출시킬 수 있어야 한다.

(1) 포지셔닝의 중요성

관광기업에 있어 포지셔닝이 중요한 이유는 치열한 경쟁환경에서 특정 호텔이나 항공사, 테마공원, 관광목적지 등이 타 경쟁기업과 구별되는 특성을 제공함으로써 고객들로 하여금 자사의 상품 및 서비스를 기억하고 구매하도록 하는 차별적 이미지 구축이 필요하기 때문이다. 또한, 이미 고객의 마음속에 구축된 기존의 관광 상품 및 이미지를 유지하고 강화하기 위해서도 이러한 포지셔닝 노력은 중요하다. 일례로, Marriott's Residence Inn은 집과 같은 편안한(home-away-from-home) 곳을 필요로 하는 고객들을 대상으로 해당 브랜드를 포지셔닝하였는데, 호텔 이름 자체가 표적시장의 본질을 나타내고 있고, 가정(home)이라는 단어와 이웃(neighborhood)이라는 단어가 포함된 광고를 빈번하게 내보내면서, 주방, 거실, 벽난로까지 포함하는 물리적 설비를 집과 같이 편안함을 느끼도록 해줌으로써 고객들의 마음속에 명확한 포지션을 심어주었다.

기업은 리포지셔닝이라는 활동을 통해 고객의 마음속에 이미 자리 잡힌 기존의 상품 및 서비스에 대한 이미지를 특정한 방향으로 변화시키는 노력을 할 수도 있다. Club Med社의 경우, 고객들에게 '젊은 독신 여행자들 위주의 리조트', '강제로 빌리지 활동에 참여해야 하는 리조트' 등 부정적 이미지를 갖고 있음을 파악하고, 가족여행객들에게 소구하기 위해 'baby club' 운영, 'mini club med' 개념의 가족단위 고객들을 위한 프로그램 제공, 'Rent-a-village'라는 광고를 통해 회의 및 인센티브 여행객들에게 다양한 공간과 환경을 제공하는 등 그들의 기존 상품에 대한 적절한 리포지셔닝 노력을 수행한 바 있다.

(2) 포지셔닝 전략의 개발

기업은 포지셔닝 전략을 통해 그들의 상품 및 서비스를 고객 세분시장의 욕구에 맞도록 고객들의 마음속에 자리매김하여야 하며, 이를 위해 목표시장의 욕구를 만족시키는 그들만의 차이점을 명확하게 제공해야 한다. 포지셔닝 전략의 유형은 크게 세 가지로 구분될 수 있는데, 먼저, 소비자 포지셔닝 전략(comsumer positioning strategy)은 고객들의 마음속에 독특한 이미지를 심어주기 위해 각종 정보와 이미지를 일관성 있게 이용하는 방법이다. 이를 위해서는 하나의 특정한 고객 혜택을 선정하여 여기에 집중하는 방법과 하나 이상의 혜택을 고객들에게 약속하고 이들을 일관성 있게 마케팅활동을 통해 제시하는 방법이 있다. 고객들은 이용 가능한 혜택을 발견하기 위해 제시된 광고나 커뮤니케이션 메시지의 의미를 해석하게 된다. 이를 위해 기업은 명확하고 사실적인 정보를 포지셔닝 목표에 맞도록 일관성 있는 진술을 통해 고객들에게 전달함으로써 포지션(position)을 창조할 수 있으며, 이미지, 분위기, 상징 등의 개념이 이러한 포지셔닝 활동을 위해 활용될 수 있다.

둘째, 경쟁적 포지셔닝 전략(competitive positioning strategy)은 포지셔닝 전략의 초점을 경쟁을 준거점으로 고객의 마음속에 경쟁 상품 또는 서비스와 상대적으로 비교되는 차별적인 광고 및 커뮤니케이션 메시지를 전달함으로써 고객들이 경쟁기업과 비교해 자사의 상품이나 서비스를 자리매김하도록 하는 것이다. 이의 대표적인 예로는, 미국 렌터카 회사인 Avis사가 Hertz사를 대상으로 실시했던 포지셔닝 전략을 들 수 있다.

마지막으로, 리포지셔닝 전략(repositioning strategy)을 들 수 있는데, 이는 환경, 고객, 시장이 끊임없이 변하는 마케팅 환경하에서 아무리 성공한 포지셔닝이라 하더라도 기존의 포지션을 계속 유지하기가 어려울 수 있으므로, 환경적 필요나 요구에 맞도록 기존의 포지셔닝 전략을 수정하는 것을 의미한다. 리포지셔닝 전략은 기존의 포지션이 성공적이지 못하거나 최상의 위치를 점유하지 못했을 때, 기존의 포지션에 경쟁 기업이 너무 많이 진입했거나 이에 해당하는 강력한 경쟁자가 나타났을 때, 그리고 시장의 새로운 기회를 발견했을 때 수행하는 것이 적절할 수 있다.

제3절 관광마케팅 믹스

일반적으로 마케팅활동에 있어 마케팅 믹스란 마케팅 목표를 최적화하기 위한 마케팅 수단들의 최적 결합을 의미한다. 이는 설정된 마케팅 목표를 합리적으로 달성하기 위하여 마케팅관리자가 주어진 환경적 조건을 전제로 제반 마케팅 수단들을 적절하게 결합하여 수행하는 것을 말한다. 일반적으로 기본적인 관광마케팅 믹스는 관광객이나 고객들과 의사소통을 하거나 이들을 만족시키기 위해 관광 상품이나 서비스를 제공하는 당사자가 관리하는 핵심적인 결정변수로써 관광 상품 및 서비스, 가격, 예약·유통, 촉진 및 커뮤니케이션 등의 활동으로 구성된다.

1. 관광 상품 및 서비스의 구성

(1) 관광 상품 및 서비스 믹스[2)]

상품 및 서비스 믹스란 목표시장의 고객들이 원하는 부분을 만족시킬 수 있는 상품 및 서비스의 속성들을 최적의 조합으로 결합하는 것을 의미한다. 관광산업의 경우, 이러한 상품 및 서비스의 최적 믹스를 실현하기 위해서는 먼저 '고객에게 무엇을 제공하고자 하는가?'라는 판매관점에서의 정의가 아닌, '고객은 무엇 때문에 관광기업을 찾고 관광 상품을 구매하고자 하는가?'라는 고객들이 추구하는 혜택 중심적인 관점에서 상품을 정의하고 이와 관련된 사고를 할 필요가 있다. 특히, 관광산업에 해당하는 서비스 상품의 경우에는 실제로 고객들에게 제공되는 것은 편익 또는 혜택의 묶음(bundles of benefits)인 경우가 대부분이므로 고객에게 제공되는 편익(상품속성) 중 어떤 것이 핵심적인 상품(core product) 요소가 될 수 있으며, 어떤 것이 이와 관련된 확장된 상품(augmented product)에 속하는 요소인지를 파악하고 이러한 핵심적 요소와 확장된 속성 요소들을 적절히 조화시키는 것이 바람직하다.

보다 구체적으로는 관광 상품의 유형을 다음과 같이 네 가지로 나누어 볼 수 있다. 첫째, 고객이 실질적으로 구매하고자 하는 핵심 상품이다. 핵심 상품은 상품 그 자체를 의미하는 것이 아니라 상품이 고객을 위해 무엇을 제공할 수 있느냐를 의미하는 것으로 경험, 분위기, 휴식, 편의적 요소 등이 핵심 상품의 구성요소가 될 수 있다. 고객은 상품을 소비하는 것이 아니라 상품이 주는 혜택을 소비하는 것으로 보는 관점이다. 둘째, 고객이 핵심 상품을 이용할 때 함께 제공되어야 하는 것으로, 여기서는 이를 촉진상품(facilitating product)으로 정의하고자 한다. 일례로, 호텔상품의 경우, 예약, 룸서비스, 체크인 서비스 등을 들 수 있다. 셋째, 시장 내 경쟁기업 간의 차별화를 위해 지원되는 부가상품(supporting product)을 들 수 있고, 마지막으로는 앞서도 언급되었듯이 고객이 핵심 상품을 구매 · 이용하기까지의 모든 과정에서 제공되는 확장상품을 들 수 있는데, 여기에는 접근성 및 영업시간, 위치, 고객참여, 직원과 고객 간 상호작용 등이 포함될 수 있다.

(2) 파트너십

최근 들어 관계마케팅의 중요성이 부각되면서 관광산업에서도 다양한 마케팅 파트너십이 요구되고 있는데, 여기서 파트너십이란 관광기업이 서로 협력하여 공동 마케팅 활동을 수행하는 것을 의미한다. 관광산업의 경우 타 산업에 비하여 매우 다양한 기업 형태를 가지고 있기에 파트너십의 기회는 거의 무제한적이라고 볼 수 있으며, 파트너의 유형도 다양하게 나타날 수 있다. 첫째, 고객과의 파트너십을 들 수 있는데, 이의 대표적인 예가 최근 관광산업에 속하는 거의 모든 기업들이 관심을 가지고 수행하고 있는 상용고객 우대프로그램이다. 이 방법은 기업에 대한 고객의 충성도를 높이기 위해 도입된 것이지만, 지금에 와서는 이러한 형태에서 더욱 발전하여 상용여행객들 중에서 자문위원단을 선발하거나 기업의 변론인으로 고용하는 등 고객과의 관계를 기반으로 수행되는 형태가 매우 다양하게 나타나고 있다. 둘째, 비슷한 유형의 기업 사이에 나타나는 파트너십으로 항공 산업에서 이루어지는 항공사 간 전략적 제휴의 개념으로 이해될 수 있다. 셋째, 서로 간에 직접적인 경쟁관계는 아니라 해도 관련 기업들 사이에서 이루어지는 파트너십으로 항공사, 호텔, 레스토랑, 렌터카 등의 기업들이 카드사나 통신사, 은행 등과 맺는 제휴 프로그램을 들 수 있는데, 이들은 이러한 제휴프로그램을 통해 상호간 마일리지 프로그램을 공동으로 운영하거나 공동으로 프로모션을 실시하기도 한다. 마지막으로, 인터넷을 이용한 제휴를 들 수 있는데, 최근 인터넷 기술이 도입되면서 나타나는 기업들 사이의 새로운 유형의 파트너십이라고 볼 수 있다.

(3) 패키징(Packaging)

제조업에서는 패키징이라는 용어가 포장의 의미로 사용될 수 있으나, 관광산업의 경우에는 이러한 패키징의 의미가 여러 종류의 서비스를 적절히 조화시켜 고객들에게 매력적이고도 유용한 상품의 가치를 만드는 것을 의미하기도 한다. 관광 상품은 다른 서비스 상품과 마찬가지로 소멸성을 지닌다고 할 수 있는데, 이러한 패키징을 통해서 예를 들어 관광산업의 애로점인 비수기에도 관광 상품을 판매하는데 있어 핵심적인 역할을 할 수 있다. 관광산업에서 기업들은 이러한 패키지 상품을 통해서 개별 상품가격의 총합계보다 낮은 가격으로 다양한 상품을 구성하여 판매할 수 있고, 경우에 따라서는 관광 서비스 상품에 추가적인 매력을 발산하는 흡인력을 가진 특별 이벤트나 레크리에이션 활동 등을 개발할 수도 있다.

관광산업에서의 패키징은 다음과 같은 역할을 수행한다. 첫째, 특정한 시점에 판매되지 않으면 소멸되는 관광 상품의 다양한 판매루트 개발을 통하여 사업패턴과 운영을 원활하게 할 수 있다. 둘째, 다양한 관광 상품 패키지의 개발을 통해 수익성을 향상시킬 수 있고, 마지막으로 기존의 관광 상품 및 서비스 믹스적 요소를 보완하는 역할을 할 수 있다. 관광산업은 패키징을 통해 여행사, 운송업자, 항공사, 호텔, 관광목적지 등 다양한 기업들을 서로 연결시키며, 이들 간 시너지 효과를 창출할 수 있다.

관광 패키지의 예로는, ‘All-Inclusive’ 패키지, 항공-숙박 패키지 등을 들 수 있으며, 표적시장에 따라 컨벤션/회의 패키지 또는 친목도모 패키지투어 등을 들 수 있다. 또한, 패키지 상품이 대상으로 하는 시기에 따라 주말 및 미니휴가 패키지, 휴일(공휴일, 크리스마스, 신년 등)패키지, 계절 패키지, 비수기 패키지 등을 들 수 있다.

2. 가격전략 및 결정방법

마케팅에서 기업의 이윤추구라는 목표에 가장 근접해 있는 마케팅 활동 중 대표적인 것으로 가격결정을 들 수 있다. 무형의 상품 및 서비스를 제공하는 관광기업의 특성상 어느 시기에 판매하느냐에 따라 가격이 크게 차이가 날 수 있다. 이 때문에 관광산업에 있어서 가격전략 및 결정과 관련된 활동은 다른 마케팅 활동보다 더욱 직접적으로 사업의 성패를 좌우하는 중요한 요소로 여겨지고 있다.

가격은 고객과 기업이 보는 시각에 따라 그 의미를 달리할 수 있는데, 우선 고객의 관점에서 볼 때 가격이란 특정 상품이나 서비스를 얻기 위해 포기해야만 하는 것을 의미한다. 이때, 고객이 포기해야만 하는 것은 금전적인 것만을 일컫는 것은 아니며, 고객의 시간, 정신적인 노력 등을 포함할 수 있다. 반면, 기업의 입장에서 볼 때 가격이란 어떤 상품이나 서비스가 가지는 가치를 의미할 수 있으며, 이러한 가치를 화폐적 단위로 나타낸 것이 가격이라 할 수 있다.

(1) 마케팅 믹스로서의 가격

마케팅 믹스활동 중에서 가격은 기업의 매출(revenue)과 직접적으로 연관된 요소이다. 가격은 시장의 수요와 공급에 맞추어 기업의 재정적인 목표를 달성하기 위해 필수적인 것이며, 상품 및 서비스 판매의 증가를 꾀할 수 있는 강력한 도구 중 하나이다. 또한 가격은 기업의 상품이 시장에서 적절하게 포지셔닝(positioning)될 수 있도록 하며, 올바른 가격결정은 고객의 충성도에도 직접적인 영향을 미칠 수 있다. 이러한 이유 때문에 기업은 가격결정의 절차 및 전략에 관한 의사결정에 있어 매우 신중하여야 한다.

(2) 가격전략

가격전략에 대한 이론은 경영학 및 경제학의 발전과정만큼이나 다양하고 복잡하다고도 볼 수 있으며, 적절한 가격과 상품의 조화는 결과적으로 기업의 이윤추구에 직접적으로 공헌할 수 있기에 올바른 가격전략에 관한 의사결정은 마케팅 활동에 있어 매우 중요하다.

① 상품지향적 가격결정(Product Driven Pricing)

이 전략은 상품이나 서비스의 가격을 세분시장의 특성에 따라 결정하는 것이 아니라 가격을 미리 정해놓고 그에 부합하는 세분시장을 찾아 적용하는 방법이다. 이렇게 기업이 미리 가격을 정해 놓는다 하더라도, 결국에는 고객들에게 받아들여질 수 있는 가격을 결정한다는 원칙에는 변함이 없다고도 볼 수 있다.

② 비용에 근거한 가격결정(Cost-Based Pricing)

비용에 기반을 둔 가격전략은 과거 관광산업 분야에서 자주 사용되었던 방법 중 하나이다. 여기에는 비용가산, 비용비율, 균형점 가격, 공헌이익가격 등이 포함되는데, 먼저, 비용가산법은 어떤 상품이나 서비스를 생산하는데 소요된 직접적 비용의 총합에 간접비용을 포함하고, 여기에 사전에 정해진 이익을 더하여 최종 가격을 결정하는 방법이다. 이러한 방법은 가격결정에 있어 유연성을 갖지 못하고, 상품이나 서비스의 가치에 대한 고객의 견해는 배제된다는 점에서 한계를 갖는다. 둘째로, 비용비율 방법은 주로 외식업계에서 자주 사용되어 온 가격전략 중 하나인데, 주로 상품에 소비된 다양한 재료비용의 이윤폭을 고려하여 도출된다. 이 방법 역시 상품 및 서비스를 생산하기 위해 소모된 비용만을 고려하기 때문에, 고객의 입장은 고려하지 못한다는 한계점을 지닌다. 셋째, 균형점 가격결정법은 비용이 매출액과 같아지는 점에서 가격을 결정하는 것을 나타내며, 마지막으로, 공헌이익 가격결정 방법은 관광 기업의 입장에서 변동가격을 초과하는 선에서 가능한 고객들이 수용할 수 있는 최대의 가격을 결정함으로써 고정비용을 상쇄하고 더 나아가 이윤을 실현할 수 있는 가격결정 방법이라 할 수 있다. 이제까지 살펴본 비용에 근거한 가격결정 방법들은 상품이나 서비스의 제공자 입장에서 이루어지기 때문에 시장에서 고객의 욕구를 반영할 수 있는 유연성이 부족하다고 할 수 있다.

③ 가치에 근거한 가격결정(Value-Based Pricing)

가치에 근거한 가격결정은 위에서 제시한 비용에 근거한 가격결정과는 상반되는 개념으로, 목표시장 고객들의 욕구를 가늠하고, 어떻게 잠재 고객들이 기업의 상품이나 서비스에 대한 가치를 인지하는지에 대해 평가하는 것에서부터 시작된다. 이 방법의 경우, 기업의 마케터들이 항상 고객의 필요에 귀를 열고 있기 때문에 가격결정에 있어 유연성이 크고, 그만큼 실패할 확률이 적다고 볼 수 있다. 이러한 결정에 있어 고객들이 생각하는 상품이나 서비스의 가치로는 재정적 가치, 시간적 가치, 기능적 가치, 경험적 가치, 감정적 가치, 신뢰, 기업에 대한 인지 등을 들 수 있다.

④ 참고가격(Reference Pricing)

참고가격(Reference Price)은 고객이 어떤 상품이나 서비스를 이용할 경우 그것에 합당하다고 생각하는 가격을 의미하며, 기대가격이라고도 부른다. 이러한 참고가격은 고객의 경험으로부터 오는 경우가 많은데, 고객이 비슷한 구매를 위해 이미 지불했던 금액이나 비슷한 종류의 상품이나 서비스의 가격, 브랜드를 고려한 가격 등 고객의 개인적인 경험이나 정보력이 참고가격의 기준이 될 수 있다.

⑤ 베블렌 효과(Veblen Effects)

고가 상품이나 서비스의 경우 고객들은 가격이 높기 때문에 그로 인해 더욱 사고 싶어 하는 경우가 생기기도 한다. Mercedes Benz, BMW, Ritz Carlton, Four Seasons 등과 같은 상품의 경우 비싼 가격을 낮추는 것보다 고가의 가격을 그대로 유지하는 가격전략이 오히려 고객들의 욕구를 충족시킬 수 있다.

⑥ 가치부가 가격결정(Value Added Service Pricing)

가치부가 가격결정은 어떤 상품이나 서비스의 가치에 대한 고객의 인식을 향상시키기 위해 기본 상품이나 서비스에 추가적으로 어떤 가치를 부여하는 것을 일컫는다. 예를 들어, 호텔의 비즈니스 시설을 무료로 제공한다거나 객실의 턴다운 서비스(turndown service)를 무료로 해주는 경우가 여기에 해당한다고 볼 수 있다.

3. 예약 · 유통 시스템[3)]

기업은 예약 · 유통망을 통하여 최종 고객에게 보다 효율적으로 상품이나 서비스를 소개하고 이들이 편리하게 구매할 수 있도록 함으로써 고객의 상품구매 가능성을 높일 수 있다. 예약 · 유통 채널(channel)을 고려할 때 중요한 점은 자사의 상품을 고객이 있는 곳으로 어떻게 전달하는가와 고객을 자사의 상품이 위치한 곳으로 어떻게 유인하느냐이다. 예약 · 유통 시스템은 고객이 상품을 사용하거나 소비하는 과정에 있어서 관련된 여러 기업들을 의미하며, 예약 · 유통에 있어서 중요한 점은 상품을 미래 고객이 있는 곳에 효과적으로 전달하는 것이라고 할 수 있다.

관광기업의 경우, 고객이 상품이나 서비스를 사전 예약을 통해 구매하는 경우가 많기에 이러한 예약을 가능하게 하는 부문이 유통구조를 구성하게 된다. 대표적으로는 고객들에게 항공티케팅을 포함하여 호텔이나 관광지입장료, 크루즈, 렌터카, 레스토랑 예약 등을 대행해 주는 여행사를 들 수 있다. 이러한 여행사는 다시 여행상품을 개발하여 이를 중 · 소규모 여행사들에게 판매하도록 하고 이에 대한 커미션을 받는 도매여행사와 이에 대한 판매대행을 주로 하는 소매여행사로 나눌 수 있다. 급속한 IT의 발달은 관광산업의 유통구조에도 많은 변화를 가져오고 있으며, 인터넷을 활용한 전자유통시스템(Electronic Distribution System)이 대표적인 예로, 관광기업들이 자체적으로 운영하는 자사 웹사이트를 비롯하여 관광상품을 판매 대행하는 인터넷상에 존재하는 수많은 사이트들이 여기에 해당된다.

한편, 프랜차이징 시스템이나 체인망을 활용하는 숙박업의 경우에는 기존의 포괄적인 글로벌 예약 네트워크를 활용할 수 있다는 장점이 있다. 관광산업의 경우, 호텔이나 레스토랑, 여행사, 항공사, 렌터카회사, 그리고 전화사나 신용 카드사 등이 전략적 제휴를 통해 서로 간에 상호 보완적인 협력관계 구축하기도 하는데, 이러한 경우에도 각 사들의 예약망이 상호 연계되어 시너지 효과를 창출할 수 있다.

4. 촉진커뮤니케이션 믹스

관광산업의 경우에도 상품이나 서비스를 구매하는 고객들은 매순간마다 TV, 라디오, 신문, 잡지, 간판, 인터넷과 같은 다양한 매체를 통해 기업들의 수많은 촉진메시지에 노출된다. 이러한 기업의 촉진활동은 마케팅의 커뮤니케이션에 해당되는 부분으로 고객들에게 논리적이고도 설득적인 방법으로 정보와 지식을 제공하고 이를 통하여 상품 및 서비스를 효과적으로 판매하고자 하는 기업 활동의 일환이다.

그중 가장 널리 알려진 촉진 커뮤니케이션 믹스의 구성요소인 광고는 특정 대중 또는 고객들에게 정보를 제공하거나 이들을 설득하고자 하는 목적으로 다양한 매체를 통해 실시하는 비인격적인 커뮤니케이션 방법 중 하나로 기업들은 스스로의 비용으로 이러한 광고를 수행하게 된다. 광고의 주요 목적은 광고 메시지를 수신하는 고객들에게 정보를 제공하고, 설득하고, 상기시키고, 궁극적으로 이러한 메시지를 받는 고객들에게 기업이 원하는 행동을 하도록 유발하는 것이다. 관광산업에서 이상적인 광고를 실현하기 위해서는, 첫째, 고객들이 인지할 수 있도록 제공되는 서비스 요소를 유형화하는 것이 중요하며, 둘째, 고객들에게 제공되거나 전달되는 혜택을 광고 메시지를 통해 명확히 약속해야 한다. 셋째, 다른 경쟁기업으로부터 상품 및 서비스를 차별화하고, 마지막으로, 이러한 광고메시지를 통해 나타나는 구전효과(word-of-mouth effect)를 극대화하는 방안을 강구하여야 할 것이다. 광고매체로는 TV, 라디오, 신문, 잡지, 간판, 교통수단이나 역, 정거장, 브로슈어나 카탈로그, 그리고 인터넷(웹사이트, SNS, 앱, QR코드) 등을 들 수 있다.

PR(Public Relation)은 관광산업이 다른 기업이나 개인들과의 관계를 호의적으로 유지하고 개선시키는 것과 관련된 모든 활동을 의미하며, 홍보(publicity)는 기업이나 상품 또는 서비스에 대해 매체들이 비용을 부과하지 않고 관련 정보를 고객이나 다른 공중(public)에게 전달해 주는 것과 관련된 활동을 나타낸다. 즉, 기업들은 매체들이 자사의 상품이나 서비스에 대해 먼저 호의적으로 관련 내용을 그들의 매체를 통해 알려주도록 자사의 내용을 뉴스거리로 만들어 이를 매체에게 설득시키는 작업이 필요하며, 대개 이를 위해 기업들은 홍보실 같은 부서를 설치하고 이러한 홍보활동을 전문적으로 담당할 수 있는 전문가를 선발, 운영하고 있다.

판촉활동은 기업이 제공하는 상품이나 서비스에 대하여 고객들이 즉각적인 구매를 하도록 고객들에게 단기적인 자극을 주는 방법들로, 광고나 인적판매, PR 등의 방법은 여기에서 제외되며, 구체적으로는 샘플, 쿠폰, 경연 · 경품, 프리미엄, 가격할인 등을 들 수 있다. 머천다이징(merchandising)은 구매시점에서 판매를 자극하기 위해 관광기업이 자체 업장에서 사용하는 각종 자료(메뉴, 텐트카드, 포스터, 전시물, 기타 부착물 등)를 의미하는데, 이러한 머천다이징의 또 다른 예로는 호텔의 비즈니스 센터 및 미니바 운영을 들 수 있다. 관광기업은 이러한 판촉을 여러 가지 목적으로 활용할 수 있는데, 첫째, 시장에 새로운 관광 상품 및 서비스를 소개하기 위해서 활용할 수 있다. 둘째, 관광산업은 상품 및 서비스의 공급에 있어 상당한 비탄력성을 갖고 있으며, 계절, 시간적으로 수요가 불규칙한 특성이 있는데, 이러한 수요가 급격히 줄어드는 비수기를 극복하기 위해서 이러한 다양한 형태의 판촉방법을 활용하며, 그중에서도 가장 흔히 이용되는 것이 가격할인 방법이다. 셋째, 여행사 및 다양한 여행중개업자들의 서비스 판매를 용이하게 하기 위해서도 이용될 수 있는데, 이러한 방법에는 여행사 및 중개업자들에게 팸투어 형식의 무료여행 및 숙박권 등을 제공하거나 중개업자들의 판매를 지원하기 위해 포스터, 팸플릿, 판촉물 등을 제작해 주는 것을 들 수 있다.

마지막으로, 인적판매는 기업이 개인 판매원(salesman)을 활용하여 이들이 고객에게 구두(oral) 대화 형태의 커뮤니케이션 활동을 통해 상품이나 서비스와 관련된 메시지를 전달하고 이를 통해 판매를 수행하는 방법을 일컫는다. 이러한 인적판매는 판매원들이 향후의 잠재고객들을 발굴하는 단계부터 시작되는데, 이러한 잠재고객 또는 가망고객(prospects)들을 발굴하기 위해 판매원들은 전화나 직접적인 접촉을 통해 고객과의 의사소통을 시작하게 된다. 일반적으로 인적판매는 다른 촉진활동보다 고객일인당 접촉 비용이 상대적으로 높으므로, 마케터는 이러한 상당한 비용이 정당화될 수 있는지, 아니면 마케팅 목표를 달성하기 위해 잠재 고객과 개인적이 아닌 집단으로 의사소통하는 방법을 강구해야 하는지를 결정해야 한다.

참고문헌

1) Morrison, A. M.(2010). *Hospitality and Travel Marketing*, Thomson.

2) Kotler, P., Bowen, J. T. & Makens, J. C.(2006). *Marketing for Hospitality and Tourism*(4th ed.). New Jersey: Pearson Education.

3) Shoemaker, S., Lewis, R. C. & Yesawich, P. C.(2007). *Marketing Leadership in Hospitality and Tourism*(4th ed.). Pearson Education.

4) Middleton, V., A. Fyall, M. Morgan & A. Ranchhod(2009). *Marketing in Travel & Tourism*(4th ed.). Butterworth-Heinemann.

제 2 장

관광경영 전략

임 상 택

동아대학교 관광경영학과 교수

연세대학교 이공대학 졸업(이학사), University of Dallas 경영대학원 졸업(경영학석사, United States International University 경영대학원 졸업(경영학박사), Griffith University School of Hospitality Management 방문 교수. 현재 동아대학교 경영대학 관광경영학과 교수, 아시아태평양관광학회 이사장, 한국관광학회 부회장으로 재직 중이며 한국관광공사(KTO) 비상임 이사, 부산관광공사(BTO) 비상임 이사, 한국방문위원회 위원을 역임하였음. 『국제관광론』, 『메가이벤트 개최도시 주민의 수용태세 연구』 등 다수의 저서와 논문이 있음. 주요 연구분야는 국제관광론, MICE산업론

stlimus@daum.net

전 효 재

한국문화관광연구원 연구위원

한양대학교 대학원 경영학과 졸업(경영학박사). 한국관광학회 이사. 국가기술표준원 ISO/TC 228(관광서비스)/128(그림표지) 전문위원, 현재 한국문화관광연구원 연구위원 재직. 『글로벌 리더로서 관광을 말하라』, 『관광산업 육성체계 개편방안』 등 다수의 논문 및 보고서 등이 있음

hyojae.joun@gmail.com

제 2 장

관광경영 전략

임 상 택 · 전 효 재

제1절 관광경영 전략의 이해

1. 전략의 개념과 전략적 사고

(1) 전략의 등장 배경과 개념

역사적으로 그리스에서 시작된 전략(stratēgia)이란 용어는 6세기에 이르러 동로마에서 목표 달성을 위해 군사를 움직이기 위한 전술들(tactics)을 포함하는 군사 계획(plan)이라 언급되었다. 18세기까지 일반화되지 않은 용어로 쓰이다가 20세기에 이르러 본격적으로 '전략(strategy)'이란 용어가 등장하게 되었다.

18세기 중엽 영국의 산업혁명으로부터 시작된 세계 경제의 변화는 기계를 통한 생산 자동화와 기술의 변화를 주도하였다. 영국은 풍부한 자본, 자원, 노동력을 기반으로 근대 산업의 혁신에 기여하였으며, 19세기에 프랑스, 독일, 미국, 일본 등지로 확대되었다. 산업화의 흐름은 대량 생산으로 시장이 형성되고, 19세기 기업과 기업인의 축적된 부는 자본주의의 태동과 더불어 기업 간의 경쟁 환경으로 도래하였다. 경쟁 환경의 도래는 20세기에 이르러 급속히 증가한 생산 체계가 수요와 공급의 불균형으로 이어지고 기업 외부 환경의 급속한 변화와 기업 경영의 불확실성을 가져왔다. 기업을 둘러싼 불확실한 외부 환경 변화는 기업과 경영자들에게 산업혁명의 대량 생산 시대가 지나가고 새로운 산업 환경에 적응해야 하는 과제를 남기게 되었다. 경영 전략은 기업을 둘러싼 불확실한 상황에서 어떻게 해야 할 것인가에 대한 방향을 제시하는 것이다. 경영 전략의 근원적 역할은 경영자들에게 기업의 생존과 성장을 위하여 기업 활동의 방향성을 제시하는 것이다.

현대 경영학에서 '전략(strategy)'이란 개념은 1960년대 알프레드 챈들러(Alfred Chandler)에 의해 정립되기 시작하였다.[1] 챈들러(Chandler, A.)에 의하면, '전략(strategy)'이란 기업의 기본적 장기 목표의 결정체로서, 목표를 달성하기 위해 필요한 방침의 도입과 자원의 배분이라 정의하고 있다. 이후 전략의 정의는 매우 다양하게 나타나고 있다. 전략의 정의가 다양하게 나타난다는 것은 조직의 전략현상이 복잡하면서도 다차원적인 속성을 갖는다는 점을 반영하고 있다.[2] 전략에 대한 정의는 일반적으로 조직의 미션, 장 · 단기적 목표를 달성하기 위한 포괄적 계획, 목표달성을 위한 방법이라 기술하고 있다.

전략의 개념을 논하는데 있어 21세기에는 경쟁 환경에서 살아남기 위한 기업의 일련의 행태가 중요한 부문으로 등장하였다. 마이클 포터(Michael E. Porter)는 전략의 개념을 경쟁 환경에서 접근하였다.[3] 포터(Porter)에 의하면, 전략(strategy)은 차별화된 기업 활동을 수반한 독특하고 가치 있는 포지션의 창출이라 정의하고 있다. 전략의 본질은 경쟁사 활동보다 차별화된 활동을 행하는 것을 선택하는 것이고, 경쟁 전략(competitive strategy)은 가치의 독특한 조합을 전달하기 위한 활동의 차별화된 세트를 신중하게 선택하는 것이라 정의하고 있다[4]. 기업 경영은 끊임없이 변화하는 외부 환경에 적응하고 가치를 극대화하기 끊임없이 변화하고 있다. 기업 경영자는 기업의 성장을 위하여 변화를 선택하고 비즈니스의 총체적 혁신을 전략이라는 수단을 통해 이끌어가고 있다.

관광 기업은 관광객을 대상으로 최고의 지속가능하고 효율적인 상품과 서비스를 제공하기 위한 조직이라 할 수 있다. 관광 기업 측면에서 관광객은 관광 기업이 제공하는 다양한 서비스에 대하여 가격, 품질, 브랜드 등을 비교하고 최종적으로 서비스를 구매하는 잠재 고객군이다. 관광 기업의 활동은 기업을 둘러싼 내외부 환경 변화에 대응하기 위하여 기업이 보유한 자원 기반(resource-based view), 즉 다양한 물적 · 인적자원의 경쟁력을 강화하기 위한 체계를 조직화하는 것이다. 관광 기업은 호텔, 항공, 렌터카, 레스토랑, 테마파크 등 다양한 요소의 구성을 통해 여행 상품과 서비스를 만들고 판매하는 기업이다. 여행시장은 20세기 중반 항공기 대형화와 컴퓨터 예약 시스템(computer reservations systems)의 개발로 성장하기 시작하였고, 20세기 후반 인터넷의 확산으로 급속히 변화하기 시작하였다. 관광 기업의 가장 중심에 있는 여행사는 인터넷의 등장으로 급속히 변화하는 비즈니스 환경에 직면하였다.

1841년 설립된 세계 최초의 여행사인 영국의 토마스 쿡 그룹(Thomas Cook Group)은 최초의 단체 여행 상품을 판매하고, 1855년 호텔 쿠폰과 1874년 여행자 수표를 발행한 유럽의 대표적 관광 기업이다. 170여년의 역사를 가진 토마스 쿡 그룹은 2011년 큰 위기를 맞이하게 되었다. 토마스 쿡 그룹은 글로벌 경제 침체, 높은 연료비, 이집트, 튀니지, 그리스 등 기업들에 인기 있는 지역의 사회 불안 등에 직면하였다. 이러한 위기 상황은 재무적 불안 해소를 위한 금융 협상, 현금 증대와 부채 감소를 위한 자산 처분, 그리고 경영 관리직 교체가 이어지도록 기업을 압박하였다. 18세부터 일해 온 그룹의 가장 오랜 최고 경영자인 매니 폰텔라 노바(Manny Fontenla-Novoa)가 수익 경고와 주가 하락의 부작용으로 2011년 여름에 사임하였다. 후임으로 임시 최고 경영자 샘 베이하겐(Sam Weihagen)을 선임하고 나서는 기업 상황은 기대했던 것보다 더욱 악화되었다. 2012년 6월 해리엇 그린(Harriet Green)이 최고 경영자로 부임하고 2013년 3월 새로운 토마스 쿡 그룹의 수익성 있는 성장 전략(The new Thomas Cook Group plc profitable growth strategy)을 수립하였다. 새로운 전략은 단순화, 웹 이노베이션과 유연한 새로운 상품과 서비스에 집중하고, 철저한 실행과 통합 IT 플랫폼으로 활성화하도록 하였다. 이 전략은 171년 유산의 신뢰성 있는 브랜드를 만드는 것이다. 새로운 전략은 하이-테크(high-tech), 하이-터치(high-touch) 접근을 통해 개인화된 휴가 경험을 전달함으로써 고객을 즐겁게 하는 것을 목표로 설정하였다.[5)]2013년 중반부터 토마스 쿡 그룹의 주가는 회복되었고, 해리엇 그린은 BBC 방송의 2013년 영국의 영향력 있는 100명의 여성(The Power List, 2013)에 선정되었다.

그림 2-1 런던주식거래소 토마스 쿡 그룹(TCG)의 주가 그래프 (07/01/2011~12/31/2014)

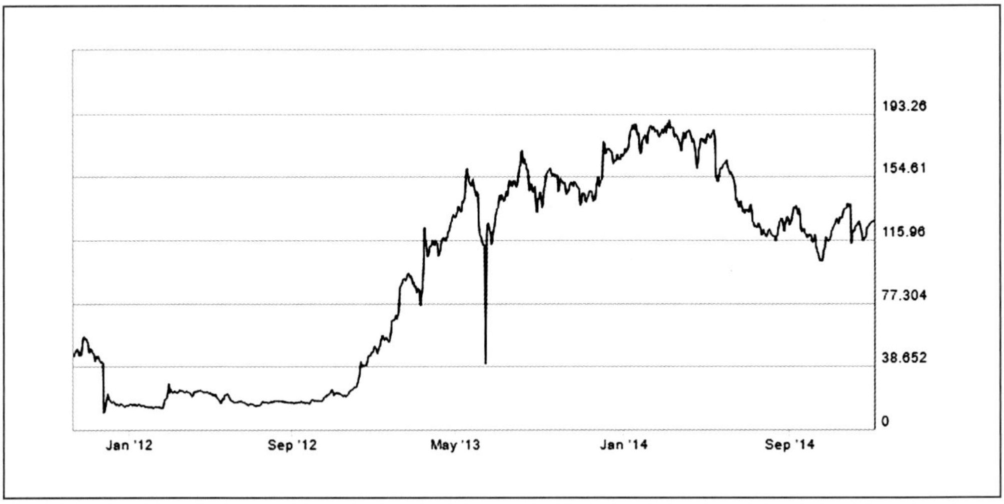

기업 전략은 최종의 미션을 달성하기 위한 목표를 설정하고 이를 달성하기 위한 수단을 종합적 전술/정책이 포함된 전략으로 수행하는 것을 의미한다. 토마스 쿡 그룹은 기본적 성장 전략 방향성을 수립하고 단순화, 웹 이노베이션, 신상품과 서비스, 통합 IT 플랫폼 영역별 전술을 수

행함으로써 수익성의 구체적 성과 목표를 달성하였으며, 위기 상황에서 안정화라는 미션을 달성하였다.

그림 2-2 전략의 계층적 정의(Barney, 권구혁 · 신교진 옮김, 2000)

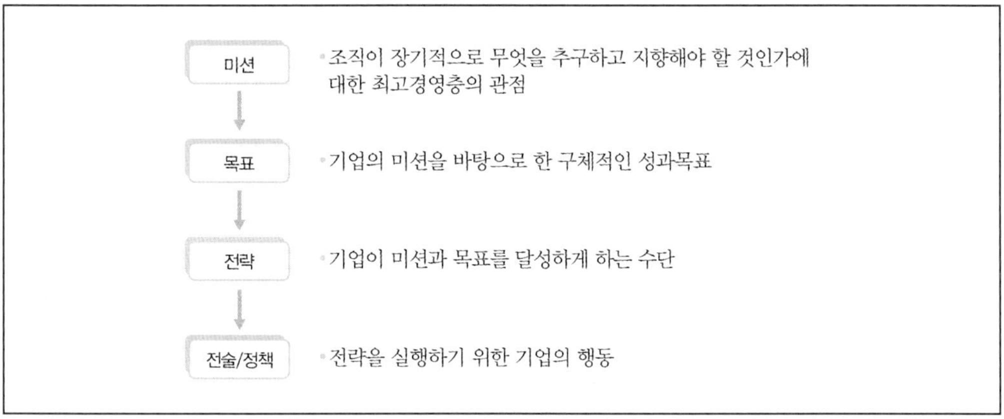

(2) 관광 기업의 전략적 사고

관광 기업을 둘러싼 내외부 환경은 끊임없이 변화하고 있다. 모든 기업과 경영자는 변화하는 환경에 생존을 위한 다양한 의사 결정을 하고 있다. 기업 전략은 경쟁 환경에 살아남고 미래 성장을 이끌기 위하여 다양한 의사 결정을 하는 과정에 가장 큰 영향을 미치는 방향성을 제시한다. 경영자는 기업의 목표를 달성하기 위하여 비즈니스와 관련된 다양한 요소를 분석하고 최적의 대안을 선택한다. 바니(Barney, Jay B., 2010)에 의하면, 전략경영(strategic management)은 기업의 미션과 전략이 결정되고, 기업의 구체적인 전략이 선택되며, 이러한 전략이 구체적인 정책이나 전술을 통해 실행되는 총체적인 과정이라 하였다.

관광 기업은 끊임없이 변화하는 관광객의 욕구에 최적의 상품과 서비스를 기획 · 운영 · 유통 · 판매하는 업을 영위하고 있다. 여행사는 매력적인 관광 자원과 편안하고 안락한 호텔, 그리고 편리한 운송 수단(항공, 버스, 렌터카 등)으로 구성된 경쟁력 있는 관광 상품과 서비스, 호텔은 관광객에게 안전하고 편안하며 적절한 가격에 숙박서비스, 항공사는 관광객을 운송하기 위한 비행기와 최상의 항공서비스, 테마파크는 다양하고 재미있는 주제를 최적의 공간에 위락서비스를 제공한다. 이들 관광 기업들은 관광객에게 각각의 서비스를 제공하지만, 궁극적으로 매출을 창출하고 기업의 가치를 극대화하며 지속적으로 성장하기 위한 목표를 추구하고 있다. 전략적 사고(strategic thinking)는 기업 전반에 다양한 영역을 기업 목표에 최적화하도록 이끌기 위한 사고의 능력이라 하고, 전략적 사고 역량을 가진 경영자는 조직 내외부에 다양한 리더십의 형태로 나타나고, 나아가 기업가 정신(entrepreneurship)으로 기업뿐만 아니라 다양한 영역에 영향을 미친다.

미국 메리어트 인터내셔널(Marriott International)의 자회사인 스타우드 호텔 & 리조트(Starwood Hotels & Resorts)는 1999년 새로운 호텔 브랜드인 '웨스틴 호텔 & 리조트(Westin hotels & Resorts)'를 시장에 내놓았다. 호텔의 기본적 기능으로서 '침대(bed)'라는 개념에서 고객이 원하는 가장 고급스러운 숙박 서비스, '해븐리 베드(Heavenly Bed)'를 제공하였다. 이와 더불어 호텔 체인의 매출 향상과 많은 호텔 운영자의 침구류와 린넨을 바꾸어 호텔의 브랜드를 높이는데 기여하였다. 스타우드는 새로운 전략 수립을 위해 고객 분석과 제품 시험부터 시작하였다. 우선, 웨스틴에서 여행을 많이 하는 600명의 비즈니스 경영진을 대상으로 조사한 결과, 84% 정도는 고급스러운 침대가 호텔 객실을 더욱 매력적으로 만든다고 대답하였고, 또한 63% 정도는 호텔 서비스에서 가장 중요한 것은 잠을 잘 자도록(a good night's sleep) 해주는 것이라 대답하였다. 이 중 50% 정도는 호텔이 집에서 잠자는 것보다 좋지 않다고 답하였다. 웨스틴은 이후 35개 숙박 체인 호텔에 50개 침구를 테스트한 후, 완벽한 야간 수면을 위해 3천만 달러를 투자하여 고객맞춤형 디자인 베개에 매트리스를 덧대는 필로우-탑 매트리스(pillow-top mattress), 구스다운 이불, 5개의 베개, 천이 180-250수 정도 되는 3중 시트로 된 흰색의 '해븐리 베드'를 개발하였다. 제품의 디자인과 시험을 마친 후, 웨스틴은 USA Today, Wall Street 등 뉴욕 전역에 마케팅 전략으로 침대를 소개하였다. 또한 호텔에 "Work like the devil. Sleep like an angel"의 슬로건과, "Who's the best in bed?" 광고 캠페인을 실시하였다.[6] 2009년 5월 웨스틴은 해븐리 베드 10년을 홍보하면서, 미국 대통령을 비롯하여 세계 75백만 명의 고객이 해븐리 베드에서 잠을 자고, 더불어 3만 개의 침구와 10만 개의 베개를 판매하였으며, "Heavenly"는 곧 웨스틴이라는 기업 브랜드로 성장하였으며, 2000년 유아용 침구(Heavenly Crib), 2001년 목욕용 기구(Heavenly Shower), 2002년 애완견 침구(Heavenly Dog Bed), 2008년 스파 브랜드(Heavenly Spa brand) 등을 해븐리 포트폴리오에 포함하였다.[7]

그림 2-3 웨스틴 호텔 & 리조트의 Westin Heavenly® Bed

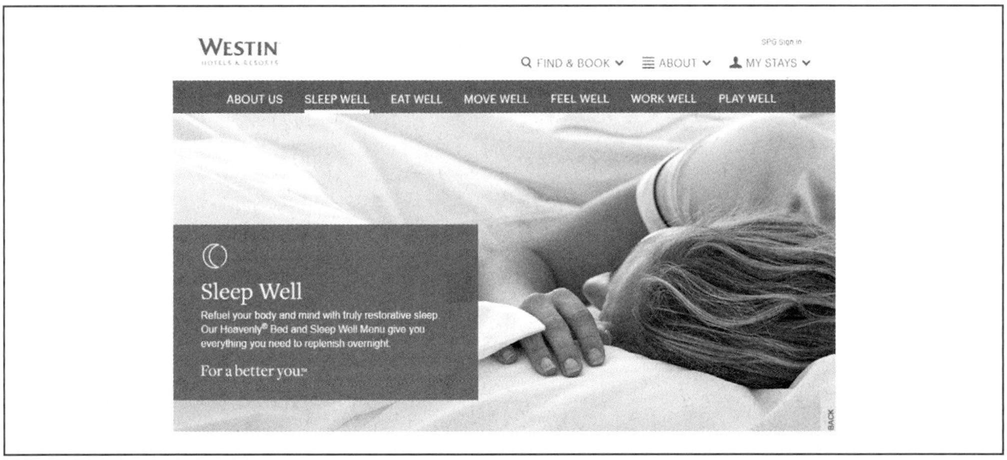

스타우드는 웨스틴이라는 새로운 호텔 브랜드를 만들면서 브랜드가 가져가야 할 방향을 고객의 욕구를 충족하기 위한 조사와 분석을 통해 도출하였다. 본(Bonn)에 의하면, 전략적 사고는 이성적이고 다각적인 접근을 통해 전략적 문제를 해결하는 방식이라 정의한다.[8] 즉, 경쟁 환경에서 경쟁 우위(competitive advantage)를 창출하기 위한 사고의 방식이라 할 수 있다. 우톤 & 혼(Wootton & Horne)에 의하면, 전략적 사고의 구조는 과거의 평가를 통해 현재 무엇을 해야 할 것인가를 설정하고 미래로 발전하기 위한 순환적 의사결정이라 한다.[9] 기업의 전략적 사고는 조사와 분석을 통해 무엇을 어떻게 해왔는지 이용가능한 지식과 정보를 창출하고, 현재 아이디어를 구조화하여 앞으로 무엇이 일어나고 무엇을 원하고 무엇을 창조적으로 변화시킬 것인지에 대한 행동을 설정하며, 전략적 의사 결정을 통해 전략을 작성하고 전략적 변화를 수행함으로써 미래 성과를 향상시키는 순환적 과정이다.

그림 2-4 전략적 사고(Wootton & Horne, 2010)

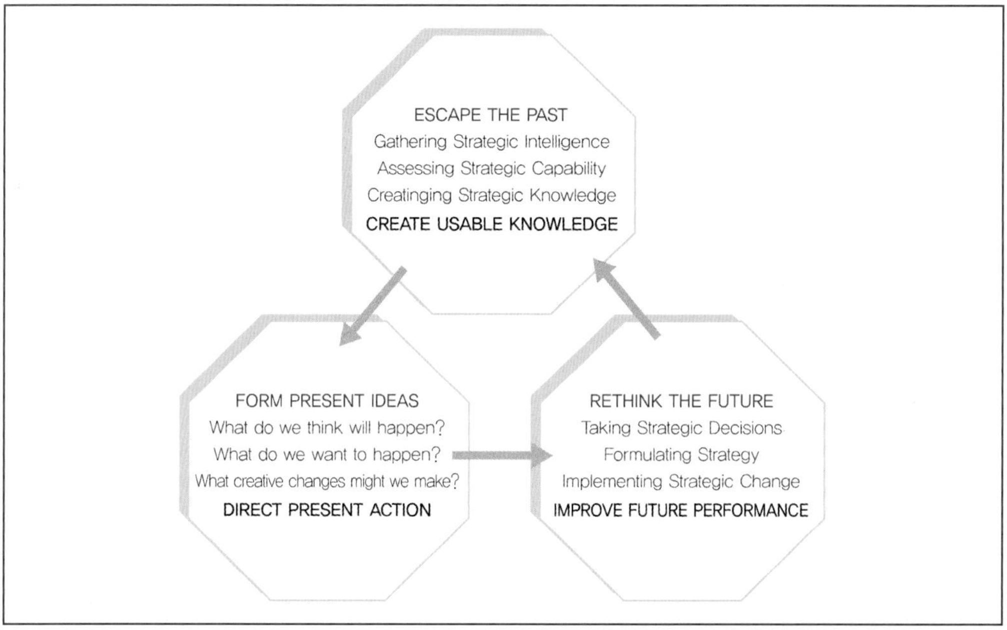

2. 전략적 접근과 전략 계획

관광 기업은 기업 내외부의 다양한 영역에 효율적이고 효과적인 관리 운영을 통해 기업의 가치를 향상시키기 위한 다각적 활동을 수행하고 있다. 기업의 모든 활동은 경영 전략을 기초로 수행하고 있다고 할 수 있다. 따라서 기업이 전략적 접근을 위해서는 관광 활동을 하는 관광객의 행태와 트렌드의 변화, 기업이 보유한 물적 · 인적 자원의 역량, 그리고 관광의 대상이 되는 다양한 관광 자원의 효율적 관리를 위한 전략적 접근이 필요하다. 관광경영 전략은 민간부문의 관광 기업과 공공부문의 정부, 지방자치단체, 국가/지역 관광 공사(National/Regional Tourism Organization) 등 다양한 주체가 그 기능과 목적에 따라 전략적 접근을 수행하고 있다. 이러한 전략적 접근 방법은 경쟁 환경 속에서 경쟁 우위를 확보하고 목표를 달성하기 위한 전략 기획(strategic planning)의 형태로 나타난다.

관광경영 전략은 전략적 접근의 주체에 따라 다양하게 나타난다. 민간 기업뿐만 아니라 국가, 지역의 경쟁 우위를 위한 전략적 접근도 수행되고 있다.[10] 기업을 위한 전략적 접근은 4가지로 나눌 수 있다.[11] 전략은 수립하는 주체에 따라 민간 부문 관광경영 전략과 공공 부문 관광경영

전략으로 구분할 수 있다. 공공 부문은 법률 또는 제도를 근거로 국내외 관광객 유치를 위한 매력 있는 관광 자원 개발, 관광 진흥을 위한 마케팅 및 홍보, 관광 산업의 육성 등 목적으로 국민의 삶의 질 향상과 지역 경제 활성화에 목표를 두고 전략 계획을 수립하고 있다.

민간 부문의 관광경영 전략은 기업 전략(corporate strategy), 사업 전략(business strategy), 기능별 전략(functional strategy), 기업 간 전략(multi-company strategy)으로 나눌 수 있다. 기업 전략은 경쟁사 또는 외부 환경 변화에 경쟁 우위를 확보하고 기업 전반에 걸친 시너지 확대를 위해 포괄적 전략 계획을 수립하고, 사업 전략은 기업의 단일 또는 전략 사업 단위(strategic business unit: SBU) 대상의 종합적 전략 계획을 수립하며, 기능별 전략은 기업의 일반적 기능이라 할 수 있는 판매/마케팅, 제조/생산/기획, 재무/회계, 인적자원 등 기능별 전략 계획이라 할 수 있다. 기업의 기능별 전략은 마케팅 전략, 신상품/서비스 개발 전략, 인력 관리 전략, 재무 전략, 법률 대응 전략, 공급망 전략, 정보시스템 전략 등을 말한다.

3. 기업 전략 계획의 과정

기업 전략 계획은 기업 내부 자원의 역량을 강화하고 외부 환경에 대응하여 일정 기간 또는 특정 일시에 기업이 달성하고자 하는 목표나 미션을 설정한다. 기업 전략 계획은 전략적 사고의 유형적 산물이라 할 수 있다. 기업 전략 계획의 과정은 전략적 사고에 대한 통합적이고 객관적인 기준을 마련하고 기업을 둘러싼 외부 환경을 통찰력 있게 진단하여 일원화된 기업의 방향성을 마련하는 일련의 행위라 할 수 있다.

그랜트(Grant)에 의하면, 성공적 전략은 단순하고 일관된 장기 목표와 경쟁 환경에 대한 심도 깊은 이해, 기업 자원의 객관적 평가, 그리고 이를 이행하기 위한 효과적인 실행을 구조적으로 설명하였다.[12] 기업 전략은 기업 목표를 달성하기 위한 영역별 전술 또는 정책을 수행함에 있어 효과적인 방법을 선택한다. 기업이 추구하는 다양한 업무를 효과적으로 처리하는 것은 기업 경영에 중요한 영향을 미치고, 이는 전략적 사고를 기반으로 하고 있다.

그림 2-5 성공적 전략의 일반적 요소(Grant, 2009)

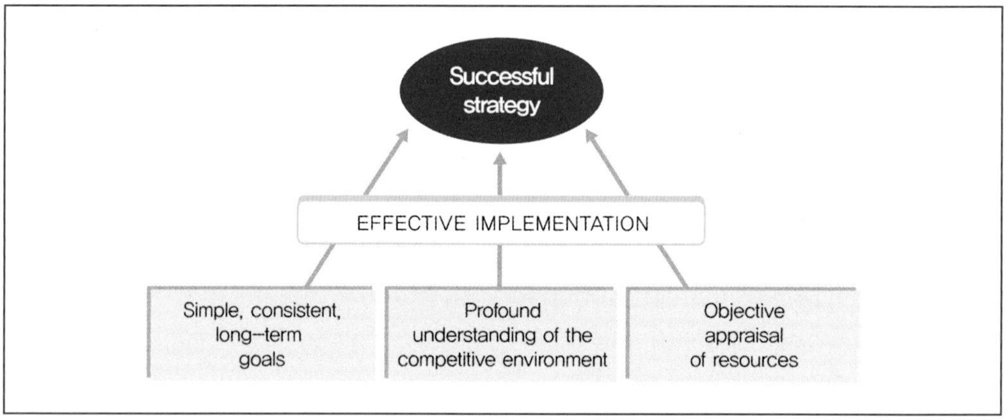

위의 네 가지 요소는 기업과 경쟁 환경으로서 산업 환경 간의 연계 구조로 정리할 수 있다. 즉, 전략 분석을 위한 기본적 프레임워크는 기업과 산업 환경 간의 연계 구조이다. 전략은 기업의 목표와 가치, 자원과 역량, 구조와 시스템, 그리고 산업 환경(경쟁자, 고객, 공급자)에 대한 분석을 통해 전략 계획은 수립된다고 할 수 있다.

그림 2-6 전략 분석을 위한 기본 프레임워크(Grant, 2009)

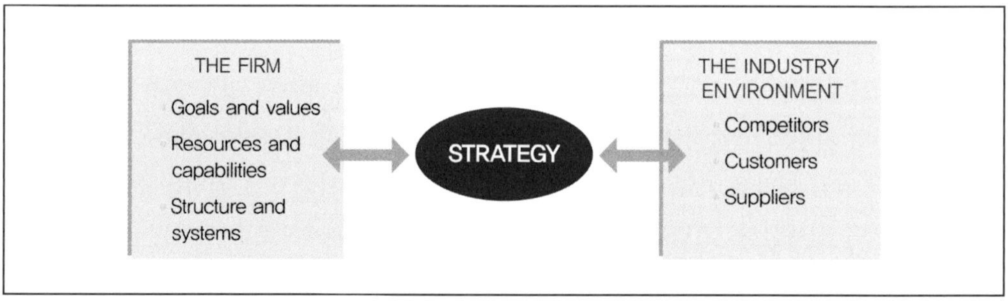

관광 기업의 전략 계획은 성공적 전략을 수립하기 위한 과정이다. 전략 계획은 관광 기업이 당면한 산업 환경에 대한 조사와 분석으로 시작된다. 관광 기업과 관련된 경쟁사, 고객(또는 잠재 고객으로서 관광객), 그리고 공급자와 관련한 일련의 연계성을 기업 목표에 맞도록 이끌어 가고, 전술과 정책의 기반이 되는 조직 구조와 시스템을 통해 기업이 보유한 자원(물적, 인적 자원)과 역량을 발휘할 수 있도록 기업 목표와 가치를 달성하는 전략을 수립하여야 한다.

제2절 경쟁 우위와 전략 분석

1. 관광 기업의 위협과 기회

관광 기업은 다양한 외부 환경 요인에 영향을 받는다. 관광 산업 환경은 관광 기업과 관련된 거시적 외부 환경 영역으로서 기업 전략의 장기적 방향성을 설정하는데 영향을 미친다. STEEP 분석은 관광 산업 환경에 영역을 사회 · 문화(Social), 기술 · 정보(Technological), 생태 · 자연(Ecological), 거시 · 미시 경제(Economic), 그리고 정치 · 법규(Political)의 다섯 가지 요소로 구분하고, 기업에 미치는 영향 요인을 파악하는 방법이다. 산업 환경의 거시적 영향 요인은 관광 기업에게 위협이 되기도 하고 때로는 기회의 요인으로 작용한다.

그림 2-7 STEEP 분석(서용건, 2014)

Social (사회/문화)	인구통계, 인구변화, 소득분포, 문맹률, 교육수준, 의료수준, 삶의 질 수준, 가치관, 라이프스타일 등
Technological (기술/정보)	통신, 생물공학, 화학, 에너지, 의학 등 관련 특허권, 신기술 개발 수준, 기술인력 투자규모, 학계의 R&D 예산 등
Ecological (자연/생태)	재활용률, 쓰레기 배출량, 소음/먼지 공해 수준, 천연자원 소진율, 소멸/변질에 따른 피해와 회복 시스템 수준 등
Economic (거시/미시)	환율, 금리, 서비스수지, GDP, 가처분소득 수준, 고용률, 실업률, 인플레이션 증가율, GDP 대비 가계부채 등
Political/Legal (정치 · 법규)	규제/규제완화/탈규제, 산업구조조정, 시장 자율경쟁, 민영화, 보수/진보 정책, 여론 등

2. 전략 분석과 가치 사슬

기업은 산업 환경과 끊임없는 상호 관계를 가지고 다양한 활동을 하고 있다. 기업은 기업 자체의 경제적 성장과 더불어 사회적 제반 요소에 다양한 연관성을 가지고 있다. 관광 기업은 산업 환경의 변화에 끊임없이 적응하고 있으며 변화에 대한 다양한 제반 요소를 최적화하여 관광 상품과 서비스를 만들어 가고 있다. 관광 기업의 전략은 산업 환경의 구조 속에서 체계적인 접근을 요구하고 있다. 콜리스 & 룩스테드(Collis & Rukstad)에 의하면, 전략에 대한 체계적 접근을 다음과 같이 제시하고 있다.[13]

(미션) - "왜 우리 기업은 존재하는가?",
(가치) - "우리가 믿는 것은 무엇이고, 어떻게 될 것인가?"
(비전) - "우리는 무엇이 되길 원하는가?"
(전략) - "무엇이 우리의 경쟁 우위를 확보하는 계획인가?"
(목표) - "우리는 무엇을 달성해야 하는가?
(전술/정책) - "우리는 어디서 어떻게 경쟁해 갈 것인가?"

경쟁 우위는 산업 환경에서 기업의 다양한 경쟁 대상을 넘어서는 것을 말한다. 기업은 경쟁 우위를 확보하기 위해 경쟁 전략을 수립하고 더 좋은 성과를 달성하기 위하여 경영자와 모든 구성원은 경영 활동을 수행한다. 마이클 포터(Porter)에 의하면, 경쟁 전략이란 경쟁이 일어나는 기본 영역인 산업 내에서 유리한 경쟁적 지위를 확보하기 위해 기업이 추구하는 전략이라 정의하고 있다.[14][15] 전략은 산업 환경이 가지고 있는 경쟁에 대한 적극적 기업 활동이라 할 수 있다.

기업의 전략적 접근은 산업 환경을 바라보는 객관적 통찰력에서 시작된다. 전략 분석은 산업 환경을 어떻게 바라보고 있는지 파악하기 위한 접근 방법이다. 기업 경쟁 전략은 산업 구조적으로 나타나는 경쟁 환경이 기업 활동에 중요한 영향 요인이고, 경쟁을 위한 기업의 활동은 거시적 측면의 산업 전반에 걸친 경제적 구조(규모의 경제)에 의해 영향을 받는다. 따라서 기업 전략은 산업의 경제적 특성에 의해 영향을 받고 각 산업마다 경쟁의 강도도 다르게 나타나는 것[15]을 전제로 접근할 필요가 있다. 마이클 포터(Porter)는 산업의 경쟁 구조(경쟁 강도)가 기업의 수익성에 영향을 미치는 구조적 특성을 파악하는 것이 기업 경쟁 전략 수립의 원천이라 말하고, 산업 경쟁을 유발하는 다섯 가지 요인 모델(5 세력 모형, Five Forces Model)을 제시하였다. 기업 전략은 산업 경쟁을 바라보는 통찰력과 경쟁 우위를 점하기 위한 다양한 접근을 통해 기업의 미래 방향성을 고려하여야 한다.

① 새로운 진입 기업의 위협(Threat of new entrants) - 새로운 사업자 진입으로 인한 경쟁
② 기존 기업 간의 경쟁(Rivalry among existing firms) - 시장 경쟁
③ 대체재나 대체 서비스의 위협(Threat of substitute products or services) - 소비자가 유사 상품이나 서비스 구매 전환

④ 구매자의 교섭력(Bargaining power of buyers) - 가격, 품질 등 비교 정보

⑤ 공급자의 교섭력(Bargaining power of suppliers) - 원·부자재, 배송 등 공급자 수의 한계

그림 2-8 산업 경쟁을 유발하는 5가지 요인(Porter, 조동성 옮김, 1980)

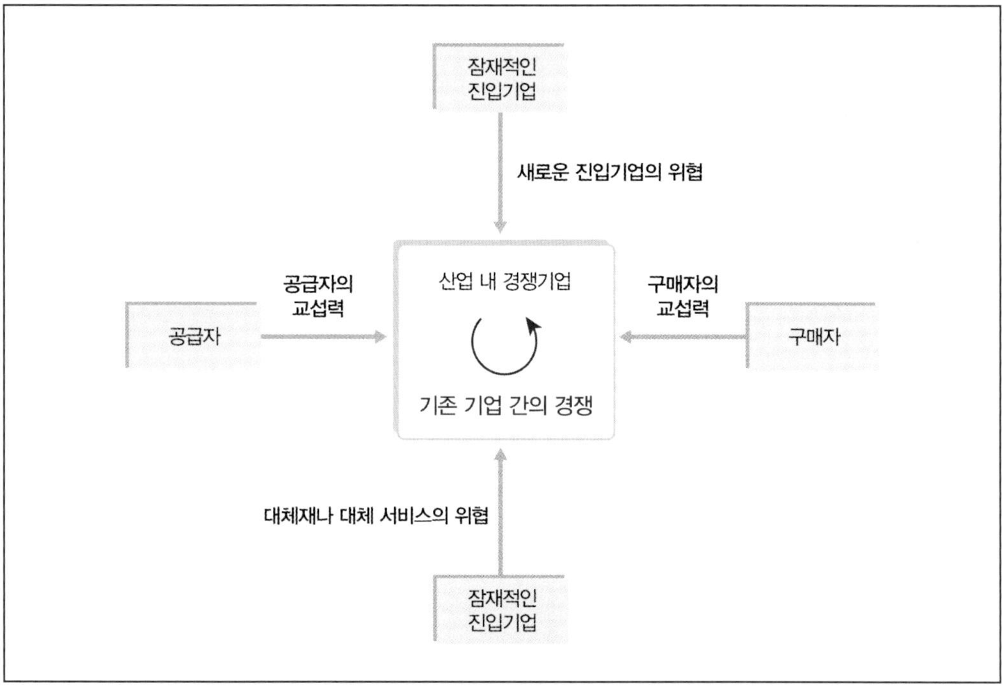

5 세력 모형(Five Forces Model)을 통한 경쟁 전략은 산업 내 경쟁의 잠재적 요인을 이해하기 위한 프레임워크를 제시하고, 산업 간에 차이점은 무엇이고, 산업이 어떻게 진화하며, 기업의 시장에서 독특한 위치를 찾는 데 용이하다.

관광산업은 경제적 측면에서 관광 기업 간 거래(business to business; B2B), 관광 기업과 관광객 간의 거래(business to customer; B2C), 정부와 관광 기업 간의 거래(government to business; G2B) 등에서 기업의 활동이 일어나고 있다. 관광 기업은 관광산업 내 거래 활동에 독특하고 차별화된 역할이나 기능을 수행의 결과로 경제적 수익을 창출하고 있다. 경제적 수익 창출 활동은 기업의 다양한 부문에 적용될 수 있다. 대부분의 관광 기업 활동은 상품과 서비스를 기획하고 판매함으로써 고유의 기업 특성을 유지하게 된다.

기업의 상품과 서비스는 기업의 하부구조인 인적자원, 기술개발, 생산, 마케팅, 서비스 등 여

러 가지 활동들의 종합적인 결과물이다. 기업 전략은 산업 경쟁 환경과 더불어 기업이 보유한 역량 또는 자원의 적절한 배분을 통해 수익성을 극대화하는 활동이다. 마이클 포터(1985)는 경쟁 우위를 위한 기업의 활동을 본원적 가치 사슬(generic value chain)로 정리하였다.[16)]

가치 사슬(value chain)은 상품과 서비스를 지원하는 디자인, 생산, 마케팅 및 각종 지원과 관련한 모든 활동을 나타내는 것이다. 기업 활동은 크게 본원적 활동(primary activities)과 지원 활동(support activities)으로 구분하고, 본원적 활동은 조달 물류(inbound logistics), 생산(operations), 배달 물류(outbound logistics), 마케팅과 영업(marketing & sales), 애프터서비스(service)로 구분하고, 지원 활동은 기업하부구조(firm infrastructure), 인적자원관리(human resource management), 기술개발(technology development), 원부자재 조달(procurement)로 구분한다. 기업의 본원적 활동과 지원 활동은 기업의 경제적 가치인 이윤(margin)으로 나타난다. 기업 전략은 기업 가치인 이윤을 목표로 다양한 전략적 활동을 수행하고, 일정 기간에 의해 이윤이라는 경제적 성과로 나타난다.

그림 2-9 본원적 가치 사슬(Porter, 1985)

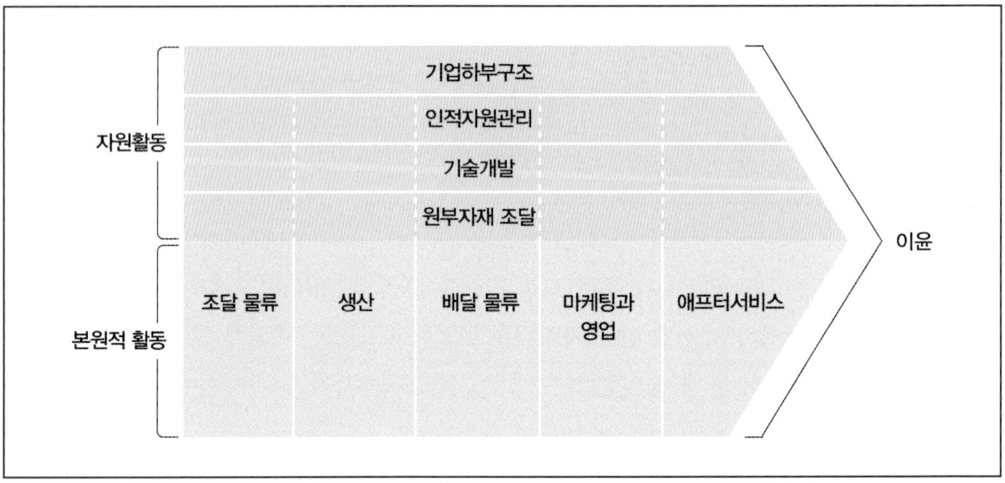

관광 기업의 경쟁 전략은 해당 기업이 보유한 다양한 전략적 활동들이 경쟁사와 비교해 최소의 비용으로 고객에게 최대의 가치를 전달하기 위한 활동들로 구성되어야 한다. 관광 기업은 본원적 가치 사슬을 해당 업종의 특성에 맞게 구조화하고 이에 따른 전략적 접근을 통해 전략의 수립이 가능해진다. 서비스 산업의 특성을 고려한 산업 경쟁 환경을 분석하고, 해당 관광 기업에 맞는 가치 사슬을 만들어 접근하여야 한다.

예를 들면, 여행사는 물류, 생산 영역이 항공사와의 공급망 관리, 관광지의 입장료, 수수료 배분 등이 기획 또는 서비스 디자인을 통해 개발되고, 온라인을 통해 유통과 판매가 동시에 일어나는 특성이 있다. 배달 물류와 마케팅과 영업이 동시에 일어나는 특성을 고려할 필요가 있다. 또한, 호텔은 숙박시설 각종 린넨(linen) 및 용품과 식음료와 관련된 원부자재의 조달, 객실과 레스토랑의 관리 운영 및 예약 · 판매 활동의 특성을 가치 사슬에 적합하도록 배분하여야 한다. 이러한 기업 자원이나 활동의 배분은 기업 활동과 수익성(비용)을 나타낼 수 있는 영역으로 구분하는 것이 바람직하다.

전략 분석은 산업 범위, 기업 수준, 사업 수준, 업무/기능에 따라 SWOT 분석(strengths, weaknesses, opportunities, threats), PEST 분석(political, economic, socio-cultural, technological), VIRO 분석(value, inimitability, rarity, organization), CSF 분석(critical success factor), 시나리오 분석 등 다양한 분석 기법이 있다. 이러한 분석 기법은 전략 수립을 위한 통찰력 있는 시각을 담기 위한 다양한 분석 방법의 장단점을 파악하고 접근해야 최적의 전략을 도출할 수 있다.

3. 경쟁과 협력전략

관광 기업은 경쟁 우위를 달성하기 위한 다양한 전략적 활동을 수행하고 있다. 특히, 관광 기업은 항공사, 호텔, 음식점, 육상 교통, 관광지, 쇼핑센터 등 다양한 업종 간의 협력을 통해 상품과 서비스를 기획하고 산업 환경의 본질적 경쟁을 통해 성장하고 있는 산업이다. 타 산업과 비교해, 협력의 규모나 강도가 높은 업종이라 할 수 있다. 따라서 관광 기업의 전략은 경쟁 전략과 협력 전략의 절충점을 찾는 것이 중요하다.

우선 경쟁 전략은 산업의 규모의 경제를 위협하는 5 세력 요인(새로운 진입 기업의 위협, 기존 기업 간의 경쟁, 대체재나 대체 서비스의 위협, 구매자의 교섭력, 그리고 공급자의 교섭력)을 극복하고 해당 기업의 경제적 가치를 극대화할 수 있는 접근 방법이다.

포터(1985)는 기업 전략이 수익성(평균 이상의 성과)을 기반으로 장기적 차원의 지속가능한 경쟁우위(sustainable competitive advantage)를 확보하기 위하여 비용(cost)과 차별화(differentiation)라는 부분에 접근하고 있다. 비용과 차별화는 기업의 수익에 직접적인 영역으로 기업이 갖추어야 할 경쟁력의 원천이라 할 수 있다. 이에 따른 본원적 전략을 세 가지로 제시하였다. 비용우위 전략(cost leaderships strategy), 차별화 전략(differentiation strategy), 그리고 비용과 차별화 중심의 집중화 전략(focus strategy)은 경쟁의 범위와 경쟁 우위를 위한 목표 측면에서 본원적 전략으로서 기업의 전략을 제시하고 있다.

그림 2-10 3가지 본원적 전략(Porter, 1985)

		COMPETITIVE ADVANTAGE	
		Lower Cost	Differentiation
COMPETITIVE SCOPE	Broad Target	1. Cost Leadership	2. Differentiation
	Narrow Target	3A. Cost Focus	3B. Differentiation Focus

두 번째, 협력 전략은 두 기업 이상이 상호 성장과 공동의 목표를 위해 방향을 가지고 선택하는 기업 활동이라 할 수 있다. 협력의 전략은 크게 담합 전략과 전략적 제휴 전략으로 구분할 수 있다. 협력 전략의 가치는 비용, 생산량, 가격 등에 대한 상호 간의 이익, 즉 평균 이상 이윤을 지향함으로써 가능하다.

우선, 담합 전략은 산업의 전반적 경쟁 환경에서 가격의 하락이나 신규 진입자의 진입 장벽을 높이는데 영향을 준다. 담합의 유형은 가격과 생산량에 대한 상호 협력으로 명시적 담합과 암묵적 담합으로 구분할 수 있다. 이러한 담합 전략은 소비자의 선택을 제한함으로써 기업이 이윤을 획득하는 방식이다. 그러나 기업 간에 서류나 형식을 갖춘 명시적 담합이나 소비자 피해를 유발시키는 근거가 있는 암묵적 담합도 불법으로 규정하고 있다. 두 번째, 전략적 제휴 전략은 두 개 이상의 기업이 상품이나 서비스와 관련하여 본원적 활동 단계에서 제휴하는 활동이다. 전략적 제휴의 유형은 세 가지로 구분할 수 있다. 기업 간 계약에 의해 직접 관리되는 비지분 제휴, 기업 지분에 대한 투자에 의해 협력하는 지분 제휴, 그리고 기업들이 공동으로 투자를 통해 새로운 기업을 설립하여 이윤을 나누는 조인트 벤처(joint ventures)로 구분될 수 있다.

그림 2-11 전략적 제휴의 유형(Barney, Jay B., 권구혁 · 신진교 옮김, 2000)

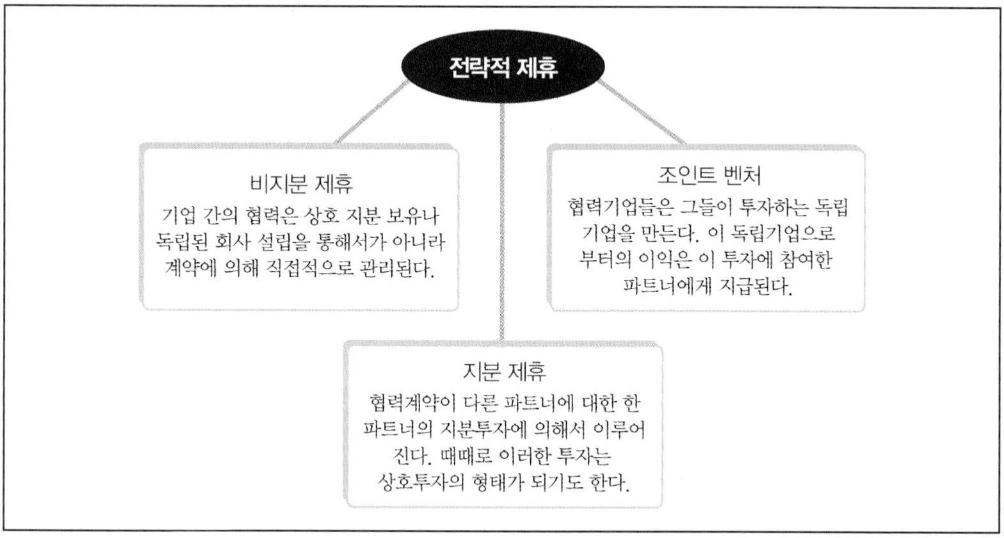

전략적 제휴의 가장 많은 유형은 비지분 제휴 방식으로 일반적으로 계약에 의한 방식이라고도 한다. 관광 기업은 거래 대상인 상품과 서비스, 사업 영역, 대상 고객, 운영 방식 등 다양한 방식의 비지분 제휴를 통해 협력 전략을 구축하고 있다. 대형 여행사와 지역 여행사 간의 판매 수수료 계약, 여행사가 취급하는 항공사와 호텔의 단체 상품에 대한 수수료 계약, 여행사의 항공 발권 수수료 등 시장 확대를 위한 기업 간 전략적 제휴는 다양하게 나타나고 있다. 특히, 관광사업체와 전자상거래업체 간의 판매 기능의 제휴는 관광산업이 안고 있는 계절성(성수기와 비수기)을 극복하기 위한 전략으로 급속히 확대되고 있다.

제3절 전략의 성과 측정과 미래 전략

1. 관광 기업 전략의 성과 평가

기업 전략의 수행은 그 전략이 경쟁 우위를 점하기 위한 목표를 설정하고 목표에 대한 지속적인 기업 활동을 점검해 간다. 기업 전략은 근본적으로 시간과 경영층의 지속적인 관심을 통해 이루어져 간다. 시간과 관심에 따른 전략의 성과는 경제적 가치로서 창출되고 평가할 수 있다.

기업의 전략은 성과 평가를 통해 진화하고 발전할 수 있다. 변화하는 환경에서 오랫동안 우수한 성과를 창출하는 기업은 지속적으로 성장하기 위한 새로운 전략의 창출과 성과 평가를 통해서 변화에 능동적인 관리시스템을 갖추고 있기 때문이다. 마이클 포터의 경쟁 전략의 경제적 가치는 평균 이상의 경제적 성과(above-normal economic performance)로서 기업의 경쟁 우위를 측정하고, 현재 또는 미래의 기업 가치 측정을 통해 기업 생존과 미래 성장을 진단할 수 있다.

관광 기업 경쟁 전략의 주요한 경제적 성과는 재무적 성과(financial performance)와 비재무적 성과(non-financial performance)로 구분할 수 있다.

그림 2-12 기업 전략의 경제적 성과

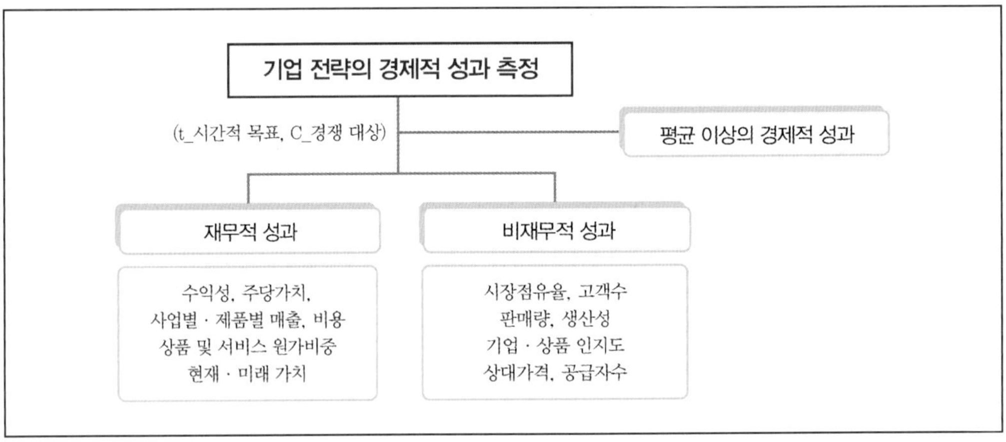

기업 측면에서 재무적 성과는 전략이 가져다주는 경제적 이윤을 측정하기 위한 방법이라 할 수 있다. 비재무적 성과는 시장점유율, 고객 수, 판매량, 생산량 등 재무적 지표의 간접적 영역이라 할 수 있다. 이러한 경제적 성과는 전략 단위에 따라 다양하게 검토되어야 한다. 또한 기업 전략의 평균 이상의 경제적 성과는 시간적 목표(t)나 경쟁 대상(c) 간의 관계성을 분석하여 대안적 전략이나 보완적 전략으로서 변화를 모색할 수 있도록 한다. 이를 통해 해당 관광 기업의 지속가능한 경쟁 전략으로 자리매김할 수 있다.

2. 관광 산업의 구조와 미래 전략

관광 산업 환경은 지속적인 변화와 더불어 성장하고 있다. 세계관광기구(United Nations World Tourism Organization: UNWTO)의 World Tourism Barometer(May 2016)에 의하면, 세계 관광 시장은 2015년 기준 135개 국가의 국제관광객 수는 11억 8천4백만 명이고, 매년 4.4%씩 성장하고 있는 것으로 나타났다.

21세기 기술 혁신은 관광 산업의 공급망과 관광객의 행태를 급속히 변화시켰고, 기존의 진입 장벽은 낮아지고 산업의 경쟁 강도는 확대되었다. 인터넷과 스마트폰의 확산은 전통적 관광 산업의 대행과 알선 예약의 가치 사슬을 파괴하고, 고객이 직접 예약 · 구매하는 온라인 글로벌 유통 시스템(e-Global Distribution System: eGDS)으로 전환하였다. 전통적 대형 여행 기업은 인터넷 기반의 신규 진입 기업과 치열하게 경쟁하고 있다. 미국 트래블 위클리의 2006 여행 기업 순위(Power List 2006)에 따르면, 1위 아메리칸 익스프레스($20.6 billion), 2위 칼슨 트래블($16.53 billion), 3위 익스페디아($15.6 billion)였다. 2016 여행 기업 순위(Power List 2016)는 1위 익스페디아($50.4 billion), 2위 프라이스라인($50.3 billion), 3위 칼슨트래블($24.2 billion), 8위 아메리칸 익스프레스트래블($5.1 billion)로 나타났다. 또한, 기술 발전으로 급속히 확산되고 있는 공유 경제(sharing economy) 기반의 에어비앤비(Airbnb), 우버(Uber) 등도 기존 관광 산업의 경쟁 환경을 가속화시키고 있다.

관광 기업의 미래 전략은 수요자로서 관광객의 행태 변화, 공급자로서 관광상품과 서비스의 대상 또는 기능별 서비스의 변화, 엔터테인먼트 · 미디어 시장 성장으로 인한 여행 수요 위협, 기술 환경 변화에 따른 경쟁 심화, 기존 관광 산업 내 경쟁 심화 등 다양한 경쟁 환경 변화에의 관리이다.

참고문헌

1) Chandler, Alfred(1962). Strategy and Structure: Chapters in the history of industrial enterprise, New York: Doubleday.
2) Barney, Jay B. 저, 권구혁 · 신진교 옮김(2000). 『전략경영과 경쟁우위』, 시그마프레스.
3) Porter, Michael E.(1980). Competitive Strategy. Free Press.
4) Porter, M. E.(1996). "What is Strategy", Harvard Business Review, Nov./Dec. 1996.
5) Evans, Nigel(2015). Strategic Management for Tourism, Hospitality and Events. Second edition, London and New York: Routledge.
6) Cathy A. Enz(2009). Hospitality Strategic Management: Concepts and Cases(2nd ed.), John Wiley and Sons.
7) http://www.hospitalitynet.org/news/4041492.html
8) Bonn, I.(2005). Improving strategic thinking: A multilevel approach. Leadership & Organizational Development Journal, 26, 336-354.
9) Simon Wootton, Terry Horne(2010), Strategic Thinking: A Step-by-step Approach to Strategy and Leadership(3rd edition), Koganpage.
10) 서용건(2014). 『관광경영전략』, 백산출산사.
11) John Trive 저, 최기탁 역(2009). 『관광경영전략』, 한울출판사.
12) Grant, Robert M.(2009). Contemporary Strategy Analysis(7th edition), Wiley.
13) D. J. Collis and M. G. Rukstad(2008). "Can You Say What Your Strategy Is?" Harvard Business Review(April 2008), 63-73.
14) Porter, Michael E.(1985). Competitive Advantage, Free Press.
15) 마이클 포터 지음, 조동성 옮김(2008). 『마이클 포터의 경쟁우위』, 21세기북스.
16) Porter, Michael E.(1985). Competitive Advantage, Free Press.

제 3 장

관광인적자원관리

전 병 길

동국대학교 호텔관광경영학부 교수

학사: 서강대학교, 경제학, 경제학사
석사: Florida International University, 호텔외식경영학, MS
박사: 경기대학교, 관광학, Ph.D.
경력: (사)한국관광학회 호텔외식경영분과학회장 역임
호텔외식산업관련 실습강좌 교육품질 평가척도 개발, The Effect of Internship on Hotel Employees in Korea, 대학생의 관광산업분야 직업평가에 관한 연구, 카지노딜러의 직무스트레스원에 관한 정성적 연구 외 다수

bgchun@dongguk.ac.kr

김 병 용

수원대학교 호텔관광학부 교수

학사: 한양대학교, 관광학, 문학사
석사: Iowa State University, 호텔외식경영학, MS
박사: Iowa State University, 호텔외식경영학 & 가정소비자교육학(복수전공), Ph.D.
경력: 현 (사)한국관광학회 호텔외식경영분과학회 수석부회장
The Benefit of Internal Marketing and the Mediating Role of Organization Identification between Internal Marketing and Customer Orientation, A study on the burnout differences by job characteristics, 여행사 종사원의 직무만족이 조직동일시에 미치는 영향, 카지노 종사원의 조직동일시가 직무만족과 고객지향성에 미치는 영향 외 다수

kimyong@suwon.ac.kr

제 3 장

관광인적자원관리

전 병 길 · 김 병 용

제1절 관광인적자원관리의 중요성과 개념

1. 관광인적자원관리의 개념

관광기업이 경쟁력 있는 재화나 서비스를 창출하는데 있어서 인적자원은 가장 핵심적인 역할을 수행한다. 인적자원이라는 용어는 지식을 매체로 하는 소프트웨어 중심의 기술사회가 되면서 단순한 노동력을 의미하는 인력이라는 용어와 동의어로 사용되고 있다. 인적자원은 사회 및 경제적 가치를 생산하고 분배하는 투입요소이다. 관리는 조직 목적 달성을 위해 인적자원을 효과적으로 계획, 지휘, 조정, 통제하는 활동을 의미한다.

따라서 관광인적자원관리란 관광기업의 목표달성을 위해 인적자원의 확보, 개발, 보상, 유지, 이직 및 통합을 여러 환경적 조건과 관련하여 계획, 조직, 지휘, 통제하는 관리체계 혹은 조직적 활동으로 정의할 수 있다.[1] 이러한 일련의 조직적 활동은 인적자원관리자에 의해서 수행되며 인적자원관리자는 인적자원의 계획, 개발, 유지 및 활용 등에 있어 전략적인 의사결정을 내리는 역할을 수행한다.

2. 관광인적자원의 중요성

21세기는 '인적자원 전쟁' 시대라고 할 수 있을 만큼 인적자원의 확보, 육성 및 보유는 기업경쟁의 핵심이슈가 되고 있다. 이러한 시대적 흐름에는 시장경쟁의 심화와는 별도로 인적자원 자체에 대한 기업의 가치인식이 연관되어 있다. 과거에는 기업들이 인적자원을 기업성과와 부가가치 창출을 위한 단순 생산요소로 다루어 왔지만, 지금은 인적자원을 생산요소로서의 노동력이 아닌 기업의 전략목표를 달성하기 위한 핵심역량으로 인식하고 있기 때문이다.

인적자원은 기업이나 국가경제의 주요 생산요소임과 동시에 동기, 기대 및 목표 등을 지니는 생명체라고 볼 수 있다. 따라서 인적자원은 타 생산요소와는 달리 매우 역동적이며 창조적인 주체이며, 다른 생산요소를 활용하여 조직의 목표달성은 물론 생존까지도 결정하는 핵심적 자원이다. 특히, 인적자원에 대한 인식변화는 기업의 투자행동에도 변화를 주고 있다. 기업들은 단기간의 성과를 위한 유형적 투자에 집중하기보다는 장기적으로 창의적 아이디어를 제공하는 것은 물론 고부가가치를 창출해줄 수 있는 인적자원개발에 대한 투자를 늘리고 있다.

관광서비스 분야 종사자들은 하나의 관광상품이다. 관광종사자들은 관광서비스를 친절하고 효과적으로 고객에게 제공해 주는 역할도 수행하지만 이들의 서비스 전문성, 호의적인 태도나 행동 등은 고객에게 차별화된 상품의 하나로 인식된다. 제조업체와는 달리 관광서비스를 제공하는 관광기업들은 눈에 보이지 않는 서비스의 품질이 경쟁력의 중요한 요소로 간주된다. 유형적인 제품의 품질과 다양성, 적정한 가격은 물론 고객이 만족할 수 있는 우수한 품질의 인적 서비스가 함께 제공될 때 비로소 경쟁 우위에 설 수 있다.

3. 관광인적자원관리의 목적

인적자원의 관리는 우선 노동력을 효율적으로 이용하기 위함이다. 기업의 존재 이유는 다양한 경영활동을 효율적이고 효과적으로 수행하여 수익을 창출하는 것이다. 즉, 매출 극대화를 통해 생산성과 수익성을 창출하지 못하면 기업으로서의 지속가능성은 사라지게 된다. 노동력의 향상, 노동의욕의 향상, 인건비의 절감 등 효과적 인적자원관리를 하지 않고서는 기업의 생산성과 수익성을 향상시키기가 매우 어렵다.

인적자원관리의 목적은 또한 효과적 인적자원 관리를 통해 조직을 유지하고 발전시키는 것이다. 그러기 위해서는 조직 구성원과의 협력은 물론 조직 구성원 간의 인간적인 관계 향상을 도모하고 그들을 배려하고 보상을 해야 한다. 즉, 조직의 유지와 발전은 노동력의 효율적 이용은 물론 직원 만족과도 밀접하게 관련이 있다.

또 다른 인적자원관리의 목적은 조직 구성원의 만족이다. 여기서 직원 만족은 직무, 생활, 직장, 그리고 기업에 대한 만족을 포괄적으로 의미한다. 관광기업들의 종업원 급여가 타 서비스산업에 비해 낮아 필요한 인재들의 이직률이 높아지고 있다. 이는 기업생존차원에서 기업의 성과 못지않게 조직 구성원들의 만족이 고려되어야 함을 의미한다. 이와 같이 인적자원관리의 목적은 서로 양면성을 지니고 있다고 볼 수 있다. 즉, 인적자원관리 담당자는 이 두 개의 목적을 조화시켜 나가야 하는 과제를 안고 있다.

제2절 관광인적자원 계획활동

1. 직무분석

(1) 직무의 정의 및 특성

직무(job)는 조직 내 구성원 개인의 역할을 규정하는 기본 단위이다.[2] 개인의 역할은 구성원들에게 계획적으로 부여된 직무의 수행을 통해서 달성된다고 볼 수 있다. 이때 직무의 내용은 조직 내 구성원의 역할을 정의하는 데 핵심적인 요소가 된다.

직무는 다양한 조직에 걸쳐 공통적인 특성을 갖는다. 첫째, 직무는 조직 구성원과 조직을 연결하는 연결핀으로써 구성원의 역할(직무의 내용)을 토대로 조직과의 관계가 설명된다. 이는 구성원 개개인이 부여받은 직무에 기초하여 조직과 연관된다는 것을 의미한다. 예를 들어 호텔프런트 오피스의 예약담당직무를 수행하는 직원은 개인이 아닌 예약담당직무 수행자로 조직관계를 형성하고 보상, 인사고과 등에 있어서도 해당 직무와 직무성과를 기초로 평가받게 된다.

둘째, 직무는 형성 및 설계에 있어 합리적으로 계획된 결과이다. 즉, 조직은 주어진 조직의 환경과 자원을 고려하여 의도적인 직무설계를 통한 조직의 효율화를 실현하고자 한다.

셋째, 모든 직무는 서로 상호작용하는 관계를 형성하며, 권력, 책임 및 보상 등에 있어 차이가 있으며 계층적이기도 하다. 가령 호텔 마케팅팀의 프로모션 담당자의 직무는 행사수행에 필요한 자재를 공급하게 되는 구매팀 소속 구매담당자의 직무에 영향을 미친다.

(2) 직무분석

직무분석(job analysis)은 직무내용에 대한 정보를 수집, 분석, 통합 및 보고하기 위하여 직무를 연구하는 일련의 과정으로 조직 내 구성원들의 역할을 이해하는 데 도움을 준다. 여기서 직무내용은 직무요건(job requirement)과 직무보상(job rewards)의 두 요소로 정의된다.[3] 해당 직무수행에 필요한 지식, 스킬, 능력 및 기타 특성 등이 직무요건에 해당되며 이 직무요건을 명확하게 규정하는 것이 직무분석에서 중요하다. 한편 직무보상은 직무의 매력적 또는 비매력적 결과를 의미하며, 직무 그 자체 및 직무를 둘러싼 환경/조건 등의 결과를 포함한다. 결론적으로 직무요건과 직무보상에 대한 정확한 정보를 토대로 직무분석의 과정이 이루어진다고 할 수 있다.

(3) 직무기술서와 직무명세서

직무에 관한 정보의 수집과 수집된 정보의 분석이 이루어지면 이것을 인적자원관리의 자료로 활용하기 위해 일목요연하게 정리하여야 한다. 이러한 목적으로 작성되는 것이 직무기술서와 직무명세서이다. 직무기술서는 직무요건에 초점을 둔 것이며 직무명세서는 인적요건에 초점을 둔 것이다.

① 직무기술서

직무기술서(job description)는 과업 중심적 직무분석으로서 직무분석의 결과로 얻어진 직무에 관한 중요한 사실과 정보(직무의 내용 · 성격 · 수행방법)를 일정한 양식에 기록 · 정리한 문서이다. 직무기술서는 주로 구성원의 입사교육과 기타 교육훈련, 업적평가 등에 기본 자료로 사용된다. 직무기술서의 기재사항은 매우 포괄적인데 직무명칭, 직무개요, 책임, 기계, 도구 및 장비, 사용될 원료와 형태, 감독내용, 작업조건, 위험 등이 포함된다.

② 직무명세서

직무명세서(job specification)는 인간 중심적 직무분석으로서 직무수행에 필요한 종업원의 자격요건을 일정한 양식에 기록한 문서이다. 즉, 직무명세서는 직무기술서를 기초로 하여 인적자원관리의 목적에 따라 필요한 자료를 추출 · 편성하여 기록한 것이다. 따라서 직무명세서는 각 직무에 필요한 자격요건(인적요건)을 직무기술서에서 찾아내어 보다 상세히 기록한 것으로 주로 모집과 선발에 사용된다. 직무명세서 기재사항은 직무명칭, 성별 및 연령, 경험 및 숙련도, 작업자 체격, 작업자의 정서적 성격 및 정신적 능력, 커뮤니케이션의 기술, 필요한 능력과 수준 등이 있다.

2. 직무설계

(1) 직무설계 개념

직무설계(job design)는 조직목표 달성과 개인욕구 충족을 위하여 구조적 측면 및 인간관계적 측면을 동시에 고려하여 구성원들의 직무관련 활동을 설계하는 과정이다.[4] 관광기업의 인적자원관리 담당자는 직무설계에 대한 이해를 바탕으로 자신이 속한 조직 내 직무를 효과적으로 설계함으로써 조직원의 만족은 물론 조직의 성과를 향상시켜 나갈 수 있다.

(2) 직무설계의 목적

직무설계는 모든 계층의 조직구성원으로 하여금 직무 그 자체에서 만족을 얻도록 하여 지원의 사기앙양과 생산성을 향상시키려는 것을 목적으로 한다. 직무설계의 2대 목표라고 할 수 있는 직무만족과 생산성 중에서도 경영자가 보다 중시하여야 할 것은 생산성보다는 직무만족을 통한 직원의 사기고취이다. 그 이유는 조직의 목표달성을 위해서는 그 과정에 참여하는 조직 구성원들의 동기부여가 필수적이기 때문이다. 이외에도 직무설계는 제품과 서비스의 질 개선, 원가절감, 이직과 교육훈련 비용의 감소, 신기술에의 신속한 적응을 위한 목적으로 수행된다.[5)]

(3) 직무설계 기법

① 직무전문화

직무전문화(Job specialization)란 조직 구성원들이 전문화된 단순작업을 계속 반복함으로써 작업속도가 빨라지고, 이로 인하여 종업원의 숙련도가 높아지며, 조직능률이 상승하게 되는 것을 목표로 한 것이다. 직무전문화의 기법은 테일러의 과학적 관리법(scientific management)에 의하여 작업을 설계하기 위한 접근방법이다. 과학적 관리법에 있어서의 직무설계는 3S 즉, 작업요소의 단순화(simplification), 표준화(standardization), 전문화(specialization)를 통해 작업능률을 극대화하고 생산성을 향상시키는 것을 목적으로 한다.

② 직무순환

직무순환(job rotation)은 작업자에 의해 수행되는 여러 과업들이 주로 상호유사성이 있을 때 직무는 그대로 놓아두고 작업자의 자리를 교대 이동시키는 것을 말한다. 한 작업자가 같은 직무만 하면 지루하기도 하고 한 가지 기술밖에 익힐 수 없게 되지만 동료들과 자리를 바꾸면 동료의 직무도 배울 수 있고 지루함도 어느 정도 감소시킬 수 있다.

③ 직무확대

직무확대(job enlargement)는 전문화와 표준화의 원리에서 벗어나 세분화된 작업을 몇 단위 합쳐서 하나의 작업이 되도록 작업 자체의 내용을 재편성하는 것이다. 직무확대는 작업자가 수행하는 과업의 수를 증가시켜 책임감을 부여하고 과업에 다양성이 증가되어 직무내용을 변화시키는 것이므로 지나치게 단순화·전문화된 직무를 반복적으로 수행할 때 나타나는 불만족을 감소시켜 직무에 대한 일체감의 진취성이 증가될 수 있도록 동기를 부여하는 기법이다.

④ 직무충실

직무충실(job enrichment)은 관리기능의 일부인 계획과 통제를 종업원에게 위임하는 방법이다.[6] 즉, 성숙한 종업원은 단순한 육체적 능력의 증가보다는 정신적 능력(인식, 의사결정, 감정능력 등)의 발휘를 요구하므로 단순한 직무의 실행(do)뿐만 아니라 직무의 계획과 통제의 관리적 기능을 포함시켜 수직적으로 확대할 필요성을 강조하는 방법이다.

⑤ 직무특성모형

직무특성모형(job characteristic model)은 직무특성이 어떻게 종사원의 반응(태도와 행동)에 영향을 미치는지에 대해 설명하며 직무설계방법에 크게 공헌한 바 있다.[7] 직무특성모형에 의하면 핵심 직무차원과 종사원의 중요 심리상태, 종사원의 성장욕구 강도 등이 업무성과에 영향을 미친다.

구체적으로 스킬 다양성, 업무 정체성, 업무 중요성, 자율성, 피드백 등 다섯 핵심직무특성은 종사원의 중요 심리상태에 영향을 주게 되는데, 이때 종사원의 중요 심리상태는 업무의 의미 충만성(meaningfulness) 경험, 업무결과에 대한 책임 경험, 그리고 업무활동의 실제 결과에 대한 지식/지각 등 세 가지로 분류된다. 다시 세 가지의 중요 심리상태에 의해서 동기유발, 업무성과, 업무 만족도 및 이직/결근 등의 결과가 나타난다는 것이 직무특성모형의 내용이다. 직무특성모형에 따르면 직무의 특성이 다양한 기술과 재능의 발휘를 요구한다면 종사원은 해당 직무수행을 통해 업무의 의미 충만성을 충분히 경험하게 되어 동기유발과 직무만족이 증가한다.

한편 직무특성모형에서는 개인의 성장욕구 강도가 핵심직무특성 및 중요 심리상태의 효과를 조절하는 역할을 한다. 성장욕구 강도란 종사원이 복잡하고 도전적인 업무를 열망하는 정도로 정의되며, 종사원이 어느 정도의 성장 욕구를 지니는지에 따라 핵심직무특성이 중요 심리상태에 미치는 영향과 중요 심리상태가 종사원의 업무결과에 미치는 영향이 달라진다. 즉, 성장욕구가 강한 종사원이 높은 자율성을 부여받을 경우 업무에 대한 책임감을 강하게 가지게 되며, 이러한 높은 수준의 심리상태는 보다 향상된 업무결과를 창출하게 된다.

제3절 관광인적자원 개발활동

1. 모집과 선발

(1) 모집의 정의 및 중요성

모집활동이란 조직의 관광인적자원계획에 의거 인력 소요량을 충원하기 위하여 외부로부터 지원자를 식별하고 유인하는 활동이다. 모집활동은 이후 인사선발에 앞서 수행되는 인적자원 개발활동으로 인적자원 결과에 직접적인 영향을 주게 되는 중요한 과정으로 간주된다.[7] 다양한 모집방법에 따라 지원자의 자격수준도 달라지며, 결과적으로 신규 인력의 직무능력에 영향을 미친다. 모집방법의 선택이 잘못되어 모집활동이 부실하게 전개될 경우 기업에 비용부담을 높이게 되는 결과를 초래한다. 가령 적정수준의 자격을 갖춘 충분한 지원자 풀(pool)을 창출하지 못할 경우 선발기준을 낮추어서 선발이 이루어질 수 있으며, 채용 후 만족스러운 직무성과를 유도하기 위한 교육훈련 및 개발 비용을 상승시키게 된다. 궁극적으로 모집은 직무만족, 직무성과, 이직 등과 같은 인적자원결과에 영향을 미친다고 볼 수 있다.

모집활동에서 중요하게 고려해야 하는 사항으로 구직자와 구인기업 간 커뮤니케이션이 있다. 구직자는 자신이 지원할 구인기업에 대한 정보를 원하며 반대로 구인기업은 구직자의 잠재적 능력에 대한 정보를 얻으려고 한다. 쌍방의 의사소통과정에서 구직자나 구인기업은 서로에게 가능한 매력적인 정보를 제공함으로써 실질적인 지원이 이루어질 수 있는 환경을 조성하게 된다. 하지만 구직자나 구인기업은 서로에게 과장된 정보를 제공하여 향후 인적자원활동에 부정적 영향을 주기도 한다. 가령 구인기업이 과장된 직무정보(예를 들어, 과장된 보상수준)를 제공하는 경우 구직자는 조직에 대한 과도한 기대를 형성하게 되고 채용 후 기대 불일치 지각을 통한 이직행위가 발생하게 된다. 따라서 구직기업은 직무에 대한 정확한 정보 제공을 통해 구직자가 직무에 대해 합리적이고 현실적인 기대를 형성할 수 있도록 하는 것이 중요하다.

(2) 모집방법

모집방법에는 채용인원 수, 채용시기, 모집지역, 직종, 선발방법 등을 고려하여 학교나 공공 직업소개소에 대한 구인신청을 할 것인가, 신문광고에 의할 것인가, 연고모집을 할 것인가, 직접모집을 할 것인가 하는 모집원을 검토하고, 그중에서 해당기업에 가장 적합하고 실제적이며 효과적인 모집방법을 선택하여야 한다. 모집의 공급원은 사내모집원과 사외모집원으로 나누어진다.

① 사내모집원에 의한 모집방법

각 부서로부터 필요인원에 대한 채용요구가 있게 되면 소요인력을 모집하는 공급원을 먼저 사내에서 찾는 것이 가장 용이한 방법이다. 사내공급원에는 종업원의 배치전환(transfer)이나 승진(promotion) 등을 통하여 자격을 갖춘 인력을 조달한다든가 아니면 현재의 직위에서 승급(upgrading)시켜 조달하거나 또는 정리해고 중인 종업원을 불러들이는 방법이 있다. 조직내부로부터의 충원방법에는 다음과 같은 두 가지가 있다.

첫째, 인사부서에서 기능목록(skills inventory) 및 인력배치표(manning table)를 통해 해당 직위에 적합한 인물을 찾아내는 방법이다. 이 방법은 선발작업이 끝날 때까지 직원을 공개하지 않은 채 진행하는 것이 바람직하다. 비록 충분한 자격을 갖춘 사람이 빠져버릴 우려가 있으나 가장 널리 이용되고 있는 방법 중의 하나이다.

둘째, 공개모집제도(job posting or job bidding system)를 이용하여 해당 직위에 적합한 인물을 찾아내는 방법이다. 이것은 사내게시판을 통해 충원할 직위를 직원들에게 알려서 관심 있는 사람들이 지원하게 만드는 방법이다. 이 방법은 균등한 고용기회의 부여라는 면에서도 좋은 방법으로 인정되고 있다.

이러한 사내모집원에 의한 모집방법은 사내직업원의 사기를 앙양시키며, 모집 및 교육훈련에 따른 비용과 시간을 절약할 수 있으며, 사내종업원의 능력평가가 용이하여 보다 효율적이라는 장점이 있다. 하지만 연고관계로 인하여 창조성과 노력이 부족할 가능성이 있으며, 성장기에 많은 결원직을 충원할 유능한 자격자가 부족한 경우가 생길 수 있다는 단점이 있다.

② 사외모집원에 의한 모집방법

일반적으로 사용하고 있는 사외공급원에서 필요로 하는 인력을 모집하는 방법은 매우 다양하다. 예를 들면, 광고(예: TV, 인터넷, 신문, 전문잡지, 지역정보지 등), 교육기관(예: 직업훈련기관, 전문대학, 대학교 등), 인턴십, 추천제 등이 있다.

(3) 선발

① 선발의 개념 및 원칙

선발은 모집된 지원자들에 관한 정보를 수집하고 사용하여 그들 중 누가 고용제의(employment offer)를 받을 것인지를 선택하는 것으로 정의된다.[8] 따라서 선발은 직무에 부적절하다고 판단되는 지원자를 선발 전 단계에 제거하는 것으로 효과적인 선별은 이후 선발과정에 소요되는 비용과 시간을 절감시킨다. 관광기업들은 주로 이력서나 지원서 등에 대한 서류전형을 통해 초기

선발을 실시하고 있다.

선발은 예측을 기본 전제로 한다.[3] 예측을 전제로 하는 선발이 제대로 수행되기 위해선 지원자들의 효율성을 효과적으로 예측할 수 있는 선발도구가 존재해야 한다. 관광기업에서 활용되고 있는 선발도구들은 성적표, 경력증명서, 추천서, 공인자격증, 필기시험, 실기시험, 적성검사, 인성검사, 면접, 건강검진(체력검사) 등이 있다. 이 선발도구들이 갖추어야 할 요건에는 신뢰성(reliability)과 타당성(validity)이 있다.

신뢰성은 선발도구가 지원자들에게 적용되었을 때 안정적이고 일관성 있는 결과를 얻을 수 있는가의 문제이다. 가령 토익 성적표라는 선발도구를 활용하여 수차례 고득점 지원자를 선발하였을 때 채용 후 지원자들 간의 업무성과가 평균적으로 큰 차이가 없다면 토익성적표를 선발도구로 신뢰할 수 있다고 볼 수 있다.

반면 타당성은 선발도구가 지원자를 올바르게 평가할 수 있는 내용으로 구성되었는지 여부를 의미한다. 만약 항공사의 스튜어디스를 선발하고자 할 경우 지원자의 외모, 친절한 태도와 행동, 낙천적 성격, 서비스정신, 그리고 어학능력 등을 종합적으로 테스트할 수 있는 면접시험을 선발도구로 선택해야 한다. 그러나 반대로 조리사 자격증 취득여부나 워드프로세스 활용능력 등 직무 관련성이 낮은 선발도구는 스튜어디스의 선발도구로써 타당성이 매우 낮다고 할 수 있다.

② 선발기법

직무의 자격요건과 보상에 근거하여 지원자의 역량과 동기를 평가하기 위해 다양한 선발기법들이 활용되고 있다. 일반적으로 선발과정은 초기선발, 실질적 선발 및 재량적 선발 등 3단계의 흐름으로 진행된다. 초기선발은 모집활동으로 형성된 지원자 풀(pool) 가운데 추후의 선발과정에서 고려할 만한 최소 자격요건을 갖춘 지원자를 선발하는 과정으로 지원서, 이력서, 추천서 및 초기면접 등의 선발기법이 활용된다. 실질적 선발은 최소 자격요건을 지닌 지원자를 대상으로 조직에 적합한 지원자를 식별하는 과정으로 인/적성검사, 능력검사, 실무능력검사 및 면접 등의 선발기법을 통해서 이루어진다. 마지막으로 예비 합격자에게 시행되는 신체검사는 재량적 선발에 해당되며 기업에 따라 이를 생략하는 경우도 있다. 이 가운데 관광기업에서 실질적 선발기법으로 비중 있게 활용되고 있는 면접과 실무능력검사는 다음과 같다.

가. 면접

면접은 지원자의 의사소통능력 등과 같이 타 예측수단에 의해 얻어질 수 없는 독특한 정보를 추구하며, 또한 지원자에게 직무와 조직에 대한 정보를 제공해 줌으로써 지원자를 설득할 수 있는 선발기법이다.[9] 면접기법으로는 구조화된 면접(structured interview)과 비구조화된 면접

(unstructured interview)이 있다. 전자는 사전에 만들어진 질문항목을 중심으로 모든 피면접자가 동일한 질문을 받도록 하는 방식인 반면, 후자는 사전에 준비된 질문항목 없이 면접자가 피면접자로부터 정보를 얻기 위해 심문적 질문을 행하는 방식이다. 비구조화된 면접은 면접자의 대인지각능력이 높을 경우에만 효과가 있을 수 있고, 면접자에 따라 면접과정에 편견이 개입될 여지가 높아 주의를 기울여야 한다. 그 외에도 지원자의 리더십이나 문제해결능력을 파악하기 위한 집단토의식 면접, 후광효과를 줄이고자 하는 블라인드 면접, 그리고 팀워크 능력을 파악하는 데 도움을 주는 스포츠면접 등 다양한 면접방법들이 도입되고 있다.

나. 실무능력검사

실무능력검사는 작업표본검사(work sample test)의 일종으로 실무능력이 중요한 관광기업에서 관련 직무의 실무 작업을 지원자에게 제시하여 수행하도록 요구하는 선발기법이다. 특히 지원자가 별도의 교육훈련 없이 실무에 투입되어야 할 경우 실무능력검사는 보다 의미가 있다. 가령 호텔에서 바텐더를 선발하고자 할 때 실무능력검사는 바텐더로서의 태도, 지식 및 스킬 등을 종합적으로 평가할 수 있도록 해준다. 전통적으로 실무능력검사는 높은 직무성과를 예측하는데 타당성이 높다고 알려져 있다.

2. 교육훈련 및 개발

(1) 교육훈련 및 개발의 중요성

신규 직원에 대한 효과적인 모집활동과 타당한 선발과정을 통해 조직과 직무가 요구하는 직원을 확보하게 되지만 그렇다고 신규직원이 직무에 100% 적합하기는 힘들다. 또한 급격한 조직 내부 및 외부환경의 변화는 기존 직원들에게 그들의 능력과 스킬을 업그레이드시킬 것을 요구한다. 따라서 관광기업은 현재와 미래의 직무요구에 직원들이 효과적으로 대응할 수 있도록 직원들의 능력, 지식, 스킬을 끊임없이 개발하고 이에 대한 투자에 적극적으로 나서야 한다.

관광기업들은 교육훈련과 개발을 통해 자신들이 보유한 인적자원을 개발할 수 있다. 교육훈련(education & training)은 현재나 가까운 장래에 필요한 능력의 개선을 의미하며 직원의 지식과 스킬의 증대를 통한 특정 직무상의 성과향상을 주목적으로 한다.[10] 구체적으로 교육훈련은 신규직원에 대한 실무능력 향상, 기술발전이나 조직의 직무 재편성으로 인한 새로운 직무능력 배양, 조직의 서비스 품질 및 생산성 향상, 그리고 승진 등으로 인한 새로운 실무능력 습득 등의 요구에 의해서 이루어진다. 한편, 개발(development)은 장기간에 걸쳐 능력을 개선시키고자 이루어지는 학습으로 미래에 수행될 역할에 대한 준비이다. 개발을 통해 직원들은 조직의 성장과 변화에 적응하게 되며 기술 진보와 외부환경 변화와도 보조를 맞출 수가 있다.

교육훈련과 개발을 통한 인적자원 개발은 인적자원관리 결과에 영향을 미친다. 통상적으로 이직의 주요 원인 중 하나는 경력개발의 기회부족이다. 직원들은 조직이 자신들에게 새로운 직무능력을 획득할 수 있는 기회를 제공해주길 바라며, 따라서 대부분의 직원들은 경력개발을 할 수 있는 교육훈련 및 개발 기회를 제공해주는 기업을 선호하게 된다. 관광기업의 교육훈련 및 개발정책은 신규 직원의 유인은 물론 기존 직원들의 이직행동에도 영향을 미치게 된다.

나아가 교육훈련과 개발은 직접적으로 조직성과에 기여한다. 교육훈련 투자를 통한 직원들의 직무수행 능력 향상은 순차적으로 서비스품질, 고객만족, 그리고 고객충성도에 대한 향상으로 이어져 궁극적으로 기업의 재무적 성과향상을 가져온다.

(2) 교육훈련 및 개발의 시행

① 교육훈련 및 개발의 필요성

교육훈련 및 개발의 필요성을 판정하는 것은 조직의 기대와 실제성과 사이의 차이를 식별하는 과정이라고 볼 수 있다. 첫째, 조직적 차원에서 필요성을 판정할 수 있다. 가령 조직의 목표를 달성하는 데 비효율성이 존재할 경우 이를 제거하고 조직차원의 교육훈련 및 개발을 통해 목표달성의 가능성을 높이고자 할 것이다. 둘째, 직무차원의 필요성 판정으로 현재 및 미래의 직무에 필요한 특정 업무기술과 지식을 식별하는 것이다. 셋째, 개인차원에서도 필요성을 판정할 수 있는데 개인의 현재능력과 필요하거나 바람직한 능력 간의 차이를 식별할 수 있다.

② 교육훈련 및 개발 시스템의 설계

교육훈련 및 개발의 필요성이 식별되면 훈련의 목적을 명시해야 한다. 훈련의 목적은 기대효과와 훈련 후 성과수준 등을 중심으로 명시되어야 하며, 이후의 훈련 프로그램 내용 및 방법에 대한 선택에 영향을 미친다.

다음 단계에서는 훈련 프로그램의 내용을 결정하게 된다. 보통 프로그램 내용은 가능한 실제적인 직무의 내용과 연관성이 높아야 한다. 직무내용과의 유사성이 높을수록 교육 후 직무수행 시 '훈련의 전이(transfer of training)' 효과가 높아진다.

훈련의 목표와 내용이 확정되면 훈련기법의 선택을 통해 누가, 어떻게 훈련시킬 것인지를 결정한다. 훈련기법의 선택 시 피훈련자의 학습능력을 고려하여 적극적 참여와 동기를 유도할 수 있고, 가능한 실습기회를 제공하며, 학습성과에 대한 피드백을 제공할 수 있고, 또한 시간과 비

용 효율성 등을 고려하여야 한다.[11)]

훈련기법으로 직장외 훈련(off-the-job training)과 직장내 훈련(on-the-job training)기법이 있다. 직장외 훈련에는 다수의 피훈련자에게 단시간에 많은 정보를 제공하는 정보전달기법, 토론방식에 의해 소수의 피훈련자를 대상으로 지식강화를 유도하는 정보처리기법, 그리고 학습자를 참여시키기 위해 업무환경을 모방하여 이루어지는 시뮬레이션기법이 있다. 특히 시뮬레이션기법(simulation technique)은 역할연기(role playing), 경영게임과 같이 실무적인 스킬을 향상시키는데 효과적이다.

반면 직무상 훈련은 직무를 수행하는 동안 직접 피훈련자의 직무행위를 변화시키기 위해 이루어진다. 학습결과를 직무에 적용시키기 쉽지 않다는 직무 외 훈련의 낮은 '훈련의 전이' 문제를 보완하기 위해 직무상 훈련이 도입되기도 한다. 관광기업 등에서 이루어지고 있는 직무상 훈련기법으로는 인턴십, 코칭 및 직무순환 등이 있다.

③ 교육훈련 및 개발 프로그램에 대한 평가

훈련프로그램은 반응(reaction), 학습(learning), 행위(behavior), 그리고 결과(results) 등에 의해서 평가된다.[12)] 반응은 훈련프로그램의 내용과 효과여부에 대한 피훈련자의 지각이며, 통상적으로 훈련프로그램에 대한 만족/불만족으로 나타난다. 긍정(부정)적 반응은 해당 프로그램에 대한 구성원들의 참여(회피)를 촉진한다. 학습은 피훈련자가 의도했던 것을 습득했는지의 여부이다. 학습에 대한 평가기준은 지식습득, 스킬향상, 태도 및 동기향상 등을 포함한다. 행위는 훈련을 통해 습득한 내용을 실제 직무에 활용하는지의 여부이다. 이는 직접적인 직무행위를 관찰함으로써 평가된다. 마지막으로 결과는 훈련으로 인해 조직의 효과성(생산성, 수익 및 고객만족 등)이 향상되었는지의 여부이다.

제4절 관광인적자원 유지활동

1. 인사고과

(1) 인사고과 개념

인사고과와 관련한 용어는 다양하게 사용되고 있다. 예를 들어, 평정(rating), 인사고과(appraisal), 그리고 평가(evaluation) 등이 있다. 우리나라에서는 근무평정, 성적평정, 업적평정, 인사고과, 인사평가 등으로 불리고 있으며, 일본에서는 주로 일관성 있게 인사고과란 용어가 사용되고 있다. 용어의 차이는 있지만 인사고과란 조직에서 구성원 개개인의 태도나 자질, 능력과 업적 등을 평가하는 방법을 제도화한 것으로서 조직구성원이 보유하고 있는 현재적 · 잠재적 유용성 및 가치를 질서 있게 체계적으로 평가하는 것을 의미한다.

(2) 인사고과 목적

일반적으로 인사고과의 목적은 다음의 다섯 가지로 나누어 설명할 수 있다. 첫째, 경영전략과의 연계성이다. 인사고과는 조직의 전략적 목표를 조직구성원의 직무수행 활동과 연계시켜 성공적인 경영전략 수행을 위하여 요구되는 행동과 활동 그리고 성과를 이끌어내는 것이다. 따라서 경영전략과의 연계는 전략적 인적자원관리의 가장 중요한 목적이라고 할 수 있다.

둘째, 성과향상이다. 인사고과는 조직구성원의 실적을 평가하는 공식적인 활동이다. 즉, 평가결과를 당사자 등에게 피드백시킴으로써 조직구성원의 동기부여는 물론 업적과 태도 및 능력이 개선되어 궁극적으로 기업의 성과를 향상시키게 된다.

셋째, 조직구성원의 능력개발이다. 사람은 어떤 행동을 하고 그 행동이 타인에 의해 평가를 받는다고 생각되면 더 열심히 하게 된다. 또한, 조직의 기대수준에 얼마나 접근하는지를 알려줌으로써 조직구성원 본인 스스로 깨닫게 하며 자기개발을 유도하여 인적자원 개발과 경력개발에도 중요한 역할을 한다.

넷째, 공정한 보상 및 상벌결정을 위함이다. 조직은 조직구성원의 능력 및 업적을 주기적으로 평가하여 그 결과를 기준으로 급여, 상여, 승격, 승진, 징계, 강등 등의 보상을 공정히 하여야 한다. 공정한 대우는 직원의 동기를 부여시킴으로써 업무성적의 증진에 이바지하지만, 그렇지 못하면 구성원들로부터 불평이 늘어난다.

다섯째, 적정배치 및 이동을 위함이다. 인사고과는 인적자원관리자에게 기업이 보유하고 있는 인적자원의 특성, 가치, 역량, 성과 등의 중요한 정보를 제공한다. 이러한 자료를 토대로 어떤 종류의 인력이 어느 정도 부족하고 남는지를 알 수 있어서 인력의 수급계획을 수립하여 효율적인 인력유입과 인력유출을 할 수 있다.

(3) 인사고과 방법

① 고과주체에 따른 분류

인사고과는 평가주체에 따라 직속상사가 부하를 평가하는 상사고과, 피고과자의 지시 · 감독

하에 있는 부하가 상사를 평가하는 부하고과가 있다. 또한, 같은 부서 혹은 관련 부서의 동료가 동료를 평가하는 동료고과, 피고과자 자신이 자기자신을 평가하는 자기고과, 외부인(고객, 외부 전문가 등)에 의한 고과 등으로 구분할 수 있다.[13)]

② 고과시기에 의한 분류

인사고과는 시기별로 크게 정기고과와 부정기고과로 분류할 수 있는데, 이를 세분화하면 다음과 같다. 즉, 입사 후 수습기간이 종료될 때, 배치전환 직전, 상사가 교체되었을 때, 교육훈련 참가자 선발 시, 인센티브 책정 시, 6개월 혹은 1년 단위의 정기적으로, 또는 상시적으로 할 수 있다.

③ 피고과자 간의 비교여부에 의한 분류

인사고과에 있어서 피고과자들의 상호비교의 유무에 따라 절대평가와 상대평가로 나누어진다. 인사관리상의 사정 또는 선별이 주목적이라면 상대고과의 형태가 적합하며, 개개인의 능력개발과 직무개선을 목표로 하는 고과라면 절대고과의 형태가 바람직하다. 상대고과 방법은 절대고과에 비하여 평가가 용이하며 관대화 경향이나 중심화 경향과 같은 개인 간의 오차를 항상 제거할 수 있다는 장점을 가지고 있다. 절대고과 방법은 상대고과에 비하여 더 많은 시간과 비용, 노력이 소요되는 것은 사실이나 종업원 개개인의 능력 및 장단점을 보다 효과적으로 파악할 수 있다는 장점이 있다.

2. 보상관리

(1) 보상의 개념 및 중요성

보상(compensation)은 기업이 신규 지원자를 유인하고, 현 구성원을 유지하며 구성원의 직무성과를 향상시키기 위해 전략적으로 활용할 수 있는 도구이다. 보상은 고용계약에 있어서 기업과 개인 간의 거래이며, 경제적 대가 이외에 심리적, 사회적인 측면을 포괄한다. 보상은 기업의 입장에서 비용이지만 조직 구성원들에게는 조직에 만족하고, 성공적으로 직무를 수행하며, 조직에 남아 있고자 하는 동기를 높이도록 하는 경제적, 심리적 소득의 원천이기도 하다.

보상의 중요성은 크게 다음의 세 가지 측면으로 나누어 볼 수 있다.[14)] 첫째, 경제적 중요성이다. 보상은 조직구성원에게는 경제적 생계의 원천인 동시에 조직에서는 가장 중요한 비용의 하나이다. 둘째, 투자로서의 중요성이다. 주어진 직무를 수행하는 과정에서 구성원은 자기의 기술과 능력을 개발해 나간다. 보상은 조직 구성원의 노력에 대한 대가일 뿐만 아니라 인적자원의 개발을 위한 투자라고 할 수 있다. 마지막으로, 보상은 조직구성원의 만족감에 많은 영향을 주고 나아가서는 그의 직무수행성과에도 크게 작용한다.

(2) 보상제도의 유형

① 직접보상제도

단기 및 장기 보상제도가 있다. 단기보상제도는 조직의 중장기전략보다는 1년 이내의 단기적이고 일상적인 성과에 대한 보상에 초점을 두고 있다. 대표적인 단기 보상제도로는 임금(salary)과 보너스(bonus)가 있다. 임금은 조직과 개인의 계약에 의한 노동의 대가로 지급되는 현금이다. 아직까지 관광산업 내 직업들은 타 산업에 비해 임금이 높지 않은 것으로 알려져 있다. 장기보상제도는 기업이 장기적이고 전략적인 측면의 성과에 중점을 둔 보상제도로 성과측정이 1년 이상의 장기간을 통해 이루어진다. 대표적인 장기 보상제도로 스톡옵션(stock option)이 있다. 하지만 주식시장에 상장되어 있는 관광기업이 많지 않음을 고려할 때 스톡옵션제도는 관광산업에서 흔히 볼 수 있는 보상유형은 아니다.

② 간접보상제도

복리후생이라고 불리며 조직 구성원의 생활수준 향상을 위해 시행하는 임금 이외의 간접적인 제 급부를 말한다. 현재는 노사관계의 변화로 인해 국가의 입법에 의해 강제되는 제도적 성격이 강해지게 되었다. 복리후생의 유형으로는 각종 연금(pension), 건강보험, 각종 공제 및 대부, 산재보험, 급식 및 사택, 연월차 및 각종 유급휴가 등이 있다.

3. 이동관리

(1) 인사이동 개념

인사이동이란 직원이 어떤 조직에 고용되어 특정한 직무에 배치된 후에, 그의 능력과 직무의 내용 및 조직운영상의 여러 가지 여건변화에 따라 수직적 · 수평적으로 배치상의 변화를 가져오는 인적자원관리상의 절차를 의미한다. 따라서 배치관리가 직무와 인간을 결부시키는 정태적인 것인 데 반하여, 이동관리는 상황변화를 고려하여 다시 조정하는 동태적인 것이라고 할 수 있다.

(2) 인사이동의 목적

기업경영에 있어서 인사이동을 실시하는 주요한 목적을 살펴보면 다음과 같다.[15] 첫째, 적재적소를 위한 재배치이다. 즉, 개인의 적성이나 능력 및 직무요건에 부합되는 자리에 인사이동이 이루어져야 한다. 둘째, 직무순환을 통한 인재의 효과적 육성이다. 기업이 필요로 하는 인재는 실무경험을 통하여 육성할 수 있는 인사이동이 요망된다. 셋째, 근로의욕의 고취이다. 인사이동은 동일 직무에 장기간 근무로 인해 발생하는 능력정체, 퇴보현상, 종업원 상호 간 불화 등을 해소시켜 직원의 사기를 높일 수 있다. 넷째, 공정한 처우의 실현이다. 어느 직원이 특정한 직무에 배치된 뒤에 그 능력이 계속 신장되었을 경우에는 보다 상위직위로 이동시켜 공정한 처우를 받을 수 있게 하여야 한다. 마지막으로, 조직계획(예: 조직확대 및 축소)의 변동에 대한 신속한 대응이다.

(3) 인사이동의 방법

인사이동이란 간단하게 말해서 조직에서 직위의 위치를 변경시키는 것이다. 인사이동은 크게 수평적 이동(배치전환)과 수직적 이동(승진, 강등)이 있다. 배치전환(transfer)이란 종업원이 새로 담당할 직무가 임금수준이나 지위 · 책임 · 권한에 있어서 종전의 직무와 차이가 없는 수준에서 이루어지는 수평적 인사이동을 말한다. 승진이 능력의 향상에 따라 등급이 높은 직무, 즉 조직적 서열과 책임 및 권한의 증대가 수반되는 직무로의 수직적 인사이동인 데 반하여, 배치전환은 동일한 수준의 직무에 자리바꿈을 하는 수평적 인사이동이라는 점에 차이가 있다.

승진은 종업원이 보다 유리한 직무로 수직적 · 상향적으로 이동하는 것을 말한다. 즉, 승진은 조직에서 구성원이 직무서열 또는 자격서열의 상승을 의미하며, 또한 지위의 상승과 함께 보수, 권한, 책임 및 소요기능의 확대가 수반된다. 승진(승격승진)은 승급과는 구분되는데, 승급(upgrading)이란 직위상 변동 없이 호봉의 상승만이 있을 경우를 말한다.

참고문헌

1) 신유근(1984). 『인사관리』, 경문사.

2) Ghorpade, J. V.(1988). Job analysis: A handbook of human resource director. N. J: Englewood Cliffs.

3) Heneman Ⅲ, H. G., & Heneman, R. L.(1994). Staffing organization. WI: Mendota House Inc.

4) Griffin, R. W.(1982). Task design: A integrative approach. Scott: Foresman and Company.

5) 송병식 · 안정일(1994). 제주지역 초 · 중등학교 교원의 직무만족에 관한 실증적 연구. 사회발전연구(제10집), pp.69-95.

6) Herzberg, F.(1968). One more time: How do you motivate employees? Harvard Business Review, Jan-Feb, pp.53-62.

7) Hackman, J. R., & Oldham, G. R.(1975). Development of the job diagnostic survey. Journal of Applied Psychology, 60, pp.159-170.

8) 이재훈 · 이종준(2005). 『신인적자원관리』. 경문사.

9) 황규대(2004). 『인적자원관리』. 박영사.

10) Gilley, J. W., & Eggland, S. A.(1989). Principle of human resource development. Addison Wesley Publishing Co.

11) Wayne, F. C.(1998). Applied psychology in human resource management(5th ed). Prentice-Hall.

12) Kirkpatrick, D. L.(1994). Evaluating training programs: The four levels. San Francisco: Berrett-Koehler Publishers.

13) 임창희(2004). 『신인적자원관리』. 명경사.

14) 이학종 · 양혁승(2005). 『전략적 인적자원관리』. 박영사.

15) 송병식(2008). 『창조적 인적자원관리』. 도서출판청람.

09편 문화명사 담론

이관희 명예회장(대한법학교수회)이 미래의 관광인들에게 들려주는

헌법상 문화국가주의 실천과 관광

이관희

- 경찰대학 명예교수
- 대한법학교수회 명예회장
- 전 한국헌법학회장

저서

- 한국민주헌법론(Ⅰ, Ⅱ)
- '문화공무원을 꿈꾸며' 애송시선집(편저자)

이관희 명예회장(대한법학교수회)이 미래의 관광인들에게 들려주는

헌법상 문화국가주의 실천과 관광

1. 문화국가주의 실천

우리 현행 헌법 총강 마지막 조문 제9조는 "국가는 전통문화의 계승 · 발전과 민족문화의 창달에 노력해야 한다"라고 '문화국가주의'를 천명하고 있다. 21세기 문화의 시대에 이 '문화국가주의'는 아무리 강조해도 지나침이 없는 것이고 결국 모든 국민의 문화감성의 선진화가 선진국으로 가는 지름길임은 췌언을 요하지 아니한다. 문화는 인간이 인간답게 살 수 있는 기본적인 조건이고 우리가 추구해야 할 21세기 최고의 가치이기 때문에 그러하다. 프랑스를 세계 제일의 문화대국으로 만든 드골 대통령 아래서 10년 문화상을 지낸 '인간의 조건' 작가 앙드레 말로의 '문화민주주의', '문화뉴딜'을 주창한 미국의 루스벨트 대통령, '모두를 위한 문화'를 내세운 프랑수아 올랑드 프랑스 대통령, '창의성의 원천은 문화'라고 하면서 창의영국(Creative Britain)을 강조한 토니 블레어 전 영국총리 등을 떠올릴 필요가 있다. 우리나라도 일찍이 백범 김구 선생께서 1947년 발표한 '나의 소원'(백범일지 참조)에서 예견하였던 문화민족으로서 세계평화를 주도하는 '문화국가' 완성을 이제 서서히 시작해야 할 때가 된 것이다. 선생께서 설파하신 문화가 행복의 원천이라는 '문화행복론'의 관점에서 보면 21세기 복지국가정책도 문화복지의 방향이 정답이 아닌가 한다. 즉 물질적, 경제적으로 조금 부족하더라도 문화를 제대로 누리면서 그 만족감으로 행복할 수 있다는 것이다. 이는 결국 몇몇 사람이 문화 정책을 세우고 구호를 외친다고 해서 되는 것이 아니고 모든 국민의 문화감성을 높이는 국가적 노력이 필요하다. 예컨대 '온 국민 시 한 수 외우기 운동' 등으로 공무원을 포함한 모든 국민이 스스로 문화감성을 높이면서 행복하고 문화를 사랑하는 분위기를 확산시키고, 매월 마지막 주 '문화가 있는 주'(문재인 정부)에는 대통령을 비롯한 전국의 모든 120만 공무원들이 문화를 사랑하는 마음을 가지고 가족 친지와 함께 각자 좋아하는 장르의 문화행사에 참여한다면 우리의 문화계는 크게 진정한 활력을 찾을 수 있을 것이다. 프랑스, 영국 등에서와 같이 초등학교 때 몇 편의 시를 외우게 한다든가, 각종 국가고시에도 시를 10편 정도 외우게 한다면 박근혜 정부에서 계획했던 몇 천 억짜리 문화창조센터 건립 이상의 문화융성 효과가 있을 것이다. 문화 · 예술은 그 자체도 훌륭한 사업이지만 문화라는 후광효과가 있어야 경제도 명품이 되는 것이다. 선진제국경제의 그 문화적 분위기와의 관계를 보면 쉽게 알 수 있다. 대장금, 태양의 후예, K-POP, 싸이의 말춤 등 대중문화의 세계적 한류현상과 더불어 오늘날 우리나라 예술가들이 세계 여러 문화예술 현장에서 뛰어난 활약을 하고 있지만 그러한 것들을 계속 지원할 수 있는 핵심전략은 문화사랑의 국민적 저변확대인 것이다. 독일

의 경우 약 6,000개의 크고 작은 미술관 또는 박물관이 전국에 널려 있고 매년에 무려 1억 명 이상의 관람객이 있어 그 숫자가 이제는 축구장을 찾는 사람보다 더 많다는 것이다. 그야말로 문화의 생활화인 것이다. 이 정도 되면 문화예술인이 진정으로 존경받는 사회가 되어서 자연스럽게 정치권도 견제가 되고 사회구성원 모두가 자유평등한 민주주의 헌법의 최고이념인 '인간의 존엄성'이 진정으로 보장되고 구현되는 '문화국가'를 이룰 수 있을 것이다. 이러한 '문화국가'를 기반으로 해야만이 인공지능, 사물인터넷 등 4차 산업혁명도 성공적으로 이룰 수 있다고 보여진다.

2. 문화와 관광

문화가 관광에서 차지하는 비중은 매우 크다. 문화는 관광목적지를 알리고 지역의 이미지를 창조하는데 있어서 핵심적인 역할을 하고 있으며, 최근에는 지역경제를 활성화시키는 원천으로서도 크게 주목받고 있다. 관광의 묘미는 여행지 문화를 많이 이해하고 확인했을 때 감동과 즐거움을 자아낸다.

관광은 자연과 문화의 차이에 의해 가능하며 그 차이를 느끼고 체험하기 위해 이동하는 것이다. 따라서 관광의 깊이를 가지려면 문화적이어야 한다. 결국 문화가 있어서 관광이 가능한 것이다. 관광의 본질은 문화행동 · 문화접촉이며, 관광산업 또한 문화교류 촉진을 통해 경제발전을 꾀하는 산업이다. 전통문화와 더불어 현재문화 · 미래문화에도 관심을 가져야 한다. 오늘날 문화의 특징 중의 하나는 경제와 강력히 결합되어 문화의 산업시대를 열어가고 있다는 것이다. 문화는 관광하는 사람들에게 최대의 매력으로 존재하며 특히 세계관광을 통한 문화비교는 상호 문화발전의 계기도 될 수 있고, 올바른 문화적 이해는 타 문화를 학습하는 최상의 방법이 되고 있다. 오늘날 문화의 교류가 관광이라는 비공식경로를 통해 수없이 이루어지고 있기 때문에 현대의 관광은 인간의 사회 · 문화적 현상으로서 인간생활을 구성하는 중요한 문화활동의 일부분으로 인식되고 있다. 따라서 문화는 오늘에 이르기까지 관광의 본질로서 그리고 관광 활동 그 자체가 문화의 중요한 한 부분이 된다.

문화관광자원으로써 전통문화, 대중문화(한류 등), 스토리텔링(storytelling) 등이 있는데, 세계관광기구(WTO)에서는 "협의의 문화관광이란 연구여행(탐구여행), 예술문화 여행축제 및 기타 문화행사 참여, 유적지 및 기념비 방문, 자연 · 민속 · 예술연구여행, 성지순례 등 본질적으로 문화적 동기에 의한 인간들의 이동이고, 광의의 문화관광은 개인의 문화수준을 향상시키고 새로운 지식 · 경험 · 만남을 증가시키는 등 인간의 다양한 욕구를 충족시킨다는 의미에서 인간의 모든 행동을 포함하는 것이다."라고 정의하고 있다. 문화관광의 유형으로는 전통음식 관광, 문화유적

관광, 민속예술 관광, 역사교육 관광, 전통생활탐험 관광, 종교 성지순례 관광, 현대 문화시설 관광으로 나눌 수 있다.

3. 관광산업발전을 위한 '문화국가' 전략

결론적으로 관광산업발전을 위해서는 근본적으로 현행 헌법 제9조의 문화국가주의를 실천하는 '문화국가' 전략이 최상임은 물론이다. 이를 위해서는 1.에서 본바와 같이 우선 모든 공무원이 문화감각을 가지고 문화예술인을 존중·격려하면서 국민을 계도해야 하고 모든 국민도 문화사랑에 적극 나서야 한다. 소위 문화사랑의 국민적 저변확대인 것이다. 이를 위해서 '온 국민 시 한 수 외우기 운동'을 제안한다. 문화의 가장 기본 단위를 '시'라고 보고 누구나 '국민 시' 한 수는 입에 붙이고 다니는 것이다. 그렇게 되면 '문화인'으로서 문화라는 관점에서 세상을 보게 되고 각자가 좋아하는 장르의 문화를 찾아다니면서 행복을 찾게 되고 그것이 바로 품격있는 '문화국가' 달성의 기반이며 지름길이 되는 것이다. 추천할 만한 '국민 시'는 윤동주의 '서시', 이육사의 '청포도' '광야', 김영랑의 '모란이 피기까지는', 한용운의 '님의 침묵' 등이다. 특히 관광안내원은 이런 '국민 시'들을 항상 입에 붙이고 다니면서 감동적으로 '문화관광'을 유도해야 한다.

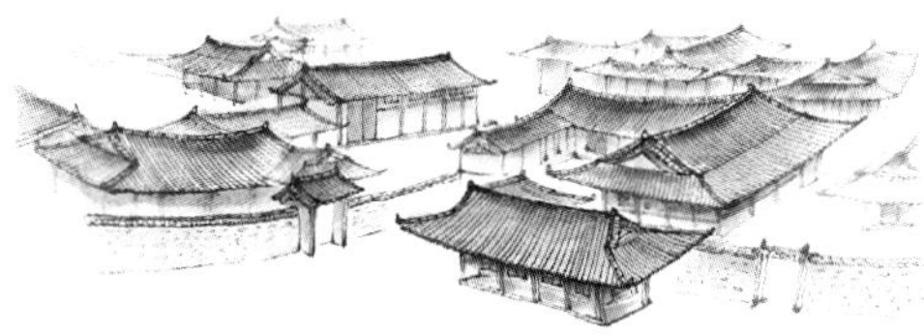

제 9 편

안전관광의 이해

제 1 장

관광산업의 안전과 위험관리

Eugene Y. ROH
(노예석)

Central Michigan University, College of Business의 Department of Marketing and Hospitality Management 교수

저자 노예석은 The Pennsylvania State University에서 박사학위(1996)를 취득하였고, 세 권의 전공관련 서적과 약 40편의 논문 및 Presentation을 국제 학술지 및 회의에서 발표하였다. 주된 전공 분야는 Franchising 및 Hospitality Real Estate Investment and Hospitality Management이며, 현재 Central Michigan University의 Tenure 교수로 재직 중이다.

roh1y@cmich.edu

최 현 식

서라벌대학교 경찰보안과 교수

2009년 용인대학교 경호학 박사
2008년~현재 서라벌대학교 경찰보안과
현) 경호경비학회 상임이사
현) 민간경비학회 이사
전) CPTED학회 학술실장
현) CPTED학회 이사
전) 경찰학회 이사

chs1235@nate.com

제 1 장

관광산업의 안전과 위험관리

Eugene Y. ROH · 최 현 식

제1절 관광산업에 있어 안전과 위험관리의 중요성

최근의 많은 사람들은 관광산업에 관련된 직업을 갖고자 한다. 관광산업과 관련된 직업은 매우 다양한 분야를 포괄하고 있으며 그 중심에는 마케팅, 인간 자원, 전략 경영 등의 융합적인 특성을 지니고 있다.[1] 이러한 관광산업의 특징 가운데서도 주목할 만한 사항은, 지난 십 년간 경영학자들은 기업경영에서 발생할 수 있는 안전, 보안, 위험관리 분야의 중요성을 인지하게 되었고, 특히 최근에 들어와서 안전과 위험관리가 미래 관광경영에 있어서도 매우 중요한 부분을 차지하게 될 것으로 예견되고 있다. 또한 미래 관광산업의 경영자 측면에서도 안전과 위험관리와 연관되는 수많은 선결과제들에 대한 해법을 찾아야 할 것이며, 그것이 곧 기업의 성공과 생존을 결정짓는 중요한 요소이기 때문이다.[2]

관광산업에 종사하는 사업주와 종업원의 관점에서는 관광시설을 이용하는 고객차원에서 안전한 환경을 부여해야 할 의무는 매우 중시되어야 한다. 만약 사고 발생 시에 그 주된 이유가 관광산업경영자의 부주의로 판명되고 또한 종사자들이 이러한 의무를 다하지 못했을 경우에는 당연히 법적인 책임을 져야 한다.[3] 특히 다른 산업에서 발생할 수 있는 응급상황과 마찬가지로, 관광업계에 종사하는 전문인 역시도 관광산업의 안전성이 위험에 노출될 경우에는 전문성을 발휘하여 철저히 안전을 위한 환경적인 대처와 위험관리가 필요한 것이다.[4]

따라서 관광분야에서의 안전과 위험관리의 개념적 고찰은 회사의 자산과 종업원 및 고객의 귀중품의 보호뿐만이 아닌 직장 내의 폭력사건과 절도, 식품 안전과 테러리즘까지도 포함하는 광역적인 개념으로 제시될 수 있다.

제2절 관광산업의 안전과 위험관리

1. 고객을 위한 관광산업 안전과 위험관리체계의 향상

영국의 보통법에 따르면, 호텔을 운영하는 호텔업자는 여행자를 위해서 고객의 잠자리 마련뿐만 아니라 그들의 안전 역시 책임을 져야 하는 의무가 있다. 그 주된 이유는, 과거의 영국 시골지방의 도로에는 강도나 도둑으로 가득 차 있었기 때문에 여행자들의 신변이 안전하지 못했기 때문이다.[5] 그로 인해 호텔업자의 잠자리 제공은 그 위험으로부터 보호의 차원에서 중요한 임무를 띠고 있었다. 현재의 호텔산업 종사자들은 여행자의 보험자로서의 역할을 맡고 있는 것은 아니지만, 그들에게 발생할 수 있는 예기치 않은 사고들에 대하여 충분히 대비해야 할 의무가 있는 것이다.

만약 호텔 매니저가 객실의 잠금장치의 고장 여부를 인지한 후에도 개선을 위한 즉각적인 조치를 취하지 않음으로 인하여, 외부인의 부적절한 접근이 허락되어 고객의 상해나 소유물의 분실 등, 불이익이 발생되었을 경우라면 누구의 책임을 묻겠는가? 다음의 예시는 위와 관련한 코니 프랜시스(Connie Francis)의 호텔 관련 안전성에 있어서 호텔에 부여되는 고객의 안전과 사전 위험환경관리의 중요성에 관련한 가장 좋은 예라고 할 수 있다.[6]

1974년 11월 8일, 미국의 대중가수 코니 프랜시스는 뉴욕 롱아일랜드에 있는 제리코 턴파이크 하왈드 존슨 호텔(Jericho Turnpike Howard Johnson's Lodge)에서 외부 침입자로부터 성폭행을 당한 사례가 있었다. 그 당시의 용의자는 여전히 체포되지 않고 있고, 이 사건이 부른 충격으로 인하여 코니 프랜시스는 그 후 수년간 활동을 하지 못했다. 그녀는 사건 이후 일 년이 지난 후에도 하왈드 존슨 호텔이 그 방의 잠금장치를 수리하지 않았음을 알게 되었고, 뿐만 아니라 그녀의 사건이 발생하기 이전에도 그 호텔에서는 열한 번의 외부인 침범사례가 있었음을 확인하게 되었다. 또한 호텔 측은 충분한 조명시설을 설치하지 않음으로써 범행의 소지를 야기하는 등의 무성의한 태도가 확인이 되었다. 이와 같은 사실을 확인한 그녀는 호텔의 안전과 위험관리에 관련한 부주의에 대해 법적 소송을 제기하였고 이백오십만 달러의 배상금과 함께 소송에서 이길 수 있었다. 이는 그 당시에 호텔관련 보상금 최고 액수를 기록하게 되었다. 이 사례는 타 호텔의 좋은 본보기로 작용하여 그들이 책임져야 하는 보안과 고객 보호 및 위험관리의 중요성에 대해 각인시킬 수 있는 계기가 되었다. 특히 산업적 차원에서의 위험관리는 미래의 자신의 안전문제와 직결되는 것으로 반드시 위험예견요소들은 점검되어야 하는 것이다.[7] 다음은 위험관리체계를 향상시키기 위한 사전조치를 제시하였다.

(1) 번호재입력 장치(Recordable Locks)

객실의 잠금장치는 손님의 안전을 위한 가장 기본적인 방어시설이다. 이 보안 체계를 강화시키기 위해서 호텔은 상당한 발전을 도모해 왔다. 최근의 잠금장치와 관련하여 가장 눈에 띄는 변화는 열쇠의 변형이다. 과거 금속열쇠를 바탕으로 한 잠금장치는 도태되었고, 현재에는 카드 형태의 열쇠를 사용하고 있다. 카드형식의 열쇠는 오늘날 거의 모든 호텔에서도 찾아볼 수 있다. 간단히 말해서, 이와 같은 장치를 사용하지 않는 것은 현시대의 호텔경향에 뒤처진다고 할 수 있겠다.

이러한 변화의 주된 이유는, 과거의 호텔관련 사고의 사례들을 바탕으로, 기존 금속열쇠의 문제점을 해결하려는 방안에서 비롯된 것이다. 예를 들면, 기존의 열쇠는 잠금장치가 설치가 된 이후에 장치의 변형이 거의 불가능함으로 인하여 같은 종류의 침입사고가 반복되어 왔기 때문에 호텔은 이에 대응하여 문제를 해결할 필요가 있었다. 호텔이 고객에 의해 객실 열쇠를 분실하였을 경우, 호텔 측은 해당 객실의 모든 잠금장치를 새로운 것으로 교체해야 하는 법적인 의무가 있다. 이로 인한 잠금장치의 전반적인 교체는 호텔 측의 경제적 손해에 상당한 부분을 차지해왔고 그 대안으로서 번호재입력 장치(Recordable Locks)가 도입되었다. 이는 쉽게 암호를 변형할 수 있는 카드열쇠(Card-based keys)를 필요로 하는 형태였고 이러한 이유로 현 시대의 많은 호텔들은 카드시설의 잠금장치를 선호하게 된 것이다.[8)]

카드의 크기는 운전면허증의 크기와 유사하고 카드에 부착된 마그네틱선에 의해 객실의 인식이 가능하다. 이와 같은 시스템의 최대의 장점은 고객의 새로운 체크 인(Check-in)마다 새로운 번호의 입력이 가능하다는 것이다. 다시 말하면, 한번 체크아웃한 고객의 경우 동일한 카드를 사용하여 같은 객실에 재입실이 불가능하다는 것이다. 이 카드열쇠의 생산비용은 장당 10센트 이하이지만 그에 상응하는 고객의 마음의 평화는 이루 말할 수 없을 것이다. 이 마그네틱 카드의 시스템은 대부분의 프랜차이즈 호텔에서 사용되고 있다. 이러한 마그네틱카드의 또 다른 장점은 같은 코드를 가진 카드의 복제 역시 가능하다는 것이다. 하나의 객실에 다수의 고객이 투숙할 때 고객 수에 의존하여 카드의 발급이 가능하다는 것이고, 이는 고객 편의의 차원에서 기존 금속열쇠의 체계보다 훨씬 진보한 것이라 할 수 있겠다. 게다가 이러한 마그네틱카드는 호텔의 부대시설의 이용에도 사용이 가능하여 고객의 편의를 도모할 수 있다. 예를 들면, 카드를 이용하여 호텔이 운영하는 피트니스클럽이나 세탁시설, 수영장의 출입을 가능하게 하고, 심지어 엘리베이터 사용에도 제한을 두어 이는 고객편의만이 아닌, 호텔 측 역시 외부인의 침입을 차단할 수 있는 좋은 장치가 될 수 있다.

카드 열쇠의 보안관련 최대의 장점은 카드를 사용한 사람의 분별이 가능하고 사용자의 입실시간 및 머무른 시간 등의 기록이 남게 된다. 호텔에 근무하는 종업원들은 그들의 작업 장소에 관련된 카드열쇠를 지급받게 되는데, 이 카드에는 종업원 각자의 고유번호가 인식되어 있어 이는 카드의 소유자를 판별할 수 있는 도구로 사용되고 있다. 이러한 장치는 종업원에 의하여 발생할 수 있는 사고에 대해서도 대처가 가능하다. 호텔의 운영자는 모든 종업원의 근무 장소 및 해당 장소의 입·출입 시간의 기록을 보관할 수 있기 때문에 이로써 고객의 입장에서는 한층 심화된 보안을 갖게 된다.

그 외에도 가장 최근에 호텔산업에 도입되고 있는 잠금장치 시설은 지문인식 시스템(Biometrics' scanning system)이다. 이것은 고객이 호텔의 체크인 시에, 그들의 엄지손가락 지문을 스캔하여 이를 키의 대용품으로 사용하는 방법으로서, 이러한 체계는 객실 및 편의 시설의 출입을 가능하게 해준다.[9] 그러나 이 지문인식시스템은 고가의 초기 설치비용을 요구하며 손님 개개인의 지문을 호텔 측에서 저장함으로써 발생할 수 있는 신분 도난(Identity theft)의 가능성, 많은 수의 투숙객이 하나의 객실에 입실할 경우 고객 개개인의 지문을 채취하는 데 있어서의 불편함이 발생하는 등 여러 가지 단점이 내재되어 있기 때문에 아직 널리 보급되고 있지 못한 실정이다.

(2) 감시 장치(Surveillance System)

대부분의 대규모 호텔은 보안 부서를 개별적으로 운영하고 있는데 이로 인한 호텔 운영자 측의 재정부담은 상당히 크다. 그리하여 최근의 호텔은 감시, 경보장치와 인력을 합병한 보안 경영을 도모하고 있다.

실내경보장치와 감시 장치 등의 주된 효과는 호텔 내에서 행해질 수 있는 범죄행위와 도난사고를 방지하는 데 주된 역할을 한다. 감시 장치의 대표적인 예로, 감시카메라의 역할은 호텔 산업에 있어서 큰 비중을 차지한다. 이는 재정적인 부분에 있어서 수십 명의 인력을 대신할 수 있기 때문에 유지비는 초기 설치비용을 뛰어넘을 만큼의 경제적인 비용을 절감할 수 있게 해준다. 이러한 감시 장치는 인력을 고용할 시에 발생할 수 있는 여러 가지 문제점 및 비용에 관하여도 부분적인 해결 방안이 될 수 있다. 고용인의 보험, 휴가, 퇴직으로 인한 비용 절감이 가능한 것이 하나의 예라고 할 수 있겠다.

Closed-circuit-television(CCTV)의 경우에는 출입구가 많은 큰 호텔에서 보다 유용하게 사용되고 있다. CCTV의 사용의 최대의 이점은 모든 출입구와 사고 다발 지역에 설치가 가능하여 같은 보안 체계를 인력으로 대신할 때와 비교하여 볼 때 경제적 비용 절감이 가능하다는 것이다. 이러한 기계의 또 다른 장점은 CCTV의 여러 가지 발달된 기능의 사용으로 인한 범죄의 예방 및 대응이 보다 정확할 수 있다는 것이다.[10] 만일 의심할 만한 상황이 카메라에 포착된다면 이를 확대하여 관찰이 가능하고, 카메라의 각도를 조절하여 여러 방면의 촬영 역시도 가능하기 때문에 보다 세부적인 상황 파악을 할 수 있다. 보안상의 사고 발생 시에 이러한 기록들은 증거자료로 제시가 가능하며 이로 인해 사고 후의 대책마련에 유용하다. 일부 CCTV의 경우에는 모조제품(Dummy Camera)을 사용하기도 하는데, 이러한 기계는 실제로 작동하지는 않지만 시각적인 효과를 발휘하여 고객에게 심리적인 효과를 제공하며 범죄를 일으킬 수 있는 소지를 미연에 방지할 수 있는 수단이 된다. 이러한 여러 가지 이점이 있는 CCTV의 설치 전에는 CCTV로 인한 개인 사생활의 노출에 대한 논란이 야기될 수 있기 때문에 법률 전문가의 의견을 묻는 것이 현명하다. 호텔에서는 보안을 위해 CCTV 외 제3의 방법으로 방범순찰대를 고용하거나 경고문구 등을 부착함으로써 부가적인 효과를 노리기도 한다.[11]

2. 공공장소에서의 안전과 위험관리

관광경영자는 호텔에 속한 수영장과 주차장, 계단 등의 공공장소에도 관심을 가질 필요가 있다. 이러한 장소의 경우에는 대부분 인적이 드물기 때문에 비용절감의 차원에서 호텔 측은 충분한 조명 시설의 사용을 제공하지 않는 경우가 있는데 이는 아직까지도 호텔을 운영하는 경영자 입장에서는 손님의 안전과 관련된 비용은 호텔 측이 부담해야 하는 부가적인 지출이라고 간주하고 있기 때문이다. 하지만 작은 비용의 절감을 위한 이러한 방법은 훗날 더 큰 손해를 불러 오는 소지가 될 수 있다는 걸 명심해야 한다. 호텔 운영에 있어서 손님의 안전에 관한 시설들은 항시 강화해야 하며 비효율적인 부분과 잠재적인 위험의 노출에 있어서는 수정을 게을리 해서는 안 된다. 호텔 운영에 있어서 반드시 주의해야 할 부분은 호텔관련 규정 법을 준수해야 한다는 것이다. 아래의 예문은 이와 같은 법을 따르는 것에 대한 중요성을 잘 보여주는 예시라 하겠다.

1971년 6월, 워싱턴 D.C.에서 토마스 훅스(Thomas Hooks, 18)는 그의 부모와 함께 쉐라톤 파크 호텔(Sheraton Park Hotel)에 묵게 되었다. 그곳에서 토마스는 호텔 내의 수영장을 이용하였는데 다이빙 보드를 사용하던 그는 머리를 수영장 바닥에 충돌하게 되었고 이 사고로 인하여 목 이하의 영구적인 사지마비환자(Quadriplegic)가 되었다. 그가 이용하였던 다이빙 보드는 듀러플렉스(Duraflex)라 불리는 알루미늄 제조품으로 이는 기존의 나무 재질의 다이빙 보드보다 탄성이 강화된 것으로서, 이러한 알루미늄 제품의 다이빙 보드의 사용을 위해서는 법으로 일정 깊이의 수심이 요구되었다. 그의 부모님은 쉐라톤 호텔 수영장의 수심이 알루미늄 보드의 사용을 위한 수심의 깊이에 미치지 못하다는 것을 알게 되었고 이는 Washington District of Columbia의 규정을 위반한 것으로 판명되었다. 토마스의 부모는 쉐라톤 호텔과 호텔의 모회사인 ITT를 상대로 소송을 걸었고, 배심원은 호텔 측과 ITT에게 사고 당자사인 토마스와 그 부모에게 각각 600만 달러와 100만 달러를 지불하도록 결정하였다. 이 소송으로 인해 미국 전역의 호텔들은 고객에게 발생할 수 있는 모든 잠재적인 위험에 대해 다시 한번 고려하게 되었고, 이 특별한 사례는 미국 내의 모든 호텔 수영장에서 다이빙 보드를 제거하게 만드는 커다란 계기가 되었다. 이 예를 통해 볼 수 있듯이 호텔 운영에 있어서 정해진 법과 규정을 정확하게 준수하는 것은 아주 중요한 일이다.[12)]

3. 음식 · 건강관련 안전과 위험관리

음식과 건강, 그리고 위생은 프랜차이즈 음식점을 운영함에 있어서 그 품질관리와 일관성을 유지하는 수단으로서 매우 중요하다. 음식과 건강에 관련된 것의 중요성은 특히 프랜차이즈 운영체계에 있어서 커다란 비중을 차지하는데, 이는 어느 한 프랜차이즈 매장의 실수가 기업 전체의 이미지와 경제적인 손실을 가져다 줄 수 있기 때문이다. 이러한 중요성 때문에 기업에서는 비단 의료법에 의존하는 것에 만족하지 않고, 음식과 음료를 직접 접하는 종업원에 대해서는 기업 자체 내에서 철저한 위생관리와 건강검진을 행하여야 한다. 특히 한국의 음식 소비자들은 건강 문제와 직접적인 연관이 있는 식품의 출처와 음식의 조리법 등을 검열하는 데 있어서 매우 철저하다. 그러한 이유로, 음식에 관한 위생은 한국 식당문화에 있어서 지속적으로 중요한 역할을 할 것이다. 아래의 예문은 음식의 위생과 안전에 있어서의 중요성을 보여주고 있다.

1993년 1월 13일, 워싱턴 보건국(Washington Department of Health, WDOH)은 시애틀과 그 주변의 병원으로부터 E. Coli 박테리아에 감염되었을 경우와 비슷한 증상을 보이는 Hemolytic Uremic Syndrome(HUS)에 감염된 어린이 집단이 응급실에 접수되었다는 사실을 통보받게 되었다. 보건당국은 HUS에 감염된 어린이들의 숫자가 시간이 흐를수록 증가하고 있다는 것을 알게 되었고, 이러한 어린이들은 피가 많이 섞인 설사를 하는 증상을 보였다. 보건당국은 해당 증상을 보이는 환자들의 부모와의 인터뷰를 통해서 그들의 하루 전 식사가 Jack in the box에서 이루어졌다는 사실을 알게 되었다. 보건국은 총 73개의 Jack in the box 매장에서 판매된 햄버거가 HUS 증상의 원인을 제공하였다는 것을 확인하였고, 이 매장들은 San Diego의 Jack in the box 본사로부터 요구되었던 적정 조리법을 따르지 않았기 때문에 발생하였다. 이 매장들은 햄버거에 사용되는 고기의 질이 딱딱해지는 것을 줄이기 위해서 155°F보다 낮은 온도에서 조리하였기 때문에 박테리아의 살균이 이루어지지 않았다. 특히 증세가 심한 환자들의 대부분은 어린 아이들부터 청소년들의 나이대가 많았고, 그중에 네 명은 사망하였다. 이 사고로 인하여 Jack in the box는 사고가 난 이후 18개월 동안 160만 달러의 손실을 보았을 뿐만 아니라 손님과 주주로부터 수백 건의 소송을 당하게 되었다. 결국 이러한 모든 집단소송들은 500억 달러로 합의가 되었고 이 소송은 음식과 관련된 가장 커다란 사건 중 하나였다.

4. 관광산업의 외부위험 및 내부위험관리

(1) 외부위험

관광산업에 있어서의 잠재적인 위험 요소는 외부 및 내부 요소 둘 다를 포함하고 있다. 외부적인 위험요소 중 우리가 주시해야 할 부분은 자연재해와 천재지변, 테러리즘과 같은 예측이 불가능하고 미연에 방지가 어려운 것들이라 할 수 있다. 이러한 국가 간이나 지역 차에서 오는 갈등과 테러리즘 외에 장기간의 천재지변 등, 이 모든 것들은 관광산업에 역효과를 가져다준다. 비록 이러한 외부에서 오는 위협이 직접적으로 미치는 시간은 짧을 수 있지만 이로 인한 관광산업의 손해는 막대하다.

북미 지역에서 자주 발생하고 있는 캘리포니아의 지진 및 산불, 플로리다와 걸프코스트(Gulf Coast)의 허리케인, 캔자스(Kansas)의 토네이도 등의 자연재해 등은 관광산업의 대표적인 외부위험 요소라 할 수 있다. 이러한 지역과 관련된 관광산업 종사자는 사고 발생 시에 고객과 종업원을 사고 현장으로부터 안전하게 피난시킬 수 있는 철저한 훈련이 필요하다.

관광산업과 연관된 또 다른 외부위험 요소는 테러리즘이다. 근래에는 테러리즘이 부르는 안전 여부에 관련된 여행자들의 걱정 수위가 높아지고 있다.[13] 테러리즘이라는 것은 정치적인 목적을 달성하기 위해서 체계적으로 폭력을 행사하는 것을 말한다. 인도네시아 발리에서 일어난 테러사건과 영국 런던, 그리고 최근의 인도 뭄바이(Mumbai) 및 다른 여러 도시의 호텔에서 일어난 테러리즘의 예에서 볼 수 있듯이 이러한 테러사건으로 인하여 여행자들은 신변의 안전에 대한 걱정이 과거에 비하여 급증하게 되었다. 여행자들은 과거보다 테러리즘이 발생할 확률이 많아졌다고 느끼는 탓에 여행에 대한 두려움이 증가하게 된 것이다. 그로 인해서 여행자들은 계획했던 여행을 취소한다거나 목적지를 보다 안전한 곳으로 바꾸는 형태를 보이고 있다.

(2) 내부위험

내부위험 요소에는 호텔 종업원에 의해 문제가 야기되는 경우, 호텔 시설로부터 문제가 야기되는 경우 등이 해당하는데 이러한 위험에 대한 대처방법으로는 외부요소로부터 받을 수 있는 위험 요소의 경우보다 사고 발생 이전에 예방이 더욱 가능하다. 호텔 운영자는 직원 고용 시에 그들의 범죄사실 등이 기록된 신분 확인절차를 갖는 것이 종업원에 의해 발생할 수 있는 문제를 예방하는 것에 대한 좋은 예라고 할 수 있겠다. 호텔 내부로부터 발생할 수 있는 또 다른 위험요소는 수영장 및 공공장소 혹은 호텔 내부 수리 시에 발생할 수 있는 안전에 관련한 것이다. 미끄러운 바닥에 의해 발생할 수 있는 수영장 등에 관련한 사고와 호텔 내부 수리 시에 필요한 위험한 기계와 물질들이 고객과 종업원의 손이 닿지 않는 안전한 곳에 배치하는 등의 조치는 호텔 측의 의도하에 예방되어야 한다.

제3절 숙박산업분야의 안전과 위험관리

1. 숙박산업의 안전과 위험관리의 중요성

여행자들은 여행지에서 아무 걱정 없이 편안하게 즐길 수 있도록 기대한다. 따라서 안전과 위험관리는 관광산업 가운데서도 특히 숙박산업에서는 가장 중요한 이슈가 되고 있다. 전 세계적으로 광범위하게 일어나는 테러, 자연재해, 전염병, 그리고 범죄들이 건전한 숙박산업운영에 있어 안전 및 위험관리 문제가 가장 민감하게 반응하며 경영 전반에 우려를 불러일으키고 있다. 최근에 숙박산업분야의 위험관리 문제는 정치 및 경제 문제로까지 확대되었다.

2001년 9 · 11테러 이후 미국 의회는 미국 애국법을 통과시켰다. 이 애국법은 미국에 입국하려는 비자 신청자들에게 지문 및 사진과 생체측정 절차를 위한 직접 면담을 시행하고 있다. 최근에 트럼프 대통령의 미 행정부는 서명을 통해 미국의 안전과 위험관리를 유지하겠다고 선언했다. 그러나 극단적인 신원조회는 사람들로 하여금 관광과 여행에 대해 고민하게 만들었고, 숙박산업운영자들에 의해 비난받게 되었다. 이러한 현실은 앞으로도 여행 수요 전반에 어두운 그림자를 드리우고 있으며 잠재적인 수익 창출 기회를 좌절시키고 있다. 강화된 미국 여행의 위험관리과정은 점점 더 복잡해지고 번거로워져서 숙박이용에 상당히 많은 시간이 소요된다. 여행과 숙박산업에 대한 부정적인 영향에 따른 경제적인 피해는 엄청나다. 미국 상무부 자료에 따르면 세계 숙박산업의 수입은 미국의 숙박산업 수입보다 훨씬 증가되었다.

일반적으로 넓은 의미에서, 환대와 관광 산업은 자연 재해, 건강, 테러, 그리고 다양한 범죄 행위와 관련된 주요한 위험 요소들에 대해 우려하고 있다. 이 장에서는 테러리즘과 다른 범죄 및 숙박 시설에 미치는 영향과 관련된 안전과 위험관리의 개념을 다룬다. 테러와 관련된 범죄를 예방(방지)하기 위한 효과적인 훈련방법이 논의되고 있다. 위험관리 및 안전사고를 예방하고 완화하기 위해 수많은 기술문제가 제기되고 있다.

2. 왜 숙박시설들은 테러 대상이 되는가?

일반적으로 숙박시설은 매우 안전하며 다양한 계층의 모든 사람들을 환영한다. 그러나 2001년 9월 11일 테러 이후 테러리스트는 전 세계의 숙박시설에 대한 공격은 계속해서 확산되고 있다. 강화된 위험관리 대책에도 불구하고 테러리스트들은 전 세계의 수많은 숙박시설들을 공격하는데 성공할 수 있었다. 숙박시설은 사업 성격상 위험관리조치가 부족하여 테러에 매우 취약하다. 특히, 서구의 명품 브랜드 숙박시설은 테러의 대상이 된다. 이 숙박시설들이 왜 테러의 대상이 되는지에 대한 의문이 제기되고 있다.

그 이유를 설명하면 다음과 같다. 첫째, 숙박시설은 여러 곳의 입구와 출구가 다양한 공공 장소와 개방형 환경을 갖추고 있다. 둘째, 숙박시설은 제한이 적고 최소 체크리스트 과정을 통해 쉽게 접근할 수 있다. 이를 통해 숙박시설 투숙객, 방문객 및 직원, 상인 및 납품업자를 포함하는 지속적인 트래픽 흐름이 허용된다. 셋째, 테러리스트는 숙박시설의 구조적인 지도를 쉽게 구할 수 있기 때문에 숙박시설을 공격할 수 있는 정확한 계획을 세울 수 있다. 숙박시설 사진 및 파노라마 비디오 클립은 일반인에게 쉽게 제공된다. 넷째, 더 중요한 것은 테러리스트의 관점에서 볼 때, 국제 언론매체로부터 테러리스트들의 행동이 여과없이 전 세계인들에게 전달되어 공포를 자아낼 수 있도록 홍보할 수 있을 것이다.

2001년 9 · 11테러 이후 국제적인 숙박시설이 테러리스트의 목표가 된 사건이 12건 이상이나 된다. 테러리스트와 무정부주의자들에 의해 저질러진 대부분의 범죄들은 훨씬 더 잔인하고 심각하게 되었다. 인도 뭄바이에서 가장 흉폭한 테러 공격으로 인해 타지마할과 오베로이 숙박시설에서 많은 사상자가 났다. 이 테러는 숙박시설의 취약성을 보여주는 단편적인 예이다. 테러라는 비극적 사건이 다시 발생하지 않도록 숙박시설들은 모든 위험관리 조치를 강화하여 비극적인 사건들을 예방할 필요성이 강조된다.

3. 숙박시설 테러리즘에 관한 숙박시설경영자의 책임

영국의 일반적인 보통법에 기초하면, 숙박시설경영자들은 손님과 소지품을 다른 사람이 제기한 임박한 위협으로부터 보호하기 위해 법적 · 도덕적으로 책임감이 있다. 그러나 흥미롭게도 숙박시설들은 투숙객들의 안전을 보장하기 위해 완벽하게 관리하지 않기 때문에 숙박시설의 투숙객과 직원을 위해 적절한 주의를 기울여야 한다. 숙박시설 투숙객들의 안전에 관해 책임감을 지니고 있어야 하면, 또한 숙박시설은 투숙객들을 보호하기 위해 다양한 역할을 해야 한다. 관광경영자의 권리와 책무에 관한 법률은 각 주마다 다르지만, 숙박시설은 객실 내에서 투숙객의 안전을 위해 관리 부재가 없는 경우 숙박시설에서 발생하는 손실이나 상해에 대해 숙박시설이 전부 또는 부분적으로 손해배상이나 책임을 진다. 현재, 많은 숙박시설들이 반복되는 경고들을 이해하지 못하고 있거나, 또 다른 불특정 다수의 테러 공격의 위험을 파악하지 못하고 있다. 이 실례를 보면 숙박시설과 자산 관리 회사들은 고객들의 위험관리와 안전 과실에 대한 책임이 갈수록 점점 더 커지는 추세를 보이고 있다. 공공장소에서 위험관리가 강화되었다면, 잠재적인 테러는 대부분 예방되었을 것이다.

4. 숙박시설의 내부범죄 및 위험관리

일반적으로 숙박시설 투숙객들은 투숙하는 동안 안심하고 안전한 환경을 유지할 것으로 기대하고 있다. 그러나 개인과 집단차원에서 숙박시설 투숙객에 대한 다양한 종류의 범죄가 증가하고 있다. 과거에는, 절도와 강도 사건이 숙박시설 범죄의 대부분을 차지하였지만, 최근에는 신분도용과 금융 사기가 크게 증가하고 있다. 일부 범죄가 숙박시설 직원들에 의해 저질러지기 때문에 범죄 행위를 저지르기 쉬운 직원들을 가려내기 위해 탐정을 고용하여 신원조회와 조사를 실시하여 범죄 행위를 범할 수 있는 사람들을 가려낼 필요가 있을 것이다. 여행자들은 새로운 위험 요소에 대해 항상 의식하고 있으며 안전하지 않은 곳에서 신용카드를 사용하는 것이 불안하다. 따라서 여행자들의 안전한 지대는 감소하고 있고 불안감과 의심은 숙박시설에서 증가하고 있다.

숙박시설을 안심하고 안전하게 유지하는 방법은 다음과 같다.

첫째, 모든 위험 요소에 대한 예측이 불가능하고 완전히 피할 수 없는 경우, 향상된 위험관리 기술과 예방조치를 통해 완화할 수 있다. 둘째, 과거 사건 패턴들의 속성을 검토하여 개선해야 할 영역을 파악하는 것이 중요하다. 셋째, 위험관리 시스템의 비용은 전체 위험관리 프로그램을 적용하는 데 중요한 고려 사항이 되어야 한다. 넷째, 그럼에도 불구하고 숙박시설들은 안전과 위험관리 표준을 완전히 충족시키기 위해 지방과 국가 정부가 규정한 규칙과 법규를 준수해야 한다.

5. 위험관리시스템의 정기검사

일반적으로 테러 및 일반 범죄에 적용될 수 있는 효과적인 방법은 위험관리시스템의 정기검사를 들 수 있다. 숙박시설의 정기적인 안전 및 위험관리 검사가 강력하게 제안된다. 일부 숙박시설들은 자체 위험관리 요원을 활용하는 반면, 다른 숙박시설들은 포괄적인 분석을 위해 전문적인 위험관리업체 및 주정부 차원의 위험관리 서비스에만 의존하고 있다. 숙박시설 위험관리 시스템이 다양하고 복잡하기 때문에 많은 숙박시설은 완벽한 숙박시설 서비스를 위한 물리적 위험관리 시스템의 설계, 선택 그리고 설치를 설계하기 위해 독립적인 컨설턴트를 고용하는 것을 선호한다. 위험관리 컨설턴트 중 상당수는 많은 숙박시설 운영자들이 내부적으로 제공할 수 없는 자원, 우수한 교육, 감독 및 자원에 대한 품질의 우수성을 인정받고 있다. 그러나 150개 이하의 객실이 있는 작은 숙박시설은 주변에서 일어나거나 일어날 수 있는 사건을 기반으로 잠재적 위험을 식별하기 위해 자체 자원이나 장비를 활용할 수 있다. 숙박업체에는 시설과 손님들을 보호하기 위한 다양한 장치와 장비들이 있다. 따라서 물리적 위험관리시스템 구성요소 및 액세스 제어 시스템에 대한 정기점검이 필요하다. 여기에는 조명, 화재 및 경보 시스템, 카드 키, 잠금장치, 금고 및 생체 인식 시스템은 물론 숙박시설 내의 CCTV시스템 등이 포함되어 있지만, CCTV 시스템을 모니터링할 뿐만 아니라, 카메라 또는 비디오 감시 시스템, 기록 및 저장하는 CCTV 시스템을 갖추고(포함되고) 있다. 지역 경찰의 유용성 외에도 많은 숙박시설들은 고객과 소지품을 보호하기 위해 위험관리요원들을 고용하고 있다. 숙박시설 내에 고용된 위험관리요원들은 공공장소 및 시설에서의 범죄예방에 도움이 될 것이다. 위험관리 기술의 사용은 잠재적인 범죄를 예방할 수 있다. 위험관리 기술은 기본적인 위험관리 조치를 업그레이드하는 데 큰 도움이 된다. 녹화 시스템을 갖춘 폐쇄회로 TV(CCTV) 카메라는 많은 사람들이 이용하는 공공장소를 확보하는 데 필수적이다. 카메라 이미지에 의한 활성화 또한 능동적인 모니터링과 충분한 조명이 잠재적인 범죄의 기회를 현저히 감소시킬 수 있다. 어두운 경우 손님을 보호하는 호위임무를 제공함으로써 다른 유형의 범죄의 위험을 최소화할 수 있다.

6. 대응방안

(1) 직원 교육

테러리즘이나 다른 유형의 범죄와 관련하여 피해를 회복하는 것이 아니라 오히려 예방에 집중해야 한다. 주요 접근 지점에서 위험관리요원은 방해받지 않는 상태에서 소유물이 없는 의심스러운 개개인을 대상으로 하여 식별할 수 있어야 한다. 숙박시설은 위험관리 직원뿐 아니라 숙박시설에 종사하는 모든 직원에게 정기적인 교육을 통해 잠재적인 공격, 자연 재해 또는 기타 범죄가 발생할 경우나 긴박한 경우에 대비할 수 있어야 한다. 숙박시설 직원들은 위험하거나 위험할 수도 있는 상황을 보고하도록 권장해야 한다. 잠재적이거나 실제적인 위험을 적절하게 식별하고 대응할 수 있도록 훈련된 직원은 모든 숙박시설에서 가장 우수하고 이는 비용대비 효율적인 위험관리 기법이다. 숙박시설 종업원들은 숙박시설 손님과 재산을 위협할 수 있는 비정상적인 활동에 대한 인식이 높으면 즉시 위험관리요원에게 보고할 필요가 있다. 메리어트 숙박시설은 다양한 색상의 "See Something? Say Something!"이라는 제목으로 여러 가지 색상의 위험관리 인식 인쇄물을 제작하고 있다. 직무 내용에 관계없이 모든 직원들은 여느 때와 마찬가지로 조심스러운 행동을 취할 것을 권고받는다. 또한, 숙박시설의 파손된 자물쇠와 객실, 무기의 존재 유무, 객실 내에서 발견되는 각종 의심스러운 물건들, 그리고 객실에서 발견되는 의심스러운 물건들을 신고할 필요가 있다.

(2) 새로운 기술 및 고객 안전과 위험관리

위험관리기술의 적용으로 잠재적인 범죄를 예방할 수 있다. 숙박사업은 시설에 위험관리를 추가하여 최신기술을 유지하려고 노력한다. 대부분의 숙박시설은 이제 손님의 편의를 위해 Wi-Fi를 제공하지만 대부분의 숙박시설에서 타사 제공업체를 활용하기 때문에 다소 큰 위험이 발생한다. 사실, 해당 시스템은 적절한 온라인 안전 프로토콜을 보장하기 위해 반드시 정확하게 검사되지는 않는다. 해커들이 고객의 개인 정보와 신용카드 정보에 접근할 수 있는 방법은 네트워크에 몇 가지 약점이 있기 때문이다.[14] 따라서 이 기술은 범죄자가 숙박시설을 대상으로 악용할 수 있다. 고객들이 안전하게 보안을 유지하기 위해 숙박시설업계에서 첨단기술의 필요성이 대두되고 있다.

(3) 객실까지 열쇠 없이 숙박시설에 입장

Starwoo는 이미 고객의 휴대폰과 W숙박시설에서 고객의 휴대전화로 이 열쇠가 없는 형태의 숙박시설 객실을 소개했다. Hilton 숙박시설은 2015년에 이 형태의 객실 열쇠를 숙박시설 체인에 가져갈 것이라고 발표했다. 기존 숙박시설 방 열쇠 또는 키 카드는 미래 숙박시설에 새로운 기술로 대체될 것이다. 투숙객들은 그들의 방에 들어갈 수 있도록 스마트 폰을 사용할 수 있을 것이다.

(4) 무선주파수(RFID) 식별

이 기술은 잠시 동안 주변에 있었지만, 숙박시설 업계에서의 출현은 다른 산업보다 성숙하지 않았다. 많은 숙박시설과 리조트가 손님 서비스와 안전을 개선하기 위해 이 기술을 활용하기 시작했다. RFID를 사용하면 게스트들은 스파, 비즈니스 센터, 헬스 클럽 등과 같은 제한된 게스트 서비스에 액세스할 수 있도록 쉽게 식별할 수 있다. 많은 숙박시설들은 이미 도어록에 타입의 시스템을 사용하고 있지만, 라운지나 레스토랑과 같은 다양한 판매점들에 응용 프로그램을 쉽게 확장시킬 수 있다. 서비스를 통해 숙박시설 직원들은 향상된 고객 경험을 바탕으로 고급 서비스를 제공할 수 있다. 월트 디즈니 월드 숙박시설(Walt Disney World Hotel)은 RFID 기술이 내장된 유연한 팔찌인 MagicBands를 채택하여 고객이 현금을 수납할 필요없이 쉽고 빠르게 물품을 구입할 수 있게 해준다.

제4절 관광산업의 안전과 위험관리의 미래

1. 관광산업안전의 방향성

관광산업에 종사하는 모든 사람들은 고객과 종업원, 기업의 자산에서 안전이 최우선이 되어야 한다. 그들은 기업의 이익산출을 위한 노력뿐만이 아닌 손님의 안전과 연관된 사항에 대하여 충분한 고찰을 필요로 한다. 그렇기 때문에 관광산업에 있어서 위험관리의 중요성은 보다 많은 관심을 받고 있다. 현 시대에 관광산업과 관련된 직업 종사자들은 발생 가능한 위험 요소들에 대해 보다 즉각적이고 효율적인 대처 능력이 필요하다. 관광산업 운영자의 불완전하며 체계적이지 못한 대처방안은 무고한 생명을 앗아갈 수 있을 뿐만 아니라 기업의 커다란 손실 역시 초래할 수 있다. 이러한 사고가 부를 수 있는 손해를 최소화하기 위하여 경영자는 사고 발생 시에 일어날 수 있는 모든 문제점에 대해 정확하고 세부적으로 분석해야 하며, 이를 실현 가능할 수 있도록 미연에 준비하는 것이 중요하다.

사고의 발생을 줄일 수 있는 가장 확실한 방법은 발생 가능성이 있는 문제의 각 사례마다 근본적인 해결책을 사전에 제시하는 것이다.[15] 이는 문서로서 작성이 되어야 하며 관광산업과 관련된 종업원이라면 누구라도 미리 숙지하도록 하여 그들 자신과 고객을 보다 안전하게 보호하는 데 지침서가 될 수 있도록 해야 한다. 이러한 문서들은 어떠한 사고가 발생한 이후에 법적 대응이 필요할 경우 제출이 가능하여 그들이 수행하고 있는 안전사고에 대비한 기업의 노력을 보여줄 수 있는 좋은 자료가 될 수 있다. 안전을 위한 훈련은 모든 종업원을 대상으로 지속적으로 행해져야 하며 새로운 방법이 제시될 때마다 새로운 문제에 대처할 수 있도록 개정이 요구된다. 또한 관광 산업의 책임자는 시설에 종사하고 있는 모든 종업원들의 원활한 의사소통을 위한 충분한 훈련의 장을 마련해야 한다. 이렇게 모색된 방안들은 현실적으로 이행 가능한 것이어야 하며, 모든 이가 이해하기 쉽도록 구성되어야 하고, 사고가 일어난 후의 수습의 차원이 아닌 사고 전에 미리 대처할 수 있는 체계가 구축되어야 한다는 방향성의 전제가 필요하다.

2. 관광산업 위험관리의 미래

현대관광산업에 있어 고객에게 가장 우선시되어야 하는 것은 행복감을 느끼게 하고 편안한 분위기를 연출하는 것이다. 그러나 향후 미래의 관광산업에 있어서는 어쩌면 여행객들이 숙박시설을 선택할 때 안전과 위험관리가 가장 중요한 선택속성이 될 수 있으므로 공급적인 관점에서 관광산업 담당자는 이러한 점을 충분히 고려하여야 할 것이다. 따라서 관광산업의 핵심요소인 숙박시설의 경우 손님과 직원, 방문객 및 계약자를 보호하고 재산과 관련된 모든 물리적 구조를 보호해야 한다. 숙박시설 관리자는 고객의 안전과 위험관리를 보장하기 위해 고객의 기대치를 충족시키는 것이 가장 중요하다. 숙박시설들은 고객들의 안전을 보장하기 위해 주요 재난과 범죄로부터 고객들을 보호해야 한다. 그러한 이유로, 숙박시설 서비스 산업은 지속적인 직원 훈련, 업그레이드된 설비, 최신 기술을 요구하고 있다. 모든 숙박시설은 다양한 위험을 수반한다. 숙박시설의 명성과 성공은 또한 위험을 극복하고 손님들에게 안락함과 안전을 제공할 수 있는 능력에 의존한다. 또한 안심하고 안전한 환경을 제공하지 않을 경우 숙박시설의 명성이 훼손될 수 있으므로 심각한 재정적 손실을 초래할 수 있다. 이에 가장 기본적이고 중요한 단계로서 숙박시설은 모든 직원이 잠재된 사건이나 실제 일어날 수 있는 사건에 대처하고 적절히 대응할 수 있도록 최대한 많은 직원에게 위험관리 훈련을 제공해야 하는 것이다. 특히 숙박시설 소유주와 운영자는 시설에 일어날 수 있는 가능성과 잠재적 위험성을 미리 파악해야 한다. 이는 내부 위험관리 부서 또는 외부 위험관리 컨설턴트를 통한 내부적인 검토를 통해 이루어질 수 있다. 통합된 위험관리 프로그램은 숙박시설의 자산을 최대한 보호하기 위해 설계될 수 있다. 이것은 결국 안전과 위험관리를 강화하면 숙박시설의 고객 만족도를 높일 수 있는 것이다.

궁극적으로 위험관리는 관광산업에서 발생할 수 있는 잠재적인 위험에 대한 사전의 대안이 경영자로 하여금 문제의 발생 시에 보다 효율적으로 대처할 수 있는 혁신적이고 창조적인 생각을 낳을 수 있는 계기가 된다는 점을 중시해야 한다. 이러한 위기를 슬기롭게 대처할 수 있는 발판을 마련하기 위하여 관광산업에 기여한 기업인들은 고객과 종업원, 그리고 기업자산의 안전한 경영을 위해 전반적이고 전문적인 안전과 위험에 관한 객관적인 평가를 해야 할 것이다. 아울러 이러한 정확한 평가가 이루어진 후에는 보다 체계적이고 합리적인 기업의 발전을 위해 기업의 위험관리와 안전에 관한 노력도 동시에 모색되어야 할 것이다.

참고문헌

1) Lundberg, D. E.(1994). *Hotel and Restaurant Business*. New York: Van Nostrand Reinhold.

2) 박병일(2017). 제도이론과 다국적기업의 현지국 사회안전망에 대한 기여: 기업적 관점에서,『國際經營研究』, 28(1), 13-32.

3) Cournoyer, N. and Marshall, A.(1998). *Hotel, Restaurant and Travel Law*. New York: Delmar, Albany.

4) National IT Industry Promotion Agency(2016), "SW safety public development guide", National IT Industry Promotion Agency.

5) Hayes D., and Ninemeier, J.(2004). *Hotel Operations Management*. NJ: Pearson, Prentice Hall.

6) 김태일(2014). 한국관광안전인식에 따른 국가이미지, 태도 및 행동의도에 관한 연구: 방한일본 중국관광객을 중심으로. 한양대학교 대학원 석사학위논문, 9-10.

7) S. W. Lim.(2017). Risk Analysis and Software Requirement Analysis for Software Functional Safety and a Case Study on Echo Sounder, MS. Korea Maritime & Ocean. Busan University.

8) Adams, B.(2003). Lock industry evolves, diversifies as market narrows, *Hotel and Motel Management*. Duluth: 218(11): 46.

9) Wright, A.(2009). Thwarting Lawsuits-One Fingerprint at a Time, HRMagazine. Alexandria: p.57

10) Liu, M.(2009). *The Empty-Nest Syndrome*. New York: Newsweek, 153(13).

11) 백종배 · 고재욱(2009). 안전문화측정 전산화 프로그램 개발, 에너지공학논문집, 18(1): 63-68.

12) Cournoyer, N. and Marshall, A.(1998). *Hotel, Restaurant and Travel Law*. New York: Delmar, Albany.

13) Atkins, B., Chew,J., Gschwind, D., Parker, A.(2003). The impact of terrorism on tourism and hospitality business: An online debate by experts in the field. *Tourism and Hospitality Research*. 4(3): 262-267.

14) T. H. Park, T. H. Kim, and H. S. Jin(2016). A Study on the system of Ensuring SW Safety for a SW Oriented Society - Focus on testing, Evaluation, Certification: Software Policy & Research Institute.

15) Hall, R.(2006). Detecting Early Signs of Trouble. *Security Management*. 50(11): 50-52.

제 2 장

다크투어리즘(Dark Tourism)

서철현

대구대학교 호텔관광학과 교수

대구대학교 대학원 관광경영학과 졸업(경영학박사)
대구대학교 호텔관광학과 교수, 관광축제연구소 소장
『관광사업론』 등 다수의 저서와 "지역축제 브랜드자산 구성요인들의 구조적 관계에 관한 연구(2010)" 등 다수의 논문이 있음

tour@daegu.ac.kr

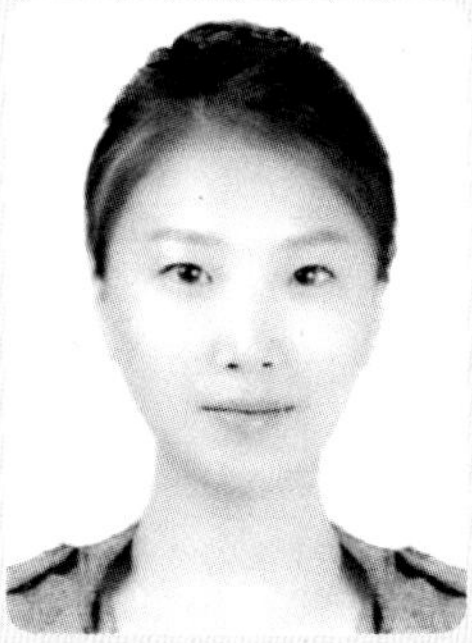

김보미

대구대학교 외래교수(현 관광축제연구소 연구원)

대구대학교 대학원 관광경영학과 졸업(관광경영학박사)
대구대학교/경북대학교 외래교수, 관광축제연구소 연구원,
(주)설렘여행사 이사
"감성어휘를 활용한 농촌관광이미지 측정척도 개발(2015)" 등 다수의 논문이 있음

kbm83@hanmail.net

제 2 장

다크투어리즘(Dark Tourism)

서 철 현 · 김 보 미

제1절 다크투어리즘의 개념과 유형

1. 다크투어리즘의 개념과 범위

다크투어리즘(Dark Tourism)이란 휴양과 관광을 위한 일반 여행과 다르게 전쟁 · 학살 등 비극적 역사의 현장이나 엄청난 재난과 재해가 일어났던 곳을 돌아보며 교훈을 얻기 위하여 떠나는 여행을 일컫는 말이다.[1]

다크투어리즘이라는 용어는 1996년 〈International Journal of Heritage Studies〉라는 잡지의 특별호에서 처음 사용되었고,[2] 2000년 영국 스코틀랜드에 있는 글래스고 캘리도니언 대학(Glasgow Caledonian University)의 말콤 폴리(Malcolm Foley)와 존 레논(John Lennon) 교수가 함께 지은 〈Dark Tourism〉이라는 책이 출간되면서 널리 쓰이게 되었다.[3]

다크투어리즘의 사전적 정의는 죽음과 고통 관련 장소를 여행하는 관광을 총칭하는 것으로, 고대 그리스 타나토스(Thanatos)의 의인화된 죽음에서 유래하여 중요인물의 역사적 죽음을 기념하는 장소를 의미하는 사거관광(Thanatourism), 암흔관광(Dark Tourism), 블랙스팟(Black Spot)이라고도 불린다.[4][5]

그림 2-1 Seaton(1996)의 Thanatourism의 연속체 개념[6)7)]

약한 Thanatourism 요소	강한 Thanatourism 요소
◦개인중심적인 죽음에 관심을 보이며, 다른 동기도 존재	◦일반화된 죽음에 관심을 보이며 단독적인 동기로서 존재
◦방문객에 의해 알려지고 가치를 갖게 되는 죽음	◦개인 혹은 개인적 관여에 관계없이 죽음에 매력을 느낌
◦예, 죽음을 기념하는 전쟁박물관 방문	◦예, 묘지나 지하묘지, 재앙지 등 방문

자료: Yuill(2003); 장애옥 · 최병길(2011). 다크투어리즘 방문객의 동기와 특성.

또한 다크투어리즘은 죽음과 재앙의 장소를 실제 방문하는 상품 혹은 그러한 상업화의 현상을 포함한다는 측면에서 블랙 투어리즘(Black Tourism)이나 그리프 투어리즘(Grief Tourism) 등으로 표현하기도 하는데,[8)] 최근 들어 '역사 유적 여행'이나 '역사 교훈 여행' 등의 관점에서 기억 산업의 영역으로 부각되고 있기도 하다.

국내 연구에서 다크투어리즘은 순례관광의 한 유형으로 간주하기도 하며 넓은 의미에서 유산관광의 유형에 포함되기도 한다. 이에 다크투어리즘은 재난과 참상지를 방문하는 특별목적관광의 형태로 분류된다.[9)]

그림 2-2 다크투어리즘의 범위[10)]

즉, 다크투어리즘은 문화유산관광과 순례관광의 성격을 포함하며, 재난과 참상지를 보면서 반성과 교훈을 얻는 특별목적관광(SIT: Special Interest Tourism)의 한 형태이고, 실제적인 죽음 또는 죽음에 대한 재생산을 주요 테마로 하는 장소, 매력물 그리고 전시를 방문하거나 여행하는 활동으로 정의할 수 있다.[11]

2. 다크투어리즘의 등장과 발전

현대에는 '관광'이라는 개념이 휴양, 쇼핑 등의 단순한 의미를 넘어 힐링, 생태, 문화 등 좀 더 세부적인 의미로 확장됐다. 다양한 목적을 위해 떠나는 관광객이 증가함에 따라 자연히 그에 맞춘 관광상품이 출시되고 새로운 관광지를 찾으려는 업계의 노력이 요구되고 있다.

특히 최근에는 전 세계적으로 테러가 빈발해 사회가 점차 불안해지고 있고, 지구 온난화 현상의 가속화로 환경도 악화되고 있음에 따라 사람들은 인재와 자연재해로 인한 피해를 몸소 느껴볼 필요가 생겼다. 또한 정부나 지자체 차원에서도 사람들에게 경각심을 고취하기 위해 박물관이나 기념비를 만들기 시작했다.[12]

이렇듯 다양화된 관광의 테마 중 하나로 최근 역사의 중요성이 대두되면서 다크투어리즘이 부상하고 있다.

(1) 매스미디어의 발달

다크투어리즘이 출현한 배경은 20세기 후반 급격하게 발달한 매스미디어 기술로 인해 기억이 반복적으로 재생되는 포스트모던의 사회현상의 결과로 설명할 수 있다.[13]

Foley & Lennon(2000)은 매스미디어가 죽음에 대한 사람들의 인식을 변화시키고 죽음을 소비하고 상품화한다고 주장한다. 대표적인 예로 케네디 대통령 암살사건은 그 당시 세계의 많은 사람들에게 TV를 통해 반복적으로 생생하게 중계되었을 뿐만 아니라, 1991년 올리버 스톤 감독의 영화 'JFK'로 재구성되면서 사람들에게 잊혀지지 않고 계속적으로 존재하게 되었다.[14] 따라서 그들은 다크투어리즘의 시간적 배경을 근대사회 이후로 한정한다.

(2) 여행 트렌드의 변화

1980년대 이후 탈규격화, 개성화로 특정 지어지는 포스트포드주의의 다품종 · 소량 생산소비 양식이 관광분야에도 적용되면서 관광형태에 변화를 가져왔고, 관광의 동기 역시 과거 휴식 및 쾌락의 차원에서 나아가 자기발전을 위한 기회를 갖는데 비중을 두게 되었다. 이에 따라 과거의 통상적인 '보는 관광'이 아닌 각 개인이 특별하게 관심을 갖는 분야에 대한 경험을 통해 식견을 높이고자 특정주체와 관계된 장소나 지역을 방문하는 특별목적관광(SIT: Special Interest Tourism)의 형태를 선호하게 되었다. 다크투어리즘은 독특성과 교육적 목적이 강한 특별목적관광의 한 영역이라 할 수 있다.

(3) 장소매력의 상승

모더니즘의 반감으로 등장한 포스트모던 경관(혹은 디자인, 건축)은 개인적 취향을 중시하며 전통적 요소를 복원시키는 긍정적인 요소를 가지고 있고, 과거의 요소들을 의식적으로 모방하면서 절충적이고 장식적이며 화려한 건축물을 생산한다. 또한 포스트모던 경관은 차별화와 분절화가 특징이며, 공간을 상대적으로 자율적인 범주로 간주하여 사회적 목표보다는 심미적 차원에서 공간이 형성된다고 여긴다.[15] 따라서 시장화, 상품화, 차별화에 의해 그 움직임이 더욱 강화된다. 또한 포스트모던 경관은 다양한 취향과 개별화된 의사소통에 열려 있으며, 고유한 장소성 혹은 지역공동체들의 표현 욕구를 가능하게 하는 장점을 가지고 있다.[16]

이러한 맥락에 따라 현대의 다크투어리즘 장소는 물리적 환경을 개선하고 가시적 경관의 심미성을 고양함으로써 사회가 지향하는 가치를 드러내고 있다. 베를린의 유대박물관, 이스라엘의 야드바셈, 워싱턴 D.C의 홀로코스트 기념관 등은 독특한 건축설계와 감성을 자극하는 공간디자인 덕분에 비극이 일어난 직접적인 현장이 아님에도 불구하고 많은 관광객들이 찾고 있다.

3. 다크투어리즘의 유형

다크투어리즘은 주로 죽음 및 재난과 관련된 성격, 방문(관광)동기, 장소 등의 기준으로 연구되어 왔으며, 이를 토대로 유형화할 수 있다.[17]

(1) 주제별 분류

Foley & Lennon(2000)은 다크투어리즘을 기존의 재난이나 죽음과 관련된 소재뿐만 아니라 공포와 비극과 관련된 주제도 포함하면서 7가지의 유형으로 제시하였다. Foley & Lennon에 의한 다크투어리즘 유형은 전쟁지역관광(Battlefield Tourism), 묘지방문관광(Cemetery Tourism), 식민지역사관광(Colonization of History Tourism), 홀로코스트관광(Holocaust Tourism), 재난지역관광

(Disaster Tourism), 고스트관광(Ghost Tourism), 감옥관광(Prison Tourism) 등으로 특정장소에 오락과 교육을 적용하여 정치적, 사회적 영향력을 발휘할 수 있도록 조성된 관광지로 분류하였다.[18)]

(2) 관광행태별 분류

Seaton(1996)은 관광행태에 따라 다크투어리즘의 유형을 다음의 다섯 가지로 나누었다. 첫째, 과거에 참사가 일어난 장소를 직접 가보는 행위, 둘째, 개인이나 대중이 학살된 장소를 방문하여 희생자에 대한 추모를 하는 행위, 셋째, 죽은 사람이 살아 있을 때 수용되었던 장소 또는 이를 기념한 기념관을 참관하는 행위, 넷째, 특정 주검과 관련된 물질적 증거 혹은 상징물이 있는 곳을 참관하는 행위, 다섯째, 특정 주검에 대한 재현행사를 참관하는 행위이다. 이는 장소의 오락성과 편의성보다는 죽음이나 재난과 관련된 비극적 사건의 본질적 사유를 목적으로 하고 있다.

〈표 2-1〉 Seaton의 다크투어리즘 유형[19)]

동기 및 목적	관광행위	다크투어리즘 장소
• 죽음에 대한 사유 • 비극장소 경험 획득 • 호기심 해소 • 희생자 추모	현장방문	비극의 현장(사적지, 유적지)
	추모행위	대량학살 장소, 유명인 사망 장소
	참관행위	유물 및 사람의 자취, 상징물 (기념관, 수용소, 무덤, 납골당, 기념비 등)
	체험 및 참여	재현행사, 축제행사 장소

자료: 조현희(2012). 다크투어리즘의 장소활용 사례분석을 통한 5.18 사적지의 장소마케팅 전략.

(3) 장소 원형성에 따른 분류

Miles(2002)는 죽음이나 재난과 관련된 관광 매력물들을 실제로 위치하고 있는 발생 장소에 따라 기념자산(dark tourism)과 원형자산(darker tourism)으로 구분하였다. 직접적으로 대참사가 일어난 장소가 아니면서 이를 기념하기 위해 세워진 박물관이나 기념관 등을 방문하는 형태를 dark tourism이라 하며, 아우슈비츠처럼 대참사가 실제로 일어난 장소를 방문하여 해당 장소에서 느낄 수 있는 경험의 관광으로 높은 수준의 감정이 이입될 수 있는 형태를 darker tourism으로 구분하였다.[20)]

(4) 공급자별 분류

Stone(1996)은 다크투어리즘을 공급자의 측면에서 오락적 요소가 가미된 dark fun factories, 교육과 반성적인 메시지를 부여한 dark exhibition, 과거 형벌 장소에 오락과 교육적인 측면을 결합한 dark dungeons, 왕릉 혹은 종교지와 같은 dark resting places, 다이애나비 임시 추모지, 9 · 11 테러 순례지와 같은 dark shrines, DMZ와 같은 전쟁장소인 dark conflict site, 그리고 캄보디아 킬링필드와 같은 대량 학살장소인 dark camps of genocide 등으로 분류하였다.

제2절 다크투어리즘의 특성

1. 비극의 소비와 소비 효과

다크투어리즘의 기본 요소는 비극의 소비이다. 사람들 스스로가 비극적인 것을 찾고, 비극을 관람하고 감정의 소비 또는 물질적 소비를 하는 행위가 그것이다. 비극의 소비는 사람들로 하여금 그들의 일상생활에서의 작거나 큰 걱정과 근심에서 시작된다. 본인의 노력과 의지로 해결할 수 없는 근심이 공포의 시작점이 된다고 할 수 있다.

비극의 소비효과란 사람들이 비극적인 죽음이나 재난에 직면했을 때 나타나는 감정의 소비를 뜻한다. 이러한 감정의 소비는 아래와 같은 효과를 가진다.

첫째, 비극의 현장에서 느끼는 깊은 동정(연민)과 두려움(공포)의 경험을 통한 마음의 정화(카타르시스)를 통해 비극을 소비하는 소비자들의 마음의 상처를 치유하는 효과가 있다. 둘째, 불평등, 부당함 등으로 인해 불만스러운 일상의 현실이나 내면의 불안 등으로 인한 심리적 동요와 괴로움이 극단적이고 비일상적인 사건의 현장에서 일어난 고통과 죽음 등 극한의 비극적 재앙과 재난의 현장과의 직면을 통해 평온해지고 진정되는 심리적 치유의 효과가 있다. 셋째, 과거의 불행하고 비극적인 사건과 장소에 대한 체험을 통해 같은 인류로서 느끼는 집단적 죄의식의 해소와 보상 효과가 있다. 넷째, 타자가 겪은 죽음, 비극, 극한의 고통 등에 대한 간접적인 체험을 통해 자신의 두려움, 불안, 슬픔 등이 완화되는 효과가 있다.[22)]

2. 다크투어리즘의 스펙트럼

Stone(2006)은 다크투어리즘의 상품들이 다면적이고(Multi-faceted), 디자인 목적의 측면에서 복잡하고(Complex), 실제로 다양하기 때문에 다크(Dark)라는 용어는 다크투어리즘 공급의 다층면들(Multi-layers of Dark tourism supply)을 쉽게 드러내지 않는다고 지적하였다. 그는 문헌에서 드러난 문제점들을 근거로 아래와 같이 다크투어리즘 스펙트럼을 제안하였다. 관광경험의 강도를 목표, 의도, 진정성 등을 기준으로 비교함으로써 다크 사이트들의 가장 '가장 어두운-가장 밝은' 곳에 위치하는 정도를 파악할 수 있다.[23]

그림 2-3 다크투어리즘 스펙트럼[24][25]

죽음과 고통의 장소 (site of death and suffering) ⇧

죽음과 고통에 연관된 장소 (site of associated with death and suffering) ⇧

	⇦ 관광 경험의 강도(intensity of tourism experience) ⇨					
	Darkest	Darker	Dark	Light	Lighter	Lightest
기준(criterion)	더 어두운(darker)			더 밝은(lighter)		
목표(goal)	교육(education)			오락(entertainment)		
의도(purpose)	기념장소(memorial site)			문화유산(cultural heritage)		
접근법(approach)	추모적(commemorative)			상업적(commercial)		
진정성(authenticity)	사실적(real)			연출된(staged)		
관광기반(tourism Infrastructure)	더 낮은(lower)			더 높은(higher)		

자료: 스톤(Stone, 2006); 김석윤(2014). 다크투어리즘 유형화 및 자원적용 연구.

다크투어리즘의 관련 행위는 대상지에 따라 추모행사 참석, 현장답사, 뮤지엄 견학, 공연관람, 문학작품 감상, 음악 감상 등으로 다양하게 나뉜다. 희생자들의 묘소나 사건의 발생현장은 스펙트럼상의 어두운 색 부분에 속하고, 공연관람이나 문학작품 감상 등의 비극의 사건과 관련된 장소는 밝은색 부분에 속한다. 즉, 어두운 색 부분으로 갈수록 죽음과 고통의 장소에 가깝고, 밝은 색 부분으로 갈수록 죽음과 관련된 장소에 가깝다고 할 수 있다.[26]

다크투어리즘 스펙트럼상의 어두운 색 부분으로 갈수록 교육적 목적이 강하게 나타나고, 밝은 색 부분으로 갈수록 오락적 목적이 강하게 나타난다. 때문에 어두운 색 부분은 비극의 현장의 원형을 있는 그대로 보여주는 원형자산의 경우가 많고, 밝은색 부분은 오락적 목적이 가미된 기념자산의 경우가 많다.[27)]

다크투어리즘의 경우는 비극이나 재난의 발생현장 자체가 가지는 장소매력이 아주 강한 관광의 유형이라고 할 수 있다. 그 이유는 장소 자체에 죽음과 관련된 강한 동기가 포함되어 있기 때문이다. 이러한 이유로 스펙트럼상의 어두운 색 부분으로 갈수록 사실적인 진정성을 가지고, 밝은색 부분으로 갈수록 연출된 진정성을 가지게 된다. 따라서 어두운 색 부분으로 갈수록 관광기반이 낮은 경우가 많고, 밝은색 부분으로 갈수록 관광기반이 더 잘 갖추어진 경우가 많다.

3. 다크투어리즘의 수요와 공급

Sharpley(2005)는 공급의 측면에서 공급의도의 범위는 다크투어리즘 장소가 우연히 관광 매력물이 된 경우인 우발적인 공급(Accidental supply)부터 수익을 창출하기 위한 목적으로 의도적으로 공급(Purposeful supply)된 형태까지 해당한다고 주장하였다.[28)]

그림 2-4 다크투어리즘의 수요 및 공급 행렬[29)]

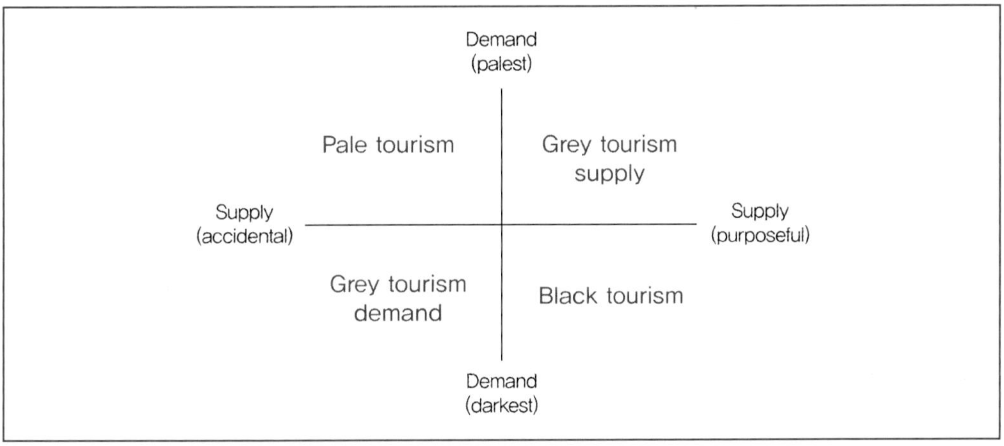

[그림 2-4]는 행렬 내에서 다크투어리즘의 매력물이나 경험들이 어느 정도까지는 죽음에 대한 매료가 지배적인 소비 요인이라는 점과 공급은 의도적으로 이러한 흥미를 만족시키려 한다는 점의 두 가지 측면에 의해 측정된다는 것을 보여준다.

다크투어리즘의 수요 및 공급행렬에서 살펴보면, 우발적인 공급 즉, 방문객의 방문동기가 죽음이나 재난에 관심을 가지고 방문하는 형태가 페일 투어리즘과 그레이 투어리즘 디맨드 유형이며, 상업적인 목적을 가지고 의도적으로 공급되어진 유형은 그레이 투어리즘 서프라이 유형과 블랙 투어리즘 유형이다. 또한 소비행렬에서 봤을 때 페일 투어리즘보다 강한 다크투어리즘(Darkest)에 속하는 것이 그레이 투어리즘 디맨드 유형이며, 그레이 투어리즘 서플라이 유형보다 강한 다크투어리즘에 속하는 것이 블랙 투어리즘 유형이다.

〈표 2-2〉 Seaton의 다크투어리즘 유형[30)]

구분	수요자 (죽음 또는 재난에 대한 매료)	공급자	사례
Pale tourism	의도×	의도×	관광화되지 않음
Grey tourism demand	의도○	의도×	체르노빌 프리피야트
Grey tourism supply	의도×	의도○	그랑파르트 테마파크
Black tourism	의도○	의도○	난징대학살기념관

자료: 김규만(2016). 다크투어리즘의 스펙트럼별 유형분석.

제3절 다크투어리즘의 현황

다크투어리즘은 죽음·재난·재해 관련 장소, 전쟁·학살 등 비극적 역사의 현장을 회상, 교육, 엔터테인먼트 목적으로 방문하는 역사교육관광으로, 기억과 관광 산업이 결합된 독특한 문화적 실천이다. 따라서 인간의 반인륜적인 행위 때문에 역사적으로 비극이 일어났던 곳, 예를 들면 대규모 학살지나 전쟁터 등이 다크투어리즘의 대표적인 관광지가 되고 있다.

1. 국외의 다크투어리즘

세계적으로 대표적인 다크투어리즘 장소는 제2차 세계대전 당시 약 400만 명이 학살당했던 폴란드에 있는 아우슈비츠 수용소이다. 세계문화유산으로 지정된 아우슈비츠 수용소는 현재 박물관으로 바뀌었는데 방문객들은 이곳에서 생체실험실·고문실·가스실·처형대·화장터와 함께 희생자들의 머리카락과 낡은 신발, 옷가지가 담긴 거대한 유리관 등을 살펴보고, 나치의 잔학상을 기록한 영화 등을 관람할 수 있다.

그 밖에 미국대폭발테러사건(9·11테러)이 발생했던 뉴욕 월드트레이드센터 부지인 그라운드

제로(Ground zero), 일제가 자행한 중국 난징 대학살의 참상을 보여주는 난징대학살기념관, 원자폭탄 피해 유적지인 히로시마평화기념관과 나가사키평화공원, 캄보디아의 공산 정권이 자행한 양민 학살의 모습을 보여주는 킬링필드 유적지, 냉전의 상징이었던 베를린 장벽, 많은 고문이 이루어졌던 런던타워, 에든버러 성 등을 꼽을 수 있다.

〈사진 1〉 아우슈비츠 수용소

〈사진 2〉 킬링필드

〈사진 3〉 베를린 장벽

〈표 2-3〉 국외 다크투어리즘 사례[31)]

구분	장소	내용
전쟁 (Battlefield Tourism)	미국	게티스버그 배틀필드 파크, 하와이 진주만 애리조나호 기념관
	영국	워털루 전투, 워털루 브리지
	일본	오키나와 평화기념공원, 히로시마 원폭돔, 나가사키 평화기념상
	사이판	만세절벽과 자살절벽
	태국	콰이강의 다리
묘지방문 (Cemetery Tourism)	미국	알링턴 국립묘지, 뉴욕 다코다빌딩(존 레논 피살장소)
	프랑스	노르망디 오마하비치
	태국	칸차나부리 유엔묘지
	오스트리아	빈 중앙묘지(모차르트, 베토벤, 슈베르트 등)
	아르헨티나	레꼴레따 묘지(아르헨티나 부자들 무덤)
	영국	다이애나 영국 왕세자비 교통사고 장소
식민지역사 (Colonization of History)	세네갈	고레섬
	멕시코	과나후아토타운
	쿠바	아바나 구시가지
	스페인	그라나다
홀로코스트 (Holocaust Tourism)	폴란드	아우슈비츠 수용소, 브재징카 수용소
	독일	다카우
	이스라엘	야드바셈 홀로코스트 역사기념관
	네덜란드	안네프랑크의 집

구분	장소	내용
	캄보디아	킬링필드
	중국	난징대학살 기념관
	오스트리아	에벤제의 마테우젠 구센
재난지역 (Disaster Tourism)	이탈리아	폼페이 화산 폭발지
	일본	시마바라 화산재피해 마을, 일본 동북지역 쓰나미, 후쿠시마
	미국	허리케인 카트리나 재해지역, 그라운드 제로(9·11테러)
고스트 (Ghost Tourism)	영국	콘월 Pengersick Castle
	호주	포트아서
감옥 (Prison Tourism)	미국	알카트래즈 감옥
	남아공	로벤섬

자료: 경남발전연구원(2013). 호국민주주의 정신과 경남의 다크투어리즘.

2. 국내의 다크투어리즘

국내의 다크투어리즘 대상자원은 주로 임진왜란, 일제강점기, 6·25전쟁, 민주주의 운동 등과 관련되어 있다. 한국의 대표적 다크투어리즘 장소는 한국전쟁을 전후로 수만 명의 양민이 희생된 제주4·3사건의 실상을 알려주는 제주4·3평화공원을 비롯하여 국립5·18민주묘지, 비무장지대(DMZ), 일본군 위안부 역사관, 거제포로수용소, 서대문형무소역사관 등이 있다.[32)]

최근에는 2008년 2월 10일 국보1호 숭례문이 방화로 소실되면서 다크투어리즘 인파가 몰리기도 하였고, 2007년 유조선의 충돌로 원유가 방출되어 바다가 크게 오염되었던 태안반도 역시 다크투어리즘 관광지로 주목받았다. 2003년 대구지하철 1호선 중앙로역에서 방화로 인해 192명 사상자가 발생한 사고 이후 대구시는 이런 끔찍한 재해가 다시 발생하지 않도록 안전을 체험할 수 있는 대구 시민안전테마파크를 2008년에 오픈하였다.

〈사진 4〉 제주4·3평화공원

〈사진 5〉 비무장지대(DMZ)

〈사진 6〉 태안해안국립공원

〈표 2-4〉 국내 다크투어리즘 사례[33)]

구분		장소	내용
전쟁	임진왜란, 정유재란	경기	행주산성(행주대첩)
		경남	한산대첩(통영), 진주대첩・국립진주박물관, 노량대첩(남해)
		전남	명량대첩(해남)
	6・25	서울	서울 전쟁기념관
		인천	인천상륙작전기념관
		강원	고성 DMZ박물관, 양구 펀치볼, 철원 철의삼각지 전적기념관
		경북	칠곡 다부동 전적기념관
묘지방문		서울	국립 서울현충원, 국립 4・19민주묘지
		경기	국립 이천호국원
		대전	국립 대전현충원
		광주	국립 5・18민주묘지
		경남	국립 3・15민주묘지(창원), 노무현 대통령 묘역(김해)
		부산	부산민주공원
식민지역사 (일제침략기)		서울	서울 독립공원(서대문형무소 역사관)
		경기	화성 제암리 3・1운동 순국기념관, 안성 3・1운동 기념관
		충남	천안 아우내장터, 천안 독립기념관
		경북	안동독립운동기념관
		경남	통영 위안부 추모비
		제주	제주항일기념관
홀로코스트		경남	진주성학살(계사순의), 산청・함양 양민학살 추모공원
		제주	제주 4・3평화공원
재난지역		서울	숭례문복원사업
		대구	대구시민안전테마파크
		충남	서해안 기름유출 현장(태안)
		인천	연평도 전적지
고스트		강원	정선 화암동굴 공포체험
감옥		서울	서울 독립공원(서대문형무소 역사관)
		경남	거제 포로수용소 유적공원

자료: 경남발전연구원(2013). 호국민주주의 정신과 경남의 다크투어리즘.

3. 다크투어리즘의 추세

미디어 또는 인터넷을 통해 빠르게 전달되는 각종 재난이나 사고에 대한 정보는 현대인들로 하여금 재난지를 직접 방문하고자 하는 욕구를 유발시키고 있다. 특히 죽음, 전쟁, 그리고 파괴와 관련된 이야기가 기록되어 있는 장소에 대한 방문 즉, 다크투어리즘에 대한 관심과 참여가 증가하고 있다. 세계적인 관광 추세로 인식되고 있는 다크투어리즘의 향후 방향은 다음과 같다.[34)]

첫째, 역사와 교육의 형태가 결합된 다크투어리즘에 관한 수요는 꾸준히 증가할 것으로 예측되고 있다.

어두운 역사를 가진 장소 혹은 죽음이나 재난과 관련된 장소(dark sites)를 방문하는 현상은 어제 오늘의 일이 아니다. 고대 그리스인들이나 로마인들도 이집트 왕들의 무덤인 피라미드를 자주 방문하였고, 현대에 이르러서는 많은 사람들이 2001년 9 · 11테러사건의 현장인 그라운드 제로나 중국 쓰촨성의 지질 발생 지역을 방문하고 있다. 우리나라 DMZ가 세계적인 관광명소로 부각되고 있는 현상도 이러한 흐름 중에 하나라고 할 수 있다.

또한 관광산업도 패션처럼 시장을 주도하는 흐름이 있는데, 현 시점에서 주목받고 있는 관광의 형태는 특수목적관광(SIT)이라는 점에서도 다크투어리즘에 관한 수요의 증가가 예측된다. 주 5일 근무제도 및 수업제도가 안착되면서 가족단위의 여행이 증가하고 있고, 특히 아이들과 함께 역사의 현장이나 재난이 일어났던 곳을 방문하여 교훈과 성찰에 관한 체험을 하는 것 또한 배움의 연장이라는 인식이 늘어나고 있기 때문이다.

공급자적 측면에서 지방자치단체들 또한 역사적 장소와 사건 등을 기반으로 한 관광상품 개발에 적극적으로 나서고 있어 다크투어리즘이 점차 확산되는 계기가 되고 있다.

실례로 우크라이나 체르노빌 원전사고 발생지역인 '프리피야트(Prypiat)'는 2013년 8월 영국의 일간지 텔레그래프가 선정한 '세계 다크투어리즘 10대 명소' 가운데 1위에 올랐으며, 연간 100만 명이 찾는 관광명소가 되었다. 우크라이나 수도 키예프에는 사고현장을 생생하게 재연한 '국립 체르노빌 박물관'의 개관을 통해 다크투어리즘 체험 관광객을 유치하고 있다.

둘째, 다양한 경험과 교훈을 얻기 위한 관광수요가 세계적으로 증가함에 따라 다크투어리즘은 사회 · 문화 · 경제적으로 중요한 관광시장으로 인식되고 있다.

단순히 보고 즐기는 위주의 관광에서 다양한 경험과 교훈을 얻을 수 있는 새로운 패러다임의 관광이 요구되고 있고, 국내 여행에 대한 수요의 증가와 개인의식의 향상은 여행을 통해 자기 개발과 성찰의 기회를 얻고자 하는 강한 욕구로 나타나고 있다. 이에 따라 세계적인 관광추세인

다크투어리즘과 같은 관광상품의 개발을 통해 새로운 관광 트렌드의 형성과 국내외 관광객들의 유치가 가능하다.

최근 미국에서는 1980년대 악명을 떨친 캘리포니아 연쇄 살인범의 집을 개방하고, 악명 높은 미주리 주립 교도소의 가스 사형실 등을 체험할 수 있게 하는 등 다크투어리즘 관련 투어가 활성화되고 있고, 일본에서도 후쿠시마 제1원자력발전소의 재난장소를 관광지로 변모시키고자 하는 계획을 추진하고 있다.

셋째, 전 세계적으로 자연과 환경에 대한 관심이 증가하면서 인간들의 과도한 개발로 인해 환경이 크게 손상된 지역도 다크투어리즘의 대상이 되고 있다.

예를 들면, 지구온난화로 인해 빙하가 붕괴되고 있는 알래스카 지역으로 크루즈 배를 타고 관광하러 가기도 하고, 로키산맥의 캐나다 국립공원의 녹고 있는 빙하를 보러 가기도 한다. 또 히말라야산맥에 등산객들이 많아져 쓰레기가 늘어나자 쓰레기를 주우러 가는 관광객들도 늘고 있다. 우리나라의 경우 새만금의 생태파괴 현장을 목격하거나 개발상황을 보기 위해 군산을 방문하기도 하고, 유류오염사고의 현장과 복구상황을 확인하기 위해 태안을 방문하기도 한다.

제4절 다크투어리즘의 활성화를 위한 과제

다크투어리즘은 비극적 역사의 현장이나 재난 · 재해가 일어난 곳을 대상지로 하기 때문에 활성화를 위해서는 대상자원의 특성과 해당 국가 또는 지역의 정서를 충분히 고려한 계획과 개발 및 관리가 필요하다.

1. 정책적 측면

다크투어리즘 관광지의 경쟁력 강화를 위하여 다크투어리즘의 성격을 지닌 역사교훈 관광지에 대한 문화적 홍보와 관리가 요구된다.35)

해외의 다크투어리즘 관광지의 경우 유네스코 세계유형유산 목록에 등재되어 세계적인 관심 속에서 체계적인 지원과 관리가 이루어지고 있다. 유대인 대학살 현장인 폴란드의 아우슈비츠 수용소는 1979년 세계유산으로 등재되어 독일 초등학생의 필수 방문코스가 되었고, 히로시마 원폭돔은 원폭투하의 역사적 사실과 핵무기 참상을 세계에 알리는 상징이 되었다. 이외에도 세네갈 고레섬, 폼페이 화산폭발지 등이 세계유산으로 지정된 것은 비극을 되풀이하지 않기 위한 인류의 의지라고 할 수 있다.

2. 사회 · 문화적 측면

국민이 공감하는 역사교훈관광의 필요성에 대한 인식 제고가 필요하다. 이를 위해서는 다크투어리즘을 테마로 한 다양한 관광상품의 개발이 요구된다.[36)]

21세기 지구상의 유일한 분단국가라는 아픈 현실과 동족상잔의 비극을 간직한 국토 여건을 살펴볼 때, 많은 전적과 호국 현장 및 DMZ는 세계에 적극 홍보해도 손색없는 다크투어리즘 관광지가 될 수 있다. 또한 한국은 전쟁의 역사라 해도 과언이 아닐 정도로 상당히 많은 침략을 받아왔고, 그로 인해 아프고 슬픈 역사적 사실과 유적이 많다.

이 자원들은 현재 한 · 일관계, 남 · 북관계에 많은 시사점을 제공한다. 수치스럽고 슬픈 역사이기 때문에 외면할 수 있지만 역사적 비극도 한국의 문화유산임을 정확히 인식하고 역사적 비극의 재발방지를 위해 역사교육관광인 다크투어리즘을 활성화시켜야 한다. 최근 호국 · 안보 등에 대한 관심이 높아지면서 관련 자원들을 복원, 기념화하는 사업들이 많이 추진되고 있다.[37)]

3. 운영적 측면

다크투어리즘의 상품개발은 물론 운영의 전반에서 상업적 접근은 자제하여야 한다.[38)]

다크투어리즘은 문화유산관광과 교육관광의 특성을 내포하고 있어 일반적인 위락관광의 형태와는 다르며 분위기가 무거운 특징을 가지고 있다. 따라서 대다수의 다크투어리즘 상품은 관광객의 역사적 사실에 대한 정확한 인식을 제공하면서 이를 통해 교훈을 주기 위한 시설 및 프로그램으로 한정하여 운영하여야 한다. 상업주의라는 부정적 인식을 최소화하기 위해 관광객의 소비지출을 위한 이질적인 프로그램의 개발과 운영은 최대한 자제하여야 한다.

사례

김신조 목사가 안내하는 62㎞ '김신조 루트'

머니투데이 뉴스1 제공(2011.10.25.)

서울 은평경찰서(서장 김병구)가 25일 '김신조 루트' 62㎞를 따라 안보현장을 탐방하는 행사를 마련했다.

이날 행사에는 43년 전 당시 역사의 주인공인 김신조 목사(69)가 동참해 루트를 따라가며 현장상황을 상세히 설명하는 자리를 만들었다.

또 선정고등학교 1학년 학생들과 생활안전협의회, 녹색어머니회 등 회원을 포함해 40여 명이 함께했다.

'김신조 루트, 62km 따라 안보현장 탐방'은 일반인들에게 무장공비 침투사건 현장에 대한 답사 기회를 제공해 국가안보의 경각심을 고취하기 위해 경찰이 마련한 행사였다.

김신조 루트는 1968년 1월 21일 김신조 등 무장간첩 31명이 미2사단 철책을 뚫고 경기 연천군 매현리에서 서울 종로구 청운동까지 청와대로 침투한 길을 말한다.

안보현장 탐방행사는 경기 연천군 장남면의 침투현장 안보견학장－GOP방문－진관사 입구안내판－호경암－북악산 소나무 탄흔－최규식 경무관 동상에 이르는 코스로 이어졌다.

김신조 목사는 안보견학장에서 "1 · 21 침투사건은 북한이 남한으로 침투한 사건 중 가장 충격적이고 대표적인 사례"라며 "대한민국 국민들에게는 심한 안보불감증이 있는데 국민들은 남북분단의 심각함을 알아야 한다"라고 말했다.

이번 행사에 참여한 생활안전협의회 이모씨는 "말로만 듣던 '김신조 루트'를 직접 걷게 될 줄은 몰랐다"며 "생존자였던 김신조 목사를 만나 직접 이야기를 나누는 것도 좋은 경험이었다"라고 말했다.

뉴스1 기자는 당시 무장간첩 31명 중 유일하게 생존한 김신조 목사를 만나 보다 자세한 이야기를 들을 수 있었다.

이곳을 다시 찾은 소감을 묻자 김 목사는 "1968년 1월 17일 저녁, 여기서 만약에 걸렸으면 어땠을까, 싶은 생각이 든다"라며 "동료들과 함께 죽지 못해 부끄러움, 죄책감을 느낀다. 당시 나는 '배신자' 아니었는가"라고 말했다.

이번 행사가 국민의 안보의식을 고취시키는 데 도움이 될 것이라고 생각하는지를 묻자 "무척 도움이 될 것"이라며 "아픈 몸을 이끌고 나왔다"고 말했다.

또 "결국 살아서 자유를 누렸고 이제는 북한사회의 병폐를 고발해야 할 필요성을 느낀다"며 "내

자신을, 가정을, 나아가 사회를 지키는 일에 도움을 준다는 점에서 보람을 느낀다"고 덧붙였다.

대한민국의 미래에 대해 "통일되는 모습을 꼭 보고 싶은데 그럴 것 같지 않다"며 "부모님이 모두 총살당했기 때문에 부모님은 뵐 수 없겠지만 이북에 있는 친구들은 만나고 싶다"고 말했다.

그러나 "북한은 휴전된 상태에서 우리의 도움을 받으면서 동시에 공개적이든, 비공개적이든 지속적으로 도발을 한다"며 "연평도 포격이나 천안함 사태 같은 경우는 공개적인 경우이고 해외 교민들을 포섭하는 건 비공개적인 경우에 해당된다"라고 설명했다.

이어 "젊은 사람들이 북한에 대해 관심을 가지고 공부를 했으면 한다"라며 "이번 안보행사가 그중 한몫을 했을 것"이라고 강조했다.

김신조 목사는 1968년 1월 21일 청와대를 습격하려던 북조선 민족보위성 정찰국 소속 124군부대 무장게릴라 31명 중에 유일하게 생존했고 이후 대한민국에 귀순했다.

영화 실미도에서 "박정희의 목을 따러 왔다"라고 말한 인물로도 유명하다.

그는 귀순 후 서울침례회신학교에서 침례교 신학을 전공하고 서울성락교회 목사가 됐다.

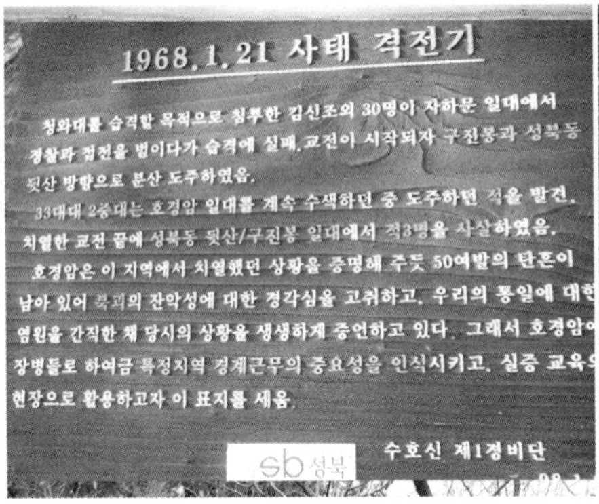

참고문헌

1) 박문각 시사상식편집부(2014). 『최신시사상식 핵심 영어사전』. 박문각.
2) 엄슬비(2012). 여행정보신문 제783호. Do you know? '다크투어리즘'.
3) 장혜원(2012). 다크투어리즘의 스토리텔링 요소에 관한 연구. 『관광연구』, 27(1): 251-273.
4) 정책정보통계센터(2013). 『Hot Issue Brief』 103. 세계적 추세 '다크투어리즘'의 현황과 활성화 정책.
5) Henderson, J. C.(2000). War as a tourist attraction: The case of Vietnam. *International Journal of Tourism Research*, 2(4): 269-280.
6) 장애옥 · 최병길(2011). 다크투어리즘 방문객의 동기와 특성. 『한국관광 · 레저학회』, 23(1): 65-8.
7) Yuill, S. M.(2003). Dark tourism Understanding visitor motivation as sites of death and disaster. A master's thesis of a student of Texas A&M University.
8) 최영환 · 이혁진(2010). 다크투어리즘을 활용한 역사교훈 관광지의 이해. 『한국사진지리학회지』, 20(3): 101-113.
9) 장혜원 · 김태훈 · 정철(2011). 다크투어리즘 참가자의 방문동기. 『관광학연구』, 35(16): 79-97.
10) 정책정보통계센터(2013). 『Hot Issue Brief』 103. 세계적 추세 '다크투어리즘'의 현황과 활성화 정책.
11) 조현희(2012). 다크투어리즘의 장소활용 사례분석을 통한 5.18 사적지의 장소마케팅 전략. 전남대학교 문화전문대학원 석사학위논문.
12) 김민주 · 송희령(2010). 『시티노믹스』. 비즈니스맵.
13) 조현희(2012). 다크투어리즘의 장소활용 사례분석을 통한 5.18 사적지의 장소마케팅 전략. 전남대학교 문화전문대학원 석사학위논문.
14) 한영숙 · 박상곤 · 허중욱(2011). 다크투어리즘에 대한 탐색적 논의. 『관광연구저널』, 25(2): 5-18.
15) Harvey, D.(1999). *Spaces of Hope*. Berkeley and Los Angeles: University of California Press.
16) 진종헌(2006). 『도시해석: 도시경관』. 김인 · 박수진(편). 푸른길.
17) 김하나(2014). 다크투어리즘 방문객의 방문동기와 스토리텔링요소가 행동의도에 미치는 영향: 광주 국립 5.18민주묘지를 중심으로. 호남대학교 대학원 석사학위논문.
18) Foley, M. & Lennon, J. J.(2000). *Dark tourism: The attraction of death and disaster*. London: Continuum; Seaton, A. V.(1996). Guided by the Dark: From Thanatopsis to Thanatourism. *International Journal of Heritage Studies*, 2(4): 234-244.
19) 조현희(2012). 다크투어리즘의 장소활용 사례분석을 통한 5.18 사적지의 장소마케팅 전략. 전남대학교 문화전문대학원 석사학위논문.
20) Miles, W. F. S.(2002). Auschwitz: Museum interpretation and dark tourism. *Annals of Tourism Research*, 29(4): 1175-1178.
21) 김규만(2016). 다크투어리즘의 스펙트럼별 유형분석. 안동대학교 한국문화산업전문대학원 석사학위논문.

22) Sharpley, R.(2005). Travels to the edge of darkness: towards a typology of "Dark Tourism". In Ryan, C., Page, S. J. & Aiken, M.(2005). Taking Tourism to the Limits: Issues, Concepts and Managerial Perspective, Oxford: Elservier Ltd. 215-226.

23) 김석윤(2014). 다크투어리즘 유형화 및 자원적용 연구. 제주대학교 관광개발학과 박사학위논문.

24) 김석윤(2014). 다크투어리즘 유형화 및 자원적용 연구. 제주대학교 관광개발학과 박사학위논문.

25) Stone, P. R.(2006). A dark spectrum: Towards a typology of death and macabre related tourist sites, attraction and exhibition. *Tourism: An International Journal*, 52(2): 145-160.

26) 김규만(2016). 다크투어리즘의 스펙트럼별 유형분석. 안동대학교 한국문화산업전문대학원 석사학위논문.

27) 김석윤(2014). 다크투어리즘 유형화 및 자원적용 연구. 제주대학교 관광개발학과 박사학위논문.

28) 김석윤(2014). 다크투어리즘 유형화 및 자원적용 연구. 제주대학교 관광개발학과 박사학위논문.

29) Sharpley, R. & Stone, P. R.(2009). *The darker side of travel: The theory and practice of dark tourism.*

30) 김규만(2016). 다크투어리즘의 스펙트럼별 유형분석. 안동대학교 한국문화산업전문대학원 석사학위논문.

31) 경남발전연구원(2013). 호국・민주주의 정신과 경남의 다크투어리즘. 『경남정책 Brief』, 13: 1-8.

32) 이은지・조철호・박해정(2012). 다크투어리즘 서비스경험이 방문객의 방문효과, 만족에 관한 연구. 『대한경영학회지』, 25(7): 2999-3018.

33) 경남발전연구원(2013). 호국・민주주의 정신과 경남의 다크투어리즘. 『경남정책 Brief』, 13: 1-8.

24) 정책정보통계센터(2013). 『Hot Issue Brief』 103. 세계적 추세 '다크투어리즘'의 현황과 활성화 정책.

35) 최영환・이혁진(2010). 다크투어리즘을 활용한 역사교훈 관광지의 이해. 『한국사진지리학회지』, 20(3): 101-113.

36) 최영환・이혁진(2010). 다크투어리즘을 활용한 역사교훈 관광지의 이해. 『한국사진지리학회지』, 20(3): 101-113.

37) 정책정보통계센터(2013). 『Hot Issue Brief』 103. 세계적 추세 '다크투어리즘'의 현황과 활성화 정책.

38) 정책정보통계센터(2013). 『Hot Issue Brief』 103. 세계적 추세 '다크투어리즘'의 현황과 활성화 정책.

이 책을 만든 이들

저자와의
합의하에
인지첩부
생략

관광학원론

2017년 8월 15일 초판 1쇄 인쇄
2017년 8월 20일 초판 1쇄 발행

지은이 (사)한국관광학회
펴낸이 진욱상
발간인 변우희
펴낸곳 백산출판사
교 정 편집부
본문디자인 박채린
표지디자인 오정은

등 록 1974년 1월 9일 제406-1974-000001호
주 소 경기도 파주시 회동길 370(백산빌딩 3층)
전 화 02-914-1621(代)
팩 스 031-955-9911
이메일 edit@ibaeksan.kr
홈페이지 www.ibaeksan.kr

ISBN 979-11-5763-391-3
값 35,000원